商标与
不正当竞争
裁判规则

钟　鸣／编著

法律出版社
LAW PRESS·CHINA

编写说明

本套书按专题分为体量大致相当的3本书:《专利裁判规则》《商标与不正当竞争裁判规则》和《著作权及其他裁判规则》。本套书的目的在于归纳、整理由中国知识产权司法裁判典型案例所体现的裁判规则,借此对现有知识产权成文法规范予以解释、细化或者补充,便于读者在此基础上进行理论研究和实务运用。

本套书重点关注相对于成文法规范而言体现“新”的法律规则或者裁判规则的案例,即主要是那些通过法律解释方法解释、细化成文法规范的案例和通过法律漏洞填补方法实现“法律续造”的案例。由于知识产权法是一个快速变动的法律领域,一个具有“新意”的案例作出后,其所“创造”的规则往往在5年左右的时间内或者因纳入法律、司法解释,或者因法律修改,或者因新的案例出现而不再显得那么重要,所以本书尽量选择尚未被法律、法规和司法解释等成文法规范所取代或者有指导实践价值的典型案例进行编纂。目前收录的是截至2019年12月底在最高人民法院官方网站(中国裁判文书网)或者其他官方途径公开的或者出版的各级法院裁判的典型案例。

本套书所选择的案例绝大多数经过了最高人民法院的再次评价,即该案例不管是由哪一级人民法院作出,其在作出后又被最高人民法院或其内部机构评选为典型案例并向社会公布。最高人民法院一般在当年的世界知识产权日(4月26日)前后公开前一年度由最高人民法院知识产权审判机构①所裁判案件构成的《最高人民法院知识产权案件年度报告》和最高人民法院评选的前一年度十大知识产权案件、五十件典型知识产权案例。除此之外,《最高人民法院公报》《人民法院案例选》《人民法院报》《人民司法》《法律适用》《中国应用法学》《知识产权审判指导》等定期公开出版物也会刊载各级法院所作出的典型案例及其评析;下级

① 目前,最高人民法院存在两个知识产权审判机构:一是知识产权审判庭(民事审判第三庭),它成立于1995年10月,自2009年开始对外公布前一年度的《最高人民法院知识产权案件年度报告》、中国法院年度十大知识产权案件和五十件典型知识产权案例等典型案件;二是知识产权法庭,它成立于2019年1月1日,主要负责二审技术类知识产权案件的审判工作。

法院也会定期编辑、出版、公开当地的"公报""参考性案例""十大案例"等。当各级法院所评选的典型案例均无法体现某些法律规则的适用情形时,编者在中国裁判文书网上自行查找相关案例并收录本书。

本套书按知识产权法各部门的法律逻辑顺序分章节编排,章节以下的标题体现的是典型案例所确立的裁判规则(1个或者多个)及相应案例摘要,其结构如下:

1. "裁判规则",即以阿拉伯数字排序的标题。每条裁判规则都来自所引用案例中法院的观点,并通过尽可能简洁的语言表述该规则的内容,尤其是其适用要件和法律效果。如果同一个案例能够归纳出的裁判规则有多个且相互关联,则把它们并排列出,案例摘要统一显示在这些裁判规则之后。

2.【裁判要旨】是对法院裁判观点的归纳和概括,如果裁判文书中已经有归纳概括的,则直接使用原文。

3.【关键词】3~5个,方便快速定位和检索相关内容。

4.【基本案情】主要包括权利基础、争议事实、诉讼请求和裁判结果等内容。

5.【裁判理由】基本上是裁判文书中的核心内容,除非必要不作概括和改写。

6.【案件信息】包括"当事人"、"案由"、"法院名称"、"案号"、"结案日期"、"合议庭成员"(如果合议庭有人民陪审员则不列出,如果没有列出"法院名称"、"案号"、"结案日期"或者"合议庭成员",则说明在现有数据库中无法找到相应文书)和"案件来源"(最高人民法院及其下级法院公开出版物名称或其他公开信息来源)。

为便于读者快速了解裁判规则及其适用情况,上述1~6部分的内容总体尽量不超过2000字,均围绕法律问题和法律规则展开,如无必要不过多引入事实,如果一个案例能总结归纳出多个裁判规则,则案例摘要的篇幅也会相应增加。有些程序性的裁决和最高人民法院针对个案的答复文件,由于不包含上述2~6中的部分内容,因此视情况予以省略。

缩略语表

《中华人民共和国民法通则》	《民法通则》
《中华人民共和国民法总则》	《民法总则》
《中华人民共和国合同法》	《合同法》
《中华人民共和国侵权责任法》	《侵权责任法》
《中华人民共和国涉外民事关系法律适用法》	《涉外民事法律关系适用法》
《中华人民共和国民事诉讼法》	《民事诉讼法》
《中华人民共和国行政诉讼法》	《行政诉讼法》
《中华人民共和国专利法》	《专利法》①
《中华人民共和国商标法》	《商标法》
《中华人民共和国反不正当竞争法》	《反不正当竞争法》
《中华人民共和国著作权法》	《著作权法》
《中华人民共和国反垄断法》	《反垄断法》
《中华人民共和国药品管理法》	《药品管理法》
《中华人民共和国电子商务法》	《电子商务法》
《中华人民共和国促进科技成果转化法》	《促进科技成果转化法》
《中华人民共和国非物质文化遗产保护法》	《非物质文化遗产保护法》
《中华人民共和国公司法》	《公司法》
《中华人民共和国劳动合同法》	《劳动合同法》
《中华人民共和国产品质量法》	《产品质量法》
《中华人民共和国食品安全法》	《食品安全法》
《中华人民共和国网络安全法》	《网络安全法》

① 本书在叙述法律、行政法规、部门规章、司法解释、司法政策性文件等规范性文件时，如有必要，会在法规名称前或后标明制定机关和制定、修改年份，例如，2000 年《专利法》或《专利法》(2000 年)，现行法规则不再注明修改年份，以下情况相同的不再另行说明。

续表

《中华人民共和国种子法》	《种子法》
《中华人民共和国专利法实施细则》	《专利法实施细则》
《中华人民共和国商标法实施条例》	《商标法实施条例》
《中华人民共和国商标法实施细则》(已失效)	《商标法实施细则》(已失效)
《中华人民共和国著作权法实施条例》	《著作权法实施条例》
《中华人民共和国植物新品种保护条例》	《植物新品种保护条例》
《中华人民共和国知识产权海关保护条例》	《知识产权海关保护条例》
《中华人民共和国商业特许经营管理条例》	《商业特许经营管理条例》
《最高人民法院关于适用〈中华人民共和国民事诉讼法〉的解释》(法释〔2015〕5 号)	《民事诉讼法解释》
《最高人民法院关于民事诉讼证据的若干规定》(法释〔2001〕33 号)①	《民事诉讼证据规定》
《最高人民法院关于适用〈中华人民共和国行政诉讼法〉的解释》(法释〔2018〕1 号)	《行政诉讼法解释》
《最高人民法院关于适用〈中华人民共和国行政诉讼法〉若干问题的解释》(法释〔2015〕9 号)(已失效)②	《适用行政诉讼法的解释》(已失效)
《最高人民法院关于执行〈中华人民共和国行政诉讼法〉若干问题的解释》(法释〔2000〕8 号)(已失效)③	《执行行政诉讼法的解释》(已失效)
《最高人民法院关于行政诉讼证据若干问题的规定》(法释〔2002〕21 号)	《行政诉讼证据规定》
《最高人民法院关于审查知识产权纠纷行为保全案件适用法律若干问题的规定》(法释〔2018〕21 号)	《知识产权行为保全规定》

① 本司法解释已于 2019 年 10 月 14 日被最高人民法院所修改,新修改的《最高人民法院关于民事诉讼证据的若干规定》(法释〔2019〕19 号)于 2020 年 5 月 1 日起施行,本书所选案例适用的仍是 2001 年的《民事诉讼证据规定》。

② 本司法解释已被“法释〔2018〕1 号”《行政诉讼法解释》所废止。

③ 本司法解释已被“法释〔2018〕1 号”《行政诉讼法解释》所废止。

续表

《最高人民法院关于审理专利纠纷案件适用法律问题的若干规定》(法释〔2015〕4 号)①	《专利案件适用法律规定》
《最高人民法院关于审理侵犯专利权纠纷案件应用法律若干问题的解释》(法释〔2009〕21 号)	《侵犯专利权案件解释》
《最高人民法院关于审理侵犯专利权纠纷案件应用法律若干问题的解释(二)》(法释〔2016〕1 号)	《侵犯专利权案件解释(二)》
《最高人民法院关于审理商标民事纠纷案件适用法律若干问题的解释》(法释〔2002〕32 号)	《商标民事案件解释》
《最高人民法院关于审理商标授权确权行政案件若干问题的规定》(法释〔2017〕2 号)	《商标授权确权案件规定》
《最高人民法院关于审理商标授权确权行政案件若干问题的意见》(法发〔2010〕12 号)	《商标授权确权案件意见》
《最高人民法院关于审理不正当竞争民事案件应用法律若干问题的解释》(法释〔2007〕2 号)	《不正当竞争案件解释》
《最高人民法院关于审理涉及计算机网络域名民事纠纷案件适用法律若干问题的解释》(法释〔2001〕24 号)	《域名案件解释》
《最高人民法院关于审理著作权民事纠纷案件适用法律若干问题的解释》(法释〔2002〕31 号)	《著作权案件解释》
《最高人民法院关于审理侵害信息网络传播权民事纠纷案件适用法律若干问题的规定》(法释〔2012〕20 号)	《侵害信息网络传播权规定》

① 2001 年 6 月 19 日最高人民法院审判委员会第 1180 次会议通过,根据 2013 年 2 月 25 日最高人民法院审判委员会第 1570 次会议通过的《最高人民法院关于修改〈最高人民法院关于审理专利纠纷案件适用法律问题的若干规定〉的决定》第一次修正,根据 2015 年 1 月 19 日最高人民法院审判委员会第 1641 次会议通过的《最高人民法院关于修改〈最高人民法院关于审理专利纠纷案件适用法律问题的若干规定〉的决定》第二次修正,该修正自 2015 年 2 月 1 日起施行,2015 年 1 月 29 日发布。

续表

《最高人民法院关于审理植物新品种纠纷案件若干问题的解释》(法释〔2001〕5 号)	《植物新品种案件解释》
《最高人民法院关于审理侵犯植物新品种权纠纷案件具体应用法律问题的若干规定》(法释〔2007〕第 1 号)	《侵犯植物新品种案件规定》
《最高人民法院关于审理技术合同纠纷案件适用法律若干问题的解释》(法释〔2004〕20 号)	《技术合同案件解释》
《最高人民法院关于审理注册商标、企业名称与在先权利冲突的民事纠纷案件若干问题的规定》(法释〔2008〕3 号)	《商标、企业名称与在先权利冲突案件规定》
《最高人民法院关于知识产权法院技术调查官参与诉讼活动若干问题的暂行规定》(法〔2014〕360 号)	《技术调查官参与诉讼暂行规定》
《最高人民法院关于技术调查官参与知识产权案件诉讼活动的若干规定》(法释〔2019〕2 号)	《技术调查官参与诉讼规定》
《最高人民法院关于涉外民商事案件诉讼管辖若干问题的规定》(法释〔2002〕5 号)	《涉外民商事案件管辖规定》
《最高人民法院关于审理涉外民事或商事合同纠纷案件法律适用若干问题的规定》(法释〔2007〕14 号)	《涉外民事或商事合同案件法律适用规定》
《保护工业产权巴黎公约》	《巴黎公约》
《保护文学和艺术作品伯尔尼公约》	《伯尔尼公约》
《商标国际注册马德里协定》	《马德里协定》
《商标国际注册马德里协定有关议定书》	《马德里议定书》
《关于涉及网络知识产权案件的审理指南》(北京市高级人民法院 2016 年 4 月 13 日发布)	《涉网络知识产权案件审理指南》
《专利侵权判定指南》(北京市高级人民法院 2013 年 9 月 4 日发布,2017 年 4 月 20 日修订)	《专利侵权判定指南》

续表

《侵害著作权案件审理指南》(北京市高级人民法院2018年4月20日发布)	《侵害著作权案件审理指南》
《商标授权确权行政案件审理指南》(北京市高级人民法院2019年4月24日发布)	《商标授权确权行政案件审理指南》

目　录

第一部分　商标裁判规则

第二部分 不正当竞争裁判规则

第一部分

商标裁判规则

Part 1

第一章 绝对条款①

第一节 禁用条款②

1 商标中含有我国国名但整体与之不相同不近似，若可能有损国家尊严则属不良影响

【裁判要旨】

《商标法》第 10 条第 1 款第 1 项规定的同中华人民共和国的国家名称等"相同或者近似"，是指商标标志整体上与国家名称等相同或者近似。对于含有中华人民共和国的国家名称等，但整体上并不相同或者不相近似的标志，如果该标志作为商标注册可能导致损害国家尊严的，人民法院可以认定属于《商标法》第 10 条第 1 款第 8 项规定的情形。——《商标授权确权案件规定》第 3 条

---

① 商标授权确权程序中适用的实体法律条款可分为绝对条款和相对条款两部分，绝对条款包括《商标法》第 4 条、第 10～12 条和第 44 条第 1 款中的"以欺骗手段或者其他不正当手段取得注册的"规定，相对条款包括《商标法》第 13 条、第 15 条、第 16 条、第 30～32 条。

② 禁用条款主要包括《商标法》第 10 条和第 12 条。有争议的是，第 10 条第 2 款是属于禁用条款还是禁止条款。

【关键词】

国家名称｜不良影响｜整体｜国家尊严

【基本案情】

原告劲牌有限公司系第 4953206 号“中国劲酒”商标申请人。商标局以其内含我国国名为由,依据《商标法》第 10 条第 1 款第 1 项驳回其申请。劲牌有限公司不服,申请复审。商标评审委员会以相同理由,驳回其申请。

劲牌有限公司不服,提起诉讼。北京市第一中级人民法院判决:撤销商标评审委员会的决定。商标评审委员会不服,提起上诉。北京市高级人民法院判决:驳回上诉,维持原判。商标评审委员会仍不服,申请再审。最高人民法院提审后判决:维持二审判决,商标评审委员会重新作出决定。

【裁判理由】

最高人民法院认为:

商标是用以区别不同生产经营者所提供的商品或者服务的标志。《商标法》第 10 条第 1 款第 1 项规定,同中华人民共和国的国家名称相同或者近似的标志不得作为商标使用。此处所称同中华人民共和国的国家名称相同或者近似,是指该标志作为整体同我国国家名称相同或者近似。如果该标志含有与我国国家名称相同或者近似的文字,且其与其他要素相结合,作为一个整体已不再与我国国家名称构成相同或者近似的,则不宜认定为同中华人民共和国国家名称相同或者近似的标志。本案中,诉争商标可清晰识别为“中国”“劲”“酒”3 部分,虽然其中含有我国国家名称“中国”,但其整体上并未与我国国家名称相同或者近似,因此诉争商标并未构成同中华人民共和国国家名称相同或者近似的标志,商标评审委员会关于诉争商标属于《商标法》第 10 条第 1 款第 1 项规定的同我国国家名称相近似的标志,据此驳回诉争商标的注册申请不妥,本院予以纠正,其相关申诉理由本院亦不予支持。

但是,国家名称是国家的象征,如果允许随意将其作为商标的组成要素予以注册并作商业使用,将导致国家名称的滥用,损害国家尊严,也可能对社会公共利益和公共秩序产生其他消极、负面影响。因此,对于上述含有与我国国家名称相同或者近似的文字的标志,虽然对其注册申请不宜根据《商标法》第 10 条第 1 款第 1 项进行审查,但并不意味着属于可以注册使用的商标,而仍应当根据商标法其他相关规定予以审查。例如,此类标志若具有不良影响,仍可以按照商标法相关规定认定为不得使用和注册的商标。据此，就本案而言，北京市第一中级人民法院和北京市高级人民法院一审、二审判决理由不当，应予纠正，但其撤销商标评审委员会的决定的结论正确，应予以维持。本案中，商标评审委员会仍需就诉争商标是否违反商标法其他相关规定进行审查。故需判决商标评审委员会重新作出复审决定。

【案件信息】

劲牌有限公司诉商标评审委员会商标驳回复审案，最高人民法院(2010)行提字第4号行政判决书(2010年12月24日，夏君丽、王艳芳、周云川)，北京市高级人民法院(2009)高行终字第829号行政判决书(2009年8月19日，朱世宽、赵宇晖、胡华峰)，北京市第一中级人民法院(2009)一中行初字第441号行政判决书(2009年4月7日，齐莹、乔军)。

案件来源：最高人民法院知识产权案件年度报告(2010)，最高人民法院公报2012年第4期。

2 含外文商标是否构成禁用的外国国名，应基于相关公众的知识水平和认知能力确定

【裁判要旨】

相关公众基于其知识水平和认知能力，不会认为含外文文字的诉争商标在整体上与外国国家名称相同或近似的，应认定诉争商标未违反《商标法》第10条第1款第2项的规定。

【关键词】

外国国家名称｜相关公众｜认知能力｜禁止使用的标志

【基本案情】

诉争商标为耐克公司申请的第7752573号“JORDAN及图”，指定使用商品为第28类的篮球、球类专用袋等。商标局以诉争商标与第3225273号图形商标近似，诉争商标中的“JORDAN”可译为“约旦”，为外国国名，不得作为商标注册使用为由，驳回其申请。商标评审委员会依据同样的理由亦驳回耐克公司的复审申请。

耐克公司不服，提起诉讼。北京市第一中级人民法院判决：驳回耐克公司的

诉讼请求。耐克公司不服,提起上诉。北京市高级人民法院判决:驳回上诉,维持原判。耐克公司仍不服,申请再审。最高人民法院裁定:驳回其再审申请。

【裁判理由】

最高人民法院认为:

2001 年《商标法》第 10 条第 1 款第 2 项规定的主要目的在于尊重外国的国家主权,并避免相关公众误认为有关商品或者服务来源于外国或者与外国有特定联系。在认定诉争商标是否符合上述法律规定时,应当以相关公众作为判断主体,将诉争商标标志整体与外国的国家名称进行比较。相关公众基于其知识水平和认知能力,认定诉争商标整体上与外国的国家名称不相同也不近似的,应当认定诉争商标未违反 2001 年《商标法》第 10 条第 1 款第 2 项的规定。

本案诉争商标中文字部分"Jordan"除了构成约旦国(全称约旦哈希姆王国)英文国家名称"The Hashemite Kingdom of Jordan"的重要组成部分外,还具有人名、地名等其他含义。而且,诉争商标的文字部分与图形部分紧密结合,整体上与"Jordan"形成了一定的差异。由于地理差距、语言差异等因素,我国境内的相关公众对"JORDAN"为约旦国家英文名称重要组成部分的了解程度相对有限,相关公众基于其知识水平和认知能力,一般不会将诉争商标中的"JORDAN"与约旦国联系在一起,更不会认为诉争商标整体上与约旦的国家名相同或者近似。因此,一审、二审判决以及商标评审委员会决定有关诉争商标不符合 2001 年《商标法》第 10 条第 1 款第 2 项规定的认定错误,应予纠正。

对于商标局驳回通知书以及商标评审委员会决定中有关诉争商标不符合 2001 年《商标法》第 28 条规定的认定,耐克公司在诉争商标复审、提起行政诉讼以及上诉时均未提出异议。因此,商标评审委员会以《商标法》第 28 条为法律依据之一,作出"诉争商标予以驳回"的结论正确,应予维持。一审判决有关诉争商标不符合 2001 年《商标法》第 10 条第 1 款第 2 项规定的认定虽有错误,但其驳回再审申请人关于撤销商标评审委员会决定的诉讼请求正确。二审判决驳回耐克公司有关撤销商标评审委员会和一审判决并判令商标评审委员会重新作出决定的上诉请求的结论亦正确,为提高审判效率,予以维持。

【案件信息】

耐克国际有限公司诉商标评审委员会商标驳回复审案,最高人民法院(2015)知行字第 80 号行政裁定书(2015 年 12 月 2 日,王艳芳、杜微科、佟姝),北京市高级人民法院(2014)高行终字第 1960 号行政判决(2014 年 11 月 14 日,岑宏宇、刘庆辉、焦彦),北京市第一中级人民法院(2013)一中知行初字第2858号行政判决书(2014年3月20日,邢军、肖玲玲)。

案件来源:最高人民法院知识产权案件年度报告(2015)。

3 商标标志有无宗教含义而有不良影响,除考察官方含义外还要考察宗教人士的认知

【裁判要旨】

判断申请注册商标的标志是否具有宗教含义,进而有不良影响,不仅需要考察该标志文字在官方有无指向宗教含义的记载,也需要考察宗教机构人士和该宗教信众的认知;虽然官方无记载,但宗教机构人士和该宗教信众将该标志认知为具有宗教含义,作为商标加以注册和使用,可能对宗教信仰、宗教感情或者民间信仰造成伤害,从而具有不良影响。

【关键词】

不良影响 | 宗教含义 | 官方记载 | 宗教界机构人士 | 民间信众

【基本案情】

诉争商标系第3011175号"泰山大帝"商标,其申请日为2001年11月5日,核准注册日为2003年3月21日,核定使用商品无为第19类的石膏板,2010年4月14日转让给原告万佳公司。

2013年5月17日,泰山石膏公司依据2001年《商标法》第10条第1款第8项提起撤销诉争商标的申请,理由是,该商标有害于宗教信仰和宗教感情或者民间信仰等。商标评审委员会裁定:撤销诉争商标的注册。

万佳公司不服,提起诉讼。北京市第一中级人民法院判决:维持商标评审委员会的裁定。万佳公司仍不服,提起上诉。北京市高级人民法院判决:撤销一审判决和商标评审委员会的裁定,商标评审委员会重新作出裁定。泰山石膏公司不服,申请再审。最高人民法院判决:撤销二审判决,维持一审判决。

【裁判理由】

最高人民法院认为:

判断"泰山大帝"是否系道教神灵的称谓,是否具有宗教含义,不仅需考量本案当事人所提交的相关证据,也需考量相关宗教机构人士的认知以及道教在中国

民间信众广泛的历史渊源和社会现实。

首先，虽然，官方记载中未记载“东岳大帝”或“泰山神”被称为“泰山大帝”，但有部分书籍、新闻报道和论文中提及“东岳大帝”或“泰山神”称为“泰山大帝”。

其次，泰安市宗教机构也出具说明证明“泰山大帝”系道教神灵的称谓，他们的认知本身即是相关宗教机构人士的认知。

最后，道教是我国历史悠久、记载众多，关于道教神灵的称谓也难言仅限于国家官方记载。

故即便官方未记载“泰山大帝”为“泰山神”或“东岳大帝”，“泰山大帝”不是“东岳大帝”或“泰山神”称谓的唯一对应，但相关证据和宗教界机构人士的认知均表明，“泰山大帝”指向“泰山神”或“东岳大帝”，而不是指向其他道教神灵，“泰山大帝”的称谓系客观存在，具有宗教含义。将“泰山大帝”作为商标加以注册和使用，可能对宗教信仰、宗教感情或者民间信仰造成伤害，从而造成不良影响。

【案件信息】

山东万佳建材有限公司诉商标评审委员会、泰山石膏股份有限公司商标争议案，最高人民法院(2016)最高法行再21号行政判决书(2016年5月11日，王艳芳、钱小红、杜微科)，北京市高级人民法院(2014)高行(知)终字第3390号行政判决书(2014年12月12日，潘伟、孔庆兵、石必胜)，北京市第一中级人民法院(2014)一中知行初字第6325号行政判决书(2014年8月12日，强刚华、李轶萌)。

案件来源：最高人民法院知识产权案件年度报告(2016)。

4 有不良影响的标志已注册并经使用达到驰名商标程度的，也不因此获得注册的合法性

【裁判要旨】

具有多种含义的商标标志，其中一种含义具有不良影响的，该商标标志即应被认定为具有不良影响从而不得作为商标使用。

被认定具有不良影响的商标标志，即使获准注册后经使用产生较高知名度甚至达到驰名商标程度，也并不能因此取得注册的合法性。

【关键词】

不良影响｜宗教｜道教神灵｜商标使用｜知名度

【基本案情】

1997 年 8 月 22 日,上海城隍珠宝总汇提出第 1218394 号"城隍"商标(以下简称诉争商标)的注册申请,并于 1998 年 10 月 28 日获准注册,核定使用商品为第 14 类的宝石、翡翠、银饰品等;2010 年 11 月 8 日,转让给原告城隍公司。

2009 年 6 月 18 日,第三人豫园公司依据 2001 年《商标法》第 10 条第 1 款 8 项、第 28 条、第 41 条第 1 款和第 3 款的规定针对诉争商标提出撤销申请。商标局于 2011 年 5 月 27 日向上海市工商局下发的《关于认定"城隍"及第 1120085 号图形商标为驰名商标的批复》(商标驰字〔2011〕第 130 号),其中的"城隍"商标是以诉争商标为基础加以认定。

商标评审委员会裁定:诉争商标予以撤销。城隍公司不服,提起诉讼。北京市第一中级人民法院判决:维持商标评审委员会的裁定。城隍公司不服,提起上诉。北京市高级人民法院判决:驳回上诉,维持原判。

【裁判理由】

法院认为:

虽然"城隍"具有"护城河"等含义,但除此之外,"城隍"也被用来指代道教的特定神灵。而且,根据豫园公司和城隍公司提交的证据,"城隍"作为道教神灵有较为悠久的历史,且系与百姓生活联系比较密切的神灵。在此情形下,将"城隍"作为商标加以使用,将对信奉道教的相关公众的宗教感情产生伤害,并对社会公共利益和公共秩序产生消极、负面的影响。因此,诉争商标的注册使用违反了 2001 年《商标法》第 10 条第 1 款第 8 项的规定,依法应予撤销。

在商标授权确权行政案件中,虽然应当考虑相关商业标志的市场知名度,尊重相关公众已在客观上将相关商业标志区别开来的市场实际,注重维护已经形成和稳定的市场秩序,但这种对市场客观实际的尊重不应违背商标法的禁止性规定。在诉争商标违反《商标法》的情况下,即使诉争商标经使用具有了较高知名度甚至曾被商标局认定为驰名商标,也不应因此而损害法律规定的严肃性和确定性。

【案件信息】

上海城隍珠宝有限公司诉商标评审委员会、上海豫园旅游商城股份有限公司商标争议案,北京市高级人民法院(2014)高行终字第 485 号行政判决书(2014 年 6 月 3 日,莎日娜、周波、俞惠斌),北京市第一中级人民法院(2013)一中知行初字第1860号行政判决书(2013年11月19日,赵明、江建中)。

案件来源:2014年中国法院50件典型知识产权案件。

5 商标标志与已故知名人物姓名肖像相同近似致对商品特点产生误认的为欺骗性标志

【裁判要旨】

诉争商标标志或者其构成要素与特定行业、地域的已故知名人物姓名、肖像等相同或者近似,并由此导致公众对诉争商标指定使用的商品或者服务的质量、信誉、工艺等特点产生误认的,可以认定属于《商标法》第10条第1款第7项规定的情形。——《商标授权确权行政案件审理指南》第8.8条第1款

将在相关行业具有一定知名度和影响力的知名人物姓名作为商标注册在该行业相关商品上,易使相关消费者将该商品的品质特点与该行业相关知名商品生产工艺相联系,从而误导消费者的,可以认定为具有其他不良影响。

【关键词】

不良影响|欺骗性|已故知名人物|特定行业地域

【基本案情】

原告贵州美酒河公司系诉争的第3858717号"李兴发LIXINGFA及图"商标权人,该商标核定使用商品为第33类的酒精饮料(啤酒除外)。第三人李长寿以其父亲李兴发先生在茅台酒加工工艺上具有很高的知名度、诉争商标侵害了李兴发先生的姓名权并对其声誉造成了不良影响、使消费者利益受损为由,申请撤销诉争商标的注册。商标评审委员会裁定:诉争商标予以撤销。

贵州美酒河公司不服,提起诉讼。北京市第一中级人民法院判决:维持商标评审委员会的决定。贵州美酒河公司不服,提起上诉。北京市高级人民法院判决:驳回上诉,维持原判。贵州美酒河公司仍不服,申请再审。最高人民法院裁定:驳回其再审申请。

【裁判理由】

最高人民法院认为：

诉争商标由“李兴发”文字及图组成，根据查明的事实，李兴发生前系茅台酒厂的副厂长，李兴发在1964年带领科研小组摸索出茅台酒三种典型体，使茅台酒的传统工艺得到进一步的认识和完善，勾兑方法更科学，受到贵州省政府、轻工厅的奖励，并在1984～1992年获得了多项荣誉，为茅台酒的酿造工艺作出一定贡献，在酒行业内具有一定的知名度和影响力，将其姓名作为商标注册在“酒精饮料（啤酒除外）”商品上，易使相关消费者将商品的品质特点与李兴发本人或茅台酒的生产工艺相联系，从而误导消费者，并造成不良影响。鉴于此，诉争商标的注册违反了2001年《商标法》第10条第1款第8项之规定。

【案件信息】

贵州美酒河酿酒有限公司诉商标评审委员会、李长寿商标争议案，最高人民法院（2012）知行字第11号行政裁定书（2012年3月26日，于晓白、骆电、王艳芳），北京市高级人民法院（2010）高行终字第1503号行政判决书（2011年2月9日，莎日娜、钟鸣、周波），北京市第一中级人民法院（2010）一中知行初字第2154号行政判决书（2010年9月17日，刘海旗、毛天鹏、王东勇）。

案件来源：最高人民法院知识产权案件年度报告（2012）。

第二节　禁注条款[①]

6　申请注册时不是但在核准注册时成为通用名称的不能注册为指定商品上的普通商标[②]

7　认定约定俗成通用名称不能仅依据某一特定主体的使用而应考虑相关公众普遍认知

① 禁注条款主要是指《商标法》第11条关于显著特征（也称显著性）的规定。

② 本书中，当出现两个以上并列的裁判规则时，表示这些裁判规则都是从紧接着它们的同一案例中总结归纳而来，且其内容互相关联，并不是在这些裁判规则之间遗漏了案例内容。以下情况相同的，不再重复说明。

8 某一商标将具有集体商标性质而由某一团体成员使用时不应作为普通商品商标注册

【裁判要旨】

商品通用名称的形成，除法律规定或者国家标准、行业标准的规定外，主要依赖于市场的客观使用情况，因此，商品通用名称的认定不能单纯或者仅仅依据某一特定市场主体的使用情况而加以认定，只有该商品所在领域的相关公众均使用该名称指代该商品时，才能认定该名称为该商品的通用名称。

《商标法》明确规定了注册商标的不同种类，商标注册应当按照《商标法》明确设定的商标种类和相应程序进行，不能将不同种类的注册商标混淆在一起而加以注册。如果某一商标标志将确定地成为集体商标性质的商标而由某一团体、协会的成员使用，则其将因丧失区分商品或者服务来源的识别作用，而不应作为商品商标加以注册。

【关键词】

通用名称｜约定俗成｜核准注册时｜集体商标

【基本案情】

第三人正山茶叶公司于2007年3月9日申请了第5936208号“金骏眉”商标，指定使用商品为第30类的茶、冰茶、茶饮料、茶叶代用品。商标评审委员会认定，该商标可以起到区分商品来源的作用，不会误导公众，予以初步审定。

在诉争商标的初审公告期内，原告桐木茶叶公司以诉争商标缺乏显著性为由提出异议，商标局裁定：诉争商标予以核准注册。桐木茶叶公司不服，申请复审。商标评审委员会裁定：诉争商标予以核准注册。

桐木茶叶公司不服，提起诉讼。北京市第一中级人民法院认为，诉争商标“金骏眉”不是茶叶的法定通用名称，不是地理标志产品名称，也并非约定俗成的通用名称，故判决：驳回桐木茶叶公司的诉讼请求。桐木茶叶公司不服，提起上诉。北京市高级人民法院判决：撤销一审判决，撤销商标评审委员会裁定，商标评审委员会重新作出裁定。

【裁判理由】

法院认为：

现有证据不能认定"金骏眉"为茶等商品的法定通用名称。

约定俗成通用名称的形成，除法律规定或者国家标准、行业标准的规定外，主要依赖于市场的客观使用情况，因此，商品通用名称的认定并不能单纯或者仅仅依据某一特定市场主体的使用情况而加以认定，只有该商品所在领域的相关公众均使用该名称指代该商品时，才能认定该名称为该商品的通用名称。

诉争商标申请注册前现有证据未证明除正山茶叶公司外，其他市场主体使用"金骏眉"这一名称指代某一类茶商品，也未能证明茶商品领域中的相关公众将"金骏眉"作为商品名称加以识别和对待，因此，不能证明在诉争商标申请注册时，"金骏眉"已被相关公众作为茶等商品的通用名称加以识别和对待，故不能认定在诉争商标申请注册时，"金骏眉"属于茶等商品的通用名称。

中国茶叶流通协会、海峡茶叶交流协会和武夷山市茶叶局等行业协会、主管机关均将"金骏眉"作为正山茶叶公司研制的某一档次的红茶品种名称使用。正山茶叶公司所获荣誉证书使用的表述方式亦为"元正牌'金骏眉'"荣获2010年参加上海世博会名茶评优"红茶类"金奖。"金骏眉"品质鉴定意见显示，由6位高级评茶师参与并出具的鉴定意见亦将"金骏眉"作为茶的产品名称加以识别和对待。"陆羽奖"颁奖典礼现场文字整理及视频截图，显示"金骏眉"和"银骏眉"系武夷名茶。正山茶叶公司产品外包装图片，显示正山茶叶公司亦将"金骏眉"作为商品名称加以使用。《武夷山市人民政府关于将福建武夷山市武夷红茶列为地理标志产品保护的请示》、武夷山市星村镇桐木村委会《关于"金骏眉"茶叶的情况说明》等证据显示，相关公众系将"金骏眉"作为一种红茶商品的通用名称加以识别和对待的。上述证据，足以证明在商标评审委员会裁定作出时，"金骏眉"已作为一种红茶的商品名称为相关公众所识别和对待，成为特定种类的红茶商品约定俗成的通用名称。

根据正山茶叶公司与武夷山市茶业同业公会签订的《"金骏眉"商标使用许可合同》，将由武夷山市茶业同业公会制定"金骏眉"商标使用管理办法并负责该商标的日常监管、维权及宣传推广等工作，武夷山市茶业同业公会有权将"金骏眉"商标依照制定的使用标准许可给武夷山市辖区内符合要求的企业使用，合同约定的上述内容导致的结果必然是使诉争商标丧失了商品商标的一般性质而成为具有集体商标性质的商标。在《商标法》框架下，商品商标与集体商标从性质、功能等方面截然不同,不应混为一谈。如果某一商标标志将确定地成为集体商标性质的商标而由某一团体、协会的成员使用,则其将因丧失区分商品或者服务来源的识别作用,而不应作为商品商标加以注册。在《商标法》明确规定了注册商标的不同种类的情况下,商标注册应当按照《商标法》明确设定的商标种类和相应程序进行,不能将不同种类的注册商标混淆在一起而加以注册。因此,基于上述事实,本案诉争商标亦不应当予以核准注册。

【案件信息】

武夷山市桐木茶叶有限公司诉商标评审委员会、福建武夷山国家级自然保护区正山茶叶有限公司商标异议复审案,北京市高级人民法院(2013)高行终字第1767号行政判决书(2013年12月12日,张雪松、周波、戴怡婷),北京市第一中级人民法院(2013)一中知行初字第894号行政判决书(2013年7月25日,饶亚东、郭伟)。

案件来源:2013年中国法院知识产权司法保护十大案件。

9 诉争商标整体经过长期使用相关公众能以其识别商品来源,不再认定属于描述性标志

【裁判要旨】

诉争商标中的文字缺乏显著特征,但包含文字、图形在内的组合整体具有一定的显著特征,经过长期使用获得较高知名度和市场声誉,相关公众能够以其识别商品来源,不属于缺乏显著特征的描述性标志。

【关键词】

显著特征|第二含义|使用|识别|整体

【基本案情】

案外人湖南省宁乡县茶叶公司于1990年5月11日申请注册"沩山牌及图"商标,并于1991年5月20日获准注册,后该商标被转让给原告沩山茶业公司。

诉争商标经长期使用,于2002年被认定为湖南省著名商标。2004年6月14日,第三人湘沩名茶厂等六公司以"沩山毛尖"为茶叶商品的通用名称,诉争商标的注册违反了2001年《商标法》第11条第1款、第41条第1款的规定为由,申请

撤销诉争商标。商标评审委员会裁定:撤销诉争商标的注册。

沩山茶业公司不服,提起诉讼。北京市第一中级人民法院:判决维持商标评审委员会的裁定。沩山茶业公司不服,提起上诉。北京市高级人民法院判决:驳回上诉,维持原判。沩山茶业公司不服,申请再审。最高人民法院提审后判决:撤销一审、二审判决及商标评审委员会的裁定。

【裁判理由】

最高人民法院认为:

判断诉争商标是否应当依据《商标法》第 11 条第 1 款第 2 项、第 3 项法律规定予以撤销时,应当根据诉争商标指定使用商品的相关公众的通常认识,从整体上对商标是否具有显著特征进行判断,不能因为诉争商标含有描述性文字就认为其整体缺乏显著性。

本案诉争商标由沩山牌文字、拼音及相关图形组成,并非仅由沩山文字及其拼音组成,其商标组成部分中的图形亦属该商标的重要组成部分。此外,根据查明的事实,诉争商标自 1991 年 5 月 20 日核准注册,已经经过了近 20 年的使用,且在 2002 年被评为湖南省著名商标。鉴于本案诉争商标使用时间较长,已经建立一定的市场声誉,相关公众能够以其识别商品来源,并不仅仅直接表示商品的质量、主要原料、功能、用途、重量、数量及其他特点,商标评审委员会、原审法院以诉争商标含有沩山文字就认为其整体缺乏显著性,属于认定事实错误,应予纠正。

【案件信息】

沩山茶叶公司诉商标评审委员会、宁乡县沩山乡茶叶协会、湖南宁乡沩山军民茶叶实业有限公司、湖南宁乡沩山湘沩名茶厂、湖南沩山名茶厂、湖南省宁乡县沩山密印茶厂、长沙市沩峰茶厂商标争议案,最高人民法院(2011)行提字第 7 号行政判决书(2011 年 6 月 29 日,于晓白、骆电、王艳芳),北京市高级人民法院(2007)高行终字第 583 号行政判决书,北京市第一中级人民法院(2007)一中行初字第 647 号行政判决书(2007 年 8 月 31 日,娄宇红、李纪红)。

案件来源:最高人民法院知识产权案件年度报告(2011)。

10 商标驳回复审诉讼中当事人提交其商标经使用产生或增强显著特征的证据应予考虑

【裁判要旨】

人民法院审查诉争商标是否具有显著特征，应当根据商标所指定使用商品的相关公众的通常认识，判断该商标整体上是否具有显著特征。商标标志中含有描述性要素，但不影响其整体具有显著特征的；或者描述性标志以独特方式加以表现，相关公众能够以其识别商品来源的，应当认定其具有显著特征。——《商标授权确权案件规定》第7条

在商标驳回复审行政诉讼中，对于当事人提交的关于诉争商标使用情况的新证据应当予以考虑。[①]

【关键词】

显著特征｜描述性｜第二含义｜使用证据｜新证据

【基本案情】

2004年2月12日，原告佳选公司申请在第35类推销（替他人）、进出口代理等服务项目上注册第3909917号"BEST BUY及图"商标。该商标由英文单词"BEST""BUY"以及一方框图形构成，其中两个英文单词上下排列，方框图形的底色为黄色。

商标局认为诉争商标以该文字作为商标用在指定使用服务上，仅仅直接表示了服务的品质和特点，决定驳回注册申请。佳选公司不服，申请复审。商标评审委员会以与商标局基本相同理由对诉争商标予以驳回。

佳选公司不服，提起诉讼，并提交了诉争商标在中国法域外实际使用的大量证据，以证明其商标因使用获得显著特征。北京市第一中级人民法院以与商标评审委员会相同的理由判决维持商标评审委员会的决定。佳选公司不服，提起上

① 本案是在商标驳回复审程序中对诉争商标经过使用产生或者增强显著特征的证据予以考虑，甚至考虑了该商标在中国法域外的使用证据，但是同样在商标驳回复审程序中，对诉争商标经过使用具有知名度从而能够与引证商标相区分的证据，最高人民法院（2016）最高法行申362号深圳市柏森家居用品有限公司诉商标评审委员会商标驳回复审案再审行政裁定书的意见是原则上不予考虑。

诉。北京市高级人民法院判决：驳回上诉，维持原判。佳选公司仍不服，申请再审，并提交了其在中国法域内使用诉争商标的证据和相关报道。最高人民法院查明：佳选公司为世界500强企业，在北美家电零售排名第一。2007年1月，佳选公司在我国的第一家门店在上海市开业经营，引发媒体的广泛报道和业界的关注。佳选公司在经营活动和广告宣传中使用诉争商标。最高人民法院提审后判决：撤销一审、二审判决和商标评审委员会的决定，商标评审委员会重新作出驳回复审决定。

【裁判理由】

最高人民法院认为：

商标评审委员会在商标局法律适用的基础上增加适用《商标法》第11条第1款第3项，是该条款与商标局适用的第11条第1款第2项均属商标显著性问题，没有必要者通知佳选公司另行专门就第3项的适用发表陈述，在此基础上商标评审委员会适用《商标法》第11条第1款第2项、第3项作出决定，未严重损害佳选公司的权利，不构成程序违法。

商标驳回复审案件中，诉争商标的注册程序尚未完成，评审时包括诉讼过程中的事实状态都是决定是否驳回商标注册需要考虑的。本案中，佳选公司在一审诉讼过程中提交了诉争商标实际使用的大量证据，这些证据所反映的事实影响诉争商标显著性的判断，如果不予考虑，佳选公司将失去救济机会，因此在判断诉争商标是否具有显著特征时，应当考虑这些证据。一审法院以这些证据为诉讼中提交的新证据，且无正当理由，对上述证据不予采纳的做法不妥。

人民法院在审理商标授权确权行政案件时，应当根据诉争商标指定使用商品的相关公众的通常认识，从整体上对商标是否具有显著特征进行审查判断。标志中含有的描述性要素不影响商标整体上具有显著特征，相关公众能够以其识别商品来源的，应当认定其具有显著特征。

本案中，诉争商标由英文单词“BEST”“BUY”以及黄色的标签方框构成，虽然其中的“BEST”和“BUY”对于指定使用的服务具有一定描述性，但是加上标签图形和鲜艳的颜色，整体上具有显著特征，便于识别。同时，根据新查明的事实，诉争商标在国际上有较高知名度，且诉争商标在我国已经实际使用，经过使用也具有了一定的知名度。综合上述因素，诉争商标能够起到识别服务来源的功能，相关公众能够以其识别服务来源。商标评审委员会和一审、二审法院对诉争商标的显著性没有进行整体判断，同时未考虑佳选公司新提交的证据，认定诉争商标不具有显著性的结论错误,应予纠正。

【案件信息】

佳选企业服务公司诉商标评审委员会商标驳回复审案,最高人民法院(2011)行提字第9号行政判决书(2011年10月28日,夏君丽、殷少平、周云川),北京市高级人民法院(2010)高行终字第861号行政判决书,北京市第一中级人民法院(2009)一中行初字第388号行政判决书。

案件来源:最高人民法院知识产权案件年度报告(2011)。

11 除非有特殊规定否则不应对声音商标及其他新类型非传统商标的审查予以特殊对待

12 对通过使用取得显著特征商标标志的审查须遵循商品和服务项目特定化的审查原则

【裁判要旨】

显著特征的取得建立在使用基础之上的商标,其获准注册的商品或者服务范围,应当以其实际使用的商品或者服务为限。通常情况下,不存在在一个商品或者服务项目上经过使用而取得显著特征的标志,即可仅因其在该商品或者服务上的使用行为,而在其他商品或者服务项目上当然获得显著特征。对于通过使用而取得显著特征的商标的审查,必须遵循"商品和服务项目特定化"之审查原则,避免显著特征使用取得认定过程中的泛化处理和以偏概全。

【关键词】

显著特征 | 使用 | 商品和服务的特定化 | 非传统商标

【基本案情】

诉争商标系第14502527号"嘀嘀嘀嘀嘀嘀"商标(声音商标),由原告腾讯公司于2014年5月4日提出注册申请,指定使用在第38类的电视播放、新闻社、提供互联网聊天室、电子邮件、信息传送、在线贺卡传送、数字文件传送、计算机辅助信息和图像传送、提供在线论坛、电话会议服务上。商标局以诉争商标由简单、普通的音调或旋律组成,使用在指定使用项目上缺乏显著性,不得作为商标注册为由,驳回其注册申请。腾讯公司不服,申请复审并提交了诉争商标作为 QQ 软件新消息传来时默认提示音使用的相关证据。商标评审委员会认为:腾讯公司提交的证据虽能证明其 QQ 软件享有知名度,但诉争商标的声音仅为软件包含的标识某一功能的声音,在案证据不能证明诉争商标经使用已起到区别服务来源的作用因此决定:对诉争商标的注册申请予以驳回。

腾讯公司不服,提起诉讼。北京知识产权法院判决:撤销商标评审委员会的决定并判令其重作。商标评审委员会不服,提起上诉。北京市高级人民法院判决:驳回上诉,维持原判。

【裁判理由】

法院认为:

在 2013 年《商标法》修改时删除了商标构成要素必须属于"可视性标志"的原有要求,使任何能够发挥商品或服务来源识别作用的标志都有可能作为商标获准注册,从而拓宽了商标类型的范畴,为今后更好地保护经营者的合法权益、维护市场竞争的良好秩序、保护消费者的合法权益提供了更大的可能。但与此同时,为了平等地对待不同商标注册需求的市场经营者、平等地保护已经获准注册的不同类型商标的商标权人,除非商标法有特殊规定,否则不应对声音商标以及今后可能出现的其他新类型商标作出特殊对待。

本案诉争商标由连续的 6 声"嘀"音构成,各"嘀"音之间音色基本相同、时间间隔短促且基本相同,指定使用在第 38 类的信息传送、提供在线论坛、提供互联网聊天室、在线贺卡传送、数字文件传送、电子邮件的服务上。虽然,诉争商标构成要素的选取体现了腾讯公司的特定创意,但是,商标标志在其指定使用服务上是否具有显著特征,仍然需要结合相关公众的一般认知加以具体判断。具体而言,由于诉争商标仅由单一而重复的"嘀"音构成,相关公众通常情况下不易将其作为区分商品或者服务来源的标志加以识别,诉争商标属于《商标法》第 11 条第 1 款第 3 项规定的缺乏显著特征的标志。

特定的标志其本身在特定的商品或者服务上可能缺乏商标注册所需的显著特征,但是当其经过使用而能够发挥识别作用时,则可以根据《商标法》第 11 条第 2 款的规定予以核准注册。由于这种显著特征的取得建立在使用的基础之上,因此,此类商标获准注册的商品或者服务范围,也应当以其实际使用的商品或者服务为限。通常情况下,不存在在一个商品或者服务项目上经过使用而取得显著特征的标志,在其他商品或者服务项目上当然获得显著特征的情况。对于通过使用而取得显著特征的商标的审查,必须遵循“商品和服务项目特定化”之审查原则,避免显著特征使用取得认定过程中的泛化处理和以偏概全。

腾讯公司提供的证据能够证明诉争商标“嘀嘀嘀嘀嘀嘀”声音通过在QQ即时通讯软件上的长期持续使用,具备了识别服务来源的作用。一审判决认定诉争商标在与QQ即时通讯软件相关的“信息传送、提供在线论坛、计算机辅助信息和图像传送、提供互联网聊天室、数字文件传送、在线贺卡传送、电子邮件”服务上具备了商标注册所需的显著特征并无不当,诉争商标可以在上述服务项目上予以初步审定。但是,诉争商标并未在“电视播放、新闻社、电话会议服务”上实际使用,一审判决以“电话会议服务”与“超级群聊天”服务功能完全相同以及综合性即时通讯软件服务平台存在提供电视播放、新闻服务的可能性为由,认定诉争商标在上述3个服务项目上亦具有显著特征,显然不符合诉争商标经过使用方才取得显著特征的案件事实,不适当地为诉争商标预留了申请注册的空间,对此应予纠正。

【案件信息】

腾讯科技(深圳)有限公司诉商标评审委员会商标驳回复审案,北京市高级人民法院(2018)京行终3673号行政判决书(2018年9月27日,周波、俞惠斌、苏志甫),北京知识产权法院(2016)京73行初3203号行政判决书(2018年4月27日,张剑、司品华)。

案件来源:北京法院2018年10大知识产权案例。

13 商品部分外观三维形状申请注册立体商标应证明相关公众已将其作为来源识别标志

14 商标申请人其他已注册商标的构成及商品与诉争商标不同且未经司法审查的不予参考

【裁判要旨】

仅以商品自身形状或者自身形状的一部分作为三维标志申请注册商标,相关公众一般情况下不易将其识别为指示商品来源标志的,该三维标志不具有作为商标的显著特征。该形状系申请人所独创或者最早

使用并不能当然导致其具有作为商标的显著特征。——《商标授权确权案件规定》第9条

其他已经获准注册的商标，由于其标志构成和指定使用商品均与本案情况不同，且未进入司法审查程序，故其是否被核准注册的事实，与本案的审理并无直接的关联性。

【关键词】

立体商标｜显著特征｜商品部分外观｜司法审查｜个案审查

【基本案情】

爱马仕公司系诉争的国际注册G798099号三维立体商标的申请人，该商标于2003年2月6日被准予国际注册，2003年3月27日向我国提出领土延伸保护申请，指定使用商品为第18类的皮革及人造皮革皮具(专用盒、手套和腰带除外)、包，如手提包、旅行包、背包、小皮钱包、证件套(钞票夹)、皮革钥匙包、文件夹、箱子、行李、小口袋等。该标志主要由包体、包体上的开关部分及提手部分构成。在其商标图样中，包体轮廓及提手部分由虚线表示，包体上的开关部分由实线表示，爱马仕公司表示其要求保护的部位是实线表示的包体上的开关部位。

商标局认为诉争商标缺乏显著特征，不符合《商标法》第11条第1款第3项的规定，驳回其在指定使用商品上的全部申请。爱马仕公司不服，申请复审。商标评审委员会认为，诉争商标为皮包等商品上常见的外观设计图形，用在指定商品上缺乏商标应有的显著性，无法起到区别商品来源的作用，因此其在中国的领土延伸保护申请应予以驳回。

爱马仕公司不服，提起诉讼。北京市第一中级人民法院判决：维持商标评审委员会的决定。爱马仕公司不服，提起上诉。北京市高级人民法院判决：驳回上诉，维持原判。爱马仕公司仍不服，申请再审。最高人民法院裁定：驳回其再审申请。

【裁判理由】

最高人民法院认为：

诉争商标由包体上的翻盖、由包背面穿出的两条平行皮带及开关挂锁组成，商标评审委员会和一审法院将包体和提手部分也认定为诉争商标请求保护的范围之中，属于认定事实错误，二审法院对此已予以纠正。

对于诉争商标是否具有显著性，应当结合指定使用商品的相关公众的通常认识，从整体上进行判断。诉争商标是以商品部分外观的三维形状申请注册的情

形，在通常情况下，这种三维形状不能脱离商品本身而单独使用，故相关公众更易将其视为商品的组成部分。除非这种三维形状的商品外观作为商标，其自身具有区别于同类商品外观的显著特征，或者有充分的证据证明，通过使用，相关公众已经能够将这种商品外观与特定的商品提供者联系起来。

诉争商标由包体上的翻盖、由包背面穿出的两条平行皮带及开关挂锁组成，指定使用的商品主要为包类，如背包、旅行包、手包等，结合此类商品相关公众的通常认识，诉争商标所包含的经过一定变形的皮包翻盖、皮带和金属部件均是包类商品上运用较多的设计元素，将这几种设计元素组合在一起的设计方式并未使其产生明显区别于其他商品外观的显著特征。仅从该三维标志本身来看，诉争商标并不具有内在显著性。

爱马仕公司在诉讼过程中提交的证据难以证明诉争商标已经通过使用而获得显著性。首先，涉及在中国大陆宣传使用的证据较少，且其中的大部分宣传资料指向的是爱马仕公司的历史发展、经营状况等，与诉争商标的宣传使用无关。爱马仕公司所提交的在世界其他国家的宣传资料也未涉及诉争商标的相关内容。其次，即使考虑到这些证据当中部分与诉争商标所依附的商品有关的宣传资料，也未能证明作为商品组成部分的诉争商标，通过爱马仕公司对商品的宣传，而使诉争商标具有了区分商品来源的作用。本案中，爱马仕公司虽然提交了调查公司关于包含诉争商标组成部分的手提包立体商标认知情况的调查研究报告，但该调查报告的结论即使能够证明诉争商标所使用的商品或者作为商品外观一部分的诉争商标对于消费者具有吸引力，也未能证明相关公众凭借诉争商标足以区分不同的商品提供者。再次，尽管诉争商标已经在其他国家获得了注册，但基于知识产权的独立保护和地域保护原则，上述事实仅是审查的参考因素，其对按照我国商标法的相关规定进行的商标审查行为并不产生直接的影响。最后，对于爱马仕公司其他已经获准注册的商标，由于其标志构成和指定使用商品均与本案情况不同，且未进入司法审查程序，故其是否被核准注册的事实，与本案的审理并无直接的关联性。据此，因爱马仕公司既未能证明诉争商标具有内在显著性，也未能证明诉争商标通过市场中的使用而获得了显著性。

【案件信息】

意大利爱马仕公司诉商标评审委员会商标驳回复审案，最高人民法院(2012)知行字第70号行政裁定书(2012年12月13日，夏君丽、周云川、董晓敏)，北京市高级人民法院(2009)高行终字第635号行政判决书(2010年6月9日，郭宜、赵宇晖、景滔)，北京市第一中级人民法院(2008)一中行初字第323号行政判决书。

案件来源:最高人民法院知识产权案件年度报告(2012)。

15 商品包装容器外观三维立体商标显著性应审查其固有显著性和经使用获得的显著性

16 商标可注册性审查虽然要考虑个案情况但不能以个案审查为由忽视执法标准的统一

【裁判要旨】

对商品包装容器外观的三维立体商标的显著性审查,应当考察其形状本身是否有固有显著性,以及该形状经过使用是否取得显著性两个方面。

商标评审及司法审查程序虽然要考虑个案情况,但审查的基本依据均为商标法及其相关行政法规规定,不能以个案审查为由忽视执法标准的统一性问题。

【关键词】

立体商标｜显著性｜个案审查｜商品包装容器

【基本案情】

诉争商标申请人为迪奥尔公司,该商标在原属国法国的核准注册日为2014年4月16日,国际注册日为2014年8月8日,国际注册指定的商标类型为"三维立体商标",指定使用商品为第3类的香水等。

国际局于2014年11月6日通知中国的商标局诉争商标的领土延伸保护申请,移交申请材料,同时在国际注册簿中进行登记。2015年7月13日,商标局以诉争商标缺乏显著性为由驳回其领土延伸保护申请。迪奥尔公司不服,申请复审,并提交了作为立体商标的三面视图。商标评审委员会决定认为,诉争商标为图形商标,其缺乏显著性,因此驳回迪奥尔公司的领土延伸保护申请。

迪奥尔公司不服,提起诉讼。北京知识产权法院判决驳回了迪奥尔公司的诉讼请求。迪奥尔公司提起上诉。北京市高级人民法院判决驳回上诉,维持原判。迪奥尔公司申请再审。最高人民法院判决:撤销商标评审委员会的决定和一审、二审判决,判令商标评审委员会对诉争商标重新作出决定。

另外,迪奥尔公司第7505828号图形商标,已于2011年8月7日获准注册,核定使用商品为第3类的肥皂、洗发液、香精油、香料、化妆品等。

【裁判理由】

最高人民法院认为:

商标局、商标评审委员会均将诉争商标作为图形商标进行审查,而诉争商标在国际局指定的商标类型为"三维立体商标",由国际局向商标局转送的诉争商标信息,应当是商标局据以审查、决定诉争商标指定中国的领土延伸保护申请能否获得支持的事实依据,商标局和商标评审委员会认定的商标类型与迪奥尔公司请求保护的商标类型明显不符,决定依据的事实基础有误。

迪奥尔公司在商标评审程序中提交的复审理由书曾明确提出:诉争商标为指定颜色的三维立体商标,因诉争商标为国际注册,迪奥尔公司无法就此向商标局作出说明,也未能获得补正机会,同时向商标评审委员会提交了诉争商标的三面视图。商标评审委员会既对此未如实记载,也未针对迪奥尔公司提出的上述主张予以核实,仍将诉争商标作为"图形商标"进行审查并径行驳回迪奥尔公司复审申请的做法,违反法定程序,并可能损及行政相对人的合法利益。商标局、商标评审委员会应当以三维立体商标为基础,重新对诉争商标是否具备显著特征等问题予以审查。

商标局、商标评审委员会在重新审查认定中应重点考量如下因素:一是诉争商标的显著性与经过使用取得的显著性,特别是诉争商标进入中国市场的时间,在案证据能够证明的实际使用与宣传推广的情况,以及诉争商标因此而产生识别商品来源功能的可能性;二是审查标准一致性的原则。商标评审及司法审查程序虽然要考虑个案情况,但审查的基本依据均为商标法及其相关行政法规规定,不能以个案审查为由忽视执法标准的统一性问题。

【案件信息】

克里斯蒂昂迪奥尔香料公司诉商标评审委员会商标驳回复审案,最高人民法院(2018)最高法行再26号行政判决书(2018年4月26日,陶凯元、王闯、佟姝),北京市高级人民法院(2017)京行终744号行政判决书(2017年5月23日,周波、俞惠斌、苏志甫),北京知识产权法院(2016)京73行初3047号行政判决书(2016年9月29日,张鹏)。

案件来源:指导案例114号(最高人民法院审判委员会讨论通过,2019年12月24日发布);最高人民法院知识产权案件年度报告(2018);2018中国法院10大知识产权案件。

17 三维标志申请注册立体商标前已被同行业广泛使用的，应认定该形状不具有显著性

【裁判要旨】

对于以商品包装形式体现的三维标志，设计上的独特性不当然地等同于商标的显著性，而仍应当以其能否区分商品来源作为固有显著性的判断标准。同业经营者的使用情况对通过使用获得显著性的认定具有影响，当现有证据不足以克服相关公众对三维标志仅为商品包装这一认知的情况下，不能认定该三维标志通过使用获得了显著性。

【关键词】

显著性｜美学功能性｜三维标志｜商品包装｜同业经营者

【基本案情】

诉争商标系国际注册 G640537 号三维标志商标，由第三人雀巢公司于 2002 年 3 月 14 日向中国提出领土延伸保护申请，于 2005 年 7 月 27 日获准注册，核定使用商品为第 30 类的食用调味品，指定颜色为棕色、黄色。

味事达公司及其关联公司至迟于 1983 年即开始使用与诉争商标近似的“棕色方形瓶”作为产品的包装，持续使用多年并进行大量广告宣传，使用该包装的“味极鲜”酱油有很高的市场占有率。在诉争商标申请日之前，有不同主体的外观设计专利中亦显示了与诉争商标近似的包装瓶。国内多家知名的调味品生产企业使用与诉争商标近似的棕色（或透明）方形瓶作为液体调味产品的容器和外包装。

原告味事达公司以诉争商标缺乏显著性等为由提出撤销申请。商标评审委员会裁定：对诉争商标予以维持。味事达公司不服，提起诉讼。北京市第一中级人民法院以诉争商标不具有显著性，且具有功能性，尤其是美学功能性为由，认定诉争商标不应获得注册，因此判决：撤销商标评审委员会的裁定，并判令其重新作出裁定。雀巢公司不服，提起上诉。北京市高级人民法院认定诉争商标不具有显著性，但否定了一审判决关于其具有功能性或者美学功能性的认定，从而判决：驳回上诉，维持原判。雀巢公司仍不服，申请再审。最高人民法院裁定：驳

回其再审申请。

【裁判理由】

最高人民法院认为:

关于诉争商标是否具有固有显著性的问题。诉争商标指定使用的“调味品”是普通消费者熟悉的日常用品,在诉争商标申请领土延伸保护之前,市场上已存在与诉争商标瓶型近似的同类商品的包装,且由于2001年修改前的《商标法》并未有三维标志可申请注册商标的相关规定,故相关公众不会将其作为区分不同商品来源的标志,故诉争商标不具有固有的显著性。

关于诉争商标是否通过使用获得了显著性的问题。味事达公司及其关联公司至迟于1983年即开始使用与诉争商标近似的“棕色方形瓶”作为产品的包装,持续使用多年并进行大量广告宣传,使用该包装的“味极鲜”酱油有很高的市场占有率。在诉争商标申请日之前,有不同主体的外观设计专利中亦显示了与诉争商标近似的包装瓶。国内多家知名的调味品生产企业使用与诉争商标近似的棕色(或透明)方形瓶作为液体调味产品的容器和外包装。雀巢公司提交的证据显示其产品最早在中国大陆地区进行销售是1997年,晚于味事达公司及其他同行业企业。雀巢公司称“在先的使用均属对其诉争商标瓶型的抄袭、模仿”,缺乏事实和法律依据。雀巢公司称其诉争商标瓶型已使用100多年,但在其他国家和地区的使用不能使该标志在中国大陆消费者心目中产生可以成为商标的显著性。因此,大量同行业企业使用近似的瓶型作为调味品包装这一事实进一步强化了诉争商标瓶型仅是商品包装这一认知,但雀巢公司所提交的证据不足以克服相关公众的上述认知,从而不足以获得注册商标所需的显著性。雀巢公司提交的证据中能够体现诉争商标瓶型的雀巢公司广告中,其所展示的均为附加了“Maggi美极鲜味汁”标志的产品,并未单独显示诉争商标所涉瓶型或者以其他方式向消费者说明该瓶型本身亦为指示商品来源的标志,相关公众难以将所涉瓶型单独认知为商标。雀巢公司另主张涉案瓶型造价成本高、运输不便,并不特别适宜作为产品包装,但并未进行相关举证,不影响对诉争商标是否通过使用获得显著性的判断。

【案件信息】

开平味事达调味品有限公司诉商标评审委员会、雀巢产品有限公司商标争议案,最高人民法院(2014)知行字第21号行政裁定书(2014年10月24日,夏君丽、钱小红、董晓敏),北京市高级人民法院(2012)高行终字第1750号行政判决书(2013年9月13日,莎日娜、周波、戴怡婷),北京市第一中级人民法院(2012)一中知行初字第269号行政判决书(2012年7月20日,芮松艳、司品华)。

案件来源:最高人民法院知识产权案件年度报告(2014)。

18 证明商标注册要达到的显著性标准应当与普通商标区分商品来源的显著性标准一致

【裁判要旨】

显著性是商标发挥识别不同商品或者服务功能的基础,证明商标作为注册商标的一种类型,应当符合注册商标的一般性规定,即应当符合《商标法》第11条的规定,具有显著性,便于识别。

【关键词】

显著性|证明商标|技术特点|蓝牙

【基本案情】

诉争商标系原告布鲁特斯公司2007年2月14日申请的第5918201号"蓝牙"证明商标,指定使用服务是第42类计算机编程、与数据、声音、影像及照明的录制、传送及复制有关的计算机硬件及软件咨询。

商标局以诉争商标属于2001年《商标法》第11条第1款第2项规定情形为由,驳回其注册申请。布鲁特斯公司不服,申请复审。商标评审委员会依据同样的理由对诉争商标予以驳回。

布鲁特斯公司不服提起诉讼。北京市第一中级人民法院判决:维持商标评审委员会的决定。布鲁特斯公司不服,提起上诉。北京市高级人民法院判决:驳回上诉,维持原判。布鲁特斯公司仍不服,申请再审。最高人民法院裁定:驳回其再审申请。

【裁判理由】

最高人民法院认为:

显著性是商标发挥识别不同商品或者服务功能的基础。虽然《商标法》第3条第3款对证明商标的申请主体、使用主体及基本功能作出了规定,但其作为注册商标的一种类型,应当符合注册商标的一般性规定,具有显著性,便于识别,符合《商标法》第 11 条的规定。

虽然“蓝牙”最初是作为“Bluetooth”的中文翻译为中国消费者所认识，“Bluetooth”亦作为在先商标在中国核准注册，核定使用在“计算机编程、与数据、声音、影像及照明的录制、传送及复制有关的计算机硬件及软件咨询”等服务上。但证据表明，由于布鲁特斯公司及电子通信领域的公司长期将“蓝牙”作为“一种近距离无线通信技术”使用在音箱、耳机、打印机、手机、鼠标等产品上，并开展相关标准化活动，蓝牙技术、蓝牙产品已迅速普及并被广大消费者所接受，相关公众普遍认为蓝牙是一种能在移动电话、PDA、无线耳机、笔记本电脑、相关外设等众多设备之间进行无线信息交换的短距离无线通信技术，蓝牙产品就是包含短距离无线通信技术的产品。因此，蓝牙作为一种短距离无线通讯技术，注册使用在“计算机编程、与数据、声音、影像及照明的录制、传送及复制有关的计算机硬件及软件咨询”等服务上，直接表示了指定服务的技术特点，缺乏商标应有的显著特征，属于《商标法》第 11 条第 1 款第 2 项所指情形。布鲁特斯公司提交的证据，不足以证明其“蓝牙”商标未直接表示指定服务的技术特点，已具备注册商标应有的显著性。

【案件信息】

布鲁特斯 SIG 有限公司诉商标评审委员会商标驳回复审案，最高人民法院(2016)最高法行申 2159 号行政裁定书(2016 年 12 月 27 日，夏君丽、曹刚、傅蕾)，北京市高级人民法院(2015)高行(知)终字第 1927 号行政判决书(2015 年 12 月 21 日，莎日娜、周波、于晔)，北京市第一中级人民法院(2014)一中知行初字第 6074 号行政判决书(2015 年 3 月 6 日，夏晓红、董伟)。

案件来源：最高人民法院知识产权案件年度报告(2016)。

19 商标虽含有描述性因素且为国家非物质文化遗产名称但因使用有来源指向的具备显著性

【裁判要旨】

商标中虽含有描述性因素，但并不意味着缺乏显著性，还应根据商标所指定使用商标的相关公众的通常认识，从整体上判断。相关商标的实际使用情况，以及是否经过使用产生识别商品来源的作用也是需要考虑的因素。

对非物质文化遗产的传承与发展，并不当然排斥知识产权的保护方式。非物质文化遗产名称作为商标，经过作为商标权的传承人的使用，使其产生指向特定服务来源的功能，应当对该注册商标予以维持，同时这也实质上促进了传统文化的传承与发展。

【关键词】

显著性｜非物质文化遗产｜来源指向

【基本案情】

诉争商标系原告杨华祥于2004年4月2日申请，2007年2月21日获准注册的第3993808号“汤瓶八诊”商标，核定使用服务为第44类的“按摩（医疗）、医疗诊所、医务室、医院、保健、医疗辅助、理疗、护理（医务）、芳香疗法、疗养院”。2008年“回族汤瓶八诊疗法”作为传统医药项下的回族医药被确定为第2批国家级非物质文化遗产。2012年、2014年，诉争商标被宁夏回族自治区工商行政管理局评为宁夏著名商标。杨华祥是汤瓶八诊的第7代传人。

郭宏杰和李业红依据2001年《商标法》第11条、第41条的规定对诉争商标提出撤销申请。商标评审委员会裁定：诉争商标予以无效宣告。杨华祥不服，提起诉讼、上诉。北京知识产权法院和北京市高级人民法院均驳回其诉讼和上诉。杨华祥不服，申请再审。最高人民法院提审后判决：撤销一审、二审判决和商标评审委员会的裁定，商标评审委员会重新作出裁定。

【裁判理由】

最高人民法院认为：

根据在案证据可以证明，将“汤瓶八诊”作为商标，使用在“按摩（医疗）、医疗诊所、医务室、医院、保健、医疗辅助、理疗、护理（医务）、芳香疗法、疗养院”服务上，具有一定的描述服务内容、服务方式的特点。然而，商标中含有描述性因素，并不意味着一定缺乏显著性。判断包含描述性因素的商标是否具有显著性，还应根据商标所指定使用商品的相关公众的通常认识，从整体上进行判断。相关商标的实际使用情况，以及是否经过使用产生识别商品来源的作用，也是需要考虑的因素。

基于杨华祥及其杨氏家族长期以来对争议商标的实际使用，诉争商标已经与杨华祥形成了较为明确的服务来源指向关系，相关公众在看到诉争商标时，能够将其与杨华祥及其杨氏家族建立联系，诉争商标在客观上已经发挥了指示特定服务来源的功能，其注册应当予以维持。对非物质文化遗产的传承与发展，并不当然排斥知识产权的保护方式。本案中，在诉争商标申请并获准注册后，“回族汤瓶八诊疗法”被列入非物质文化遗产名录。作为诉争商标权利人的杨华祥，同时也是“回族汤瓶八诊疗法”的传承人。根据《非物质文化遗产法》的相关规定，其负有传承非物质文化遗产的义务。在案证据显示，杨华祥及其杨氏家族在通过培训、提供医疗服务等多种方式推广“回族汤瓶八诊疗法”同时，也使诉争商标“汤瓶八诊”产生了指向特定服务来源的功能。因此，维持诉争商标的注册，实质上也促进了传统文化的传承与发展。

【案件信息】

杨华祥诉商标评审委员会、李业红、郭宏杰商标无效宣告案，最高人民法院(2018)最高法行再63号行政判决书(2019年8月20日，佟姝、郎贵梅、马秀荣)，北京市高级人民法院(2016)京行终1479号行政判决书(2016年5月17日，莎日娜、周波、樊雪)，北京知识产权法院(2015)京知行初字第3581号行政判决书(2015年12月9日，宋鱼水、冯刚、江建中)。

案件来源：中国裁判文书网。

第三节　欺骗或者其他不正当手段[①]

20 扰乱商标注册秩序、损害公共利益、不正当占用公共资源或谋取不正当利益的为不正当手段

【裁判要旨】

以欺骗手段以外的其他方式扰乱商标注册秩序、损害公共利益、不正当占用公共资源或者谋取不正当利益的，人民法院可以认定其属于《商标法》第44条第1款规定的“其他不正当手段”。——《商标授权确权案件规定》第24条

---

① 在2019年第4次修改《商标法》之前，《商标法》第4条是不能直接适用于商标授权确权案件中的，虽可以通过被解释进2001年《商标法》第41条第1款(对应于2013年《商标法》第44条第1款)的“其他不适当手段取得注册”的规定来适用。2019年《商标法》第4条的新增规定可以直接适用，其适用范围内与“其他不正当手段取得注册”的规定有重合或交叉。本书在编写时尚未出现适用第4条新增规定的案例，本书相关案例可作为适用参考。

【关键词】

其他不正当手段取得注册｜公共利益｜公共秩序｜公共资源｜不正当利益

【基本案情】

原告李隆丰系第 4706493 号、第 4706970 号“海棠湾”商标权人，两商标于 2009 年获准注册，核定使用服务分别是第 36 类的不动产管理等和第 43 类的饭店等。李隆丰除涉案两商标外还在不同类别商品或服务上申请注册了“香水湾”“椰林湾”“铜鼓岭”“新埠岛”“东胶椰林”“椰林海岸”“神州半岛”“南国黎寨”等与海南地名、景点有关的商标 30 余件，并且多件商标有转让记录。李隆丰还曾与海棠湾管理委员会取得联系，希望以高价转让“海棠湾”商标。李隆丰未提供其使用“海棠湾”等商标的有关证据。

2010 年，第三人海棠湾管理委员会针对两商标提出撤销注册申请。商标评审委员会认为，涉案两商标属于 2001 年《商标法》第 31 条、第 10 条第 1 款第 8 项和第 41 条第 1 款所指情形，故裁定：涉案两商标予以撤销。

李隆丰不服，提起诉讼。北京市第一中级人民法院判决：撤销商标评审委员会的裁定，并判令其重新作出裁定。商标评审委员会和海棠湾管理委员会均不服，分别提起上诉。北京市高级人民法院判决：撤销一审判决，维持商标评审委员会的裁定。李隆丰不服，申请再审。最高人民法院裁定：驳回其再审申请。

【裁判理由】

最高人民法院认为：

审查判断诉争商标是否属于 2001 年《商标法》第 41 条第 1 款规定的“以其他不正当手段取得注册”的情形，要考虑其是否属于欺骗手段以外的扰乱商标注册秩序、损害公共利益、不正当占用公共资源或者以其他方式谋取不正当利益的手段。

从《商标法》第 4 条规定的精神来看，民事主体申请注册商标，应该有使用的真实意图，以满足自己的商标使用需求为目的，其申请注册商标的行为应具有合理性或正当性。

根据已经查明的事实，在李隆丰申请注册诉争商标之前，“海棠湾”标志经过海南省相关政府机构的宣传推广，已经成为公众知晓的三亚市旅游度假区的地名和政府规划的大型综合开发项目的名称，其含义和指向明确；李隆丰自己在接受媒体采访时也承认是在看到报纸报道香港著名企业家将参与开发海棠湾的消息后，认为该标志会非常知名、作为商标会具有较高的价值，因而才将它申请注册为商标的；李隆丰作为个人，不仅在第36类和第43类服务上注册了涉案两商标，此外李隆丰在多个类别的商品或服务上还注册了“香水湾”“椰林湾”等30余件商标，其中不少与公众知晓的海南岛的地名、景点名称有关。李隆丰利用政府部门宣传推广海棠湾休闲度假区及其开发项目所产生的巨大影响力，抢先申请注册多个“海棠湾”商标的行为，以及没有合理理由大量注册囤积其他商标的行为，并无真实使用意图，不具备注册商标应有的正当性，属于不正当占用公共资源、扰乱商标注册秩序的情形。因此，诉争商标注册属于《商标法》第52条第2款规定的以“不正当手段取得注册”的情形。

“海棠湾”标志本身并不具有不良含义，涉案两商标的注册是否会对海棠湾项目及海南国际旅游岛建设产生消极影响，不属于《商标法》第10条第1款第8项规定所指的“有其他不良影响”的考虑因素。海棠湾管委会在本案中提交的证据还不足以证明在诉争商标申请注册日之前“海棠湾”在商标意义上的使用已经具有了一定影响，因此，涉案两商标的注册未构成《商标法》第10条第1款第8项所指“有其他不良影响”的情形和第31条所指“以不正当手段抢先注册他人已经使用并具有一定影响的商标”的情形。

【案件信息】

李隆丰诉商标评审委员会、三亚市海棠湾管理委员会商标争议案，最高人民法院(2013)知行字第41号、第42号行政裁定书(2013年8月12日，夏君丽、殷少平、董晓敏)，北京市高级人民法院(2012)高行终字第582号、第583号行政判决书(2012年5月10日，张雪松、李燕蓉、马军)，北京市第一中级人民法院(2011)一中知行初字第2752号、第2753号行政判决书(2011年12月20日，侯占恒、严哲)。

案件来源：最高人民法院知识产权案件年度报告(2013)。

21 无真实使用目的、无正当理由大量囤积商标谋取不正当利益属不正当手段取得注册

【裁判要旨】

商标申请人违反2013年《商标法》第4条的规定，没有真实使用目的，无正当理由大量囤积商标，谋取不正当利益的，可以认定属于《商标法》第44条第1款规定的“其他不正当手段”。

【关键词】

无真实使用目的｜囤积商标｜不正当手段｜第 4 条

【基本案情】

诉争商标是原告武汉中郡公司于 2013 年 12 月 5 日提出注册申请的第 13675000 号“闪银”商标，该商标于 2015 年 2 月 14 日获准注册，核定使用服务为第 36 类的保险、金融服务、担保等。

第三人闪银奇异公司依据 2013 年《商标法》第 4 条、第 7 条、第 10 条第 1 款第 8 项、第 19 条、第 44 条等规定提出无效宣告请求。商标评审委员会认为：武汉中郡公司先后在 45 个类别共申请、注册了包括诉争商标在内的共 1049 件商标，其注册数量庞大。闪银奇异公司在“金融服务”上在先使用了“闪银”商标，且诉争商标与“闪银”商标完全相同，鉴于“闪银”并非现有固定搭配的词汇，武汉中郡公司的注册行为难谓正当。因此，除非武汉中郡公司可以合理解释诉争商标的渊源，否则诉争商标与闪银奇异公司商标构成巧合的可能性很小。综合考虑以上情形可以认为，武汉中郡公司以闪银奇异公司商标特有表现形式申请注册与闪银奇异公司商标使用的“金融服务”服务具有一定相关性的服务上，具有不正当利用闪银奇异公司商标以营利的目的，该类抢注行为不仅会导致相关公众对服务来源产生误认，更扰乱了正常的商标注册管理秩序，并有损于公平竞争的市场秩序，违反了诚实信用原则，不应鼓励和支持，构成《商标法》第 44 条第 1 款规定的情形。因此裁定：诉争商标予以宣告无效。

武汉中郡公司不服，提起诉讼、上诉和再审申请，均被北京知识产权法院、北京市高级人民法院和最高人民法院驳回。

【裁判理由】

最高人民法院认为：

对于 2013 年《商标法》第 44 条第 1 款规定中的“其他不正当手段”，系指以欺骗手段以外的其他方式扰乱商标注册秩序、损害公共利益、不正当占用公共资源或者谋取不正当利益的情形。根据 2013 年《商标法》第 4 条第 1 款的规定，自然人、法人或者其他组织申请注册商标应出于生产经营活动的需要。如果商标申请人违反 2013 年《商标法》第 4 条规定，没有真实使用目的，无正当理由大量囤积商标，谋取不正当利益的，可以认定属于 2013 年《商标法》第 44 条第 1 款规定的“其他不正当手段”。

武汉中郡公司在多个类别的商品和服务上申请注册了包括诉争商标在内的一千余件商标，其中包括大量与他人知名品牌相近似的商标，如在第9类上申请注册的“支付保闪银”“徽信闪银”等商标，在第14类上申请注册的“周大庆”“周大盛”“周传福”“周盛福”等商标，在第36类上申请注册的“五八有房”“五八有车”“五八有礼”“五八有爱”“五八有信”“购付通”“财聚通”等商标。本案诉争商标核定使用在第36类金融服务等服务上，武汉中郡公司工商登记的经营范围并不涉及金融服务相关业务。武汉中郡公司亦曾明确表示其“闪银”“闪银钱包”商标均尚未投入使用。而且，武汉中郡公司两股东刘凤金、傅发春投资设立了北京新华商知识产权代理有限公司，本院(2015)民申字第1272号民事裁定书曾认定北京新华商知识产权代理有限公司、傅发春作为专业商标代理机构及人员存在违反诚实信用原则，谋取不正当利益的失信行为。武汉中郡公司股东傅发春同时为北京名正利通商标代理有限公司股东，该公司在其网站上大量公开售卖商标，武汉中郡公司在起诉状中也明确承认其存在对外售卖商标的行为。据此，武汉中郡公司的前述商标注册行为，并非基于生产经营活动的需要，而是无正当理由大量囤积商标，谋取不正当利益，违反了2013年《商标法》第4条的规定。武汉中郡公司的行为不但扰乱了正常的商标注册秩序，而且不正当占用了公共资源，有损公平竞争的市场秩序，属于2013年《商标法》第44条第1款规定的“其他不正当手段取得注册”的情形。

《商标法》对于企业诉争商标的数量并无禁止性规定，《商标法》也规定了商标权可以依法流通转让，但商标申请及转让都应该基于企业正常生产经营活动的需要，商标三年不使用撤销制度的目的也是促进商标的使用，发挥商标的真正价值。武汉中郡公司的上述商标注册行为，并非基于其正常生产经营活动的需要，而是为了大量囤积商标，谋取不正当利益，该种行为属于2013年《商标法》第44条第1款规定的“其他不正当手段取得注册”的情形。

【案件信息】

武汉中郡校园服务有限公司诉商标评审委员会、北京闪银奇异科技有限公司商标无效宣告案，最高人民法院(2017)最高法行申4191号行政裁定书(2018年6月29日，朱理、毛立华、佟姝)，北京市高级人民法院作出的(2017)京行终4126号行政判决书(2017年11月22日，周波、俞惠斌、苏志甫)，北京知识产权法院(2016)京73行初5994号行政判决书(2017年5月24日，何暄)。

案件来源：中国裁判文书网。

22 将同一权利人商标在不相同不类似商品服务上申请注册可认定不正当手段取得注册①

【裁判要旨】

具有下列情形之一的，可以认定属于《商标法》第44条第1款规定的“以其他不正当手段取得注册”：(1)诉争商标申请人申请注册多件商标，且与他人具有较强显著性的商标或者较高知名度的商标构成相同或者近似，既包括对不同商标权利人的商标在相同或类似商品、服务上申请注册的，也包括针对同一商标权利人的商标在不相同或不类似商品或者服务上申请注册的……——《商标授权确权行政案件审理指南》第17.3条

【关键词】

其他不正当手段取得注册｜真实使用意图｜同一权利人的商标｜公平竞争的市场秩序

【基本案情】

诉争商标系第9881749号“微信WEIXIN”商标，于2011年8月23日提出注册申请，核定使用商品为第30类的茶、茶饮料、非医用营养液、糕点、以谷物为主的零食小吃、豆粉、含淀粉食品、糖果、酱油、调味品、米，原申请人为台福公司，经转让现商标权人为原告吴芳芳。

第三人腾讯公司提出无效宣告请求。商标评审委员会认定：台福公司在腾讯公司推出微信后不久即于2011年8月、2013年5月和2015年1月先后将微信作为自己的商标申请注册，其行为难谓正当、合理，违反了诚实信用原则，有损于公

---

① 采同样规则的案例另见北京市高级人民法院(2018)京行终6267号、6278号、6282号和6287号詹杰义诉商标评审委员会、宿迁经济开发区小项油漆辅料经营部商标无效宣告系列案。该系列案判决认定：(诉争商标注册人)小项油漆经营部与(引证商标注册人)詹杰义经营的门店均位于“宿迁义乌国际商贸城”，且两门店相邻较近，同时所经营的产品存在基本相同或类似。在此情况下，小项油漆经营部申请注册了包括诉争商标在内的多枚与引证商标图样几乎完全一致的商标，且亦未说明申请注册相关商标具有合理事由或具有实际使用的意图，故小项油漆经营部申请注册诉争商标的行为明显违背了诚实信用原则、扰乱商标正常注册秩序，主观上难谓善意。因此，原审判决关于诉争商标的申请注册构成《商标法》第44条第1款所规定的“以其他不正当手段取得注册”情形的认定并无不当，本院予以确认。

平竞争的市场秩序。同时考虑到2001年《商标法》第4条有关民事主体申请注册商标应有真实使用意图的立法精神，本案诉争商标原注册人申请注册商标应具有真实使用意图。然而诉争商标原注册人在诉争商标获准注册后不久，即2015年2月提出将诉争商标转让给吴芳芳的申请。显然诉争商标的原注册人台福公司申请注册诉争商标缺乏真实使用意图，吴芳芳对此亦未作出合理解释。综上所述，诉争商标的注册违反了2001年《商标法》第41条第1款所指的“以其他不正当手段取得注册”的情形。因此裁定：诉争商标予以无效宣告。吴芳芳不服，提起诉讼。北京知识产权法院和北京市高级人民法院均驳回其诉讼请求和上诉。

【裁判理由】

法院认为：

诉争商标的原注册人台福公司的法定代表人刘绍银与本案原告、上诉人吴芳芳系夫妻关系，从2011年8月至2017年7月，在明知“微信”具有较高知名度的情形下，台福公司仍注册了包括诉争商标在内的多个含有“微信”字样的商标，并通过转让至吴芳芳名下规避相应的法律风险。其系列商标注册行为具有明显的复制、抄袭他人高知名度商标的主观故意，扰乱了正常的商标注册管理秩序，有损于公平竞争的市场秩序，违反了诚实信用原则。因此，商标评审委员会依据2001年《商标法》第41条第1款的规定宣告无效诉争商标并无不当。

【案件信息】

吴芳芳诉商标评审委员会、腾讯科技（深圳）有限公司商标无效宣告案，北京市高级人民法院（2018）京行终3313号行政判决书（2018年7月12日，刘晓军、张玲玲、蒋强），北京知识产权法院（2017）京73行初8553号行政判决书（2018年3月27日，袁伟）。

案件来源：中国裁判文书网。

23 商标申请及异议程序中可类推适用以欺骗手段或者其他不正当手段取得注册的规定

【裁判要旨】

商标行政机关在商标申请审查及核准程序中，对以欺骗手段或者其他不正当手段申请注册商标的，参照2001年《商标法》第41条第1款

（对应于2013年《商标法》第44条第1款）的规定，不予核准注册，人民法院应予支持。

【关键词】

欺骗手段或者其他不正当手段 | 参照 | 类推适用 | 商标申请及异议程序

【基本案情】

诉争商标系第8078350号“清样”商标，由原告金泰公司于2010年2月22日提出注册申请，指定使用于啤酒、姜汁啤酒、麦芽啤酒、制啤酒用麦芽汁、水（饮料）、麦芽汁（发酵后成啤酒）、果汁、无酒精饮料、豆类饮料、饮料制剂等商品上。

诉争商标经初步审定公告后，第三人稻花香公司提出异议申请。商标局裁定：诉争商标予以核准注册。稻花香公司不服，申请复审，其主要理由之一为金泰公司申请注册诉争商标构成2001年《商标法》第41条第1款所指的“以欺骗手段或者其他不正当手段取得注册”之情形，依法不应核准。商标评审委员会裁定：诉争商标不予核准注册。

金泰公司不服，提起诉讼。北京市第一中级人民法院判决：撤销商标评审委员会的裁定并判令其重新作出裁定。商标评审委员会和稻花香公司均不服，分别提起上诉。北京市高级人民法院判决：撤销一审判决，驳回金泰公司的一审诉讼请求。

【裁判理由】

法院认为：

2001年《商标法》第41条第1款规定的立法精神在于贯彻公序良俗原则，维护良好的商标注册、管理秩序，营造良好的商标市场环境。依照该条款的文义，该规定适用于已注册商标的撤销程序，而不适用于商标申请审查及核准程序。但是，对于在商标申请审查及核准程序中发现的以欺骗手段或者其他不正当手段诉争商标注册的行为，若不予制止，等到商标注册程序完成后再启动撤销程序予以规制，显然不利于及时制止前述不正当注册行为。因此，前述立法精神应当贯穿于商标申请审查、核准及撤销程序的始终。商标局、商标评审委员会及法院在商标申请审查、核准及相应诉讼程序中，若发现商标注册申请人是以欺骗手段或者其他不正当手段申请注册商标的，可以参照前述规定，不予核准注册。但是，此种法律适用方式在商标实践中应当慎用，一般仅在其他法律规定不足以制止前述不正当注册行为时，才能参照前述规定予以处理。

本案中,根据在案证据,金泰公司在多个商品类别上申请注册了“清样”商标,此外还申请注册了6件“关汉卿”商标、3件“关家园”商标、2件“修达宁”商标、2件“斯巴鲁”商标以及“修斯舒”“修达舒”等商标。金泰公司的前述系列商标注册行为具有明显的复制、抄袭他人高知名度商标的故意,扰乱了正常的商标注册管理秩序,有损于公平竞争的市场秩序,违反了公序良俗原则。参照2001年《商标法》第41条第1款关于禁止以欺骗手段或者其他不正当手段取得商标注册的立法精神,金泰公司的前述系列商标注册行为应当予以禁止,故本案诉争商标的申请注册不应予以核准。商标评审委员会应当参照而不是直接适用2001年《商标法》第41条第1款的规定,制止本案诉争商标的注册,其法律适用方法确有不妥,但是,其裁定结论是正确的。

【案件信息】

安国市金泰副食品有限责任公司诉商标评审委员会、湖北稻花香酒业股份有限公司商标异议复审案,北京市高级人民法院(2015)高行(知)终字第659号行政判决书(2015年3月25日,刘辉、刘庆辉、马军),北京市第一中级人民法院(2014)一中知行初字第6431号行政判决书(2014年11月13日,江建中、毛天鹏)。

案件来源:北京法院参阅案例第24号[2015年11月16日北京市高级人民法院审判委员会2015年第19次(总第387次)会议通过]。

24 申请地理标志证明商标时未如实主动说明产区等争议的,系以不正当手段取得注册

【裁判要旨】

地理标志证明商标/集体商标注册申请人在提交商标注册申请文件方面,应当负有较普通商品商标、服务商标注册申请人更多的诚实信用义务。该诚实信用义务的消极方面,包括不能提供虚假的商标注册申请文件,提交虚假文件或者以其他方式弄虚作假而取得商标注册的,属于“以欺骗手段”取得注册的情形;该诚实信用义务的积极方面,包括向商标注册主管机关全面准确说明客观情况,未尽到积极作为义务的,属于“其他不正当手段取得注册的”的情形。

【关键词】

其他不正当手段取得商标注册｜积极作为义务｜地理标志｜产区

【基本案情】

2004 年 9 月 28 日，原告祁门红茶协会提出诉争第 4292071 号“祁门红茶及图”（指定颜色）地理标志证明商标的注册申请，于初审公告期内被第三人国润公司提出异议。

2009 年，安徽省工商行政管理局召开“祁门红茶”地理标志注册协调会要求：一、重新划定的“祁门红茶”地理标志使用范围，由祁门红茶协会向商标局递交变更“祁门红茶”地理标志使用范围的申请，将“祁门红茶”产区的覆盖范围由原来申请的“祁门县所辖行政区域内”调整为“祁门、石台、贵池、东至、黟县境内”。二、异议人国润公司主动向商标局撤销对“祁门红茶”地理标志注册的异议，以便“祁门红茶”地理标志注册程序尽快完成。会后，国润公司申请撤回异议申请，诉争商标获准注册，核定使用商品为茶、茶叶代用品等，但祁门红茶协会并未申请变更“祁门红茶”地理标志证明商标的使用范围。国润公司遂于 2011 年 12 月 27 日提出争议申请。

商标评审委员会认为：祁门红茶协会关于“祁门红茶”该地理标志所标示地区的确定违背了客观历史，构成 2001 年《商标法》第 41 条第 1 款所指以欺骗手段取得注册之情形。因此裁定：诉争商标予以无效宣告。

祁门红茶协会不服，提起诉讼。北京知识产权法院认为，祁门红茶协会在申请该证明商标时主观上没有欺瞒商标行政机关之故意，客观上也没有实施伪造申请材料等欺骗行为。因此判决：撤销被诉决定，商标评审委员会重新作出裁定。国润公司不服，提起上诉。北京市高级人民法院判决：撤销一审判决，驳回祁门红茶协会的诉讼请求。

【裁判理由】

法院认为：

如果申请注册的地理标志证明商标所确定的使用该商标的商品产地与该地理标志的实际地域范围不符，无论是不适当地扩大了其地域范围，还是不适当地缩小了其地域范围，都将误导公众并难以起到证明使用该商标的商品来自特定产区、具有特定品质的证明作用。因此，对于这种地域范围限定不准确的地理标志证明商标，依法不应予以注册。

地理标志商标所涉及的地域范围的确定具有较强的专业性，商标注册主管机关自身难以予以核实，因此，在地理标志商标的审查过程中，商标注册主管机关通常只能进行形式上的审查。相应地，地理标志商标注册申请人在提交商标注册申请文件方面，就应当负有较之于普通的商品商标、服务商标注册申请人更多的诚实信用义务。地理标志商标注册申请人所负有的诚实信用义务，不仅仅限于消极方面，即不仅不能提供虚假的商标注册申请文件的消极不作为义务；而且也应当包括向商标注册主管机关全面准确说明客观情况的积极作为义务。无论是违反消极不作为义务，还是没有尽到积极作为义务，都将使其商标注册申请行为丧失正当性基础。提交虚假文件或者以其他方式弄虚作假而取得商标注册的，属于“以欺骗手段”取得注册的情形；而未尽到积极作为义务，未向商标注册主管机关全面准确报告客观情况而取得商标注册的，属于“其他不正当手段取得注册的”的情形。

虽然祁门红茶协会在提出商标注册申请时，并不存在提交虚假文件骗取商标注册的行为，但有关“祁门红茶”产区地域范围的不同认识是客观存在的，其对“祁门红茶”产区地域范围存在争议也是明确知悉的，诉争商标仅仅将该地理标志证明商标的地域范围划定在安徽省祁门县行政区域内，虽然符合小“祁门红茶”产区的地域范围，但却明显与社会上普遍存在的大“祁门红茶”产区地域范围不一致。在缺乏充分证据和论证的情况下，如果仅仅按照存在争议的两种观点中的一种观点来确定使用“祁门红茶”地理标志证明商标的商品的产区范围，则会人为地改变历史上已经客观形成了的“祁门红茶”存在产区范围不同认识的市场实际，是缺乏合理性的。祁门红茶协会在明知存在上述争议的情况下，未全面准确地向商标注册主管机关报告该商标注册过程中存在的争议，尤其是在国润公司按照安徽省工商行政管理局的要求撤回商标异议申请的情况下，其仍以不作为的方式等待商标注册主管机关核准诉争商标的注册，这种行为明显违反了地理标志商标注册申请人所负有的诚实信用义务，构成了以“其他不正当手段取得注册的”情形，应予无效宣告。

【案件信息】

祁门县祁门红茶协会诉商标评审委员会、安徽国润茶业有限公司商标无效宣告案，北京市高级人民法院(2017)京行终3288号行政判决书(2017年12月25日，周波、俞惠斌、苏志甫)，北京知识产权法院(2015)京知行初字第6629号行政判决书(2017年4月24日，袁伟、王东)。

案件来源:2017年中国法院50件典型知识产权案例。

第二章　相 对 条 款

第一节　类似商品、近似商标与混淆

25　随着社会经济发展、市场交易状况不断变化，商品的类似关系也会相应变化

【裁判要旨】

随着社会经济发展，市场交易状况不断发生变化，商品的类似关系也会相应发生变化。人民法院审查判断相关商品是否类似，应考虑市场交易的客观变化。

【关键词】

商品类似｜类似商品和服务区分表｜市场交易状况

【基本案情】

第三人北仑公司于2009年6月24日申请注册在本案被异议的第7494974号“安迪仕 andis”商标，指定使用商品为第7类的动物剪毛机、非手工操作手工具、电动剪刀、机械化牲畜喂食机、非陆地车辆传动马达等。

引证商标系原告安迪士公司1994年1月10日申请、1995年11月8日获准注册的第788620号“ANDIS”商标，核定使用商品为第8类的电动理发器、电动剃须

刀、电动卷发刷、电动烫发器、手持电动干发、梳理和烫发组合器等。

诉争商标初审公告后，安迪士公司提出异议申请，商标局裁定：诉争商标予以核准注册。安迪士公司不服，依据2001年《商标法》第10条第1款第8项、第13条、第15条、第28条、第31条、第41条第1款的规定申请复审，请求对诉争商标不予核准注册。商标评审委员会裁定：诉争商标予以核准注册。安迪士公司不服，提起诉讼，并提供证明以证明安迪士公司的经销商上海神宝工贸有限公司自2000年起开始在国内销售安迪士公司的"动物剪毛器"商品，其"ANDIS"商号在国内具有较高知名度；北仑公司与安迪士公司属同行业，诉争商标的申请注册具有明显恶意。

安迪士公司不服，提起诉讼。北京市第一中级人民法院判决：驳回安迪士公司的诉讼请求。安迪士公司不服，提起上诉。北京市高级人民法院判决：驳回上诉，维持原判。安迪士公司仍不服，申请再审。最高人民法院提审后判决：撤销商标评审委员会裁定和一审、二审判决，商标评审委员会重新作出裁定。

【裁判理由】

最高人民法院认为：

诉争商标指定使用的动物剪毛机、电动剪刀，是否与引证商标核定使用的电动理发器、电动理发推子构成类似商品。《类似商品和服务区分表》是我国商标主管部门为了商标检索、审查、管理工作的需要，在总结多年实际工作经验的基础上，把某些存在特定联系、容易造成误认的商品或服务组合到一起，编制而成。一方面，《类似商品和服务区分表》并未穷尽现有的所有类似商品和服务项目；另一方面，随着社会经济发展，市场交易状况不断发生变化，商品或服务的类似关系也不会固定不变。因此，人民法院审查判断相关商品是否类似，可以参考《类似商品和服务区分表》，但其不是判断的唯一标准，更不是根本标准。《商标法》领域中的"商品类似"概念，应与"商标近似"概念相结合，共同服务于商标标示商品来源的功能。某些商品因功能、用途、所用原料、销售渠道、消费对象等方面具有一定的共同性，如果使用相同、近似的商标，易使相关公众误认为是同一企业生产的商品或认为存在特定联系。

本案中，随着科学技术的发展，原本需要采用大型电动机以修剪动物毛发的动物剪毛机、电动剪刀，在实践中已经可以采用便携、轻便的电源装置，加之宠物已日渐成为人们日常生活的一部分，因此，诉争商标指定使用的动物剪毛机、电动剪刀商品，与引证商标核定使用的电动理发器、电动理发推子商品在功能用途、生产部门、销售渠道、消费群体等方面具有高度重合性，如果使用相同、近似的商标，易使相关公众误认为是同一企业生产的商品或认为存在特定联系。因此，诉争商标的申请注册违反了2001年《商标法》第28条的规定。

此外，关于诉争商标的申请注册是否违反了2001年《商标法》第15条的规定。对此，不能简单地以代理关系“未形成”就认定不属于2001年《商标法》第15条规定的情形。根据该条规定所体现的“诉争商标注册应当遵循诚实信用原则”的立法精神，以及参照《商标授权确权案件规定》第15条第2款关于“磋商阶段”同样可以适用《商标法》第15条的规定，商标评审委员会和二审法院仅以“代理关系未形成”就认定诉争商标的申请注册不属于2001年《商标法》第15条规定的情形，适用法律有误，安迪士公司该项申请再审理由成立。

【案件信息】

安迪士公司诉商标评审委员会、宁波市北仑博发美发用品用具有限公司商标异议复审案，最高人民法院（2018）最高法行再22号行政判决书（2018年10月31日，朱理、毛立华、佟姝），北京市高级人民法院（2016）京行终2280号行政判决书（2016年6月12日，岑宏宇、袁相军、马军），北京市第一中级人民法院（2014）一中知行初字第5641号行政判决书（2015年11月20日，夏晓红、魏纪明）。

案件来源：最高人民法院知识产权案件年度报告（2018）。

26 类似商品判断时须考虑来源混淆可能性，《类似商品和服务区分表》仅为参考而非依据

【裁判要旨】

避免来源混淆是商品类似关系判断时须坚持的基本原则，如果近似商标在具有一定关联性的商品上共存，容易使相关公众认为两商品是由同一主体提供或者其提供者之间存在特定联系，应认定两商品构成类似商品。

《类似商品和服务区分表》可以作为判断类似商品或者服务的参考，但不能机械、简单地以《类似商品和服务区分表》为依据或标准，而应当更多地考虑实际因素，结合个案的情况进行认定。

【关键词】

商品类似｜关联商品｜混淆｜商品物理属性｜《类似商品和服务区分表》

【基本案情】

第三人啄木鸟公司系第1609312号图形商标注册人，该商标核定使用商品为第25类的鞋、靴商品，该商标标志指定使用颜色为啄木鸟通体为黑色，嘴的下部为绿色。

原告七好公司提出撤销诉争商标注册申请，并援引四个商标为引证商标，其中引证商标一为七好公司在第25类服装上注册的第680928号“鸟图形＋TUCANO”商标。商标评审委员会认为：诉争商标指定使用商品与各引证商标指定使用的商品所属的范围和领域不同，消费者获取上述商品的渠道有所区别，在《类似商品和服务区分表》中亦不属同一类似群组，不属于类似商品，因此裁定：维持诉争商标注册。

七好公司不服，提起诉讼。北京市第一中级人民法院判决：维持商标评审委员会的裁定。七好公司不服，提起上诉。北京市高级人民法院认为，诉争商标与引证商标两者指定使用商品虽不为同一类似群组，但均为穿戴类商品，商品及生产商品的企业关联性极强，属于关联商品，其在市场上的共同使用易使消费者对其商品来源产生混淆、误认。遂判决曾撤销一审判决和商标评审委员会裁定。啄木鸟公司不服，申请再审。最高人民法院驳回其再审申请。

【裁判理由】

最高人民法院认为：

《商标法》设置商品类似关系，是因为商标主要是按商品类别进行注册、管理和保护。在商标授权确权和侵权判定过程中，进行商标法意义上相关商品是否类似的判断，并非做相关商品物理属性的比较，而是主要考虑商标能否共存或者决定商标保护范围的大小。避免来源混淆是商品类似关系判断时要坚持的一项基本原则。

本案中，诉争商标指定使用的商品为鞋和靴，引证商标核定使用的商品是服装等。虽然两者在具体的原料、用途等方面具有一些差别，但是两者的消费对象是相同的，而且在目前的商业环境下，一个厂商同时生产服装和鞋类产品，服装和鞋通过同一渠道销售，如同一专卖店、专柜销售的情形较为多见。同时，诉争商标与引证商标中的“鸟图形”虽然在细部上略有差异，但两者基本形态相同，且根据查明的事实，引证商标通过使用具有较高的知名度。在这种情况下，如果两商标在服装和鞋类商品上共存，容易使相关公众认为两商品是同一主体提供的，或者其提供者之间存在特定联系。因此，诉争商标与引证商标构成类似商品上的近似商标。

《类似商品和服务区分表》是我国商标主管机关以世界知识产权组织提供的《商标注册用商品和服务国际分类》为基础，总结我国长期的商标审查实践并结合我国国情而形成的判断商品和服务类似与否的规范性文件。该表对类似商品的划分是在综合考虑了商品的功能、用途、生产部门、销售渠道、销售对象等因素的基础上确定的。因此，《类似商品和服务区分表》可以作为判断类似商品或者服务的参考。尤其商标注册申请审查，强调标准的客观性、一致性和易于可操作性，为了保证执法的统一性和效率，商标行政主管机关以《类似商品和服务区分表》为准进行类似商品划分并以此为基础进行商标注册和管理，符合商标注册审查的内在规律。

但是，商品和服务的项目更新和市场交易情况不断变化，类似商品和服务的类似关系不是一成不变。商标异议、争议是有别于商标注册申请审查的制度设置，承载不同的制度功能和价值取向，更多涉及特定民事权益的保护，强调个案性和实际情况，尤其是进入诉讼程序的案件，更强调司法对个案的救济性。在这些环节中，如果还立足于维护一致性和稳定性，而不考虑实际情况和个案因素，则背离了制度设置的目的和功能。因此，在商标异议、争议和后续诉讼以及侵权诉讼中进行商品类似关系判断时，不能机械、简单地以《类似商品和服务区分表》为依据或标准，而应当考虑更多实际要素，结合个案的情况进行认定。《类似商品和服务区分表》的修订有其自身的规则和程序，无法解决滞后性，也无法考虑个案情况。把个案中准确认定商品类似关系寄托在《类似商品和服务区分表》的修订是不现实和不符合逻辑的，相反个案的认定和突破才能及时反映商品关系变化，在必要时也可促进《类似商品和服务区分表》的修正。因此，啄木鸟公司关于鞋和服装在《类似商品和服务区分表》中被划分为非类似商品、不应突破的观点缺乏法律依据。

【案件信息】

杭州啄木鸟鞋业有限公司诉商标评审委员会、七好（集团）有限公司商标争议案，最高人民法院（2011）知行字第37号驳回再审申请通知书（2011年7月12日），北京市高级人民法院（2010）高行终字第743号行政判决书（2010年12月2日）。

案件来源：最高人民法院知识产权案件年度报告（2011），《最高人民法院公报》2012年第12期。

27 在非类似但关联商品上恶意申请与有一定知名度引证商标基本相同商标的不应准许

【裁判要旨】

引证商标具有一定知名度，诉争商标申请人具有"搭车"的意图，基本相同的诉争商标与引证商标分别使用在眼镜和服装等商品上，客观上容易造成相关公众认为商品是同一主体提供的，或者其提供者之间存在特定联系，从而诉争商标不应予以注册。

【关键词】

商品类似｜关联商品｜混淆｜恶意｜知名度

【基本案情】

原告新恒利公司经受让取得第1444548号"GAP"商标的注册申请人地位，该商标指定使用商品为第9类的眼镜、太阳镜、眼镜架、眼镜玻璃、眼镜盒（镜片盒）等。诉争商标经初审公告后，第三人杰普公司提出异议申请。杰普公司其引证的在先注册的商标为其在第3类化妆品、第18类箱包、第25类服装和第42类时装设计服务等商品或者服务上注册的"GAP""BABY GAP"商标。商标局裁定：诉争商标予以核准注册。杰普公司不服，申请复审。商标评审委员会裁定：诉争商标予以核准注册。

杰普公司不服，提起诉讼。北京市第一中级人民法院判决：维持商标评审委员会的裁断。杰普公司不服，提起上诉。二审诉讼中，杰普公司提供的证据显示，新恒利公司及其销售商在宣传中称其"GAP"源于美国，代表一种休闲、自然、舒适的气质，用以证明新恒利公司申请诉争商标有恶意。北京市高级人民法院判决：驳回上诉，维持原判。杰普公司仍不服，申请再审。最高人民法院提审后判决：撤销一审、二审判决和商标评审委员会的裁定，商标评审委员会重新作出裁定。

【裁判理由】

最高人民法院认为：

二审判决后，杰普公司已将涉案的引证商标全部转让给盖璞公司，盖璞公司与本案诉讼具有利害关系，同时原权利人杰普公司已声明其不再以自己的名义提起或者参加本再审案，并同意盖璞公司承继全部诉讼权利和义务。因此，作为引证商标的现商标权人的盖璞公司申请再审并参加后续的程序并无不妥。

本案中，诉争商标与第604714号引证商标基本相同，判断诉争商标能否核准注册，关键在于诉争商标指定使用“太阳镜、眼镜框”等商品与引证商标主要指定使用的“服装”等商品是否构成类似商品，两商标共存是否容易导致混淆误认。

根据查明的事实，虽然盖璞公司提交的证据尚不足以证明其“GAP”系列商标在诉争商标申请日之前在中国已经成为驰名商标，但能证明其具有一定的知名度，而且从新恒利公司宣称自己来自美国，并标榜自己与“GAP”服装相同的特点以及实际使用盖璞公司更有显著性的拉长和有深色背景的“GAP”商标等情况来看，新恒利公司应该是知晓引证商标的知名度，并具有攀附“GAP”品牌的主观意图。

诉争商标指定使用“太阳镜、眼镜框”等商品虽与引证商标主要指定使用的“服装”等商品在《类似商品和服务区分表》中划分为不同的大类，但是商品的功能用途、销售渠道、消费群体具有较大的关联性，尤其对于时尚类品牌而言，公司经营同一品牌的服装和眼镜等配饰是普遍现象。考虑到引证商标具有一定知名度，诉争商标申请人具有搭车的意图，基本相同的诉争商标与第604714号引证商标，分别使用在眼镜和服装等商品上，客观上容易造成相关公众认为商品是同一主体提供的，或者其提供者之间存在特定联系。因此诉争商标与第604714号引证商标已经构成类似商品上的近似商标，不应予以核准注册。

【案件信息】

盖璞公司诉商标评审委员会、新恒利眼镜制造(深圳)有限公司商标异议复审案，最高人民法院(2012)行提字第10号行政判决书(2012年3月31日，夏君丽、周云川、董晓敏)，北京市高级人民法院(2010)高行终字第119号行政判决书(2010年7月7日，张冰、莎日娜、钟鸣)，北京市第一中级人民法院(2008)一中行初字第360号行政判决书(2008年9月17日，仪军、侯占恒、王暐)。

案件来源：《最高人民法院公报》2013年第8期。

28 类似商品判断中考虑商品用途时应以主要用途为主，并以注意程度较低的消费者为准

【裁判要旨】

类似商品判断中考虑商品的用途时，应以其主要用途为主，如果商

品的不同用途面对的是不同的消费对象，一般情况下应该以注意程度较低的消费者为准。

【关键词】

商品类似｜商品用途｜消费者注意程度

【基本案情】

第三人加加公司系第1035667号“加加及图”注册商标的受让人，该商标核定使用商品为第30类的酱油。加加还注册了第1321453号“加加”商标和第1321451号“加加JIAJIA及图”商标，核定使用商品为第30类的酱油、调味品等。

原告长康公司申请注册第1482338号“加加JIAJIA”商标，指定使用商品为第29类的芝麻油，该商标被初步审定公告后，加加公司提出异议。商标局裁定：诉争商标核准注册。加加公司不服，申请复审。商标评审委员裁定，维持了商标局的裁定。

加加公司不服，提起诉讼。北京市第一中级人民法院认为，芝麻油与酱油商品属于类似商品，因此判决：撤销商标评审委员会的裁定。长康公司不服，提起上诉。北京市高级人民法院判决：驳回上诉，维持原判。长康公司仍不服，申请再审。最高人民法院于裁定：驳回其再审申请。

【裁判理由】

最高人民法院认为：

根据《商标授权确权案件意见》第15条的规定，判断商品是否类似，应当考虑商品的功能、用途、生产部门、销售渠道、消费群体等是否相同或者具有较大的关联性，是否容易使相关公众认为是同一主体提供的，或者其提供者之间存在特定联系。

根据查明的事实，芝麻香油是芝麻油主要面向普通消费者的商品形态，其可用作调味，而且其商品包装规格更类似于酱油、醋这样的调味品，即一般为小瓶包装，与其他食用油明显不同。其作为食用油脂更主要是作为食用调和油的原料，而不是独立的商品。关于芝麻油的其他用途，比如作为其他商品的生产原料等，一方面，对于商品用途的判断，应以其主要用途为主；另一方面，如果商品的不同用途面对的是不同的消费对象，一般情况下应该以注意程度较低的消费者为准。本案中，应以家庭烹饪用品的消费者作为相关公众，对于此类普通消费者来讲，其普遍的认知应该是芝麻油是调味品的一种。况且本案中诉争商标与引证商标文字均为“加加”，且加加公司提交关于其“加加”酱油1997～1998年的销售发票、1998年湖南省商品质量监督免检资格证书、质量信得过商品荣誉证书、1999年湖南省技术监督局“‘3·15’商品质量信得过”称号荣誉证书以及宣传广告合同等，可以证明在诉争商标申请之时，加加公司使用在酱油等商品上的“加加”引证商标已经在湖南省取得了一定的知名度，普通消费者看到芝麻油商品上的诉争商标容易产生混淆，以为与标注了引证商标的酱油等商品均出自同一主体，或者出自有特定联系的主体。

关于引证商标知名度的问题，虽然判断商品是否类似主要应考虑前述的功能、用途等因素，但相关商标的知名度对于判断是否容易引起相关公众混淆会产生影响，本案中，相关证据可以证明引证商标在诉争商标申请注册时已在湖南省具有一定的知名度，长康公司对相关数据提出的质疑并不足以否认该事实。

【案件信息】

湖南省长康实业有限责任公司诉商标评审委员会、长沙加加食品集团有限公司商标异议复审案，最高人民法院(2011)知行字第7号行政裁定书(2011年8月31日，夏君丽、董晓敏、周云川)，北京市高级人民法院(2010)高行终字第980号行政判决书(2010年11月8日，李燕蓉、戴怡婷、潘伟)，北京市第一中级人民法院(2010)一中知行初字第931号行政判决书(2010年6月18日，彭文毅、苏杭、蒋利玮)。

案件来源：最高人民法院知识产权案件年度报告(2011)。

29 混淆可能性或商标近似判断中须考虑诉争商标申请人主观意图和商标的实际使用形态

【裁判要旨】

基于避免混淆误认的商标近似的判断须综合考虑在先商标的知名度、诉争商标申请人与在先商标注册经营地域邻近行业相同、诉争商标实际使用形态及申请该商标的主观意图等事实。

【关键词】

商标近似｜在先商标的知名度｜主观意图｜实际使用形态｜地域邻近

【基本案情】

诉争商标系原告田秀华于2004年2月24日提出注册申请,指定使用商品为第33类的烧酒、酒精饮料(啤酒除外)等。

诉争商标经初步审定并公告后,第三人临水公司依据其在先在第33类酒(含酒精)商品上注册的"临水及图"商标提出异议。商标局裁定:诉争商标予以核准注册。临水公司不服,申请复审,并提交了引证商标在先使用并获得一定知名度及田秀华实际使用诉争商标形态等证据以证明诉争商标的申请有恶意。商标评审委员会裁定:诉争商标不予核准注册。田秀华不服,提起诉讼、上诉和再审申请,均被法院驳回。

【裁判理由】

最高人民法院认为:

在诉争商标申请日前,引证的"临水及图"商标已持续使用多年,"临水"牌白酒获得了多项荣誉。临水公司提交的1988年的《首届中国食品博览会获奖证书》只是其证明引证商标知名度的证据之一;田秀华虽然对该获奖证书的真实性提出异议。但1992年9月公开出版发行的《安徽大辞典》在"霍邱县"词条中,对"临水牌"白酒在1988年首届中国食品博览会上获银奖的事实有明确记载,在没有相反证据的情况下,该获奖证书的真实性应当予以确认。商标评审委员会及原审法院综合考虑临水公司提交的证据,认定临水公司的"临水及图"商标在诉争商标申请之前已具有较高知名度,并无不当。

临水公司的引证商标"临水及图"中,"临水"文字是相关公众呼叫和记忆的主要识别部分,在临水公司提交的各种荣誉证书等材料中,也通常以"临水"牌指称临水公司的白酒产品,原审判决认定"临水"文字构成该商标的主要识别部分,并无不当;田秀华主张该商标的主要识别部分应该为井,没有事实依据。诉争商标"金临水福"与引证商标"临水及图"均包含"临水"文字,含义均与"临水"有关,综合考虑"临水"品牌在白酒商品上的知名度、田秀华与临水公司在同一地区生产销售白酒的事实,以及田秀华在白酒产品上实际使用诉争商标时突出"临水"字样的行为、田秀华申请注册诉争商标的主观意图等案件事实,为了尽可能避免出现消费者混淆误认的情况,商标评审委员会、原审法院认定诉争商标与引证商标构成2001年《商标法》第28条所指的使用在类似商品上的近似商标,并无不当。

【案件信息】

田秀华诉商标评审委员会、安徽临水酒业有限公司商标异议复审案，最高人民法院(2011)知行字第47号行政裁定书(2011年10月18日，夏君丽、殷少平、周云川)，北京市高级人民法院(2010)高行终字第1352号行政判决书(2010年12月28日，莎日娜、周波、钟鸣)，北京市第一中级人民法院(2010)一中行初字第2434号行政判决书(2010年9月18日，邢军、张晰昕)。

案件来源：中国裁判文书网。

30 因在先外文商标的显著性和知名度使人误认为在后中文商标与之含义对应的，两者为近似商标

【裁判要旨】

确定中文商标与外文商标之间的近似性，需要考虑相关公众对外文商标的认知水平和能力、中文商标和外文商标在含义上的关联性或者对应性、引证商标自身的知名度和显著性、诉争商标实际使用情况等因素。

在2001年商标法施行期间，以诉争商标与引证商标构成同一种或者类似商品上的相同或者近似商标撤销已注册诉争商标的，不应援引2001年《商标法》第28条，而应依据2001年《商标法》第41条第3款和2002年《商标法实施条例》第29条。

【关键词】

商标近似 | 中文商标 | 外文商标 | 认知水平 | 对应性

【基本案情】

第三人高文新于2008年4月14日获准注册第4497942号“永恒印迹”商标(简称诉争商标)，核定使用商品为第14类的宝石(珠宝)等。

原告戴比尔斯公司享有在先在第14类宝石等商品上注册的国际注册G745654号和第2018506号“FOREVER MARK”商标。

戴比尔斯公司依据2001年《商标法》第10条第1款第8项、第28条、第31条以及第41条的规定提出撤销诉争商标的申请。2012年12月10日，商标评审委员会裁定：诉争商标予以维持。

戴比尔斯公司不服，提起诉讼。北京市第一中级人民法院判决：撤销商标评审委员会的裁定，并判令其重新作出裁定。商标评审委员会、高文新不服，提起上诉。北京市高级人民法院判决：驳回上诉，维持原判。高文新不服，申请再审。最高人民法院裁定：驳回高文新的再审申请。

【裁判理由】

最高人民法院认为：

判断诉争商标与引证商标是否构成商标法意义上的近似商标，应以相关公众的一般注意力为标准来进行，既要考虑商标标志构成要素及其整体的近似程度，也要考虑相关商标的显著性和知名度、所使用商品的关联程度等因素，以是否容易导致混淆作为判断标准。

诉争商标为中文的“永恒印记”，引证商标为“FOREVERMARK”或者“FOREVERMARK 及图”，两者在音、形上不相同也不相近似，确定其含义上的近似性需要考虑如下因素：相关公众对英文商标的认知水平和能力、中文商标与英文商标含义上的关联性或者对应性、引证商标自身的知名度和显著性、诉争商标实际使用情况等。

我国境内相关公众对于常用英文词汇具有一定的认知能力和水平。按照通常拼读习惯，相关公众容易将“FOREVERMARK”识别为“FOREVER”和“MARK”两个使用频度较高的常用英文单词。“FOREVER”具有“永远、永恒、永久、常常、始终”等含义，“MARK”具有“标志、分数、痕迹、记号”等含义，且“MARK”在注册的中英文组合商标中常被译为“印记”，“FOREVERMARK”可译为“永恒印记”。同时，“永恒印记”翻译成英文，也可译为“FOREVERMARK”，两者在含义上存在呼应关系，相关公众容易将二者对应起来。

戴比尔斯公司在诉争商标申请日以前，曾在国内的报纸上采取有奖销售等形式宣传使用引证商标，引证商标具有一定的知名度。高文新在诉争商标核定使用的商品类别上使用规模较小，不足以证明诉争商标经过实际使用已经具有较高的市场声誉，更不能证明相关公众已在客观上将诉争商标与引证商标区别开来。因此，当诉争商标和引证商标共同使用在相同或类似商品上时，相关公众施以一般注意力，容易误认为其商品来自同一主体或者两者之间存在特定联系。

由 2001 年《商标法》第 28 条、第 41 条第 3 款和 2002 年《商标法实施条例》第 29 条规定可知，《商标法》第 28 条规定的商标注册实体法律标准与《商标法》第 41 条第 3 款及《商标法实施条例》第 29 条一致。《商标法》第 28 条适用于商标申请和异议程序,《商标法》第41条第3款适用于商标争议程序。本案属商标争议纠纷,裁判依据应为《商标法》第41条第3款及《商标法实施条例》第29条。一审、二审法院在对商标评审委员会基于《商标法》第28条所做出裁定进行评判时,援引《商标法》第28条有所不当,应予纠正。但由于《商标法》第28条与第41条第3款的实体法律标准一致,上述错误并不影响本案裁判结果。

【案件信息】

戴尔比斯百年有限公司诉商标评审委员会、高文新商标争议案,最高人民法院(2014)知行字第49号行政裁定书(2014年11月28日,王艳芳、朱理、佟姝),北京市高级人民法院(2013)高行终字第2374号行政判决书(2014年3月10日,岑宏宇、刘庆辉、焦彦),北京市第一中级人民法院(2013)一中知行初字第1926号行政判决书(2013年9月18日,宁勃、王东勇)。

案件来源:最高人民法院知识产权案件年度报告(2014)。

31 在先商标具有较高显著性和知名度的,在后商标申请人负有更高的注意和避让义务

32 对违背诚信和侵害他人合法在先权利恶意申请商标并使用所形成的所谓"市场秩序"不予承认

【裁判要旨】

在先商标具有较高显著性和知名度,同地域的同业竞争者相应地负有更高的注意和避让义务,但却在相同商品上申请注册文字、呼叫接近的在后商标,具有攀附的恶意的,应认定相关公众施以一般注意力在客观上容易对先后两商标的商品来源产生混淆误认,或者误认为在后商标与在先商标所指代的商品存在特定联系。

违背诚实信用原则,罔顾他人合法在先权利,强行将其恶意申请的商标做大、做强所形成的所谓市场秩序或知名度,不应予以承认。

【关键词】

商标近似|知名度|注意和避让义务|恶意|市场秩序

【基本案情】

第三人内联升公司系第125412号“内联升”商标的注册人，核定使用商品为第25类的鞋。该商标被认定为驰名商标，还享有国家非物质文化遗产、“中国布鞋第一家”等荣誉称号。

原告福联升公司系诉争第7504400号“福联升FULIANSHENG及图”商标的申请人，2009年6月29日提出注册申请，指定使用商品为第25类的服装、内衣、鞋等。

内联升公司在诉争商标初审公告后的异议期内提出异议申请。商标局裁定：诉争商标予以核准。内联升公司不服，申请复审。商标评审委员会裁定：诉争商标不予核准注册。福联升公司不服，提起诉讼。北京市第一中级人民法院判决：撤销商标评审委员会裁定，并判令其重做。商标评审委员会和内联升公司均不服，提起上诉。北京市高级人民法院判决：撤销一审判决，维持商标评审委员会的裁定。福联升公司不服，申请再审。最高人民法院裁定：驳回其再审申请。

【裁判理由】

最高人民法院认为：

从在先商标和诉争商标的音、形、义看，诉争商标文字部分“福联升”起到主要的识别作用，与在先商标相比，二者仅首字不同，其余的“联升”两字完全相同，相关公众对两商标的称呼近似。

“内联升”系中国驰名商标，先后被认定为中华老字号、国家非物质文化遗产，荣获“中国布鞋第一家”等荣誉称号，其销售的布鞋产品在相关公众中具有极高的美誉。在在先商标具有如此高的显著性和知名度的情况下，与其构成近似商标的范围较普通商标也应更宽，同业竞争者亦相应地具有更高的注意和避让义务。在在先商标具有较高的知名度和显著性，并且诉争商标与在先商标标志近似的情况下，福联升公司提交的证据不足以证明诉争商标与在先商标形成了有效的市场区分。相关公众施以一般注意力，客观上仍然容易对在先商标和诉争商标的商品来源产生混淆误认，或者误认为诉争商标与在先商标所指代的商品存在特定联系。

福联升公司与内联升公司均制造、销售布鞋产品，福联升公司作为同地域的同业竞争者，理应对内联升公司及其在先商标的知名度和显著性有相当程度的认识，其在鞋类商品上注册、使用有关商标时，理应遵守诚实信用原则，注意合理避让而不是恶意攀附内联升公司及其在先商标的知名度和良好商誉，造成相关公众混淆误认。然而，福联升公司从商标、注册地乃至企业名称上，都有意贴近内联升公司及其在先商标，且围绕“联升”字样，在同类商品及其他类别商品上另行申请注册十余项包含有“联升”文字的其他商标，其主观恶意愈加明显。

福联升公司在其大规模使用诉争商标之前，理应认识到由于诉争商标与在先商标近似，并且在先商标具有较高的知名度和显著性，故存在诉争商标不被核准注册，乃至因使用诉争商标导致侵害在先商标注册商标权的法律风险，其未能尽到合理的注意和避让义务，仍然申请注册并大规模使用诉争商标，由此带来的不利后果理应自行承担。而且，福联升公司作为同业竞争者明知或者应知在先商标具有较高知名度和显著性，仍然恶意申请注册、使用与之近似的诉争商标的情形下，如果仍然承认此种行为所形成的所谓市场秩序或知名度，无异于鼓励同业竞争者违背诚实信用原则，罔顾他人合法在先权利，强行将其恶意申请的商标做大、做强。这样既不利于有效区分市场，也不利于净化商标注册、使用环境，并终将严重损害在先商标权人的合法权益以及广大消费者的利益，违背诚实信用原则以及《商标法》“保护商标专用权”“维护商标信誉”“保障消费者和生产、经营者的利益”等立法宗旨。

【案件信息】

北京福联升鞋业有限公司诉商标评审委员会、北京内联升鞋业有限公司商标异议复审案，最高人民法院（2015）知行字第116号行政裁定书（2015年11月18日，王艳芳、杜微科、佟姝），北京市高级人民法院（2014）高行（知）终字第3252号行政判决书（2014年12月8日，谢甄珂、袁相军、钟鸣），北京市第一中级人民法院（2014）一中知行初字第1828号行政判决书（2014年7月30日，夏晓红、董伟）。

案件来源：最高人民法院知识产权案件年度报告（2015），《最高人民法院公报》2016年第6期，2015年中国法院50件典型知识产权案例，《知识产权审判指导》2015年第2辑（总第26辑）。

33　判断商标是否近似时，诉争商标的使用状况和知名度等情况也属于需要考虑的因素①

【裁判要旨】

引证商标和诉争商标的构成要素存在差异，相关公众施以一般注意

① 在《商标授权确权案件规定》第12条关于未注册驰名商标保护地避免混淆可能性需考虑的各个因素的规定中并无对诉争商标显著性及其经使用产生的知名度进行考虑的要求，敬请注意。

力能够区分，再考虑诉争商标的使用状况及知名度等情况，可以认定两商标共同使用在相同商品上不会导致相关公众混淆误认，不构成近似商标。

【关键词】

商标近似｜构成要素｜诉争商标知名度｜诉争商标使用情况

【基本案情】

第三人甘肃滨河食品公司系第 4646265 号“滨河九粮液”商标的申请人，该商标指定使用商品为第 33 类的酒（饮料）、烧酒等。引证商标原告五粮液公司的第 160922 号“五粮液及图”商标，核准日期为 1983 年 3 月 1 日，核定使用商品为第 33 类的酒。

五粮液公司在诉争商标初审公告期内提出异议申请。商标局裁定：对诉争商标不予核准注册。甘肃滨河食品公司申请复审。商标评审委员会裁定：诉争予以核准注册。五粮液公司不服，提起诉讼。北京市第一中级人民法院判决：撤销商标评审委员会的裁定，商标评审委员会针对诉争商标重新做出裁定。甘肃滨河食品公司不服，提起上诉。北京市高级人民法院判决：撤销一审判决，维持商标评审委员会裁定。五粮液公司不服，申请再审。最高人民法院裁定：驳回再审申请。

【裁判理由】

最高人民法院认为：

引证商标为“五粮液及图”，诉争商标为“滨河九粮液”文字，二者相比对，标志本身存在一定程度的区别。虽然考虑到“五粮液”商标的知名度较高，相关公众容易将“五粮液”视作引证商标的主要识别部分，但是，滨河公司于 1987 年 7 月 21 日就申请注册了“滨河及图”商标，并于 1988 年 2 月 20 日被核准注册，该商标经过使用已经具有较高知名度，“滨河”作为该商标的主要识别部分，已经在相关公众中与滨河公司形成对应联系。在这种情况下，诉争商标在整体上与引证商标形成较大差异，白酒类相关公众施以一般注意力可以将二者进行区分，不会造成混淆误认。

此外，滨河公司主张其在诉争商标中使用“九粮”二字，源于其自主研发的“九粮九轮酿制工艺”，滨河公司已经将该酿制工艺向主管部门申报备案了“九粮香型白酒”生产企业标准；而且在诉争商标申请日前，滨河公司就于 1996 年将“滨河九粮液”项目在“第八届中国新技术新产品博览会”上展出，并获得该博览会颁发的金牌。综合考虑引证商标和诉争商标的构成要素、诉争商标的使用状况及知名度等情况，两商标共同使用在相同商品上不会导致相关公众混淆误认，不构成相同或类似商品上的相同或近似商标。

【案件信息】

四川省宜宾五粮液集团有限公司诉商标评审委员会、甘肃滨河食品工业（集团）有限责任公司商标异议复审案，最高人民法院（2014）知行字第37号行政裁定书（2017年6月30日，夏君丽、郎贵梅、董晓敏），北京市高级人民法院（2013）高行终字第1718号行政判决书（2013年12月16日，谢甄珂、钟鸣、亓蕾），北京市第一中级人民法院（2013）一中知行初字第1112号行政判决书（2013年6月19日，宁勃、杨钊）。

案件来源：最高人民法院知识产权案件年度报告（2017），2017年中国法院50件典型知识产权案例。

34 同一主体不同注册商标的知名度在特定条件下可辐射，从而其在后商标注册有正当性

【裁判要旨】

虽然不同的商标权是相互独立的，但商标所承载的商誉是可以承继的，在后的诉争商标会因为在先驰名商标商誉的存在而在较短的时间内具有了较高的知名度。

【关键词】

商标近似｜商标声誉延续｜不混淆｜稳定的市场秩序

【基本案情】

1977年8月11日，原告博内特里公司在法国注册了国际注册号为G432096的“花图形”商标，指定使用在第25类的袜子、衣服、鞋等商品上。1985年8月19日，博内特里公司申请注册第253489号“MONTAGUT＋花图形”商标，1986年6月30日获准注册，核定使用商品为在第25类的衣服、袜子、围巾、手套等。1991年12月30日，博内特里公司获准注册了第577537号“夢特嬌”文字商标，核定使用商品为第25类的衣服、鞋、帽、头饰。1994年2月21日，博内特里公司申请第

795657 号“花图形”商标，1995 年 11 月 28 日获准注册，核定使用商品为第 25 类的服装、鞋、帽、皮带服饰用、腰带、服装带等。1999 年 11 月 14 日，博内特里公司获准注册第 1333067 号“花图形”商标，核定使用商品为第 18 类的皮带（非服饰用）旅行箱、旅行袋等。

商标评审委员会曾于 2004 年 11 月 29 日作出裁定，认定博内特里公司注册的“花图形”“MONTAGUT + 花图形”“夢特嬌”商标为使用在服装等商品上的驰名商标，北京市高级人民法院作出的相应判决也支持了商标评审委员会关于上述商标为驰名商标的认定。

博内特里公司系诉争第 3119295 号“花图形”商标注册人，该商标于 2002 年 3 月 20 日申请，2003 年 7 月 2 日获准注册，核定使用商品为第 25 类的围兜、婴儿睡衣、皮带等。

第三人名仕公司系引证的第 572522 号“杏花图形”商标现注册人，该商标于 1990 年 10 月 29 日申请，1991 年 11 月 20 日获准注册，核定使用商品为第 26 类的裤带扣等。

名仕公司对诉争商标提出撤销注册申请。商标评审委员会裁定诉争商标在“皮带（服饰用）”商品上予以撤销，在其他商品上的予以维持。

博内特里公司不服，提起诉讼。北京市第一中级人民法院判决：维持商标评审委员会的裁定。博内特里公司不服，提起上诉。北京市高级人民法院判决：驳回上诉，维持原判。博内特里公司仍不服，申请再审。最高人民法院提审后判决：撤销一审、二审判决和商标评审委员会裁定，商标评审委员会重新作出裁定。

【裁判理由】

最高人民法院认为：

诉争商标与引证商标整体视觉效果近似，核实使用商品在功能、用途、生产部门、销售渠道、消费对象等方面有一定交叉，相关公众一般会认为二者存在特定联系。引证商标在诉争商标申请注册之前并不具备一定的知名度。

博内特里公司于 1985 年申请注册的“MONTAGUT + 花图形”组合商标中就包含有与诉争商标基本相同的“花图形”标志，该“花图形”标志的申请注册时间早于引证商标的申请注册日。博内特里公司又于 1994 年将与诉争商标基本相同的“花图形”商标申请注册在服饰用皮带等商品上。

由于博内特里公司在申请注册诉争商标之前就在中国长期、大量地使用带有

“花图形”标志的“MONTAGUT + 花图形”商标及 1994 年申请注册“花图形”商标，使“花图形”标志在相关公众中广为知晓，在服饰领域拥有较高的知名度，相关公众已经将“花图形”“MONTAGUT + 花图形”“萝特嫣”商标与博内特里公司之间建立了特定的联系。

博内特里公司 1994 年申请注册的第 795657 号“花图形”商标与本案诉争商标基本无差别且同样都注册在服饰用皮带上，尽管本案诉争商标与已被认定为驰名商标的“花图形”“MONTAGUT + 花图形”商标为不同的商标，本案诉争商标又在引证商标之后申请注册，但诉争商标的“花图形”标识早在其申请注册之前已经过长期、广泛使用，“花图形”标志多年来在博内特里公司“花图形”“MONTAGUT + 花图形”驰名商标上建立的商誉已经体现在诉争商标“花图形”商标上，本案诉争商标延续性地承载着在先“花图形”商标背后的巨大商誉。

诉争商标与引证商标在自然属性上构成近似，诉争商标核定使用在“皮带（服饰用）”上的商品与引证商标核定使用在“裤带扣”的商品构成类似，但诉争商标在第 25 类注册，引证商标在第 26 类注册，二者属于不同类别上注册的不同商品，且引证商标不具有一定的知名度，尽管名仕公司对引证商标享有商标专用权，但其商标专用权的排斥力因其商标不具知名度而应受到一定的限制。相反，博内特里公司在先注册并大量使用的“花图形”标识的商誉已延续至诉争商标，使诉争商标具有较高的知名度，已建立较高市场声誉和形成相关公众群体，相关公众已在客观上将博内特里公司的诉争商标与名仕公司的引证商标区别开来，此时允许诉争商标存在只是限制引证商标排斥权的范围，并不限制其商标专用权。从本案诉争商标的特殊性考虑，认定诉争商标的注册具有合法性能维护已经形成和稳定的市场秩序，其与引证商标不构成近似。

【案件信息】

博内特里塞文奥勒有限公司诉商标评审委员会、佛山市名仕实业有限公司商标争议案，最高人民法院（2012）行提字第 28 号行政判决书（2013 年 12 月 13 日，于晓白、王艳芳、李嵘），北京市高级人民法院（2010）高行终字第 1150 号行政判决书（2010 年 11 月 25 日，李燕蓉、焦彦、马军），北京市第一中级人民法院（2010）一中知行初字第 1344 号行政判决书（2010 年 6 月 21 日，任进、邢军）。

案件来源：最高人民法院知识产权案件年度报告（2013），2013 年中国法院知识产权司法保护 50 件典型案例。

35 商标声誉可在不同载体上转移延续但只有根据商标法重新提出注册申请才是正当的[①]

【裁判要旨】

应当区分商誉的延续与商标的延续。市场主体在经营过程中积累的商誉,可以一定方式在不同的商誉载体上进行转移、延续,商誉的载体包括市场主体的字号、商标、产品的包装装潢等可以区分商品或服务来源的标识。但是,市场主体以转移、延续商誉为目的的市场经营行为,并不因其目的上的正当性而当然具有结果上的合法性,仍然应当符合法律相关规定。

【关键词】

商标近似｜商标声誉延续｜混淆｜合法

【基本案情】

第 4312222 号蜘蛛图形商标于 2004 年 10 月 15 日提出注册申请,指定使用商品为第 25 类的服装、领带、帽、围巾等,后该商标转让给第三人美国蜘蛛公司。

原告蜘蛛王集团公司提出异议,引证商标包括其注册在第 25 类皮鞋等商品上的第 1027408 号蜘蛛王及图商标(以下简称引证商标一)、第 1637185 号蜘蛛 toxo 商标(以下简称引证商标二),以及第 2005562 号蜘蛛商标(以下简称引证商标三)。

商标局裁定:诉争商标予以核准注册。蜘蛛王集团公司不服,申请复审。商标评审委员会裁定:裁定诉争商标予以核准注册。蜘蛛王集团提起诉讼。北京市第一中级人民法院认为,诉争商标与引证商标二、商标三构成近似商标,因此判决:撤销商标评审委员会的裁定,并重新作出裁决。商标评审委员会及美国蜘蛛公司均不服,分别提起上诉,其中一个上诉理由为:与诉争商标图形几乎完全相同的第 1212760 号蜘蛛图形商标在引证商标二、商标三申请日前获准注册,与引证商标二、商标三长期共存,并未造成消费者的混淆误认,损害消费者及在先权利人

① 本案确立的裁判规则与前一案件裁判规则可能存在矛盾,敬请注意。

的利益。前述1212760号商标的所有权人为美国蜘蛛公司,于1997年7月3日申请注册,1998年10月7日被核准注册,核定使用在第25类鞋等商品上。北京市高级人民法院判决:驳回上诉,维持原判。美国蜘蛛公司仍不服,申请再审。最高人民法院裁定:驳回其再审申请。

【裁判理由】

最高人民法院认为:

诉争商标指定使用的商品与引证商标二、引证商标三核定使用的商品构成相同或类似商品。诉争商标的标志为无其他构成要素的纯图形商标,整体表现为经过一定艺术化处理的蜘蛛图形,引证商标二、引证商标三的标志同样为无其他构成要素的纯图形商标,整体亦表现为经过一定艺术化处理的蜘蛛图形,将诉争商标的蜘蛛图形与引证商标二、引证商标三的蜘蛛图形分别进行比较,在蜘蛛形态、整体构成等方面均构成近似。综上所述,诉争商标与引证商标二、引证商标三构成使用在相同或类似商品上的近似商标。

关于第1212760号商标能否成为诉争商标应予核准注册的依据。美国蜘蛛公司称,其申请注册诉争商标,是对已注册的第1212760号商标的延续注册,故应当获准注册。法院认为,应当区分商誉的延续与商标的延续。市场主体在经营过程中积累的商誉,可以一定方式在不同的商誉载体上进行转移、延续,商誉的载体包括市场主体的字号、商标、产品的包装装潢等可以区分商品或服务来源的标志。但是,市场主体以转移、延续商誉为目的的市场经营行为,并不因其目的上的正当性而当然具有结果上的合法性,仍然应当符合法律相关规定。具体到本案,美国蜘蛛公司如基于经营策略等原因需要另行注册与原注册商标标志存在一定联系的新商标,根据2001年《商标法》第20~22条的相关规定,无论其以原注册商标为载体是否已积累了一定的商誉,也无论新商标与原注册商标指定使用的商品类别以及所使用的标志具有何种联系,都应当向商标行政主管部门提出注册申请,由商标行政主管部门依法进行审核。本案的诉争商标与第1212760号商标相比较,虽然指定使用的商品类别相同,但是商标标志并不相同,诉争商标能否注册,应当依法重新进行审查,不因其与第1212760号商标所具有的关联性而当然具有合法性。关于商标的延续,2001年《商标法》第38条规定了注册商标的续展。除此之外,未规定其他形式的商标延续。因此,美国蜘蛛公司该项申请再审理由亦不能成立。

【案件信息】

蜘蛛王集团有限公司诉商标评审委员会、美国蜘蛛集团有限公司商标异议复审案，最高人民法院(2017)最高法行申3297号行政裁定书(2017年12月22日，王艳芳、毛立华、杜微科)，北京市高级人民法院(2016)京行终4490号行政判决书(2016年12月28日，刘辉、刘庆辉、吴斌)，北京市第一中级人民法院(2014)一中知行初字第4067号行政判决书。

案件来源：《最高人民法院公报》2018年第11期。

第二节　商标共存

36　引证商标注册人同意诉争商标的注册且并不损害公共利益和他人利益的，应予尊重

【裁判要旨】

在没有损害国家利益、社会公共利益和第三人合法权益的情况下，引证商标注册人出具共存协议或同意书对诉争商标的注册明确予以认可，是对自己合法权益的判断和处分，法院应予以必要的尊重，不宜简单的以尚不确定的“消费者利益”为由，对共存协议或同意书不予考虑。

【关键词】

共存协议｜同意书｜国家利益｜社会公共利益｜消费者利益

【基本案情】

诉争商标系谷歌公司2012年11月7日提出申请的第11709162号“NEXUS”商标，指定使用商品为第9类的手持式计算机、便携式计算机。

引证商标系株式会社岛野1999年5月13日申请，2000年10月28日核准注册的第1465863号“NEXUS”商标，核定使用商品为第9类的自行车用计算机。

商标局以诉争商标与引证商标构成类似商品上的近似商标、构成2001年《商标法》第28条规定情形为由，驳回其注册申请。商标评审委员会亦以相同的理由对诉争商标予以驳回。

谷歌公司不服,提起诉讼。北京市第一中级人民法院判决:维持商标评审委员会的决定。谷歌公司不服,提起上诉,并提供了引证商标权利人株式会社岛野向谷歌公司出具的《同意书》,其中载明:在谷歌公司与株式会社岛野经营领域差异巨大产品格局差异巨大的情形下,诉争商标与引证商标共存不易导致公众的混淆及误认,同意诉争商标注册。北京市高级人民法院判决:驳回上诉,维持原判。谷歌公司仍不服,申请再审。最高人民法院判决:撤销一审、二审判决和商标评审委员会的决定,判令商标评审委员会重新作出决定。

【裁判理由】

最高人民法院认为:

从商品类别来看,引证商标指定使用的商品为"自行车用计算机",与自行车体育运动密切相关;而诉争商标为"手持式计算机、便携式计算机",属于消费电子领域。因此,虽然二者形式上都与"计算机"有关,但功能、用途、销售渠道、使用方式、消费对象等均存在一定差异。

引证商标权利人出具的同意书是认定诉争商标的注册是否违反 2001 年《商标法》第 28 条规定的重要考虑因素,具体理由如下:

其一,根据《商标法》的规定,商标权人可以依法转让、许可其商标权,亦有权通过放弃、不再续展等方式处分其商标权。在商标评审委员会业已作出认定诉争商标与引证商标构成类似商品上的近似商标决定的情况下,引证商标权利人通过出具同意书,明确对诉争商标的注册、使用予以认可,实质上也是引证商标权利人处分其合法权利的方式之一。在该同意书没有损害国家利益、社会公共利益或者第三人合法权益的情况下,应当予以必要的尊重。

其二,根据《商标法》第 1 条的规定,保障消费者的利益和生产、经营者的利益均是《商标法》的立法目的,二者不可偏废。虽然是否容易造成相关公众的混淆、误认是适用《商标法》第 28 条的重要考虑因素,但也要考虑到相关公众对于近似商业标志具有一定的分辨能力,在现实生活中也难以完全、绝对地排除商业标志的混淆可能性。尤其是在存在特定历史因素等特殊情形下,还可能存在不同生产、经营者善意注册、使用的特定商业标志的共存。本案中,相较于尚不确实是否受到损害的一般消费者的利益,诉争商标的注册和使用对于引证商标权利人株式会社岛野的利益的影响更为直接和现实。株式会社岛野出具同意书,明确同意谷歌公司在我国申请和使用包括诉争商标在内的有关商标权,表明株式会社岛野对诉争商标的注册是否容易导致相关公众的混淆、误认持否定或者容忍态度。尤其是考虑到谷歌公司、株式会社岛野分别为相关领域的知名企业,本案中没有证据证明谷歌公司申请或使用诉争商标时存在攀附株式会社岛野及引证商标知名度的恶意,也没有证据证明诉争商标的注册会损害国家利益或者社会公共利益。在没有客观证据证明的情况下,不宜简单以尚不确定的“损害消费者利益”为由,否定引证商标权利人作为生产、经营者对其合法权益的判断和处分,对引证商标权利人出具的同意书不予考虑。

其三,虽然商标的主要作用在于区分商品或者服务的来源,但除诉争商标和引证商标外,包括谷歌公司的企业名称及字号、相关商品特有的包装装潢等其他商业标志也可以一并起到区分来源的作用。因此,即使准予诉争商标注册,如在实际使用过程中结合其他商业标志,可以有效避免相关公众混淆、误认。

【案件信息】

谷歌公司诉商标评审委员会商标驳回复审案,最高人民法院(2016)最高法行再103号行政判决书(2016年12月23日,王艳芳、钱小红、杜微科),北京市高级人民法院(2015)高行(知)终字第3402号行政判决书(2015年10月23日,莎日娜、周波、郑洁),北京市第一中级人民法院(2014)一中行(知)初字第9012号行政判决书。

案件来源:最高人民法院知识产权案件年度报告(2016)。

37 因特定历史原因诉争商标的申请无恶意且与在先驰名商标客观共存超过5年的,不予撤销

【裁判要旨】

由于特定历史原因,诉争商标注册人申请注册该商标并不存在主观恶意,在先驰名商标所有人超出5年法定期限申请撤销诉争商标的,人民法院不予支持。

【关键词】

商标共存 | 恶意 | 五年期限 | 特殊历史原因

【基本案情】

1997年11月,同济医科大学提出第1241983号“同济”商标的注册申请,并于

1999年1月21日获准注册，核定使用服务在第41类的学校（教育）等，后经核准转让至第三人华中科技大学同济医学院附属同济医院名下。

2004年3月，原告同济大学以诉争商标违反2001年《商标法》第13条第1款规定为由申请撤销诉争商标。

诉争商标原注册人同济医科大学始建于1900年，原名同济大学医学院，原隶属于同济大学，1950～1951年同济大学医学院及附属同济医院整体迁往武汉，1955年更名为武汉医学院，1985年更名为同济医科大学。

商标评审委员会裁定：诉争商标予以维持。同济大学不服，提起诉讼。北京市第一中级人民法院判决：维持商标评审委员会的裁定。同济大学不服，提起上诉。北京市高级人民法院判决：驳回上诉，维持原判。

【裁判理由】

法院认为：

在案证据虽能证明同济大学的校名"同济"具有很高知名度，但诉争商标的原注册人同济医科大学与同济大学在历史上具有一定关联关系，即使同济医科大学自迁汉后改名为武汉医学院并与同济大学相脱离，但其在1985年已再行启用"同济"作为其校名。此种情况下，作为高等院校，同济医科大学在"学校（教育）"等服务上将其学校名称中的字号部分注册成为诉争商标，符合客观常理，具有合理理由。虽然同济大学主张，在相关报道中有同济医院有关负责人针对诉争商标确有"主要是牵扯到与上海同济大学的关系，需要较长的时间协调"这一表述，此内容仅系对事实的陈述，与诉争商标的注册是否存在恶意缺乏关联性，不能证明同济大学的相关主张，故同济大学关于适用2001年《商标法》第41条第2款撤销诉争商标注册的主张缺乏事实及法律依据，不予支持。

【案件信息】

同济大学诉商标评审委员会、华中科技大学同济医学院附属同济医院商标争议案，北京市高级人民法院（2012）高行终字第703号行政判决书（2012年8月7日，刘辉、周波、陶钧），北京市第一中级人民法院（2010）一中知行初字第781号行政判决书（2012年1月20日，芮松艳、宁勃、殷悦）。

案件来源：2012年中国法院知识产权司法保护50件典型案例。

38 诉争商标是否应予注册应根据本国法判断，境外共存协议不影响商标近似性的判断①

【裁判要旨】

诉争商标是否应予注册，应当根据商标法及其司法解释的规定进行判断，境外共存协议不影响商标近似性的判断。

【关键词】

境外共存协议｜商标近似｜恶意｜混淆

【基本案情】

1983 年 6 月 17 日，鳄鱼国际公司的前身利生民公司与拉科斯特公司签订和解协议，即 1983 年和解协议：约定双方在本协议第 1 条所列国家或者地区（中国台湾、新加坡、印度尼西亚、马来西亚、文莱）开展合作。拉科斯特公司与鳄鱼国际公司就 1983 年和解协议在新加坡国际仲裁中心进行了仲裁，仲裁裁决认为，1983 年和解协议并未要求协议任何一方同意对方在协议约定的 5 个国家或者地区之外的商标注册，且 1983 年和解协议本身也不构成这种同意。

鳄鱼国际公司于 1993 年 12 月 24 日在第 25 类的服装、鞋等商品上申请本案引证的第 1331001 号商标。商标局以本案引证商标与拉科斯特公司第 141103 号商标构成类似商品上的近似商标为由予以驳回。鳄鱼国际公司不服，申请复审。商标评审委员会认定两商标不构成近似商标，准予本案引证商标初步审定公告。本案引证商标审定公告后，拉科斯特公司又提出异议，商标局裁定核准本案引证商标注册。拉科斯特公司不服，请求复审，商标评审委员会裁定：本案引证商标予以核准注册。拉科斯特公司不服，提起诉讼。北京市第一中级人民法院认定，两商标构成近似商标，判决撤销商标评审委员会裁定。商标评审委员会和鳄鱼国际公司不服，提起上诉。北京市高级人民法院认为：本案引证商标与拉科斯特公司的第 141103 号商标、第 213412 号商标不构成近似，因此判决：撤销一审判决，维持

① 本案裁判规则与本书收录的最高人民法院（2009）民三终字第 3 号（法国）拉科斯特公司诉（新加坡）鳄鱼国际机构私人有限公司、上海东方鳄鱼服饰有限公司北京分公司侵害商标权案再审民事判决书所确立的规则可能有矛盾，敬请注意。

商标评审委员会裁定。拉科斯特公司不服，申请再审。最高人民法院驳回拉科斯特公司的再审申请。

最高人民法院（2009）民三终字第3号判决认定：鳄鱼国际公司被诉标志1、被诉标志2（头朝左鳄鱼图形）与拉科斯特公司请求保护的第141103号注册商标不构成近似。被诉标志3、被诉标志4与拉科斯特公司请求保护的第141103号注册商标相比具有显著区别，不构成近似。

1994年10月19日，拉科斯特公司在法国同时申请注册三件头朝左鳄鱼图形商标。2005年，鳄鱼国际公司针对该商标向法国巴黎大审法院提起诉讼。2006年3月29日，该法院以拉科斯特公司注册的94541290号和94541293号商标系模仿1983年和解协议中列入的鳄鱼国际公司的商标图案为由认定构成了非法注册行为，94541291号商标注册不违法。拉科斯特公司不服，提起上诉。法国最高法院于2014年5月20日作出终审判决，驳回上诉。1995年3月23日，拉科斯特公司就上述94541291号商标向中国申请领土延伸保护，申请号为国际注册G638122号，即本案诉争商标。

鳄鱼国际公司引证其第1331001号商标申请撤销本案诉争商标，争议程序中，卡帝乐公司受让引证商标并承继鳄鱼国际公司的各项权利义务继续参与争议程序。商标评审委员会裁定：诉争商标予以维持。卡帝乐公司不服，提起诉讼。北京市第一中级人民法院判决：撤销商标评审委员会裁定并重新作出裁定。拉科斯特公司不服，提起上诉。北京市高级人民法院判决：驳回上诉，维持原判。拉科斯特公司仍不服，申请再审。最高人民法院提审后判决：撤销一审、二审判决，维持商标评审委员会的裁定。

【裁判理由】

最高人民法院认为：

诉争商标与引证商标图形部分近似，但主要识别部分及各要素组合后的整体结构并不相同或者近似。以相关公众的一般注意力在隔离状态下观察，二者不会产生混淆和误认。因此，诉争商标与引证商标不构成近似商标，诉争商标的申请注册未违反2001年《商标法》第29条规定。二审判决在判断本案诉争商标与本案引证商标是否相近似时，未考虑本案引证商标获准注册的原因主要在于“CARTELO”是其识别的主要要素以及本案引证商标的整体结构，判断方法有所不当，也未考虑在先判决的认定。

诉争商标是否应予注册，应当按照中国《商标法》及其司法解释等规定进行判断，而1983年和解协议中约定双方在中国台湾地区、新加坡、印度尼西亚、马来西亚、文莱5个国家或者地区开展合作，没有明确约定适用于中国大陆，因此1983

年和解协议并不能成为判断本案诉争商标是否与引证商标相近似以及是否应当注册的事实和依据。

(2009)民三终字第3号判决认定,被诉标志3、被诉标志4与第141103号商标有显著区别,不能认定为近似商标,而被诉标志4即本案引证商标,同时该判决要求鳄鱼国际公司在使用被诉标志1、被诉标志2时,应保持其与拉科斯特公司注册商标有明显区分的相关使用环境和状态,尽可能避让该公司的注册商标。但鳄鱼国际公司及其权利义务承受人卡帝乐公司仍突出使用单条鳄鱼图形商标,其在经营行为中使其鳄鱼品牌商品与拉科斯特公司的鳄鱼品牌商品相混淆的主观意图明显,容易造成消费者在的混淆和误认,其行为难谓善意正当,而拉科斯特公司申请诉争商标没有利用卡帝乐公司主张的在先使用鳄鱼图形商标商誉的主观恶意。

首先,卡帝乐公司提交的使用证据不足以证明其主张的在先使用商标具有一定影响。其次,拉科斯特公司申请诉争商标没有利用卡帝乐公司主张的在先使用鳄鱼图形商标商誉的主观恶意。行为难谓善意正当,其主观上具有使其鳄鱼商标与拉科斯特公司的鳄鱼商标相混淆或者产生特定联系的意图。因此,诉争商标未违反2009年《商标法》第31条关于"不得以不正当手段抢先注册他人已经使用并有一定影响的商标"的规定。

【案件信息】

卡帝乐鳄鱼私人有限公司诉商标评审委员会、拉科斯特股份有限公司商标争议案,最高人民法院(2018)最高法行再134号行政判决书(2018年11月29日,夏君丽、郎贵梅、马秀荣)北京市高级人民法院(2015)高行(知)终字第3019号行政判决书(2015年12月18日,谢甄珂、袁相军、钟鸣),北京市第一中级人民法院(2014)一中知行初字第4497号行政判决书(2014年12月10日,侯占恒、陈勇)。

案件来源:最高人民法院知识产权案件年度报告(2018),2018年中国法院50件典型知识产权案例。

39 共有人之一将约定共有商标抢先注册并在同意其他共有人另行注册后反悔的不支持

【裁判要旨】

双方当事人曾经约定共有的商标,被其中一方以自己名义抢先注册后，双方签订协议承诺相互不再对对方申请注册在同类服务上的近似商标提出异议或者无效申请，之后抢先注册的一方又对协议签订前对方已经申请的近似商标提出无效宣告的，应认定违反协议约定和诚实信用，应不予支持。

【关键词】

共存协议｜违反约定｜诚实信用｜近似商标

【基本案情】

史英建、朱国凡等7人在山东和北京合作开办、经营良子洗脚店，并于1997年9月23日签订良子集体发展决议，约定责成朱国凡以济南良子店名义申请注册良子商标，该商标由全体股东共同创立和拥有。但朱国凡却成立以自己为法定代表人的新疆良子公司并以其名义于1997年10月31日提出本案引证的第1235891号“良子及图”商标的注册申请，1998年12月28日获准注册，核定使用服务为第42类按摩、推拿。

1998年，史英建、朱国凡等7人签订分家协议书后，史英建拥有的济南市历下区良子健身总店于1998年12月27日以恶意抢注为由对引证商标提出异议申请。2001年8月27日，济南历下区良子健身总店（甲方）与新疆良子公司（乙方）在商标局的主持下签署协议书约定：甲方同意乙方在第42类4204组注册的“良子”商标，同时撤销对此商标请提出的异议。乙方同意甲方在第42类4204组申请注册“华夏良子”商标，同时撤销对此商标申请提出的异议。本协议生效后，甲方不得再对乙方其他带有“良子”字样的商标注册申请提出异议或注册不当申请，乙方也不得再对甲方其他带有“良子”字样的商标注册申请提出异议或注册不当申请。甲、乙双方在本协议中规定的权利、责任和义务适用于双方代表人控股、参股、参与经营和特许经营的企业与店铺。

2000年2月17日，史英建拥有的原告山东良子公司提出第1551944号“良子”商标（以下简称诉争商标）的注册申请，2001年4月7日被核准注册，核定使用服务为第42类保健、理疗等。

2002年12月31日，朱国凡拥有的第三人北京良子公司以诉争商标的注册违反了2001年《商标法》第28条的规定为由，提出撤销申请。商标评审委员会裁定：撤销诉争商标。山东良子公司不服，提起诉讼。北京市第一中级人民法院判决：维持商标评审委员会的裁定。山东良子公司不服，提起上诉。北京市高级人民法院判决：撤销一审判决和商标评审委员会的裁定。北京良子公司不服，申请再审。最高人民法院裁定：驳回其再审申请。

【裁判理由】

最高人民法院认为：

本案纠纷的发生有着特定的历史过程，在处理时必须予以充分考虑，以作出公平、合理的裁决。根据查明的事实，“良子”商标为朱国凡、史英建等7人共同创立，按照集体发展协议，申请注册的“良子”商标本应为全体股东拥有，但朱国凡违反该协议的约定，将“良子”商标注册到自己成立的新疆良子公司名下，导致后续一系列纠纷的发生。为了解决纠纷，划定双方的商标权利，新疆良子公司与济南历下区良子健身总店签订协议，其中约定双方均放弃对对方其他带有“良子”字样的商标提出异议或注册不当申请的权利。在该协议签订时，本案的诉争商标已经过初审公告后获准注册，作为协议签订一方的新疆良子公司理应知晓山东良子公司注册诉争商标这一事实，在此基础上仍签订共存协议，应视为新疆良子公司同意山东良子公司注册诉争商标，因此诉争商标受到该协议的拘束。按照该协议的约定，济南市历下区良子健身总店放弃了对新疆良子公司注册的引证商标的异议申请，引证商标从而获准注册。然而，新疆良子公司法定代表人朱国凡成立的北京良子公司却违反协议约定，向商标评审委员会提出撤销诉争商标的申请，以致商标评审委员会撤销诉争商标。北京良子公司的上述行为，违反了协议的约定和诚实信用原则，而撤销诉争商标的结果，显然打破了协议约定的利益平衡和多年来形成的市场格局，对山东良子公司明显不公平。二审法院综合考虑上述因素，判决撤销一审判决和商标评审委员会的裁定并无不妥。

【案件信息】

山东良子自然健身研究院有限公司诉商标评审委员会、北京台联良子保健技术有限公司商标争议案，最高人民法院(2010)知行字第50号行政裁定书(2011年11月15日，余红梅、钱小红、周云川)，北京市高级人民法院(2009)高行终字第141号行政判决书(2009年5月7日，张冰、莎日娜、钟鸣)，北京市第一中级人民法院(2008)一中行初字第1178号行政判决书(2008年11月24日，仪军、周丽婷、王晫)。

案件来源：最高人民法院知识产权案件年度报告(2011)。

40 商标客观共存需有特殊情形且须考虑在先权利人意愿及客观上形成市场区分等因素

【裁判要旨】

允许商标之间的适当共存需存在特殊历史原因、存在历史延续等特殊情形，且须考虑在先权利人意愿以及客观上是否形成了市场区分等因素。

2001 年《商标法》第 15 条也应适用于被代理人或被代表人已将其商标提出注册申请或该商标已被注册的情形。

【关键词】

商标共存｜市场区分｜代理关系｜被代理人的商标

【基本案情】

引证商标为第 908487 号“龟博士”商标，注册申请日为 1995 年 3 月 9 日，于 1998 年转让至第三人特多瓦公司名下，核定使用商品为第 3 类的汽车上光蜡、清洗液。

1998 年，第三人半隆中心作为“龟博士”系列汽车用品独家中国总代理与长沙大地专业汽车用品服务有限公司签订“‘龟博士’系列产品湖南总代理协议”，授权长沙大地专业汽车用品服务有限公司为其商品的湖南独家总代理。

2010 年，特多瓦公司的副总裁出具声明称，特多瓦公司授权索泰尔公司及其关联公司半隆中心自 1994 年开始有权直接或者通过指定分销商进口、经销和销售标有“TURTLE”“DR. TURTLE”“龟博士”“龟图形”商标的商品。

诉争商标为第 3167289 号“龟博士”商标，由长沙大地专业汽车用品服务有限公司于 2002 年 5 月 8 日申请，指定使用服务为第 37 类的车辆加润滑油、车辆维修。2010 年 5 月，诉争商标所有人名义经核准变更为长沙龟博士汽车服务有限公司；2010 年 7 月，经核准转让给原告龟博士公司。

在诉争商标异议期内，半隆中心与特多瓦公司提出异议，依据引证商标认为诉争商标违反 2001 年《商标法》第 15 条、第 28 条的规定。商标局裁定：诉争商标予以核准注册。半隆中心及特多瓦公司不服，申请复审。商标评审委员会裁定：

诉争商标不予核准注册。龟博士公司不服，提起诉讼。北京市第一中级人民法院判决：驳回龟博士公司的诉讼请求。龟博士公司、特多瓦公司均不服，提起上诉。北京市高级人民法院判决：撤销一审判决、撤销商标评审委员会裁定，商标评审委员会重新作出裁定。特多瓦公司不服，申请再审。最高人民法院判决：撤销二审判决，维持一审判决。

【裁判理由】

最高人民法院认为：

通常情况下，如果同一商标分别使用在不同的商品或服务上，会使相关公众认为上述不同的商品或服务系由同一主体提供，或其提供者之间存在特定联系，则可以认定不同的商品或服务之间存在特定联系，或容易造成混淆。诉争商标指定使用的“车辆加润滑油、车辆维修”服务和引证商标核定使用的“汽车上光蜡、清洗液”商品均属车辆维修、保养范畴，“车辆加润滑油、车辆维修”服务提供者在提供服务时亦可能会使用“汽车上光蜡、清洗液”等商品，二者的服务场所或销售场所、消费对象存在同一性可能，故如在上述商品或服务上均使用“龟博士”商标，以相关公众的一般交易观念和通常认识而言，则可能使相关公众误认为二者系由同一主体提供或提供者之间具有特定联系，从而产生混淆误认，属于类似商品或服务，故诉争商标不应予以注册。

允许商标之间的适当共存需存在特殊历史原因、存在历史延续等特殊情形，且需考虑在先权利人意愿以及客观上是否形成了市场区分等因素。本案不存在特殊历史原因等情况，诉争商标注册时间晚于引证商标注册时间，在先权利人并未同意共存且现有证据亦不足以证明龟博士公司在“车辆维修”服务上使用的“龟博士”商标已和引证商标分别建立了各自的消费群体，客观上形成了市场区分。

特多瓦公司授权半隆中心直接或者通过指定分销商进口、经销和销售标有“龟博士”商标的产品，长沙龟博士公司的前身湖南长沙大地专业汽车有限公司在申请注册诉争商标之前曾为“龟博士”系列汽车用品的独家湖南总代理，构成2001年《商标法》第15条所指的代理关系。因此，长沙龟博士公司在与汽车用品密切关联的类似服务上申请注册与“龟博士”商标相同的诉争商标，违反了《商标法》第15条的规定。

一审、二审法院关于“只有在代理人或代表人诉争商标注册前被代表人或被代理人的商标系尚未提出注册商标申请的情况下，代理人或代表人的申请注册行为才可能构成抢注行为，且如果被代理人或被代表人已将其商标申请注册，则其对于该商标所享有的合法权益在商标注册层面亦并未被代理人或代表人损害，故《商标法》第15条应不适用于被代理人或被代表人已将其商标提出注册申请或该商标已被注册的情形”的认定，不当地限缩了《商标法》第25条的适用范围，应予纠正。

【案件信息】

北京龟博士汽车清洗连锁有限公司诉商标评审委员会、特多瓦公司、北京半隆贸易中心商标异议复审案，最高人民法院(2015)行提字第3号行政判决书(2015年11月18日，王艳芳、佟姝、杜微科)，北京市高级人民法院(2012)高行终字第887号行政判决书(2013年11月20日，张冰、刘晓军、袁相军)，北京市第一中级人民法院(2011)一中知行初字第1083号行政判决书(2011年11月29日，芮松艳、殷悦)。

案件来源：最高人民法院知识产权案件年度报告(2015)。

41 中外文商标有稳定对应关系的易导致混淆，市场区分应指客观上不存在混淆的事实

【裁判要旨】

商标标志的近似程度是判断是否容易导致混淆的因素之一，中外文商标标志具有音译关系，在先商标经过使用、宣传具有一定知名度使相关公众认为两者存在稳定的对应关系，在后商标未予避让且有误导行为的，属于容易导致混淆的情形；此时当事人主张其在后诉争商标经过使用能够与在先引证商标形成市场区分的，不仅应当提供使用诉争商标的证据而且其证据应当达到证明客观上相关公众不会混淆的程度。

【关键词】

商标共存 | 混淆可能性 | 商标近似 | 市场区分

【基本案情】

诉争商标系第4578349号“拉菲庄园”商标，其申请日为2005年4月1日，核定使用在第33类葡萄酒等商品上，注册人为原告金色希望公司，专用期限至2017

年 11 月 13 日。

引证商标系第 1122916 号“LAFITE”商标，其申请日为 1996 年 10 月 10 日，核定使用在第 33 类的含酒精饮料（啤酒除外）商品上，注册人为第三人拉菲酒庄，专用期限至 2017 年 10 月 27 日。

2011 年 8 月 24 日，拉菲酒庄针对诉争商标提出争议申请，请求撤销诉争商标的注册。

2013 年 9 月 2 日，商标评审委员会作出裁定认为：拉菲酒庄在案证据表明，在诉争商标申请注册之前，国内刊物即已开始介绍拉菲酒庄及其生产的“LAFITE”葡萄酒，并将“LAFITE”译为“拉菲特”，或将“CHATEAULAFITE”译为“拉斐堡”。经多年宣传，上述商标已形成对应关系，且金色希望公司亦认同拉菲酒庄“LAFITE”商标的中文译法为“拉斐”和“拉斐堡”。此后，国内媒体又将“LAFITE”译为“拉菲”进行宣传报道，拉菲酒庄在销售活动中也将“拉菲”作为音译词使用，并且在葡萄酒市场上形成较高的知名度。作为经营葡萄酒商品的同行业竞争者，金色希望公司理应知晓拉菲酒庄及其商标的使用情况，应有合理避让，却仍在葡萄酒等类似商品上注册了与引证商标对应的中文译法“拉菲特”“拉斐”“拉菲”相近的诉争商标，其行为难谓正当。因此，诉争商标已经与引证商标构成类似商品上的近似商标，其注册使用易使消费者认为其所标示的产品来自拉菲酒庄或与拉菲酒庄存在某种关联的企业，违反了 2001 年《商标法》第 28 条的规定，因此对诉争商标予以撤销。

金色希望公司不服，提起诉讼。北京市第一中级人民法院判决：维持商标评审委员会的裁定。金色希望公司不服，提起上诉。北京市高级人民法院以诉争商标与引证商标不构成近似商标、诉争商标的注册和使用长达 10 年之久已经形成稳定的市场秩序为由，判决：撤销一审判决和商标评审委员会的裁定。拉菲酒庄不服，申请再审。最高人民法院判决：撤销二审判决，维持一审判决。

【裁判理由】

最高人民法院认为：

判断诉争商标与引证商标是否构成近似，关键在于判断“拉菲”与“LAFITE”是否构成近似或者形成了较为稳定的对应关系。

诉争商标申请日之前，中国大陆的各类宣传报道中即有将引证商标“LAFITE”音译为“拉菲”的情况，而且部分媒体是消费者容易接触到的、受众面较大的宣传媒介，相关宣传媒介均对“LAFITE”葡萄酒给予了极高评价，因此引证商标"LAFITE"在诉争商标申请日前在我国具有较高的知名度。从2003年起,拉菲酒庄已经在相关销售宣传单上以"拉菲"指代"LAFITE",为相关公众所知悉,在我国相关公众中具有较高知名度,由此,拉菲酒庄通过多年的商业经营活动,客观上在"拉菲"和"LAFITE"之间建立了稳固的联系,诉争商标与引证商标构成近似商标。

金色希望公司与拉菲酒庄为同行业经营者,理应知晓拉菲酒庄的引证商标及其音译情况,其在申请诉争商标注册时应当合理避让,但仍然在葡萄酒等相同或类似商品上申请注册了与引证商标近似的诉争商标,其行为难谓正当。而且,金色希望公司实际使用诉争商标时具有明显与拉菲酒庄生产的葡萄酒相混淆的恶意,难以使相关公众识别两者的产品来源不同。

对于已经注册使用一段时间的商标,该商标是否已经通过使用建立较高市场声誉和形成自身的相关公众群体,并非由使用时间长久来决定,而是在客观上有无通过其使用行为使相关公众能够将其与相关商标区分开来。金色希望公司提交的证据未能证明其通过对诉争商标的使用已经形成了自身的相关公众群体,相关公众不会将诉争商标和引证商标混淆误认。

【案件信息】

南京金色希望酒业有限公司诉商标评审委员会、拉菲罗斯柴尔德酒庄商标争议案,最高人民法院(2016)最高法行再34号行政判决书(2016年12月23日,王艳芳、钱小红、杜微科),北京市高级人民法院(2014)高行(知)终字第3129号行政判决书(2015年3月18日,莎日娜、周波、郑洁),北京市第一中级人民法院(2013)一中知行初字第3731号行政判决书(2014年8月5日,江建中、李茜)。

案件来源:最高人民法院知识产权案件年度报告(2016),2016年中国法院10大知识产权案件。

42 不同主体因历史原因分别拥有相同文字的商标且形成稳定区分格局的不允许再靠近

【裁判要旨】

因历史原因形成不同市场主体各自拥有相同字号以及在同一种或者类似商品上各自拥有相同或者近似商标的情形下,当其中一方主体主张其申请注册的商标系对其字号及在先注册商标的延续时,人民法院审查判断是否应予核准注册,除应当依据商标法的规定,亦应尊重历史和现状,尊重业已形成的市场秩序,全面、审慎、客观地考量各种因素,以尽量划清商业标识之间的界限为指针,公平合理地做出裁判。

【关键词】

商标共存|商标近似|稳定的市场格局|历史背景|延续

【基本案情】

苏州稻香村茶食糖果店位于观前街,相传始创于清乾隆年间(1737~1795年)。苏州稻香村食品厂成立于1980年12月,商务部认定"苏州稻香村食品厂(注册商标'禾')"为中华老字号。2004年3月9日,苏州稻香村食品厂参与投资兴建原告苏州稻香村公司。

保定市稻香村食品厂于20世纪80年代提出第184905号、第352997号"稻香村DXC及图"商标注册申请,并获准注册,核定使用商品为第30类的饼干和果子面包、糕点。两商标经过多次转让,最终归苏州稻香村公司所有。2004~2009年,苏州稻香村公司、第352997号商标及其"稻香村"月饼商品获得多项荣誉。

第三人北京稻香村公司的前身于1983年登记成立,1996年1月5日提出第1011610号"稻香村"商标的注册申请,并于1997年5月21日获准注册,核定使用商品为第30类的馅饼、饺子等。原国内贸易部、商务部认定:北京稻香村公司(注册商标"稻香村")为中华老字号。北京稻香村公司、其"稻香村"商标及"稻香村"糕点获得多项荣誉。2003年、2008年,保定新亚公司、苏州稻香村公司曾经分别许可北京稻香村公司或其前身使用第352997号商标。

2006年7月18日,苏州稻香村公司提出本案诉争的第5485873号"稻香村及图"商标注册申请,指定使用商品为第30类的糖果、饼干、糕点等。2009年7月2日,北京稻香村公司对诉争商标提出异议。商标局裁定:该商标予以核准注册。北京稻香村公司不服,申请复审。商标评审委员会裁定:对该商标不予核准注册。

苏州稻香村公司不服,提起诉讼。北京市第一中级人民法院判决:维持商标评审委员会的裁定。苏州稻香村公司不服,提起上诉。北京市高级人民法院判决:驳回上诉,维持原判。苏州稻香村公司仍不服,申请再审。最高人民法院裁定:驳回其再审申请。

【裁判理由】

最高人民法院认为：

对因历史原因形成不同市场主体各自拥有相同字号，以及在同一种或者类似商品上各自拥有相同或者近似商标的情形下，其中一方主张其申请注册的商标系对其字号及在先商标的延续时，在判断是否应予核准注册时，除应当依据商标法的规定，亦应尊重历史和现状，尊重业已形成的市场秩序，全面、审慎、客观地考量各种因素，尽量划清商业标识之间的界限。

考虑到苏州稻香村公司与北京稻香村公司各自的发展历史、现状以及业已形成的较为稳定的市场格局，第184905号、第352997号商标和第1011610号商标在诉争的第5485873号商标申请注册日之前的实际使用情况和知名度，因第5485873号商标与第1011610号商标更为相似而不应予以核准注册。尤其考虑到如果予以注册，一方面，将会破坏业已稳定的市场共存格局，导致稻香村标识之间的混淆或误认，最终损害消费者的利益；另一方面，也不利于苏州稻香村公司和北京稻香村公司划清彼此商标标识之间的界限，不利于各自企业的发展壮大以及稻香村品牌的进一步提升。

在市场经济条件下，苏州稻香村公司和北京稻香村公司只有诚信经营，彼此互相尊重，才能增强和提升各自企业的核心竞争力，焕发稻香村老字号的生命和活力，才能得到广大消费者的认同和赞誉，使稻香村老字号基业长青。而任何投机取巧，希望通过不诚信经营而获取他人商誉的行为都是短视的商业行为，同时，也不为法律所支持和保护，最终也会损害稻香村老字号的利益。

【案件信息】

苏州稻香村食品工业有限公司诉商标评审委员会、北京稻香村食品有限责任公司商标异议复审案，最高人民法院(2014)知行字第85号行政裁定书(2014年12月19日，夏君丽、殷少平、钱小红)，北京市高级人民法院(2014)高行终字第1103号行政判决书(2014年5月8日，张雪松、钟鸣、周波)，北京市第一中级人民法院(2013)一中知行初字第3701号行政判决书(2014年1月20日，仪军、逯遥)。

案件来源：最高人民法院知识产权案件年度报告(2014)，2014年中国法院10大知识产权案件。

第三节 在先驰名商标权益

43 驰名商标保护三要件之间无适用顺序要求，不符合其他要件的无须就驰名作出认定

【裁判要旨】

人民法院审理涉及驰名商标保护的商标授权确权行政案件，应遵循驰名商标的按需认定原则。如果诉争商标并没有构成对引证商标的复制、摹仿或者翻译，或者诉争商标获准注册的结果并不会导致误导公众并可能损害引证商标权利人利益的结果，即无须对引证商标是否构成驰名的问题作出审查和认定。

【关键词】

驰名商标｜按需认定｜保护要件｜适用顺序

【基本案情】

引证商标系第143726号“巨化牌JH”商标，注册人为原告巨化集团，申请日期为1980年9月11日，核定使用商品为第1类的液氯、电石、甲醇、烧碱等。

诉争商标系第5894566号“巨化”商标，由第三人胡金云于2007年2月7日提出注册申请，指定使用商品为第11类的灯、灯罩、车灯、煤气热水器等。

巨化集团在诉争商标的法定异议期内提出异议。商标局裁定：对诉争商标予以核准注册。巨化集团不服依据2001年《商标法》第13条、第31条的规定申请复审。商标评审委员会裁定：诉争商标予以核准注册。巨化集团不服，提起诉讼。北京市第一中级人民法院判决：维持商标评审委员会的裁定。巨化集团不服，提起上诉。北京市高级人民法院判决：驳回上诉，维持原判。巨化集团仍不服，申请再审。最高人民法院裁定：驳回其再审申请。

【裁判理由】

最高人民法院认为：

引证商标为已经在中国注册的驰名商标、诉争商标构成对该驰名商标的复制、摹仿或者翻译，以及诉争商标的申请注册将容易导致消费者混淆或者误导公众，进而损害引证商标权利人的利益，是适用2001年《商标法》第13条第2款的3个基本条件。案件审理中，固然要对请求予以保护的引证商标的知名度予以考量，但并不意味着必须将其作为适用2001年《商标法》第13条第2款的前提，即首先对引证商标是否构成驰名商标的问题进行审查和认定。商标法和司法解释明确了驰名商标的按需认定原则，在商标授权确权行政案件的审理中亦应遵循。如果诉争商标并没有构成对引证商标的复制、摹仿或者翻译，或者诉争商标获准注册的结果并不会导致误导公众并可能损害引证商标权利人利益的结果，即无须对引证商标是否构成驰名的问题作出审查和认定。

引证商标核定使用于第1类的“烧碱、甲醇”等化工产品之上，诉争商标指定使用于第11类的“灯、煤气热水器”等家用电器商品上，二者具有较大的差异性。虽然引证商标在第1类化工产品上积累了一定的市场知名度，但并未能证明该种知名度已经于诉争商标申请日之前辐射到了诉争商标指定使用的商品或类似商品或具有关联性商品的范围之上，不足以证明因引证商标的在先知名度，诉争商标的核准注册将产生误导公众并损害引证商标权利人利益的结果。据此，诉争商标的注册并未违反2001年《商标法》第13条第2款的规定，在诉争商标不符合给予其特殊保护条件的情况下，对引证商标是否构成驰名商标的问题不予评述的做法符合法律规定。

在完全有条件在商标评审或一审、二审诉讼程序中提交证据的情况下，巨化集团在再审询问当日及之后多日大量提交证据的做法，有违诉讼诚信的原则，而且这些证据仍仅能证明其在化工领域具有的知名度和影响力，但只有巨化集团能够证明其在诉争商标申请日之前已经在诉争商标指定使用的商品或类似商品或具有关联性的商品上通过实际使用行为使引证商标产生了足以获得法律保护的知名度时，才能够推翻一审、二审法院的相关认定。显然，巨化集团在本案中并没有完成与此有关的举证责任。

【案件信息】

巨化集团公司诉商标评审委员会、胡金云商标异议复审案，最高人民法院（2015）知行字第112行政裁定书（2015年8月7日，王艳芳、佟姝、杜微科），北京市高级人民法院

(2014)高行(知)终字第2229号行政判决书(2014年9月9日,岑宏宇、焦彦、马军),北京市第一中级人民法院(2014)一中知行初字第737号行政判决书(2014年4月17日,邢军、肖玲玲)。

案件来源:最高人民法院知识产权案件年度报告(2015)。

44 主张引证商标在诉争商标申请前驰名的,应证明当时情形对其熟知

【裁判要旨】

主张驰名商标保护的,应当提供其商标在诉争商标申请日前已经在中国达到驰名商标程度的证据。公司的经营历史和知名度与其商标的宣传、使用历史和知名度并不当然等同;在中国没有实际、正规的销售和商业广告宣传的,则无法为中国的相关公众所熟知和认可;中国法域外的信息,能否为中国相关公众所认知取决于当时的信息交流状况和商标在中国的实际使用情况;诉争商标申请日之后的使用和知名度的事实与其主张不具有直接关联性。

【关键词】

驰名商标 | 证据 | 诉争商标申请日前 | 中国相关公众

【基本案情】

诉争商标是第三人新通天地公司2007年9月29日申请的第6304198号"iPhone"商标,指定使用商品为第18类的钱包、小皮夹等。诉争商标经初步审定公告后,苹果公司依据其在第9类电话机等商品上注册的第4073735号"iPhone及图"商标、第3339849号"iPhone"商标,主张诉争商标的申请属于2001年《商标法》第13条第2款等规定的情形,不应予以核准注册。

苹果公司于1993年开始在北京设立办事处,2007年1月公布iPhone手机概念;第一代iPhone手机于2007年6月29日首次在美国上市,2009年10月首次在中国上市。

苹果公司对诉争商标提出异议。商标局裁定:诉争商标予以核准注册。苹果公司不服,申请复审。商标评审委员会裁定:诉争商标予以核准注册。苹果公司

不服,提起诉讼。北京市第一中级人民法院判决:驳回苹果公司的诉讼请求。苹果公司不服,提起上诉。北京市高级人民法院判决:驳回上诉,维持原判。苹果公司仍不服,申请再审。最高人民法院裁定:驳回其再审申请。

【裁判理由】

最高人民法院认为:

苹果公司所提供的证据中,有部分仅涉及其 iPhone 商标在诉争商标申请日之后的实际使用和知名度的事实,与本案审查的关键事实——苹果公司在第 9 类商品上注册的两件 iPhone 商标在诉争商标申请日前是否已经达到驰名商标程度,并无直接关联性。其他证据,虽发生在诉争商标申请日前但缺乏证明力。

苹果公司的经营历史和知名度与其 iPhone 手机及商标的宣传、使用历史和知名度并不必然等同;苹果公司在其 iPhone 手机概念从公布到首次在中国市场销售的两年多时间内,中国相关公众缺乏了解、购买、使用 iPhone 手机、认同其 iPhone 商标的有效渠道;在该时间段内,苹果公司也缺少面向 iPhone 手机中国相关公众的商业广告,未能为消费者所熟知并认可。

故苹果公司的证据尚未有效证明在诉争商标申请日前,其两 iPhone 商标已经为中国相关公众所熟知并已达到驰名商标的程度。苹果公司所提出的随着 iPhone 手机概念的提出及在美国首次上市的消息在全球传播使其 iPhone 商标瞬间成为驰名商标的理由不符合 2007 年中国互联网的实际状况,也不符合其 iPhone 商标在中国的使用状况。

【案件信息】

苹果公司诉商标评审委员会、新通天地科技(北京)有限公司商标异议复审行政案,最高人民法院(2016)最高法行申 3386 号行政裁定书(2016 年 12 月 27 日,骆电、李培民、马秀荣),北京市高级人民法院(2016)京行终 1630 号行政判决书(2016 年 3 月 31 日,谢甄珂、孙柱永、王晓颖),北京市第一中级人民法院(2014)一中行(知)初字第 7394 号行政判决书(2015 年 8 月 20 日,刘彧、杨振中)。

案件来源:最高人民法院知识产权案件年度报告(2016)。

45 引证商标的知名度较高且其驰名的主张未被明确反对的，可适当减轻驰名举证责任

【裁判要旨】

在加强驰名商标司法保护规范化和制度化的过程中，司法实践对于驰名商标的驰名程度及其举证责任的要求总体上是较高的。商标法设定驰名商标制度的原因是为了加强驰名商标保护，而不是为保护设定障碍。司法认定的标准不宜不适当地提高，导致驰名商标权利人的正当权益得不到及时有效的保护。对于知名度较高的驰名商标，可以适当减轻驰名商标权利人的举证责任；达到众所周知程度的，可以引入适当的司法认知，避免举证烦琐化，真正维护驰名商标权利人的合法权益。①

【关键词】

已注册驰名商标｜举证责任｜不持异议｜知名度

【基本案情】

第三人汀州酿造厂系第1988387号“联想及图”商标的申请人，该商标指定使用在第32类“无酒精果汁饮料、水（饮料）、矿泉水（饮料）、汽水”等商品上。

在法定异议期内，联想公司提出异议。商标局裁定：对诉争商标的注册申请予以核准。联想公司不服，申请复审，并提交了包括商标局商标监〔1999〕35号《关于认定“联想”商标为驰名商标的通知》在内的多份证据，主张其在计算机等商品上注册的引证商标“联想”应受驰名商标的特殊保护。商标评审委员会裁定：诉争商标予以核准注册。

联想公司不服，提起诉讼。北京市第一中级人民法院判决：维持商标评审委员会的裁定。联想公司仍不服，提起上诉。北京市高级人民法院判决：撤销一审判决和商标评审委员会裁定，判令商标评审委员会重新作出裁定。

---

① 本段内容是本案被译为2012年中国法院知识产权司法保护十大创新性案件时，最高人民法院所总结的本案“创新意义”。

【裁判理由】

法院认为：

参照《最高人民法院关于审理涉及驰名商标保护的民事纠纷案件应用法律若干问题的解释》第7条规定，涉案纠纷发生之前，曾被人民法院或者国务院工商行政管理部门认定驰名的商标，对方当事人对该商标驰名的事实不持异议的，人民法院应当予以认定。对方当事人提出异议的，原告仍应当对该商标驰名的事实负举证责任。但本案系行政诉讼，根据《行政诉讼法》第5条的规定，人民法院对被诉具体行政行为的合法性进行审查。故当事人对引证商标驰名与否的意思表示，也应当以商标评审这一行政阶段的意思表示，即行政机关作出具体行政行为之前的意思表示为准。根据本院查明的案件事实可知，商标评审委员会和汀州酿造厂在商标评审阶段均未对本案引证商标驰名的事实加以否认，故在联想公司提供了商标局于1999年1月5日作出的商标监〔1999〕35号《关于认定"联想"商标为驰名商标的通知》等有关引证商标驰名的基本证据的情况下，应当认定引证商标在诉争商标申请注册日即2001年8月31日之前为驰名商标；另外，相关的人民法院判决也曾认定引证商标在2000年、2001年已构成驰名商标。故一审判决关于相关证据不足以证明引证商标在诉争商标申请注册之前已经成为驰名商标的相关事实认定错误，应予纠正。

在引证商标已构成驰名商标的情况下，诉争商标的注册将误导公众，使相关公众误认为使用诉争商标的商品来自联想公司或其提供者与联想公司存在某种联系，从而损害驰名商标注册人的合法权益，违反了2001年《商标法》第13条第2款的规定，依法不应予以注册。

【案件信息】

联想（北京）有限公司诉商标评审委员会、福建省长汀县汀州酿造厂商标异议复审案，北京市高级人民法院（2011）高行终字第1739号行政判决书（2012年3月7日，莎日娜、周波、万迪），北京市第一中级人民法院（2010）一中知行初字第3660号行政判决书（2011年10月19日，佟姝、李冰青）。

案件来源：2012年中国法院知识产权司法保护10大创新性案件。

46 驰名商标认定是对全部证据的综合判断，对某证据不能孤立看待或机械地要求提供①

【裁判要旨】

商标是否驰名是对当事人提交的全部证据进行综合判断后得出的结论，不能孤立地看相关的证据，也不能机械地要求必须提供哪一类的证据，需根据案件具体情况、所涉及的商品特点等进行具体分析判断。②

【关键词】

驰名商标｜证据｜综合判断

【基本案情】

原告华夏长城公司系2000年3月23日申请、2001年4月21日获准注册的第1556379号“日产及图”商标注册人，核定使用商品为第4类的润滑油等现已转让给日产嘉禾公司。

第三人日产株式会社依据其核定使用在第12类汽车等商品上的第99443号

① 相同裁判观点的案例另见2017年中国法院50件典型知识产权案例之浙江省高级人民法院(2016)浙民终794号索菲亚家居股份有限公司诉吕小林、尹丰荣、南阳市索菲亚集成吊顶有限公司侵害商标权及不正当竞争案二审判决(见本书裁判规则第147)和2011年中国法院知识产权司法保护50件典型案例之广东省高级人民法院(2011)粤高法民三终字第163号喻静与米其林集团总公司、何丽芳侵害商标权、不正当竞争案二审民事判决，该判决认定：米其林公司虽然没有根据《商标法》第14条规定的5个因素，全面提交涉案“MICHELIN”、“米其林”及“MICHELIN及轮胎人图形”商标驰名的证据，但米其林公司提交的上述证据已经足以证明使用在轮胎等商品上的“MICHELIN”、“米其林”及“MICHELIN及轮胎人图形”商标在被诉商标“米其林 miQolin”申请注册前在中国境内已为社会公众广为知晓的商标，已经达到了驰名的程度。……驰名商标的认定取决于该案件的具体情况，对其他案件并不当然具有法律约束力，商标局评审委员会作出的上述《商标异议复审裁定书》只能作为认定本案事实的依据之一，并不能作为认定本案事实唯一的或者决定性的证据，本案必须根据双方当事人提交的全部证据进行综合判断。正因如此，本院在全面审核双方当事人提交的证据、并从各证据与案件事实的关联程度、各证据之间的联系等前提下，作出认定米其林公司在本案中所提交的证据已足以证明其涉案三个注册商标在被诉商标“米其林 miQolin”申请注册前已达到驰名程度。

② 2009年最高人民法院知识产权案件年度报告收录的最高人民法院(2009)知行字第1号中铁快运股份有限公司诉商标评审委员会、北京中铁快运有限公司驳回再审申请通知书中指出：认定商标是否驰名，不仅应考虑该商标注册后的使用情况，也应考虑该商标注册前的持续使用情形。

“日产”商标和第 739763 号“NISSAN 及图”商标构成驰名商标为由，申请撤销华夏长城公司的诉争商标。商标评审委员会认定，两引证商标构成汽车商品上的驰名商标，诉争商标的注册违反了 2001 年《商标法》第 13 条第 2 款的规定，裁定撤销诉争商标的注册。

华夏长城公司不服，提起诉讼。北京市第一中级人民法院和北京市高级人民法院均判决维持商标评审委员会的裁定。华夏长城公司不服，申请再审。最高人民法院裁定：驳回其再审申请。

【裁判理由】

最高人民法院认为：

华夏长城公司主要对于日产株式会社提交的证据能否证明其商标驰名提出质疑，主张本案两引证商标未在汽车商品上实际使用即不可能成为相关公众熟知的驰名商标。

我国法律规定的驰名商标是指在我国境内为相关公众广为知晓的商标。由于其知名度高，其所承载的商誉也更高，相关公众看到与其相同或者近似的标识，更容易与其商标所有人产生联系，所以法律对驰名商标提供较普通注册商标更宽的保护。当事人为了在具体案件中达到受保护的目的，提供关于其商标知名度的证据，需要证明的是，通过其使用、宣传等行为，相关公众对其商标有了广泛的认知。商标是否为相关公众广泛知晓是对所有的证据进行综合判断后得出的结论，不能孤立地看相关的证据，也不能机械地要求必须提供哪一类的证据。商标使用的概念十分广泛，只要是在生产、经营活动中将商标用于与其指定使用商品相关联的场合，使相关公众能够认识到其是该商品的商标即可。

日产株式会社在商标评审阶段未提供相关证据原件或公证认证件，但在诉讼程序中补充了证据的原件或相应的公证认证手续，虽然华夏长城公司对公证书的形式提出异议，但仅此并不足以否定上述证据的真实性。

日产株式会社提供了公司介绍、在中国的合资公司情况、销售数据等证据，商标评审委员会及一审、二审法院基于上述证据查明一些事实，如日产株式会社成立于 1933 年，1972 年向中国出口第一台公爵车，以及在香港设立日产汽车（中国）有限公司，在国内设立合资公司郑州日产汽车有限公司等。公司对自己的发展历程出具说明具有合理性，亦有大量第三方报道佐证，且没有相反证据，华夏长城公司主张仅由于是当事人自己出具的证据即一概不应采信没有依据。关于日产株式会社向中国出口产品数量的证据,一审法院的论述并无不当,即如果其是单独的证据,证明力较无关联第三方出具的证据弱,但与本案其他证据一起可以作为证明引证商标是否驰名的证据。

引证商标1"日产"同时是日产株式会社企业名称中的字号,而且由于汽车商品的特殊性,通常会同时使用公司的名称(商标)和具体车型名称(可能也是商标),对于日产株式会社生产的各种汽车而言,"日产汽车"是其统一的称谓,这一点在日产株式会社所提交宣传广告或者媒体报道中均可得到证实,故引证商标1"日产"作为日产株式会社的字号和汽车品牌,得到广泛的使用,"日产汽车"的使用方式具有提高注册商标知名度的作用,商标评审委员会及一审、二审法院根据相关证据认定其成为相关公众广泛知晓的驰名商标并无不当。

关于引证商标2,日产株式会社提交的证据表明,在宣传报道中,引证商标2经常与"日产汽车"一起使用,由于引证商标2中的"NISSAN"文字实际上是日文中"日产"对应的英文字母表现形式,二者存在对应关系。而且,华夏长城公司所称日产株式会社实际使用的NISSAN及图环状标识与引证商标2显著特征基本一致,结合其在汽车这种特定商品上的使用方式,商标评审委员会及一审、二审法院认定引证商标2亦构成驰名商标的结论并无不当。

诉争商标的使用应该是在遵守诚实信用原则基础上的使用,且对其使用状况有较高的证据要求。本案中,华夏长城公司提交的证据尚不足以达到其已经形成自身的相关公众群体的程度,而且从其实际使用状况明显看出其仍然在刻意造成与日产株式会社的联系,而不是通过使用消除这种联系,形成自身商标的区别力,故对其提出的诉争商标已经使用多年消费者不会混淆主张不予支持。

【案件信息】

北京市华夏长城高级润滑油有限责任公司诉商标评审委员会、日产自动车株式会社商标争议案,最高人民法院(2011)知行字第45号行政裁定书(2011年11月30日,夏君丽、殷少平、周云川),北京市高级人民法院(2010)高行终字第599号行政判决书(2010年12月10日,莎日娜、石必胜、钟鸣),北京市第一中级人民法院(2009)一中行初字第1416号行政判决书(2009年12月18日,赵静、姜庶伟)。

案件来源:最高人民法院知识产权案件年度报告(2011)。

47 非类似商品上驰名商标和相同类似商品上注册商标的叠加保护应强于仅有驰名商标

【裁判要旨】

当在先商标权人同时拥有非类似商品上注册的驰名商标和类似商品上的在先注册商标的情况下，不仅应该将诉争商标与类似商品上的在先注册商标进行比对，还应该考虑驰名商标保护这一因素，不应该出现权利人除了拥有驰名商标之外，还拥有在相同或类似商品上在先注册商标的情况下，所得到的保护反而弱于仅有在非类似商品上的驰名商标而没有在类似商品上在先注册商标的情况。

【关键词】

驰名商标｜类似商品上的在先商标｜保护强度

【基本案情】

原告广东苹果公司系第 1355455 号苹果图形商标权人，该商标于 1998 年 6 月 22 日提出注册申请，并于 2000 年 1 月 21 日获准注册，核定使用商品为第 14 类的钟、表、手表带、表盒等。

第三人德士活公司系第 148002 号“萍果牌”商标、第 813677 号“texwood 及苹果图形”商标的注册人，两商标核定使用商品均为第 25 类的服装，两商标曾多次被法院和商标评审委员会认定为服装商品上的驰名商标。德士活公司还注册了第 805564 号“texwood 及苹果图形”商标和第 1032836 号“苹果图形”商标，核定使用商品为第 14 类的钟、钟表盒、袖扣、领带夹等。

广东苹果公司在第 18 类箱包商品上拥有多个“苹果图形”“APPLES”和“苹果”注册商标，经商标评审委员会和法院审查认定，广东苹果公司在第 18 类上的苹果系列商标和德士活公司在第 25 类服装商品上的苹果系列商标各自有效，互不构成对对方在先商标权利的侵害。

德士活公司针对广东苹果公司第 1355455 号苹果图形商标提出争议申请。商标评审委员会裁定：撤销诉争商标。广东苹果公司不服，提起诉讼。北京市第一中级人民法院判决：维持商标评审委员会的裁定。

广东苹果公司不服，提起上诉。北京市高级人民法院判决：撤销一审判决和商标评审委员会裁定，诉争商标予以维持。德士活公司不服，申请再审。最高人民法院提审后判决：撤销二审判决，维持一审判决和商标评审委员会裁定。

【裁判理由】

最高人民法院认为：

德士活公司申请撤销诉争商标的依据和理由既包括2001年《商标法》第13条第2款对驰名商标跨类保护的规定，又包括1993年《商标法》第17条与类似商品上已经注册的商标近似的撤销理由。本案中，商标评审委员会因为已经认定诉争商标与德士活公司第805564号"texwood及苹果图形"商标和第1032836号"苹果图形"商标构成相同类似商品上的近似商标，应予撤销，所以没有必要再适用《商标法》第13条第2款关于对驰名商标跨类保护的规定撤销诉争商标，但这并不等于否定了德士活公司关于诉争商标构成对其服装商品上的第148002号"萍果牌"商标、第813677号"texwood及苹果图形"商标2个驰名商标的复制、摹仿应予撤销的申请理由。德士活公司首先将苹果、苹果图形作为服装及钟表等商品上的商标予以注册和使用，并不存在显著性上的局限；第25类服装与第14类钟、表、手表带、表盒，在销售渠道和消费群体等方面存在一定的关联性，不属于没有联系或联系很弱的非类似商品。在德士活公司同时拥有非类似商品上已注册的驰名商标和类似商品上的在先注册商标的情况下，不仅应该将诉争商标与德士活公司在类似商品上在先注册的商标进行比对，还应该考虑驰名商标跨类保护的因素，而不应该出现德士活公司除了拥有驰名商标之外，还拥有在相同或类似商品上在先注册商标的情况下，所得到的保护反而弱于仅有在非类似商品上的驰名商标而没有在类似商品上在先注册商标的情况。

二审法院放弃对行政行为的独立审查判断职责，未对诉争商标与第805564号"texwood及苹果图现"商标和第1032836号"苹果图形"商标是否近似进行独立审查，而以商标评审委员会以前作出的未经司法审查的裁定作为依据，认定第1032836号"苹果图形"商标与诉争商标不构成近似，其做法确有不当，应予纠正。商标评审委员会裁定及一审判决认定诉争商标和第1032836号"苹果图形"商标已构成类似商品上的近似商标，据此得出诉争商标应予撤销的结论正确，应予维持。德士活公司申请再审的主要理由成立，应予支持。

【案件信息】

广东苹果实业有限公司诉商标评审委员会、德士活有限公司商标争议案,最高人民法院(2009)行提字第3号行政判决书(2009年11月11日,夏君丽、殷少平、王艳芳),北京市高级人民法院(2005)高行终字第402号行政判决书(2006年6月20日,刘继祥、孙苏理、焦彦),北京市第一中级人民法院(2004)一中行初字第973号行政判决书(2005年6月28日,仪军、江建中)。

案件来源:最高人民法院知识产权案件年度报告(2009)。

48 延续在先注册而申请的诉争商标不宜认定构成对他人非类似商品上驰名商标的摹仿

【裁判要旨】

在对诉争商标是否复制、摹仿驰名商标进行判断时,如果在申请注册诉争商标之前,被异议人在同类别商品上已经拥有近似的注册商标,法院应该比较诉争商标与被异议人自己的注册商标、他人的驰名商标之间的近似程度。诉争商标与被异议人已经在同类别商品上注册的商标近似程度较高,不宜认定诉争商标构成对他人驰名商标的复制、摹仿。

【关键词】

驰名商标 | 复制 | 摹仿 | 在先已注册商标 | 延续

【基本案情】

第三人广东苹果公司系第1303083号"苹果男人"商标申请人,指定使用商品为第18类的钱包、手提包、公文包等。该商标经初步审定公告后,原告德士活公司提出异议,商标局于裁定:诉争商标准予注册。德士活公司不服,以其在先注册的商标为驰名商标,诉争商标构成对驰名商标的复制、摹仿或者翻译为由申请复审,商标评审委员会裁定:诉争商标予以核准注册。

德士活公司不服,提起诉讼。北京市第一中级人民法院判决:维持商标评审委员会的裁定。德士活公司不服,提起上诉。北京市高级人民法院判决:驳回上诉,维持原判。德士活公司仍不服,申请再审。最高人民法院提审后判决:维持一审、二审判决。

【裁判理由】

最高人民法院认为：

由于德士活公司并没有提交充分证据证明其在第 18 类商品上在先注册的“texwood 及苹果图”商标的宣传使用情况、知名度及影响力，对该引证商标与诉争商标近似性的比较应该主要考虑商标标识本身的近似性，因此商标评审委员会及原审法院认定诉争商标与德士活公司在第 18 类类似商品上注册的“texwood 及苹果图”商标不构成近似，并无不当。

北京市高级人民法院 2005 年 11 月所作出的(2005)高行终字第 119 号行政判决，针对的是广东苹果公司第 1293298 号“苹果男人”商标，由于该案的诉争商标申请注册的商品类别是第 25 类，与德士活公司在服装商品上的 2 个驰名商标在同一个商品类别上，在此情况下应依据商标法对驰名商标给予较强的保护。因此该案情况与本案明显不同，北京市高级人民法院对该案作出与本案不同的判决，不属于执法标准不统一。

广东苹果公司在商标异议复审程序中所提交的证据不足以认定该两商标在诉争商标申请时已具有一定影响和知名度，商标评审委员会及原审法院认定广东苹果公司在皮具类商品上的苹果图形、“APPLES”等商标有一定影响和知名度，并以该事实为主要依据，认定诉争商标未构成 2001 年《商标法》第 13 条第 2 款规定的不予注册并禁止使用的情形，证据不足。

要判断诉争商标是否构成 2001 年《商标法》第 13 条第 2 款规定的不予核准注册并禁止使用的情形，首先应该确定诉争商标是否构成对驰名商标的摹仿、复制；在能够认定的情况下，才需要进一步判断其注册和使用是否会误导公众。本案诉争商标“苹果男人”整体上无特定含义，仍以“苹果”为主要表现对象和识别部分。由于诉争商标申请注册的商品类别为第 18 类，该商标申请注册之前，广东苹果公司在第 18 类商品上不仅拥有“APPLES”、苹果图形商标，而且还于 1998 年 3 月 14 日获准注册了“苹果”文字商标，诉争商标显然与广东苹果公司在同类别商品上已注册的商标比较近似，特别是与“苹果”文字商标更为接近。在此情况下，没有充分理由认定诉争商标构成对德士活公司驰名商标的复制、摹仿，因而德士活公司在服装商品上的驰名商标不能排斥广东苹果公司在皮具类商品上申请的诉争商标。商标评审委员会及原审法院审理本案时，均已查明广东苹果公司 1998 年 3 月 14 日被核准注册“苹果”文字商标的事实，只是没有充分阐述该事实对诉争商标是否应该准予注册的影响，本院对此予以纠正。

【案件信息】

德士活有限公司诉商标评审委员会、广东苹果实业有限公司商标异议复审案，最高人民法院(2009)行提字第2号行政判决书(2010年9月10日，夏君丽、殷少平、王艳芳)，北京市高级人民法院(2005)高行终字第396号行政判决书(2006年6月20日，刘继祥、孙苏理、焦彦)，北京市第一中级人民法院(2005)一中行初字第347号行政判决书(2005年6月28日，仪军、江建中)。

案件来源：最高人民法院知识产权案件年度报告(2010)。

49 淡化中的减弱驰名商标显著性、贬损驰名商标市场声誉强调对驰名商标的客观影响

50 反淡化保护中的不正当利用驰名商标市场声誉主要强调诉争商标注册人的主观状态

51 客观上达到弱化或丑化的程度且主观上有不正当利用驰名商标声誉目的则构成淡化[①]

52 只要诉争商标的部分相关公众联想到驰名商标即构成不正当利用驰名商标市场声誉

【裁判要旨】

减弱驰名商标显著性、贬损驰名商标的市场声誉以及不正当利用驰名商标的市场声誉，这三种情形中，前两者强调对驰名商标的客观影响，但不正当利用驰名商标的市场声誉则强调诉争商标注册人的主观状态。

行为人主观具有不正当利用驰名商标声誉的目的，客观上诉争商标指定使用商品的相关公众完全或大部分被驰名商标相关公众的范围所

① 淡化，是对弱化、丑化和不正当利用驰名商标的市场声誉3种情形的统称；弱化，指减弱驰名商标显著性；丑化，指贬损驰名商标的市场声誉。

涵盖从而达到减弱驰名商标显著性、贬损驰名商标的市场声誉的程度，则既构成减弱驰名商标显著性、贬损驰名商标的市场声誉，也构成不正当利用驰名商标市场声誉。

不正当利用驰名商标市场声誉的判断，需要诉争商标的注册人主观上具有不正当利用驰名商标的市场声誉的目的，对客观后果并无过高要求，如果诉争商标与驰名商标的相关公众具有一定重合程度，且该部分相关公众在看到诉争商标的情况下会联想至驰名商标，则诉争商标的注册符合该情形的客观要求。

【关键词】

驰名商标｜淡化｜不正当利用驰名商标的市场声誉｜弱化｜丑化

【基本案情】

原告吴风雨系诉争第9404742号“GOSPELL高斯贝尔”商标注册人，该商标核定使用商品为第8类剃须刀、餐具（刀、叉和匙）等。

第三人高斯贝尔公司依据2001年《商标法》第13条第2款等理由，提出撤销诉争商标的注册申请，引证的是其第1127347号“高斯貝爾GOSPELL”商标，核定使用商品为第9类的天线（系统）（数字卫星接收机、机顶盒）、高频头等商品，并提交了相关知名度证据。商标评审委员会裁定：宣告诉争商标无效。

吴风雨不服，提起诉讼。诉讼中，吴风雨对引证商标在天线（系统）（数字卫星接收机、机顶盒）、高频头商品上的驰名商标事实表示认可。

北京知识产权法院判决：驳回吴风雨的诉讼请求。

【裁判理由】

法院认为：

2001年《商标法》第13条第2款的适用情形既包括跨类混淆的情形，亦包括“减弱驰名商标显著性”（弱化）、“贬损驰名商标的市场声誉”（丑化），以及“不正当利用驰名商标的市场声誉”3种情形。只要诉争商标的注册可能导致上述任一情形，均违反该款规定。

虽然弱化、丑化以及“不正当利用驰名商标的市场声誉”的情形在驰名商标司法解释中被列为3种并列情形，但上述情形并未采用同一分类标准。其中，弱化及丑化情形强调对驰名商标的客观影响，但“不正当利用驰名商标的市场声誉”的情形则强调诉争商标注册人的主观状态。分类标准的不同会导致上述3种情形的适用存在交叉的可能性。通常情况下，如果行为人主观具有不正当利用驰名商标声誉的目的，且客观上达到弱化或丑化的程度，则其既属于该规定中的弱化、丑化情形，也属于不正当利用驰名商标市场声誉的情形。如果该行为在客观后果上并未达到弱化或丑化的程度，但可以使诉争商标的一部分相关公众能够联想到驰名商标，则其仅属于不正当利用驰名商标市场声誉的情形。具体而言，“不正当利用驰名商标市场声誉”这一情形的判断，需要考虑主、客观要件。其中主观要件是指诉争商标的注册人主观上具有不正当利用驰名商标的市场声誉的目的。至于客观要件，其适用规则与弱化情形并无实质不同，差异主要在于相关公众的重合程度上。弱化强调的是客观效果，因此，诉争商标指定使用商品的相关公众完全或大部分被驰名商标相关公众的范围所涵盖，但“不正当利用驰名商标的市场声誉”情形更多强调的是主观目的，故其对客观后果并无过高要求，仅需其中一部分公众重合即可。也就是说，如果诉争商标与驰名商标的相关公众具有一定重合程度，且该部分相关公众在看到诉争商标的情况下会联想至驰名商标，则诉争商标的注册符合该情形的客观要求。

本案引证商标为“高斯貝爾 GOSPELL”，该商标中无论是中文还是英文部分均属于臆造词，他人在不知晓该商标的情况下，基本上很难申请注册与之完全相同的商标。在诉争商标“GOSPELL 高斯贝尔”与引证商标的英文部分完全相同，中文部分仅为繁体字与简体字之差别，且吴风雨并无合理解释的情况下，法院合理认定诉争商标系对引证商标的抄袭。吴风雨的抄袭行为必然有其目的，在其并未对该目的进行合理解释，且引证商标构成驰名商标的情况下，基于通常认知，可推定该行为目的在于利用引证商标的市场声誉，从而为其获利不正当利益。基于此，诉争商标的注册符合“不正当利用驰名商标的市场声誉”这一情形的主观要件。

诉争商标核定使用商品为剃须刀、餐具等商品，其相关公众是社会普通大众，引证商标核定的具有知名度的天线(系统)(数字卫星接收机、机顶盒)、高频头商品上的相关公众被涵盖在诉争商标核定的剃须刀、餐具等商品的相关公众范围内，虽然其仅占诉争商标相关公众的一部分，但对于该部分相关公众而言，在诉争商标与引证商标的英文部分完全相同，中文部分仅为繁体字与简体字之差别的情况下，其在看到诉争商标时会联想到引证商标，这一情形足以使吴风雨获得不当利益，据此，诉争商标的注册符合“不正当利用驰名商标的市场声誉”这一情形的客观要件。

综上，诉争商标的注册虽不会造成相关公众混淆，亦不会产生淡化及丑化，但符合“不正当利用驰名商标的市场声誉”情形的要件，故属于 2001 年《商标法》第

13 条第 2 款所禁止情形，应予宣告无效。

【案件信息】

吴凤雨诉商标评审委员会、高斯贝尔数码科技股份有限公司商标无效宣告案，北京知识产权法院(2015)京知行初字第 3153 号行政判决书(2017 年 3 月 20 日，芮松艳)。

案件来源：中国裁判文书网。

第四节　在先未注册商标权益

53 明知或应知他人已经使用并有一定影响的商标而申请的，推定有占用他人商誉的意图

【裁判要旨】

在先使用商标已经具有一定影响，而在后商标申请人明知或应知该商标而将其申请注册即可推定其具有占用他人商标声誉的意图，即一般情况下在判断是否具有“不正当手段”时，明知或者应知与搭便车、侵占他人商誉的意图是重合的。

在先使用人主张商标申请人以不正当手段抢先注册其在先使用并有一定影响的商标的，如果在先使用商标已经有一定影响，而商标申请人明知或者应知该商标，即可推定其构成“以不正当手段抢先注册”。但商标申请人举证证明其没有利用在先使用商标商誉的恶意的除外。——《商标授权确权案件规定》第 23 条第 1 款

【关键词】

以不正当手段抢先注册｜明知或者应知｜推定｜侵占他人商誉

【基本案情】

2000 年 12 月 21 日，原告北京鸭王在第 42 类餐厅等服务上提出“鸭王”商标的注册申请，后被以该商标直接表示了服务的内容及特点为由予以驳回，北京鸭王未申请复审，但在 2000～2001 年对“鸭王”商标进行了持续的使用和宣传。

2002 年 1 月 29 日，第三人上海淮海鸭王的前身上海全聚德申请本案诉争的

第3083416号“鸭王”商标,指定使用服务项目为第43类的餐馆、快餐馆、餐厅等,商标局以诉争商标仅直接表示了服务的内容、特点为由予以驳回。上海全聚德不服,申请复审。商标评审委员会决定:诉争商标予以初步审定公告。

诉争商标初审公告期内,北京鸭王提出异议。商标局裁定:诉争商标不予注册。上海全聚德不服申请复审。商标评审委员会认定诉争商标不构成2001年《商标法》第31条规定的“不正当手段”的情形,因此裁定:诉争商标予以核准注册。

北京鸭王不服,提起诉讼。北京市第一中级人民法院判决:撤销商标评审委员会的裁定,商标评审委员会重新作出不予核准诉争商标注册的裁定。上海全聚德不服,提起上诉。北京市高级人民法院判决,维持一审撤销商标评审委员会裁定的判项。最高人民检察院对二审判决提起抗诉。最高人民法院裁定指令北京市高级人民法院再审。北京市高级人民法院再审判决:撤销一审、二审判决,维持商标评审委员会的裁定。北京鸭王不服,申请再审。最高人民法院裁定:驳回其再审申请。

【裁判理由】

最高人民法院认为:

2001年《商标法》第31条关于“不得以不正当手段抢先注册他人在先使用并有一定影响的商标”的规定意在遏制恶意抢注行为,以弥补实行严格的注册原则所可能造成的不公平后果。在注册原则下,只有在先使用的未注册商标已经具有了一定影响、而在后的商标申请人明知或者应知该在先商标而且具有从该商标声誉中获利的恶意,才是该条要遏制的对象。《商标授权确权案件意见》第18条将“不正当手段”解释为“明知或者应知”,而未再进一步要求有“搭便车”、侵占他人商誉的意图。因为通常情况下,如果在先使用商标已经具有一定影响,而在后商标申请人明知或应知该商标而将其申请注册即可推定其具有占用他人商标声誉的意图,即二者一般是重合的。

本案诉争商标申请日前,北京鸭王已成立五年,在北京地区有四五家分店,并进行过一些媒体宣传和报道,其在北京地区已经有了一定的知名度和一定影响。但考虑到本案的具体情形,上海全聚德申请注册被异议“鸭王”商标并不构成“不正当手段抢先注册”,具体理由如下:

1. 北京鸭王曾于2000年12月21日提出在第42类餐厅等服务上的“鸭王”商标注册申请,2001年7月30日商标局以“直接表示了服务的内容及特点”为由,予以驳回,北京鸭王未申请复审。之后,上海全聚德申请本案诉争商标,同样被驳回。但上海全聚德诉争商标评审委员会复审,并提交了其使用诉争商标的证据而获得初审公告。北京鸭王未获得注册商标有在先不同行政程序的原因,亦印证了上海全聚德申请注册诉争商标并非以不正当手段抢先注册。

2. 上海全聚德申请注册诉争商标并在上海开展相关经营活动，主观上并无借用北京鸭王商誉的意图，客观上也没有刻意与北京鸭王相联系、造成相关公众混淆的行为。自诉争商标申请注册至今，上海淮海鸭王（上海全聚德）及其关联企业鸭王餐饮集团有限公司在上海地区对诉争商标进行了广泛的使用和宣传，形成了自己的声誉和品牌影响力，是其依靠自身努力经营取得的成果而非是搭北京鸭王便车的结果。因上海全聚德和上海淮海鸭王申请、使用诉争商标并没有占用北京鸭王商誉的意图，客观上既未损害北京鸭王的利益，也不构成对北京鸭王商号权的侵害。

【案件信息】

北京鸭王烤鸭店有限公司诉商标评审委员会、上海淮海鸭王烤鸭店有限公司（原名上海淮海全聚德烤鸭店有限公司）商标异议复审案，最高人民法院（2012）知行字第9号行政判决书（2013年2月26日，夏君丽、殷少平、董晓敏），北京市高级人民法院（2010）高行再终字第53号行政判决书，最高人民法院（2009）行抗字第1号行政裁定书（2009年11月16日），北京市高级人民法院（2008）高行终字第19号行政判决书（2008年10月9日，张冰、程霞、钟鸣），北京市第一中级人民法院（2007）一中行初字第966号行政判决书（2007年10月15日，彭文毅、江建中、邢军）。

案件来源：2013年中国法院知识产权司法保护10大创新性案件。

54 在不相关领域分别使用同一商标均有较高知名度后进入对方领域注册的也构成抢注

【裁判要旨】

两个商事主体分别在不相关的领域使用同一商标各自产生了较高知名度，其商标在各自领域的使用和注册均有正当性，但是其中一方主体在对方使用商标的领域抢先申请注册相同、近似商标的，属于对对方已经使用并有一定影响商标的抢注。

【关键词】

已经使用并有一定影响｜不正当手段｜抢先注册｜合理避让

【基本案情】

2003年3月21日，第三人奇瑞公司提出第3494779号“QQ”商标的注册申请，指定使用商品为第12类的大客车、卡车、电动车辆、小汽车、汽车等。原告腾讯公司提出异议，该商标在异议复审程序中。2006年1月23日，奇瑞公司提出第5136735号“QQ”商标的注册申请，指定使用商品为第12类的陆、空、水或铁路用机动车运载器、汽车等，该商标在驳回复审程序中。

2005年5月19日，腾讯公司提出诉争第4665825号“QQ”商标的注册申请，并于2008年3月7日获准注册，核定使用商品为第12类的机车、汽车、车辆内装饰、小型机动车等。在诉争商标申请日之前，腾讯公司曾于2001年8月31日申请注册第1977837号“QQ鼠标图形”商标，核定使用商品为第12类的摩托车、自行车、小型机动车等。

2009年11月26日，奇瑞公司依据2001年《商标法》第13条第1款、第28条、第31条、第41条第2款的规定针对诉争商标提出撤销申请。商标评审委员会裁定：诉争商标予以撤销。腾讯公司不服，提起诉讼。北京市第一中级人民法院判决：维持商标评审委员会作出的裁定。腾讯公司仍不服，提起上诉。北京市高级人民法院判决：驳回上诉，维持原判。

【裁判理由】

法院认为：

本案争议焦点在于奇瑞公司是否在先使用“QQ”商标并在相关公众中具有一定影响，且腾讯公司申请注册诉争商标是否属于抢注行为。

在诉争商标的申请日之前，奇瑞公司使用的“QQ”商标已经在汽车商品上具有一定的知名度，在相关公众中产生了一定影响。此外，在当今社会中，汽车已属于人们日常生活中的常见商品，腾讯公司作为我国网络通信服务领域的著名企业，在汽车等商品上申请诉争商标时，理应知晓奇瑞公司在此类商品上的“QQ”商标已经具有一定知名度的事实。因此，腾讯公司申请注册诉争商标的行为具有不正当性，商标评审委员会适用2001年《商标法》第31条相关规定的认定是正确的。

腾讯公司主张奇瑞公司使用“QQ”商标具有不正当性，不应受到保护，但即使腾讯公司的“QQ”商标在通讯服务上具有较高的知名度，由于汽车商品和通讯服务差距较大，二者不构成同一种或者类似商品或服务，且并非由腾讯公司最早将“QQ”两个字母作为商标使用在商品或者服务上，法律并不禁止在不相类似商品或者服务上使用相同或者近似的商标，因此，奇瑞公司在汽车商品上使用“QQ”商标的行为并不具有法律上的不正当性，其通过合法的商业使用所积累的知名度符合2001年《商标法》第31条的规定。

【案件信息】

腾讯科技(深圳)有限公司诉商标评审委员会、奇瑞汽车股份有限公司商标争议案,北京市高级人民法院(2014)高行终字第1696号行政判决书(2014年7月17日,岑宏宇、刘庆辉、焦彦),北京市第一中级人民法院(2013)一中知行初字第1518号行政判决书(2014年4月15日,姜颖、逯遥)。

案件来源:2014年中国法院50件典型知识产权案件。

55 经公众使用产生一定知名度并指向特定主体的商业标志可以作为已经使用并有一定影响的商标保护①

【裁判要旨】

当事人通过商业宣传和生产经营活动,能够使其主张的“未注册商

① 最高人民法院在裁判中持与本案相反观点的案例有,最高人民法院知识产权案件年度报告(2010)收录的(2010)知行字第48号索尼爱立信移动通信产品(中国)有限公司诉商标评审委员会、刘建佳商标争议案,在该案驳回再审申请通知书中最高人民法院指出:无论是作为未注册商标的简称,还是作为企业名称或知名商品特有名称的简称,其受法律保护的前提是,对该标识主张权利的人必须有实际使用该标识的行为,且该标识已能够识别其商品来源。在本案诉争商标申请日前,没有证据证明索尼爱立信公司将诉争商标用作其产品来源的标识,亦未有证据证明其有将该诉争商标用来标识其产品来源的意图。相反,根据原审法院及本院查明的事实,直至2007年10月、12月,在诉争商标已经被核准注册三年之后,索尼爱立信集团副总裁兼中国区主管卢健生仍多次声明“索爱”并不能代表“索尼爱立信”,认为“索尼爱立信”被非正式简称为“索爱”不可以接受。鉴于此,本院认为,在诉争商标申请日前,索尼爱立信公司并无将诉争商标作为其商业标识的意图和行为,相关媒体对其手机产品的相关报道不能为其创设受法律保护的民事权益。最高人民法院知识产权案件年度报告(2009)收录的(2009)民申字第313号辉瑞有限公司、辉瑞制药有限公司诉上海东方制药有限公司破产清算组、广州威尔曼药业有限公司、北京健康新概念大药房有限公司侵害未注册驰名商标权及不正当竞争案驳回再审裁定书中也认为:根据本案查明的事实,1998年9月29日《健康报》等7篇报道、珠海出版社出版的《伟哥报告—蓝色精灵Viagra》以及《海口晚报》等26份媒体的报道中虽然多将“伟哥”与“Viagra”相对应,但因上述报道均系媒体所为而并非辉瑞有限公司、辉瑞制药有限公司所为,并非两者对自己商标的宣传,且媒体的报道均是对“伟哥”的药效、销售情况、副作用的一些介绍、评论性文章。辉瑞制药公司也明确声明“万艾可”为其正式商品名,并承认其在中国内地未使用过“伟哥”商标。故媒体在宣传中将“Viagra”称为“伟哥”,亦不能确定为反映了辉瑞有限公司、辉瑞制药有限公司当时将“伟哥”作为商标的真实意思。故辉瑞有限公司、辉瑞制药有限公司所提供的证据不足以证明“伟哥”为未注册商标。但是,最高人民法院在(2013)知行字第40号广东茶叶进出口有限公司诉商标评审委员会、浦桂芳关于第4594511号“廣雲貢餅 GUANG YUN GONG BING”商标异议复审案驳回再审申请裁定书中指出:某一标志能否成为商标,不在于商标权人对该标志是“主动使用”还是“被动使用”,关键是生产者与其产品之间以该标志为媒介的特定联系是否已经建立。并且,由于商标权益为私权,基于私法自治、私权处分的原则,商标权人当然也享有放弃该权益的自由。桂埔芳申请再审所提到的司法持否定态度的另案,或是因为生产者与其产品之间以涉诉标志为媒介的特定联系尚未建立,或是因为商标权人曾明确表示对有关特定联系的建立不能接受,均与本案情况不同。

标”发挥识别商品来源的作用属于《商标法》第 32 条规定的“已经使用”。一般在相关公众已将该“未注册商标”与当事人产生联系的情况下，只要该行为不违背当事人主观意愿的，可以认定构成“已经使用”的情形。——《商标授权确权行政案件审理指南》第 16.24 条

【关键词】

被动使用｜公众使用｜简称｜俗称

【基本案情】

第三人王忠为 2006 年 1 月 25 日提出诉争的第 5140243 号“AESOP'S”商标注册申请，指定使用商品为第 3 类的肥皂、香精油、化妆品、香水等。

原告伊美斯公司提出异议，商标局裁定：诉争商标予以核准注册。伊美斯公司不服，申请复审。商标评审委员会裁定：诉争商标予以核准注册。

伊美斯公司仍不服，提起诉讼。北京市第一中级人民法院和北京市高级人民法院均驳回其诉讼请求或上诉。伊美斯公司申请再审，并提交了国内报纸杂志及网络媒体对其“AESOP”品牌化妆品进行宣传和互联网购物平台上代购、分销的证据。最高人民法院提审后判决：撤销商标评审委员会的裁定和一审、二审判决，商标评审委员会重新作出裁决。

【裁判理由】

最高人民法院认为：

结合伊美斯公司在行政程序中以及诉讼程序中补充提交的证据，可以证明在诉争商标申请日前，其 AESOP 品牌化妆品被包括人民网、搜狐网、新浪网、中国经济网、硅谷动力、千龙网、乐途旅游网、荆楚网等网站进行了报道，在南国早报、江南时报、新闻晨报、上海青年报、新快报、申江服务导报、安徽商报、广州日报、钱江晚报、成都商报等报刊上刊文报道；另有天涯、北大未名等知名度较高、注册用户众多的国内大型 BBS 论坛上对其产品及购买渠道进行了宣传。中国的消费者亦已经通过代购、网购等渠道购买伊美斯公司的 AESOP 化妆产品。根据伊美斯公司提交的媒体报道以及所涉媒体的专业性及相关公众在相关论坛发表的对该品牌化妆品的认知，可以认定在诉争商标申请日前，“AESOP”商标在化妆品相关的领域已经具有一定的影响。当然，这些新闻报道或评论文章并未表明是由伊美斯公司所主动进行的商业宣传，但不可否认的是，相关公众通过媒体报道等方式，已经形成“AESOP”为伊美斯公司人的产品的认知。因此，在案证据可以证明在诉争

商标申请日前，伊美斯公司的“AESOP”在化妆品相关商品上经过宣传具有了一定的知名度，王忠为在化妆品相关商品上申请注册“AESOP'S”商标，违反了2001年《商标法》第31条的规定，不应予以核准注册。

【案件信息】

伊美斯化妆品私人有限公司诉商标评审委员会、王忠为商标异议复审案，最高人民法院(2018)最高法行再18号行政判决书(2018年5月14日，王艳芳、杜微科、马秀荣)，北京市高级人民法院(2015)高行(知)终字第2524号行政判决书(2017年3月28日，谢甄珂、袁相军、亓蕾)，北京市第一中级人民法院(2014)一中知行初字第5506号行政判决书(2014年11月20日，侯占恒、章坚强)。

案件来源：中国裁判文书网。

56 在中国法域内定牌加工但出口和宣传在域外的不构成已经使用并有一定影响的商标

【裁判要旨】

委托中国大陆境内厂家生产加工带有商标的商品供出口且宣传、报道等均是在中国大陆境外的不属于2001年《商标法》第31条规定的“已经使用并有一定影响的商标”。

【关键词】

已经使用并有一定影响｜定牌加工｜委托加工｜域外知名度

【基本案情】

诉争第1561046号“无印良品”商标于2000年4月6日提出注册申请，指定使用商品为第24类的棉织品、毛巾、浴巾、枕巾、床单、枕套、被子等商品，该商标后转让给第三人棉田公司。

诉争商标经初步审定公告后，原告良品计画提出异议申请。商标局裁定：诉争商标予以核准注册。良品计画不服，申请复审。商标评审委员会裁定：诉争商标予以核准注册。

良品计画提起诉讼后，北京市第一中级人民法院和北京市高级人民法院判决维持了商标评审委员会的裁定，驳回了良品计画的上诉。良品计画仍不服，申请再审。最高人民法院提审后判决:维持二审判决。

【裁判理由】

最高人民法院认为:

良品计画在行政程序和诉讼程序中提交了一系列证据以证明"無印良品"商标在诉争商标申请日前在中国大陆境内在第24类商品上已经使用并有一定影响,但其提供的证据只能证明2000年4月6日之前良品计画的"無印良品"商标在日本、中国香港地区等地宣传使用的情况以及在这些地区的知名度情况,并不能证明"無印良品"商标在中国大陆境内实际使用在第24类毛巾等商品上并具有一定影响的事实。故良品计画主张诉争商标属于2001年《商标法》第31条规定的情形的再审理由缺乏事实和法律依据。

商标的基本功能在于商标的识别性,即区别不同商品或服务的来源,因此商标只有在商品的流通环节中才能发挥其功能。二审法院认为良品计画委托中国大陆境内厂家生产加工第24类商品供出口,且宣传、报道等均是在中国大陆境外,不属于2001年《商标法》第31条规定的"已经使用并有一定影响的商标"符合商标法的立法原意,良品计画主张二审判决对"商标使用行为"和"相关公众"理解错误的再审理由依据不足,本院不予支持。

2001年《商标法》第31条有关"不得以不正当手段抢先注册他人已经使用并有一定影响的商标"的规定的立法目的在于禁止恶意抢注,但并不涉及所有未注册商标,只有在先使用并有一定影响的商标才属于本条禁止抢注的范围。良品计画的"無印良品"商标虽然具有较强的显著性和创造性,但在其提供的证据不足以证明该商标在中国大陆境内在第24类商品上在先使用并有一定影响的情况下,关于棉田公司申请注册诉争商标是否具有主观恶意已无评判必要,故二审法院对棉田公司申请诉争商标是否存在恶意不予评述并无不妥。

【案件信息】

株式会社良品计画诉商标评审委员会、北京棉田纺织品有限公司商标异议复审案,最高人民法院(2012)行提字第2号行政判决书(2012年6月29日,夏君丽、钱小红、周云川),北京市高级人民法院(2010)高行终字第338号行政判决书(2010年9月20日,刘辉、岑宏宇、石必胜),北京市第一中级人民法院(2009)一中行初字第1810号行政判决书(2009年11月10日,彭文毅、蒋利玮)。

案件来源:中国裁判文书网。

57 诉争商标申请日前长期停止使用的商业标志不构成在先权利或者有一定影响的商标①

【裁判要旨】

2001年《商标法》第31条规定的“有一定影响”应当是一种基于持续使用行为而产生的法律效果,“在先权利”应当是指至诉争商标申请日时仍然存在的在先权利。在长期停止使用的情况下,商业标志已经不具备2001年《商标法》第31条规定的未注册商标的知名度和影响力,不构成在先使用并有一定影响的商标或者在先权利。

【关键词】

商业标识｜已经使用并有一定影响｜字号｜长期停止使用

【基本案情】

第三人成都同德福公司系第1215206号“同德福TONGDEFU及图”商标权人,该商标于1997年8月4日申请,1998年10月14日获准注册,核定使用商品为在第30类的桃片(糕点)等。

2003年4月24日,原告余晓华依据2001年《商标法》第31条等规定对上述商标提出撤销注册申请。商标评审委员会裁定:诉争商标予以维持。余晓华不服,提起诉讼。北京市第一中级人民法院判决:维持商标评审委员会的裁定。余晓华仍不服,提起上诉。北京市高级人民法院判决:驳回上诉,维持原判。余晓华申请再审。最高人民法院裁定:驳回其再审申请。

【裁判理由】

最高人民法院认为:

2001年《商标法》第31条所称的“他人在先使用并有一定影响的商标”,是指已经使用了一定的时间、因一定的销售量、广告宣传等而在一定范围的相关公众中具有知名度,被视为区分商品来源的未注册商业标志。这里所称的“有一定影

---

① 与本案相关的民事案件见本书不正当竞争裁判规则之指导案例58号成都同德福合川桃片有限公司诉重庆市合川区同德福桃片有限公司、余晓华侵害商标权及不正当竞争案。

响”,应当是一种基于持续使用行为而产生的法律效果,诉争商标的申请日是判断在先商标是否有一定影响的时间节点。本案中,余晓华主张“同德福”是其在先使用并有一定影响的商标,使根据案件中查明的事实,“同德福”商号确曾在余晓华先辈的经营下获得了较好的发展,于20世纪20年代至50年代,在四川地区于桃片商品上积累了一定的商誉,形成了较高的知名度,自1956年起至诉争商标的申请日,作为一个商业标志的“同德福”停止使用近半个世纪的时间,各方当事人对在此期间内没有任何人将“同德福”进行商业使用的事实均无异议。在这种情况下,即使余氏家族曾经在先将“同德福”作为商业标志使用,但至诉争商标的申请日,在没有相反证据的情况下,因长期停止使用,“同德福”已经不具备2001年《商标法》第31条所规定的未注册商标的知名度和影响力,不构成“在先使用并有一定影响的商标”。虽然余晓华自2002年又开始使用“同德福”作为字号,成立了同德福桃片厂,但该行为的发生已经晚于诉争商标的申请日。在成都同德福公司已经在先注册并实际使用诉争商标,余晓华对此又不享有任何在先权益的情况下,不能以其在后的使用行为对抗成都同德福公司已经合法形成的商标权。成都同德福公司注册诉争商标的行为,不构成抢注他人在先使用并有一定影响的商标,亦未违反诚实信用原则。

本案中,余晓华主张其作为余家后人,对成都同德福公司字号享有在先权利。“在先权利”,应当是指至诉争商标的申请日时仍然存在的现有权利。如前所述,同德福作为商号的使用最早始于同德福京果铺,后经余家人接手经营而逐渐壮大,但至1956年公私合营之时停止使用。至诉争商标的申请日,四十余年的时间中没有任何人将成都同德福公司作为商号使用。因此,在诉争商标申请注册之时,成都同德福公司已不构成《商标法》所保护的、现有的在先权利,不能成为阻却诉争商标注册的法定事由。

对于余晓华主张的诉争商标的注册违反了诚实信用原则的再审理由,法院认为,违反诚实信用原则本身并不是《商标法》明确规定的、独立的撤销商标注册的法定事由,但在对诉争商标是否违反了2001年《商标法》第31条规定进行判断的过程中,必然涉及对诚实信用原则的考量。因此,在已经认定诉争商标未违反2001年《商标法》第31条规定的情况下,本案中也不存在违反诚实信用原则的情形。

【案件信息】

余晓华诉商标评审委员会、成都同德福合川桃片食品有限公司商标争议案,最高人民法院(2013)知行字第80号行政裁定书(2013年12月10日,王闯、王艳芳、何鹏),北京市高级人民法院(2011)高行终字第375号行政判决书(2011年8月9日,李燕蓉、潘伟、马军),北京市第一中级人民法院(2010)一中知行初字第2260号行政判决书(2010年11月20日,侯占恒、王晫)。

案件来源:最高人民法院知识产权案件年度报告(2013)。

58 特殊情况下商标申请人不具有抢占在先使用并有一定影响商标商誉恶意的,可以注册

【裁判要旨】

在先使用人主张商标申请人以不正当手段抢先注册其在先使用并有一定影响的商标的,如果在先使用商标已经有一定影响,而商标申请人明知或者应知该商标,即可推定其构成"以不正当手段抢先注册"。但商标申请人举证证明其没有利用在先使用商标商誉的恶意的除外。——《商标授权确权案件规定》第23条第1款

【关键词】

已经使用并有一定影响|恶意|先申请原则

【基本案情】

原告抚顺博格公司系第1994272号"氟美斯FMS"商标权人,该商标于2001年5月31日提出申请,并于2002年8月21日获准注册,核定使用商品为第24类的无纺布、过滤布、滤气呢、纺织品过滤材料、纺织用玻璃纤维织物等。

第三人营口玻璃纤维公司以"氟美斯FMS"系其在先使用的新型复合滤料产品名称、诉争商标申请人与其有业务往来,抢先注册诉争商标违反2001年《商标法》第31条规定为因,申请撤销该诉争商标。商标评审委员会裁定:对诉争商标的注册予以撤销。

抚顺博格公司不服,提起诉讼,一审中提交其最早使用"氟美斯"的证据显示是1998年7月27日。北京市第一中级人民法院判决:撤销商标评审委员会的裁定,并判令其重新作出裁定。商标评审委员会和营口玻璃纤维公司均不服,提起上诉。营口玻璃纤维公司于二审诉讼中提交了其于1998年6月12日最早使用"氟美斯"的证据。北京市高级法院判决:撤销一审判决,维持商标评审委员会的

裁定。抚顺博格公司不服，申请再审。最高人民法院提审后判决：撤销二审判决，维持一审判决。

【裁判理由】

最高人民法院认为：

根据营口玻璃纤维公司提交的证据可以认定，其作为氟美斯FMS产品的主要研发者和命名者，其在1998年即开始销售"氟美斯FMS"产品，并且于2000年获得国家级新产品证书和国家级火炬计划项目证书，2001年获得辽宁省人民政府颁发的第四届优秀新产品二等奖证书。至诉争商标申请日，营口玻璃纤维公司已经使用"氟美斯FMS"商标近3年，有一定的市场规模，且获得了一定荣誉，可以认为该商标已经成为其在先使用并有一定影响的商标。

虽然一般情况下，商标申请人明知他人在先使用并有一定影响的商标而申请注册即可推定其具有利用他人商标商誉获利的意图。但是，本案事实显示，抚顺博格公司申请注册诉争商标并不具有抢占营口玻璃纤维公司在先使用并有一定影响的商标商誉的恶意。抚顺博格公司的前身抚顺市工业用布厂与营口玻璃纤维公司几乎同时开始使用"氟美斯FMS"商标，且在诉争商标申请日前其销售规模大于营口玻璃纤维公司。

本案诉争商标申请日前，营口玻璃纤维公司和抚顺市工业用布厂同时在市场上销售"氟美斯FMS"商品且互相知晓，但双方对该标志的归属并无特别约定。我国《商标法》采用"先申请原则"，与《专利法》或者《著作权法》不同，《商标法》并未有类似"创作作品的人为作者""对发明的技术方案作出实质性贡献的人为发明人"的规定，故在缺乏其他法律或者合同依据的情况下，不能类比得出"共同使用商标者应为共有商标权人"的结论。所以本案中抚顺博格公司独自申请注册诉争商标并不侵害营口玻璃纤维公司的合法权益，亦不违反诚实信用原则，不应依据2001年《商标法》第31条的规定予以撤销。

抚顺博格公司与营口玻璃纤维公司曾于2003年7月21日签订承诺书，营口玻璃纤维公司在该承诺书中表示："氟美斯"商标是抚顺市工业用布厂已注册商标，并承诺不使用"氟美斯"商标，否则抚顺市工业用布厂有权依法向其主张商标使用权的侵权赔偿。营口玻璃纤维公司称其签订该承诺书是为得到抚顺博格公司的授权对外提起专利侵权诉讼，因此是被胁迫签订的。

但即使营口玻璃纤维公司出于该特定目的签署该承诺书，亦不能因此认定该合同系被胁迫签订。所谓胁迫，是指行为人以将要发生的损害或者以直接实施损害相威胁,使对方当事人产生恐惧而与之订立合同,本案中的情形并不构成民事法律意义上的胁迫或者乘人之危。营口玻璃纤维公司作为完全行为能力人,理应知晓其签订相关协议的后果,其当时为达到特定目的而签订协议,事后又以胁迫、非真实意思表示为由不予认可,缺乏事实和法律依据。而且根据《合同法》的规定,即使是被胁迫签订的合同并非当然无效,营口玻璃纤维公司至今未提起撤销之诉,该承诺书是生效的。"氟美斯"是抚顺博格公司的注册商标,这是一个客观事实,如果双方当事人没有其他意图,不需要专门签订协议来确认这一事实。故对该承诺书应理解为营口玻璃纤维公司承认了抚顺博格公司商标权利的合法性。鉴于营口玻璃纤维公司签署承诺书认可了抚顺博格公司对诉争商标的权利,诉争商标亦不应予以撤销。

【案件信息】

抚顺博格环保科技有限公司诉商标评审委员会、营口玻璃纤维有限公司商标争议案,最高人民法院(2013)行提字第11号行政判决书(2013年9月26日,夏君丽、钱小红、董晓敏),北京市高级人民法院(2009)高行终字第1275号行政判决书(2009年12月16日,张冰、莎日娜、钟鸣),北京市第一中级人民法院(2009)一中行初字第8号行政判决书(2009年7月8日,仪军、王晫、周丽婷)。

案件来源:最高人民法院知识产权案件年度报告(2013)。

59 原私营企业后人不再对公私合营收归国有的商标享有权益,其之后使用不产生权益

【裁判要旨】

经过20世纪50年代的公私合营被收归国有的企业,其商标推定归合营后的国有企业所有,原私营企业及其后人乃至后人开办的企业不再对原商标享有权益。

商标被收归国有化至因未使用被撤销注册前,持有该商标的国有企业对其享有商标专用权,原私营企业及其后人乃至后人开办的企业在此期间使用该商标的,属于侵害该商标专用权的行为,不能因该违法行为产生应受保护的商标权益。该国有企业因连续三年未使用前述注册商标被撤销后,立即重新申请的,不属于《商标法》所规定的"以不正当手段

抢先注册他人已经使用并有一定影响的商标”的行为。

【关键词】

抢注｜公私合营｜收归国有｜违法使用

【基本案情】

1930～1940年，赖氏经营“恒兴酒厂”，生产的酒后名“赖茅”。1951～1953年，贵州省怀仁县人民政府通过赎买、没收、接管等方式将仁怀茅台镇“成义酒房”“荣和酒房”“恒兴酒厂”三家私营酿酒烧房资产收归国有，在此基础上成立第三人茅台酒厂，并将三家私营酿酒烧房所生产的“华茅”“王茅”“赖茅”酒统一称为“茅台酒”。恒兴酒厂财产估价清单上有“商标”项记载，但未明确系何商标。

贵州省仁怀县茅台赖氏酒厂曾于1988年3月9日曾向商标局提交过注册“赖茅”商标的申请，当时申报商标注册需层级上报，该申请书未能提交到商标局。

1988年12月29日，茅台酒厂在酒商品上申请注册“赖茅”“王茅”“华茅”商标，其中“王茅”和“华茅”商标于1989年10月30日获准注册，但贵州省仁怀县茅台赖氏酒厂对其申请的第627426号“赖茅”商标提出异议。1996年6月27日，商标评审委员会裁定认定：“赖茅”商标于新中国成立后已折价划归贵州茅台酒厂所有，其产权关系明晰，故核准“赖茅”商标注册。2003年7月，深州市赖永初酒业经销有限公司以连续三年停止使用为由，申请撤销第627426号“赖茅”商标。2005年3月16日，商标局作出撤销该商标的决定，并被商标评审委员会维持。

2005年3月29日，茅台酒厂提出本案诉争的第4570381号“赖茅”商标注册申请，指定使用在酒（饮料）等商品上，2007年8月14日被初步审定并公告。原告赖世家酒业公司及贵州赖永初酒业有限公司提出异议。商标局裁定：对诉争商标予以核准注册。赖世家酒业公司不服申请复审。商标评审委员会裁定：诉争商标予以核准注册。赖世家酒业公司不服，提起诉讼。北京市第一中级人民法院判决：维持商标评审委员会的裁定。赖世家酒业公司不服，提起上诉。北京市高级人民法院判决：驳回上诉，维持原判。赖世家酒业公司仍不服，申请再审。最高人民法院裁定：驳回其再审申请。

【裁判理由】

最高人民法院认为：

由于“赖茅”商标特殊的历史背景和现状，人民法院判断诉争商标的申请注册是否属于以不正当手段抢先注册赖世家酒业公司在先使用并有一定影响的“赖茅”商标，须考察“赖茅”商标的历史、申请注册情况，并结合赖世家酒业公司在诉争商标申请注册日前是否为合法使用等因素综合判断。

首先，收归国有的当时，恒兴酒厂财产估价清单上记载有“商标”字样，虽未明确记载系何商标，基于当时中国特定的历史阶段，推定“赖茅”商标作为无形资产已折价划归茅台酒厂并无不当，故赖世家酒业公司在20世纪50年代后对“赖茅”商标并不享有商标权益。

其次，从第627426号“赖茅”商标核准注册到该商标因三年不使用被撤销期间，茅台酒厂对第627426号“赖茅”商标享有商标权，任何人未经其许可，不得在相同或者类似酒商品上使用“赖茅”标志。因此，赖世家酒业公司在此期间的使用行为实为侵害“赖茅”商标专用权的行为，并不能因违法行为而产生商标权益。虽然我国《商标法》于1982年8月23日颁布，但并不表明此前商标权利人对商标没有权利，在“赖茅”商标20世纪50年代后已折价划归贵州茅台酒厂的情形下，即便如赖世家酒业公司所述其前身于20世纪80年代开始生产“赖茅”酒，该行为难言正当，亦不能产生商标法意义上的在先使用权益。茅台酒厂在第627426号“赖茅”商标被撤销后十几日即申请注册诉争商标，赖世家酒业公司在短短十几日内使用“赖茅”商标亦难以达到一定影响。

20世纪50年代后“赖茅”商标归属茅台酒厂，此后虽未实际使用，但其于我国《商标法》颁布后申请注册第627426号“赖茅”商标并获得商标专用权，在该商标于2005年因三年不使用被撤销而丧失商标专用权后十几日即申请本案诉争商标，由此可见，茅台酒厂申请诉争商标并不具有主观恶意，并不能因其未实际使用“赖茅”商标而认定其具有主观恶意。

【案件信息】

贵州赖世家酒业有限责任公司诉商标评审委员会、中国贵州茅台酒厂（集团）有限责任公司商标异议复审案，最高人民法院（2015）知行字第115号行政裁定书（2015年9月8日，周翔、钱小红、郎贵梅），北京市高级人民法院（2013）高行终字第1823号行政判决书（2014年1月23日，李燕蓉、潘伟、孔庆兵），北京市第一中级人民法院（2012）一中知行初字第3450号行政判决书（2013年8月2日，仪军、李冰青）。

案件来源：最高人民法院知识产权案件年度报告（2015），2015年中国法院50件典型知识产权案例。

第五节 特定关系人的在先商标权益

60 代理人或者代表人以自己名义注册的不属于被代理人或者被代表人所有的商标，应予准许注册

【裁判要旨】

适用2001年《商标法》第15条的规定虽然不要求被代理人或者被代表人的商标在中国大陆已经使用，但要求能够证明该商标属于被代理人或者被代表人所有。

【关键词】

代理人｜被代理人｜商标归属｜使用

【基本案情】

诉争商标系第6735988号图形商标，由第三人郑金凤于2008年5月21日提出注册申请，指定使用商品为第1类的肥料、农业肥料、植物肥料、肥料制剂、种植土、花盆用土、植物生长调节剂、海藻（肥料）、泥炭（肥料）、混合肥料。

诉争商标经初步审定并公告后，肥田公司提出异议。商标局裁定：诉争商标予以核准注册。肥田公司不服，申请复审，理由为：郑金凤曾为肥田公司员工，其与肥田公司股东尹仲秋系夫妻关系，两人合谋抢注肥田公司的商标，违反2001年《商标法》第15条和第31条的规定。商标评审委员会裁定：诉争商标予以核准注册。肥田公司不服，提起诉讼、上诉和再审，被北京市第一中级人民法院、北京市高级人民法院和最高人民法院驳回。

【裁判理由】

最高人民法院认为：

根据2001年《商标法》第15条的规定，代理人或者代表人以自己名义注册的商标是属于被代理人或者被代表人所有的商标。肥田公司关于诉争商标是肥田公司长期使用的商标，因此当然归属肥田公司所有的主张明显不成立，因为商标

存在许可使用制度,使用过或者正在使用的商标也有可能属于其他人所有,并不必然属于使用者所有。肥田公司提供的证据仅能证明已经在先使用了诉争商标,但是不能直接证明诉争商标属于其所有,因此,肥田公司的该项再审申请理由不成立。

【案件信息】

北京肥田肥业有限公司诉商标评审委员会、郑金凤商标异议复审案,最高人民法院(2015)知行字第104号行政裁定书(2015年9月18日,于晓白、秦元明、李嵘),北京市高级人民法院(2014)高行(知)终字第2666号行政判决书(2014年10月8日,谢甄珂、钟鸣、刘辉),北京市第一中级人民法院(2014)一中知行初字第1807号行政判决书(2014年6月19日,夏晓红、穆颖)。

案件来源:中国裁判文书网。

61 代理人控制的公司申请被代理人的商标的,推定公司与该代理构成恶意串通的抢注

【裁判要旨】

与代理人或者代表人有串通合谋抢注行为的商标注册申请人,可以视其为代理人或者代表人。——《商标授权确权案件意见》第12条

商标申请人与代理人或者代表人之间存在亲属关系等特定身份关系的,可以推定其商标注册行为系与该代理人或者代表人恶意串通,人民法院适用2013年《商标法》第15条第1款的规定进行审理。——《商标授权确权案件规定》第15条第3款

【关键词】

代理人 | 特定关系 | 推定 | 恶意串通

【基本案情】

原告新东阳股份公司原为麦幸夫、麦宽成、麦石来、麦李淑婉等家族成员共同创立的家族企业,其在诉争商标申请日前在我国台湾地区注册有多个“新东阳”商标。第三人新东阳企业公司的负责人麦石来自1978~1993年历任新东阳股份公司要职多年,并曾以企业副董事长身份被董事会委任全权负责大陆市场业务,至今仍为新东阳股份公司董事之一。新东阳企业公司在申请再审时提交的上海新

东阳食品有限公司2013年6月28日的说明证实:“麦石来先生受新东阳股份有限公司董事会委任全权负责中国大陆市场业务。”另外,在美国等地“新东阳”实际由家族成员麦李淑婉占有。

2000年11月23日,新东阳企业公司提出第1691098号“新东阳及图”商标的注册申请。新东阳股份公司提出异议,商标局裁定:诉争商标予以核准注册。新东阳股份公司不服,向商标评审委员会申请复审。商标评审委员会以诉争商标未违反2001年《商标法》第15条和第31条规定为因,裁定:诉争商标予以核准注册。

新东阳股份公司不服,提起诉讼。北京市第一中级人民法院判决:维持商标评审委员会的裁定。新东阳股份公司仍不服,提起上诉。北京市高级人民法院判决:撤销一审判决和商标评审委员会的裁定,商标评审委员会重新作出裁定。新东阳企业公司不服,申请再审。最高人民法院裁定:驳回其再审申请。

【裁判理由】

最高人民法院认为:

麦石来受新东阳股份公司董事会委任全权负责中国大陆市场业务,其是新东阳股份公司在中国大陆的代表人,未经新东阳股份公司许可,其无权以自己的名义将新东阳股份公司的“新东阳”商标在中国大陆申请注册。现麦石来通过其任法定代表人的新东阳企业公司的名义申请注册,新东阳企业公司可以视为2001年《商标法》第15条所称的代理人或者代表人。因此,新东阳企业公司申请注册“新东阳”系列商标违反了2001年《商标法》第15条的规定。

麦李淑婉在美国取得“新东阳”商标有其相应的事实和法律基础,与本案并非同一法律关系。该事实并不能证明“新东阳”相关商标不是新东阳股份公司的财产,亦不能得出其家族成员均有权自行申请注册使用新东阳系列商标的结论,更不能以该事实为基础来否定麦石来作为新东阳股份公司代表人以自己为法定代表人公司的名义将公司商标注册的非法性。

新东阳企业公司以1995年4月曾向新东阳股份公司监察人林启苗报批上述大陆地区商标的申请注册费用,林启苗代表新东阳股份公司签署请款单明确列大陆地区新东阳集团公司账为由认为,其诉争商标的注册并非未经授权的擅自恶意注册。但现有证据仅有请款单,并无相关的任何文字记录,该请款单仅能证明该笔费用系由大陆地区新东阳集团公司承担,并不能证明新东阳股份公司知晓诉争商标的注册主体,更不能证明新东阳股份公司认可麦石来以自己名义注册“新东阳”系列商标的事实。相反,该请款单从另一个角度证明了该商标系新东阳股份公司的财产,因此相关费用的支出需经该公司批准并列支。

关于诉争系列“新东阳”商标已经移转至上海新东阳食品有限公司的事实是否影响本案的裁判结果的问题。虽然上海新东阳食品有限公司曾经是新东阳股份公司百分之百投资的子公司,现在新东阳股份公司仍然通过新加坡麦罗国际有限公司对其持有一定的股份,但其和新东阳股份公司仍然属于不同的主体。在新东阳股份公司不予认可的情况下,被异议的“新东阳”系列商标已经移转至上海新东阳食品有限公司的事实并不影响本案的裁判结果。

【案件信息】

新东阳股份有限公司诉商标评审委员会、新东阳企业(集团)有限公司商标异议复审案,最高人民法院(2013)知行字第97号行政裁定书(2013年12月20日,王闯、王艳芳、佟姝),北京市高级人民法院(2012)高行终字第1193号行政判决书(2012年11月30日,刘辉、石必胜、陶钧),北京市第一中级人民法院(2011)一中知行初字第1167号行政判决书(2011年9月20日,刘海旗、邢军)。

案件来源:最高人民法院知识产权案件年度报告(2013)。

62 禁止代理人或代表人抢注的被代理人或被代表人的商标不要求在我国已经使用

【裁判要旨】

2001年《商标法》第15条系针对代理或者代表关系这种特殊法律关系,基于诚实信用原则而设立的对被代理人或者被代表人的商标予以保护的制度,并不一概要求该商标已经在先使用;只要特定商标应归于被代理人或者被代表人,代理人或者代表人即应善尽忠诚和勤勉义务,不得擅自以自己名义进行注册。

【关键词】

代理代表关系｜诚实信用｜忠诚和勤勉义务｜特殊保护

【基本案情】

2001年8月,爱德华·雷门(Edward E. Lehman)和博杨(Russell Brown)曾就

创办新公司进行过磋商。双方曾谈到公司名称使用“LehmanBrown”以及公司业务开展、成本费用等问题。2001 年 11 月 16 日,爱德华·雷门致函美凯投资有限公司称:“我,爱德华·雷门用我自己的名义去申请了‘LehmanBrown’商标,该商标目前仍未被核准注册。本人同意,一旦上述商标获得注册,本人会将该商标转让给美凯投资有限公司或其指定的当事人,该承诺为不可撤回之承诺。”

2001 年 11 月 7 日,爱德华·雷门提出诉争第 3013120 号“LehmanBrown”商标申请,指定使用服务为第 35 类会计、审计等;申请阶段,申请人变更为第三人家园有限公司。

2001 年 12 月 28 日,美凯投资有限公司变更名称为 LEHMANBROWN LIMITED,即原告雷曼公司。

诉争商标获准注册后,雷曼公司提出撤销注册申请。商标评审委员会裁定:诉争商标予以维持有效。雷曼公司不服,提起诉讼。北京市第一中级人民法院判决:维持商标评审委员会的裁定。雷曼公司不服,提起上诉。北京市高级人民法院判决:驳回上诉,维持原判。雷曼公司仍不服,申请再审。最高人民法院提审后判决:撤销一审、二审判决,撤销商标评审委员会裁定,商标评审委员会重新作出裁定。

【裁判理由】

最高人民法院认为:

2001 年《商标法》第 15 条的适用需要具备如下条件:商标申请人与争议申请人之间构成代表或者代理关系;诉争商标系作为被代理人或者被代表人的争议申请人的商标;诉争商标核定使用的商品或者服务与被代理人或者被代表人提供的商品或者服务类似;代表人或者代理人违反诚信原则,未经授权擅自以自己名义将诉争商标进行注册。

爱德华·雷门曾经是雷博公司的创建者和决策者之一,其与博杨共同创建了雷博公司。在诉争商标注册申请日前的 2001 年 8 月至 10 月,爱德华·雷门与博杨已经就共同创建未来的公司达成了基本一致的意见,爱德华·雷门为未来公司所实施的行为均应认为是代表公司所为的行为。因此,爱德华·雷门系正在创建中的雷博公司的代表人。

爱德华·雷门和博杨已经就未来公司的名称(lehmanbrown limited)以及商号(lehmanbrown)达成一致,并有将该标志作为筹建中的雷博公司诉争商标的共识。应当认为,在诉争商标注册申请日前,诉争商标“lehmanbrown”已经是正在筹建中的雷博公司的商标。

诉争商标核定使用的服务与雷博公司提供的服务属于相同或者类似的服务。

作为正在创建中的雷博公司的代表人，爱德华·雷门对雷博公司负有善尽忠诚和勤勉义务，应该最大限度地维护雷博公司的利益。爱德华·雷门在其与博杨就筹建中的雷博公司的名称、商号以及将公司品牌诉争商标等事宜已经达成一致，雷博公司将使用“lehmanbrown”作为名称和商号的情况下，依然将诉争商标以个人名义进行注册，违反了代表人的忠诚和勤勉义务，损害了正在筹建中的雷博公司的利益。

【案件信息】

香港雷博有限公司诉商标评审委员会、家园有限公司商标争议案，最高人民法院(2014)行提字第3号行政判决书(2014年9月16日，王艳芳、朱理、佟姝)，北京市高级人民法院(2012)高行终字第690号行政判决书(2013年4月25日，岑宏宇、焦彦、刘庆辉)，北京市第一中级人民法院(2011)一中知行初字第366号行政判决书(2011年12月29日，侯占恒、董伟)。

案件来源：最高人民法院知识产权案件年度报告(2014)。

63 与在先商标使用人有合同业务往来关系人的近亲属抢注该商标的亦属特定关系抢注

64 商标申请人与特定关系人间身份关系证明可通过向法院申请委托调查令的方式查证

【裁判要旨】

与在先商标使用人有合同、业务往来关系的人的近亲属抢注在先商标的，属于《商标法》第15条第2款的情形。

对于商标申请人与《商标法》第15条规定的代理人、代表人、有合同、业务往来关系或者其他关系的人之间存在特定身份关系的，可以通过向法院申请获取委托调查令的方式进行查证。

【关键词】

特定关系｜合同、业务往来｜近亲属｜委托调查令

【基本案情】

诉争商标系第 14354693 号“兴铁库板”商标，由第三人同德建材经营部于 2014 年 4 月 11 日申请注册，并于 2015 年 5 月 21 日获准注册，核定使用商品为第 6 类的金属建筑壁板、金属隔板、金属天花板等。原告兴铁公司以诉争商标违反《商标法》第 15 条和第 32 条的规定为由，提出无效宣告申请。商标评审委员会裁定，诉争商标予以维持。

兴铁公司不服，提起诉讼。北京知识产权法院判决：驳回兴铁公司的诉讼请求。兴铁公司不服，提起上诉，并申请请求调取南京鼎铁公司工商档案中沈静波和王素云的身份证信息、股东变更信息和户籍档案信息等。北京市高级人民法院对兴铁公司的调查取证申请予以准许，并向其发出委托调查函。经调查，南京鼎铁公司成立于 2010 年，法定代表人在沈静宇和沈静波之间有过多次变动，股东为王素云、沈静波/沈静宇。王素云与沈静波、沈静宇系母子关系。同德建材经营部的经营者即为王素云。自 2011 年起，兴铁公司与南京鼎铁公司在钢制复合板、压条、固定件、收边件、自折件等商品上具有销售关系。北京市高级人民法院判决：撤销一审判决和商标评审委员会裁定，并判令商标评审委员会重新作出裁定。同德建材经营部不服，申请再审。最高人民法院裁定：驳回其再审申请。

【裁判理由】

最高人民法院认为：

本案中，兴铁公司主张诉争商标系抢注其在先使用未注册商标“兴铁库板”，并基于该理由主张诉争商标违反了《商标法》第 15 条规定。在案证据亦能够证明在诉争商标申请注册前，兴铁公司在先对“兴铁库板”商标进行了使用，沈静波作为兴铁公司曾经的销售人员，对兴铁公司的“兴铁库板”商标理应知晓。兴铁公司与南京鼎铁公司之间存在合同、业务往来关系，王素云与沈静波为母子关系，王素云作为南京鼎铁公司的股东，对兴铁公司的在先未注册商标“兴铁库板”亦应知晓。并且，诉争商标与兴铁公司“兴铁库板”商标标识相同，其核定使用的金属片和金属板等商品与兴铁公司“兴铁库板”商标使用的金属片和金属板等商品相同或类似。因此，二审法院认定诉争商标已构成《商标法》第 15 条第 2 款所指情形并无不当。

《商标法》第 32 条规定，诉争商标注册不得损害他人现有的在先权利，也不得以不正当手段抢先注册他人已经使用并有一定影响的商标。本案中，在案证据能够证明，在诉争商标申请日之前，兴铁公司已经在金属片和金属板、金属建筑壁板等商品上将“兴铁库板”作为商标进行使用，并达到了一定的销售地域范围，在建筑材料行业已经具有一定知名度和影响力。王素云作为南京鼎铁公司的股东，对建筑材料行业应具有一定认知水平并对“兴铁库板”在该行业的知名度和影响力有所了解，其仍在金属片和金属板、金属建筑壁板等商品上申请注册与兴铁公司“兴铁库板”商标完全一致的诉争商标，其目的难谓正当。因此，二审法院认定诉争商标的申请注册已构成《商标法》第32条所指“以不正当手段抢先注册他人已经使用并有一定影响的商标”的情形并无不当。

【案件信息】

兴铁新型建材（上海）有限公司诉商标评审委员会、滨海县滨淮农场同德建材经营部、南京市鼓楼区智翔建材商行商标无效宣告案，最高人民法院（2018）最高法行申656号行政裁定书（2018年3月27日，王艳芳、杜微科、李嵘），北京市高级人民法院（2017）京行终3804号行政判决书（2017年11月8日，周波、俞惠斌、苏志甫），北京知识产权法院（2016）京73行初6057号行政判决书（2017年5月25日，宋旭东）。

案件来源：中国裁判文书网。

第六节　在先地理标志相关权益

65 禁止将地理标志中显著识别部分作为普通商标构成要素申请注册以免产生来源混淆

【裁判要旨】

将地理标志中的显著识别部分作为普通商标的构成要素，使相关公众误认为使用该普通商标的商品来自该地理标志所标示地区，容易产生混淆误认后果的，属于2001年《商标法》第16条第1款和第29条规定的禁止注册的情形。

【关键词】

地理标志证明商标｜普通商标｜商标近似

【基本案情】

2005年2月6日，原告纳帕河谷协会提出第4502959号“NAPA VALLEY 100%及图”证明商标注册申请，并于2007年12月28日获准注册，核定使用商品为第33类产自美国葡萄种植区纳帕河谷的葡萄酒、产自美国葡萄种植区纳帕河谷的起泡葡萄酒、产自美国葡萄种植区纳帕河谷的加气葡萄酒。

2005年5月18日，第三人中商公司提出诉争的第4662547号“螺旋卡帕SCREW KAPPA NAPA”商标注册申请，指定使用商品为第33类的果酒（含酒精）、开胃酒、烧酒、葡萄酒等。纳帕河谷协会在法定异议期限内提出异议。商标局认为，诉争商标的注册使用不会与纳帕河谷协会引证的原产地名称纳帕河谷（NAPA VALLEY）造成消费者的混淆，因此裁定：诉争商标予以核准注册。纳帕河谷协会不服，申请复审。商标评审委员会裁定：诉争商标予以核准注册。

纳帕河谷协会仍不服，提起诉讼。北京市第一中级人民法院判决：驳回纳帕河谷协会的诉讼请求。纳帕河谷协会提起上诉。北京市高级人民法院判决：撤销一审判决和商标评审委员会裁定，商标评审委员会重新作出裁定。

【裁判理由】

法院认为：

虽然诉争商标中仅包含了地理标志“纳帕河谷”（Napa Valley）中的一个英文单词，但“纳帕”和“Napa”分别是该地理标志中英文表达方式中最为显著的识别部分，相关公众在葡萄酒商品上见到“NAPA”一词时，即容易将其与“纳帕河谷”（Napa Valley）地理标志联系在一起，误认为使用该标志的相关商品是来自上述地理标志所标示地区的商品。因此，诉争商标的申请注册违反《商标法》第16条第1款的规定。

引证商标中的“NAPA VALLEY”为其识别、呼叫和记忆对象，已构成其主要识别部分。虽然“NAPA”在诉争商标标志中所占比例较小，仅是诉争商标英文部分的构成要素之一，但是，由于“纳帕河谷”（Napa Valley）在相关公众中具有一定的知名度，已在中国作为葡萄酒商品上的地理标志予以保护，相关公众容易将使用诉争商标的葡萄酒商品误认为来源于“纳帕河谷”（Napa Valley）地理标志标示地区的商品，从而产生混淆误认的后果，因此，诉争商标与引证商标已构成使用在同一种或者类似商品上的近似商标。诉争商标的申请注册违反了2001年《商标法》第29条的规定。

【案件信息】

纳帕河谷酿酒人协会诉商标评审委员会、浙江中商投资有限公司商标异议复审案，北京市高级人民法院(2016)京行终2295号行政判决书(2016年8月30日，莎日娜、周波、赵岩)，北京市第一中级人民法院(2014)一中行(知)初字第10698号行政判决书(2015年10月16日，刘彧、李斌)。

案件来源：北京法院第十批参阅案例(2017年12月11日北京市高级人民法院审判委员会第23次会议讨论通过)。

66 经使用具有一定知名度的地理标志名称可以作为在先使用并有一定影响的商标进行保护①

【裁判要旨】

作为地理标志产品名称的商品通用名称经过使用取得显著特征的，可以作为商标法规定的在先使用并有一定影响的商标给予保护。

【关键词】

地理标志｜普通商标｜在先使用并有一定影响的商标｜地名｜显著特征

【基本案情】

诉争商标系原告云雾茶叶公司2006年6月29日申请注册、并于2011年2月28日获准注册的第5448528号“英山云雾”商标，核定使用商品为第30类的茶、咖啡、糖、非医用营养液、面包、面条、谷类制品、食用淀粉、调味品、食用芳香剂。

第三人云雾茶协会依据2001年《商标法》第10条第2款、第31条的规定提出争议申请。商标评审委员会认为：诉争商标构成2001年《商标法》第31条规定的以不正当手段抢先注册他人在先使用并有一定影响商标的情形，因此对诉争商标宣告无效。

云雾茶叶公司不服，提起诉讼。北京市第一中级人民法院认为：诉争商标核

① 《商标授权确权行政案件审理指南》第13.7条仍然坚持该院在本案二审判决中的意见，即地理标志不是商标，不具有区别商品来源的功能，因此作为在先权利不能适用《商标法》第32条后段“在先使用并有一定影响的商标”的规定给予保护：“诉争商标申请人或者注册人将地理标志整体或者主要识别部分作为证明商标或者集体商标之外的商标申请注册的，可以适用《商标法》第16条第1款、第10条第2款或者第11条第1款的规定等进行审理。”

定使用的糖、非医用营养液、面包、面条、谷类制品、食用淀粉、调味品、食用芳香剂与在先使用在“茶”商品上的“英山云雾”不构成对 2001 年《商标法》第 31 条规定的违反,因此判决:撤销商标评审委员会的裁定并判令其重做。云雾茶叶公司和商标评审委员会均不服,分别提起上诉。北京市高级人民法院认为:在先使用在“茶”商品上的“英山云雾”是茶的商品名称而非商标,无适用 2001 年《商标法》第 31 条规定的事实基础。一审判决和商标评审委员会的认定均有错误,鉴于已撤销商标评审委员会的裁定,因此判决:驳回上诉,维持原判。云雾茶叶公司仍不服,申请再审。最高人民法院裁定:驳回其再审申请。

【裁判理由】

最高人民法院认为:

首先,云雾茶协会在行政程序中提交了英山云雾茶多次荣获“湖北十大名茶”荣誉称号等证据,可以证明“英山云雾”商标在“茶”商品上在先使用并具有一定影响。云雾公司与云雾茶协会同处湖北省,作为同行业者,云雾公司应当知道“英山云雾”商标已在先使用的情况,亦应当知道该商标的知名度和影响力,却仍在相同的“茶”商品上注册诉争商标,一审法院认定诉争商标在“茶”商品上注册属于以不正当手段抢注他人在先使用并有一定影响商标的行为并无不当。其次,因 2001 年《商标法》第 31 条对于已经使用并有一定影响的商标,在类似商品上也应给予保护,“咖啡”商品又与“茶”商品同属饮品,两商品在功能、用途、生产部门、销售渠道及消费群体上基本相同,一审法院认定二者构成类似商品、云雾公司在“咖啡”商品上不予注册并无不妥。最后,鉴于“糖、非医用营养液、面包、面条、谷类制品、食用淀粉、调味品、食用芳香剂”等商品,与“茶”商品在功能、用途、生产部门、销售渠道及消费群体上关联性较弱,不构成类似商品,一审法院认定诉争商标在“糖、非医用营养液、面包、面条、谷类制品、食用淀粉、调味品、食用芳香剂”等商品上的注册并未违反 2001 年《商标法》第 31 条的规定而应当予以注册亦无不当。因此,商标评审委员会认定诉争商标核定使用的全部商品与“英山云雾”在先使用的“茶”商品构成类似而不应予以注册存在不当之处,一审法院判令商标评审委员会重新作出裁定于法有据,本院予以支持。

改革开放以来,英山县的茶叶产业得到快速发展,进一步研制出具有地方特色和历史文化底蕴的地方名茶英山云雾茶,并于 2002 年通过湖北省质量技术监督局颁布的省级地方标准,英山云雾茶多次荣获“湖北十大名茶”荣誉称号。由此可见,“英山云雾”作为一种茶商品的通用名称,经过使用已经取得了显著特征并便于识别,可以作为商标标识。况且,商标行政程序中,云雾茶协会针对诉争商标的注册违反2001年《商标法》第10条第2款、第31条、第41条的规定提出了无效宣告请求,并未就诉争商标是否违反2001年《商标法》第11条第1款第1项的规定提出异议,即云雾茶协会对“英山云雾”商标经过使用获得显著特征不持异议。综上所述,二审法院认定“英山云雾”是一种茶的商品名称而不应在“茶”商品上予以注册、本案无适用2001年《商标法》第31条的事实基础存在错误,本院予以纠正。

综上所述,本院对二审法院的认定予以纠正,对一审法院的认定予以维持,即诉争商标在“茶、咖啡”商品上的注册予以无效宣告,在“糖、非医用营养液、面包、面条、谷类制品、食用淀粉、调味品、食用芳香剂”商品上的注册予以维持。

【案件信息】

武汉市云雾茶叶有限公司诉商标评审委员会、英山云雾茶产业协会商标无效宣告案,最高人民法院(2016)最高法行申4894号行政裁定书(2016年12月28日,骆电、马秀荣、李嵘),北京市高级人民法院(2015)京行(知)终字第3708号行政判决书(2016年2月26日,莎日娜、周波、孙柱永),北京市第一中级人民法院(2015)一中行(知)初字第802号行政判决书(2015年8月10日,李茜、王坤)。

案件来源:中国裁判文书网。

第七节 其他在先权益

67 就特定名称主张姓名权保护须满足有一定知名度、指代关系和稳定对应关系三要件

【裁判要旨】

自然人就特定名称主张姓名权保护的,该特定名称应当符合3项条件:其一,该特定名称在我国具有一定的知名度、为相关公众所知悉;其二,相关公众使用该特定名称指代该自然人;其三,该特定名称已经与该自然人之间建立了稳定的对应关系。外国人外文姓名的中文译名如符合前述3项条件,可以依法主张姓名权的保护。符合前述条件的,自然人有权就其并未主动使用的特定名称获得姓名权的保护。

诉争商标注册人主张的市场秩序或者商业成功并不完全是诚信经营的合法成果，而是一定程度上建立于相关公众误认的基础之上的，不应予以维护。

【关键词】

姓名权｜特定名称｜译名｜稳定的对应关系｜指代关系

【基本案情】

诉争商标系第三人乔丹公司2007年4月26日申请、2012年3月28日核准注册的第6020569号“乔丹”商标，核定使用商品是第28类的体育活动器械等。

2012年10月31日，原告迈克尔·杰弗里·乔丹以诉争商标侵害其在先姓名权等理由，提出撤销申请。商标评审委员会裁定，对诉争商标标予以维持。

迈克尔·杰弗里·乔丹不服，提起诉讼。北京市第一中级人民法院判决：维持商标评审委员会的裁定。迈克尔·杰弗里·乔丹不服，提起上诉。北京市高级人民法院判决驳回上诉，维持原判。迈克尔·杰弗里·乔丹仍不服，申请再审。最高人民法院判决：撤销商标评审委员会裁定和一审、二审判决，判令商标评审委员会重新作出裁定。

【裁判理由】

最高人民法院认为：

姓名权可以构成2001年《商标法》第31条规定的“在先权利”。我国法律承认并保护具有一定知名度的自然人姓名商业化利用所获得的经济利益。未经许可擅自将他人享有在先姓名权的姓名注册为商标，容易导致相关公众误认为标记有该商标的商品或者服务与该自然人存在代言、许可等特定联系的，应当认定该商标的注册损害他人的在先姓名权，该侵权构成要件与侵害商标权的认定不同。

自然人就特定名称主张姓名权保护时，应当满足必要的条件：(1)该特定名称在我国具有一定的知名度、为相关公众所知悉；(2)相关公众使用该特定名称指代该自然人；(3)该特定名称已经与该自然人之间建立了稳定的对应关系。

以自然人主张的“姓名”与该自然人形成“唯一”对应为保护前提，对自然人姓名权保护过于苛刻。外文姓名的部分中文译名符合前述三项条件的，可以依法给予姓名权的保护。“使用”是姓名权人享有的权利内容之一，并非其承担的义务，更不是姓名权人主张保护其姓名权的法定前提条件。

乔丹公司明知迈克尔·杰弗里·乔丹及其姓名“乔丹”具有较高知名度的情

况下，未与之协商、谈判以获得许可或授权，擅自注册了包括诉争商标在内的大量与其密切相关的商标，放任相关公众误认为标记有诉争商标的商品与迈克尔·杰弗里·乔丹存在特定联系的损害结果，使得乔丹公司无须付出过多成本，即可实现由迈克尔·杰弗里·乔丹为其“代言”等效果，乔丹公司的行为有违《民法通则》第4条规定的诚实信用原则，其对于诉争商标的注册具有明显的主观恶意。乔丹公司的经营状况以及乔丹公司对其企业名称、有关商标的宣传、使用、获奖、被保护等情况，均不足以使诉争商标的注册具有合法性。

乔丹公司主张的市场秩序或者商业成功并不完全是乔丹公司诚信经营的合法成果，而是一定程度上建立于相关公众误认的基础之上。维护此种市场秩序或者商业成功，不仅不利于保护姓名权人的合法权益，而且不利于保障消费者的利益，更不利于净化商标注册和使用环境。

【案件信息】

迈克尔·杰弗里·乔丹（Michael Jeffrey Jordan）诉商标评审委员会、乔丹体育股份有限公司商标争议案，最高人民法院（2016）最高法行再27号行政判决书（2016年12月7日，陶凯元、王闯、夏君丽、王艳芳、杜微科），北京市高级人民法院（2015）高行（知）终字第1915号行政判决书（2015年8月17日，莎日娜、刘继祥、刘晓军），北京市第一中级人民法院（2014）一中行（知）初字第9163号行政判决书（2015年4月1日，刘海旗、韩梅）。

案件来源：指导案件第113号（最高人民法院审判委员会讨论通过，2019年12月24日发布上），最高人民法院知识产权案件年度报告（2016），2016年中国法院10大知识产权案件。

68 肖像权所保护的肖像应可识别，无可识别体貌特征的人物剪影不构成受保护的肖像

【裁判要旨】

肖像权所保护的“肖像”应当具有可识别性，包含足以使社会公众识别其所对应的特定自然人的个人特征，从而能够明确指代其所对应的权利主体。

自然人的面部特征是其体貌特征中最为主要的个人特征，一般情况下，社会公众通过特定自然人的面部特征就足以对其进行识别和区分。如果当事人主张肖像权保护的标识并不具有足以识别的面部特征，则应当提供充分

的证据证明该标识包含了其他足以反映其所对应的自然人的个人特征，具有可识别性，使社会公众能够认识到该标识能够明确指代该自然人。

人形剪影，除身体轮廓外，并未包含任何与特定自然人有关的个人特征，该剪影并不具有肖像权意义上的可识别性。

【关键词】

肖像权｜可识别性｜人物剪影｜体貌特征｜面部特征

【基本案情】

乔丹公司系第6020570号图形商标的注册人，该商标于2007年4月26日申请注册，经核准使用在第28类的游戏机、木偶、玩具等商品上。2012年10月31日，迈克尔·杰弗里·乔丹以该商标侵害其肖像权等为由，向商标评审委员会提出撤销该商标的申请。

商标评审委员会以诉争商标图形部分为运球人物剪影，并不具有特定指向性，难以认定该图形与迈克尔·杰弗里·乔丹存在对应关系并被社会公众普遍认知指向迈克尔·杰弗里·乔丹为由，对诉争商标予以维持。

迈克尔·杰弗里·乔丹不服，提起诉讼。北京市第一中级人民法院判决：驳回了迈克尔·杰弗里·乔丹的诉讼请求。迈克尔·杰弗里·乔丹仍不服，提起上诉。北京市高级人民法院判决：驳回上诉，维持原判。迈克尔·杰弗里·乔丹申请再审，最高人民法院裁定驳回其再审申请。

【裁判理由】

最高人民法院认为：

肖像权所保护的“肖像”是对特定自然人体貌特征的视觉反映，社会公众通过“肖像”识别、指代其所对应的自然人，并能够据此将该自然人与他人相区分，因此肖像权所保护的“肖像”应当具有可识别性，其中应当包含足以使社会公众识别其所对应的权利主体，即特定自然人的个人特征，从而能够明确指代其所对应的权利主体。如果请求肖像权保护的标识不具有可识别性，不能明确指代特定自然人，则难以在该标识上形成依法应予保护，且归属于特定自然人的人格尊严或人格利益。

从社会公众的认知习惯和特点来看，自然人的面部特征是其体貌特征中最为主要的个人特征，一般情况下，社会公众通过特定自然人的面部特征就足以对其进行识别和区分。如果当事人主张肖像权保护的标识并不具有足以识别的面部特征，则应当提供充分的证据，证明该标识包含了其他足以反映其所对应的自然人的个人特征,具有可识别性,使社会公众能够认识到该标识能够明确指代该自然人。

迈克尔·杰弗里·乔丹所提供的照片中,其运动形象清晰反映了其面部特征、身体形态、球衣号码等个人特征,社会公众据此能够清楚无误地识别该照片中的自然人,故迈克尔·杰弗里·乔丹就照片中的运动形象享有肖像权。诉争商标标识虽然与照片中迈克尔·杰弗里·乔丹运动形象的身体轮廓的镜像基本一致,但该标识仅是黑色人形剪影,除身体轮廓外,并未包含任何与迈克尔·杰弗里·乔丹有关的个人特征,该标识并不具有可识别性,不能明确指代迈克尔·杰弗里·乔丹,其不能就该标识享有肖像权,诉争商标亦不损害其肖像权。

【案件信息】

迈克尔·杰弗里·乔丹(Michael Jeffrey Jordan)诉商标评审委员会、乔丹体育股份有限公司商标争议案,最高人民法院(2015)知行字第332号行政裁定书(2017年12月27日,夏君丽、王艳芳、杜微科),北京市高级人民法院(2015)高行(知)终字第965号行政判决书(2015年4月23日,莎日娜、刘继祥、刘晓军),北京市第一中级人民法院(2014)一中行(知)初字第9178号行政判决书(2014年12月18日,陈勇、王坤)。

案件来源:最高人民法院知识产权案件年度报告(2017),2017年中国法院50件典型知识产权案例。

69 在后著作权登记证与在先商标注册证可作为证明该在先商标标志著作权的初步证据[①]

【裁判要旨】

在诉争商标申请日后取得的关于商标标志的著作权登记证书,结合

① 相反的裁判观点见收录于最高人民法院知识产权案件年度报告(2016)的最高人民法院(2016)最高法行再2154号鹤山三丽雅工艺制品有限公司诉商标评审委员会、格里高利登山用品有限公司商标异议复审案再审行政裁定书。该裁定认为:商标申请人及商标注册人信息仅仅能证明注册商标权的归属,不属于《著作权法》规定的表明作品创作者身份的署名行为;在诉争商标申请日之前取得的著作权登记证书,在该作品具有独创性、没有相反证据足以推翻的情况下,可以证明登记证书上记载的权利人在先享有著作权。该案的上述裁判观点与本案及《商标授权确权案件规定》第19条第3款(商标公告、商标注册证等可以作为确定商标申请人为有权主张商标标志著作权的利害关系人的初步证据)的规定冲突;而且2017年12月21日,最高人民法院已经提审了与该案当事人相同、案情相同、处理结果相同的北京市高级人民法院(2016)京行终2902号行政判决书,故该案的裁判观点不再作为裁判规则收录。

在诉争商标申请日前在中国境内外取得的商标注册证等，可以作为在先商标注册人作为该商标标志著作权利害关系人的初步证据。

【关键词】

著作权｜商标标志｜著作权登记证｜商标注册证｜利害关系人

【基本案情】

诉争商标系第1316126号图形商标，于1998年5月4日提出申请，2008年3月26日获准注册，核定使用商品为第9类的眼镜，商标注册人为第三人伊久亮公司。

原告达马公司于2013年2月27日提出争议申请，主张其对诉争商标的鲨鱼图形享有在先著作权。商标评审委员会裁定：诉争商标予以维持。达马公司不服，提起诉讼。

北京知识产权法院认为：仅凭2015年1月4日取得的著作权登记上的署名及在先商标的申请注册，尚不足以推定达马公司为在先著作权人，因此判决：驳回达马公司的诉讼请求。达马公司不服，提起上诉。

北京市高级人民法院认为：结合达马公司在诉争商标申请日后提交的著作权登记和其在意大利、中国于1985年申请及获准注册商标的注册证，可以证明与诉争商标相同的“鲨鱼图形”在诉争商标申请日前已经创作完成，伊久亮公司申请相同图形的诉争商标侵害了达马公司的在先著作权，因此判决：撤销商标评审委员会的裁定和一审判决，并判令商标评审委员会重新作出裁定。伊久亮公司不服，申请再审。最高人民法院裁定：驳回其再审申请。

【裁判理由】

最高人民法院认为：

我国实行作品自愿登记制度，著作权登记机关在制作、颁发著作权登记证书时不对所登记内容进行实质审查，故当著作权登记时间晚于诉争商标申请日时，仅凭著作权登记证书尚不足以认定登记的著作权人在诉争商标申请日之前即享有著作权。

但除诉争商标申请日之后的著作权登记证书外，达马公司还提交了诉争商标申请日之前的意大利商标注册证和引证商标注册证，而商标注册证可以作为确定引证商标注册人为有权主张商标标志著作权的利害关系人的初步证据。在没有相反证据的情况下，应认定达马公司有权主张涉案“鲨鱼”图形的著作权。

达马公司含有“鲨鱼”图形的引证商标申请于1985年7月27日，并于1986年5月15日核准注册。基于商标申请注册流程的公开性，应当认定伊久亮公司具有接触涉案“鲨鱼”图形的可能性。

综合考虑上述接触可能性以及诉争商标的“鲨鱼”图形与达马公司主张著作权的“鲨鱼”图形完全相同的事实，可以认定诉争商标侵害了达马公司“鲨鱼”图形的著作权。

【案件信息】

达马股份有限公司诉商标评审委员会、温州市伊久亮光学有限公司商标无效宣告案，最高人民法院(2017)最高法行申7174号行政裁定书(2017年10月27日，李剑、张志弘、佟姝)，北京市高级人民法院(2016)京行终4949号行政判决书(2017年1月20日，谢甄珂、王晓颖、孙柱永)，北京知识产权法院(2016)京73行初143号行政判决书(2016年3月31日，崔宁)。

案件来源：最高人民法院知识产权案件年度报告(2017)，2017年中国法院50件典型知识产权案例。

70 将不同审级中提交的证明在先著作权的证据结合能够证明著作权归属的，应予认定

【裁判要旨】

当事人主张诉争商标标志侵害其在先商标标志的著作权的，其所提交的著作权登记证明晚于诉争商标申请日时，可以将其在不同审级程序中提交的在先商标注册证、包含在先商标标志的网站页面、记载作品创作过程的报刊内容、产品实物、著作权转让证明等相互结合，如形成完整证据链的，应认定当事人对该商标标志享有在先著作权。

【关键词】

著作权｜商标标志｜再审证据｜程序

【基本案情】

诉争商标为第5165219号“TOOFACED及图”商标，由第三人百姿公司于2006年2月20日申请，指定使用商品为化妆品等。

诉争商标经初步审定公告后，杰杰公司提出异议。商标局决定：诉争商标予以核准注册。杰杰公司不服，申请复审，其主张包括，诉争商标标志侵害了其在先美术作品羡慕标志（ENVYDOTLOGO）。商标评审委员会裁定：诉争商标准予获准注册。

杰杰公司不服，提起诉讼。北京市第一中级人民法院判决：驳回杰杰公司的诉讼请求。杰杰公司不服，提起上诉。北京市高级人民法院则判决：驳回上诉，维持原判。杰杰公司仍不服，申请再审，并提交了新的证据。最高人民法院判决：撤销一审、二审判决和商标评审委员会裁定，并判令商标评审委员会重新作出裁定。

【裁判理由】

最高人民法院认为：

杰杰公司在一审期间提交的作品登记证书、登记证明、作品存档证明、著作权转让证明等证据均形成于2014年，但其再审提交的登记号为VA851－298的《美国著作权登记证书》，证明杰罗德·布兰丁于1997年将羡慕标志作品的前身ENVY作品向美国版权局进行登记。

杰杰公司至迟于2001年已使用涉案羡慕标志作品。2004年12月6日美国《橘子郡商业报》中关于杰罗德·布兰丁的采访报道，不仅提及杰罗德·布兰丁对羡慕标志作品的创作过程，包括设计了一个夸张的曲线型女性轮廓剪影，而且该报还刊登了带有羡慕标志作品的TOOFACED品牌化妆品照片。

杰杰公司2005年推出的部分产品实物表明，其多款化妆品包装盒上使用了羡慕标志作品。杰杰公司除在该公司网站及有关产品包装上就著作权保留作出声明之外，还专门指明相关作品系杰罗德·布兰丁为杰杰公司独家创作。尽管前述著作权保留声明是笼统针对网页或产品包装，但羡慕标志作品作为其中的重要内容，应当包括在前述声明的内容之中。

第3020605号美国商标注册证亦可明确表明，含有羡慕标志的商标图形至迟于2005年11月前已形成。

在没有相反证据的情况下，杰杰公司在各程序中提交的著作权证据相结合，能够证明杰罗德·布兰丁为羡慕标志作品的作者，亦可以证明其在创作完成羡慕标志作品后将其依法享有的相关著作权让与杰杰公司进行商业使用的事实，发生在诉争商标2006年2月20日申请注册之前。因此，杰杰公司关于诉争商标的申请注册损害其在先著作权的主张，具有事实和法律依据，予以支持。

【案件信息】

杰杰有限公司诉商标评审委员会、金华市百姿化妆品有限公司商标异议复审案，最高人民法院(2017)最高法行再35号行政判决书(2017年12月21日，夏君丽、郎贵梅、傅蕾)，北京市高级人民法院(2015)高行(知)终字第3565号行政判决书(2015年12月2日，刘晓军、陶钧、樊雪)，北京市第一中级人民法院(2014)一中知行初字第1430号行政判决书(2015年6月18日，林鸿姣、阎炜)。

案件来源：最高人民法院知识产权案件年度报告(2017)。

71 将通用名称作为字号登记并使用后他人使用该通用名称固有含义的，不应予以禁止

【裁判要旨】

商标中包含通用名称等不具有显著性的部分，但其他具有显著性的图案或者文字具有突出的识别效果，仍可以认定该商标整体具备显著性。

将通用名称作为企业名称中的字号登记并使用后，他人在该通用名称固有含义上使用该名称，且不会造成混淆误认的，不应予以禁止。

【关键词】

企业名称｜通用名称｜字号｜正当使用｜混淆

【基本案情】

《香港词典》(北京语言学院出版社1996年版)“避风塘”词条记载：“海港重要设施之一。港府在香港各地开辟了若干避风塘，供小型船只和驳船躲避台风袭击，它们多半位于距离闹市不远的浅海。无风时节，避风塘就成了水上街市，晚上有一些小船做生意，提供小吃、听曲、住宿。目前最大的避风塘是设于九龙半岛西的油麻地避风塘，可供数百艘小船和驳船停泊。”之后，多部烹饪相关书籍把“避风塘”作为香港特色菜肴名称使用。

1996年1月29日，避风塘大排档提出第1055861号“避风塘 bft”商标注册申请，并于1997年7月14日获准注册，核定使用服务为第42类的餐馆等。

1999年4月28日，竹家庄公司提出第1427895号“竹家庄避风塘及图”商标注册申请，2000年7月28日获准注册，核定使用服务为第42类的餐馆、酒吧等；

后经多次转让，商标争议及一审、二审诉讼期间的商标专用权人为陈镇宁，再审诉讼中转让给第三人磐石意舟公司。

1999 年 8 月 1 日，竹家庄公司对第 1055861 号“避风塘 bft”商标提出撤销申请。2000 年 2 月，商标评审委员会作出终局裁定认为：“避风塘”作为一种风味料理的名称，不应由一家独占，其不宜作为商标在餐馆等服务上注册，因此撤销第 1055861 号商标。2000 年 4 月，避风塘大排档提出重新评审申请。2001 年 2 月 7 日，商标评审委员会维持了原终局裁定书。

2003 年 11 月 11 日，原告上海避风塘公司对第 1427895 号“竹家庄避风塘及图”商标提出撤销申请。2008 年 12 月 29 日，商标评审委员会裁定：对该商标予以维持。上海避风塘公司不服，提起诉讼。北京市第一中级人民法院判决：维持商标评审委员会的裁定。上海避风塘公司不服，提起上诉。北京市高级人民法院判决：驳回上诉，维持原判。上海避风塘公司仍不服，申请再审。最高人民法院提审后判决：维持二审判决，驳回上避风塘公司的再审请求。

【裁判理由】

最高人民法院认为：

“避风塘”一名源于香港，最初是指香港渔民躲避台风的港湾。后来，渔民在港湾附近打捞鱼虾并以简单的烹饪方法（油盐水、艇仔粥）进行加工并销售给游客，这种料理因保留了鱼虾等食材的原味和鲜美而广受欢迎，“避风塘”一词遂由地理名词逐渐发展成为一种特别的风味料理或者烹饪方法的通用名称。从 20 世纪 70 年代起，香港已有多家经营避风塘料理的餐饮店。20 世纪 80 年代，我国大陆开始出现经营避风塘料理的餐馆。目前，全国范围内经营避风塘菜品的店铺已有一百多家。这些店铺的菜单以及有关烹饪的书籍，均载有“避风塘炒蟹”“避风塘炒虾”“避风塘茄子”等菜肴名称。因此，“避风塘”一词除具有渔民躲避台风的港湾这一含义外，还具有指称一种特别的风味料理或者菜肴烹饪方法的含义。

第 1427895 号商标由竹子图案与“竹家庄避风塘”文字组成，不仅仅是“避风塘”文字，故具有显著性。并且，避风塘为菜肴的通用名称这一事实本身即由商标评审委员会在前案中予以认定，第 1427895 号商标申请人无法隐瞒。因此，该商标不属于以欺骗手段或者其他不正当手段取得注册的商标。

上海避风塘公司并未依据 2001 年《商标法》第 31 条提出第 1427895 号商标侵害其企业名称权的主张。

“避风塘”一词不仅是上海避风塘公司的字号，还具有“躲避台风的港湾”和

“一种风味料理或者菜肴烹饪方法”的含义，因此，只要不会造成相关公众的混淆、误认，上海避风塘公司就不能以其企业名称权禁止他人在“躲避台风的港湾”和“一种风味料理或者菜肴烹饪方法”的含义上正当使用“避风塘”一词。

第1427895号商标由竹子图案与“竹家庄避风塘”文字组成，其中竹子图案占据商标的大部分面积，且处于商标的显著位置。对于餐饮行业相关公众而言，“避风塘”一词因具有“一种风味料理或者菜肴烹饪方法”的含义，故该商标中的“竹家庄”文字与竹子图案更具有标识商品或服务来源的作用，因此该商标的注册、使用不会造成相关公众的混淆、误认，未侵害上海避风塘公司的企业名称权。

【案件信息】

上海避风塘美食有限公司诉商标评审委员会、上海磐石意舟餐饮管理有限公司（原当事人为陈镇宁）商标争议案，最高人民法院（2013）行提字第8号行政判决书（2015年1月8日，王闯、王艳芳、何鹏），北京市高级人民法院（2010）高行终字第630号行政判决书（2010年8月16日，景滔、马军、刘行），北京市第一中级人民法院（2009）一中行初字第684号行政判决书（2009他12月9日，张杰、殷悦、龙非）。

案件来源：最高人民法院知识产权案件年度报告（2014），2014年中国法院10大知识产权案件。

72 国外公司在中国投资控股的公司将国外公司商号的中文译名作为自己的商号登记并产生一定知名度的，国外公司可以作为中文译名商号的利害关系人主张保护

【裁判要旨】

商标法律法规并未对“利害关系人”的范围作出明确界定，虽然利害关系人多以被许可使用人、合法继承人的形式体现，但其他有证据证明与案件具有利害关系的主体，比如使用投资控股公司的中文译名作为商号并产生一定知名度的，投资人即可被认为是该商号的利害关系人，可依据2001年《商标法》第31条的规定，以利害关系人的身份对诉争商标侵害其商号权益的行为提出撤销申请。

【关键词】

在先商号 | 利害关系人 | 投资控股 | 关联公司

【基本案情】

2002年1月4日，第三人汇昌机电公司申请注册第3060409号"采埃孚"商标，2003年7月28日获准注册，核定使用商品为第7类的液压泵等。

2004年9月10日，原告采埃孚公司认为诉争商标侵害其商号权益，故依据2001年《商标法》第31条和第41条第2款提出撤销诉争商标的申请。2010年7月26日，商标评审委员会裁定：诉争商标予以维持。

采埃孚公司不服，提起诉讼。北京市第一中级人民法院判决：维持商标评审委员会的裁定。采埃孚公司不服，提起上诉。北京市高级人民法院判决：驳回上诉，维持原判。采埃孚公司仍不服，申请再审。最高人民法院提审后判决：撤销一审、二审判决和商标评审委员会的裁定，并判令商标评审委员会重新作出裁定。

【裁判理由】

最高人民法院认为：

现行法律法规并未对2001年《商标法》第41条第2款规定的"利害关系人"的范围作出明确界定，参照商标局和商标评审委员会颁布的《商标审查及审理标准》的规定，该"利害关系人"，是指在先权利的被许可人以及其他有证据证明与案件有利害关系的主体。司法实践中，虽然利害关系人多以被许可使用人、合法继承人的形式表现，但利害关系人的范围不应仅限于此，其他有证据证明与案件具有利害关系的主体，亦可依据2001年《商标法》第31条的规定对诉争商标提出撤销申请。

采埃孚公司明确主张以上海采埃孚公司、柳州采埃孚公司等国内企业对"采埃孚"商号的使用证据，作为"采埃孚"系在先商号权予以保护的证明。采埃孚公司为上海采埃孚公司的发起人和控股公司，上海采埃孚公司、柳州采埃孚公司等使用"采埃孚"商号的国内企业，均是由采埃孚公司参与投资而设立，上述企业对"采埃孚"商号的使用显然是基于采埃孚公司的投资而获得采埃孚公司的授权或许可。据此，采埃孚公司应有权根据上海采埃孚公司等企业对"采埃孚"商号的使用行为，提出将"采埃孚"作为在先商号权进行保护的法律上的利益。

以"采埃孚"作为商号的上海采埃孚公司成立于1994年11月13日；同样以"采埃孚"作为企业字号并由采埃孚公司投资建立的柳州采埃孚公司、南京采埃孚公司等先后于1995年、2001年成立。自1999年10月起，上海采埃孚公司已经开始以对其公司和产品进行宣传。2000年12月，有多家新闻媒体对上海采埃孚公司第100万台转向机下线的新闻进行了报道。由此可见，至诉争商标申请日即2002年1月4日，通过上海采埃孚公司等企业的使用，"采埃孚"已经成为在中国大陆境内具有一定市场知名度的商号，应当作为2001年《商标法》第31条所称的“在先权利”予以保护。

“采埃孚”作为采埃孚公司及其关联企业上海采埃孚公司等在先使用并具有一定知名度的商号，本身为无中文含义的臆造词，具有较强的固有显著性。诉争商标由中文“采埃孚”构成，与上海采埃孚公司等在先使用的商号“采埃孚”的文字构成、呼叫完全一致，为相同标志。诉争商标核定使用在液压泵等商品上，这些商品中的部分元件是构成转向机系统的重要零部件，其他核定使用商品也多为各类汽车零部件，故诉争商标核定使用的商品与上海采埃孚公司生产和销售的转向系统以及汽车零部件等具有较为紧密的商品关联关系。作为同业经营者的汇昌机电公司，应当知道采埃孚公司及上海采埃孚公司在先使用的“采埃孚”商号已经在转向机等汽车零配件等商品上具有一定知名度，却将与该商号完全相同的“采埃孚”文字作为商标注册在与上海采埃孚公司的实际经营范围联系紧密的液压泵、液压阀等商品上，损害了采埃孚公司及其关联公司对“采埃孚”享有的在先商号权，违反2001年《商标法》第31条的规定。

【案件信息】

采埃孚转向系统有限公司诉商标评审委员会、台州汇昌机电有限公司商标争议案，最高人民法院(2014)行提字第2号行政判决书(2014年7月17日，王艳芳、朱理、佟姝)，北京市高级人民法院(2012)高行终字第899号行政判决书(2012年8月9日，李燕蓉、马军、孔庆兵)，北京市第一中级人民法院(2011)一中知行初字第408号行政判决书(2012年2月20日，强刚华、陈文煊)。

案件来源：最高人民法院知识产权案件年度报告(2014)，2014年中国法院50件典型知识产权案件。

73 在中国境内使用有一定知名度的外文字号及其惯用音译可以作为在先权利受到保护

【裁判要旨】

外文企业名称或者字号的惯用音译，在诉争商标申请日之前在中国已经在与诉争商标指定使用的类似或者关联商品上使用多年具有一定市场知名度的字号，诉争商标申请人作为与之密切相关的从业者，不可能不知晓该字号及其音译的知名度，仍将与之相同的文字申请注册为商标的,具有明显的攀附商誉的恶意,应予禁止。

【关键词】

外文字号|惯用音译|知名度|恶意

【基本案情】

2004年9月8日,第三人戴均欢申请注册第4259661号“派克汉尼汾 PARKERHANNIFIN”商标,指定使用商品为第17类的密封环、液压软管、绝缘材料等。

诉争商标被初步审定并公告后,原告帕克公司依据2001年《商标法》第31条提出异议。商标局裁定:诉争商标予以核准注册。帕克公司不服,申请复审。商标评审委员会裁定:对诉争商标予以核准注册。

帕克公司不服,提起诉讼。北京市第一中级人民法院判决:维持商标评审委员会的裁定。帕克公司不服,提起上诉。北京市高级人民法院判决:驳回上诉,维持原判。帕克公司仍不服,申请再审。最高人民法院判决:撤销一审、二审判决和商标评审委员会的裁定,并判令商标评审委员会重新作出裁定。

【裁判理由】

最高人民法院认为:

在中国境内具有一定市场知名度、为相关公众所知悉的企业名称中的字号,可以作为企业名称权的一种特殊情况对待,作为2001年《商标法》第31条所规定的“在先权利”受到保护。审查判断诉争商标是否损害他人现有的在先权利,一般以诉争商标申请日为准。

“ParkerHannifin”是两个名称的组合,其中Parker是派克公司创始人的名字,Hannifin是其合并公司的名称,这种因为公司并购后以两家公司名称组合的字号有其特别的历史背景,作为商业标记具有较强的显著性。“派克汉尼汾”是其惯用音译,通过派克汉尼汾公司及其关联公司的使用及相关宣传报道,已成为“ParkerHannifin”对应音译。“PARKERHANNIFIN”“派克汉尼汾”作为派克汉尼汾公司及其子公司或关联公司的字号,在诉争商标申请日之前在中国已经使用多年,且在相关新闻报道及报纸杂志文章中,亦清晰地显示了派克汉尼汾公司及其关联公司的企业名称及其相关排名、销售额及相关市场情况。鉴于此,在诉争商标申请日即2004年9月8日前,通过派克汉尼汾公司及其关联公司的使用,“派克汉尼汾”已经成为在中国大陆地区具有一定市场知名度的字号,可以作为2001年《商标法》第31条所称的“在先权利”予以保护。

诉争商标指定使用商品与派克汉尼汾公司及其关联公司在中国生产和经营的部分商品明显具有类似性或者有较强的关联性。诉争商标为“派克汉尼汾PARKERHANNIFIN”,与派克汉尼汾公司及其关联公司中英文字号完全相同。由于戴均欢所从事的行业与派克汉尼汾公司及其关联公司生产经营的产品有密切关系,其应当知道派克汉尼汾字号的知名度情况,仍将与该中英文字号完全相同的文字申请注册为商标,难以认定巧合,具有明显的攀附派克汉尼汾公司及其关联公司字号商誉的恶意,侵害了该公司的在先字号权,不应予以核准注册。

【案件信息】

帕克无形资产有限责任公司诉商标评审委员会、戴均欢商标异议复审案,最高人民法院(2014)行提字第9号行政判决书(2014年8月13日,王艳芳、朱理、佟姝),北京市高级人民法院(2012)高行终字第1920号行政判决书(2013年4月8日,张冰、刘晓军、袁相军),北京市第一中级人民法院(2012)一中知行初字第1769号行政判决书(2012年9月19日,邢军、孙超)。

案件来源:最高人民法院知识产权案件年度报告(2014)。

74 在先使用并有一定影响的药品商品名称可作为《商标法》第32条的在先权利受到保护

【裁判要旨】

经实际使用并具有一定影响的药品商品名称,可以作为2001年《商标法》第31条规定的在先权利受到法律保护。

【关键词】

药品商品名称 | 在先权利 | 在先使用 | 有一定影响

【基本案情】

1999年3月17日,山西省卫生厅批准原告康宝公司生产的止咳糖浆增加商品名称为“可立停”。康宝公司自1999年11月起,投入大量资金在中央电视台等对其“可立停”糖浆进行广告宣传。康宝公司生产的晋康牌“可立停”糖浆(复方美沙芬糖浆)被评为2001年山西省标志性名牌产品和山西省名牌产品,2003年被评为山西省名牌产品。

康宝公司系第1592518号“可立停及图”商标权人,该商标的申请日为2000

年 6 月 6 日，该商标初步审定公告后被提出异议，经异议复审，商标评审委员会裁定该商标予以核准注册，核定使用商品为第 5 类的医药制剂、原料药等。

1994 年 1 月 21 日，原卫生部药政管理局批准第三人九龙公司的前身九龙制药厂生产的“磷酸苯丙哌林口服液”的商品名为“可立停”。2003 年 2 月 20 日，原国家食品药品监督管理局向九龙制药厂颁发了商品名为“可立停”的“磷酸苯丙哌林口服液”的《药品注册证》。

诉争商标核准注册后，第三人九龙公司提出争议申请。商标评审委员会裁定：撤销诉争商标。康宝公司不服，提起诉讼。北京市第一中级人民法院判决：撤销商标评审委员会的裁定，并判令其重新作出裁定。商标评审委员会和九龙公司均不服，提起上诉。北京市高级人民法院判决：撤销一审判决，维持商标评审委员会的裁定。康宝公司不服，申请再审。最高人民法院驳回其再审申请。

【裁判理由】

最高人民法院认为：

本案九龙公司在先经药品行政管理部门批准使用“可立停”药品商品名称的权利，是否属于 2001 年《商标法》第 31 条规定的“在先权利”是本案争议的焦点。

关于 2001 年《商标法》第 31 条规定的“在先权利”，《商标授权确权案件意见》第 17 条规定，“要正确理解和适用 2001 年《商标法》第 31 条关于诉争商标注册不得损害他人现有的在先权利的概括性规定。商标法虽无特别规定，但根据《民法通则》和其他法律的规定属于应予保护的合法权益的，应该根据该概括性规定给予保护”。

根据有关行政规章和行政规范性文件规定，国家对药品商品名称的使用实行相应的行政管理制度，但除依照其他法律取得民事权利外，经药品行政管理部门批准使用的药品商品名称是否产生民事权益，尚取决于其实际使用情况，经实际使用并具有一定影响的药品商品名称，可作为 1994 年民事权益受法律保护。

本案中，根据原审法院查明的事实，九龙公司早在 1994 年已经卫生部药政管理局批准使用“可立停”商品名称。虽然北京市高级人民法院（2006）高行终字第 523 号判决认为九龙公司生产可立停口服液在 2000 年之前未成为知名商品的特有名称，但根据九龙公司提供的销售台同、生产记录、销售发票等证据结合其两次获得药品行政部门批文的事实，可以认定九龙公司在诉争商标注册之前进行了一定规模的使用。该药品商品名称经在先使用并具有一定影响，可以产生民事权益，即合法的在先权利。

康宝公司与九龙公司均系药品生产企业，应知“可立停”是九龙公司经过批准使用的药品商品名称，却仍将其申请为注册商标并使用在止咳类药品上，二审法院以康宝公司违反2001年《商标法》第31条的规定，侵害了九龙公司的在先权利，并维持商标评审委员会裁定并无不当。

【案件信息】

山西康宝生物制品股份有限公司诉商标评审委员会、北京九龙制药有限公司商标争议案，最高人民法院(2010)知行字第52号驳回再审申请通知书(2010年12月24日)，北京市高级人民法院(2009)高行终字第1455号行政判决书(2010年4月20日，张冰、莎日娜、钟鸣)，北京市第一中级人民法院(2008)一中知行初字第1289号行政判决书(2009年9月17日，姜颖、芮松艳)。

案件来源：最高人民法院知识产权案件年度报告(2010)。

75 在诉争商标申请日前被列入地方标准的药品通用名称，不构成诉争商标的在先权利

【裁判要旨】

在诉争商标申请日前与之近似的、列入地方标准的药品名称属于通用名称的，不构成相对于诉争商标的在先权利。①

① 最高人民法院知识产权案件年度报告（2009）收录的（2009）知行字第12号江西巨元医药生物工程有限公司诉商标评审委员会、杭州民生药业集团有限公司关于第1687032号“21金维他及图形”商标争议案驳回再审申请通知书中指出：杭州民生公司于1987年8月30日获准在西药商品上注册了本案引证的第297849号“21金维他”商标，虽然在1984年至2000年7月1日，“21金维他”因列入国家药品标准而成为法定的通用名称，但在该引证商标未经法定程序撤销之前，民生公司对引证商标依法享有商标权，有权在核定使用的商品上使用该引证商标。在此基础上，二审法院根据本案查明的事实并综合考虑引证商标宣传及使用的持续时间、地理范围以及受保护记录等因素，判定民生公司的引证商标在本案诉争商标申请时已达到驰名程度并无不当。（最高人民法院对本案归纳的要旨为：在特定历史条件下，有些药品名称曾被列入国家药品标准，在药品标准被修订而不再作为药品法定通用名称后，如果该名称事实上尚未构成通用名称，仍应当认定该名称具有识别商品来源的作用。据此，考虑该注册商标的知名度时，可以参考其被列入国家药品标准期间注册商标权利人对该商标的使用、宣传等因素。）另外，在最高人民法院知识产权案件年度报告（2008）收录的（2007）行监字第111－1号西南药业股份有限公司与商标评审委员会、拜耳消费者护理股份有限公司（原豪夫迈—罗须控股公司）商标争议案中驳回再审通知书中认为：“散利痛”虽因列入四川、上海地方药品标准而成为该药品的通用名称，但2001年10月31日以后，因相关国家药品标准的修订不再是法定的通用名称，商标评审委员会根据作出评审裁定前同行业对该名称的实际使用情况等事实，认定“散利痛”具有显著性并维持其注册的裁定并无不当。

【关键词】

在先权益｜药品通用名称｜地方标准｜诉争商标申请日前

【基本案情】

1987 年 11 月 12 日，再审被申请人拜耳公司的前手原告罗须公司与第三人西南药业公司的前身西南制药三厂签订了包括商标许可使用在内的《关于"散利痛片"在中国生产、销售的协议》，其中第 9 条规定：商标使用权，在这协议下生产的产品，受以下第 10 条的约束，罗须公司无须现金补偿的给予西南制药三厂在中国市场商标名"散利痛"的使用权。在产品外包装上，注明"散利痛"是罗须公司委托制造。协议有效期 3 年，至 1991 年 12 月 31 日期满。

西南药业公司于 1992 年 3 月 17 日申请、1993 年 2 月 28 日获准注册了第 631613 号"散列通"商标，核定使用商品为第 5 类的西药。

1993 年 11 月 3 日，罗须公司与西南药业公司签订会谈纪要，确认：(1) 西南药业公司从 1990 年起在散利痛片的宣传与销售上投入了大量资金、人力，致使市场迅速扩大，罗须公司对此承认并表示满意；(2) 西南药业公司要求继续合作，罗须公司不同意；(3) 罗须公司要求西南药业公司不再使用"罗氏""Saridon""散利痛"。

1993 年 11 月 9 日，西南药业公司申请在第 5 类西药上注册第 756579 号"散利痛"商标，1995 年 4 月 21 日被初审公告，1995 年 6 月 28 日罗须公司提出异议，商标局裁定：第 756579 号"散利痛"商标不予核准注册。西南药业公司不服，申请复审，商标评审委员会于 1998 年 7 月 28 日作出终局裁定：第 756579 号"散利痛"商标不予核准注册。

罗须公司又于 1999 年 7 月 30 日请求商标评审委员会撤销西南药业公司的本案争议的第 631613 号"散列通"商标，理由是"散利痛"是罗须公司的未注册商标，诉争商标的注册违反 1993 年《商标法》第 27 条和《商标法实施细则》第 25 条的规定。商标评审委员会裁定：诉争商标予以维持。

罗须公司不服，提起诉讼。北京市第一中级人民法院判决：撤销商标评审委员会的裁定，并判令其重新作出裁定。西南药业公司和商标评审委员会均不服，分别提起上诉。北京市高级人民法院判决：驳回上诉，维持原判。西南药业公司不服，申请再审。北京市高级人民法院驳回其再审申请。西南药业公司又向最高人民法院申请再审。二审判决后，"散利痛"商标由罗须公司转让至拜耳公司，最高人民法院提审后判决：撤销一审、二审判决，维持商标评审委员会的裁定。

【裁判理由】

最高人民法院认为：

罗须公司申请撤销“散列通”商标的权利基础是“散利痛”商标，因此判定西南药业公司注册“散列通”商标是否违反了2001年《商标法》第31条的规定，应首先分析“散列通”商标申请注册时，“散利痛”是不是罗须公司的在先未注册商标。“散利痛片”1988年被列入四川省药品标准，1995年被列为上海市药品标准。2001年9月20日，原国家药品监督管理局发布的2001国药标字XG－013号国家标准颁布件规定：自2001年10月31日起，复方对乙酰氨基酚片（Ⅱ）的地方标准同时停止使用，该品种原药品名称“散利痛片”作为曾用名称过渡。因此，在2001年10月31日上述地方标准被修改之前，“散利痛”是一种以乙酰氨基酚为主，辅加咖啡因和异丙安替比林的解热、镇痛药的法定通用名称。而且，《药品管理法》（1984年）第41条规定，“除中药材、中药饮片外，药品必须使用注册商标；未经核准注册的，不得在市场销售，注册商标必须在药品包装和标签上注明”。1983年《商标法实施细则》第4条亦明确规定“药品必须使用注册商标”。据此，我国药品管理法禁止在药品上使用未注册商标，西南药业公司申请注册“散列通”商标及该商标被核准注册之时，“散利痛”从法律上也不可能是“散利痛片”的未注册商标。罗须公司在与西南药业公司合作期间，在合作生产的“散利痛片”上对“散利痛”的使用，是根据药品管理法及药品说明书和标签管理等相关规定，对药品通用名称的标注，不能认定其为对未注册商标的使用。原审判决及商标评审委员会认定“散利痛”是拜耳公司的未注册商标，属于认定事实错误，应予以纠正。

鉴于“散利痛”在西南药业公司注册“散列通”商标时，不是未注册的商标，因此其不构成罗须公司提出争议的权利基础，西南药业公司关于其注册“散列通”不违反商标法有关规定的申请再审理由成立，本院予以支持。虽然商标评审委员会关于“散利痛”是罗须公司的未注册商标事实认定错误，但其关于维持“散列通”商标注册的结论正确，应予维持。二审判决认定西南药业公司注册“散列通”商标构成注册不当行为，判决撤销商标评审委员会裁定，认定事实及适用法律均有错误，应予撤销。

【案件信息】

拜耳消费者护理有限公司（原豪夫迈—拜耳公司控股公司）诉商标评审委员会、西南药业股份有限公司商标争议案，最高人民法院（2009）行提字第1号行政判决书（2009年5月25日，夏君丽、殷少平、王艳芳），北京市高级人民法院（2006）高行终字第253号行政判决书

(2006 年 12 月 20 日,刘继祥、张冬梅、焦彦),北京市第一中级人民法院(2005)一中行初字第 677 号行政判决书(2005 年 12 月 24 日,刘海旗、任进、侯占恒)。

案件来源:最高人民法院知识产权案件年度报告(2009),2009 年中国法院知识产权司法保护 50 件典型案例。

76 标志性符号取得声誉后拥有者进行商业性使用能带来经济利益可作为在先法益保护

【裁判要旨】

“商品化权”虽非法定权利,但文学艺术作品、作品名称、角色名称、某种标志性的名称、姓名等确实会使上述作品或者名称的拥有者通过上述作品、姓名等取得声誉、信誉、知名度等,拥有者通过将上述的声誉、信誉、知名度等与商品或服务的结合进行商业性的使用而实现经济利益,因此,上述作品或名称通过商业化使用,能够给其拥有者带来相应的利益,可以作为“在先权利”获得保护,可称为“商品化权益”。

【关键词】

在先权利｜商品化权益｜乐队名称｜法定权利｜法益

【基本案情】

诉争商标系第 4375006 号“TEAM BEATLES 添・甲虫”商标,由第三人连小元、陈冠洪于 2004 年 11 月 22 日提出注册申请,指定使用商品为第 18 类的钱包等。

诉争商标经初步审定公告后,原告苹果公司提出异议。商标局裁定:诉争商标予以核准注册。苹果公司不服,申请复审。商标评审委员会认为:乐队名称并非法定权利,即使其可以作为一种法益受到法律的保护,有资格提出保护的主体亦应为乐队本身或得到其特别授权的人,而苹果公司未提交证据证明其获得了披头士乐队的授权,故其主张不成立。因此裁定:诉争商标予以核准注册。

苹果公司不服,提起诉讼。北京市第一中级人民法院判决:撤销商标评审委员会的裁定并判令其重作。商标评审委员会不服,提起上诉。北京市高级人民法院判决:驳回上诉,维持原判。

【裁判理由】

法院认为：

2001年《商标法》并无"商品化权"的规定。《民法通则》也"无商品化权"的规定，但文学艺术作品、作品名称、角色名称、某种标识性的名称、姓名等确实会使上述作品或名称的拥有者通过上述作品、姓名等取得声誉、信誉、知名度等，拥有者通过将上述的声誉、信誉、知名度等与商品或服务的结合进行商业性的使用而实现经济利益，因此，上述作品或名称通过商业化使用，能够给拥有者带来相应的利益，可以作为"在先权利"获得保护。"商品化权"无明确规定，称为"商品化权益"并无不可。苹果公司所主张的"The BEATLES"乐队名称可以作为"商品化权益"的载体。

根据证据可以认定"The BEATLES"乐队成员于1980年将Beatles"商品化权"(权益)转让给了苹果公司，苹果公司是"BEATLES""商品化权益"的拥有者。"The BEATLES"乐队是在中国享有盛名的乐队，在中国大陆具有极高知名度，相关公众能够将"BEATLES"与该乐队建立唯一的、直接的联系。"The BEATLES"乐队在中国大陆地区的中文名称是"甲壳虫乐队"。

诉争商标完整包含了"The BEATLES"乐队的英文名称"BEATLES"。以相关公众的认知水平，诉争商标的中文部分"添·甲虫"中的甲虫与"The BEATLES"乐队中文名称的甲壳虫乐队中的甲壳虫相近似，甚至可以理解为同一种类的昆虫。

诉争商标指定使用的商品"钱包、书包、背包"等属于日常消费品，如知名乐队等一般会在上述商品上标注其名称，作为纪念品等进行销售，因此，本案苹果公司所主张的"商品化权益"可以延及上述商品。在诉争商标与"The BEATLES"乐队名称十分近似的情况下，将诉争商标使用在其指定使用的"钱包、书包、背包"等商品上，相关公众易误认为上述商品来自"The BEATLES"乐队或者与"The BEATLES"乐队有特定联系，从而使苹果公司对"The BEATLES"乐队名称享有的"商品化权益"受到损害。

【案件信息】

苹果有限公司诉商标评审委员会、连小元、陈冠洪商标异议复审案，北京市高级人民法院(2015)高行(知)终字第752号行政判决书(2015年12月18日，刘辉、刘庆辉、马军)，北京市第一中级人民法院(2013)一中知行初字第1493号行政判决书。

案件来源：中国裁判文书网。

77 当事人主张的权益可作为法律明确规定的权利或利益保护不再认定构成商品化权益

【裁判要旨】

当事人主张的“商品化权益”内容可作为姓名权、肖像权、著作权、一定影响商品(服务)名称等法律明确规定的权利或者利益予以保护的,不宜对当事人所主张的“商品化权益”进行认定。

若依据除《商标法》第32条“在先权利”之外的其他具体条款不足以对当事人提供救济,且无法依据前款所规定的情形予以保护的,在符合特定条件时,可以依据当事人的主张适用《商标法》第32条“在先权利”予以保护,但一般应依据《反不正当竞争法》第6条的规定进行认定。——《商标授权确权行政案件审理指南》第16.19条

【关键词】

在先权利|知名商品特有名称|电视节目名称|卡通形象名称

【基本案情】

诉争商标系2004年9月2日第三人楼繁荣申请注册的第4249617号“TELETUBBIES”商标,该商标于2008年4月21日获准注册,核定使用商品为第18类的钱包、背包、公文包、手提包等。

原告拉格道尔公司(于二审诉讼期间更名为迪斯全球有限公司)提出争议申请。商标评审委员会裁定:诉争商标予以维持。迪斯全球有限公司不服,提起上诉。北京市高级人民法院判决:撤销一审判决和商标评审委员会的裁定,并判令商标评审委员会重新作出裁定。

【裁判理由】

法院认为:

在本案的评审阶段,迪斯全球有限公司主张其对“TELETUBBIES”天线宝宝相关的形象和文字作品享有著作权。在一审诉讼过程中明确主张对“TELETUBBIES”的文字及其LOGO享有著作权。商标评审委员会对作为电视节目名称的“TELETUBBIES”是否构成作品进行认定,但未对迪斯全球有限公司提交的证

据中已经显示的波浪形“TELETUBBIES”是否构成作品进行认定，该波浪形“TELETUBBIES”与诉争商标标志的近似程度极高，有可能损害相关著作权，为了尽可能使案件争议得到实质性解决，避免程序重复，浪费诉讼资源，商标评审委员会应当就迪斯全球公司是否对该波浪形“TELETUBBIES”享有在先著作权以及该著作权是否被损害进行审查。

2001 年《商标法》第 31 条所指的在先权利，如果商标法已有特别规定，按照《商标法》的特别规定予以保护，商标法虽无特别规定，但根据《民法通则》和其他法律规定属于应予保护的合法权益，应当根据该概括性规定给予保护。1993 年《反不正当竞争法》第 2 条规定，经营者在市场交易中，应当遵循自愿、平等、公平、诚实信用的原则，遵守公认的商业道德。知名服务的特有名称、知名电视节目名称、知名卡通形象名称的知名度是通过大量劳动与资本的投入累积形成的，承载着巨大的商业价值和经济利益，如他人将其作为商标使用，容易使相关公众误认为该商品与知名服务、电视节目或者卡通形象具有关联，从而不正当地借用他人的知名度，违反诚实信用原则，损害公平的竞争秩序。因此，知名服务的特有名称、知名电视节目名称、知名卡通形象名称作为合法权益应予保护。商标评审委员会应在考虑迪斯全球有限公司提交证据的基础之上就诉争商标的注册是否损害迪斯全球有限公司的上述相关在先权益进行评述。

【案件信息】

迪斯全球有限公司（原名拉格道尔有限公司）诉商标评审委员会、楼繁荣商标争议案，北京市高级人民法院（2014）高行（知）终字第 2484 号行政判决书（2015 年 3 月 20 日，潘伟、石必胜、孔庆兵），北京市第一中级人民法院（2013）一中知行初字第 2327 号行政判决书（2013 年 12 月 20 日，邢军、许波）。

案件来源：中国裁判文书网。

第三章　不使用或不当使用注册商标

78　连续三年不使用注册商标规定的使用应当是在该注册商标核定而非类似商品上使用

【裁判要旨】

商标法规定的“连续三年停止/不使用”中的“使用”，应当理解为在注册商标核定商品上的使用，不应将在与核定商品类似的商品上的使用视为该条所规定的“使用”。

【关键词】

连续三年不使用注册商标 | 商标使用 | 核定商品 | 类似商品

【基本案情】

诉争商标系第1688809号“B及图”商标于2000年11月9日提出注册申请，于2001年12月28日核准注册，核定使用商品为第2类的油漆、漆、铝涂料、银涂料等，后转让给原告青华公司。

2010年6月11日，第三人方达事务所以诉争商标连续三年停止使用为由提出撤销请求。商标局决定：诉争商标继续有效。方达事务所不服，申请复审。商标评审委员会决定：诉争商标予以撤销。

青华公司不服，提起诉讼，提交了其在批墙膏、油漆腻子上使用诉争商标的证据。北京知识产权法院判决：撤销商标评审委员会决定并重作。商标评审委员会不服，提起上诉。北京市高级人民法院判决：撤销一审判决，维持商标评审委员会的决定。青华公司不服，申请再审。最高人民法院裁定：驳回其再审申请。

【裁判理由】

最高人民法院认为：

2001年《商标法》第44条第4项的规定旨在督促商标权人积极使用核定的商标，避免商标资源闲置。该条所称"连续三年不使用"中的"使用"，应当理解为在核定类别商品上的使用，不应将在类似商品上的使用视为该条所称的"使用"。

虽然青华公司提交的批墙膏经销协议、增值税发票、广告合同、制作单及门店招牌等证据可以证明青华公司将诉争商标使用于批墙膏商品上。青华公司认可《类似商品和服务区分表》中不存在批墙膏商品，该商品并不属于诉争商标核定的第2类商品，且在功能、用途等方面存在一定差异。因此，诉争商标在批墙膏商品上的使用不应视为在核定商品上的使用。

【案件信息】

宁波市青华漆业有限公司诉商标评审委员会、上海市方达（北京）律师事务所商标撤销复审案，最高人民法院（2015）知行字第255号行政裁定书（2015年11月23日，李剑、秦元明、徐红妮），北京市高级人民法院（2015）高行（知）终字第3267号行政判决书（2015年9月18日，谢甄珂、钟鸣、袁相军），北京知识产权法院（2015）京知行初字第750号行政判决书（2015年5月18日，彭文毅）。

案件来源：最高人民法院知识产权案件年度报告（2015）。

79 三年不使用程序中举证使用的商品与核定商品有种属关系的认定系注册商标的使用

【裁判要旨】

《商标法》关于撤销连续三年不使用注册商标规定中的"使用"，指的是在该注册商标核定商品或者服务上的使用，在与其核定商品或者服务类似的商品或者服务上的使用不属于该规定中的"使用"。实际使用的商品与核定商品之间从物质属性、商业特点以及《类似商品和服务区分表》关于商品分类的原则和标准等因素综合判断具有种属关系的，则属于对核定商品的使用。

商标评审委员会依据在先生效判决所确定的裁判内容作出重审决定,不允许再次提起行政诉讼,更不应该允许申请再审。

【关键词】

连续三年不使用注册商标｜商品种属关系｜循环诉讼｜生效裁判的羁束效力

【基本案情】

诉争商标原系杭州天然可乐饮料厂的第313758号“三得利SDL及图”商标,获准注册日为1988年5月10日,核定使用商品为可乐、液体饮料、保健饮料、固体饮料。2008年续展换证后,该商标注册证载明的核定使用商品为第32类的“可乐液体饮料;保健饮料;固体饮料”,后恢复原核定的4种商品。杭州天然可乐饮料厂于2005年被吊销企业营业执照,2008年5月将诉争商标许可给碧水龙潭公司使用,9月进入破产程序,10月将诉争商标转让,2011年又转让给保罗公司。

原告三得利株式会社于2008年10月30日提出撤销申请,诉争商标权利人提交了2008年8月25日及2008年9月21日在“包装饮用水”上使用诉争商标的证据。商标局决定:维持诉争商标注册。三得利株式会社不服,提出复审。商标评审委员会决定:撤销诉争商标。保罗公司不服,提起诉讼。北京市第一中级人民法院认为:杭州天然可乐饮料厂虽被吊销营业执照,仍具有法人资格、民事权利能力和民事行为能力,其许可他人使用诉争商标并不违法。实际使用的“包装饮用水”与诉争商标核定使用的可乐液体饮料、保健饮料、固体饮料属于类似商品,故可以视为在其核定使用商品上进行了使用。判决:撤销商标评审委员会决定,并判令其重做。商标评审委员会和三得利株式会社均不服,提起上诉。北京市高级人民法院判决:驳回上诉,维持原判。商标评审委员会据此作出重审第14号决定:对诉争商标予以维持。三得利株式会社不服,提起诉讼。北京知识产权法院和北京市高级人民法院均以重审第14号决定系对生效判决的执行为由,判决驳回其诉讼请求。三得利株式会社仍不服,申请再审。最高人民法院裁定:驳回其再审申请。

【裁判理由】

最高人民法院认为:

在诉争商标续展换证时,原指定的4种商品,被变更为“可乐液体饮料;保健饮料;固体饮料”,属于标点符号遗漏,现已恢复,因此本案关键在于实际使用的

“包装饮用水”是否属于指定使用的“液体饮料”之一。

从物质属性上看，包装饮用水系供直接饮用的液体，2007 年和 2015 年饮料国家标准均将“包装饮用水”作为“饮料”的一种。从商业特点上看，包装饮用水与液体饮料具有基本相同的饮用方式、功能用途、销售渠道和消费对象。液体饮料并非《类似商品和服务区分表》中规范的商品名称，但是该表（2017 年版本）中有水（饮料）、矿泉水（饮料）、纯净水（饮料）可以进一步佐证饮用水属于饮料的一种。因此，包装饮用水系液体饮料的一种，“饮用水”商品上的使用应属在其核定的“液体饮料”上的使用。

2001 年《商标法》第 44 条第 4 项的规定中“使用注册商标”旨在督促商标权人积极使用核准注册的商标，避免商标资源闲置。如果注册商标可因在核准注册的商品以外的类似商品上的使用得以维持，则注册商标资源在核定商品上仍处于闲置状态，避免商标闲置的立法目的将大打折扣。2001 年《商标法》第 21 条、第 51 条规定无论是注册商标的使用还是商标权范围，均仅限于核定使用的商品范围，超出该范围使用的应当另行申请，或不再属于专用权范围。如果将《商标法》第 44 条第 4 项中“使用注册商标”的解释扩大到在核定商品范围以外的类似商品上的使用，则会与《商标法》第 21 条和第 51 条不相协调。因此，《商标法》第 44 条第 4 项中“使用注册商标”的行为应当理解为在该注册商标核定使用的商品上使用。

重审第 14 号决定系商标评审委员会依据在先生效判决确定的裁判内容作出，其作为本案诉讼标的的已为在先生效判决所羁束。如果允许当事人对于新的判决可以申请再审，则可能导致已为在先生效判决所羁束的复审决定再次进入司法程序，造成循环诉讼和纠纷久拖不决。参照《商标授权确权案件规定》第 30 条，对于已为在先生效判决所羁束的复审决定不能提起行政诉讼，当然更不应该允许申请再审。

【案件信息】

三得利控股株式会社诉商标评审委员会、浙江向网科技有限公司（杭州保罗酒店管理集团股份有限公司之商标权承继人）商标撤销复审案，最高人民法院（2017）最高法行申 5093 号行政裁定书（2017 年 12 月 28 日，朱理、张志弘、佟姝），北京市高级人民法院（2016）京行终 2631 号行政判决书（2016 年 11 月 10 日，刘辉、刘庆辉、苏志甫），北京知识产权法院（2015）京知行初 1176 号行政判决书（2015 年 9 月 18 日，张晓津、赵明）。

案件来源：最高人民法院知识产权案件年度报告（2017）。

80 在连续三年不使用注册商标撤销程序中提供部分伪造证据应对其所有证据从严审查

【裁判要旨】

连续三年不使用注册商标撤销程序中，商标注册人提供的部分使用证据系伪造，则应当对其提交的所有证据从严审查，相应提高证明标准。

【关键词】

连续三年不使用注册商标｜使用证据｜伪造｜倒签

【基本案情】

恒大高新公司系诉争的第 6931816 号“恒大”商标权人，该商标于 2010 年 5 月 21 日获准注册，核定使用商品为第 32 类的啤酒、纯净水（饮料）等。2013 年 12 月 16 日，张斐利以连续三年停止使用为由提出撤销申请。商标局决定：驳回张斐利的撤销申请。张斐利不服，向商标评审委员会申请复审。商标评审委员会决定：对诉争商标予以撤销。

恒大高新公司不服，提起诉讼。北京知识产权法院判决：撤销商标评审委员会决定并判令重作。商标评审委员会不服，提起上诉。北京市高级人民法院判决：撤销一审判决，驳回恒大高新公司的诉讼请求。恒大高新公司不服，申请再审。最高人民法院裁定：驳回其再审申请。

【裁判理由】

最高人民法院认为：

为证明云居山泉公司委托他人加工“恒大”纯净水并进行销售的事实，恒大高新公司提交了四组证据。

第一组证据云居山泉公司与新世纪彩印签订的两份印刷业务合同及新世纪彩印出具的专用收据，第 01016419 号江西省国家税务局通用机打发票及“恒大”纯净水标签。仅凭印制标签的事实不能证明云居山泉公司对诉争商标进行了足以使其发挥商标识别功能的使用。

第二组证据云居山泉公司与林德公司签订的“恒大”纯净水购销协议、4 张收款收据和一张通用机打发票。云居山泉公司与林德公司之间纯净水销售合同上载明的时间为2013年4月1日,4张收据上载明的开具时间分别为2013年5月6日、7月19日、9月29日及12月17日,通用机打发票上载明的开具时间为2013年12月23日。从形式上看,上述4张收据上载明的销售数量、金额与发票上载明的内容可以相印证,但由于发票开具时间系在指定期间之后,并且在恒大高新公司提交的东方星河公司开具给华美公司、林德公司的发票存在发票日期倒签的问题,故对该组证据的证明力不予确认。

第三组证据的后两份证据形成时间均系在指定期间之后的情况下,无法通过该组证据的相互结合以确定诉争商标商品于指定期间内通过江西电商网实际销售的事实。第四组证据对诉争商标的广告宣传的规模、持续时间以及影响力均极为有限难以证明诉争商标存在商标性使用。

恒大高新公司为证明星河纳米公司使用诉争商标委托他人加工"恒大"纯净水并进行销售的事实,提交了两组证据。

第一组证据星河纳米公司于2013年12月1日委托八王寺饮料公司加工"恒大"纯净水的合同及相应发票一份;星河纳米公司与旺中旺超市签订的商品购销合同、旺中旺超市各连锁店销售"恒大"纯净水的照片;南昌市赣江公证处于2014年3月6日出具的公证书。其一,星河纳米公司与八王寺饮料公司签订委托加工合同的时间为2013年12月1日,但相应发票的开具时间为2014年1月14日,凭该两份证据无法确定其委托生产行为确系发生在指定期间内。其二,恒大高新公司提交的上述照片产品包装上印制的商品条码对应的所有者为源合实业公司,而非星河纳米公司或八王寺饮料公司。虽然恒大高新公司在原审诉讼阶段补充提交了加盖南昌市工商局印章的《公司变更通知书》,载明源合实业公司系由八王寺实业公司变更而来,但八王寺饮料公司与八王寺实业公司并非同一主体,该补充证据并不能消除上述证据存在的瑕疵。其三,星河纳米公司与旺中旺超市签订销售合同的时间为2013年12月1日,但缺乏能够佐证该合同于指定期间内实际履行的相应票据。虽然恒大高新公司还提交了南昌市赣江公证处于2014年3月6日出具的公证书,用以证明在旺中旺超市能够实际购买到"恒大"纯净水,但该公证书载明的公证行为系发生在指定期间之后。该组证据不足以证明诉争商标于指定期间内在纯净水商品上进行了真实、合法的使用。

第二组是星河纳米公司分别与华美公司、林德公司签订的销售合同及相应的手写发票。星河纳米公司开具给华美公司、林德公司的发票上载明的时间均为2013年12月12日,但通过江西省国税局网站的查询结果显示上述发票均系星河纳米公司于2014年1月17日领购。虽然恒大高新公司对此作出了解释，但均不能改变上述发票开具日期倒签的事实，尤其是考虑到本案诉争商标的指定期间为2010年12月16日至2013年12月15日，相关时间的认定对于案件的裁判意义重大，在无其他证据予以充分佐证的情况下，不应根据倒签日期的发票对争议事实作出认定。因此，对恒大高新公司所作的相关解释及该组证据均不予采信。

【案件信息】

江西恒大高新技术股份有限公司诉商标评审委员会、张裴利商标撤销复审案，最高人民法院（2018）最高法行申4762号行政裁定书（2018年9月29日，朱理、毛立华、佟姝），北京市高级人民法院（2017）京行终4246号行政判决书（2017年11月29日，周波、苏志甫、俞惠斌），北京知识产权法院（2016）京73行初758号行政判决书（2017年5月27日，张晓霞）。

案件来源：中国裁判文书网。

81　仅仅是为了维持诉争商标的存在而进行的象征性使用不构成对注册商标的实际使用

【裁判要旨】

在连续三年不使用注册商标的撤销案件中，判断诉争商标是否进行了实际使用，需要考察商标注册人是否具有真实的使用意图和使用行为。仅仅是为了维持诉争商标的存在而进行的象征性使用不构成对注册商标的实际使用。

【关键词】

连续三年不使用注册商标｜象征性使用｜真实使用行为｜使用意图

【基本案情】

诉争商标为第1591629号“湾仔码头”，由中山市南区百鸟归巢火锅美食店于2000年3月31日申请，核定使用服务为第42类的咖啡馆、自助食堂、餐厅等，2009年8月13日转让给原告成超。

2009年8月21日，第三人通用磨坊公司以诉争商标连续三年停止使用为由提出撤销申请。商标局决定：对诉争商标予以撤销。成超不服，申请复审。商标评审委员会决定:对诉争商标的注册予以撤销。

成超不服,提起诉讼。北京市第一中级人民法院判决:撤销商标评审委员会的决定,并判令其重新做出决定。通用磨坊公司不服,提起上诉。北京市高级人民法院判决:撤销一审判决,维持商标评审委员会的决定。成超不服,申请再审。最高人民法院裁定:驳回其再审申请。

【裁判理由】

最高人民法院认为:

2001 年《商标法》第 44 条规定的商标使用,不仅包括商标权人自用,也包括许可他人使用以及其他不违背商标权人意志的使用。没有实际使用注册商标,仅有转让、许可行为,或者仅有商标注册信息的公布或者对其注册商标享有专有权的声明等,不能认定为商标使用。判断商标是否实际使用,需要判断商标注册人是否有真实的使用意图和实际的使用行为,仅为维持注册商标的存在而进行的象征性使用,不构成商标的实际使用。

本案争议问题是诉争商标在 2006 年 8 月 21 日至 2009 年 8 月 20 日的指定期间是否进行了实际使用。

成超提交的其与苏州吴越春秋文化传媒有限公司签订的《广告代理合同》《广告协议》及用于佐证履行情况的发票、《姑苏晚报》有关湾仔码头小吃部的招商广告,不能证明诉争商标在核定使用服务上进行了实际使用。

成超与苏州凌琳日化有限公司食堂签订的《湾仔码头商标合作合同》以及与宁波海曙天一湾仔码头茶餐厅签订的《商标合作协议》,均没有有效证据佐证其实际履行情况,故上述证据不能证明诉争商标在核定使用的服务上进行了实际使用。

成超虽与苏州市吴中区金庭西湾农家乐饭店签订了《商标许可使用合同》,但无有效证据证明诉争商标的实际使用情况,成超提交的《城市商报》中缝刊登的苏州市吴中区金庭西湾农家乐饭店“畅游太湖品位农家”广告,不仅晚于诉争商标的指定使用期间,且该证据亦不能佐证诉争商标的实际使用。

此外,二审法院将成超申请注册 50 余件与他人知名商标相同或近似商标的情况作为其对本案诉争商标是否具有真实使用意图的参考,并无不妥。

【案件信息】

成超诉商标评审委员会、通用磨坊食品亚洲有限公司商标撤销复审案,最高人民法院(2015)知行字第 181 号行政裁定书(2015 年 12 月 2 日,李剑、朱理、宋淑华),北京市高级人民法院(2014)高行终字第1934号行政判决书(2014年12月19日,李燕蓉、潘伟、孔庆兵),北京市第一中级人民法院(2013)一中知行初字第2541号行政判决书(2014年4月18日,张晰昕、杨振中)。

案件来源:最高人民法院知识产权案件年度报告(2015)。

82 使用商标的行为明确违反商标法或其他法律禁止性规定的可认定不构成商标的使用

【裁判要旨】

只要在商业活动中公开、真实地使用了注册商标,且注册商标的使用行为本身没有违反商标法律规定,则注册商标权利人已经尽到法律规定的使用义务;有关注册商标使用的其他经营活动中是否违反进口、销售等方面的法律规定,并非2001年《商标法》第44条第4项所要规范和调整的问题。①

商标使用行为明确违反商标法或者其他法律的禁止性规定的,可以认定不构成商标使用。——《商标授权确权行政案件审理指南》第19.5条。

【关键词】

连续三年不使用注册商标｜合法使用｜管理性规定｜禁止性规则

【基本案情】

第三人李道之系第1372099号“卡斯特”商标注册人,核定使用商品为第33类的果酒(含酒精)等。2005年7月,原告卡斯特公司以连续三年停止使用为由,

① 收录于最高人民法院知识产权案件年度报告(2008)中的最高人民法院(2007)行监字第184-1号云南滇虹药业集团股份有限公司诉汕头市康王精细化工实业有限公司、商标评审委员会商标驳回再审申请通知中明确,2001年《商标法》第44条第4项规定的“使用”,应该是在商业活动中对商标进行公开、真实、合法的使用,并指出判断商标使用行为合法与否的法律依据,不限于商标法及其配套法规。经营者在违反法律法规强制性、禁止性规定的经营活动中使用商标的行为,不能认定为商标法规定的使用行为;《商标法》第44条规定的责令限期改正的处理办法,不适用于第4项规定的连续三年停止使用行为,他人向商标局申请撤销该注册商标后,如果注册人没有使用的证据材料或者证据材料无效,并且没有不使用的正当理由的,应该撤销其注册商标。但该年度报告亦指出该案不再具有典型意义,而应以本案的裁判规则为准。

申请撤销该商标。商标局决定:撤销诉争商标。李道之不服,申请复审并提交了商标使用许可合同和被许可人上海班提酒业有限公司销售卡斯特干红葡萄酒的增值税发票2张等使用证据。商标评审委员会决定:维持诉争商标的注册。

卡斯特公司不服,提起诉讼。北京市第一中级人民法院和北京市高级人民法院先后维持了商标评审委员会的决定。卡斯特公司不服,申请再审,认为诉争商标仅有形式使用、象征性使用,而且违反了葡萄酒商品进口、销售等方面的法律法规,属于违法使用,应予撤销。最高人民法院裁定:驳回其再审申请。

【裁判理由】

最高人民法院认为:

注册商标长期搁置不用,该商标不仅不会发挥商标的功能和作用,而且还会妨碍他人注册、使用,从而影响商标制度的良好运转。因此,2001年《商标法》第44条第4项规定,注册商标连续三年停止使用的,由商标局责令限期改正或者撤销其注册商标。应当注意的是,该条款的立法目的在于激活商标资源,清理闲置商标,撤销只是手段,而不是目的。因此只要在商业活动中公开、真实地使用了注册商标,且注册商标的使用行为本身没有违反商标法律规定,则注册商标权利人已经尽到法律规定的使用义务,不宜认定注册商标违反该项规定。

本案中,李道之在评审程序中提交了其许可班提公司使用诉争商标的合同和班提公司销售卡斯特干红葡萄酒的增值税发票,在申请再审审查期间又补充提交了30余张销售发票和进口卡斯特干红葡萄酒的相关材料。综合上述证据,可以证明班提公司在商业活动中对诉争商标进行公开、真实地使用,诉争商标不属于2001年《商标法》第44条第4项规定连续三年停止使用、应由商标局责令限期改正或者撤销的情形。

至于班提公司在使用诉争商标有关的其他经营活动中是否违反进口、销售等方面的法律规定,并非2001年《商标法》第44条第4项所要规范和调整的问题。卡斯特公司的相关申请再审理由缺乏法律依据。

【案件信息】

法国卡斯特兄弟股份有限公司诉商标评审委员会、李道之商标撤销复审案,最高人民法院(2010)知行字第55号行政裁定书(2011年12月17日,夏君丽、殷少平、周云川),北京市高级人民法院(2008)高行终字第509号行政判决书(2008年11月14日,郭宜、张学磊、朱海宏),北京市第一中级人民法院(2008)一中行初字第40号行政判决书。

案件来源:最高人民法院知识产权案件年度报告(2011)。

83 带有诉争商标的商品在中国大陆境内定牌加工后直接出口的不构成连续三年未使用

【裁判要旨】

使用诉争商标的商品未在中国境内流通且直接出口的，诉争商标注册人主张维持注册的，可以予以支持。——《商标授权确权行政案件审理指南》第19.16条

【关键词】

连续三年不使用注册商标｜定牌加工｜出口｜贴附

【基本案情】

诉争商标系第三人优赛普罗公司于2005年3月14日提出注册申请的第4538400号"USAPRO"商标，核准注册日为2008年11月21日，核定使用商品为服装、运动服、游泳衣、运动鞋等。2012年5月8日，门富士公司针对诉争商标提出连续三年停止使用撤销申请。商标局决定：诉争商标继续有效。门富士公司不服，申请复审。优赛普罗公司提交了委托上海台宏公司加工并接受海外公司订购带有诉争商标标识的服装类商品的相关证据。商标评审委员会决定：诉争商标予以维持。门富士公司不服，提起诉讼。北京知识产权法院、北京市高级人民法院、最高人民法院均驳回了其诉讼请求或者上诉、再审申请。

【裁判理由】

最高人民法院认为：

商标是识别商品或者服务来源的标识，虽然《商标法实施条例》和《商标法》均未明确指出使用的主体，但该主体应当是指该商品或者服务来源的指向对象。在市场交易活动中，使用商标主要可以分为两类主体的使用：一类是商标权人或者商标被许可人以及其他经商标权人授权使用的主体；另一类是未经商标权人许可擅自使用的主体。本案中，主要涉及商标权人是否对诉争商标进行了商标法意义上的使用，既需要考察商标权人或商标许可使用人是否对诉争商标进行了商标法意义上的使用，也需要区分根据商标权人的委托代办相关事宜的使用行为，即是否指向商品或者服务来源的使用。

根据原审法院查明的事实，上海台宏公司是优赛普罗公司的授权生产商，其受优赛普罗公司的委托在中国境内生产带有诉争商标的商品，上海台宏公司是优赛普罗公司具体生产行为的代理人，其在授权委托权限内，是以优赛普罗公司名义在相关商品上标注诉争商标并出口。事实上，对上海台宏公司而言，其在国内以贴付等方式使相关商标标识附着于相关产品的行为仅为物理行为，其出口行为亦系为优赛普罗公司将相关商品销售至中国境外而为之；而对优赛普罗公司而言，其系通过上海台宏公司的物理加工行为进行生产行为和销售行为；对相关公众而言，此批产品的具体生产者和报关者为上海台宏公司，但商品的来源是优赛普罗公司，即商标权利人仍然是优赛普罗公司，优赛普罗公司享受该商标权带来的收益并承担相应的责任。因此，上海台宏公司仅是具体的生产者和报关行为的办理者，商标法意义上的商标使用主体是优赛普罗公司。

本案中，根据当事人在诉讼过程中提供的证据，优赛普罗公司与其关联企业、母公司以及母公司授权采购商、授权制造商等的公证证明文件、授权制造商上海台宏进出口有限公司出具的声明及其于2009年5月8日至2012年5月7日使用诉争商标的订货单、海关出口报关单、装箱单、提货单、原产地证明等证明文件，原审法院认为以上证据虽部分为原件，部分为复印件，但证据之间可以相互印证形成完整的证据链，足以证明受委托方上海台宏进出口有限公司生产带有“USA-PRO”商标的商品并报关并无不当。如前所述，上海台宏公司不是该商标商标法意义上的使用主体，商标法意义上的使用主体系商标权人优赛普罗公司，因此前述证据可以证明商标权人优赛普罗公司在被诉期间真实、有效地在核定使用商品上使用了诉争商标，不属于2001年《商标法》第44条中“连续三年停止使用的”这一情形。

【案件信息】

门富士有限公司诉商标评审委员会、优赛普罗知识产权有限公司商标撤销复审案，最高人民法院(2018)最高法行申8135号行政裁定书(2018年12月22日，王艳芳、杜微科、毛立华)，北京市高级人民法院(2017)京行终5567号行政判决书(2018年2月22日，刘晓军、樊雪、陈曦)，北京知识产权法院(2015)京知行初字第5311号行政判决书(2017年8月25日，刘义军)。

案件来源：中国裁判文书网。

84 商标申请注册时核定商品含义不确定，商标注册后一直在固定商品上使用的应维持

【裁判要旨】

对于注册商标的核定使用商品含义，应当根据核准当时的《类似商品和服务区分表》确定，当时的含义不明确，商标注册人自己在其认知范围内使用的行为，可以例外的认定为属于在核定使用商品上使用自己注册商标的行为，不能用事后予以明确的含义来约束当时的行为人。

【关键词】

连续三年不使用注册商标｜商品的概念｜《类似商品和服务区分表》｜申请注册时

【基本案情】

第三人妙士公司于1999年1月14日申请注册了诉争的第1415139号“妙妙”商标，核定使用商品为第32类的乳酸饮料（果制品、非奶）等。

原告蒙牛公司提出连续三年不使用撤销申请称，妙士公司实际生产的是以“牛奶”为主要原料的“乳酸菌饮料”，而不是第32类的“乳酸饮料（果制品、非奶）”，二者既不相同又不类似，其实际使用的商品应属于第29类含奶饮料商品。妙士公司在诉争商标注册时对商品类别选择错误，应由其承担撤销商标的后果。蒙牛公司提交了国家工商行政管理总局（现为国家市场监督管理总局）商标局于2015年7月16日作出的商标监字〔2015〕186号《关于界定3202群组的乳酸饮料有关含义的批复》中明确：“乳酸饮料（果制品、非奶）”商品是由乳酸和果汁（或果肉等果制品）构成的饮料，不是奶制品或奶饮料，一般不含有奶成分。据此证明，妙士公司生产的产品是以牛奶为主要原料的牛奶饮料，不含有果制品，并不属于对其核定使用商品的使用。“乳酸饮料（果制品、非奶）”与“乳酸菌饮料”采用不同的国家标准，在营养价值、生产工艺和口感均不同。商标权，应以核准注册的商标和核定使用的商品为限，即使“乳酸菌饮料”与“乳酸饮料”为类似商品，在前者商品上进行使用，也不能视为在后者商品上进行了使用。只有在核定使用商品上的使用，才是对注册商标的使用。商标评审委员会决定：维持诉争商标的注册。

蒙牛公司不服，提起诉讼。北京知识产权法院、北京市高级人民法院和最高人民法院均驳回了蒙牛公司的诉讼请求、上诉及再审申请。

【裁判理由】

最高人民法院认为：

在妙士公司于1999年1月14日申请注册诉争商标时，我国的《类似商品和服务区分表》（1998年版）中3202群组仅有“乳酸饮料（果制品、非奶）”商品，而无“乳酸菌饮料”商品。蒙牛公司提交的商标局商标监字〔2015〕186号《关于界定3202群组的乳酸饮料有关含义的批复》系2015年7月16日作出，不能要求相关公众及商标行政管理部门在1999年1月14日的诉争商标申请之时，已对“乳酸饮料（果制品、非奶）”具有6年之后商标局作出批复时的认知。鉴于在指定期间内，商标局并未对第32类商品中“乳酸饮料（果制品、非奶）”的含义作出明确界定，蒙牛公司亦未提交证据证明相关公众和商标行政管理部门在上述期间对“乳酸饮料（果制品、非奶）”和“乳酸菌饮料”有明确的区分。在商标行政管理部门对《类似商品和服务区分表》中商品没有作出明确解释和界定的情况下，不能要求商标注册申请人具有过高的判断标准。因此，妙士公司提交的其在“乳酸菌饮料”上使用诉争商标的证据，可以证明妙士公司在指定期间对诉争商标进行了公开、真实、合法地使用。

【案件信息】

内蒙古蒙牛乳业（集团）有限公司诉商标评审委员会、保定妙士乳业有限公司商标撤销复审案，最高人民法院（2017）最高法行申5031号行政裁定书（2017年8月31日，秦元明、李嵘、马秀荣），北京市高级人民法院（2017）京行终1396号行政判决书（2017年5月23日，谢甄珂、袁相军、王晓颖），北京知识产权法院（2016）京73行初3143号行政判决书（2016年11月20日，杨洁）。

案件来源：中国裁判文书网。

85 在他人商品上使用自己的注册商标不能区分真实来源的不构成维持商标有效的使用

【裁判要旨】

在标注他人商标的商品上同时贴附诉争商标，若相关公众不易识别

该商品来自诉争商标注册人的，可以认定不构成商标使用——《商标授权确权行政案件审理指南》第19.11条

【关键词】

连续三年不使用注册商标｜他人的商品｜来源识别

【基本案情】

诉争的第5662026号“奔富”商标由李道之于2006年10月16日申请，2009年7月28日获准注册，核定使用商品为第33类的葡萄酒、酒（饮料）、果酒（含酒精）、白兰地等，2010年11月20日转让给本案第三人李琛。

原告南社布兰兹公司于2012年9月3日针对诉争商标提出连续三年停止使用撤销申请。商标局决定：撤销诉争商标。李琛不服，申请复审，并提交了其授权给泽丰公司使用诉争商标的许可使用合同，泽丰公司向夏图公司销售“奔富酒”的发票，泽丰公司委托叙府酒业公司定牌生产“奔富酒”的实物照片等。商标评审委员会决定：诉争商标予以维持。

南社布兰兹公司不服，提起诉讼。北京知识产权法院判决：撤销商标评审委员会的决定并判令其重做。李琛不服，提起上诉并提交了班提公司销售“奔富酒”的发票等证据。南社布兰兹公司提交证据证明，班提公司是其“奔富托马斯海蓝”等品牌葡萄酒的代理商。北京市高级人民法院判决：驳回上诉，维持原判。李琛仍不服，申请再审。最高人民法院裁定：驳回其再审申请。

【裁判理由】

最高人民法院认为：

本案中，李琛提交的证据不足以证明诉争商标在指定期间内进行了商标使用，具体理由如下：

首先，关于李琛提交的6张发票。所述发票均由案外人班提公司开具，开具时间在2009年9月至2010年8月。在此期间，班提公司系南社布兰兹公司的代理商，所述发票涉及的“奔富”“奔富系列”葡萄酒对应的均是南社布兰兹公司的商品。而且，在上述期间内，诉争商标的商标权人为李道之尚未转让给李琛。因此，6张发票所涉相关商品指向的是南社布兰兹公司的商品，与原商标权人李道之和李琛均没有直接关联，不能证明李琛对诉争商标进行了商标使用。

其次，关于泽丰公司向夏图公司开具的5万元销售发票以及相关商标使用许可合同。李琛虽否认其曾与泽丰公司签订《商标使用许可合同》，但亦认为其与泽

丰公司之间存在许可关系,且夏图公司也与李琛存在商标使用许可合同关系。因此,夏图公司、泽丰公司均与本李琛存在利害关系。在缺乏其他证据佐证,且李琛自认《商标使用许可合同》系代理机构为了证明许可关系而做的证据、合同上的签字亦非李琛的字迹的情况下,二审法院认定李琛对诉争商标未进行商标使用,并无不当。

【案件信息】

南社布兰兹有限公司诉商标评审委员会、李琛商标撤销复审案,最高人民法院(2017)最高法行申7166号行政裁定书(2017年12月26日,王艳芳、杜微科、佟姝),北京市高级人民法院(2016)京行终2263号行政判决书(2016年12月15日,莎日娜、周波、樊雪),北京知识产权法院(2015)京知行初字第2575号行政判决书(2015年12月25日,李燕蓉、张鹏)。

案件来源:中国裁判文书网。

86 诉争商标核定使用在替他人推销服务上,实际使用在零售服务上,并非维持有效的使用

【裁判要旨】

诉争商标注册人为商场、超市等,其能够证明通过提供场地等形式与销售商等进行商业合作,足以认定其为推销商品提供建议、策划、宣传、咨询等服务,可以认定诉争商标在"替他人推销"服务上进行了商标使用。——《商标授权确权行政案件审理指南》第19.14条

【关键词】

连续三年不使用注册商标 | 替他人推销 | 零售

【基本案情】

诉争商标系第5544635号"万色WANSE"商标,该商标由原告张利剑于2006年8月16日申请注册,2009年10月7日获准注册,核定使用服务为第35类的推销(替他人)等。

第三人才华煜针对诉争商标提出连续三年停止使用的撤销申请。商标局决定:诉争商标继续有效。才华煜不服,申请复审。商标评审委员会决定:诉争商标

予以撤销。

张利剑不服，提起诉讼，主张其为化妆品代理销售商在店铺名称和销售商品时使用了“万色”商标。北京知识产权法院、北京市高级人民法院和最高人民法院均驳回其诉讼请求、上诉或再审申请。

【裁判理由】

最高人民法院认为：

《商标注册用商品和服务国际分类》第35类服务的主要目的在于“对商业企业的经营或管理进行帮助”，或者“对工商企业的业务活动或者商业职能的管理进行帮助”，“尤其不包括：其主要职能是销售商品的企业，即商业企业的活动”。因此，《商标注册用商品和服务国际分类》第35类的服务项目不包括“商品的批发、零售”，商场、超市的服务不属于该类的内容。

张利剑提交的证据均系证明其在自行销售中使用相关商标的事实，而非为他人商业活动提供帮助或服务，二审法院认定其使用行为不属于在注册商标核定使用的服务上的使用，并无不当。

【案件信息】

张利剑诉商标评审委员会、才华煜商标撤销复审案，最高人民法院（2017）最高法行申81号行政裁定书（2017年3月25日，秦元明、马秀荣、李嵘），北京市高级人民法院（2016）京行终117号行政判决书（2016年6月30日，岑宏宇、马军、刘庆辉），北京知识产权法院（2015）京知行初字第3758号行政判决书（2015年10月20日，何暄）。

案件来源：中国裁判文书网。

87　连续三年不使用撤销程序中诉争商标是否恶意抢注不是对使用证据从严审查的依据

【裁判要旨】

商标法的各条款承载着不同的功能，2001年《商标法》第44条第4项规定的设置是为了督促商标发挥其应有的效用，避免浪费资源，而不是为了遏制恶意抢注。因此，该条款的适用并不以诉争商标是否有恶意注册情形为前提，对于证据的审查应当一视同仁，撤销请求人如果不认可使用证据的效力，应当提交反证加以反驳，不能以诉争商标是恶意注册为由减轻撤销请求人的举证责任。

【关键词】

连续三年不使用｜恶意抢注｜举证责任｜从严审查

【基本案情】

诉争商标为第1904664号“EXTRA”商标，申请日为2001年7月6日，核准注册日为2012年9月14日，核定使用商品为第3类的牙膏、非医用漱口剂等，商标注册人为第三人黄王。

原告箭牌公司以诉争商标连续三年不使用为由提出撤销注册申请。商标局决定：驳回箭牌公司的撤销申请，诉争商标不予撤销。箭牌公司不服，申请复审。商标评审委员会决定，诉争商标在牙膏、非医用漱口剂、口香水商品上予以维持，在其余商品上予以撤销。

箭牌公司仍不服，提起诉讼。北京知识产权法院判决：撤销商标评审委员会的决定并判令其重作。商标评审委员会和黄王均不服，提起上诉。北京市高级人民法院判决：撤销一审判决，驳回箭牌公司的诉讼请求。箭牌公司不服，申请再审。最高人民法院裁定：驳回其再审申请。

【裁判理由】

最高人民法院认为：

黄王提交的由广州市伊亮日用品有限公司与成都市圣世化妆品有限公司签订的《经销合同》以及发票为原件，且处于诉争商标授权许可使用期限和指定期间内，均涉及牙膏类产品，并有“Extra”标注。虽然黄王提交的发票累计金额未达到《经销合同》约定的年度回款额200万元，但不能因此认定该发票不真实。上述证据与商标授权书和商标许可使用备案通知等证据相结合，能够形成完整的证据链证明诉争商标在指定期间内在“牙膏”商品上进行了真实的商业使用。黄王在二审期间还提交了其他发票、经销合同和整版广告宣传，亦能够证明其在指定期间内在牙膏商品上对诉争商标进行了符合2001年《商标法》第44条第4项规定的使用行为。诉争商标核定使用的其他商品即“非医用漱口水、口香水”与“牙膏”商品在功能用途、消费渠道、消费对象等方面存在较强的关联性，属于类似商品，故二审判决对诉争商标在上述商品上的注册予以维持，符合2013年《商标法》第56条的规定，与北京市高级人民法院（2016）京行终2844号判决的有关评述亦无矛盾之处。

商标法的各条款承载着不同的功能，2001 年《商标法》第 44 条第 4 项的设置系为督促商标发挥其应有的效用，该条款的适用并不以诉争商标的申请注册是否有恶意为前提。箭牌公司相应的再审申请理由不能成立。

【案件信息】

箭牌糖类有限公司诉商标评审委员会、黄王商标撤销复审案，最高人民法院（2018）最高法行申 5746 号行政裁定书（2018 年 9 月 29 日，夏君丽、郎贵梅、马秀荣），北京市高级人民法院（2017）京行终 4045 号行政判决书（2017 年 11 月 24 日，岑宏宇、戴怡婷、马军），北京知识产权法院（2016）京 73 行初 2357 号行政判决书（2017 年 6 月 26 日，芮松艳）。

案件来源：中国裁判文书网。

88 诉争商标因连续三年不使用被撤销的针对该商标的无效宣告案件仍有必要继续审理①

【裁判要旨】

商标撤销程序与无效宣告程序在性质、法律后果方面均不相同。前者是对诉争商标在指定期间内是否进行过真实有效的商业使用进行审查，其被撤销所导致法律后果是该商标权自撤销公告之日起终止；后者是就诉争商标是否违反商标注册的合法性问题进行审查，其被宣告无效所导致的法律后果是该商标权视为自始即不存在。虽然诉争商标因连续三年不使用被撤销，但在其核准注册公告之日至撤销公告之日这段时间，其商标权仍存在的，故无效宣告案件仍有必要继续审理。

商标权无效宣告请求行政案件中，诉争商标已经被撤销注册的，不属于《最高人民法院关于适用〈中华人民共和国行政诉讼法〉的解释》第 88 条规定“终结诉讼”的情形。——《商标授权确权行政案件审理指南》第 6.10 条

① 相同裁判观点的案件另见北京市高级人民法院（2017）京行终 4481 号福建吉马集团有限公司诉商标评审委员会、法国国家原产地名称局商标无效宣告案二审行政判决。该判决认为：“本案中，虽然诉争商标已被撤销注册并予公告，但因注册商标无效宣告和撤销的法律后果不同并有可能对当事人和案外人的利益产生影响，因此，作为无效宣告请求行政案件仍有继续审理之必要。”

【关键词】

撤销｜无效｜权利终止｜自始无效｜诉讼终结

【基本案情】

诉争商标为第8416566号“Melepina5及图”商标，其申请日为2010年6月23日，核准注册日为2011年9月21日，核定使用商品为第30类的玉米片、玉米浆、玉米粉、番茄酱、食用淀粉、面粉制品等，商标注册人为嘉通公司。

箭牌公司提出无效宣告申请。商标评审委员会认为，诉争商标与箭牌公司核定使用在薄荷糖等商品上的3件“5及图”商标不构成类似商品上的近似商标。箭牌公司不能证明“5及图”商标作为作品的著作权权利归属，难以认定其享有该图形的在先著作权。因此裁定：诉争商标予以维持。

箭牌公司不服，提起诉讼。北京知识产权法院判决：驳回箭牌公司的诉讼请求。

【裁判理由】

法院认为：

商标撤销程序与无效宣告程序在性质、法律后果方面均不相同。前者是对诉争商标在指定期间内是否进行过真实有效的商业使用进行审查，其被撤销所导致法律后果是该商标权自撤销公告之日起终止；后者是就诉争商标是否违反商标注册的合法性问题进行审查，其被宣告无效所导致的法律后果是该商标权视为自始即不存在。虽然诉争商标因连续三年不使用被撤销，但在其核准注册公告之日至撤销公告之日这段时间，其商标权仍存在的，故无效宣告案件仍有必要继续审理。

诉争商标与3件引证商标河使用商品不构成类似商品，不属于2001年《商标法》第28条规定的情形。箭牌公司并未提交充分证据证明其对“5及图”图形享有在先著作权。

【案件信息】

箭牌糖类有限公司与诉商标评审委员会、嘉通国际有限公司商标无效宣告案，北京知识产权法院(2015)京知行初字第2902号行政判决书(2018年2月28日，冯刚)。

案件来源：中国裁判文书网。

第四章　侵害商标权

第一节　商标权范围

89 颜色组合商标保护范围除依商标注册证外还应结合商标注册信息、商标档案等确定

【裁判要旨】

当事人主张保护的商标是作为颜色组合商标申请并限定具体使用方式，商标注册人能够提供证据证明其取得该颜色组合商标专用权是因为其申请时限定了具体使用方式，而且商标注册人的权利范围与公众的认知不会产生冲突的，在此情况下不能仅仅依据商标注册证上标注的商标图样机械的确定颜色组合商标的权利范围。

【关键词】

颜色组合商标｜保护范围｜商标申请文件｜商标注册证

【基本案情】

2009 年 3 月 21 日，迪尔公司经核准注册了第 4496717 号绿黄颜色组合商标，核定使用商品为农业机械、收割机等。迪尔公司在商标注册申请文件中声明，该商标颜色特征的使用方式是“绿色用于车身，黄色用于车轮”。该商标申请后，商

标局曾经以其缺乏显著特征为由驳回了商标注册申请。在迪尔公司向商标评审委员会提交其实际在农业机械、收割机等商品上使用商标的大量证据之后,商标评审委员会决定对该商标予以核准。

自2011年以来,九方泰禾青岛公司在生产被诉侵权商品后,在多个全国性展会上进行销售,并在网站上进行宣传推广。九方泰禾北京公司是上述网站的实际经营者。九方泰禾青岛公司在其生产、销售的收割机商品上使用与迪尔公司前述注册商标基本相同的“绿色车身、黄色车轮”标志。

迪尔公司提起诉讼,请求判令:九方泰禾青岛公司和九方泰禾北京公司停止侵权、并赔偿损失及合理开支50万元。

北京市第二中级人民法院判决:九方泰禾青岛公司和九方泰禾北京公司停止涉案侵害迪尔公司第4496717号颜色组合商标商标权的行为,赔偿迪尔公司损失40万元及相应合理开支。九方泰禾青岛公司和九方泰禾北京公司不服,提起上诉。北京市高级人民法院判决:驳回上诉,维持原判。

【裁判理由】

法院认为:

商标注册申请的审查,是对该商标注册申请是否侵害公共利益、公共秩序和他人在先权益的审查,在符合《商标法》规定的注册条件的情况下,商标的注册就是对商标申请人就其商标标志在指定使用商品上提出的权利主张的确认。因此,商标注册审查机关对商标申请的审查,以商标申请文件为准,不能超出商标申请人申请的范围准许其诉争商标注册。结合第4496717号商标申请时的声明,可以确定该商标是作为颜色组合商标获得的注册,并且其专用权范围限于“绿色用于车身,黄色用于车轮”。

虽然第4496717号商标注册证上载明的商标标志是上绿下黄的两个色块组成的长方形,公众仅从该商标注册证上无法确定迪尔公司对该商标所拥有的权利范围仅限于“绿色用于车身、黄色用于车轮”的颜色组合使用方式,但是这对公众并无不利。因为对于包括颜色组合商标在内的非传统商标而言,其使用方式比较特殊,可能覆盖了整个商品或者商品包装,但迪尔公司这种使用仅限于“绿色用于车身,黄色用于车轮”,与其长期在农业机械商品上使用形象相符,公众在农业机械商品上看到“绿色车身,黄色车轮”形象就能将其与迪尔公司联系在一起,也正因为迪尔公司向商标评审委员会提供了大量的上述使用证据,商标评审委员会才准予第4496717号商标初步审定,并最终获准注册。所以这种限定性的使用方式和权利范围与公众的认知并不产生冲突。

九方泰禾青岛公司在被诉侵权商品上同样使用“绿色车身，黄色车轮”也就会被相关公众误认为同样是商标的使用，甚至是对第4496717号商标的使用，会导致相关公众误认为被诉侵权商品的提供者与迪尔公司有经营上、组织上或者法律上的特定联系，从而导致混淆误认。

【案件信息】

迪尔公司诉九方泰禾国际重工（青岛）股份有限公司、九方泰禾国际重工（北京）有限公司侵害商标权及不正当竞争案，北京市高级人民法院（2014）高民终字第382号民事判决书（2014年4月2日，谢甄珂、钟鸣、刘辉），北京市第二中级人民法院（2013）二中民初字第10668号民事判决书（2013年11月20日，何暄、李丹、崔宁）。

案件来源：2014年中国法院50件典型知识产权案例，《知识产权审判指导》2014年第2辑（总第24辑）。

90 注册商标错误注销后又恢复的视为一直存续，非善意第三人未经许可使用构成侵权

【裁判要旨】

被错误注销后重新恢复的注册商标应视为一直存续，他人未经许可使用该商标的构成侵权，但因相信该商标被注销而进行使用的善意第三人除外。

【关键词】

侵害商标权｜注销｜错误｜存续｜善意第三人

【基本案情】

原告海洋公司受让取得第140236号“海洋”牌商标权。2000年3月2日，海洋公司与被告青岛鑫源公司签订《商标实施许可合同》约定，海洋公司许可青岛鑫源公司自2000年3月2日至2003年2月28日在其生产的电焊条产品包装上使用上述商标，许可使用费每年5万元；青岛鑫源公司有权在青岛、烟台（被告烟台鑫源公司）两厂生产的电焊条、包装物、产品说明和质量合格证等相关资料上使用“海洋”牌商标及标识。后又于2001年3月1日，签订许可合同将商标许可期限

延长至2004年3月13日，许可费用亦有调整。

一审中，青岛鑫源公司还提交了1份《〈商标实施许可合同〉补充协议》（以下简称补充协议），该补充协议载明的主要内容包括：经双方协商，对2000年3月2日的《商标许可合同》及补充协议做如下补充：(1)该合同的“海洋”牌商标许可使用期限延长到2008年3月1日；(2)自2004年2月29日开始，使用费变更为每年3万元，青岛鑫源公司于每年3月1日支付海洋公司；(3)2000年3月2日，双方签订的合同与本协议相抵触的条款以本协议为准。本协议自2004年2月29日起生效。补充协议盖有海洋公司和青岛鑫源公司的公章。

青岛鑫源公司、烟台鑫源公司承认其2004年3月13日至今仍在其生产的电焊条包装材料上继续使用“海洋”商标及标识。

海洋公司提起诉讼，请求判令青岛鑫源公司、烟台鑫源公司停止侵权行为，赔偿损失50万元。

山东省青岛市中级人民法院判决：驳回海洋公司的诉讼请求。海洋公司不服，提起上诉。山东省高级人民法院判决驳回上诉，维持原判。海洋公司仍不服，向检察机关申诉。最高人民检察院提起抗诉，最高人民法院指令山东省高级人民法院再审。

山东省高级人民法院再审查明：2003年10月16日，海洋公司申请注销第140236号注册商标，经商标局核准于2004年3月28日被公告注销。2008年6月20日北京市第二中级人民法院判决认定注销第140236号注册商标的行为未经过海洋公司股东会同意，不是海洋公司真实意思表示，系无效民事法律行为，确认海洋公司为第140236号注册商标的商标专用权人。2008年8月26日商标局做出商标变字〔2008〕第166号关于撤销核准第140236号、第1729583号“OCEAN”注册商标注销决定的通知，撤销了核准第140236号、第1729583号“OCEAN”注册商标注销决定。据此判决：维持山东省高级人民法院作出的原二审判决。海洋公司仍不服，申请再审。最高人民法院提审后判决：撤销一审、二审和再审判决，青岛鑫源公司、烟台鑫源公司停止侵权行为并赔偿损失25万元。

【裁判理由】

最高人民法院认为：

补充协议存在明显瑕疵，海洋公司对事实过程的陈述比较符合常理，且因双方之前存在的多项许可、诉讼等情况使青岛鑫源公司有取得海洋公司公章的可能性。在海洋公司提出质疑的情况下，青岛鑫源公司未能进行合理解释，应承担未能充分证明该补充协议真实性的不利后果。海洋公司认可双方商标许可合同最后期限至2004年3月13日,故青岛鑫源公司、烟台鑫源公司在该日期之后的使用系没有得到海洋公司许可的侵权行为。

海洋公司第140236号注册商标曾于2003年10月16日被申请注销,至2008年8月26日撤销该核准注销决定,其商标权应视为一直存续。当然,对于因相信该商标被注销而进行使用的善意第三人,可以不认定为构成对该商标权的侵害。但必须指出的是,本案中的青岛鑫源公司、烟台鑫源公司并非这样的善意第三人。两公司在本案一审、二审时的委托代理人陈刚是申请注销商标的具体经办人,但其在本案一审、二审中从未提及该商标已被注销的事实,也未以该商标被注销为由进行抗辩,且在一审中明确承认海洋公司享有商标权。青岛鑫源公司、烟台鑫源公司对海洋牌商标的使用均是在明知海洋公司系商标权人的基础上进行的,且其2004年3月13日之后的使用未获得海洋公司的许可,故其行为构成对海洋公司商标权的侵害。

【案件信息】

青岛海洋焊接材料有限公司诉青岛鑫源焊接材料有限公司、烟台市鑫源焊条有限公司侵害商标权案,最高人民法院(2012)民提字第9号民事判决书(2012年12月20日,夏君丽、殷少平、董晓敏),山东省高级人民法院(2008)鲁民再字第5号民事判决书、(2005)鲁民三终字第54号民事判决书,山东省青岛市中级人民法院(2005)青民三初字第405号民事判决书。

案件来源:最高人民法院知识产权案件年度报告(2012)。

91 商标权共有人单独以普通许可方式许可他人使用其商标的,如无正当理由不得阻止

【裁判要旨】

商标权作为一种私权,在商标权共有的情况下,其权利行使的规则应遵循意思自治原则,由共有人协商一致行使;不能协商一致,又无正当理由的,任何一方共有人不得阻止其他共有人以普通许可的方式许可他人使用该商标。

要求商标共有人全部同意才可以实施普通许可,会增加商标使用许

可的成本，难以体现注册商标的价值，有悖于商标法的立法本意，也难以保障共有人的共同利益。

商标权共有人单独以普通许可的方式许可他人使用其商标，一般不会影响其他共有人的利益，即使普通许可可能导致商标信誉降低，也是商标权共有制度自身的风险所致，商标权共有人对权利行使没有作出特别约定的，共有人应当对该风险有所预期，因此对于普通许可原则上应当允许；商标共有人单独以排他许可或者独占许可的方式许可他人使用其商标，对其他共有人利益影响较大，原则上应予禁止。

【关键词】

侵害商标权｜共有｜许可｜利益影响

【基本案情】

张绍恒与朱占峰共同成立沧州科丰农机有限公司，公司注册了“田霸”商标，后双方产生矛盾无法经营，朱绍峰又单独成立了沧州田霸农机有限公司，并将“田霸”商标转让给后者。后张绍恒与朱占峰在河北省河间市人民法院达成调解书约定：“科丰公司注销，田霸商标归双方共有；朱占峰将科丰公司的经营收益和田霸公司至调解书签订日的经营收益中的1800万元自愿支付给张绍恒；田霸公司归朱占峰所有，张绍恒不再持有任何股份；张绍恒不在意任何方式追究朱占峰的任何责任或者以任何方式向其提出任何主张。”

经沧州市中级人民法院一审、河北省高级人民法院二审、最高人民法院再审确认，科丰公司向田霸公司转让“田霸”商标的行为无效，该商标归张绍恒和朱占峰共有。张绍恒据此在本案中提出，田霸公司使用“田霸”商标构成侵权，朱占峰未经张绍恒同意擅自转让“田霸”商标给田霸公司使用也构成侵权，请求：田霸公司停止使用“田霸”商标；田霸公司和朱占峰赔偿其损失300万元。张绍恒任法定代表人的河北圣牛农业机械有限公司也使用了“田霸”商标。

沧州市中级人民法院判决：驳回张绍恒的诉讼请求。张绍恒不服，提起上诉。河北省高级人民法院判决：驳回上诉，维持原判。张绍恒仍不服，申请再审。最高人民法院裁定：驳回其再审申请。

【裁判理由】

最高人民法院认为：

商标权作为一种私权，在商标权共有的情况下，其权利行使的规则应遵循意思自治原则,由共有人协商一致行使;不能协商一致,又无正当理由的,任何一方共有人不得阻止其他共有人以普通许可的方式许可他人使用该商标。理由在于:首先,商标只有用于生产经营活动中,与商品或者服务结合起来,才能起到区分商品或者服务来源的作用,体现商标的真正价值。如果因为商标权共有人难以协商一致导致注册商标无法使用,不仅难以体现出注册商标的价值,有悖于商标法的立法本意,也难以保障共有人的共同利益。其次,商标权共有人单独以普通许可方式许可他人使用该商标,一般不会影响其他共有人利益,其他共有人可以自己使用或者以普通许可方式许可他人使用该商标,该种许可方式原则上应当允许。商标权共有人如果单独以排他许可或者独占许可的方式许可他人使用该商标,则对其他共有人的利益影响较大,原则上应禁止。再次,根据《商标法》的规定,许可人应当监督被许可人使用其注册商标的商品质量,被许可人应当保证使用该注册商标的商品质量。因此,从保证商品质量和商标商誉的角度,商标权共有人单独进行普通许可,对其他共有人的利益一般也不会产生重大影响。退一步而言,即便商标权共有人单独进行普通许可造成了该商标商誉的降低,损害到了其他共有人的利益,这也是商标权共有制度自身带来的风险。在商标权共有人对权利行使规则没有作出约定的情况下,共有人应对该风险有所预期。最后,要求商标权共有人全部同意才可进行普通许可,无疑会增加商标许可使用的成本,甚至导致一些有价值的商标因共有人不能达成一致而无法使用。综上所述,商标权共有人在没有对权利行使规则作出约定的情况下,一般可以单独以普通许可的方式许可他人使用该商标。

本案"田霸"商标共有人朱占峰有权单独以普通许可方式许可田霸公司使用该商标,田霸公司使用该商标的行为不构成侵权,理由在于:首先,田霸公司与商标权共有人张绍恒和朱占峰之间均有密切的联系,在双方达成的调解协议中,明确将朱占峰设立的田霸公司至调解协议之前的经营收益纳入调解范围分配给张绍恒,并约定田霸公司归朱占峰所有,张绍恒不再持有任何股份,田霸公司之后的所有经营收益,均归朱占峰。可以认为,张绍恒在签订调解协议时,应当预期到在科丰公司解散的情况下,田霸公司在以后的经营活动中可能会继续使用"田霸"商标,但在调解协议中却并未作出禁止的约定。其次,本案现有证据仅显示朱占峰许可田霸公司使用"田霸"商标,并不存在朱占峰随意滥发许可的情况,也没有证据证明田霸公司的使用行为造成了该商标商誉的降低,从而损害到张绍恒的利益。最后,根据二审查明的事实,张绍恒为法定代表人的河北圣牛农业机械有限公司也在使用“田霸”商标。

【案件信息】

张绍恒诉沧州田霸农机有限公司、朱占峰侵害商标权案，最高人民法院（2015）民申字第3640号民事判决书（2016年3月31日，周翔、郎贵梅、罗霞），河北省高级人民法院（2015）冀民三终字第79号民事判决书（2015年9月15日，张晓梅、张岩、崔普），河北省沧州市中级人民法院（2014）仓民初字第95号民事判决书（2015年4月15日，郭景岭、齐桂苓、胡希荣）。

案件来源：最高人民法院知识产权案件年度报告（2016），《最高人民法院公报》2017年第4期。

92 超许可范围突出使用被许可商标中与他人注册商标相同的部分易致混淆的构成侵权

【裁判要旨】

超出商标许可使用范围，突出使用被许可商标中与他人注册商标相同的部分，容易造成市场混淆的，构成商标侵权。

【关键词】

侵害商标权｜许可使用｜超范围｜混淆

【基本案情】

伊川县杜康酒厂于1981年12月15日获准注册第152368号“杜康”商标，核准使用的商品为第36类各种酒，经核准转让给伊川杜康实业有限公司后者变更企业名称为本案原告杜康酒业公司。2010年9月13日，该商标经核准转让格伊川杜康酒祖资产管理有限公司，并将该商标独占许可杜康酒业公司使用。

汝阳杜康（集团）总公司于1996年12月14日获准注册第915686号“汝阳杜康”商标，核定使用商品第33类酒。陕西省杜康酒厂于1996年12月14日获准第915685号注册“白水杜康”商标，核定使用商品第33类白酒，后经核准转让给陕西白水杜康酒业有限责任公司。陕西白水杜康品牌管理有限公司、陕西白水杜康酒业有限责任公司同属于陕西杜康酒业集团有限公司，陕西白水杜康品牌管理有限公司许可给被告酒泉酒业公司使用，指定产品中文名称“白水杜康·酿酒村”。

酒泉酒业公司生产、销售并由世纪联华超市销售的被诉侵权商品包装盒(瓶)的上方均有“白水杜康”商标,酒的名称中“杜康”文字单独排列并突出使用,“杜康”文字的侧上方有“白水”文字,“白”“水”两字上下排列,形成“泉”字,且颜色与“杜康”文字颜色相比偏淡,包装盒均有“酿酒村”文字,但与“杜康”文字不在同一行排列,且字体较小。酒泉酒业公司在宣传中也均突出使用“杜康”文字。

杜康酒业公司提起诉讼,请求判令酒泉酒业公司、世纪联华超市立即停止生产、销售带有“杜康”字样的侵权商品,并销毁已生产的侵权商品和包装,删除其公司网站上传的侵权产品图片、虚假宣传用语并消除影响,公开赔礼道歉,赔偿损失及合理开支100万元。

河南省郑州市中级人民法院判决:酒泉酒业公司停止在其生产销售的酒商品包装上突出使用“杜康”文字,删除其公司网站上侵害杜康酒业公司商标使用权的酒商品图片以及虚假宣传用语,赔偿损失15万元,世纪联华超市立即停止销售侵害杜康酒业公司商标使用权的商品。酒泉酒业公司不服,提起上诉。河南省高级人民法院判决:撤销一审关于酒泉酒业公司删除其公司网站上侵害杜康酒业公司商标使用权的酒商品图片以及虚假宣传用语的判项,其他维持。

【裁判理由】

法院认为:

杜康酒因其历史文化原因自古以来就享有盛名,1980年,因我国有关商标法律尚未颁布,“杜康”商标在注册时形成了由伊川县杜康酒厂注册,伊川县杜康酒厂、汝阳县杜康酒厂、白水县杜康酒厂三厂家共同使用的事实。多年来,三厂家通过长期地使用以及持续地对商标宣传,使“杜康”商标的知名度显著提升,相关公众已将“杜康”商标与三个厂家之间产生特定的联系。一般消费者仅需“杜康”二字即可完成对“杜康”酒产品与其他品牌酒的辨别,形成了消费者主要以对“杜康”的呼叫确定商品的情况。

白水县杜康酒厂于1996年获得了“白水杜康”商标,该商标的注册是基于“杜康”商标注册时的复杂背景,在使用“杜康”商标时为区分三厂家的产品来源,长期在“杜康”标识前加注地域限制,事实已形成了“白水杜康”的标识。虽然“白水杜康”商标予以注册,但考虑到“杜康”商标与“白水杜康”商标之间的历史渊源关系,“杜康”商标在先注册的事实以及两个商标在外观上的高度近似性,即使白水杜康酒业公司将“白水杜康”商标许可酒泉酒业公司使用,酒泉酒业公司也应该保持高度审慎的注意义务，采取各种合理措施以避免引起消费者将其酒产品与三厂家的“杜康”酒产品相混淆。然而酒泉酒业公司并没有遵守《品牌使用协议》的约定，而是在酒的名称中突出使用“杜康”文字。酒泉酒业公司的这种使用方式，使普通消费者只注意到“杜康”文字，将“杜康”作为酒产品的名称，误认为该产品是杜康酒业公司生产的“杜康”系列酒产品，混淆其产品的来源，其行为侵害了杜康酒业公司的商标使用权。杜康酒业公司申请撤回对酒泉酒业公司虚假宣传行为诉讼，因此对一审相关判项予以撤销。

【案件信息】

河南杜康酒业股份有限公司诉汝阳县杜康村酒泉酒业有限公司、河南世纪联华超市有限公司侵害商标权案，河南省高级人民法院(2011)豫法民三终字第194号民事判决书(2012年2月27日，傅印杰、赵艳斌、焦新慧)，河南省郑州市中级人民法院(2011)郑民三初字第74号民事判决书。

案件来源：2013年中国法院50件典型知识产权案例。

93 侵害地理标志证明商标权的被诉侵权商品，应以不符合该商标标示的特定品质为判断标准，而非混淆

【裁判要旨】

侵害证明商标权应当以被诉侵权行为是否容易导致相关公众对商品的产地、特定品质产生误认作为判断标准，不能以被诉侵权行为是否容易导致相关公众对商品来源产生混淆作为判断标准。

为描述其商品产地而使用其证明商标中的地名，只要其未做虚假表示，即属于正当使用，不构成商标侵权，但不能证明商品产地的，不属于正当使用，应构成侵权。

【关键词】

侵害商标权｜证明商标｜特定品质｜正当使用｜举证责任

【基本案情】

原告舟山水产协会系第5020381号“舟山带鱼 ZHOUSHANDAIYU 及图”证明商标专用权人，该商标核定使用商品为第29类的带鱼(非活的)、带鱼片。

舟山水产协会向被告申马人公司发出律师函，称申马人公司生产的“小蛟龙舟山带鱼段”侵害了涉案商标权利，要求停止侵权，赔偿损失。此后，舟山水产协会在被告北京华冠商贸有限公司下属的华冠购物中心购买了生产商为申马人公司、原料产地为浙江舟山的“小蛟龙牌舟山精选带鱼段”，该产品外包装标注“舟山精选带鱼段”，同时有“小蛟龙及图® ”标记。

申马人公司提供了其与宁波三英水产食品有限公司签订的《进货合同》，约定申马人公司向三英公司购买 147,500 元舟山带鱼。三英公司出具了出库单和带鱼货款收据，并于诉讼中提供证明称，申马人公司销售的所有舟山带鱼系列是三英公司提供的货源，三英公司的带鱼原料，原产地为浙江舟山。

舟山水产协会提起诉讼，请求判令申马人公司停止生产、销售被诉侵权商品，华冠公司停止销售被诉侵权商品，申马人公司、华冠公司共同赔偿损失 20 万元。

北京市第一中级人民法院判决：驳回舟山水产协会的诉讼请求。舟山水产协会不服，提起上诉。北京市高级人民法院判决：撤销一审判决，申马人公司停止生产、销售被诉侵权商品，赔偿舟山水产协会损失 3 万元及合理开支 5000 元。

【裁判理由】

法院认为：

根据《商标法》的有关规定，证明商标是用来标示商品原产地、原料、制造方法、质量或其他特定品质的商标。证明商标是为了向社会公众证明某一产品或服务所具有的特定品质，证明商标注册人的权利以保有、管理、维持证明商标为核心，应当允许其商品符合证明商标所标示的特定品质的自然人、法人或者其他组织正当使用该证明商标中的地名。

涉案商标作为证明商标注册，系证明商品原产地为浙江舟山海域，且商品的特定品质主要由浙江舟山海域的自然因素所决定的标志，用以证明使用该商标的带鱼商品具有其《“舟山带鱼”证明商标使用管理规则》中所规定的特定品质。舟山水产协会作为该商标的注册人，对于其商品符合特定品质的自然人、法人或者其他组织要求使用该证明商标的，应当允许。而且，其不能剥夺虽没有向其提出使用该证明商标的要求，但商品确产于浙江舟山海域的自然人、法人或者其他组织正当使用该证明商标中地名的权利。但同时，对于其商品并非产于浙江舟山海域的自然人、法人或者其他组织在商品上标注该商标的，舟山水产协会则有权禁止，并依法追究其侵害证明商标权利的责任。

申马人公司虽然没有向舟山水产协会提出使用涉案商标的要求，但如果其生产、销售的带鱼商品确实产自浙江舟山海域，则舟山水产协会不能剥夺其在该带鱼商品上用“舟山”来标识商品产地的权利，包括以本案中的方式——“舟山精选带鱼段”对其商品进行标示。同时，虽然申马人公司在涉案商品上使用的“舟山精选带鱼段”与涉案商标不完全相同，但由于“舟山精选带鱼段”中包含涉案商标的文字部分，且申马人公司在涉案商品上以突出方式进行标注，会使相关公众据此认为涉案商品系原产于浙江舟山海域的带鱼，故如果涉案商品并非原产于浙江舟山海域，舟山水产协会则有权禁止申马人公司以涉案方式使用证明商标，并据此追究申马人公司的侵权责任。

申马人公司作为涉案商品的生产者，对于涉案商品是否产自浙江舟山海域负有举证责任。原审法院根据申马人公司与三英公司签订的进货合同、出库单、收据、三英公司出具的证明及三英公司营业执照副本复印件，认定在案证据可以初步证明申马人公司生产、销售的带鱼原产地为浙江舟山并无不当。但在舟山水产协会二审补充提交的证据1中，三英公司对申马人公司在一审诉讼中提交的与三英公司相关证据的真实性作出否认的意思表示，且现有证据并不能认定三英公司在后出具的证据是受胁迫出具，鉴于三英公司先后出具的证据相互矛盾，无法确认三英公司相关证据的有效性。申马人公司提交的其他证据，尚不足以证明涉案商品原产地为浙江舟山海域。在申马人公司不能证明其生产、销售的涉案商品原产地为浙江舟山海域的情况下，其在涉案商品上标注“舟山精选带鱼段”的行为，不属于正当使用，构成侵害涉案商标专用权的行为，应当就此承担停止侵权、赔偿损失的法律责任。

【案件信息】

舟山市水产流通与加工行业协会诉北京申马人食品销售有限公司、北京华冠商贸有限公司侵害地理标志证明商标权案，北京市高级人民法院(2012)高民终字第58号民事判决书(2012年11月8日，谢甄珂、钟鸣、支小龙)，北京市第一中级人民法院(2011)一中民初字第9242号民事判决书(2011年11月18日，彭文毅、蒋利玮)。

案件来源:2012年中国法院知识产权司法保护50件典型案例。

第二节 侵权行为

94 在定牌加工的产品上使用商标标志具备区别商品来源的可能性就属于商标使用行为

95 侵权商品出口且可能回流国内的，相关公众包括中国的消费者、运输者和出国旅游者

96 中国境内主体取得在外国注册商标的使用授权不能据此抗辩不侵害中国注册商标权

【裁判要旨】

在定牌加工生产制造的产品上以标注方式或其他方式使用了商标，只要具备了区别商品来源的可能性，就应当认定该使用状态属于商标法意义上的“商标的使用”。

相关公众除被诉侵权商品的消费者外，还应该包括与被诉侵权商品的营销密切相关的经营者，如被诉侵权商品运输等环节的经营者；被诉侵权商品出口至国外的，出国旅游和消费的中国消费者亦属于相关公众；被诉侵权商品出口至国外存在回流国内市场的可能，中国的消费者也存在接触和混淆的可能性。

没有在中国注册的商标，即使其在外国获得注册，在中国也不享有商标权，中国境内的民事主体所获得的外国注册商标的使用授权，不属于我国商标法保护的商标合法权利，不能作为不侵害中国注册商标权的抗辩事由。

【关键词】

定牌加工 | 商标使用 | 相关公众 | 地域性

【基本案情】

被告恒胜鑫泰公司（卖方）与缅甸的美华公司（买方）签订《销售合同》约定：

买方订购产品“HONDAKIT”牌摩托车散件。

美华公司常务董事、缅甸公民吴德孟昂(Thet Mon Aung)在缅甸拥有“HONDAKIT”注册商标,使用类别是车辆等。美华公司出具《授权委托书》载明:委托被告恒胜集团公司加工生产涉案的摩托车散件,并贴附吴德孟昂作为权利人的“HONDAKIT”注册商标。

恒胜集团公司负责生产,恒胜鑫泰公司负责办理出口,两公司的法定代表人为同一人、住所地相同,系关联公司。

原告本田株式会社提起诉讼,请求判令恒胜集团公司、恒胜鑫泰公司停止侵权,连带赔偿损失及合理开支300万元。云南省德宏傣族景颇族自治州中级人民法院判决:恒胜鑫泰公司、恒胜集团公司停权,连带赔偿损失30万元。恒胜集团公司、恒胜鑫泰公司不服,提起上诉。云南省高级人民法院判决:撤销一审判决,驳回本田株式会社的诉讼请求。本田株式会社不服,申请再审。最高人民法院提审后判决:撤销二审判决,维持一审判决。

【裁判理由】

最高人民法院认为:

《商标法》第48条的“用于识别商品来源”指的是商标使用人的目的在于识别商品来源,包括可能起到识别商品来源的作用和实际起到识别商品来源的作用。商标使用行为是一种客观行为,通常包括许多环节,如物理贴附、市场流通等,是否构成商标法意义上的“商标的使用”应当依据商标法作出整体一致解释,不应该割裂一个行为而只看某个环节,要防止以单一环节遮蔽行为过程要克服以单一侧面代替行为整体。在生产制造或加工的产品上以标注方式或其他方式使用了商标,只要具备了区别商品来源的可能性,就应当认定该使用状态属于商标法意义上的“商标的使用”。

本案中相关公众除被诉侵权商品的消费者外,还应该包括与被诉侵权商品的营销密切相关的经营者。本案中被诉侵权商品运输等环节的经营者即存在接触的可能性。而且,随着电子商务和互联网的发展,即使被诉侵权商品出口至国外,亦存在回流国内市场的可能。同时,随着中国经济的不断发展,中国消费者出国旅游和消费的人数众多,对于“贴牌商品”也存在接触和混淆的可能性。

商标的基本功能是区分商品或服务来源的识别功能,侵害商标权本质上就是对商标识别功能的破坏,使一般消费者对商品来源产生混淆、误认。从法律规定来看,商标侵权行为的归责原则应当属于无过错责任原则,且不以造成实际损害为侵权构成要件前述商标法规定的“容易导致混淆的”一语，指的是如果相关公众接触到被诉侵权商品，有发生混淆的可能性，并不要求相关公众一定实际接触到被诉侵权商品，也并不要求混淆的事实确定发生。

本案中，恒胜鑫泰公司、恒胜集团公司在其生产、销售的被诉侵权的摩托车上使用“HONDAKIT”文字及图形，并且突出增大“HONDA”的文字部分，缩小“KIT”的文字部分，同时将H字母和类似羽翼形状部分标以红色，与本田株式会社请求保护的三个商标构成在相同或者类似商品上的近似商标。如前所述，被诉侵权行为构成商标的使用，亦具有造成相关公众混淆和误认的可能性，容易让相关公众混淆。

商标权作为知识产权，具有地域性，对于没有在中国注册的商标，即使其在外国获得注册，在中国也不享有商标权，中国境内的民事主体所获得的所谓“商标使用授权”，也不属于我国商标法保护的商标合法权利，不能作为不侵害商标权抗辩事由。

【案件信息】

本田技研工业株式会社诉重庆恒胜鑫泰贸易有限公司、重庆恒胜集团有限公司侵害商标权案，最高人民法院(2019)最高法民再138号民事判决书(2019年9月23日，林广海、秦元明、马秀荣)，云南省高级人民法院(2017)云民终800号民事判决书，云南省德宏傣族景颇族自治州中级人民法院(2016)云31民初52号民事判决书。

案件来源：中国裁判文书网。

97 受委托定牌加工行为并非商标性使用行为，因此无须认定是否混淆即可认定不侵权[①]

【裁判要旨】

在全部用于出口的委托加工产品上贴附的标志，既不具有区分所加

① 在本案及下面的侵害“东风”商标权案中，最高人民法院都认定，受委托进行定牌加工的行为不构成商标使用从而不侵权；但前述侵害“HONDA”商标权案中，最高人民法院则认定，委托进行定牌加工的行为构成商标使用进而构成混淆侵权。鉴于“HONDA”案是2019年最新作出的案件，因此最高人民法院可能更新了裁判规则，对此敬请留意。另外，在本书第一部分第三章所引“USAPRO”商标撤销复审案中，最高人民法院认为，对在中国注册的商标进行定牌加工的，其商标使用主体是在中国注册商标的权利人，即定牌加工中的委托人，受委托进行定牌加工的人，其加工行为在商标法上的效果归属于委托人。因此，最高人民法院在侵害商标权和商标授权确权案件中，对涉及定牌加工行为主体认定可能是不统一的，对此亦请留意。

工产品来源的意义,也不能实现识别该产品来源的功能,该标志不具有商标的属性,该贴附行为不构成商标意义上的使用。

判断在相同商品上使用相同的商标,或者判断在相同商品上使用近似的商标,或者判断在类似商品上使用相同或者近似的商标是否容易导致混淆,要以商标发挥或者可能发挥识别功能为前提。在并非商标法意义上的商标使用的情况下,无须判断是否在相同商品上使用相同的商标,或者在相同商品上使用近似的商标、在类似商品上使用相同或者近似的商标是否容易导致混淆。

【关键词】

定牌加工 | 商标性使用 | 贴附行为 | 混淆 | 识别

【基本案情】

原告莱斯公司系第 3071808 号"PRETUL 及椭圆图形"商标专用权人,该商标于 2003 年 5 月 21 日获准注册,核定使用商品为第 6 类的家具用金属附件、五金锁具、挂锁、金属锁(非电)等。

案外人储伯公司系墨西哥的一家公司,其在墨西哥等多个国家和地区在第 6 类、第 8 类等类别上注册了"PRETUL"或"PRETUL 及椭圆图形"商标。2011 年 3 月 24 日,储伯公司称被告亚环公司生产的标有"PRETUL"商标的所有型号的挂锁均是根据该公司的授权而生产,并全部出口墨西哥,不在中国境内销售。2010 年至 2011 年,亚环公司与墨西哥储伯公司约定,亚环公司供给储伯公司挂锁;2010 年 12 月 31 日、2011 年 1 月 6 日,宁波海关分别查获亚环公司自该海关出口至墨西哥的被诉侵权挂锁。

莱斯公司提起诉讼,请求判令:亚环公司停止在其生产销售的五金锁具上使用莱斯公司的注册商标;收缴海关扣留的侵权产品及库存的侵权产品、亚环公司用于生产侵权产品的专用模具以及带有侵权商标的包装物;亚环公司赔偿莱斯公司损失 45 万元。

浙江省宁波市中级人民法院判决:亚环公司停止对莱斯公司享有的第 3071808 号"PRETUL 及椭圆图形"商标权的侵害,赔偿莱斯公司损失和合理开支 5 万元。亚环公司和莱斯公司均不服,提起上诉。浙江省高级人民法院判决:驳回上诉,维持原判。亚环公司不服,申请再审。最高人民法院判决:撤销一审、二审判决,驳回莱斯公司的诉讼请求。

【裁判理由】

最高人民法院认为:

亚环公司受储伯公司委托,按照其要求生产挂锁,在挂锁上使用“PRETUL”相关标识并全部出口至墨西哥,该批挂锁并不在中国市场上销售,也就是该标识不会在我国领域内发挥商标的识别功能,不具有使我国的相关公众将贴附该标志的商品,与莱斯公司生产的商品的来源产生混淆和误认的可性能。

亚环公司依据储伯公司的授权,上述使用相关“PRETUL”标志的行为,在中国境内仅属物理贴附行为,为储伯公司在其享有商标专用权的墨西哥国使用其商标提供了必要的技术性条件,在中国境内并不具有识别商品来源的功能。因此,亚环公司在委托加工产品上贴附的标志,既不具有区分所加工商品来源的意义,也不能实现识别该商品来源的功能,故其所贴附的标志不具有商标的属性,在产品上贴附标志的行为亦不能被认定为商标意义上的使用行为。

在商标并不能发挥识别作用,并非商标法意义上的商标使用的情况下,判断是否在相同商品上使用相同的商标,或者判断在相同商品上使用近似的商标,或者判断在类似商品上使用相同或者近似的商标是否容易导致混淆,都不具实际意义。

【案件信息】

莱斯防盗产品国际有限公司诉浦江亚环锁业有限公司侵害商标权案,最高人民法院(2014)民提字第38号民事判决书(2015年11月26日,王艳芳、佟姝、何鹏),浙江省高级人民法院(2012)浙知终字第285号民事判决书(2013年2月19日,周平、俟洁、陈宇),浙江省宁波市中级人民法院(2011)浙甬知初字第56号民事判决书。

案件来源:最高人民法院知识产权案件年度报告(2015),2015年中国法院50件典型知识产权案例。

98 定牌加工并非商标使用,加工人已尽合理注意未造成商标注册人实质损害的不构成侵权

【裁判要旨】

一般来讲,不用于识别或区分来源的商标使用行为,不会对商品或服务的来源产生误导或引发混淆,以致影响商标发挥指示商品或服务来源的功能,不构成商标法意义上的侵权行为。

定牌加工是一种常见的、合法的国际贸易形式，除非有证据显示加工人接受委托未尽合理注意义务，其受托加工行为对国内商标注册人的商标权造成了实质性的损害，一般情况下不应认定其加工行为侵害了国内商标权人的商标权。

【关键词】

定牌加工｜商标性使用｜合理注意义务｜实质性损害

【基本案情】

上柴公司是第7类柴油机等商品上的第100579号、第624089号“东风”商标的商标权人；2000年，其“东风”商标被商标局认定为驰名商标。

上柴公司认为，常佳公司受印尼PTADI公司委托以“DONGFENG”（东风）商标及标志生产柴油机及柴油机组件并出口至印度尼西亚的行为构成侵害商标权。因此提起诉讼，请求判令常佳公司停止对上柴公司商标权的侵害并赔偿损失及合理开支105万元。

常佳公司辩称，其从事的是依据委托人的授权进行的定牌加工行为，使用的是委托方提供的商标证书，该商标证书是委托方在印度尼西亚依法获得并至今有效；定牌加工行为生产的产品，依授权全部出口至印度尼西亚，不在国内进行销售，不在国内进入市场流通环节，不会造成混淆误认。

印尼PTADI公司系印度尼西亚注册的“DONGFENG”（东风）商标所有人，该商标注册登记类别为各种电动发电机、交流发电机、柴油发动机和柴油发电机等。上柴公司与印尼PTADI公司就该“东风”商标的权属在印度尼西亚法院进行过长期诉讼，上柴公司的主张最终被驳回，印尼PTADI公司对“DONGFENG”（东风）商标在印度尼西亚享有商标权。

常佳公司受印尼PTADI公司委托以“DONGFENG”（东风）商标及标志生产柴油机及柴油机组件并出口至印度尼西亚的行为构成侵害商标权。被诉侵权产品柴油机机体总成和油箱上的标识与上柴公司的注册商标相同，与印度尼西亚注册编号为IDM000089328的商标亦相同。

江苏省常州市中级人民法院判决，驳回上柴公司的诉讼请求。上柴公司不服，提起上诉。江苏省高级人民法院判决：撤销一审判决，常佳公司停止对上柴公司“东风”商标权的侵害，并赔偿损失10万元及相应合理开支。常佳公司不服，提出再审申请。最高人民法院判决：撤销二审判决，维持一审判决。

【裁判理由】

最高人民法院认为:

常佳公司与印度尼西亚 PTADI 公司签订委托书接受该公司委托,依据印度尼西亚 PTADI 公司合法拥有的商标权生产柴油机及柴油机组件,并将产品完全出口至印度尼西亚销售。在常佳公司加工生产或出口过程中,相关标识指向的均是作为委托人的印度尼西亚 PTADI 公司,并未影响上柴公司涉案注册商标在国内市场上的正常识别区分功能,不会导致相关公众的混淆误认。

常佳公司作为定牌加工合同中的受托人,在接受印度尼西亚 PTADI 公司的委托加工业务时,已经审查了相关权利证书资料,充分关注了委托方的商标权利状态。在印度尼西亚相关司法机构判决相关商标归属上柴公司期间,还就其时的定牌加工行为与上柴公司沟通并签订协议,支付了适当数额的补偿费用。可见,常佳公司接受委托从事定牌加工业务,对于相关商标权利状况已经适当履行了审慎适当的注意义务。

常佳公司从事本案所涉贴牌加工业务之时,上柴公司与印度尼西亚 PTADI 公司之间的商标争议已经印度尼西亚最高法院生效判决处理,印度尼西亚 PTADI 公司作为商标权人的资格已经司法程序确认。上柴公司自行使用相同商标生产相关或同类相关产品,实际已经无法合法出口至印度尼西亚销售。况且,自 2004 ~ 2007 年,上柴公司亦是受印度尼西亚被许可方的委托出口"东风及图"商标的相关产品。在此情况下,常佳公司根据印度尼西亚 PTADI 公司授权委托从事涉案定牌加工业务,对于上柴公司在印度尼西亚境内基于涉案商标争取竞争机会和市场利益,并不造成实质影响。

虽然商标具有识别商品或服务来源的基本功能,但归根结底,相关公众需求的并非商品标识本身,而是其指示或承载的商品及其良好品质。即便综合国际贸易现实需要进行综合衡量,也没有足够理由认定常佳公司从事涉案定牌加工行为已对上柴公司造成实质损害,并进而有必要作为商标法意义上的侵权行为予以认定。

【案件信息】

上海柴油机股份有限公司诉江苏常佳金峰动力机械有限公司侵害商标权案,最高人民法院(2016)最高法民再 339 号民事判决书(2017 年 12 月 28 日,夏君丽、曹刚、董晓敏),江苏省高级人民法院(2015)苏知民终字第 00036 号民事判决书(2015 年 12 月 18 日,汤茂仁、刘莉、宋峰),江苏省常州市中级人民法院(2014)常知民初字第 1 号民事判决书。

案件来源:2015 年中国法院 50 件典型知识产权案例(二审判决)。

99 通过体育赛事冠名方式使用自己商标的，不属于在体育赛事服务上使用商标的行为

【裁判要旨】

通过体育赛事冠名方式使用自己的商标或者字号的，是为了实现冠名利益而指示自己的企业或者商品服务来源的使用，不是在体育赛事服务上表明该服务来源的商标使用行为，相关公众不会与在组织体育赛事服务上的商标构成混淆或者反向混淆，即使可能构成反向混淆其责任也不应归属于冠名商。

【关键词】

侵害商标权｜商标性使用｜体育赛事冠名｜反向混淆

【基本案情】

深圳足球俱乐部成立于1994年10月28日，1997～2002年，被告平安保险公司是深圳足球俱乐部的唯一所有者。1998年5月26日，深圳足球俱乐部注册了两件“平安”商标，核定使用服务为第41类的组织体育活动竞赛、俱乐部服务(娱乐或教育)。2009年9月7日，原告引领公司受让取得上述商标权，当时其持有深圳足球俱乐部90股权。

2014年，平安保险公司取得中超联赛2014～2017年的独家冠名权。此后举办的中超联赛中，在球票、秩序册、比赛现场、队员服装等处使用了“中国平安”字样。

引领公司认为平安保险公司在中超联赛的冠名等行为侵害其两件“平安”商标权，并构成反向混淆，请求判令平安保险公司和中超公司停止使用侵害“平安”商标权的行为，停止对中超联赛的冠名，停止在所有的中超联赛宣传资料中使用“平安”字样，刊登致歉声明，消除影响。

深圳市福田区人民法院判决：驳回引领公司的诉讼请求。引领公司不服，提起上诉。深圳市中级人民法院能判决，驳回上诉，维持原判。

【裁判理由】

法院认为：

在第41类“组织体育活动竞赛”使用商标，通常情况下是体育活动竞赛的组

织者，为突出其组织者的主体地位与形象，在其所组织的体育活动竞赛中使用或宣传其商标，方便他人识别体育活动竞赛的组织者，以树立该企业的良好形象及商标、品牌的美誉度。从主体资格方面来说，平安保险公司不是中超联赛的适格的组织者；从实际情况来看，平安保险公司除取得冠名权，获得冠名权益外，没有实质参与中超联赛的组织活动。因此，平安保险公司没有在第41类“组织体育活动竞赛”将“平安”文字作商标法意义上的使用。

根据体育赛事冠名的通常规则和中超联赛冠名有关章程，要求在体育赛事名称以及相关体育比赛活动的广告中特别是电视转播中均使用冠名商完整名称或加入大量、冗长的叙述说明既不现实也不合理。因此，被诉侵权行为中出现“中国平安”字样均系平安保险公司使用其字号、简称，获取并实现中超联赛冠名权益的正当行为，引领公司要求平安保险公司不得使用“中国平安”文字，或者只能使用企业名称全称或者大量加注“保险、银行、投资”字样没有法律依据，且不符合情理与商业惯例。

平安保险公司使用其全称或“中国平安”加“保险银行投资”字样，与引领公司请求保护商标存在显著区别，也显而易见不会导致相关公众的混淆与误认。“中国平安”与引领公司的注册商标相比较，二者虽然都有“平安”二字，但也存在区别。相关公众在参与或观看平安保险公司冠名的中超联赛比赛过程中，知道平安保险公司与中超联赛的关系以及比赛过程中出现“中国平安”的含义，不会被诉侵权行为中出现的“中国平安”误认为指向引领公司，或认为引领公司与该中超联赛有何关联，因此平安保险公司对“中国平安”文字的使用不会导致混淆与误认。

由于反向混淆必须具备前后商标使用人都有将相同或近似商标使用于相同或近似商品或服务的前提条件，平安保险公司并未在第41类服务上对“平安”作商标法意义上的使用，故而本案并不存在反向混淆的情形。同时，由于平安保险公司曾经长期为深圳足球俱乐部控股股东，本案请求保护的两“平安”商标与平安保险公司存在历史渊源关系，平安保险公司在业内影响巨大，其“平安”商标品牌产生了跨越保险金融行业的影响力，而引领公司对该两“商标”使用、宣传有限，可能导致引领公司在第41类使用其涉案商标之时，会使部分相关公众误认为该活动的组织者是平安保险公司。但即便出现这样的后果，其责任不在平安保险公司。引领公司若要树立其品牌形象，建立其商标与引领公司之间的联系与对应关系，就必须加大对商标的使用、宣传力度，并以正确的方式区分引领公司、引领公司两个商标与平安保险公司之间的关系，防止可能发生的混淆与误认，而不是企图阻止平安保险公司对其自身的字号、简称及商标的正当合法使用与宣传。

【案件信息】

深圳市引领平安文化传媒有限公司诉中国平安保险(集团)股份有限公司、中超联赛有限责任公司侵害商标权案，广东省深圳市中级人民法院(2016)粤03民终15570号民事判决书(2016年11月21日，陈文全、骆丽莉、邓婧)，深圳市福田区人民法院(2015)深福法知民初字第142号民事判决书。

案件来源：2016年中国法院50件典型知识产权案例。

100 商标经异议复审裁定准予注册后至核准公告发布前，他人的使用行为亦侵权须担责

【裁判要旨】

异议复审准予注册裁定作出后、核准公告发布前，他人从事侵害该商标的行为的，参照2002年《商标法实施条例》第23条的规定，应判令侵权人承担停止侵权、赔偿损失等责任。被诉侵权人以其从事侵权行为时该商标尚未发布核准公告从而不知道有在先注册商标存在为由提出抗辩的，不予支持。

【关键词】

侵害商标权｜异议复审｜核准公告｜损害赔偿

【基本案情】

科文华公司申请注册第3004861号“LANDROVER”商标，指定使用商品为第25类的工作服、体操服、帽子、披肩等，初步审定后被捷豹路虎公司提出异议，商标局裁定予以注册。捷豹路虎公司不服，申请复审。商标评审委员会于2010年6月12日作出裁定，对该商标予以核准注册。商标局2012年10月21日的《商标公告》(总第1332期)载明：包括第3004861号商标在内的多个商标被核准注册，专用期限自2012年10月21日起，后商标局于2015年发布更正公告，确定第3004861号商标专用权期限自2004年3月14日起。2011年1月17日，该商标经核准转让给捷豹路虎公司，并于2012年6月25日取得《商标注册证》。

2011年12月14日,四川省工商局应举报查扣了成都路虎公司委托南通诚荣公司生产、摩尔百货公司销售的“LANDROVER”服饰,并于2012年5月3日作出处罚决定,认为上述行为违反了2001年《商标法》第52条的规定,处以没收侵权服装并罚款的处罚。2012年7月,捷豹路虎公司在成都路虎公司山东省淄博市的加盟店中购买到标有“LANDROVER”的被诉侵权商品。

捷豹路虎公司提起诉讼,请求判令成都路虎公司停止生产、销售侵权产品,南通诚荣公司停止生产侵权产品,并销毁库存产品和回收侵权产品,成都路虎公司、南通诚荣公司、吴晓春(成都路虎公司法定代表人)、摩尔百货公司连带赔偿损失及合理开支60万元并登报消除影响。

四川省成都市中级人民判决:驳回捷豹路虎公司的全部诉讼请求。捷豹路虎公司不服,提起上诉。四川省高级人民法院判决:撤销一审判决,并判令成都路虎公司、吴晓春停止生产、销售侵害捷豹路虎公司第3004861号“LANDROVER”商标专用权的侵权产品,南通诚荣公司停止生产侵权产品,成都路虎公司、吴晓春、南通诚荣公司连带赔偿损失45万元及相应合理开支。

【裁判理由】

法院认为:

在四川省工商局查处被诉侵权行为及作出处罚决定时,捷豹路虎公司通过受让已经取得了第3004861号“LANDROVER”商标权,故其有权就本案所涉被诉侵权行为主张权利并要求损害赔偿。

诚荣公司生产被诉侵权服装的行为系受成都路虎公司委托。吴晓春授权成都路虎公司以及包括诚荣公司在内的制造商生产、销售被诉侵权产品,并在成都路虎公司与摩尔百货公司签订《摩尔百货联销合同书》时代表成都路虎公司签字等行为,均说明其系被诉侵权行为的实际操控者。因此,成都路虎公司、吴晓春、诚荣公司应当对此次被诉侵权行为承担连带责任。摩尔百货公司已经尽到了合理注意义务,不应当承担责任。

2012年7月6日,成都路虎公司在淄博的加盟商销售了带有“LANDROVER”标识的服饰产品,捷豹路虎公司有权就该次被诉侵权行为主张权利。由于被诉侵权商品上显示的制造商为诚荣公司,因此可以推定成都路虎公司、吴晓春、诚荣公司共同实施了此次被诉侵权行为,应当承担连带责任。

综合考虑成都路虎公司、吴晓春、诚荣公司在本案侵害商标专用权侵权行为的性质、期间、后果,捷豹路虎公司商标的声誉等因素,确定成都路虎公司、吴晓春、诚荣公司连带赔偿捷豹路虎公司损失45万元及相应合理开支。

【案件信息】

捷豹路虎控股有限公司与成都路虎商贸有限公司、南通诚荣贸易有限公司、吴晓春、成都洋洋摩尔百货有限公司侵害商标权案，四川省高级人民法院(2016)川民终350号民事判决书(2016年12月8日，刘巧英、陈洪、韦丽婧)，四川省成都市中级人民法院(2012)成民初字第1872号民事判决书。

案件来源：2016年中国法院50件典型知识产权案例。

101 与商标注册人商品明显不符且经商标注册人鉴别非其授权生产的应认定为侵权商品

【裁判要旨】

被诉侵权商品与商标注册人的商品明显不符，且经商标注册人鉴别并非其授权生产商品的，应认定属于侵害商标权的商品，商品销售商无法提供合法来源证据的，应承担损害赔偿责任。

【关键词】

侵权商品质量｜商标注册人鉴别｜销售商｜合法来源

【基本案情】

原告哥伦比亚公司系第5288009号“Columbia”、第1236702号图形、第2004499号“TITANIUM”、第5288005号“Columbia Sport swear Company”等注册商标的商标权人，核定使用商品包括第25类的服装、鞋、帽等。

2016年4月26日，石河子市工商行政管理局对被告联邦阿迪服装店销售的假冒冲锋衣等产品进行了查扣；2016年8月11日，哥伦比亚公司的代理人在联邦阿迪服装店购买了标有其前述注册商标标志的冲锋衣，联邦阿迪服装店不能提供证据证明其销售的被诉侵权商品的合法来源。

哥伦比亚公司提起诉讼，请求判令：联邦阿迪服装店停止销售侵害其册商标专用权的商品，赔偿损失及合理开支5万元。

新疆生产建设兵团第八师中级人民法院判决：联邦阿迪服装店停止销售侵权商品，赔偿损失2万元。

【裁判理由】

法院认为：

哥伦比亚公司享有的上述商标专用权核定使用商品包括服装、鞋、帽等系列产品，被诉侵权商品为服装与涉案商标核定使用产品构成同种商品。经当庭在隔离的状态下进行比对，被诉侵权商品使用的标示与原告哥伦比亚公司享有的上述注册商标相同，但被诉侵权商品质地及标示制作粗糙、无水洗标牌及合格证，与原告公司商品不符，经原告鉴别并非原告或授权的任何一家公司生产的商品。被诉侵权商品侵害了原告商标专用权。被告虽辩称其在不知情的情况下进的货，但不能说明被诉侵权商品的进货来源，其辩解理由不能成立。

哥伦比亚公司未证明因本案侵权行为所遭受的损失，也无证据证明联邦阿迪服装店的获利情况，结合哥伦比亚公司注册商标的知名度、侵权情节和主观过错程度以及哥伦比亚公司为制止侵权所支出的合理开支等因素，确定赔偿数额为 2 万元。

【案件信息】

哥伦比亚运动服装公司诉石河子市联邦阿迪服装店侵害商标权案，新疆生产建设兵团第八师中级人民法院（2016）兵 08 民初 50 号民事判决书（2017 年 4 月 11 日，蔡立军、张小萍、游绍群）。

案件来源：2017 年中国法院 50 件典型知识产权案例。

102 销售行为无法认定侵权，在销售发票上对所售商品商标的使用附属于销售也不侵权

【裁判要旨】

发票出具是商品交易的一个环节，在发票上使用商标的行为是否侵害商标权，需要根据其指向的销售商品或者提供服务本身的行为是否侵权作出判断。当商标权人仅起诉销售商的销售行为侵权，但无法认定侵权成立的，销售商在销售发票上使用商标的行为也不侵权。

【关键词】

侵害商标权｜销售发票｜销售行为｜商标性使用

【基本案情】

小天鹅公司在第7类洗衣机等商品上注册了第788582号“小天鹅”商标。海威超市所销售的洗衣机商品外包装盒、洗衣机面板、使用说明书上均标注有“海南三金小天鹅电器有限公司”,包头百货公司开具的销售发票上写明“小天鹅洗衣机”。小天鹅公司据此主张包头百货公司、海威超市的上述行为构成对其“小天鹅”商标权的侵害并构成不正当竞争。

内蒙古自治区包头市中级人民法院认为,在被诉侵权商品本身不侵害“小天鹅”商标权的基础上,不能单凭发票中对该商品的文字标注就认定构成侵权,因此判决:驳回小天鹅公司的诉讼请求。小天鹅公司不服,提起上诉。内蒙古自治区高级人民法院判决:驳回上诉,维持原判。小天鹅公司仍不服,申请再审。最高人民法院裁定:驳回其再审申请。

【裁判理由】

最高人民法院认为:

判断商品是否属于侵害他人商标权的商品,应当首先判断商品是否存在使用或突出使用他人注册商标的行为。被诉侵权商品在面板上标注有自身的注册商标,标注有生产商的企业名称全称,并无突出“小天鹅”字样的情形,在商品外包装上,也无突出使用行为。被诉侵权商品并不存在如小天鹅公司所主张的商标使用行为。被诉侵权商品面板上使用企业名称全称,与洗衣机面板一般标注商标的惯例虽然不符,但该行为不属于被禁止的行为,而且规范使用企业名称存在对消费者误导可能的,一般应受反不正当竞争法的约束,而不属于商标法调整的行为。被诉侵权商品不属于侵害小天鹅公司注册商标专有权的商品。

商标是用以区分商品或服务来源的标志,仅有独立的标志无法构成商标法意义上的商标。作为商品交易文书的一种,发票上的使用属于一种商标使用行为,但在实际使用中,发票对商标的使用必然是与特定商品或服务的结合性使用。按交易惯例,发票出具是商品交易过程中的一个环节,发票上的标注行为所指向的对象仍是被诉侵权商品本身,在被诉侵权商品本身不侵权的情况下,仅凭发票标注“小天鹅”字样,尚不足以认定其行为构成侵害商标权的行为。

生产商使用含有“小天鹅”字样的企业名称,并在商品上标注该企业名称,是否属于《反不正当竞争法》规范的不正当竞争行为,小天鹅公司可起诉生产商予以解决。就销售者而言,其对所销售商品生产商的企业名称使用是否构成不正当竞争的判断,超出了销售者的审查义务和能力范围。

【案件信息】

无锡小天鹅股份有限公司诉内蒙古包头百货大楼集团股份有限公司、内蒙古包头百货大楼集团股份有限公司昆区海味超市侵害商标权案，最高人民法院(2016)最高法民申2216号民事裁定书(2016年9月18日，骆电、马秀荣、李嵘)，内蒙古自治区高级人民法院(2015)内民知终字第25号民事判决书。

案件来源：最高人民法院知识产权案件年度报告(2016)。

103 作品图样被他人合法在先注册为商标，著作权人对作品行使权利时应避让该商标权

【裁判要旨】

著作权人在行使自身权利之时，应遵循合法、善意及审慎的原则，对于因历史原因而包含于作品当中的他人合法的在先权利，应当合理避让。

【关键词】

侵害商标权｜商标标志的著作权｜在先权利｜避让

【基本案情】

2004年12月20日，本案被告何铁永作为甲方，本案原告王坤以及案外人王飞、陈东、姚爱粦作为乙方，签订协议，约定甲方所有的诸暨市永利食品厂(被告优莱客商行前身，以下简称永利食品厂)“波斯猫”系列交由乙方经营，“波斯猫”食品生产所需机械设备、资金由乙方负责，盈亏由乙方承担，涉及“波斯猫”系列业务，均需乙方签字并盖公章才生效，若甲方单方面使用公章，一切责任由甲方自负等。

2005年4月10日，永利食品厂向飞鹅公司出具证明：“波斯猫”商标持有人王坤向贵公司要求印刷食品包装袋，上面的生产厂家和厂址均印制我厂，系我厂授权后给王坤的，贵公司可根据王坤的要求予以印制，我厂没有异议。

2005年5月5日，何铁永作为甲方，王坤作为乙方，签订了联营合作协议，约定甲方负责供应散装食品怪味豆、跳豆，保证乙方的货源和产品质量，乙方负责包装和销售，产品使用乙方商标，甲方不得仿冒乙方相似包装图案的产品，甲乙双方生产产品的包装需要改的，应经双方协商同意，不得单独更改等。

2005年6月30日，永利食品厂与飞鹅公司签订了承印业务合同，飞鹅公司根据永利食品厂的要求，对“波斯猫”食品包装袋设计了新版图稿。

从2004年10月开始，王坤即以上述涉案包装图片的部分设计元素申请商标注册，并于2007年3月至2009年8月取得了第4315837号“波斯猫BOSIMAO”商标等注册商标的专用权。

2006年4月30日，何铁永与王坤签订合同终止协议，王坤同意将已申请注册的“波斯猫”商标给永利食品厂使用，使用期为5个月，因包装袋数量已印刷好的原因，协议满5个月自动取消，永利食品厂不得再使用波斯猫商标。

2015年7月9日，王坤以开心猫公司生产的“波斯猫”产品侵害其商标权，涉嫌侵权的产品由优莱客商行授权生产，飞鹅公司明知王坤有商标权却仍然为涉嫌侵权产品提供包装，何铁永和傅凤丽系夫妻，直接实施了商标侵权行为为由，提起诉讼请求判令优莱客商行和开心猫公司停止生产、销售被诉侵权产品，及时回收已经进入流通领域的被诉侵权产品，销毁侵权的包装袋，更换包装；何铁永和傅凤丽停止销售被诉侵权产品，将已经流入市场的产品下架；飞鹅公司更换包装，销毁侵权包装袋，回收进入流通领域的包装；裕得康公司停止销售被诉侵权产品；优莱客商行、开心猫公司、何铁永、傅凤丽、飞鹅公司共同赔偿王坤500万元，其他，裕得康公司在100万元的限额内承担连带赔偿责任。

浙江省绍兴市中级人民法院判决：开心猫公司停止生产、销售带有“波斯猫BOSIMAO”标志的被诉侵权产品、回收已经进入流通领域的被诉侵权产品、销毁带有“波斯猫BOSIMAO”标志的包装袋；并赔偿王坤损失及合理开支50万元；优莱客商行停止将“波斯猫BOSIMAO”标志授权给开心猫公司用于生产、销售被诉侵权产品；并对上述债务承担连带赔偿责任；裕得康公司停止销售带有“波斯猫BOSIMAO”标志的被诉侵权产品；并对上述债务在5万元范围内承担连带赔偿责任；飞鹅公司立即停止印制、销售带有“波斯猫BOSIMAO”标志的被诉侵权产品包装袋。开心猫公司不服，提起上诉。浙江省高级人民法院判决：驳回上诉，维持原判。开心猫公司和优莱客商行不服，申请再审。最高人民法院裁定：驳回其再审申请。

【裁判理由】

最高人民法院认为：

开心猫公司在被诉侵权包装袋之上以突出使用的方式，标记了与涉案商标完全一致的“波斯猫”文字及拼音标志，在优莱客商行、开心猫公司未能提交证据证明该种使用方式获得了商标权人王坤许可的情况下，开心猫公司经优莱客商行授权使用的行为，构成对涉案商标权的侵害。

湖南省高级人民法院（2013）湘高法民三终字第55号判决确已确认优莱客商行为“波斯猫爱挑逗”作品的著作权人，但该判决同时确认，优莱客商行创作完成“波斯猫爱挑逗”作品的时间为2005年5月17日，其时何铁永与王坤尚在合作期间，何铁永在产品包装中使用“波斯猫 BOSIMAO”标志的行为，系基于王坤的明确授权。但是，双方亦曾明确约定，在合作终止后，优莱客商行不得再继续使用涉案商标。因此，至本案被诉侵权行为发生之时，优莱客商行在产品包装中对被诉侵权标识的使用已经不具备合法性基础。其在行使自身享有的著作权之时，应对王坤合法拥有的在先涉案商标权予以避让，即不能继续在包装中使用涉案商标，是优莱客商行合法、善意、审慎行使其著作权的应有之义。

【案件信息】

王坤诉诸暨市开心猫食品有限公司、诸暨市优莱客食品商行、何铁永、傅凤丽、广东飞鹅包装彩印有限公司、长沙市裕得康食品贸易有限公司侵害商标权案，最高人民法院（2016）最高法民申1975号民事裁定书（2016年11月7日，周翔、罗霞、佟姝），浙江省高级人民法院（2016）浙民终125号民事判决书（2016年4月20日，周平、陈宇、刘静），浙江省绍兴市中级人民法院（2015）浙绍知初字第615号民事判决书。

案件来源：最高人民法院知识产权案件年度报告（2016）。

第三节　混淆可能性

104　构成侵害商标权的混淆误认包括将来自商标注册人的商品误认为来自被诉侵权人

【裁判要旨】

相关公众是否会混淆误认，既包括将使用被诉侵权标志的商品误认为商标权人的商品或者与商标权人有某种联系，也包括将商标权人的商品误认为被诉侵权人的商品或者误认商标权人与被诉侵权人有某种联系，妨碍商标权人行使其商标权，进而实质性妨碍该注册商标发挥识别作用。如果被诉侵权人因为其享有的商标更有知名度即可以任意在其商品上使用他人享有注册商标的标志，将实质性损害他人注册商标发挥识别商品来源的基本功能，属于对他人商标权造成基本性损害。

【关键词】

侵害商标权｜混淆可能性｜反向混淆｜识别商品来源｜实质性损害

【基本案情】

原告曹晓冬系第5492697号“金戈铁马及图”商标，该商标于2009年6月14日获准注册，核定使用商品为第30类的茶、蜂蜜、咖啡等。

被告下关沱茶公司分别于2010年1月21日、2014年9月7日注册取得第6209882号“松鹤延年及图”商标、第12201774号“下关沱茶”商标，核定使用商品均为包括茶在内的第30类商品。

2014年(甲午马年)，下关沱茶公司在其生产的金印系列产品包装上使用了“甲午金戈铁马铁饼”字样，字体为简体字，其中“甲午”及“铁饼”字体较小，而“金戈铁马”四字字体较大，且位于茶饼外包装及内包装的显著位置，在“金戈铁马”四字旁边还配有一匹呈现奔跑状态马的图案。同时，在上述茶饼的内、外包装上均标注有“松鹤延年”注册商标和“下关沱茶”字样，并在内、外包装上标注有下关沱茶公司名称。

曹晓冬提起诉讼，请求判令下关沱茶公司停止对曹晓冬第5492697号“金戈铁马”商标专用权的侵害，停止销售标有“金戈铁马”字样的所有侵权产品，在省级报纸或电台刊登声明公开道歉、消除影响，赔偿损失126万元及相应合理开支。

云南省昆明市中级人民法院判决：下关沱茶公司停止销售标有“金戈铁马”标志的侵权商品，并赔偿曹晓冬20万元。下关沱茶公司不服，提起上诉。云南省高级人民法院判决撤销了一审判决，驳回曹晓冬的诉讼请求。曹晓冬不服，申请再审。最高人民法院判决：撤销二审判决，维持一审判决。

【裁判理由】

最高人民法院认为：

将下关沱茶公司使用的标志与曹晓冬注册商标进行视觉效果比对，下关沱茶公司突出使用“金戈铁马”四字，虽然与第5492697号商标的字体不一样，但读音和字意是相同的，故而两者构成近似，使用在同一种茶叶商品上易使相关公众产生混淆。即使“下关沱茶”商标较本案曹晓冬的第5492697号商标具有更高的知名度,二审法院认定被诉侵权商品没有必要攀附涉案商标来提高自己的知名度虽有一定的可能性,但该推断忽视了注册商标作为一项标识性民事权利的权能和作用。相关公众是否会混淆误认,既包括将使用被诉侵权标志的商品误认为商标权人的商品或者与商标权人有某种联系,也包括将商标权人的商品误认为被诉侵权人的商品或者误认商标权人与被诉侵权人有某种联系,妨碍商标权人行使其商标权,进而实质性妨碍该注册商标发挥识别作用。因此,如果认为被诉侵权人享有的注册商标更有知名度即可以任意在其商品上使用他人享有注册商标的标识,将实质性损害该注册商标发挥识别商品来源的基本功能,对该商标权造成基本性损害。

【案件信息】

曹晓冬诉云南下关沱茶(集团)股份有限公司侵害商标权案,最高人民法院(2017)最高法民再273号民事判决书(2017年9月20日,王艳芳、杜微科、何鹏),云南省高级人民法院(2016)云民终738号民事判决书(2016年12月19日,贺荚、杨凌萍、陈姣),云南省昆明市中级人民法院(2016)云01民初246号民事判决书。

案件来源:最高人民法院知识产权案件年度报告(2017),2017年中国法院50件典型知识产权案例。

105 消费者购买商品时看不到的商品外观和包装不构成商标使用,此时不混淆的不构成侵权

【裁判要旨】

消费者在购买商品时无法看到的商品形状及其内部包装,不能起到识别商品来源和生产者作用的,不构成商标意义上的使用;这种商品的形状及其内部包装在消费者购买该商品时不会与商标注册人的立体商标相混淆的,不构成侵害商标权。

【关键词】

侵害商标权 | 商标使用 | 售后混淆 | 立体商标

【基本案情】

原告辉瑞产品公司系第3110761号指定颜色为蓝色的菱形立体商标专用权

人,该商标于2003年5月28日获准注册,核定使用商品为第5类的医药制剂、人用药等,并许可辉瑞制药公司使用。

辉瑞产品公司于2005年在被告新概念公司购买了被告联环公司生产的用于治疗男性勃起功能障碍的“甲磺酸酚妥拉明分散片”药片后,发现其包装上有与药片形状相应的菱形突起,药片为浅蓝色、近似于指南针形状的菱形,并标有“伟哥”和“TM”字样。

经查,被告威尔曼公司于1998年申请在第5类药品上注册“伟哥”商标,2002年初步审定公告,2004年4月转让给广州威尔曼新药开发中心有限公司,广州威尔曼新药开发中心有限公司于2005年许可被告联环公司在甲磺酸酚妥拉明分散片上使用“伟哥TM”商标。

辉瑞产品公司、辉瑞制药公司提起诉讼,请求判令新概念公司停止销售、联环公司和威尔曼公司停止制造和销售侵害第3110761号商标的商品以及制造侵害第3110761号商标权的标识,销毁全部库存的侵权商品、商标标识和公告宣传材料,追回并销毁全部已流入销售商的侵权商品,以及用于制造侵权商品和侵权标识等的模具和工具,消除影响,连带赔偿损失50万元。

北京市第一中级人民法院判决:新概念公司停止销售侵权商品,联环公司刊登声明消除影响并赔偿损失30万元。联环公司不服,提起上诉。北京市高级人民法院判决:撤销一审判决,驳回辉瑞产品公司和辉瑞制药公司的诉讼请求。辉瑞产品公司和辉瑞制药公司不服,申请再审。最高人民法院裁定:驳回其再审申请。

【裁判理由】

最高人民法院认为:

联环公司生产的“甲磺酸酚妥拉明分散片”药片的包装有与药片形状相应的菱形突起、包装盒上“伟哥”二字有土黄色的菱形图案作为衬底,但消费者在购买该药品时并不能据此识别该药片的外部形态。由于该药片包装于不透明材料内,其颜色及形状并不能起到标识其来源和生产者的作用,不能认定为商标意义上的使用,因此,不属于使用相同或者近似商标的行为。二审法院关于即便该药片的外部形态与辉瑞产品公司主张保护的立体商标相同或相近似,但消费者在购买该药品时不会与辉瑞产品公司该立体商标相混淆,亦不会认为该药品与辉瑞产品公司、辉瑞制药公司存在某种联系进而产生误认的认定,并无不当。

【案件信息】

辉瑞产品有限公司、辉瑞制药有限公司诉江苏联环药业股份有限公司、北京健康新概念大药房有限公司、广州威尔曼药业有限公司侵害商标权案，最高人民法院（2009）民申字第268号民事裁定书（2009年6月24日，夏君丽、王艳芳、张晓都），北京市高级人民法院（2007）高民终字第1686号民事判决书（张冰、程霞、李燕蓉），北京市第一中级人民法院（2005）一中民初字第11351号民事判决书（2006年12月27日，仪军、姜颖、周云川）。

案件来源：最高人民法院知识产权案件年度报告（2009）。

106 售前混淆[①]会使商标权人利益受到损害且商标法并未限定混淆时机故其应属商标侵权

107 替他人推销[②]不包括经营者自己的销售，但包括商场超市为他人销售提供服务的行为

【裁判要旨】

"替他人推销"，是指帮助"他人"销售商品的行为，不包括经营者

---

① 同样认为使用竞价排名关键词的售前混淆行为构成侵害商标权的行为的是2011年中国法院知识产权司法保护50件典型案例之江苏省高级人民法院（2011）苏知民终字第0033号上海梅思泰克生态科技有限公司诉无锡安固斯建筑科技有限公司侵害商标权案。在2011年另一50件典型案例之浙江省杭州市滨江区人民法院（2011）杭滨初字第11号杭州盘古自动化系统有限公司诉杭州盟控仪表技术有限公司、北京百度网讯科技有限公司侵害商标权案中，法院虽然认定构成侵害商标权，但认为违反的却是《商标法》第57条第7项的其他损害行为，其要旨如下：故意将与同业竞争者商标相近似的文字设置为竞价排名关键词，吸引网络用户注意力，导致公众认为其与被侵权人存在特定关联，构成商标法规定的对他人注册商标造成其他损害的行为。《涉网络知识产权案件审理指南》第38条规定："购买、使用竞价排名服务的行为在符合条件的情况下可以构成不正当竞争行为，并未规定这种行为是侵害商标的行为。"当然，近期实践的发展出现了对竞价排名关键词的使用情形予以区分并分别定性的情况：对于关键词在搜索结果的链接、标题中出现，甚至突出显示的，属于显示使用，实践中一般认为构成商标性使用从而构成侵害商标权，但是否属于售前混淆的侵权则并未明确；对于在搜索结果中不出现，仅在搜索的后台使用的，属于隐性使用，不构成商标性使用，从而不会认为构成侵害商标权，而可能会被认定为构成不正当竞争，具体请见本书不正当竞争部分的相关案例。

② 北京市高级人民法院2019年4月24日发布并施行的《商标授权确权行政案件审理指南》第19.14条规定：诉争商标注册人为商场、超市等，其能够证明通过提供场地等形式与销售商等进行商业合作，足以认定其为推销商品提供建议、策划、宣传、咨询等服务，可以认定诉争商标在"替他人推销"服务上进行了商标使用。

“自己”作为销售主体销售商品的行为，即不包括零售、批发服务。商场、超市自己作为销售主体对外销售商品的不属于“替他人推销”，但是为销售者在其购买场所内的销售行为提供相应服务中属于替他人推销。

商标法虽未明确规定售前混淆，但也没有对混淆产生的时机进行限定，而且售前混淆可能会使商标权人基于该商标而应获得的商业机会被剥夺，或者会降低商标与商标权人之间的唯一对应关系，因此也属于侵害商标权的情形。

【关键词】

侵害商标权｜售前混淆｜替他人推销｜商场超市

【基本案情】

原告中粮集团系第 6345079 号“大悦城”商标（核定使用服务为第 35 类地替他人推销等）、第 7209417 号“大悦城”商标（核定使用服务为第 35 类地替他人推销等）、第 6345086 号“大悦城”商标（核定使用服务为第 36 类的不动产出租、不动产管理等）、第 5796916 号“大悦城”商标（核定使用服务为第 36 类的不动产出租、不动产管理等）的专用权人，并将上述商标许可给弘泰基业公司使用（普通许可）北京朝阳大悦城项目的管理和运营。

被告寺库公司购买了“大悦城”关键词，在百度网搜索栏内输入“大悦城”，点击“百度一下”进行搜索，搜索结果第一项（推广链接）显示的链接标题为“寺库北京朝阳大悦城 100% 正品保证，全场低折抢购！”寺库公司经的网站页面中并无“大悦城”字样。

中粮集团提起诉讼，请求判令寺库公司及其东城分公司停止以“大悦城”作为关键词在百度网实施竞价排名的商标侵权及不正当竞争行为，在其公司网站首页上发表声明消除影响连带赔偿损失 15 万元及相应合理开支。

北京市东城区人民法院判决：驳回中粮集团的诉讼请求。中粮集团不服，提起上诉。北京知识产权法院判决：撤销一审判决，寺库公司在其公司网站首页上发表声明消除影响，赔偿损失 15 万元及相应合理开支。

【裁判理由】

法院认为：

本院仅对被诉服务内容与“替他人推销”这一核定使用服务是否构成类似服务进行分析。“替他人推销”应是指帮助“他人”销售商品的行为，其既包括为销售者的具体销售行为提供单次的促销或推销的行为，也包括对销售者日常销售行为提供常规性服务的行为，但该服务并不包括经营者“自己”作为销售主体销售商品的行为。因零售、批发服务均是销售者以自己名义进行对外销售的行为，故其不属于“替他人推销”的服务范围。如果商场、超市等自己作为销售主体对外销售商品，则该服务不属于“替他人推销”，但如果其仅是为销售者在其购物场所内的销售行为提供相应服务，则该行为属于替他人推销。

现有购物网站通常包括两种经营模式，即自营网站与第三方销售平台，故网络用户既可能认为(1)寺库网站是北京朝阳大悦城自行开设或与寺库共同开设的自营网站，也可能会认为(2)该网站系北京朝阳大悦城自行开设或与寺库共同开设的为销售商提供网络服务的第三方销售平台。

第(1)种情况的服务与“替他人推销”并不构成同一种服务，但在“大悦城”商标通过大量使用已具有较高知名度的情况下，不妨碍网络用户在看到与“大悦城”相关的自营网站时可能认为该购物网站系由“大悦城”开设或与其有关，从而与“替他人推销”构成类似服务。第(2)种情况的服务与“替他人推销”构成同一种服务。

本案被诉行为发生在用户进入寺库公司网站之前(发生在寺库公司实际提供服务之前)，而用户点击被诉内容后进入的寺库网站中并未使用“大悦城”，故虽然被诉行为会使部分相关公众误认为寺库商城为北京朝阳大悦城自行开设或与寺库共同开设的购物网站，从而具有混淆可能性，但该情形属于售前混淆。商标法对此虽并未明确规定，也没有对混淆产生的时机进行限定；售前混淆也会对商标权保护的利益造成的损害：可能会使商标权人基于该商标而应获得的商业机会被剥夺，或者会降低商标与商标权人之间的唯一对应关系。故寺库公司的被诉行为同时违反《商标法》第 57 条第 1 项和第 2 项的规定构成对中粮集团第 7209417 号商标权的侵害。

因对同一行为不应同时适用《商标法》及《不正当竞争法》调整，故在已认定被诉行为构成侵害商标权行为的情况下，已不应再适用《反不正当竞争法》予以调整。

因被诉行为仅是在搜索引擎的搜索结果中使用了“大悦城”字样，寺库公司并未介入中粮集团的经营活动，因此，本案中并不存在破坏中粮集团正当经营活动的情形，但如果相关公众会将“大悦城”作为购物场所认知，被诉行为亦属于不正当利用中粮集团经营利益的行为，违反诚实信用原则，属于《反不正当竞争法》第 2 条所规定的不正当竞争行为，至于是否会使得相关公众产生混淆误认，则并非该条款认定的必备要件。

【案件信息】

中粮集团有限公司诉北京寺库商贸有限公司、北京寺库商贸有限公司东城第一分公司侵害商标权案,北京知识产权法院(2015)京知民终字第1828号民事判决书(2016年5月5日,芮松艳、彭文毅、张晰昕),北京市东城区人民法院(2015)东民(知)初字第3273号民事判决书。

案件来源:《人民法院案例选》2017年第2辑。

108 替他人推销服务与在线电商服务在服务功能和消费对象上接近,应认定为类似服务

【裁判要旨】

替他人推销与在线电商服务在服务功能和消费对象上接近,属于类似服务。

互联网用户因记忆模糊、输入错误而进入其他网站,以其一般认知能力不会因此产生混淆误认。

【关键词】

替他人推销 | 在线电商 | 类似服务

【基本案情】

原告家有购物公司于2012年7月20日受让取得第8365021号"WWW. JIAYOUGO. COM"商标、第6693601号"jiayougo"商标等8件注册商标,其中第6693601号商标核定使用服务为第35类地替他人推销等。

被告家有在线公司的"www. jiayou9. com"网站系电商销售平台,家有购物公司认为该网站域名与其注册商标"jiayougou"等相同或者近似,构成近似商标,侵害其8件商标权。

家有购物公司提起诉讼,请求判令:(1)家有在线公司撤换和停止使用"www. jiayou9. com"网站域名,赔偿损失5万元和相应合理开支,并在媒体上赔礼道歉……

贵州省贵阳市中级人民法院判决:家有在线公司停止侵害家有购物公司第6693601号"jiayougo"商标权的行为,注销其"www. jiayou9. com"域名,赔偿家有购物公司损失2万元和相应合理开支。家有在线公司不服,提起上诉。贵州省高

级人民法院判决：撤销一审判决，驳回家有购物公司的诉讼请求。

【裁判理由】

法院认为：

第6693601号商标核定使用的服务项目为第35类地替他人推销等。本类尤其包括为他人将各种商品归类、以便顾客浏览和购买，这种服务可由零售商店、批发商店、自动售货机、邮购目录或者借助电子媒介提供，如通过网站或者电视购物节目。而家有在线公司作为一家综合性的电商平台，主要以通过网站为顾客提供销售地方农特产品、鲜活农产品、民间工艺品等服务为经营项目。家有在线公司提供的在线电商服务在服务功能和消费对象与家有购物公司核定商标使用的服务是相近似的，两者属于类似服务。

第6693601号商标"jiayougo"与被诉域名主要组成部分"jiayou9"不构成近似。普通互联网用户通过输入关键词搜索网页链接的方式并不会误导其访问家有在线公司的"jiayou"网站。最后，即使网络用户因为记忆混淆将搜索关键词输入为"jiayou9"而进入"jiayou9"网站，以互联网用户的一般认知能力很难使相关用户产生该网络域名对应网站的服务来自"jiayougo"商标注册人的混淆，因此并不构成侵权。

【案件信息】

家有购物集团股份有限公司诉贵州家有在线网络有限公司侵害商标权案，贵州省高级人民法院(2017)黔民终822号民事判决书(2017年9月11日，朱进、秦娟、雷蕾)，贵州省贵阳市中级人民法院(2017)黔01民初69号民事判决书。

案件来源：2017年中国法院50件典型知识产权案例。

109　以婚恋交友为题材的电视节目名称经使用后与婚姻交友的服务商标能区分的不构成类似服务

110　持续性地对电视节目名称的使用使观众能想到该电视节目及其提供者的系商标使用

【裁判要旨】

电视台对其节目名称，有作为品牌来使用和维护的意图，在使用方式上具有持续性与连贯性，整体呈现方式具有独特性，经过大量宣传，具有较强显著性，相关公众一看到该名称，联想到该电视节目及其提供者的，应认定起到了指示来源的商标功能，属于商标性使用。

判断根据现实生活有关题材进行创作的电视节目是否与该生活题材相应服务是否相同或类似时，不能简单、孤立地将其表现形式或题材内容从整体节目中割裂开来，片面、机械地作出认定，应当综合考察节目的整体和主要特征。依据其节目本质，在服务目的、服务的内容和方式以及服务对象各方面，根据相关公众的一般认知能够清晰区分电视节目内容与现实生活题材相应服务的，不构成类似服务。

注册商标本身显著性较低，对该注册商标的保护范围和保护强度，应与该商标的显著性和知名度所做出的贡献相符；被诉电视节目标识为公众所熟知，相关公众能够对该电视节目的服务来源作出清晰区分，不会误认为来自注册商标权利人的，不构成对商标权的侵害。

【关键词】

电视栏目名称｜商标性使用｜服务类似｜混淆可能性｜反向混淆

【基本案情】

2009 年 2 月 16 日，原告金阿欢申请注册第 7199523 号“非诚勿扰”商标，并于 2010 年 9 月 7 日获得核准，核定使用服务为第 45 类的交友服务、婚姻介绍所等。

被告江苏电视台旗下的江苏卫视于 2010 年开办了以婚恋交友为主题、名称为“非诚勿扰”的电视节目。被告珍爱网为“非诚勿扰”节目推选相亲对象，提供广告推销服务，并曾在深圳招募嘉宾，报名地点设在深圳市南山区。

金阿欢以江苏电视台和珍爱网侵害其商标权为由，提起诉讼，请求判令：江苏卫视频道停止使用“非诚勿扰”栏目名称；珍爱网公司停止使用“非诚勿扰”名称进行广告推销、报名筛选、后续服务等共同侵权行为。

深圳市南山区人民法院认为，“非诚勿扰”栏目虽然与婚恋交友有关，但终究是一档电视节目，其与金阿欢的商标核定服务类别不同，不构成侵权，因此判决：驳回金阿欢的诉讼请求。金阿欢不服，提起上诉。

深圳市中级人民法院认为，江苏电视台节“非诚勿扰”节目名称与金阿欢的“非诚勿扰”商标相同，江苏电视台使用“非诚勿扰”为商标性使用。“非诚勿扰”

节目提供了征婚、相亲、交友服务，与“非诚勿扰”商标核定使用的服务“交友、婚姻介绍”相同。由于江苏电视台的知名度及节目的宣传，使相关公众将金阿欢的注册商标与江苏电视台产生错误认识及联系，造成反向混淆。同时，珍爱网公司因参与了“非诚勿扰”节目的嘉宾招募，并进行宣传等，与江苏电视台构成共同侵权，因此判决：撤销一审判决；江苏电视台所属的江苏卫视频道停止使用“非诚勿扰”栏目名称；珍爱网停止使用“非诚勿扰”名称进行广告推销、报名筛选、后续服务等行为。江苏电视台和珍爱网不服二审判决，申请再审。广东省高级人民法院判决：撤销二审判决，维持一审判决。

【裁判理由】

法院认为：

江苏电视台对被诉“非诚勿扰”标识的使用，从客观情况看，在使用方式上具有持续性与连贯性，整体呈现方式上也具有一定独特性，经过江苏电视台大量宣传，具有较强显著性，相关公众一看到被诉标识，就会联想到该电视节目及其提供者江苏电视台，起到了商标所具有的指示来源的功能作用；从主观情况来看，江苏电视台也有将该标识作为品牌来使用和维护的意图，因此属于商标性使用。

被诉“非诚勿扰”节目作为一档以相亲、交友为题材的电视文娱节目，其服务目的在于向社会公众提供旨在娱乐、消遣的文化娱乐节目，凭节目的收视率与关注度获取广告赞助等经济收入，服务的内容和方式为通过电视广播渠道提供和传播节目，服务对象是不特定的广大电视观众等，与满足特定服务对象、以通过提供促成婚恋配对服务来获取经济收入的“交友服务、婚姻介绍”，在服务目的、内容、方式和对象上均区别明显。以相关公众的一般认知，能够清晰区分电视文娱节目的内容与现实中的婚介服务活动，两者不构成类似服务。

即使认定其为类似服务，由于金阿欢注册商标本身显著性较低，对该注册商标的保护范围和保护强度，应与金阿欢对该商标的显著性和知名度所做出的贡献相符，因被诉节目标识作为娱乐、消遣的综艺性文娱电视节目为公众所熟知，相关公众能够对该服务来源作出清晰区分，不会产生两者误认和混淆，被诉行为并未损害涉案注册商标的识别和区分功能，也不构成商标侵权。

【案件信息】

金阿欢诉江苏省广播电视总台、深圳市珍爱网信息技术有限公司侵害商标权案，广东省高级人民法院(2016)粤民再447号民事判决书(2016年12月26日，徐春建、邱永清、肖海棠)，广东省深圳市中级人民法院(2015)深中法知民终字第927号民事判决书(2015年12月21日，于春辉、费晓、杨馥维)，广东省深圳市南山区人民法院(2013)深南法知民初字第208号民事判决书(2014年9月29日)。

案件来源:2016年中国法院10大知识产权案件。

111 使用人在注册商标申请日之前使用电视节目名称，无过错且未造成混淆的不构成侵权

【裁判要旨】

电视节目名称和标志在使用中起到识别服务来源的作用，应当视为商标性使用。

电视节目名称及电视节目的播出均先于注册商标申请日，电视节目的制作与播放单位不具有侵害他人商标权的主观上无过错，商标权人对其商标使用、宣传较少不足以使其商标产生较强的显著性、影响力和识别力，且电视节目的制作与播放单位对电视节目名称的使用不足以产生混淆的，不构成侵权。

【关键词】

侵害商标权｜商标性使用｜在先使用｜电视节目名称｜主观过错

【基本案情】

2011年5月26日，原告同舟公司(甲方)委托北京首达知识产权代理有限公司(乙方)代理申请“非常了得”商标注册。

2011年6月22日，同舟公司申请注册第9628616号“非常了得”商标，2012年7月21日核准，核定服务为第41类的学校(教育)、组织教育或娱乐竞赛、无线电文娱节目、娱乐等。2012年10月29日，同舟公司与南京市红山街道红山公园社区共同举办了首届“非常了得”才艺展示有奖活动。2013年1月16日，被告长江龙公司对该商标提出争议申请，2013年12月2日，商标评审委员会裁定对该商标予以维持。

《非常了得》系由长江龙公司制作并出品的一档热播电视节目，该节目由郭德纲和孟非联合主持，节目主要形式为嘉宾每人带来自己的表述，表述内容包罗万

象,如果参加者猜对表述真假,就能获得相应的旅游大奖。该节目由长江龙公司授权被告江苏省电视台在江苏卫视频道播出,首次播出时间为2011年6月8日。2012年6月19日,长江龙公司就其于2011年4月28日创作完成、并于2011年6月8日在江苏省南京市首次发表的美术作品《非常了得LOGO》和作品《〈非常了得〉益智答题电视节目》进行了作品登记,取得著作权登记证书,其中的首次发表指《非常了得》电视节目首次播出。2013年2月14日,长江龙公司的第10280003号"非常了得及图"商标获准注册,核定服务为第38类的电视播放、电视广播、有线电视播放、卫星传送等。

2013年2月8日,同舟公司向江苏省电视台发出告知函,要求停止使用含有"非常了得"字样制作、宣传及传播商业性节目。

同舟公司提起诉讼,请求判令:江苏省电视台、长江龙公司立即停止侵害其"非常了得"商标权的行为,并支付合理开支3万元。

南京市玄武区人民法院判决:驳回同舟公司的诉讼请求。同舟公司不服,提起上诉。江苏省南京市中级人民法院判决:驳回上诉,维持原判。同舟公司仍不服,申请再审。江苏省高级人民法院裁定:驳回其再审申请。

【裁判理由】

法院认为:

长江龙公司对"非常了得"文字及图形组合作品享有在先权利,其电视节目"非常了得"的LOGO作品创作完成于2011年4月28日,早于同舟公司"非常了得"商标的申请注册时间以及核准时间。因此,长江龙公司和江苏省电视台有权在其电视节目中正当使用该标识。

一档题材新颖的电视节目及其LOGO的设计需要一段时间的创作过程。江苏省电视台于2011年3月提出创作"非常了得"电视节目的设想,同年4月28日创作完成电视节目的文案作品及LOGO作品,同年5月31日召开新闻发布会向社会发布该节目名称及内容,同年6月8日首播该节目,使用该LOGO。而同舟公司最早于同年5月26日委托他人代理"非常了得"注册申请,同年6月22日提出注册申请。因此,长江龙公司和江苏省电视台无论是对节目名称的提出,还是对节目LOGO的设计完成,均早于同舟公司"非常了得"文字商标的提出及申请注册时间。庭审中,长江龙公司和江苏省电视台对该LOGO的设计思路作了合理解释。故长江龙公司和江苏省电视台并不存在侵害同舟公司商标专用权的主观故意。

长江龙公司和江苏省电视台使用“非常了得”节目名称不会造成相关公众的混淆与误认。由于同舟公司注册“非常了得”商标后,使用不多,并未通过使用或宣传使该商标产生较强的显著性、影响力和识别力。相反,江苏省电视台“非常了得”电视节目的播出当天,在国内获得极高的电视收视率,产生强烈的轰动效果和广泛的社会影响力。于此情形,公众并不会将长江龙公司和江苏省电视台的电视节目与同舟公司的商标进行关联,从而对二者的服务产生误认或混淆。

【案件信息】

南京同舟知识产权事务所有限公司诉江苏省广播电视总台、长江龙新媒体有限公司侵害商标权案,江苏省高级人民法院(2015)苏审三知民申字第00001号民事裁定书(2015年10月20日,汤茂仁、徐美芬、刘莉),江苏省南京市中级人民法院(2014)宁知民终字第2号民事判决书(2014年9月1日,张雁、叶波平、梁凯),江苏省南京市玄武区人民法院(2013)玄知民初字第86号民事判决书(2014年4月23日,刘立柱)。

案件来源:2015年中国法院50件典型知识产权案例。

112 通过微信公众号提供的信息宣传以及中介等服务属于广告、营销以及信息传送服务

【裁判要旨】

通过微信公众号提供的信息宣传以及中介等服务属于广告、营销以及信息传送服务。

【关键词】

相同服务 | 微信公众号 | 信息传送 | 广告 | 营销

【基本案情】

2010年2月,原告沈阳广播电视台在交通广播FM98.6中推出了汽车监督维权栏目《汽车小辣椒》。该栏目播出以来,以其内容的专业性和为车主的监督维权,受到社会相关公众和行业的关注。2016年5月14日,沈阳广播电视台注册取得第16565685号和第16565698号“汽车小辣椒及图”商标专用权,核定使用服务项目分别为第35类的在通信媒体上出租广告时间、广告、为零售目的在通信媒体

上展示商品等和第38类的无线电广播、移动电话通信、计算机终端通信、信息传送等。

被告沈阳吉宝公司于2014年12月26日开始以“汽车小辣椒”作为公众号名称在微信公众平台发送消息与订阅用户进行互动,该公众号内部设置了“违章查询”“买车砍价”“商务合作”等内容分类导航,具体提供了买车、用车和行业新闻等信息内容,并宣传其公众号为“买车用车第一新媒体平台”,2016年10月26日更名为“辣评车”。沈阳吉宝公司还在车展展台、户外广告和搜狐、新浪等网络内容分发平台上使用了“汽车小辣椒”文字。

沈阳广播电视台提起诉讼,起诉的行为构成侵权,请求判令沈阳吉宝公司停止侵权,赔偿损失50万元。

辽宁省沈阳市中级人民法院判决:沈阳吉宝公司停止侵权,赔偿损失3万元。

【裁判理由】

法院认为:

沈阳广播电视台在本案主张保护的两注册商标的核心识别特征系其中的“汽车小辣椒”文字。沈阳吉宝公司以“汽车小辣椒”作为微信公众号名称,在提供相关买车、用车和行业新闻的信息发送和商业运营推广中,“汽车小辣椒”起到了标识服务来源的作用,故沈阳吉宝公司的行为属于商标的使用行为。

沈阳吉宝公司使用的“汽车小辣椒”文字与沈阳广播电视台的注册商标相比,文字部分完全相同,构成近似商标。沈阳吉宝公司的微信公众号虽在传播媒介的创设和信息推送方式上与电台广播存在差异,但并不影响其实质的广告、营销和信息传送等内容在商标法意义上的服务类别判断,上述使用范围与沈阳广播电视台注册商标核定使用服务项目属相同服务。

沈阳广播电视台以《汽车小辣椒》作为FM98.6广播的栏目名称使用在先,且经过较长时间的使用已在辽沈地区的汽车用户和相关行业内具备了较强的显著性和较高的知名度,沈阳吉宝公司在同一服务上使用“汽车小辣椒”文字标识具有混淆的可能,易使相关公众对服务来源产生误认或认为服务来源存在特定联系,其行为构成对商标权的侵害。

综合考虑沈阳广播电视台单位性质和主要业务范围、《汽车小辣椒》栏目监督维权的公益性定位,涉案商标的注册时间及服务商标类别,沈阳吉宝公司行为的持续时间等因素,以及沈阳广播电视台为制止侵权行为所支付的合理开支,酌情确定沈阳吉宝公司的赔偿数额为3万元。

【案件信息】

沈阳广播电视台诉沈阳吉宝广告传媒有限公司侵害商标权案，辽宁省沈阳市中级人民法院(2016)辽01民初588号民事判决书(侯杨、黄大鹏、张加磊)。

案件来源:2016年中国法院50件典型知识产权案例。

113 应用软件通过利用信息网络提供的商品或服务与互联网服务或软件商品不当然类似

【裁判要旨】

认定利用信息网络通过应用软件提供的商品或者服务，与他人注册商标核定使用的商品或者服务是否构成相同或者类似，应结合应用软件具体提供服务的目的、内容、方式、对象等方面综合进行确定，不应当然认定其与计算机软件商品或者互联网服务构成类似商品或者服务。——《涉网络知识产权案件审理指南》第28条

【关键词】

移动应用软件 | App软件 | 服务类似 | 计算机软件 | 互联网服务

【基本案情】

原告睿驰公司分别于2013年11月14日和2014年2月28日获准注册了第11122098号、第11122065号“嘀嘀”和第11282313号“滴滴”商标，核定服务分别为第35类商业管理等服务和第38类计算机网络连接等服务。

被告小桔公司于2012年9月上线了一款名为“嘀嘀打车”(后更名为“滴滴打车”)的App软件，其服务内容为借助移动互联网及软件客户端，采集乘客的乘车需求和司机可以就近提供服务的相关信息，通过后台处理完成服务，用户需要下载该App安装到手机上才能在该软件上呼叫出租车或者网约车。

睿驰公司认为，小桔公司经营的“滴滴打车”在服务软件程序端显著标注“滴滴”字样，服务内容为借助移动互联网及软件客户端，采集信息进行后台处理、选择、调度和对接，使司乘双方可以通过手机中的网络地图确认对方位置，联系并及时完成服务，属于典型的通信服务，还同时涉及替出租车司机推销、进行商业管理

和信息传递等性质的服务，侵害了自己的商标权，要求小桔公司将其网站和打车软件中的“滴滴”字样删除，并公开消除影响。

北京市海淀区人民法院判决：驳回睿驰公司的诉讼请求。

【裁判理由】

法院认为：

从标志本身看，文字“滴滴（嘀嘀）”，为象声词和常用词，在日常生活中通常被指代汽车，在小桔公司所属的出租车运营行业作为商标使用的显著性较低，小桔公司“滴滴打车”服务使用的图文组合标识则具有较强的显著性，与睿驰公司的文字商标区别明显。

从服务类别的相似度看，睿驰公司列举的“滴滴打车”服务过程中的相关商业行为，或为小桔公司针对行业特点采用的经营手段，或为该公司对自身经营采取的正常管理方式，与第35类服务针对的由服务企业对商业企业提供经营管理的帮助等内容并非同类，以具有商业管理性确定被诉侵权标志覆盖范围的性质，不符合该类服务分类的本意。第38类电信服务设定范围和内容主要为直接向用户提供与电信相关的技术支持类服务，“滴滴打车”平台需要对信息进行处理后发送给目标人群，并为对接双方提供对方的电话号码便于相互联络，上述行为并不直接提供电信技术支持类服务，在服务方式、对象和内容上均与睿驰公司商标核定使用的项目区别明显，不构成相同或类似服务。睿驰公司所称其商标涵盖的电信和商务两类商标特点，均非小桔公司服务的主要特征，而是运行方式以及商业性质的共性。

此外，睿驰公司商标的批准时间均晚于小桔公司图文标识的使用时间。考虑小桔公司的服务与睿驰公司注册商标核定使用的类别不同，商标本身亦存在明显区别，小桔公司对“滴滴打车”图文标志的使用行为并不构成对睿驰公司的经营行为产生混淆来源的影响，未侵害睿驰公司的商标权。

【案件信息】

广州市睿驰计算机科技有限公司诉北京小桔科技有限公司侵害商标权案，北京市海淀区人民法院（2014）海民（知）初字第21033号民事判决书（2015年2月6日，王宏丞）。

案件来源：2015年中国法院50件典型知识产权案例。

114 手机应用软件名称与注册商标标志相同且两者提供服务相同或者类似的，构成侵权

【裁判要旨】

手机应用软件名称与注册商标标志相同或者近似，提供服务相同或者类似的，该软件名称的使用构成侵权。

【关键词】

手机应用软件 | App 软件 | 服务内容 | 消费群体 | 调解

【基本案情】

原告参考消息报社系经国家事业单位登记管理局核准成立的事业单位，并出版《参考消息》报，“参考消息”于 1957 年 3 月 1 日起作为报纸名称连续使用至今，并于 1999 年 12 月 28 日取得 1347964 号“参考消息”注册商标，核定使用商品为第 16 类的报纸。

被告博瑞公司在其经营的“安卓网”上发布了中文名称为“参考消息”、文件名为“com. paper. cankao235933. apk”的手机应用程序（App）。参考消息报社向博瑞公司发函要求对上述涉案 App 等客户端做下架处理，博瑞公司随后将该应用程序下架。

参考消息报社提起诉讼，请求判令博瑞公司停止侵权的行为，即针对涉案“参考消息手机 App 应用程序”进行下架处理，博瑞公司提供涉案“参考消息手机 App 应用程序”开发运营者的网络注册资料及下载数量走势图并赔偿损失 30 万元。

福建省福州市中级人民判决：博瑞公司赔偿 25 万元。博瑞公司不服，提起上诉，二审期间，双方达成调解。福建省高级人民法院出具了调解书。

【裁判理由】

法院认为：

域名为 apk. hiapk. com 网站所有者信息显示公司名称为福建博瑞网络科技有限公司，在被诉网站内的安卓市场平台，向网民提供名称为“参考消息”App 手机应用程序，博瑞公司如仅是网络服务的提供者，则其对经过身份认证的第三方上传者在一定期限内的信息都会储存在网络服务器中，掌握着有关侵权行为的直接

证据，为协助参考消息报社收集侵权行为的证据，博瑞公司负有努力保存和提供第三方上传者在其平台上进行的网络活动的相关记录、资料或者信息的谨慎义务，并确保资料完整和准确。但博瑞公司在本案诉讼中既不能提交第三方后台上传的证据材料，也不能提供上传者的注册资料、登录 IP 等信息，故无法认定涉案“参考消息”App 手机应用程序系第三方上传，而博瑞公司系被诉网站的实际控制者，故而参考消息报社以福建博瑞网络科技有限公司为本被告提起诉讼并无不当。

在被诉网站 apk. hiapk. com 页面搜索框中输入“参考消息”，出现搜索结果页面，该页面第四条即出现标注有“参考消息(2.0.3)”图标，点击该选项“免费下载”链接进行下载，导入手机并进行安装，安装完毕后在手机操作界面即生成名为“参考消息”的应用软件图标，从该图标登入新闻界面，下方四个栏目——中国、国际、综合、旧版，点击每一个栏目，页面跳转时也都出现“参考消息”的文字图标。博瑞公司在其经营的网站中提供“参考消息”手机 App 应用程序下载服务及相关时政新闻财经信息阅览服务中使用了“参考消息”文字提示，属商标性使用了参考消息报社涉案注册商标“参考消息”。博瑞公司虽为免费提供这些软件下载，但是这些软件的功能也在于帮助博瑞公司通过提供新闻财经信息服务以谋取商业利益。因此，博瑞公司的上述行为毫无疑义地侵害了参考消息报社在第 16 类报纸上的商标专用权。因此，博瑞公司使用涉案“参考消息”商标已构成侵权。

认定商品或者服务是否类似，应当以相关公众对商品或者服务的一般认识进行判断。人民法院在侵权诉讼中对商品或服务类似与否的司法审查不同于商标审查、核准阶段的行政审查，也区别于商品行政管理过程中对具体类别的划分。商品或服务是否类似不是一个孤立和静止的问题，在侵权诉讼中对商品或服务类似与否的司法审查应当比较和考量服务的目的、内容、方式、对象等因素。如果在这些方面相同或者相关公众一般认为存在特定联系，容易造成混淆的，则可以认定为类似商品或服务。参考消息报社“参考消息”报为时政类报纸，向相关公众提供时政新闻财经信息内容，博瑞公司通过其经营的网站提供“参考消息”手机 App 应用程序下载服务及相关时政新闻财经信息阅览服务，宣传载体虽不相同但其宣传内容类似，消费群体相关。在各大媒体争相采用原有纸质载体和互联网传播方式向消费者提供新闻财经信息的社会形式中，博瑞公司通过提供软件下载服务及相关信息阅览服务，商标性使用已具有广泛知名度的涉案“参考消息”注册商标，容易使相关公众认为该软件服务和信息阅览服务为参考消息报社或与参考消息报社存在某种联系，进而引起相关公众对其中的时政新闻财经信息的传播出处产生混淆。故博瑞公司使用涉案商标所提供的服务与参考消息报社注册商标“参考消息”商品类似,博瑞公司侵害了参考消息报社“参考消息”在第16类报纸商品上的商标专用权。

不认定驰名商标也可以通过普通维权程序得到法律救济,如在类似商品上使用与注册商标相同或近似的商标的侵权行为,注册商标权人完全可以依据《商标法》第57条第1款之规定获得法律救济,那么就不能启动驰名商标认定程序。在根据博瑞公司使用的商标与参考消息报社注册商标的相似性以及博瑞公司所提供的服务与参考消息报社的商品的相似性已对博瑞公司使用涉案商标的行为是否构成侵权作出了认定时,尽管涉案注册商标具有较大的影响力,但涉案注册商标是否驰名不再是本案必须认定的事实。

福建省高级人民法院二审调解了此案,没有涉及发布平台的责任。

【案件信息】

参考消息报社诉福建百度博瑞网络科技有限公司侵害商标权案,福建省高级人民法院(2015)闽民终字第1533号民事调解书(2016年7月29日,陈一龙、张宏伟、蔡伟),福建省福州市中级人民法院(2014)榕民初字第1222号民事判决书(2015年6月5日,李瑞钦、林丽娟)。

案件来源:2016年中国法院50件典型知识产权案例。

115 商标使用是否超出核定商品范围构成侵权应考虑市场环境的变化而不应固守区分表

【裁判要旨】

《类似商品和服务区分表》无法穷尽现实生活中的所有商品和服务类型,人民法院在判断商标使用是否超出核定商品范围时,应当考虑市场环境下商品类型的客观变化情况。

【关键词】

侵害商标权｜《类似商品和服务区分表》｜新增商品｜注册商标冲突

【基本案情】

原告爱国者数码公司系第1114515号“爱国者”商标的现权利人,该商标于1996年9月6日申请,于1997年9月28日核准注册,核定使用商品为第9类的计算机、计算机键盘、计算机周边设备、计算机软件(录制好的)、监视器(计算机硬件)、计算机用打印机、输入控制器(数据加工设备)、文字处理机、显示器(电子)。原告爱国者电子公司系该商标的独家被许可人。该商标进行了持续的宣传和使用,在1999~2015年获得多项荣誉,并被商标局、商标评审委员会和法院多次认定为驰名商标。

2014年9月15日,爱国者数码公司从被告隆通公司的网点或者网络上购买了型号为"爱国者××"的移动电源,其上突出使用了"爱国者"或者"Patriot爱国者"字样,生产商为"飞毛腿电源(深圳)有限公司"或者"爱国者集团(中国)有限公司监制飞毛腿电源(深圳)有限公司制造"。

飞毛腿公司是第1084577号"爱国者"商标的现权利人,该商标于1996年7月16日申请,于1997年8月21日获准注册,核定使用商品为第9类电池充电器、电池等。

爱国者数码公司和爱国者电子公司提起诉讼,请求判令飞毛腿公司和隆通公司停止侵权行为,飞毛腿公司赔偿爱损失3000万元和合理开支100万元。

北京知识产权法院判决:飞毛腿公司、隆通公司停止侵权行为,飞毛腿公司赔偿损失300万元和合理开支174,380元。飞毛腿公司和隆通公司不服,提起上诉。北京市高级人民法院裁定:撤销一审判决,驳回爱国者数码公司和爱国者电子公司的起诉。爱国者数码公司和爱国者电子公司起诉不服,申请再审。最高人民法院裁定:驳回其再审申请。

【裁判理由】

最高人民法院认为:

第1084577号商标的申请时间早于爱国者数码公司主张保护的第1114515号"爱国者"商标的申请时间,故虽然第1114515号商标被认定为驰名商标,但是本案并不属于《最高人民法院关于审理涉及驰名商标保护的民事纠纷案件应用法律若干问题的解释》第11条规定的应予判决禁止使用的情形。因此,本案的关键在于诉争移动电源是否在第1084577号商标核定使用商品范围内。

第1084577号商标核定注册的商品为第9类的"电池充电器、电池、太阳能电池、袖珍灯用电池、照明电池、蓄电池",商品项目中并不包括移动电源商品。但是,正如《类似商标和服务区分表》在其说明中所述,"商品和服务项目正不断更新、发展,市场交易的状况不断发生变化",《类似商标和服务区分表》不能穷尽现实中出现的所有商品和服务,其会因市场的变化而不断调整。第1084577号商标在20世纪90年代申请注册时,市场上尚不存在移动电源商品,《类似商品和服务区分表》中亦没有移动电源商品。在移动电源商品面世后,基于尼斯分类第 10 版(2015 年文本)的《类似商品和服务区分表》中新增了"移动电源"商品,并将其划入 0922 群组,与电池、电池充电器为同一类似群组。并且,飞毛腿公司的第 8322472 号"Patriot 爱国者"商标在 2010 年 5 月 24 日申请时已指定使用于"移动电源(外挂电池或后备电池)"上,第 8087759 号"爱国者"商标也核定使用于"移动电源(用于手机、手提电脑、MP3 等电子产品的供电与充电)"上。虽然第 8322472 号"Patriot 爱国者"商标已经被撤销,但其与第 8087759 号"爱国者"商标被先后核准在第 0922 群组的事实从某种程度上也可以证明"移动电源"更接近于第 0922 群组而非第 0901 群组。因此,考虑到商品的变迁及市场实际,难以认定第 1084577 号商标在移动电源商品上的使用超出其核定使用的商品范围。至于其在相关宣传中使用简体"爱国者"之行为,在享有在电池等商品上对"爱国者"商标专用权的前提下,难以仅凭该使用行为认定其构成侵害爱国者数码公司在计算机周边设备等相关商品上的"爱国者"商标专用权。本案属于《商标、企业名称与在先权利冲突案件规定》第 1 条第 2 款所指两个注册商标之间的纠纷,不属于法院民事诉讼的受案范围,可以由爱国者数码公司和爱国者电子公司向有关行政主管机关申请解决。

【案件信息】

爱国者数码科技有限公司、爱国者电子科技有限公司诉深圳市飞象未来科技有限公司、北京隆通科技有限公司侵害商标权案,最高人民法院(2018)最高法民申 3270 号民事裁定书(2018 年 11 月 22 日,王艳芳、毛立华、杜微科),北京市高级人民法院(2018)京民终 23 号民事裁定书(2018 年 3 月 8 日,周波、俞惠斌、苏志甫),北京知识产权法院(2015)京知民初字第 709 号民事判决书(2017 年 10 月 15 日,陈锦川、芮松艳)。

案件来源:最高人民法院知识产权案件年度报告(2018)。

116 应基于商标标志及所涉商标的显著程度、知名度从整体或要部判断是否构成混淆性近似

【裁判要旨】

认定被诉侵权标志与主张权利的注册商标是否近似,应当视所涉商标或其构成要素的显著程度、市场知名度等具体情况,在考虑和对比文

字的字形、读音和含义，图形的构图和颜色，或者各构成要素的组合结构等基础上，对其整体或者主要部分是否具有市场混淆的可能性进行综合分析判断。①

【关键词】

侵害商标权｜商标近似｜商标标志构成要素｜整体或者主要部分｜混淆

【基本案情】

原告嘉禾县锻造厂系第1641855号“雉鸡及图”商标权人，核定使用商品第8类的锄头（手工具）、钳、镰刀、扳手（手工具），有效期限为2001年9月28日至2011年9月27日。2002年1月1日，嘉禾县锻造厂将该商标许可格原告伊斯达公司使用，嘉禾县锻造厂、伊斯达公司均生产钢锄并使用上述商标，其产品出口销往非洲和东南亚等国家。

被告华光钢锄厂于1999年开始使用第1364633号“银鸡”中英文和鸡图案组合商标，并于2000年2月14日获准注册，核定使用商品第8类的锄头（手工具）；农业器具（手动的）。

嘉禾县锻造厂、伊斯达公司提起诉讼，请求判令华光钢锄厂、华光机械公司停止侵害商标权行为、赔礼道歉并赔偿其损失50万元。

湖南省郴州市中级人民法院判决：华光钢锄厂、华光机械公司停止侵害嘉禾县锻造厂、伊斯达公司商标权的行为并赔偿50万元。华光钢锄厂、华光机械公司不服，提起上诉。湖南省高级人民法院判决：驳回上诉，维持原判。华光钢锄厂、华光机械公司申请再审。湖南省高级人民法院裁定：驳回其再审申请。华光机械公司、华光钢锄厂仍不服，向最高人民法院申请再审。最高人民法院提审后判决：撤销一审、二审判决，驳回嘉禾县锻造厂、伊斯达公司的诉讼请求。

---

① 《商标授权确权案件规定》第12条规定：“当事人依据商标法第十三条第二款主张诉争商标构成对其未注册的驰名商标的复制、摹仿或者翻译而不应予以注册或者应予无效的，人民法院应当综合考量如下因素以及因素之间的相互影响，认定是否容易导致混淆：（一）商标标志的近似程度；（二）商品的类似程度；（三）请求保护商标的显著性和知名程度；（四）相关公众的注意程度；（五）其他相关因素。商标申请人的主观意图以及实际混淆的证据可以作为判断混淆可能性的参考因素。”另外，最高人民法院指出该条规定虽然针对的是《商标法》第13条第2款未注册驰名商标的保护，但事实上，《商标法》第30条关于在先注册商标的保护也涉及混淆可能性的判断，第32条在先权利中如字号的保护也会涉及这个问题，同样可以参照该规定来进行判断。宋晓明、王闯、夏君丽、董晓敏：《〈关于审理商标授权确权行政案件若干问题的规定〉的理解与适用》，载《人民司法·应用》2017年第10期。

【裁判理由】

最高人民法院认为：

华光机械公司、华光钢锄厂在其生产、销售的钢锄上使用的标识与嘉禾县锻造厂第1641855号“雉鸡及图”注册商标是否构成侵害商标权意义上的近似是本案的焦点问题。

嘉禾锻造厂的第1641855号“雉鸡及图”注册商标由鸡图形和“雉鸡”文字构成，其中鸡头位于该商标右方，鸡尾朝下位于图案左方；被诉侵权标识由鸡图形和“银鸡”文字构成，其中鸡图案鸡头位于图案左方，呈回头张望姿势，其羽毛层次清晰。经比对，两者鸡图形从视觉上看有明显不同，“雉鸡”“银鸡”文字在视觉及呼叫上亦有明显区别，被诉侵权标识主色调为绿白两色，且有菱形边框，从整体上比较，也与嘉禾县锻造厂的注册商标有明显的区别。

在生产锄头等产品的行业内，以“鸡”图形＋文字的商标被较广泛的注册、使用，嘉禾锻造厂也未提交其第1641855号“雉鸡及图”注册商标在1999年以前具有较高知名度的相关证据，且在嘉禾锻造厂的第1641855号“雉鸡及图”商标注册之前，华光钢锄厂已经在其生产、销售的钢锄上使用于“银鸡”中英文和鸡图案商标，根据本案现有证据难以认定华光钢锄厂有借用嘉禾锻造厂的注册商标声誉的主观故意。

此外，在嘉禾县锻造厂提起本案诉讼之前，华光钢锄厂、华光机械公司与嘉禾县锻造厂、伊斯达公司在其各自生产、销售的钢锄上对相关商标均进行了大规模的使用，仅本案诉讼发生之前6年的各自的出口产值均已超过数百万美元。因此，华光钢锄厂、华光机械公司和嘉禾县锻造厂、伊斯达公司虽然处于同一地区，双方的锄头等产品均多数销往国外市场，相关公众已经将两者的商标区别开来，已经形成了各自稳定的市场。

综合考虑以上因素，华光钢锄厂、华光机械公司使用的“银鸡”中英文和鸡图案商标和嘉禾县锻造厂享有商标权的第1641855号“雉鸡及图”商标不构成近似商标。

【案件信息】

湖南省嘉禾县锻造厂、郴州市伊斯达实业有限责任公司诉湖南省华光机械实业有限责任公司、湖南省嘉禾县华光钢锄厂侵害商标权案，最高人民法院（2010）民提字第27号民事判决书（2010年6月24日，夏君丽、王艳芳、周云川），湖南省高级人民法院（2007）湘高法民三终字第44号民事判决书，湖南省郴州市中级人民法院（2007）郴民三初字第2号民事判决书(2007 年 7 月 12 日,欧学廉、张九香、刘军)。

案件来源:最高人民法院知识产权案件年度报告(2010),最高人民法院公报 2011 年第 2 期。

117 商标近似除考虑构成要素近似程度外还应考虑侵权人主观意图及商标使用历史现状等

【裁判要旨】

侵害商标权意义上的商标近似应当是指足以造成市场混淆的近似。认定商标近似除通常要考虑其构成要素的近似程度外,还可以根据案件的具体情况,综合考虑被诉侵权人的主观意图、注册商标与诉争标志使用的历史和现状等其他相关因素。

【关键词】

侵害商标权｜商标近似｜混淆｜被诉侵权人的主观意图｜历史与现状

【基本案情】

原告拉科斯特公司创办于 1933 年,同年在法国注册"鳄鱼图形"商标,此后其产品主要在欧洲销售。20 世纪 70 年代末,其产品进入香港。1980 ~ 1999 年,拉科斯特公司在中国在第 25 类的服装和第 18 类的箱包等商品注册了"鳄鱼图形"商标和"鳄鱼图形 + LACOSTE"等商标。

被告鳄鱼国际公司前身系陈贤进于 1943 年在新加坡创办的利生民公司,1983 年变更为现名称。鳄鱼国际公司于 1951 年在新加坡、中国香港注册了"鳄鱼图形"商标。1993 年和 1994 年,鳄鱼国际公司在中国申请在第 18 类和第 25 类商品上注册"CARTELO 及图"商标,后于 2007 年被核准。

鳄鱼国际公司曾于 1969 年在日本大阪向法院提起民事诉讼,指控拉科斯特公司侵害其商标权。1973 年双方在大阪高等法院达成和解:鳄鱼国际公司同意拉科斯特公司在日本注册"鳄鱼图形"商标。1983 年 6 月 17 日,双方还签订协议,同意各自徽标可在相关市场中共存不致混淆,并在中国台湾地区、新加坡、印度尼西亚、马来西亚、文莱等地开展合作。

1995 年,拉科斯特公司发现鳄鱼国际公司在中国大陆开设多家店面,招牌上使用写实的鳄鱼图形，并销售标有“鳄鱼图形”商标的商品，于是提起诉讼请求判令鳄鱼国际公司和上海东方鳄鱼公司停止在相同或类似商品上使用与其注册商标近似的商标，赔偿损失300万元并消除影响。

北京市高级人民法院判决：驳回拉科斯特公司的诉讼请求。拉科斯特公司不服，提起上诉。最高人民法院判决：驳回上诉，维持原判。

【裁判理由】

最高人民法院认为：

拉科斯特公司提起本案诉讼的时间为2000年5月11日，其指控的侵权行为发生时间为1995年，因此本案应适用的是1993年《商标法》。

认定被诉侵权标志与请求保护的注册商标是否构成近似商标，通常要根据诉争标识文字的字形、读音、含义或者图形的构图及颜色等构成要素的近似性进行判断，且将是否造成混淆作为重要判断因素。由于不同案件诉争标志涉及情况的复杂性，认定商标近似除通常要考虑其构成要素的近似程度外，还可以根据案件的具体情况，综合考虑其他相关因素，在此基础上认定诉争商标是否构成混淆性近似。

被诉侵权标志一、标志二与拉科斯特公司的系列注册商标相比，具有一定的近似性，但双方之间的诉争商标在相关市场中具有特殊的形成历史和发展历程，有特殊的使用和共存状况，就本案诉争商标具体情况而言，在认定其是否近似时，仅仅比对标识本身的近似性是不够的，还必须综合考量鳄鱼国际公司的主观意图、双方共存和使用的历史与现状等因素，结合相关市场实际，进行公平合理的判断。

首先，鳄鱼国际公司进入中国市场后使用相关商标，主要是对其已有商标的沿用，且在实际使用中也有意区分诉争标志。因此，鳄鱼国际公司之行为不同于刻意模仿名牌奢侈品的假冒行为，其主观上并无利用拉科斯特公司的品牌声誉，造成消费者混淆、误认之故意。

其次，无论是从双方当事人的相关认同和共识还是从相关国际市场实际来看，双方诉争标识在亚洲部分国家和地区已经不至于产生市场混淆而可以共存，这足以表明诉争商标在构成要素上的近似性并不必然构成混淆性近似，并不必然导致其不能共存。

最后，从各自商标在中国市场的共存和使用情况看，两者在中国市场内已拥有各自的相关公众，在市场上均已形成客观的划分，已成为可区别的标识，已足以独立地指示其商品来源，不会导致拉科斯特公司的市场份额被不正当地挤占。

综上所述，在鳄鱼国际公司使用被诉标识不具有恶意抄袭模仿意图的前提下，这种经市场竞争形成的客观区别，是鳄鱼国际公司在中国境内商业成功的结果，对此应给予法律上的认可和肯定。因此，应当认为被诉侵权标志一、标志二与拉科斯特公司的注册商标的共存不足以使相关公众对其商品的来源产生混淆。在能够实际区分商品来源的情况下，即便被诉标志或其主要构成要素与注册商标具有一定程度的近似性，亦不应当认定其构成侵害商标权意义上的近似商标，否则与《商标法》保护商标权的立法意图相背离。在侵害商标权的具体判断中，将是否足以产生市场混淆作为认定商标近似的重要考量因素，主要是要求相关标志具有不产生市场混淆的较大可能性，并不要求达到任何人在任何情况下均绝对不会误认的程度，认定因复杂的历史渊源和现实状态而具有一定近似因素的相关商业标识是否近似时更应如此。

【案件信息】

(法国)拉科斯特公司与(新加坡)鳄鱼国际机构私人有限公司、上海东方鳄鱼服饰有限公司北京分公司侵害商标权案，最高人民法院(2009)民三终字第3号民事判决书(2010年12月29日，夏君丽、殷少平、王艳芳)，北京市高级人民法院(2000)高民初字第29号民事判决书。

案件来源：最高人民法院知识产权案件年度报告(2010)，《最高人民法院公报》2011年第12期，2010年中国法院知识产权司法保护10大案件。

118 图文商标文字显著性弱非商标的主要识别部分，仅与该文字相同或近似的非近似商标

【裁判要旨】

包含县级以上行政区划地名和其他文字、图案的商标，虽然能够获得注册，但由于其中的地名文字显著性不强，他人将与该地名近似的具有其他固有含义的文字及图案作为商标使用在相同商品上，该地名或者与地名近似的文字均不构成商标的显著部分，且前述不同主体所注册或者使用的商标均有一定知名度的，可以认定两商标不构成近似商标，共同使用在相同或者类似商品上不会导致相关公众的混淆误认，不构成侵权。

【关键词】

商标近似｜图文商标｜主要识别部分｜地名｜文字｜显著性

【基本案情】

原告重庆松江厂2005年8月7日获准注册了第3863120号“淞江SJ及图”商标，核定使用商品为第17类的橡皮减震器、橡胶减震缓冲器、管道垫圈、非金属管套等。重庆松江厂自述，该商标作为防御性商标注册，未实际使用。2008年9月14日，重庆松江厂获准注册了第3048238号“松江CQ及图”商标，核定使用商品与第3863120号商标的相同。2004年12月，重庆松江厂“松江牌”橡胶软接、金属软管、阀门被认定为2004年度“成渝最具影响力畅销机电品牌”；2012年12月，重庆市工商行政管理局原告认定重庆松江厂的“松江”商标为重庆市著名商标。

从1964年开始，被告上海松江厂就主要生产“可曲挠橡胶接头”，先后于1989年获得“上海市市级先进企业”、1991年度“上海市星火科技一等奖”等荣誉，2003年起在销售的橡胶软接头、减振器等商品上使用“淞江SJ及图”品牌。上海松江厂和环德信公司还在网络上销售使用“淞江SJ及图”标识的橡胶接头等。被诉侵权的“可曲挠橡胶接头”商品上有“上海松江”字样以及同“淞江SJ及图”标识近似的标识，外包装上有上海松江厂的厂名、厂址以及“淞江SJ及图”标识。

重庆松江厂提起诉讼，请求判令上海松江厂停止侵权行为，并刊登启事，消除影响，环德信公司和昌元销售部停止销售侵权商品，共同赔偿损失100万元及相应合理开支。

重庆市第五中级人民法院判决：驳回重庆松江厂的诉讼请求。重庆松江厂不服，提起上诉。重庆市高级人民法院判决：驳回上诉，维持原判。

【裁判理由】

法院认为：

“松江”二字作为县级以上行政区划名称要单独注册或者作为商标的主要部分进行注册，其显著性非常低，是不会得到核准注册的；要想将含有“松江”文字的商标注册成功，只有尽量降低“松江”文字的比例或者突出图形或符号在整个组合商标中的位置和比例，尽可能让“松江”组合商标的整体含义与上海市松江区相分离，使该商标区别于地名的其他含义，而这一点在重庆松江厂所注册成功的“松江”商标的文字、图形和符号的构成上得到了体现。重庆松江厂的第3048238号“松江CQ及图”商标中，由于“松江”文字显著性很低，且图案占据商标的主要位置为商标主要部分，第3863120号“淞江SJ及图”商标中“SJ”字母与变体CQ字母形成图形为商标主要部分；被诉侵权标志由“淞江”、“HF”、变体“SJ”字母和“SHANGHAI”字母、共同构成了标识的主要部分，上述商标和标志中图形占主要部分，且整体差异明显，不构成商标近似。

重庆松江厂的“松江”商标虽然有一定知名度，但由于“松江”本身的显著性不强，故该商标因使用所具有的显著性源于“松江”文字与“CQ”字母及图形的组合以及相关产品在成渝地区的知名度。上海松江厂使用的“淞江SJ及图”标识中的“淞江”是江河名称，但经过多年的持续使用，已经与“SJ”字母及图形结合具有了较强的识别作用，且标识上下方的“HF”和“SHANGHAI”字母与上海松江厂所处地域以及企业字号有密切联系，而且上海松江厂自20世纪60年代成立以来一直从事“可曲挠橡胶接头”的生产并获得了一系列荣誉，与上海市松江区这一行政区划之间同样形成了一定的联系，并不必然使相关公众将该商品与重庆松江厂使用“松江”组合商标生产相关商品的来源产生误。重庆松江厂的“淞江”组合商标与上海松江厂使用的“淞江”标识并不近似，且该商标未实际使用，故相关公众也不会产生混淆。

【案件信息】

重庆松江管道设备厂诉上海松江环福橡胶制品厂、重庆环德信管道设备有限公司、重庆市高新技术产业开发区昌元阀门销售部侵害商标权案，重庆市高级人民法院(2016)渝民终151号民事判决书(2016年10月17日，黑小兵、周露、宋黎黎)，重庆市第五中级人民法院(2015)渝五中法民初字第01143号民事判决书。

案件来源：2016年中国法院50件典型知识产权案例。

119 图形文字与三维形状组合商标中形状的识别力更强，他人仅使用该形状的亦属近似

【裁判要旨】

立体商标的专用权范围由三维标志和平面要素的显著性决定。当两要素均有显著性时，三维标志相对于平面要素，视觉冲击力更大，特征更明显，相关公众能够第一时间通过该三维标志识别商品来源，对立体商标的保护范围更具影响，故被诉侵权商品上即使没有使用与平面标识

相似的图案,亦不影响对被诉侵权商品是否构成侵权的判断。

【关键词】

立体商标的近似｜三维形状｜平面要素｜商品包装容器形状｜保护范围

【基本案情】

法国轩尼诗公司系第4842349号立体商标的商标专用权人,核定使用商品为葡萄酒等。2003~2015年,关于"轩尼诗VSOP"酒在全国报刊刊登有近300条广告。

蓬莱酒业有限公司生产销售的"万事好金奖白兰地"酒的外形特征与上述立体商标特征基本一致,但其正面瓶贴上有"Waterwall""V·S·O·P""万事好金奖白兰地"字样;瓶身背面瓶贴上载有产品、生产日期、产地、生产者等信息;底座相对于瓶身呈略微凹陷的矮圆台形状。

法国轩尼诗公司认为蓬莱酒业有限公司生产销售了侵害其立体商标的商品,起诉请求蓬莱酒业有限公司停止生产销售侵权商品并赔偿损失及合理开支300万元。

重庆市渝北区人民法院判决:蓬莱酒业公司停止在其生产的商品上使用与第4842349号商标相同或近似的酒瓶及瓶贴,赔偿损失及合理开支15万元。蓬莱酒业公司提起上诉,但未交纳上诉费,二审法院按撤回上诉处理。

【裁判理由】

法院认为:

第4842349号立体商标的特征不仅包含商品的立体形状,还包括附着于该商品的装潢的形状及所处位置,即既包含具有独特形状、比例的立体瓶型,还包括附着于瓶型的瓶贴的形状及所处的位置。上述特征的组合,区别于一般的酒瓶,具有显著特征,能够识别商品来源,共同构成该商标的特征。且涉案立体商标经过广泛宣传使用,具有较高的知名度,相关公众已将该立体商标——尤其是立体商标中的立体形状与法国轩尼诗公司建立了稳定的联系,该立体商标中的立体形状已不仅仅是商品的容器,其已经起到识别商品来源的作用。

被诉侵权商品使用的瓶型以及瓶型上使用的瓶贴的形状及位置均与第4842349号立体商标高度相似,尤其是相对于瓶身呈略微凹陷的矮圆台形状的底座,扁平椭圆形的瓶贴位于瓶身上部,下方有近似正方形的瓶贴。在上述立体商标已具有较高知名度的前提下,即使瓶贴内容有所差别,涉案商品使用上述组合特征的立体标识,也易使相关公众对商品来源产生误认,故被诉侵权商品上使用的标识与第4842349号注册商标构成近似。

蓬莱酒业公司主张,第4842349号立体商标的显著部分为“人身、马身”结合的图形以及“Hennessy”等,被诉侵权商品上突出的是“万事好”“WATERWALL”“金奖白兰地”等,仅VSOP这一标识相似,而VSOP是白兰地产品的一种质量等级标准,其他均不相似,且被诉侵权商品上明确标注了蓬莱酒业公司的信息,不会导致消费者混淆和误认。

首先,一个商品上可以同时存在多个注册商标,相关消费者可以通过任何一个注册商标来识别该商品的来源。故各方当事人的商品上是否使用其他标识,均不影响对蓬莱酒业公司使用被诉侵权标识是否构成侵权的评价。其次,第4842349号商标经过法国轩尼诗公司的广泛宣传使用,已经与其建立较强的稳定的联系,相关公众以一般的注意力为标准容易对被诉侵权商品产生误认,或认为与法国轩尼诗公司具有某种关联。最后,蓬莱酒业公司作为酒类生产商,于1997年已注册成立,在第4842349号商标具有较高知名度的前提下,仍在同类酒产品上使用与之近似的立体标识,即使在相似的立体标识上增加其他标识,仍会导致相关公众产生混淆误认。因此,蓬莱酒业公司的行为构成侵权。

【案件信息】

法国轩尼诗公司诉蓬莱酒业有限公司侵害商标权案,重庆市第一中级人民法院(2018)渝01民终1607号民事裁定书(2018年3月29日,谭颖、刘娟娟、张琰),重庆市渝北区人民法院(2016)渝0112民初17407号民事判决书(2017年11月22日,杨丽霞、余博)。

案件来源:2017年中国法院50件典型知识产权案例。

120 将他人注册商标完整包含在自己相同商品的商标标志中使用易致混淆的,构成侵权

【裁判要旨】

未经许可擅自将他人所有的注册商标完全嵌入在自己未经注册的产品标识中,并使用在同类商品上,易使相关公众误认为涉案产品的来源与注册商标的商品具有特定的关联,应当被认定为商标近似侵权。

【关键词】

侵害商标权｜包含他人注册商标标志｜嵌入｜特定联系

【基本案情】

原告静冈公司获准注册了第7601794号“D及图”商标，核定使用商品为第7类的刀片、刀座、刀具等。被告天华公司法定代表人陈天华曾在原告公司担任业务员一职，后离职。

2012年，被告天华公司销售的刮刀夹具商品、包装及铭牌上使用了TH及天华刀具汉字组合图形并在其中完整嵌入第7601794号商标标志，价值27万余元。

2012年5月，苏州市太仓工商行政管理局对天华公司上述涉嫌侵害原告静冈公司商标权的行为做出行政处罚决定，责令其立即停止侵权行为，没收带侵权商标的宣传册30本、铭牌181只、字模板2块，并处罚款15万元。天华公司起诉要求撤销该行政处罚决定书。江苏省太仓市人民法院判决：驳回天华公司的诉讼请求。天华公司提起上诉，苏州市中级人民法院判决：驳回上诉，维持原判。

静冈公司提起民事诉讼，请求判令：天华公司停止侵害第7601794号商标权的行为，销毁所有侵权产品、标识、相关包装盒、宣传资料等，赔偿损失及合理开支16万元，并在杂志上刊登声明消除影响。

江苏省太仓市人民法院判决：天华公司停止侵害第7601794号商标权的行为，赔偿静冈公司损失及合理开支5万元，就其侵权行为在杂志上刊登声明消除影响。

【裁判理由】

法院认为：

静冈公司的注册商标经过特殊设计而成，并不是简单的字母组合，在视觉效果上具有显著性，且该商标在本行业内和造纸行业内具有较高知名度。

天华公司在其使用的标识中完整嵌入了与静冈公司注册商标相同的图形，且天华公司法定代表人的名片、宣传册、网站等亦使用了该商标及嵌入该商标标志，易使相关公众认为天华公司的涉案产品来源与静冈公司使用注册商标的商品具有特定的联系，明显具有攀附的故意，故应当认定天华公司使用争议标识与静冈公司注册商标构成近似。天华公司未经许可，在同一种商品或类似商品使用与静冈公司注册商标近似的商标，侵害了静冈公司商标权，依法应承担停止侵害、消除影响、赔偿损失的法律责任。

苏州市太仓工商行政管理局已没收带侵权商标的宣传册、铭牌、字模板等，且在案件调查过程中，天华公司主动关闭网站，停止使用相关侵权商标的铭牌、宣传册、字模板，同时现有证据尚难予以证明天华公司处存有侵权产品、标识、相关包装盒、宣传资料等，故对静冈公司要求天华公司销毁所有侵权产品、标识、相关包装盒、宣传资料等相关侵权物品的诉讼请求已无须支持。

综合考虑静冈公司注册商标的知名度、天华公司侵权行为的性质和规模、侵权物品的价值、静冈公司为制止侵权行为所支出的合理开支等因素酌情确定赔偿数额为5万元。

【案件信息】

苏州静冈刀具有限公司诉太仓天华刀具有限公司侵害商标权案，江苏省太仓市人民法院(2013)太知民初字第0016号民事判决书(2013年7月5日)。

案件来源：《最高人民法院公报》2014年第10期。

121 擅自在商标权人商品包装上添加自己的商标并标为经销商和生产商的，构成商标侵权

【裁判要旨】

未经许可，在商标权人的商品包装物上添加自己企业字号和商标、将自己标注为商品经销商和生产商的行为，破坏了注册商标的识别功能，割裂了注册商标与其专用权人之间对应的市场主体，容易使相关消费者误认为被诉侵权商品系来源于被诉侵权人，或者认为被诉侵权人与商标权人存在关联关系，对商标识别功能造成破坏，构成侵权。

【关键词】

侵害商标权｜生产商｜经销商｜添加商标｜错误标注

【基本案情】

原告环球公司系国际注册G728061号“CARIOCA”商标权人，该商标核定使用商品为第16类的书写工具、绘图用具、纸、纸板和不属别类的纸和纸板制品、印刷品、照片、文具等。

2010年11月，环球公司从被告永旺东泰处购买的被诉侵权商品为“36色盒

装细尖水彩笔”,其笔杆上可见金色“CARIOCA”及UNIVERSAL图文标志,外包装上可见“好乐星”及“图形”等商标,并标明由被告际通文具总经销,际通铅笔生产。该商品实际是由际通文具向利通公司订购,由利通公司生产。

2003年8月16日,际通文具(甲方)与环球公司(乙方)共同签订《合资经营企业协议》,共同出资成立合营企业利通公司,在青岛从事文具及相关产品(以下称许可产品)的生产、销售和开发,乙方同意向合营企业授予其商标的独占许可。

2007年和2008年,际通文具获得使用“Carioca”和“Unix”品牌在中国境内销售其铅笔、水彩笔与圆珠笔的许可。

环球公司提起诉讼,请求判令永旺东泰、际通文具、际通铅笔停止生产、销售被诉侵权商品并销毁全部侵权商品,登报道歉、消除影响,赔偿损失及合理开支15万元。

山东省青岛市中级人民法院判决:永旺东泰、际通文具、际通铅笔停止侵害环球公司“CARIOCA”商标权的行为,际通文具、际通铅笔连带赔偿环球公司损失5万元。环球公司、际通铅笔均不服,分别提起上诉。山东省高级人民法院判决:驳回上诉,维持原判。

【裁判理由】

法院认为:

根据已查明的事实,际通文具获得的授权仅限于销售行为,即环球公司仅授权际通文具有权使用“CARIOCA”品牌在中国境内销售其铅笔、水彩笔与圆珠笔,并未授权其使用“CARIOCA”品牌进行生产。而际通文具在2010年销售被诉水彩笔,亦超出环球公司授权期限。

被诉侵权水彩笔系由环球公司授权的生产商利通公司生产,但际通文具、际通铅笔在该产品的包装物上添附了中文标识,其上标注有“总经销:青岛际通文具有限公司”“生产商:青岛际通铅笔有限公司”等字样,还标注有“好乐星”文字及图形商标。

商标的基本功能为识别功能,即将商标权人的商品或服务与其他人的商品或服务区别开来。消费者借助商标选购自己喜爱的商品或服务,经营者则借助商标推销自己的商品,而这一切均依赖于商标识别功能的正常发挥。侵害商标权行为的表现形式多种多样,其本质特征都是对商标识别功能的破坏,造成相关公众对商品或服务的来源产生误认或者认为其来源与注册商标的商品有特定的联系。因此,商标法保护商标就是保护商标的识别功能。本案中,际通文具、际通铅笔在环球公司产品的包装物上添加自己企业字号和商标的行为、将自己标注为产品经销商和生产商的行为，破坏了环球公司“CARIOCA”注册商标的识别功能，割裂了环球公司“CARIOCA”注册商标所对应的市场主体，容易使相关消费者误认为被诉水彩笔系来自际通文具、际通铅笔，或者认为际通文具、际通铅笔与环球公司存在关联关系，侵害了环球公司的商标权。故际通文具、际通铅笔作为市场经营者，在未取得商标权人环球公司授权的情形下，在环球公司产品上标注自己的企业标识和商标，借他人商标宣传自己，构成商标侵权，应承担相应的侵权责任。

【案件信息】

环球股份有限公司诉青岛际通文具有限公司、青岛际通铅笔有限公司、青岛永旺东泰商业有限公司侵害商标权案，山东省高级人民法院（2013）鲁民三终字第32号民事判决书（2013年7月1日，刘晓梅、张亮、张金柱），山东省青岛市中级人民法院（2011）青知民初字第245号民事判决书。

案件来源：2013年中国法院50件典型知识产权案例。

122 回收带有他人商标的容器作为自己相同商品的容器且使用近似装潢的，易造成混淆

【裁判要旨】

符合国家政策导向的回收利用包装容器的行为不能损害他人的合法利益。使用回收容器未合理避让他人的商标权或其他合法权利，并足以导致消费者对商品或服务的来源产生混淆、误认的，构成侵害商标权。

【关键词】

侵害商标权｜回收｜带有他人商标的容器｜合理避让｜装潢近似

【基本案情】

2011年8月7日，安海斯—布希公司获准注册第7069881号“百威英博”商标，核定使用商品为第32类的啤酒等。2012年7月，安海斯—布希公司许可原告百威英博公司使用该商标并可以进行维权。

2012年5～6月，百威英博公司购买了喜盈门冰纯啤酒、哈啤冰纯啤酒等，瓶体下部分别有“百威英博”“百威英博专用瓶”浮雕字样。酒瓶背贴以小字记载由

被告汾湖公司(后变更企业名称为被告浙江喜盈门公司)、北国公司、抚州喜盈门公司生产,哈尔滨喜盈门公司(已注销)监制,并注明“瓶体字样与本产品无关”。被告蓝堡公司投资管理的企业包括注销汾湖公司、哈尔滨喜盈门公司、抚州喜盈门公司等。

百威英博公司提起诉讼,请求判令四被告立即停止生产、销售使用“百威英博”字号的产品,停止生产、销售使用“百威”“百威英博”商标的产品,赔偿损失及合理开支500万元,并登报赔礼道歉、消除影响。

上海市第一中级人民法院判决:浙江喜盈门公司停止侵权,赔偿损失及合理开支10万元,登报声明以消除影响。浙江喜盈门公司不服,提起上诉。上海市高级人民法院判决:驳回上诉,维持原判。浙江喜盈门公司仍不服,申请再审。最高人民法院裁定:驳回其再审申请。

【裁判理由】

最高人民法院认为:

回收并重复利用符合安全标准的啤酒瓶是国家环保政策所提倡的,也是我国啤酒行业多年来的通行做法。一般情况下,如果仅仅是将回收的刻有相关企业标识印记的专用瓶,作为自己的啤酒容器使用,且在啤酒瓶的瓶身粘贴自己的商标和企业名称的瓶贴(包括包装装潢),与其他企业的瓶贴存在明显区别,使消费者通过不同的瓶贴即可区分啤酒的商标和生产商,不会产生混淆误认的,则属于以区分商品来源为目的正当使用,不构成侵权。但啤酒生产企业未采取正当方式使用回收啤酒瓶,侵害他人相关权利的,则应承担相应的法律责任。

浙江喜盈门公司生产的整箱被诉侵权产品的酒瓶下部均有“百威英博”“百威英博专用瓶”浮雕文字,这与一般回收行业混杂回收各种啤酒瓶的客观事实不相吻合;除了啤酒瓶下部显示“百威英博”“百威英博专用瓶”浮雕文字以外,喜盈门公司还在酒瓶上同时粘贴了与百威英博公司的关联企业百威英博哈尔滨啤酒有限公司知名商品哈尔滨啤酒(冰纯系列)相近似的包装装潢(包括酒瓶上的冰块浮雕和瓶贴的颜色、图案等要素组合而成的统一整体),喜盈门公司的上述使用行为,使啤酒瓶上的“百威英博”文字发挥商标识别功能的可能性显著提高,加之“百威英博”与百威英博哈尔滨啤酒有限公司具有密切的关联度,将浮雕文字与包装装潢同时使用相互作用,共同起到了商品识别功能。虽然喜盈门公司在被诉侵权产品包装上还使用了“heimen”“喜盈门”等商标标识,但考虑到“百威英博”商标在行业内所具有的较高知名度及其旗下拥有不同啤酒品牌(包括哈尔滨啤酒)等事实，消费者在注意到喜盈门公司在其啤酒瓶上使用的“百威英博”“百威英博专用瓶”文字时，仍然会对该产品的来源产生混淆或误认。喜盈门公司实施的一系列行为，明显具有傍名牌、搭便车的主观故意，已构成对“百威英博”商标权的侵害。

【案件信息】

百威英博(中国)销售有限公司诉浙江喜盈门啤酒有限公司、抚州喜盈门啤酒有限公司、黑龙江北国啤酒集团有限公司、浙江蓝堡投资有限公司侵害商标权及不正当竞争案，最高人民法院(2014)民申字第1182号民事裁定书(2014年11月28日，于晓白、骆电、李嵘)；上海市高级人民法院(2013)沪高民三(知)终字第111号民事判决书(2014年3月1日，钱光文、马剑峰、徐卓斌)；上海市第一中级人民法院(2012)沪一中民五(知)初字第188号民事判决书(2013年4月22日，胡震远、桂佳)。

案件来源：最高人民法院知识产权案件年度报告(2014)，2014年中国法院50件典型知识产权案件。

123 将权利人在商品上的商标标识进行遮挡并换上其另一注册商标后再出售的亦为侵权

【裁判要旨】

将权利人在商品上的注册商标标识进行遮挡并换上同一权利人另一注册商标后再出售的，属于“未经商标注册人同意，更换其注册商标并将该更换商标的商品又投入市场的”侵权行为。

【关键词】

侵害商标权｜遮挡｜再投入市场｜广告

【基本案情】

原告五粮液公司系第160922号“五粮液及图”和第5814630号“尊”的注册商标独占被许可使用人。四川卡彼森商贸有限公司系五粮液公司2011年度“尊”酒品牌在全国的经销商，其授权江西盛然文化发展有限公司为五粮液公司“尊”酒产品的江西省区域特约经销商，期限为“2011年1月15日至2012年1月14日”“2012年4月19日至2013年4月18日”。

2011 年 12 月 26 日，被告精彩生活公司与江西盛然文化发展有限公司约定，其不定期向后者团购五粮液—精彩生活会员尊（专）享酒。产品包装设计由精彩生活公司提出产品设计方案，经双方确定定型封样后，江西盛然文化发展有限公司按照此包装设计进行供货。

2011 年 10 月 31 日，精彩生活公司网站公告显示"重大好消息，'精彩生活'震撼推出五粮液公司尊酒'精彩生活——尊贵会员专享'！……近日，'精彩生活'与五粮液公司达成深度战略合作，共同推出五粮液公司尊酒'精彩生活——尊贵会员专享'！五粮液公司尊酒'精彩生活——尊贵会员专享'是由五粮液公司出品。"随后，精彩生活公司开始在其网站以 398 元/瓶、2388 元/箱、11,940 元/5 箱、23,880 元/10 箱的价格销售该酒。其网站评论中出现"品质与地面店销售的五粮液一模一样""我们的五粮液很好很正宗""终于喝上了真正的五粮液""酒不错，遗憾的是包装上不应有个'尊'字，简单的一个字让人顿感不舒服，总以为不是五粮液正品酒"等内容。

精彩生活公司销售的"尊"酒，外箱包装在原"尊"酒商标处加贴了一张箱贴"精彩生活——尊贵会员专享"，覆盖了原"尊"酒商标；在"尊"酒透明包装外壳上加贴"精彩生活——尊贵会员专享"瓶贴，覆盖了透明包装外壳上的"尊"酒商标，且在瓶贴和箱贴中均突出使用了含有注册商标"尊"的图形标志；在其随箱赠送的红色手提袋上注明"五粮液""精彩生活""尊贵会员专享"，其"尊贵会员专享"中的"尊"也是使用注册商标的"尊"图形标志。

五粮液公司提起诉讼，请求判令精彩生活公司停止销售加贴突出使用其"尊"商标的"精彩生活尊贵会员专享"酒，停止使用并销毁印有"尊""五粮液"商标标志的包装袋，删除含有"精彩生活尊贵会员专享"字样的网页，并赔偿损失。

四川省宜宾市中级人民法院判决，支持五粮液公司的诉讼请求，并判令精彩生活公司赔偿损失 50 万元。精彩生活公司不服，提起上诉。四川省高级人民法院判决：驳回上诉，维持原判。

【裁判理由】

法院认为：

精彩生活公司虽与五粮液公司的尊酒经销商签订了订购协议，但在其销售尊酒时，未经五粮液公司同意，使用瓶贴、箱贴覆盖了五粮液公司的尊酒商标，使消费者不能从外箱包装和尊酒的透明包装外壳上辨认该酒为尊酒，致使消费者误以为其所销售的是五粮液公司与精彩生活公司合作，为精彩生活公司会员专供的

“五粮液”酒。同时,精彩生活公司随箱附赠的红色手提袋上也未经五粮液公司同意,在“精彩生活”“尊贵会员专享”字样上部使用“五粮液”及图形注册商标。还在瓶贴和箱贴及手提袋上,未经五粮液公司同意将五粮液公司的“尊”注册商标使用在“尊贵会员专享”的“尊”字部位,精彩生活公司的上述行为,构成对“五粮液”及图注册商标和“尊”注册商标的侵权。五粮液公司要求精彩生活公司停止侵权并赔偿损失的诉讼请求,应当予以支持。

【案件信息】

宜宾五粮液股份有限公司诉江西精彩生活投资发展有限公司侵害商标权案,四川省高级人民法院(2013)川民终字第665号民事判决书(2013年12月16日,张良、周静、李锐),四川省宜宾市中级人民法院(2012)宜民初字第15号民事判决书。

案件来源:2013年中国法院知识产权司法保护50件典型案例。

124 被许可人在商品上同时使用被许可商标和自有商标使人误认为来源相同的构成侵权

【裁判要旨】

在同一商品上标注被许可商标和自有商标,使同一商品出现两个商业来源,容易导致相关消费者认为两个商标所指向的商业来源具有同一性,从而损害被许可商标的识别功能;并且,由于在先混用行为的存在,当许可使用关系终止后,两个分属于不同所有人的商标独立使用于同类商品时,消费者仍然会认为该两种商品系出于同一商业来源,进而产生市场混淆,构成商标侵权。

【关键词】

侵害商标权｜被许可商标｜自有商标｜同时使用｜混淆

【基本案情】

“雪舫蒋”火腿始产于明朝,系中华老字号。

原告上蒋火腿厂系第300388号“雪舫蒋”商标注册人,该商标核定使用商品为第33类的火腿。2007年,被告雪舫工贸公司获得该商标的独占许可使用权,许可期限至2028年;许可费:2008年至2028年每年18万元,每两年支付一次,在提前一年的10月1日前支付下两年度许可使用费；雪舫工贸公司逾期未交付商标许可使用费，按每日3‰计付滞纳金，逾期达1个月或累计达3个月的，上蒋火腿厂可单方解除许可合同。雪舫工贸公司于2007年、2009年两次支付许可费各36万元。

2011年11月2日，上蒋火腿厂以雪舫工贸公司逾期支付许可使用费为由要求解除许可合同；雪舫工贸公司于次日向上蒋火腿厂汇入许可使用费36万元。其后，上蒋火腿厂多次在“雪舫蒋”店铺购买到了同时标注“雪舫蒋”和“吴宁府”商标的火腿。2012年2月2日，上蒋火腿厂通知雪舫工贸公司，要求雪舫工贸公司立即停止在任何场合、任何形式继续使用包括第300388号注册商标在内的3个商标以及与该商标相同相类似名字的企业名称或产品名称，禁止再制造、销售、对外广告宣传这三商标核定使用的商品。

2012年3月22日，上蒋火腿厂提起诉讼，请求判令雪舫工贸公司停止对第300388号“雪舫蒋”商标的侵权行为，不得再行将“雪舫蒋”及类似、近似之字眼作为企业名称、字号予以使用并赔偿损失及合理开支501万元。

浙江省金华市中级人民法院判决：雪舫工贸公司停止使用“雪舫蒋”商标，并赔偿损失18万元。上蒋火腿厂、雪舫工贸公司均不服，向提起上诉。浙江省高级人民法院判决：撤销一审判决；雪舫工贸公司立即停止在火腿商品上同时使用“雪舫蒋”和“吴宁府”系列商标的行为并赔偿损失15万元。上蒋火腿厂仍不服，申请再审。最高人民法院裁定：驳回其再审申请。

【裁判理由】

法院认为：

本案的许可合同是否解除是判断商标侵权行为是否构成的必要前提，因此属于本案审理范围。

雪舫工贸公司迟延履行系缴费账号不明造成，其一直积极履行合同，在收到合同解除通知后立即支付了2012年、2013年的使用费，在本案二审期间又支付了2014年、2015年的使用费，因此仅属于轻微违约。

在本案许可合同履行过程中，上蒋火腿厂明知合同解除会对雪舫工贸公司的生产经营带来严重的负面影响，却不采取积极协助履行的态度，适时善意告知并明确无异议的付款账号，而是在雪舫工贸公司轻微违约的情况下拒绝任何协商解决机会，径行解除合同，违反了合同附随义务。因此，上蒋火腿厂不能单方解除合同，该许可合同继续有效。

商标许可使用制度的目的之一就在于保证商品来源的唯一性。在许可使用关系中,虽然商标所有人并非商品的实际生产经营者,但被许可人使用的商标所指向的商业来源应是商标所有人。雪舫工贸公司未经上蒋火腿厂同意,在同一火腿产品上同时标注了被许可使用的“雪舫蒋”商标和自己注册的“吴宁府”商标,使同一商品出现了两个来源,由于消费者并不知晓两个商标及其所有人之间的关系,很可能认为“雪舫蒋”商标和“吴宁府”商标所指向的商业来源具有同一性,从而影响到“雪舫蒋”商标识别功能的正常发挥。并且,许可使用关系终止以后,上述不良后果会进一步凸显,因为在两个分属于不同所有人的商标独立使用于同类商品时,由于在先混用行为的存在,消费者仍然会认为“吴宁府”品牌商品与“雪舫蒋”品牌商品出于同一商业来源,进而产生市场混淆。此外,由于“雪舫蒋”商标在长期使用的过程中已经具有了较高的知名度,在消费者对“吴宁府”商标所指向的商业来源产生错误认识的同时,实际上也使注册不久的“吴宁府”商标获取了“雪舫蒋”商标所积累的商誉。从雪舫工贸公司的主观意图来看,也是想借“雪舫蒋”商标之商誉提高自身“吴宁府”商标的知名度。故雪舫工贸公司同时使用“吴宁府”与“雪舫蒋”商标的行为,损害了“雪舫蒋”商标的识别功能,构成商标侵权行为。

【案件信息】

东阳市上蒋火腿厂诉浙江雪舫工贸有限公司侵害商标权案,最高人民法院(2014)民申字第1233号民事裁定书(2014年12月3日,周翔、吴蓉、秦元明),浙江省高级人民法院(2013)浙知终字第301号民事判决书(2014年4月30日,王亦非、何琼、李臻),浙江省金华市中级人民法院(2012)浙金知民初字第61号民事判决书(2013年7月2日)。

案件来源:2014中国法院10大创新性知识产权案件(二审判决),《知识产权审判指导》2015年第2辑(总第26辑)。

125 消费者不会将被诉侵权标志与连续三年未使用注册商标相联系并混淆的,不构成侵权

【裁判要旨】

商标受保护的原因不在标志形式本身,而在于它所代表的商品或服务以及由商品或服务所体现出的商誉。如果注册商标未实际使用且被撤销,则该注册商标实际上并无知名度,也不能发挥市场识别作用,消费

者不会将被诉侵权标志与注册商标相联系并产生混淆或误认。由于该注册商标的权利并未在核定使用的商品上体现出其商业价值，并没有可保护的实质性利益存在，因此对于此类已被撤销的商标权，亦无须再给予追溯性的司法保护。①

【关键词】

侵害商标权｜撤销｜三年不使用｜混淆｜追溯

【基本案情】

2005 年 1 月 21 日，案外人林如海经申请取得了“名爵 MINGJUE 及图”商标，注册有效期自 2005 年 1 月 21 日至 2015 年 1 月 20 日止，核定使用商品为第 12 类的电动自行车、小型机动车、摩托车等。2007 年 10 月 28 日该商标经国家商标局核准转让给原告徐斌。徐斌受让涉案商标后未在核定使用的“小型机动车”商品上实际使用。

经被告南汽公司申请，涉案“名爵 MINGJUE 及图”注册商标因连续三年停止使用被商标局于 2008 年 6 月 11 日撤销在“小型机动车”商品上的注册。徐斌向商标评审委员会提出复审申请，商标评审委员会维持了商标局的撤销决定。徐斌又先后向北京市第一中级人民法院、北京市高级人民法院提起行政诉讼，一审、二审法院均作出行政判决，维持“名爵 MINGJUE 及图”商标予以撤销的复审决定。

被告南京名爵实业有限公司（以下简称名爵公司，后被注销）、南汽公司等在生产销售的普通乘用车（轿车）车身前端标示 MG 及图标识，车身尾部标示“南京名爵”字样，并在多种媒体、展会上发布大量相关广告，广告中使用了“MG 名爵汽车”文字、MG 及图与名爵文字并列等使用方式，且几十家报刊等予以各种报道。

徐斌于 2008 年 1 月提起侵权诉讼，称南汽公司和名爵公司生产、销售的轿车类小型机动车产品，擅自使用了涉案商标，将“名爵”商标突出使用在汽车车身、车尾、企业官方网站、销售店面门头、店内装饰广告和产品宣传彩页上，侵害了其商标权。

在该案一审审理过程中，由于徐斌的注册商标被撤销，其明确变更其诉讼请求，请求判令自 2007 年 10 月 29 日其受让涉案商标，至 2008 年 1 月 22 日涉案商标撤销前的期间内，使用涉案商标的行为构成侵权，并赔偿损失 20 万元。

---

① 因未检索到裁判文书，本篇案例全文来自徐美芬：“知产视野 26 ｜未体现商业价值的被撤销商标，应否给予追溯性的司法保护？”，载江苏高院公众号 2015 年 4 月 28 日。

经庭审比对，南汽公司和名爵公司在汽车生产经营中使用的名爵文字与徐斌受让的涉案商标的中文文字相同，字体相近。

江苏省南京市中级人民法院判决：驳回徐斌的诉讼请求。徐斌不服，提起上诉。江苏省高级人民法院判决：驳回上诉，维持原判。

【裁判理由】

法院认为：

被诉侵权标志与涉案注册商标虽然构成要素近似，但不会造成相关公众的混淆和误认。根据最高人民法院相关司法解释的精神，商标法意义上的近似，是指被诉侵权标志与注册商标相比较，其文字的字形、读音、含义相同或相似，易使相关公众对商品的来源产生误认或者认为其来源与权利人注册商标的商品有特定的联系，即不仅是指被诉侵权标志与注册商标在外观等方面的相似，还意味着必须易于使相关公众产生混淆，是一种混淆性近似。本案中，涉案注册商标为"名爵"文字、图形及"MING JUE"拼音共同构成的组合商标，而被诉侵权标志仅为"名爵"文字，二者标识中"名爵"文字相同，字体相近，但根据一审法院查明的事实，徐斌受让涉案注册商标后，并未在核定使用的小型机动车商品上实际使用，故涉案注册商标并不会因此而取得知名度，此后，又因连续三年停止使用而被撤销其在小型机动车上的商标专用权，故涉案注册商标在有效期内客观上未能发挥市场识别作用，消费者不会将被诉侵权标识"名爵"文字与涉案"名爵 MING JUE 及图"商标相联系，不会造成消费者的混淆或误认。

本案无可保护的实质性利益。商标受保护的原因不在于标识形式本身，而在于它所代表的商品或服务及由商品或服务所体现的商誉。如果注册商标在有效期内并未在核定使用的商品上实际使用，且因连续三年未使用已经被撤销，该权利在有效期内未能体现出其商业价值，亦即没有可保护的实质性利益存在，对于此类已被撤销的商标专用权，无须再给予追溯性的司法保护。

【案件信息】

徐斌诉南京名爵实业有限公司、南京汽车集团有限公司、北京公交海依捷汽车服务有限责任公司等侵害商标专用权案，江苏省高级人民法院（2012）苏知民终字第183号民事判决书（王天红、徐美芬、罗伟明），江苏省南京市中级人民法院（2008）宁民三初字第227号民事判决书（姚兵兵、徐新、梁永宏）。

案件来源：2012年中国法院知识产权司法保护10大创新性案件。

第四节 “权利”冲突

126 老字号历史传承人将老字号作为企业名称未突出使用也未造成误认的，不构成侵权

127 与老字号无历史渊源但将相同近似文字注册商标并以老字号历史宣传的，系虚假宣传

【裁判要旨】

与“老字号”无历史渊源的个人或企业将“老字号”或与其近似的字号注册为商标后，以“老字号”的历史进行宣传的，应认定为虚假宣传，构成不正当竞争。与“老字号”具有历史渊源的个人或企业在未违反诚实信用原则的前提下，将“老字号”注册为个体工商户字号或企业名称，未引人误认且未突出使用该字号的，不构成不正当竞争或侵害商标权。

【关键词】

侵害商标权｜不正当竞争｜老字号｜历史渊源｜虚假宣传

【基本案情】

开业于1898年的同德福斋铺，在1916～1956年，先后由余鸿春、余复光、余永祚三代人经营，较高知名度。1956年，公私合营后同德福斋铺停止经营。1998年，本案原告（反诉被告）成都同德福公司的前身获准注册第1215206号“同德福TONGDEFU及图”商标，核定使用范围为第30类的糕点、桃片（糕点）、可可产品、人造咖啡。成都同德福公司的多种产品外包装使用了“老字号”“百年老牌”字样、“‘同德福牌’桃片简介：‘同德福牌’桃片创制于清乾隆年间（或1840年），有着悠久的历史文化”等字样。成都同德福公司网站中“公司简介”页面将《合川文史资料选辑（第二辑）》中关于同德福斋铺的历史用于其“同德福”牌合川桃片的宣传。

2002 年 1 月 4 日，余永祚之子本案被告（反诉原告）余晓华注册合川市老字号同德福桃片厂个体工商户，后变更为重庆市合川区同德福桃片厂，后注销。2011 年 5 月 6 日，本案被告（反诉原告）重庆同德福公司成立，法定代表人为余晓华，该公司是第 6626473 号"余复光 1898"图文商标、第 7587928 号"余晓华"图文商标专用权人。重庆同德福公司的多种产品外包装使用了"老字号【同德福】商号，始创于清光绪二十三年（1898 年）历史悠久"等介绍同德福斋铺历史及获奖情况的内容，部分产品在该段文字后注明"以上文字内容摘自《合川县志》"；"［同德福］颂：同德福，在合川，驰名远，开百年，做桃片，四代传，品质高，价亦廉，讲诚信，无欺言，买卖公，热情谈"；"合川桃片""重庆市合川区同德福桃片有限公司"等字样。

成都同德福公司认为余晓华和重庆同德福公司侵害其商标权并构成不正当竞争，提起诉讼请求判令：停止使用并注销含有"同德福"字号的企业名称，停止侵害商标权的行为，登报赔礼道歉、消除影响，赔偿经济、商誉损失 50 万元及相应合理开支。

余晓华和重庆同德福公司提起反诉认为：成都同德福公司与老字号"同德福"并没有直接的历史渊源，但其将"同德福"商标与老字号"同德福"进行关联的宣传，属于虚假宣传，且擅自使用"同德福"知名商品名称，构成不正当竞争。请求判令：停止虚假宣传，登报消除影响；停止对"同德福"知名商品特有名称的侵权行为。

重庆市第一中级人民法院判决：成都同德福公司停止虚假宣传行为，并在其网站刊登声明消除影响。成都同德福公司不服，提起上诉。重庆市高级人民法院判决：驳回上诉，维持原判。

【裁判理由】

法院认为：

成都同德福公司的证据不足以证明其"同德福 TONGDEFU 及图"商标已经具有相当知名度，即便他人将"同德福"登记为字号并规范使用，不会引起相关公众误认，因而不能说明余晓华将个体工商户字号注册为"同德福"具有"搭便车"的恶意。而且，余晓华基于同德福斋铺的商号曾经获得的知名度及其与同德福斋铺经营者之间的直系亲属关系，将个体工商户字号登记为"同德福"具有合理性，是善意的，并未违反诚实信用原则，不构成不正当竞争。基于经营的延续性，其变更个体工商户字号的行为以及重庆同德福公司登记公司名称的行为亦不构成不正当竞争。

重庆同德福公司产品的外包装上没有单独突出使用"同德福"，不构成突出使用字号，也不构成侵害商标权。重庆同德福公司标注的“同德福颂”四字及其具体内容系根据史料记载的同德福斋铺曾经在商品外包装上使用过的一段类似文字改编，意在表明“同德福”商号的历史和经营理念，并非为突出“同德福”三个字。且重庆同德福公司的产品外包装还使用了多项商业标识。相对于这些标识，“同德福颂”及其具体内容仅属于普通描述性文字，明显不具有商业标识的形式，也不够突出醒目，客观上不容易使消费者对商品来源产生误认，亦不具备替代商标的功能。因此，不属于侵害商标权意义上的“突出使用”，不构成侵权。

成都同德福公司登载的部分“同德福牌”桃片的历史及荣誉，与史料记载的同德福斋铺的历史及荣誉一致，但并未举证证明其与同德福斋铺存在何种联系。此外，成都同德福公司还在其产品外包装标明其为“百年老牌”“老字号”“始创于清朝乾隆年间”等字样，就其采取前述标注行为的依据，成都同德福公司亦未举证证明。成都同德福公司的前述行为构成虚假宣传。

【案件信息】

成都同德福合川桃片有限公司诉重庆市合川区同德福桃片有限公司、余晓华侵害商标权及不正当竞争案，重庆市高级人民法院(2013)渝高法民终字292号民事判决书(2013年12月18日，李剑、周露、宋黎黎)，重庆市第一中级人民法院(2013)渝一中法民初字第273号民事判决书(2013年7月3日，钟拯、刘娟娟)。

案件来源：指导案例58号(最高人民法院审判委员会讨论通过，2016年5月20日发布)，2013年中国法院50件典型知识产权案例。

128 转型改制企业因历史传承以老字号为其企业名称字号的可与他人注册商标善意共存

129 药品销售服务开放注册前，药品销售商在替他人推销服务上注册商标是为了在药品销售服务上使用

【裁判要旨】

药品销售商在2012年12月之前在第35类的推销(替他人)服务上注册商标，其目的应当是为在其提供的药品销售服务中使用该注册

商标。

在计划经济向市场经济转型的时期，在分立改制过程中，因历史承继关系而承继了老字号的商誉，从而使用老字号作为新设立企业名称中的字号，不存在恶意攀附行为的，不能适用市场经济时代的商标法规则和理念去解决计划经济下形成的法律关系，而应当认定该字号与注册商标两者善意共存，不构成对商标权的侵害。

【关键词】

商标｜字号｜共存｜历史传承｜商誉承继

【基本案情】

山西省药材公司是1955年1月经山西省人民政府成立的国有企业，其下属有十个分公司及山西中药厂和太原中药厂等，包括"太原大宁堂药店"。2000年10月7日，山西省药材公司注册了第1455748号"大宁堂及图"商标，核定服务项目为第35类的推销(替他人)。山西省药材公司对"大宁堂"商标没有进行宣传，也未进行广告投入。

太原中药厂前身为大宁堂药铺，建于明末清初，1956年经过公私合营，隶属太原药材公司中药总店领导，之后中药店、厂分设，在大宁堂制药生产的基础上建立了太原中药厂。1999年4月9日，太原中药厂职工成立"太原大宁堂药业有限公司"。但山西省药材公司对"太原大宁堂药业有限公司"使用"大宁堂"字号提出异议，经山西省经贸委等部门多次协调，"太原大宁堂药业有限公司"因此变更企业名称为山西泰源药业有限公司；2005年3月10日，山西泰源药业有限公司又变更名称为原来的"太原大宁堂药业有限公司"(以下简称大宁堂药业)。1994年4月12日，中华人民共和国国内贸易部认证"太原大宁堂药店"为"中华老字号"。2001年12月20日，太原中药厂经太原市中级人民法院宣告破产，2005年6月终结破产程序。

2006年3月7日，山西省药材公司起诉原"太原中药厂"将与其注册商标完全相同的"大宁堂"登记为企业名称中的字号，该注册行为构成对其商标权的侵害，并构成不正当竞争。请求认定"大宁堂"商标为驰名商标，并判令大宁堂药业立即停止使用(变更或销毁)"大宁堂"字号、停止使用(拆除或销毁)任何带有"大宁堂"的标识、招牌、宣传条幅、标语、海报、广告牌进行经营，赔偿损失2万元。

太原市中级人民法院判决：驳回山西省药材公司的诉讼请求。山西省药材公司不服，提起上诉。山西省高级人民法院判决：撤销一审判决，大宁堂药业停止使用与山西省药材公司的“大宁堂”商标相同的商业标志和含有“大宁堂”的企业名称。大宁堂药业不服，申请再审。最高人民法院认为，大宁堂药业和太原中药厂是两个不同法律主体，没有法律上的继受关系。传统“大宁堂”字号商誉的承载者仅是药店，而非后来设立的太原中药厂，太原中药厂只是太原中药厂设立后使用传统大宁堂制药秘方生产传统中成药新产生商誉的承载者。山西药材公司是传统“大宁堂”字号商誉的拥有者，“大宁堂”老字号的权益应归山西药材公司享有。因此裁定：驳回其再审申请，最高人民检察院对本案提起抗诉。最高人民法院再审后判决：撤销二审判决，维持一审判决。

【裁判理由】

最高人民法院认为：

“大宁堂”商标核定使用在第35类推销（替他人）服务上。按照当时的《类似商品和服务区分表》（第7版），“推销（替他人）”服务的内容主要是指为他人销售商品（服务）提供建议、策划、宣传、咨询等服务，由于2012年12月以前我国法律不允许在商品零售服务项目上注册商标，山西药材公司在第35类的推销（替他人）服务项上注册涉案“大宁堂”商标，依据常理其目的应当是在其提供的药品销售服务中使用该注册商标。

大宁堂药业与太原中药厂之间存在历史承继关系，承继了后者的商誉，享有在先权利。大宁堂药业因历史原因而使用大宁堂字号，与通常那种恶意搭车攀附而做大做强的情形不同。太原中药厂在分立改制时，该企业及其上级主管部门最关心的不是商誉问题，而是企业如何生存、职工如何安置的问题。因此，若以现行商标法的规则和理念去认定和解决20多年前的问题，实质是适用市场经济时代的法律去解决计划经济下形成的法律关系，不仅违反“法不溯及既往”原则，也有悖公平合理之精神。如果不认可大宁堂药业享有在先权利，就会导致大宁堂药铺秘方药和商誉得不到传承，因为大宁堂传统秘制中药药方的实际传承人大宁堂药业将不得不停止使用大宁堂字号，其已经注册的商标亦将被撤销；而山西省药材公司只有“大宁堂”商标和牌匾，却一直没有生产和销售大宁堂药铺的传统秘方药。综上所述，比较公平合理的解决方式应当是允许两者善意共存，大宁堂公司继续使用大宁堂字号并生产大宁堂传统秘方药品，山西省药材公司可销售大宁堂药业生产的药品。如此，前店后厂的历史传承关系能够被继续维系，大宁堂的商誉亦可以由两家共同弘扬。

【案件信息】

山西省药材公司诉太原大宁堂药业有限公司侵害商标权及不正当竞争案，最高人民法院(2015)民提字第46号民事判决书(2017年9月21日，王闯、秦元明、马秀荣)，最高人民法院(2009)民申字第1491号民事裁定书(2010年3月18日，夏君丽、王艳芳、张晓都)，山西省高级人民法院(2006)晋民终字第00331号民事判决书(2007年8月7日，张纯、牛向宏、姬芳)，山西省太原市中级人民法院(2006)并初字第66号民事判决书。

案件来源：最高人民法院知识产权案件年度报告(2017)，2017年中国法院50件典型知识产权案例。

130 因历史原因造成的商标与老字号冲突，被诉侵权人善意且有历史传承的不构成侵权

【裁判要旨】

因历史原因造成的商标与老字号之间的权利冲突，被诉侵权人的使用行为善意且有历史传承的，不构成商标侵权和不正当竞争。

【关键词】

老字号｜历史传承｜善意共存｜包容发展｜规范使用

【基本案情】

“宏济堂”创立于1907年，1950年至1960年，企业名称一直含有“宏济堂”，1966年更名为济南人民制药厂，1980年更名为济南中药厂，1998年改制为济南神方中药有限责任公司，1999年更名为济南宏济堂制药有限责任公司，2012年3月更名为原告山东宏济堂制药集团有限公司(以下简称制药公司)。自1966年至1999年的34年间，该公司未使用“宏济堂”作为产品商标和企业字号，自1968年至今，从未生产阿胶，亦未取得阿胶生产资质。

北京宏济堂药店有限公司于1998年申请注册了第1270231号“宏济堂”商标，核定使用商品为第5类的中药制剂，中成药，中药饮片，后于2005年转让给制药公司。该商标自2005年被审定为山东省著名商标，被法院认定为驰名商标。

中国药材公司山东省济南市公司于1955年成立,1996年改制成为济南药业集团有限责任公司,"宏济堂"字号始终在其下属药店中使用。2003年济南药业集团有限责任公司将下属济南居仁堂医药零售有限公司更名为济南宏济堂医药连锁有限公司,后更名为山东宏济堂医药连锁有限公司。2008年济南药业集团有限责任公司与山东宏济堂医药连锁有限公司设立了被告山东宏济堂阿胶有限公司(以下简称阿胶公司)。2011年济南药业集团有限责任公司变更为山东宏济堂医药集团有限公司(以下简称医药集团)。

医药集团于2000年申请注册了第1459628号"宏济堂"商标,核定使用服务为第35类地替他人推销,2007年该商标被济南市工商局认定为"济南市著名商标"。其下属"济南宏济堂药店"1995年被国内贸易部认证为"中华老字号",2006年医药集团获国家商务部颁发的"中华老字号"称号,2007年还获省经贸委颁发的"山东老字号"证书。

阿胶公司在其生产的阿胶产品外包装上标注有"山东宏济堂阿胶有限公司(原宏济堂阿胶厂)"字样,其产品外包装上及网站宣传中突出使用了"宏济堂"三个字;其公司网站域名为"hjtej. cn",在其网站中,对"宏济堂"品牌历史、相关荣誉等进行了宣传,该宣传内容突出使用"宏济堂"并标注"原宏济堂阿胶厂"等字样。

制药公司提起诉讼,请求判令阿胶公司停止侵权和不正当竞争,并赔偿损失100万元及相应合理开支。

山东省枣庄市中级人民法院判决:阿胶公司停止侵害制药公司商标权的行为和不正当竞争行为,停止使用带有"宏济堂"字样的企业名称,并于办理企业名称变更登记手续,变更后的企业名称不得含有宏济堂字样,停止在其产品上及其互联网站等宣传中标注"宏济堂"和"原宏济堂阿胶厂"字样,停止使用"hjtej. cn"域名,赔偿制药公司损失20万元。阿胶公司不服,提起上诉。山东省高级人民法院判决:撤销一审判决,驳回制药公司的诉讼请求。制药公司不服,申请再审。最高人民法院裁定:驳回其再审申请。

【裁判理由】

最高人民法院认为:

"宏济堂"老字号在公私合营之后,其资产及业务分别划归不同企业进行管理和发展,并分别历经了分立、合并、整合、改制和更名等多次调整,制药公司与医药集团都与宏济堂老字号存在一定的历史渊源。制药公司受让第5类上的"宏济堂"商标,与医药集团在第35类上注册的"宏济堂"商标及使用相关字号,均有历史上的原因，有关各方在使用“宏济堂”字号及“宏济堂”商标进行生产经营活动时，均应遵守诚实信用、公平竞争原则，不仅应该共同维持“宏济堂”字号和“宏济堂”商标的良好形象和声誉，而且应该善意区分各自的产品及服务，尊重历史并善意地处理竞争中出现的字号及商标之间的冲突，避免造成相关公众的混淆误认。

阿胶公司系医药集团投资设立，其虽然成立时间较晚，但使用“宏济堂”作为字号，属于有正当理由。宏济堂阿胶公司注册使用的域名中“hjtej”是“宏济堂阿胶”的拼音首字母，也具有合理性，不构成侵权。

阿胶公司在涉案阿胶产品包装上标注公司名称时突出使用“宏济堂”，且标注的“原宏济堂阿胶厂”也与历史事实不完全相符，但是该行为尚不至于使相关公众产生误认，且本案没有证据表明阿胶公司的行为有恶意攀附制药公司商誉的不正当意图，也没有证据表明该公司的行为给制药公司的商标权造成了实际损害后果。因此，在指出阿胶公司产品包装标注上的不当之处并要求其规范标注行为的基础上，未认定该公司的上述行为构成对制药公司的不正当竞争行为或商标侵权行为，并无不当。

【案件信息】

山东宏济堂制药集团有限公司诉山东宏济堂阿胶有限公司、栗冠芳侵害商标权及不正当竞争案，最高人民法院（2014）民申字第1192号民事裁定书（2014年12月2日，夏君丽、殷少平、钱小红），山东省高级人民法院（2013）鲁民三终字第2号民事判决书（2013年12月20日，肖彬、刘晓梅、张金柱），山东省枣庄市中级人民法院（2011）枣商知初字第27号民事判决书（2012年9月23日，段修排、关光明、孔潇）。

案件来源：《最高人民法院公报》2015年第11期。

131 突出使用字号易与商标混淆的为商标侵权，未突出使用仍易致混淆的为不正当竞争

【裁判要旨】

登记、使用企业名称的行为本身不具有恶意，仅在实际使用过程中，因企业名称的简化使用、突出使用等不规范使用行为，导致相关公众将其与他人注册商标产生混淆误认的，属于侵害商标权的行为，应判令相关企业规范使用其企业名称。

登记、使用企业名称的行为本身缺乏正当性，不正当地将他人具有较高知名度的在先注册商标作为字号注册登记为企业名称，即使规范使用仍足以产生市场混淆的，属于不正当竞争行为，应判令停止使用或者变更企业名称。

【关键词】

企业名称｜字号｜注册商标｜规范使用｜突出使用

【基本案情】

原告浙江正泰公司系第1189594号“正泰”商标权人，该商标于1998年7月7日获准注册，核定使用商品为第9类的电工仪表及仪器、低压电器元件等。

四川省南充市嘉陵区光彩大市场3区18幢37－33号的被告四川正泰公司的门市的招牌上有“四川正泰电力电气成套有限公司”“四川正泰成套”“四川正泰电气”“正泰电器高低压成套”等字样。四川正泰公司的厂房处有“四川正泰成套提醒您慢行”“四川正泰电气成套公司”“四川正泰电气”“四川正泰欢迎您”等字样。四川正泰公司制造、销售了“DZ47－63小型断路器”商品外包装印有“四川正泰”字样，其出货单有“四川正泰出货单”字样。

浙江正泰公司提起诉讼，请求判令四川正泰公司：停止使用含有“正泰”字号的企业名称的不正当竞争行为以及在其生产经营场所、商品及其包装、样本上突出使用“正泰”或“四川正泰”字样的商标侵权行为；赔偿浙江正泰公司损失及合理开支100万元。

四川省成都市中级人民法院判决：四川正泰公司停止在“DZ47－63小型断路器”商品及其包装上标注“四川正泰”字样，赔偿浙江正泰公司损失及合理开支10万元。浙江正泰公司不服，提起上诉。四川省高级人民法院判决：撤销一审判决；四川正泰公司停止在其企业名称中使用“正泰”字号、停止在其生产经营场所、商品及其包装、样本上突出使用“正泰”或“四川正泰”字样，赔偿浙江正泰公司损失及合理开支20万元。

【裁判理由】

法院认为：

如果注册使用企业名称的行为本身并不具有恶意，只是在实际使用过程中，由于企业名称的简化使用、突出使用等不规范使用行为，导致相关公众将其与他人注册商标产生混淆误认的，可以根据相关法律规定，要求相关企业规范使用其企业名称;如果注册使用企业名称的行为本身缺乏正当性,不正当地将他人具有较高知名度的在先注册商标作为字号注册登记为企业名称,即使规范使用仍足以产生市场混淆的,可以按照不正当竞争行为加以处理。

包括注册商标在内的所有商业标记的使用,并不仅限于在商品上标注,还包括与商品生产、销售有关的其他行为,与此相适应,侵权行为也不仅发生于在商品上的标注行为。本案"正泰"商标的主要识别部分为"正泰",其核定使用的范围包括电工仪表及仪器、低压电器元件等,四川正泰公司的经营范围包括生产、销售电力电子元器件等,二者的服务项目相同。四川正泰公司在其厂房、门市的招牌、墙体上使用了"四川正泰成套""四川正泰电气""正泰电器高低压成套""四川正泰电气成套公司"等标识,而"成套""电气""电器"等字样使用在电力电子元器件的生产、销售上缺乏显著性,不具有识别服务来源的作用,而"四川"二字通常被作为地理名词加以识别,亦不具有识别服务来源的作用,故四川正泰公司的上述行为应认定为突出使用,容易导致相关公众对四川正泰公司所生产、销售的商品的来源产生混淆误认,认为该商品来源于浙江正泰公司,或与浙江正泰公司有某种特定的联系。其行为破坏了浙江正泰公司注册商标的识别功能,侵害了浙江正泰公司商标权。

经过浙江正泰公司及其相关公司对"正泰"商标多年的使用、广告宣传,以及拥有的良好产品质量和商业信誉,该企业及其注册商标在相关公众中享有了较高的知名度和影响力。四川正泰公司与浙江正泰公司同为电器元件等相关产品的生产者,应当对"正泰"商标有所认知,其将与上述注册商标相同的"正泰"文字注册为企业字号的行为,有着明显的利用上述商标声誉开展经营活动的主观意图,在未能对其注册字号行为作出合理解释的情况下,可以认定四川正泰公司的上述行为具有主观恶意。四川正泰公司作为同业竞争者,将与浙江正泰公司已经使用并有较高知名度的注册商标相近似的文字作为企业字号,并在相同商品上使用,容易使相关公众产生误认,从而损害了浙江正泰公司的合法权益。根据公平、诚实信用原则,四川正泰公司的行为构成不正当竞争,应停止在企业字号中继续使用"正泰"文字。

【案件信息】

浙江正泰电器股份有限公司诉四川正泰电力电气成套有限公司侵害商标权及不正当竞争案,四川省高级人民法院(2014)川知民终字第5号民事判决书(2014年8月11日,林涛、许静、周静),四川省成都市中级人民法院(2013)成民初字第415号民事判决书。

案件来源:2014年中国法院50件典型知识产权案例。

132 明知他人有较高知名度的商标仍将与之相同的姓名作为字号突出使用的，构成侵权

【裁判要旨】

自然人对其姓名享有合法权利，有权使用自己的姓名，但不得违反诚实信用原则侵害他人的在先权利。明知他人注册商标或者字号在先使用并有较高知名度的，仍以攀附为目的将与之相同的文字注册为字号使用和突出使用，即使该字号系其姓名或者其中的一部分，也不属于对其姓名的合法使用，而构成侵害他人商标权及不正当竞争。

【关键词】

侵害商标权｜不正当竞争｜姓名｜字号｜使用

【基本案情】

原告庆丰包子铺1956年开业，1986年6月取得营业执照，经过多年经营在餐饮行业具有较高知名度，其在餐饮服务上采取全国连锁及加盟模式，在被告山东庆丰餐饮公司成立的2009年6月24日已经有100家分店，至诉讼时有267家分店。庆丰包子铺拥有第43类餐馆等服务上的第1171838号“慶豐”商标和第30类包子、糕点等商品上的第3201612号“老庆丰 + laoqingfeng”商标。山东庆丰餐饮公司注册并使用“庆丰”作为企业字号构成对庆丰包子铺注册商标和企业名称的不正当竞争，其在网站宣传上使用“走进庆丰”等文字和在去经营场所内使用“庆丰餐饮全体员工欢迎您”等文字属于对“庆丰”的突出使用，构成对庆丰包子铺两商标权的侵害。请求判令：停止侵害商标权及不正当竞争行为；变更含有“庆丰”的企业名称，赔偿损失及合理开支50万元等。

济南市中级人民法院判决：驳回庆丰包子铺的诉讼请求。庆丰包子铺不服，提起上诉。山东省高级人民法院判决：驳回上诉，维持原判。庆丰包子铺仍不服，申请再审。最高人民法院判决：撤销一审、二审判决；山东庆丰餐饮公司停止使用“庆丰”标识的侵害庆丰包子铺商标权的行为；山东庆丰餐饮公司停止在其企业名称中使用“庆丰”字号的不正当竞争行为；山东庆丰餐饮公司赔偿庆丰包子铺损失及合理开支5万元。

【裁判理由】

最高人民法院认为：

山东庆丰餐饮公司在其网站上开设“走进庆丰”等栏目，在经营场所挂出“庆丰餐饮全体员工欢迎您”的横幅，属于对“庆丰”标识的突出使用，构成商标性使用。庆丰包子铺在餐馆服务上的“慶豐”商标及在糕点、包子等商品上的“老庆丰 + laoqingfeng”商标，在全国具有较高的知名度和影响力。“慶豐”与“庆丰”是汉字繁体与简体的对应关系，呼叫相同；“老庆丰 + laoqingfeng”完全包含了“庆丰”文字。山东庆丰餐饮公司将“庆丰”文字商标性使用在与庆丰包子铺的上述两注册商标核定使用的商品或服务构成类似的餐馆服务上，容易使相关公众对商品或服务的来源产生误认或者认为其来源与庆丰包子铺之间存在某种特定的联系，可能导致相关公众的混淆和误认。山东庆丰餐饮公司的法定代表人为徐庆丰，其姓名中含有“庆丰”二字，虽然可以将其姓名作为商标或企业字号使用，但不得违反诚实信用原则，不得侵害他人的在先权利。徐庆丰曾在北京餐饮行业工作，应当知道庆丰包子铺商标的知名度和影响力，却仍在其网站、经营场所突出使用与庆丰包子铺注册商标相同或相近似的商标，明显具有攀附庆丰包子铺注册商标知名度的恶意，其行为不属于对姓名的合理使用。

庆丰包子铺使用“庆丰”企业字号，至山东庆丰餐饮公司注册之日止已逾27年，属于具有较高的市场知名度、为相关公众所知悉的企业名称中的字号，庆丰餐饮公司擅自将庆丰包子铺的字号作为其字号注册使用，经营相同的商品或服务，具有攀附庆丰包子铺企业名称知名度的恶意，其行为构成不正当竞争。

【案件信息】

北京庆丰包子铺诉山东庆丰餐饮管理有限公司侵害商标权与不正当竞争案，最高人民法院（2016）最高法民再238号民事判决书（2016年9月29日，骆电、李嵘、马秀荣），山东省高级人民法院（2014）鲁民三终字第43号民事判决书（2014年6月13日，于志涛、柳维敏、张金柱），济南市中级人民法院（2013）济民三初字第716号民事判决书。

案件来源：最高人民法院知识产权案件年度报告（2016），2016年中国法院10大知识产权案件。

133 企业名称登记不违法仅突出使用字号侵害商标权的，应判令规范使用而非停止或变更

【裁判要旨】

如果企业名称的注册使用并不违法，只是因突出使用其中的字号而侵害商标权的，判决被告规范使用企业名称、停止突出使用行为即足以制止被告的侵权行为，因此这种情况下不宜判决停止使用或者变更企业名称。规范使用企业名称与停止使用或变更企业名称是两种不同的责任承担方式，不能因突出使用企业名称中的字号从而侵害商标专用权就一律判决停止使用或变更企业名称。

【关键词】

侵害商标权｜企业名称｜突出使用｜规范使用｜停止使用

【基本案情】

原告李惠廷系第3192768号"王将"商标权人，该商标于2002年5月29日申请，2003年12月7日获准注册，核定使用服务为第43类的住所（旅馆、供膳寄宿处）、咖啡馆、自助餐厅、饭店、快餐馆等。

2005年1月6日，日本王将株式会社投资成立的大连饺子的王将餐饮有限公司获得外商投资企业批准证书，2005年11月18日，经核准变更名称为现名称被告王将饺子（大连）餐饮有限公司（以下简称大连王将公司）。大连王将公司在店外招牌、店内筷子套等餐具包装、菜谱、茶具上使用了"王将"字样以及在菜谱、茶具及发票印鉴上使用了"王将"字样。一审诉讼期间，大连王将公司新设三家分店。

2006年9月19日，大连王将公司和日本王将株式会社申请撤销李惠廷"王将"注册商标。商标评审委员会裁定：维持李惠廷第3192768号"王将"商标。大连王将公司和日本王将株式会社对该裁定书未在法定期限内提起诉讼。

李惠廷提起诉讼，请求判令大连王将公司停止侵害"王将"商标专用权的行为，变更企业名称，公开赔礼道歉并赔偿李惠廷损失50万元及合理开支5000元等。辽宁省大连市中级人民法院判决：大连王将公司在李惠廷注册商标核定服务范围内停止使用含"王将"字样的企业名称，停止使用含"王将"字样的服务标识，

赔偿损失25万元和合理开支5000元。大连王将公司不服,提起上诉。辽宁省高级人民法院判决:驳回上诉,维持原判。大连王将公司仍不服,申请再审。最高人民法院提审后判决:撤销一审、二审判决中关于停止使用含"王将"的企业名称和服务标识的内容,改判为大连王将公司规范使用其企业名称,停止突出使用"王将"等侵害李惠廷商标权的行为,维持一审、二审判决其他内容。

【裁判理由】

最高人民法院认为:

注册商标和企业名称均是依照相应的法律程序获得的标志权利,分属不同的标志序列,对于注册商标与企业名称之间的纠纷,应当区分不同的情形,按照诚实信用、维护公平竞争和保护在先权利等原则,依法处理。

如果注册使用企业名称本身具有不正当性,如不正当地将他人具有较高知名度的在先注册商标作为字号注册登记为企业名称,即使规范使用仍足以产生市场混淆的,可以按照不正当竞争处理,由于注册使用企业名称本身即是违法,无论是否突出使用均难以避免产生市场混淆的,可以根据当事人的请求判决停止使用或者变更该企业名称。

如果是不规范使用企业名称,在相同或者类似商品上突出使用与他人注册商标相同或相近的企业的字号,容易使相关公众产生误认的,属于给他人商标权造成其他损害的行为,依法按照侵害商标专用权行为处理,此时判决被告规范使用企业名称、停止突出使用行为即足以制止被告的侵权行为,因此这种情况下不宜判决停止使用或者变更企业名称。规范使用企业名称与停止使用或变更企业名称是两种不同的责任承担方式,不能因突出使用企业名称中的字号从而侵害商标专用权就一律判决停止使用或变更企业名称。

虽然李惠廷的"王将"商标注册在先,但其仅在黑龙江省哈尔滨市实际使用,且在大连王将公司注册登记企业名称时并未具有较高知名度。同时,由于大连王将公司是日本王将株式会社投资成立的,大连王将公司以王将为字号注册其企业名称,具有一定合理性。如果大连王将公司在经营活动中规范使用其王将饺子(大连)餐饮有限公司的企业名称,不足以导致相关公众的混淆误认。因此,大连王将公司注册使用企业名称本身并不违法。

虽然大连王将公司注册使用企业名称本身并无不当,但是,大连王将公司没有规范使用其企业名称,而在其招牌、招贴和餐具等突出使用其字号,以相关公众的一般注意力难以区分,使用在相同服务上,容易使相关公众产生误认,侵害了李惠廷的商标权，其应当停止相应侵权行为并赔偿李惠廷的损失。但原审判决大连王将公司停止使用“王将”和“王将”字样的服务标识的表述不尽准确，大连王将公司在以后的经营活动中应当规范使用其企业名称，停止突出使用“王将”和“王将”等侵害李惠廷商标权的行为，采取必要的措施，避免混淆误认的发生。

【案件信息】

李惠廷诉王将饺子（大连）餐饮有限公司侵害商标权案，最高人民法院（2010）民提字第15号民事判决书（2010年6月24日，夏君丽、王艳芳、周云川），辽宁省高级人民法院（2009）辽民三终字第49号民事判决书（2009年4月8日，李易敏、陈洪军、马越飞），辽宁省大连市中级人民法院（2007）大民知初字第20号民事判决书。

案件来源：最高人民法院知识产权案件年度报告（2010），2010年最高人民法院知识产权司法保护50件典型案例。

134 商标注册后未使用且无知名度，他人在相同领域登记并使用相同字号的不构成侵权

【裁判要旨】

知识产权权利冲突中，当事人的主观状态是善意或恶意是考量违法性的重要因素。判断是否具有恶意，通常要考虑当事人最早获取或使用相关商业标识时是否知道、是否有合理理由知道他人相同或近似的商业标识，以及获取和使用该商业标识的行为是否不正当利用、损害他人在先商业标识的声誉，并根据在后使用者开始使用时的情况以及在先使用者当时的知名度等具体情况进行判断。

虽然注册商标具有公开可查性，但在后使用人在注册企业字号时客观上不可能同注册商标一样对是否存在与其企业名称相同或者近似的商标进行核查，除非该商标在当时已具有了一定的市场知名度或已为相关公众所知晓，否则赋予在后使用人这种注意和规避义务是不适当的。

【关键词】

企业名称｜注册商标｜突出使用｜注意义务｜规避义务

【基本案情】

2000 年 3 月 7 日，温州五金交电化工（集团）公司酒类分公司获准注册第 1372099 号“卡斯特”商标，核定使用商品为第 33 类的葡萄酒等；2002 年 4 月 25 日，该商标转让给被告李道之；李道之于不同时期分别许可上海班提酒业有限公司、温州班提酒业有限公司、被告上海卡斯特酒业有限公司使用。

2001 年 9 月，张裕股份公司与法国卡斯特集团公司下属 VASF 有限公司投资设立原告张裕卡斯特公司。张裕卡斯特公司在其生产其销售的商品上使用张裕·卡斯特酒庄或张裕卡斯特酒庄等标志。张裕股份公司及相关媒体自 2003 年起对张裕卡斯特酒庄酒进行了持续的宣传、广告等。

2005 年 9 月 3 日，温州班提酒业有限公司委托律师向张裕卡斯特公司发出警告函，认为张裕卡斯特公司在其葡萄酒上使用“卡斯特”商标，侵害了李道之的商标权，要求在收到律师函后 10 日内就赔偿事宜与其联系，并停止生产及销售相关商品，其保留采取司法途径追究的权利。同年 10 月 13 日，再次发函。

2009 年 6 月 9 日、6 月 25 日，上海卡斯特公司委托律师于《扬子晚报》《钱江晚报》上分别刊登了声明称：任何单位和个人未经注册商标权利人许可，不得单独或突出使用“卡斯特”文字的行为，否则构成侵权。

2009 年和 2010 年，李道之在北京分别起诉销售商销售张裕卡斯特公司的商品构成侵权，法院均判决侵权成立。

张裕卡斯特公司提起本案诉讼，请求法院确认其对“张裕卡斯特酒庄”任何形式的使用均不侵害李道之“卡斯特”商标权。

山东省烟台市中级人民法院判决：确认张裕卡斯特公司在其生产的商品上标注“张裕·卡斯特酒庄”等行为不侵害李道之的商标权。李道之和上海卡斯特公司不服，提起上诉。山东省高级人民法院判决：驳回上诉，维持原判。李道之和上海卡斯特公司仍不服，申请再审。最高人民法院裁定：驳回上海卡斯特公司、李道之的再审申请。

【裁判理由】

法院认为：

上海卡斯特公司的声明虽然针对的是在葡萄酒等相关商品上使用“卡斯特”字样的不特定主体，但因张裕卡斯特公司在其葡萄酒商品上使用“卡斯特”字样，这必然涉及张裕卡斯特公司是否侵权的问题，致使其权利处于不确定状态。故张裕卡斯特公司在李道之和上海卡斯特公司未采取行政程序或诉讼程序的前提下提起确认不侵权之诉并未违反相关法律规定。

标注“张裕·卡斯特酒庄”的商品虽然被法院的生效判决认定为侵权,但因张裕卡斯特公司并非案件当事人,故判决并不当然对其产生拘束力。本案为张裕卡斯特公司提起的确认不侵权诉讼,与上述侵权案并非同一诉讼,本案的受理并未违反一事不再审原则,亦非是对其他法院生效判决的否定。

张裕卡斯特公司在其商品上突出标注“张裕卡斯特酒庄”等的行为构成商标法意义上的使用。但“张裕卡斯特酒庄”等与李道之的“卡斯特”商标并不构成商标法意义上的近似:

首先,张裕卡斯特公司使用“张裕卡斯特酒庄”作为其企业字号,是基于张裕股份公司与卡斯特集团 VASF 公司的合作关系,具有正当性和合理性。

其次,张裕卡斯特公司在注册企业字号时主观上并无攀附“卡斯特”商标商誉的意图。张裕卡斯特公司成立之前,李道之的“卡斯特”商标尚不具有较高的市场知名度。虽然注册商标具有公开可查性,张裕卡斯特公司在注册企业字号时客观上不可能同注册商标一样对是否存在“卡斯特”商标进行核查,除非该商标在当时已具有了一定的市场知名度或已为相关公众所知晓,否则赋予张裕卡斯特公司这种注意和规避义务是不适当的。

再次,张裕卡斯特公司对“张裕卡斯特酒庄”的使用与李道之及上海卡斯特对“卡斯特”商标的实际使用情况存在明显区别,足以使相关公众将其区别开来而不会产生混淆。

最后,“张裕卡斯特酒庄”与“卡斯特”代表的商品已经形成各自的市场格局,相关公众可以将二者区别开来,不会因均带有“卡斯特”混淆。

【案件信息】

烟台张裕卡斯特酒庄有限公司诉上海卡斯特酒业有限公司、李道之确认不侵害商标权案,最高人民法院(2016)最高法民申351号民事裁定书(2016年9月19日,骆电、马秀荣、李嵘),山东省高级人民法院(2013)鲁民三终字第155号民事判决书(2015年12月30日,刘晓梅、丛卫、张亮),山东省烟台市中级人民法院(2009)烟民三初字第149号民事判决书(2012年10月31日,矫玉增、任广科、于红)。

案件来源:2015年中国法院50件典型知识产权案例(二审判决)。

135 技术被许可人使用许可人企业名称简称导致侵害他人商标权的，与技术许可人无关

【裁判要旨】

许可人将自己的生产技术许可给被许可人使用，被许可人在利用该技术生产的商品包装突出使用了许可人企业名称简称，而该简称与他人在相同商品上具有较高知名度和显著性的注册商标相同或者近似的，被许可人的行为构成侵害商标权；许可人对被诉侵权商品包装上使用企业名称简称的行为不具有法定和约定的审查义务的，不构成侵权。

【关键词】

侵害商标权｜技术许可人的企业名称｜企业名称简称｜审查义务｜包装

【基本案情】

第1274693号“安佑及图”注册商标、第3752440号“安佑”商标分别于1999年5月14日和2005年5月7日获准注册，核定使用商品均为第31类的动物饲料、猪饲料等，原告安佑生物公司均于2012年7月13日受让两商标，其中第1274693号商标于2012年12月31日被商标局认定为驰名商标。

被告深圳安佑康牧公司与被告自贡联合公司于2013年8月1日签订《授权书》及《关于授权书的承诺书》约定：深圳安佑康牧公司授权自贡联合公司生产“深圳安佑技术”的猪用配合料及猪用浓缩料。自贡联合公司在生产和销售被诉侵权商品外包装上使用了“深圳安佑康牧”和“深圳安佑”文字，同时附加了自己的“LH”图形组合注册商标。

安佑生物公司提起诉讼，请求判令自贡联合公司与深圳安佑康牧公司停止在商品中使用“安佑”标识并销毁带有“安佑”标识的产品和产品外包装，自贡联合公司与深圳安佑康牧公司连带赔偿安佑生物公司损失50万元及合理开支。

四川省自贡市中级人民法院判决驳回了安佑生物公司的诉讼请求。安佑生物公司不服，提起上诉。四川省高级人民法院判决：撤销一审判决，自贡联合公司停止在其产品外包装上使用“深圳安佑康牧”“深圳安佑”字样，销毁使用“深圳安佑康牧”“深圳安佑”字样的商品外包装，赔偿损失及合理开支共计8万元。

【裁判理由】

法院认为：

自贡联合公司使用的“深圳安佑康牧”“深圳安佑”字样系来自深圳安佑康牧公司的企业名称。企业名称权是市场主体经依法核准登记取得的合法权利，依法应受法律保护，但在市场经营活动中，市场主体亦应恪守诚实信用原则和应有的商业道德，正确、规范使用其企业名称，且不得将企业名称许可他人使用。自贡联合公司无权独立使用深圳安佑康牧公司的企业名称，其使用深圳安佑康牧公司企业名称的目的和范围应以表明其所生产、销售商品的技术来自深圳安佑康牧公司为限，否则其使用行为本身就不具有正当性。

自贡联合公司在其生产、销售的饲料产品外包装的醒目位置使用的“深圳安佑康牧”“深圳安佑”字样，并非深圳安佑康牧公司企业名称的完整、规范表述，也并非对深圳安佑康牧公司企业名称的合理简化使用，更超越了表明或描述其商品技术来源作用的范围，实际上是以商业标识的方式使用包含“安佑”文字的字样，应属于商标性使用行为。

安佑生物公司享有的“安佑”及“安佑及图”注册商标核定使用的范围包括动物饲料、家畜饲料等，与被诉侵权产品属于相同商品。“安佑及图”商标在动物饲料类商品上使用具有较强的显著性、较高的知名度和市场声誉。自贡联合公司在被诉侵权商品上突出使用“安佑”文字，明显具有攀附“安佑”注册商标商誉的恶意，易使相关公众对其商品来源产生混淆误认，构成侵权。

深圳安佑康牧公司仅提供技术，对自贡联合公司所生产、销售商品的包装装潢及包装装潢上使用的标识并为约定进行审查也没有法定的审查义务，因此其对被诉侵权行为不应承担法律责任。

【案件信息】

安佑生物科技集团股份有限公司诉自贡联合饲料有限公司、深圳安佑康牧科技有限公司侵害商标权案，四川省高级人民法院（2016）川民终319号民事判决书（2016年6月2日，林涛、张良、许静），四川省自贡市中级人民法院（2014）自知民初字第3号民事判决书。

案件来源：2016年中国法院50件典型知识产权案例。

136 民办非企业名称中包含他人注册商标中的文字未突出使用且不易致混淆的，不构成侵权

【裁判要旨】

实际使用的单位名称并非登记核准的名称，其中包含了他人注册商标中的文字，但没有突出使用的，不属于对他人商标中的文字进行突出的识别商品或者服务来源的商标性使用行为。实际使用的单位名称中的文字来源于案外人，相关公众不会将其与主张保护的注册商标及其权利人相联系的，不会产生正向或者反向的混淆，因此不构成对该注册商标权的侵害。

民办非企业单位与企业法人在当下的经营中难以存在现实的竞争关系。民办非企业单位实际使用的名称虽然并非登记核准的名称，但属于对其办学特点客观表述的，不构成虚假宣传；相关公众也不会因名称的不规范使用误认其来自商标注册人的，也不构成对商标注册人的其他不正当竞争。

【关键词】

单位名称｜不规范使用｜突出使用｜混淆来源｜竞争关系

【基本案情】

2009年12月28日，原告杨汉卿获准注册第4613474号“皇馬及图”商标，核定使用服务为的第41类讲课、组织竞赛（教育或娱乐）、组织体育比赛等。杨汉卿许可原告新范公司使用第4613474号商标，并授权新范公司可以就侵害商标权及不正当竞争行为提起诉讼。

被告恒大足球学校于2011年11月由被告恒大地产公司设立，原名“恒大国际足球学校”，2013年2月更名为现名称；2011年11月至2012年10月，在媒体上以“恒大皇马足球学校”的名义发布招生广告；同时在多家报纸上以“恒大皇马足球学校”的名称进行招生及宣传、报道。恒大足球学校在其网站中使用“恒大皇马足球学校”的名称对外招生及宣传、报道；恒大地产公司、恒大足球俱乐部网站也有关于“恒大皇马足球学校”的新闻报道。

2013年3月19日，西班牙皇家马德里足球俱乐部基金会主任胡利奥冈萨雷斯隆库出具声明称：皇家马德里基金会在2012年与恒大足球学校签署合作协议，在中国广东省建立和促进一所足球学校。同日，皇家马德里足球俱乐部主席内阁主任曼努埃尔雷东多也出具声明称：皇家马德里基金会可以使用皇家马德里足球俱乐部的名称与队徽等。

杨汉卿和新范公司提起诉讼，请求判令：恒大足球学校、恒大地产公司停止侵害第4613474号商标权及不正当竞争行为，赔偿损失10万元及合理开支5万元，在报纸及相关网站首页刊登说明消除影响。

广东省清远市中级人民法院判决：驳回杨汉卿、新范公司的诉讼请求。杨汉卿、新范公司不服，提起上诉。广东省高级人民法院判决：驳回上诉，维持原判。

【裁判理由】

法院认为：

被诉侵权标志的使用必须是商标意义上的使用，或必须将该标志作为区分商品来源的标志使用时，才构成侵害商标权。在商品或者服务上突出使用企业名称中的字号，实际赋予了字号特殊的标识意义，将字号从企业名称的整体中剥离出来进行强化，我国法律亦将其视为商标性使用。

恒大足球学校并未将“皇马”二字作为商标使用，而是作为学校名称的组成部分使用，且恒大足球学校亦未将“皇马”二字突出使用，即未将“皇马”二字进行商标化使用。因此，不会构成对“皇马”享有商标权者的侵害。

而且，“恒大皇马足球学校”与杨汉卿第4613474号注册商标不近似，服务领域不相同。第4613474号仅有零星使用，未与恒大足球学校发生过实际联系。而恒大地产公司、恒大足球俱乐部有较高的知名度。恒大足球学校使用“恒大皇马足球学校”进行宣传，相关公众不会将“恒大皇马足球学校”与第4613474号商标或杨汉卿相混淆。

反向混淆是指在后商标使用人对商标的使用过程中，通过大量的广告宣传等手段，使之获得了较高的知名度，以至于消费者会误认为在先的商标使用人的商标来源与在后商标使用人或两者之间存在许可等关联关系。反向混淆属于商标侵权的情形之一，须满足侵害商标权的构成要件。无论相关公众是否会对“恒大皇马足球学校”与皇家马德里足球俱乐部之间产生混淆误认，杨汉卿并未证明因此使其自身受到了损害，不能简单地以相关公众可能产生上述与其无关的误导性而代替杨汉卿对自身受到损害的证明责任。

新范公司是企业法人，恒大足球学校是民办非企业单位，属于事业法人，两者经营性质不同，在当下的经营中难以存在现实的竞争关系。恒大足球学校将“恒大皇马足球学校”用于广告宣传，目的在于直观推介自己的业务特色，是对其办学主体和办学优势的客观表述，不构成虚假宣传，也不会产生来自杨汉卿的误认。

【案件信息】

杨汉卿、北京新范文化有限公司诉恒大足球学校、恒大地产集团有限公司侵害商标权及不正当竞争案，广东省高级人民法院(2013)粤高法民三终字第630号民事判决书(2014年5月27日，欧丽华、李泽珍、郑颖)，广东省清远市中级人民法院(2013)清中法民三初字第3号民事判决书(2013年7月15日，薛延光、罗文雄、禹莉)。

案件来源：2014年中国法院50件典型知识产权案例。

137　明知他人在先有一定知名度的商标仍将与之近似的文字注册为域名的，属于恶意侵权

【裁判要旨】

明知他人在先拥有一定知名度的商标、字号和域名仍注册极为近似域名，且拥有大量域名待售的，属于恶意侵权，应将域名返还给在先权利人。

【关键词】

商标｜域名｜字号｜出售域名｜恶意

【基本案情】

原告(反诉被告)曾红云于2011年11月21日通过注册服务商易名公司注册了orientaldreamworks. com和shanghaidreamworks. com两个域名。2014年2月，被告(反诉原告)梦工厂动画公司以涉案域名侵害其商标权为由向WIPO仲裁中心提出投诉。2014年5月8日，曾红云收到WIPO仲裁中心将涉案域名转移给梦工厂动画公司的裁决。

WIPO仲裁中心专家组认为，涉案域名完全包含“dreamworks”商标，仅在前缀

有所区别，而前缀尚不能消除涉案域名与注册商标之间存在的足以造成混淆的相似性；梦工厂动画公司拥有的商标早于涉案商标注册时间，曾红云未提供其合法使用争议域名的证据或在商业运营中合理选择使用“dreamworks”的理由；曾红云存在恶意注册和使用涉案域名的情形。因此，指令涉案域名转让至梦工厂动画公司。

曾红云提起诉讼，请求：确认涉案域名为曾红云所有，且对梦工厂动画公司不构成侵权；撤销 WIPO 仲裁中心的裁决。

曾红云自 2009 年起，注册持有 200 余个域名，其中在易名公司的平台上，曾红云共注册持有 96 个域名。其 www. orientaldreamworks. com 网站从 2016 年 10 月 1 日至 10 月 31 日均没有数据。shanghaidreamworks. com 自注册后并未使用。

梦工厂动画公司在先享有多件“Dream Works”注册商标权、字号以及多个域名。在涉案域名注册之前，梦工厂动画公司已经公开宣布在上海的“东方梦工厂”项目，媒体也对此进行了公开的报道和宣传。

梦工厂动画公司提起诉讼，请求判令：曾红云停止商标侵权和不正当竞争行为，并将域名 orientaldreamworks. com 和 shanghaidreamworks. com 无条件转移给梦工厂动画所有，赔偿损失及合理开支 10 万元。

福建省厦门市思明区人民法院判决：曾红云停止侵权，将域名 orientaldreamworks. com、shanghaidreamworks. com 转移给梦工厂动画公司注册使用，并赔偿损失及合理开支 1 万元。

【裁判理由】

法院认为：

梦工厂动画公司的“dreamworks”及其对应中文“梦工厂”“梦工场”享有在先商标权和企业名称权益，并具有较高知名度。曾红云注册使用涉案域名与梦工厂动画公司的在先权益构成近似，足以造成相关公众误认，曾红云注册、持有涉案域名侵害了梦工厂动画公司的商标权。曾红云对涉案域名并未享有在先合法权益或使用涉案域名致其产生一定知名度，且其名下注册持有 200 余个域名欲高价出售，因此侵害了梦工厂动画公司的合法权益，构成不正当竞争。对梦工厂动画公司提出的要求曾红云停止侵权及不正当竞争、赔偿损失的反诉诉求，予以支持，对曾红云要求确认其行为不侵害梦工厂动画公司商标权、撤销 WIPO 仲裁中心裁决书并将涉案域名归其所有的主张，不予支持。

【案件信息】

曾红云与梦工厂动画影片公司网络域名权属、侵权案，福建省厦门市思明区人民法院(2015)思民初字第4746号民事判决书(2017年9月11日，李缘缘、蔡丽萍)。

案件来源:2017年中国法院50件典型知识产权案例。

138 楼盘名称侵害商标权，如影响其他物权人利益和公共利益可不判停止使用楼盘名称

【裁判要旨】

商标权等知识产权与物权等其他财产权冲突时，基于其他财产权人是否善意及公共利益，可不判令承担停止侵害知识产权的责任。

【关键词】

楼盘名称 | 停止侵权 | 善意 | 公共利益 | 商品与服务类似

【基本案情】

原告宏富公司系第1946396号和第1948763号“星河湾及图”商标的原注册人，申请日均在2001年，核定使用服务分别是第36类的不动产出租、不动产管理等和第37类的建筑等，后两商标转让给原告星河湾公司。宏富公司经许可使用上述两注册商标，并有权以自身的名义提起侵权诉讼。宏富公司及其关联企业先后在广州、北京、上海等地开发以“星河湾”命名的地产项目，“星河湾”地产项目及星河湾公司先后获得多项荣誉。

2000年，被告炜赋公司在江苏省南通市推出别墅区“星湖花园”。从2004年起，炜赋公司在南通市开发区先后开发了多个安置房项目，小区名称均以“星”字开头，且均报经南通市民政局批准，2006年的名称为“星河湾花园”。

星河湾公司、宏富公司以炜赋公司在开发的不动产项目中使用“星河湾”字样侵害其注册商标权并构成不正当竞争为由，提起诉讼。

江苏省南通市中级人民法院判决:驳回星河湾公司、宏富公司的诉讼请求。星河湾公司、宏富公司不服，提起上诉。江苏省高级人民法院判决:驳回上诉、维持原判。星河湾公司、宏富公司仍不服，申请再审。最高人民法院判决:撤销一审、二审判决，炜赋公司在其尚未出售的楼盘和将来拟开发的楼盘上不得使

用相关“星河湾”名称作为其楼盘名称，并赔偿星河湾公司、宏富公司损失5万元。

【裁判理由】

最高人民法院认为：

炜赋公司在商品房上使用“星河湾”商品名称与星河湾公司的“星河湾及图”注册商标核定服务类别在功能用途、消费对象、销售渠道基本相同，开发者均系相关房地产开发商，不动产管理、建筑等服务与商品房销售存在特定的联系，应当认定为商品与服务之间的类似。

从2001年起，宏富公司和星河湾公司的“星河湾及图”商标具有较高的知名度。炜赋公司将其开发的楼盘命名为“星河湾花园”，该名称事实上起到了识别该楼盘的作用，与星河湾公司、宏富公司上述两个注册商标中的显著部分“星河湾”完全相同，呼叫方式一致，加之现代社会信息流通丰富快捷，相关房地产开发商在全国各地陆续开发系列房地产楼盘亦非罕见，炜赋公司此种使用方式会使相关公众误认该楼盘与星河湾公司、宏富公司开发的“星河湾”系列楼盘有一定的联系，容易误导公众，构成对星河湾公司、宏富公司相关商标权的侵害。

由于《商标法》和《反不正当竞争法》系专门法和特别法的关系，凡是知识产权专门法已经保护的领域，一般情况下，反不正当竞争法不再给予其重合保护。宏富公司开发的星河湾楼盘名称和其被许可使用的商标文字部分完全相同，事实上该楼盘名称获得的商誉已经与其经许可使用的商标承载的商誉密不可分，形成一个整体并由该商标承载的商誉体现出来，难以在商标权之外再独立构成知名商品的特有名称民事权益，在已经认定诉争楼盘名称的使用侵害了星河湾公司的商标专用权，对星河湾公司及宏富公司的“星河湾”商标权益予以保护，不再支持其知名商品特有名称权利的诉讼请求。

根据民法关于善意保护之原则，在商标权等知识产权与物权等其他财产权发生冲突时，应以其他财产权是否善意作为权利界限和是否容忍的标准，同时应兼顾公共利益之保护。由于炜赋公司经南通市民政局批准将小区命名为“炜赋·星河湾”，小区居民已经入住多年，且并无证据证明其购买该房产时知晓小区名称侵害星河湾公司商标权，如果判令停止使用该小区名称，会导致商标权人与公共利益及小区居民利益的失衡，因此不再判令停止使用该小区名称，但炜赋公司在其尚未出售的楼盘和将来拟开发的楼盘上不得使用相关“星河湾”名称作为其楼盘名称。

【案件信息】

广州星河湾实业发展有限公司、广州宏富房地产有限公司诉江苏炜赋集团建设开发有限公司侵害商标权及不正当竞争案，最高人民法院(2013)民提字第102号民事判决书(2015年2月26日，王闯、王艳芳、朱理)，江苏省高级人民法院(2011)苏知民终字第0171号民事判决书，江苏省南通市中级人民法院(2011)通中知初字第8号民事判决书。

案件来源：最高人民法院知识产权案件年度报告(2015)，2015年中国法院10大知识产权案件。

139 已登记楼盘名称侵害商标权的，考虑销售入住以及拆除成本等因素后仍可令停止使用

【裁判要旨】

楼盘名称侵害他人建筑、不动产管理等服务上的商标权，是否判令停止使用经过相关行政部门核准的楼盘名称应根据被诉侵权楼盘的销售量、业主入住情况、拆除被诉侵权标识的成本及影响确定。

【关键词】

侵害商标权｜楼盘名称｜停止使用

【基本案情】

钓鱼台国宾馆管理局在不动产管理、不动产出租、建筑、室内装潢等服务上注册有多件“釣魚臺”商标，并曾被认定为驰名商标。2001年，上述商标授权给原告钓鱼台美高梅公司使用，授权领域包括，酒店设施、品牌住宅设施、休闲娱乐设施等以及与之有关的开发、建设、运营、管理，并授权钓鱼台美高梅公司于“釣魚臺”注册商标在中国境内遭遇不法侵害时，可以自己的名义单独提起诉讼并获得侵权赔偿。

苏州市地名委员会办公室批准被告安徽高速地产苏州公司开发的住宅区命名为“钓鱼台别墅”，其中别墅分四期开发，一期已销售1/3，二期已销售2/3，截止诉讼时，入住业主并不多。徽高速地产苏州公司在网上宣传中使用了“钓鱼台别墅”“古今几人能坐钓鱼台”“姑蘇釣魚臺本纪”“2013姑苏钓鱼台，裁成天地之道，再续古今风藻”“携钓鱼台离京返乡，妙传当年天子雅号”“姑苏钓鱼

台”“芳菲院”(芳菲苑系钓鱼台国宾馆内部楼宇名称,被用于国家外事会议等活动)等字样。

钓鱼台美高梅公司提起诉讼,请求判令:安徽高速地产苏州公司停止使用“钓鱼台”作为楼盘名称并向相关行政部门申请变更,赔偿损失100万元及相应合理开支。

江苏省苏州市中级人民法院判决:安徽高速地产苏州公司停止侵害商标权的行为,停止在楼盘名称中使用被诉侵权标志,赔偿损失20万元。安徽高速地产苏州公司不服,提起上诉。江苏省高级人民法院判决:驳回上诉,维持原判。

【裁判理由】

法院认为:

钓鱼台美高梅公司经授权使用的“釣魚臺”注册商标核定的服务类别分别是不动产管理、建筑等,安徽高速地产苏州公司则从事“钓鱼台别墅”开发与销售,上述两种商品和服务在功能用途、消费对象、销售渠道等方面基本相同,存在特定的联系,应当认定为类似。

安徽高速地产苏州公司网站及现场和宣传书等处以“钓鱼台别墅”“姑蘇釣魚臺”文字广为宣传,其中的“钓鱼台”“釣魚臺”文字起到了对不同房地产公司开发的楼盘、商品房加以识别的作用。基于“钓鱼台国宾馆”特殊的政治影响力和长期广泛的新闻报道,钓鱼台国宾馆及其“钓鱼台”品牌已在公众中具有较高的知名度,故安徽高速地产苏州公司主观上借助钓鱼台国宾馆的声誉,诱导相关公众对其开发、销售的“钓鱼台别墅”楼盘与钓鱼台国宾馆及其“钓鱼台”品牌之间存在特定关系产生联想和误认,引起相关公众对两者来源产生混淆的故意十分明显,安徽高速地产苏州公司的上述行为构成侵权。

综合考量“钓鱼台”文字的政治影响和较高声誉,安徽高速地产苏州公司被诉侵权楼盘的销售量、业主入住情况、拆除被诉侵权标识的成本及影响,法院认为判决安徽高速地产苏州公司承担停止侵权、赔偿损失的民事责任并无不当。

【案件信息】

钓鱼台美高梅酒店管理有限公司诉安徽省高速地产集团(苏州)有限公司侵害商标权案,江苏省高级人民法院(2016)苏民终1167号民事判决书(2016年12月16日,汤茂仁、徐美芬、刘莉),江苏省苏州市中级人民法院(2015)苏中知民初字第00281号民事判决书(2016年4月18日,庄敬重、唐蕾、浦智华)。

案件来源:2016年中国法院50件典型知识产权案例。

140 农作物品种名称与注册商标冲突但无恶意的，应在农作物出产商品上规范标注来源

【裁判要旨】

农作物品种的通用名称可以作为通过该作物种植加工的商品的通用名称。在先存在注册商标权的情况下，不能将依据《主要农作物品种审定办法》审定的农作物品种曾使用的代号作为认定该代号为法定通用名称的依据。

认定是否构成约定俗成的通用名称，除对因历史传统、风土人情、地理环境等导致相关市场较为固定的某些商品外，一般以全国范围内相关公众的通常认识为判断标准，相关市场是否较为固定，应由提出主张的当事人提供证据加以证明。

注册商标的文字和农作物品种名称的使用均无恶意但仍产生冲突的，与该农作物的公众可以在其种植加工出的商品上规范标注农作物品种名称以表明品种来源，但仅限于表明品种来源且不得突出使用。

【关键词】

注册商标｜农作物品种｜通用名称｜相关市场｜规范标注

【基本案情】

原告福州米厂为第1298859号“稻花香DAOHUAXIANG”商标权人，该商标于1998年3月提出申请，并于1999年7月28日获准注册，核定使用商品为第30类的大米。

2009年3月18日，黑龙江省农作物品种审定委员会的《黑龙江省农作物品种审定证书》记载：品种名称为“五优稻4号”，原代号为“稻花香2号”。

2014年2月18日，福州米厂在被告新华都公司福州金山大景城分店购买了由被告五常公司生产、销售的“乔家大院稻花香米”，包装袋正面中间位置以大字体标注有“稻花香DAOHUAXIANG”。

福州米厂提起诉讼，请求判令五常公司停止生产侵害其商标权的产品，赔偿30万元；新华都公司停止销售侵权产品，赔偿3万元；五常公司和新华都公司共同

支付相应合理开支。

福建省福州市中级人民法院判决：五常公司停止生产、销售标注与福州米厂注册商标近似标志的“乔家大院稻花香米”，并赔偿损失及合理开支9.7万元；新华都公司停止销售标注有与福州米厂注册商标近似标志的“乔家大院稻花香米”，并支付合理开支3000元。五常公司不服，提起上诉。福建省高级人民法院判决：撤销一审判决，驳回福州米厂的诉讼请求。福州米厂不服，申请再审。最高人民法院判决：撤销二审判决，维持一审判决。

【裁判理由】

最高人民法院认为：

品种审定办法规定的通用名称与商标法意义上的通用名称含义并不完全相同，不能仅以审定公告的名称为依据，认定该名称属于商标法意义上的通用名称。而且审定公告发生了更改，在在先存在注册商标权的情况下，不能直接证明“稻花香”为法定的通用名称。

如果“稻花香”为涉案特定稻米品种约定俗成的通用名称，对于用该稻米品种种植加工出来的大米，可以标注“稻花香”以表明大米品种来源，即稻米品种的通用名称可以延伸使用于以此品种种植加工出来的大米上。约定俗成的通用名称一般以全国范围内相关公众的通常认识为判断标准。基于历史传统、风土人情、地理环境等原因，某些商品所对应的相关市场相对固定，如果不加区分地仍以全国范围相关公众的认知为标准，判断与此类商品有关的称谓是否已经通用化，有违公平原则。但是，适用不同评判标准的前提是，当事人应首先举证证明此类商品属于相关市场较为固定的商品。否则，是否构成约定俗成的通用名称，仍应当以全国范围内相关公众的通常认知作为判断依据。被诉侵权产品销售范围并不局限于五常地区，而是销往全国各地，其相关市场并非较为固定，因此应以全国范围内相关公众的通常认识为标准判断“稻花香”是否属于约定俗成的通用名称。五常公司提交的多为五常市当地的证据，以全国范围内相关公众的通常认识为标准，尚不足以证明“稻花香”属于约定俗成的通用名称。

本案注册商标的申请日远早于“稻花香2号”水稻的审定公告日，现有证据也不能证明在商标申请日之前“稻花香”作为一类稻米品种已经宣传推广并具有一定知名度，被诉侵权产品与本案注册商标在文字和字母方面均相同，构成近似商标，共存于市场容易造成相关公众的混淆误认，因此构成侵权。

由于福州米厂申请本案商标并无恶意，五常这一特定地域范围内的相关种植农户、大米加工企业和消费者在以“稻花香 2 号”种植加工出的大米上使用“稻花香”主观上也并无攀附本案商标的恶意。基于公平原则，考虑到双方的利益平衡，五常地域内的相关种植农户、大米加工企业和消费者可以在以“稻花香 2 号”种植加工出的大米上规范标注“稻花香 2 号”，以表明品种来源，该种标注方式仅限于表明品种来源且不得突出使用。

【案件信息】

福州米厂诉五常市金福泰农业股份有限公司、福建新华都综合百货有限公司侵害商标权案，最高人民法院(2016)最高法民再374号民事判决书(2017年12月22日，周翔、罗霞、佟姝)，福建省高级人民法院(2014)闽民终字第1442号民事判决书，福建省福州市中级人民法院(2014)榕民初字第481号民事判决书。

案件来源：最高人民法院知识产权案件年度报告(2017)，2017年中国法院10大知识产权案件。

141　将在先有知名度的注册商标作为商品包装元素申请外观设计专利并实施的构成侵权

【裁判要旨】

将他人在先有一定知名度的注册商标作为相同商品的包装元素申请外观设计专利权并实施的，构成对他人在先商标权的侵害，法院可以在民事侵权案件中判令被诉侵权人停止实施其外观设计专利。

【关键词】

侵害商标权｜外观设计｜企业名称｜权利冲突

【基本案情】

原告喜力公司系 G604686 号“喜力”商标、第 3310340 号、G1004810 号、第 8098276 号图形商标、G602291 号“Heineken 及图”商标、第 7805367 号“Heineken 及图”商标、G1005248 号“Heineken”商标的注册人，其“喜力”“Heineken”等文字、图形商标具有较高的市场知名度。

被告张国华于 2016 年将与喜力公司商标近似的图案、文字作为啤酒商品的包装物申请了 201630052864.8 号和 201630052821.X 号外观设计专利权。喜力公司认为，张国华在生产销售被诉侵权商品的过程中实施上述专利的行为侵害了其商标权，请求判令张国华停止侵权、赔偿损失并不得实施被诉外观设计。

山东省潍坊市中级人民法院判决：山东金孚龙公司、昌乐喜力公司、张国华停止侵权和不正当竞争，共同赔偿损失及合理开支25万元并刊登声明消除影响；昌乐喜力公司就其不正当竞争行为单独赔偿损失及合理开支5万元并变更企业名称不得含有“喜力”字样；张国华不得实施其外观设计专利。

【裁判理由】

法院认为：

被诉侵权产品系啤酒，包装上载明其生产单位为山东金孚龙公司，昌乐喜力公司销售了被诉侵权啤酒，在包装及网络推广销售中使用的图形、字母、文字等标识与喜力公司享有商标专用权的商标构成相同或近似，容易使相关公众对被诉侵权商品的来源产生误认。昌乐喜力公司在互联网中的招商信息中展示了前述被诉侵权产品的包装情况和基本信息，并载明商品名称为“喜力啤酒”，与G604686号“喜力”商标相同，属于在同种商品上将与他人注册商标相同的文字作为商品名称使用、误导公众的情形。

张国华就啤酒的包装罐和包装箱取得了201630052864.8号和201630052821.X号外观设计专利权，和第18793740号“嚇涅艮”商标专用权，还就啤酒罐的展开图进行美术作品登记，但是喜力公司在张国华取得前述权利之前即注册取得了涉案七项商标专用权，构成张国华专利权、商标权、著作权的在先合法权利。三被告实施201630052864.8号和201630052821.X号专利的行为构成对喜力公司涉案商标专用权的侵害。

三被告在生产销售被诉侵权啤酒以实施涉案专利的过程中存在主观故意，均构成对喜力公司享有的涉案商标专用权的侵害，依法应当承担相应的法律责任。

喜力公司以“喜力”为字号在中华人民共和国境内进行商业使用，具有较高的知名度和美誉度，为相关公众所知悉，昌乐喜力公司以“喜力”为字号注册企业名称，并以喜力啤酒的名称对被诉侵权啤酒进行推广销售，足以证明其存在以“喜力”字号造成消费者混淆的主观故意，侵害了喜力公司的企业名称权，构成不正当竞争。三被告将被诉侵权啤酒包装箱上载明的监制方信息进行了变更，将“荷兰喜力啤酒酿造有限公司监制”变更为“昌乐喜力酒业有限公司监制”，属于将他人注册商标作为企业名称中的字号使用，误导公众的情形，也构成不正当竞争。

【案件信息】

荷兰喜力酿酒厂有限公司诉山东金孚龙啤酒有限公司、昌乐喜力酒业有限公司、张国华侵害商标权及不正当竞争案，山东省潍坊市中级人民法院(2017)鲁07民初590号民事判决书(2018年6月20日，宋宗明、丁岩)。

案件来源:2018年中国法院50件典型知识产权案例。

第五节　驰名商标保护

142 弱化包括减弱驰名商标与特定商品的对应关系及减弱驰名商标与所有人的对应关系

143 构成弱化需考虑驰名商标显著性和知名度、相关公众重合程度及相关公众认知水平

144 驰名商标跨类保护的损害赔偿数额不宜单纯以权利人损失或者侵权获利为计算基础

145 明知是侵权商品仍提供网站宣传的属于为侵害商标权提供便利条件的帮助侵权行为

【裁判要旨】

减弱驰名商标的显著性，是指减弱驰名商标与其所有人在特定商品上的形成的唯一对应关系，包括减弱驰名商标与特定商品的对应关系以及减弱驰名商标与其所有人的对应关系。如果被诉侵权商标使用的商品并非驰名商标所有人赖以驰名的商品，相关公众错误地认为来自驰名商标所有人，则驰名商标与其赖以驰名商品的唯一对应关系遭到破坏，

驰名商标的显著性被减弱。如果被诉侵权商标使用的商品并非其赖以驰名的商品，相关公众虽然认为驰名商标所有人不会提供该商品，亦不会对商品的来源产生混淆误认，但看到被诉侵权商标却会在相当程度上联想到驰名商标的所有人，则驰名商标和所有人之间唯一对应关系产生破坏，驰名商标的显著性被减弱。

由于驰名商标核定使用的商品或服务与被诉侵权产品或服务系不相同或不类似的商品与服务，两者并不存在替代关系，因此，驰名商标保护中的损害赔偿数额不宜单纯以权利人的销售收入的减少量或被诉侵权人销售侵权产品的获利为计算基础。

是否构成对驰名商标显著性的减弱，可以考虑驰名商标的显著性和知名度，相关公众的重合程度，此外，标志的近似程度，驰名商标所有人的经营情况以及被诉侵权商标的使用方式都可能影响相关公众的认知水平。

帮助侵权行为成立应当具备如下构成要件：(1)存在提供便利条件等帮助行为，该帮助行为与侵权行为之间存在因果关系；(2)侵权行为与损害后果之间存在因果关系；(3)帮助侵权人与侵权人具有共同的故意。提供便利条件的具体行为方式不限于提供仓储等方式，提供宣传网站的行为与上述法律法规规定中提供经营场所、网络交易平台等行为的性质并无二致，属于为侵害他人商标专用权提供便利条件的行为。

【关键词】

驰名商标｜弱化｜显著性｜对应关系｜帮助侵权

【基本案情】

原告美孚公司在第1类合成树脂、肥料、农业和园艺用化学品等商品上注册了第357297号、第147013号、第5741892号和第174462号“美孚”“MOBIL”商标，在第5类杀虫剂等商品上注册了第174470号“MOBIL”商标，在第4类润滑油等商品上注册了第174431号、第174458号“美孚”“MOBIL”商标。美孚公司在本案主张其在第4类上注册的两个商标为驰名商标。

被告北农公司在其生产销售的化肥、农药商品上使用了包含“美孚”“MOBIL”文字的标识；在其网站北农网上突出使用了美孚等商标，被告张丹丹系北农网的经营者；北农公司还在其他网站宣传自己使用美孚等商标的化肥、农药、杀虫剂等商品。被告中科公司和北农公司曾委托案外人加工生产美孚牌的化肥。被诉侵权商品上还使用了与“MOBIL”近似的商标，该商标系被告张智敏申请注册，美孚公司这些商标提出异议，后被生效判决认定不予核准注册。

美孚公司提起诉讼，请求判令北农公司、中科公司、张智敏、张丹丹停止侵权，连带赔偿损失 450 万元和合理开支 40,788 元，并在相关报纸和网站公开声明消除影响，对北农公司、中科公司予以民事制裁，收缴和销毁侵权产品和侵权标识并处以罚款。

北京知识产权法院判决：北农公司、中科公司、张智敏、张丹丹停止侵权，并在网站上公开刊登声明消除影响，北农公司、中科公司、张智敏赔偿损失 450 万元及合理开支 3 万元，张丹丹在损失 50 万元及合理开支 1 万元范围内承担连带责任。北农公司、中科公司、张智敏、张丹丹和美孚公司均不服，分别提起上诉。北京市高级人民法院判决：北农公司、中科公司、张智敏、张丹丹停止侵权，北农公司、中科公司、张智敏赔偿损失 300 万元及合理开支 35,024 元，张丹丹在损失 30 万元及合理开支 1 万元范围内承担连带责任。

【裁判理由】

法院认为：

埃克森美孚公司对其在不同商品类别上注册的“Mobil”及“美孚”商标享有各自独立的商标专用权和禁用权。因此，即使已经认定被诉侵权行为损害了埃克森美孚在第 1 类和第 5 类商品上的商标权，根据当事人的主张，仍需要对被诉侵权行为是否损害该公司在第 4 类商品上商标权进行评价。对埃克森美孚公司在润滑油商品上的“美孚”和“Mobil”商标是否构成驰名商标的认定并非基于驰名商标保护按需认定的原则，而是基于不同请求权基础进行的逐项认定。

在案证据可以证明，埃克森美孚公司第 4 类润滑油商品上获准注册的第 174431 号“MOBIL”商标以及第 174458 号“美孚”商标为驰名商标，其驰名状态自 2012 年之后延续至诉讼提起时。

在不相同或者不类似商品上使用商标，减弱驰名商标显著性、贬损驰名商标的市场声誉以及不当利用驰名商标的市场声誉是损害他人已注册的驰名商标专用权的 3 种情形。其中，所谓减弱驰名商标的显著性是指，减弱驰名商标与其所有人在特定商品上的形成的唯一对应关系。驰名商标的价值来自上述显著性，因此，驰名商标制度旨在保护此种唯一对应关系免遭破坏。减弱驰名商标与特定商品的对应关系以及减弱驰名商标与其所有人的对应关系均属于上述减弱驰名商标显著性的类型。如果被诉侵权商标使用的商品并非其赖以驰名的商品，相关公众错误地认为来自驰名商标所有人，则驰名商标与其赖以驰名商品的唯一对应关系遭到破坏，驰名商标的显著性被减弱。如果被诉侵权商标使用的商品并非其赖以驰名的商品，相关公众虽然认为驰名商标所有人不会提供该商品，也不会对商品的来源产生混淆误认，但看到被诉侵权商标却会在相当程度上联想到驰名商标的所有人，则驰名商标和所有人之间唯一对应关系产生破坏，驰名商标的显著性被减弱。

认定被诉侵权商标与驰名商标具有相当程度的联系并导致驰名商标的显著性减弱，可以考虑以下因素：

驰名商标的显著性和知名度。显著性越强、知名度越高，则该驰名商标的保护范围越宽，相关公众更容易将被诉侵权商标与之建立联系，减弱唯一对应关系的可能性越大。本案中，“Mobil”“美孚”均为臆造词，具有较强的显著性。根据在案证据可知，埃克森美孚公司的润滑油自1973年起就已经进入中国大陆市场，而且一度在高端润滑油市场的份额居于榜首，并且埃克森美孚公司也通过电视广告、赞助体育赛事等方式对其“Mobil”“美孚”润滑油产品进行长期广泛的宣传，因此，其第174431号“MOBIL”商标以及第174458号“美孚”商标经过长期使用，已经具有极高知名度，为相关公众熟知。

相关公众的重合程度。判断被诉侵权商标与驰名商标是否具有相当程度的联系，且是否会减弱显著性，应当以被诉侵权商标的相关公众的认知水平为基础。被诉侵权商标的相关公众与驰名商标的相关公众重合程度将影响被诉侵权商标相关公众的认知水平。如果重合程度高，则驰名商标的知名度更容易及于被诉侵权商标的相关公众，相关公众看到被诉侵权商标更容易联想到驰名商标。本案中，润滑油商品的相关公众为车辆、机械的制造、销售者或维修、使用者。农药化肥的相关公众为与农业生产相关的公众。由于车辆、机械是生产和生活中的常用工具，因此，两者的相关公众存在较高程度的重合。

此外，标志的近似程度，驰名商标权利人的经营情况以及被诉侵权商标的使用方式都可能影响相关公众的认知水平。本案中，被诉侵权行为涉及的商标为“美孚”“Mobil”及图形，与埃克森美孚公司的驰名商标相同或者具有相同的显著识别部分，而且，由于埃克森美孚公司的“美孚”和“Mobil”商标经过大量使用形成稳定的对应关系，被诉侵权产品同时使用了“美孚”和“Mobil”，更容易使相关公众将之与埃克森美孚公司的驰名商标建立联系。

综合考虑上述埃克森美孚公司“美孚”和“Mobil”商标的显著性、知名度，相关公众的重合程度以及标志的近似程度和其他实际使用情况，可以认定相关公众能够将被诉侵权行为涉及的商标与上述驰名商标建立相当程度的联系，而且也存在相关公众将被诉侵权产品的来源与埃克森美孚公司建立错误联系的可能性，因此，上述行为破坏“美孚”和“Mobil”与埃克森美孚公司在润滑油商品上的唯一对应关系，足以减弱驰名商标的显著性，根据行为时间不同分别构成了2001年《商标法》第13条第2款以及2013年《商标法》第13条第3款规定的误导公众，致使驰名商标注册人的利益可能受到损害的情形。

帮助侵权行为成立应当具备如下构成要件：(1)存在提供便利条件等帮助行为，该帮助行为与侵权行为之间存在因果关系；(2)侵权行为与损害后果之间存在因果关系；(3)帮助侵权人与侵权人具有共同的故意。提供便利条件的具体行为方式不限于提供仓储等方式，提供宣传网站的行为与上述法律法规规定中提供经营场所、网络交易平台等行为的性质并无二致，属于为侵害他人商标专用权提供便利条件的行为。

张丹丹作为北农网的备案经营者，在无相反证据的情况下，可以认定为北农网的实际经营者。张丹丹为北农公司和中科公司对被诉侵权产品进行推销和介绍提供了网络平台，其经营并提供网站的行为与北农公司和中科公司的生产销售和宣传行为具有直接的因果关系。张丹丹与张智敏系父女关系，且张丹丹曾在北农公司工作，张丹丹应对北农公司和中科公司的生产经营情况以及涉案的商标的异议案件有所了解。在此情况下，张丹丹仍然为北农公司和中科公司的宣传行为提供便利。张丹丹对上述侵权行为知晓并存在追求或者放任的主观意图，因此，张丹丹对中科公司和北农公司实施侵权行为具有共同的故意，已构成为北农公司和中科公司的侵权行为提供便利条件的帮助侵权行为，应与北农公司和中科公司承担连带侵权责任。

由于驰名商标核定使用的商品或服务与被诉侵权产品或服务系不相同或不类似的商品与服务，两者并不存在替代关系，因此，驰名商标保护中的损害赔偿数额不宜单纯以权利人的销售收入的减少量或被诉侵权人销售侵权产品的获利为计算基础。

【案件信息】

埃克森美孚公司与北京北农国信科技发展有限公司、潍坊中科农业技术开发有限公司、张智敏、张丹丹侵害商标权案，北京市高级人民法院（2016）京民终544号民事判决书（2017年11月29日，岑宏宇、戴怡婷、马军），北京知识产权法院（2014）京知民初字第143号民事判决书（2016年7月14日，芮松艳）①。

案件来源：中国裁判文书网。

146 将他人驰名商标作为自己商品风味名称使用，属于减弱驰名商标显著性的淡化行为

【裁判要旨】

将他人驰名商标作为自己商品的口味名称，在自己商品包装上予以标注的行为，属于标示商品来源的商标使用行为，不属于正当合理使用行为。

明知他人驰名商标的知名度，在自己的商品上使用该商标作为口味名称的，构成减弱该驰名商标显著性、不正当利用该驰名商标市场声誉的淡化行为。

【关键词】

驰名商标｜淡化｜减弱显著性｜风味名称

【基本案情】

原告贵阳老干妈公司系第2021191号“老干妈”商标的注册人，该商标于2003年5月21日核准注册，核定使用商品为第30类的豆豉、辣椒酱（调味）、炸辣椒油等，该商标曾在2011年、2014年、2015年、2016年多次被商标局、商标评审委员会和法院认定为驰名商标。

被告贵州永红公司拥有多件“牛头牌及图”注册商标，核定使用商品为第29类的牛肉食品，其商标曾在2010年被认定为驰名商标。

自2015年开始，贵阳老干妈公司从被告北京欧尚超市处购买到贵州永红公司生产的“牛头牌及图”“老干妈牛肉棒”，其包装上印有“老干妈味”字样。贵州永红公司认可其自2014年开始购入贵阳老干妈公司的“老干妈”牌豆豉作为调料

① 关于驰名商标保护原理的详细解释，请参见本案一审判决。

生产上述被诉侵权商品。

贵阳老干妈公司提起诉讼，请求判令贵州永红公司和北京欧尚超市，停止侵害贵阳老干妈公司驰名商标权的行为，停止在牛肉棒上使用“老干妈味”字样，停止销售印有上述“老干妈味”字样的牛肉棒，赔偿损失300万元和相应合理开支。

北京知识产权法院判决：贵州永红公司停止在其生产、销售的牛肉棒商品上使用“老干妈味”字样，赔偿贵阳老干妈公司损失42.65万元。贵州永红公司不服，提起上诉。北京市高级人民法院判决：驳回上诉，维持原判。

【裁判理由】

法院认为：

贵阳老干妈公司提交的证据足以证明第2021191号“老干妈”商标已经在中国境内为相关公众广为知晓，应当认定为驰名商标。

贵州永红公司将“老干妈”作为被诉侵权的牛肉棒商品的口味名称，并标注于包装正面，属于对第2021191号商标的复制、摹仿；虽然被诉侵权商品确实添加有“老干妈”牌豆豉，但“老干妈”牌豆豉并非食品行业的常用原料，“老干妈味”也不是日用食品行业对商品口味的常见表述方式，被诉侵权商品对“老干妈”字样的使用不属于合理使用的范畴。

被诉侵权的牛肉棒商品与地2021191号商标核定使用的豆豉、辣椒酱（调味）、炸辣椒油商品虽然在商品原料、功能用途等方面存在差异，但二者均属日用食品，在销售渠道和消费群体方面存在一定重合，贵州永红公司在商品包装正面使用“老干妈”字样，并将“老干妈味”作为与“原味”“麻辣”等并列的口味名称的行为，足以使相关公众在看到被诉侵权商品时直接联想到第2021191号“老干妈”商标，进而破坏该商标与贵阳老干妈公司所生产的豆豉、辣椒酱（调味）、炸辣椒油商品之间的密切联系和对应关系，减弱该商标作为驰名商标的显著性。

贵州永红公司明知第2021191号“老干妈”商标在豆豉、辣椒酱（调味）、炸辣椒油商品上具有较高知名度，仍然在其商品上使用“老干妈味”字样，削弱第2021191号“老干妈”商标与贵阳老干妈公司的唯一对应联系，弱化该驰名商标告知消费者特定商品来源的能力，减弱驰名商标的显著性，并不正当利用驰名商标的市场声誉，构成《商标法》第13条第3款所指“误导公众，只是该驰名商标注册人的利益可能受到损害”的情形，属于给他人商标权造成其他损害的行为。

【案件信息】

贵阳南明老干妈风味食品有限责任公司诉贵州永红食品有限公司、北京欧尚超市有限公司侵害商标权及不正当竞争案，北京市高级人民法院(2017)京民终28号民事判决书(2017年4月24日，周波、俞惠斌、苏志甫)，北京知识产权法院(2015)京知民初字第1944号民事判决书(2016年8月22日，邓卓)。

案件来源：2017年中国法院50件典型知识产权案例。

147 在相同类似商品上使用注册商标的行为仍可构成对在先已注册驰名商标权利的侵害

148 复制摹仿翻译他人驰名商标作为企业名称中字号虽未突出使用也侵害驰名商标权益

149 惩罚性赔偿的计算基数仅为损失、获利与许可费倍数而不包括法定赔偿和合理开支

150 惩罚性赔偿要求的恶意系明知即故意而为，一般情况下侵害商标权的行为仅为过错

【裁判要旨】

在侵害商标权纠纷中，当被诉侵权主体使用的商标系经依法核准注册，并在其核定使用商品范围内进行使用时，由于驰名商标更高、更强、更宽保护范围与保护程度，即使被诉侵权商标与驰名商标使用和注册在相同或者类似的商品或者服务上，法院也可以根据在案情况认定主张保护的商标是否构成驰名、被诉侵权注册商标的使用行为是否侵权，进而可以判令其停止侵权、赔偿损失。

当被诉侵权主体将他人驰名商标通过复制、摹仿、翻译的形式，作为企业名称中的字号予以使用，但并不属突出使用的。此时为了解决商标专用权与企业名称权益之间产生的权利冲突，从规制有序、公平市场竞

争秩序的视角，根据反不正当竞争法及商标法关于认定驰名商标的基本要件，对在先商标是否构成驰名予以认定。

"惩罚性赔偿"仅限于按照权利人的损失、侵权人的获利或参照商标许可使用费的倍数确定赔偿数额时方可据此按照1倍以上3倍以下予以惩罚性赔偿，不包括酌定赔偿情形，以及不能将权利人为制止侵权行为所支付的合理开支纳入计算的基数范围。

适用"惩罚性"赔偿应当以被诉侵权人"恶意侵害商标专用权且情节严重"为要件，其中"恶意"应当仅限于"明知"即故意而为，虽然注册商标经申请核准注册后具有公示性，诚实信用的市场主体应当主动避让，但是一般而言被诉侵权人从事侵害商标专用权的行为主观上存在过错，并不当然能够认定为"故意"。

【基本案情】

原告迪尔公司拥有"约翰·迪尔""JOHN DEERE""JDL 约翰·迪尔佳联""鹿图形""PLUS－50""HY－GARD"等核准注册在润滑油、农用机械等商品上的注册商标，并将其商标许可给原告约翰迪尔中国公司使用。

被告约翰迪尔北京公司、约翰迪尔丹东公司和兰西佳联迪尔公司在生产、销售和宣传润滑油、发动机油的过程中突出使用了"约翰迪尔""JOHN DEERE""约翰迪尔金鹿""约翰迪尔强鹿""约翰迪尔银鹿""鹿图形""HY－GARD""HYI－GARD""PLUS－50A"等字样，同时还使用了"约翰迪尔"等企业名称。兰西佳联迪尔公司还于2012年11月12日申请注册第11730705号"佳联迪尔"商标，并于2014年4月21日获准注册，核定使用商品为第4类的工业用油、润滑剂等。

迪尔公司和约翰迪尔公司提起诉讼，主张其在第7类农业机械、第12类拖拉机上注册的"JOHN DEERE""约翰·迪尔"商标为驰名商标，并请求判令约翰迪尔北京公司、约翰迪尔丹东公司和兰西佳联迪尔公司停止侵害商标权的行为，变更企业名称且不得含有与"约翰迪尔""JOHNDEERE"驰名商标相同或近似的文字，停止使用"johndeerexj. com""deersh. com"域名，停止虚假宣传行为和损害迪尔公司、约翰迪尔中国公司商誉的行为，在报纸上公开发布声明消除影响，连带赔偿损失500万元及合理开支368,756元。

北京知识产权法院判决支持了迪尔公司、约翰迪尔中国公司的全部诉讼请求。北京市高级人民法院则确认了被侵害的具体商标，从而纠正了原判的疏漏，但对原判的认定和判决主要内容予以维持。约翰迪尔北京公司、约翰迪尔丹东公司和兰西佳联迪尔公司不服，提起上诉。北京市高级人民法院判决则纠正了一审判决的概括式表述，其他均维持。

【裁判理由】

法院认为：

虽然根据《商标法》的字面解释，对驰名商标的保护均是给予不相同或者不相类似商品上的，但是基于法律规定的"举重以明轻"的原则，从目的解释的视角，显然与已经注册的驰名商标核定使用商品构成相同或者类似商标的近似商标，亦应当纳入驰名商标保护的范畴中。然而，为了防止驰名商标成为企业的荣誉标志或者被"异化"予以使用，一般情况下，在相同或者类似商品上已经能够予以保护注册商标的情况下，基于驰名商标"按需认定"的原则，已无直接予以认定的必要。然而，商标法明确载明了在他人注册商标构成驰名的情况下，其他主体不得注册并禁止使用商标。

因此特别在侵害商标权民事纠纷中，对于上述法律所规定的"禁止使用"在相同或者类似商品的民事纠纷，至少存在 2 种适用情形，均为产生民事权利冲突时所启动：

第 1 种情形为当被诉侵权主体使用的商标系经依法核准注册，并在其核定使用商品范围内规范进行的使用，即商标权之间产生的权利冲突。此时因上述法律中已经存在具体禁止性规定，基于诚实信用的商业经营道德，即使他人使用的为已经获准注册的商标，但是由于驰名商标更高、更强、更宽保护范围与程度的考量，此时只要不超过商标法所规定撤销期限及被诉侵权人的注册商标申请时，在先要求保护的商标已经构成驰名，人民法院可以据此解决不同注册商标之间的权利冲突问题，并根据在案情况认定是否构成驰名。

第 2 种情形为当被诉侵权主体将他人驰名商标通过复制、摹仿、翻译的形式，作为企业名称中的字号予以使用，但并不属突出使用的。此时为了解决商标专用权与企业名称权益之间产生的权利冲突，从规制有序、公平市场竞争秩序的视角，根据反不正当竞争法及商标法关于认定驰名商标的基本要件，对在先商标是否构成驰名予以认定。

因兰西佳联迪尔公司在第 4 类工业用油等商品上获准注册了第 11730705 号"佳联迪尔"商标，因此需要通过认定迪尔公司、迪尔中国公司的"JOHN DEERE"商标构成驰名商标才能解决注册商标之间的权利冲突问题。据此认定

“佳联迪尔”注册商标的使用构成了对“JOHN DEERE”驰名注册商标的侵害，应予制止。

是否应当适用惩罚性赔偿，应当从以下几个方面予以认定：

第一，《商标法》第63条所确定的“惩罚性赔偿”仅限于按照权利人的损失、侵权人的获利或参照商标许可使用费的倍数确定赔偿数额时方可据此按照1倍以上3倍以下予以惩罚性赔偿，即计算惩罚性赔偿的基数范围时不包括按照《商标法》第63条第3款所规定的酌定赔偿情形，以及不能将权利人为制止侵权行为所支付的合理开支纳入计算的基数范围。本案中，一审法院是以约翰迪尔北京公司、约翰迪尔丹东公司及兰西佳联迪尔公司基于被诉侵权行为所获利润为基数，计算的惩罚性赔偿数额，故计算范围与方式并无不当。

第二，适用“惩罚性”赔偿应当以被诉侵权人“恶意侵害商标专用权且情节严重”为要件，其中“恶意”应当仅限于“明知”即故意而为，虽然注册商标经申请核准注册后具有公示性，诚实信用的市场主体应当主动避让，但是一般而言被诉侵权人从事侵害商标专用权的行为主观上存在过错，并不当然能够认定为“故意”。同时，关于“情节严重”是指被诉侵权人从事的侵害商标专用权的行为从方式、范围、所造成的影响等方面均对权利人产生了巨大的损失与消极影响。本案中，约翰迪尔北京公司、约翰迪尔丹东公司及兰西佳联迪尔公司在多个省市、通过多种渠道、利用多种手段，并且在工商行政部门已经查处的情况下继续从事侵害涉案商标专用权的行为，考虑到迪尔公司、约翰迪尔中国公司主张涉案商标的显著性、知名度以及涉案被诉侵权行为所造成的损害后果的严重性，一审法院适用“惩罚性”赔偿计算具体赔偿数额并无不当。

【案件信息】

迪尔公司、约翰迪尔(中国)投资有限公司诉约翰迪尔(北京)农业机械有限公司、约翰迪尔(丹东)石油化工有限公司、兰西佳联迪尔油脂化工有限公司侵害商标权及不正当竞争案，北京市高级人民法院(2017)京民终413号民事判决书(2017年12月8日，陶钧、王晓颖、孙柱永)，北京知识产权法院(2016)京73民初93号民事判决书(2016年12月30日，张玲玲、侯占恒、邓卓)。

案件来源：中国裁判文书网。

151 虽有相同类似商品上的注册商标，也可依不相同不类似商品上的驰名商标给予保护

152 请求保护的商标作为驰名商标受保护记录的证据并非认定商标驰名必须具备的条件

153 审查驰名商标受保护记录要确定的是商标处于驰名状态时间而非有权机关认定时间

【裁判要旨】

在权利人享有多个商标权的情况下，允许权利人选择以驰名商标跨类保护的方式寻求更为有利的救济。

《商标法》第14条规定的认定驰名商标的几项因素并非缺一不可，如果考虑部分因素即足以认定商标驰名的，就无须机械地一一考虑其全部因素。如果将"该商标作为驰名商标受保护的记录"作为认定商标驰名必须具备的条件，则此前未经司法或行政程序被认定为驰名的商标，即使已为相关公众所熟知，也无法在诉讼中被认定为驰名商标，不利于保护商标权人的利益，也有违驰名商标认定标准之立法本意。

在涉驰名商标侵权纠纷中，应当考虑在被诉侵权行为发生时涉案商标是否驰名，对于"该商标作为驰名商标受保护的记录"这一因素，应当审查的也是相关记录中该商标处于驰名状态的时间，而非司法机关或行政机关作出认定的时间。

【关键词】

驰名商标｜防御注册｜认定驰名商标的因素｜时间节点

【基本案情】

索菲亚公司系第1761206号"索菲亞"商标权人，该商标2002年5月7日获准注册，核定使用商品为第20类的家具、家具门、家具用非金属附件等；2011年12

月，该商标被评为广州市著名商标；2015 年 12 月 31 日和 2016 年 2 月 4 日，商标评审委员会认定该商标在 2011 年 6 月前已构成使用在家具商品上的驰名商标。索菲亚公司还注册有第 4287169 号“索菲亞”商标，核定使用商品为第 6 类的金属门、金属隔板、金属建筑挡板等。

被告司米公司成立于 2014 年 9 月 17 日，现已注销，股东为吕小林和尹丰荣。被告南阳索菲亚公司成立于 2014 年 3 月 31 日，股东亦为吕小林和尹丰荣。司米公司网站和南阳索菲亚公司的网站、微信公众号、实体店门头，多处突出使用了“索菲亚集成吊顶”“索菲亚吊顶”等字样。

索菲亚公司提起诉讼，请求判令：司米公司、南阳索菲亚公司停止侵权及不正当竞争并赔偿损失及合理开支 100 万元，登报致歉，消除影响。

浙江省杭州市中级人民法院判决：司米公司、南阳索菲亚公司停止停止在网站上使用舒淇为索菲亚公司代言的形象照片，共同赔偿损失及合理开支 20 万元；南阳索菲亚公司停止在企业名称中使用“索菲亚”字号，并赔偿损失及合理开支 10 万元。索菲亚公司不服，提起上诉。浙江省高级人民法院判决：撤销一审判决，吕小林、尹丰荣、南阳索菲亚公司停止在网站、微信公众号以及实体店门头上使用“索菲亚”标识，并停止在网站上使用舒淇为索菲亚公司代言的形象照片，在“新浪家居”网站刊登声明消除影响，共同赔偿损失及合理开支 50 万元；南阳索菲亚公司停止在企业名称中使用“索菲亚”字号，赔偿损失及合理开支 10 万元。

【裁判理由】

法院认为：

商标禁用权的范围具有不确定性，企业为了有效维护自身商誉，往往通过注册系列商标的方式明晰、巩固其权利范围。一旦发生侵权纠纷，商标权人有权根据自身的商标体系和诉讼策略选择对其最为有利的商标作为诉讼的权利基础。司法认定驰名商标的本意在于更好地保护驰名商标，在权利人享有多个商标权的情况下，如果法院为避免认定驰名商标，不允许权利人选择以驰名商标跨类保护的方式寻求更为有利的救济，则商标权人的合法利益就难以得到充分保障，与司法认定驰名商标制度的初衷亦背道而驰。因此，索菲亚公司以第 1761206 号“索菲亞”商标主张权利系对其商标权的正当行使。

结合相关商品的销售情况、涉案商标的使用时间、宣传情况、市场声誉、受保护记录以及其他相关事实，索菲亚公司提交的在案证据足以证明其第 1761206 号商标在被诉侵权行为发生时已处于驰名状态。

司米公司、南阳索菲亚公司在网站、微信公众号及实体店的门头上使用了与第1761206号商标相同或近似的"索菲亚"标识，家具与集成吊顶的消费者大量重合，同属家装领域，在较为大型的家居建材市场中往往同时有售，两种商品之间存在较高的关联程度。司米公司、南阳索菲亚公司在知晓第1761206号商标的情况下，却仍然使用与之相同或相近的标识，在主观上存在攀附的恶意，在客观上足以使相关公众认为被诉标识与涉案驰名商标具有相当程度的联系，从而减弱了驰名商标的显著性、贬损了驰名商标的市场声誉侵害了索菲亚公司的涉案商标权。

【案件信息】

索菲亚家居股份有限公司诉吕小林、尹丰荣、南阳市索菲亚集成吊顶有限公司侵害商标权及不正当竞争案，浙江省高级人民法院（2016）浙民终794号民事判决书（2017年3月15日，何琼、滕灵勇、王磊），浙江省杭州市中级人民法院（2015）浙杭知初字第750号民事判决书（2016年7月4日，申正权、梁琨）。

案件来源：2017年中国法院50件典型知识产权案例。

154 恶意攀附驰名商标声誉，在被起诉后仍持续侵权且恶意囤积商标的，应当从重赔偿

【裁判要旨】

恶意攀附他人已注册驰名商标的声誉，在被起诉后仍持续从事侵权行为，还恶意囤积与其他名人和知名企业称谓相同的商标，并试图利用合法形式来掩盖侵权行为致使驰名商标的知名度受到淡化、美誉度收到贬损，驰名商标所有人遭受损害较大的，应当从重确定侵权损害赔偿数额。

【关键词】

恶意侵权 | 持续侵权 | 驰名商标 | 恶意抢注 | 加大赔偿

【基本案情】

原告路虎公司是第808460号"LAND OVER及图"商标、第3514202号"路

虎”商标、第4309460号“LAND OVER”商标的专用权人，上述商标核准注册时间分别是1996年、2004年和2007年，核定使用商品均为第12类的陆地机动车辆等。路虎公司于2013年11月27日获准受让上述商标时，转让人授权其可以就转让前的侵权行为提起诉讼并获得赔偿。

从2013年7月开始，路虎公司发现，被告奋力公司生产并在其公司网站、阿里1688网站展示、在被告万明政的实体店中销售了带有“路虎”及“LandRover”等标志的饮料。至本案诉讼时，奋力公司的被诉侵权行为仍在持续。奋力公司在第5类、第29类、第30类和第32类商品上申请注册了“张九龄”“夏普SHARP”“甄子丹”“陈道明”“广本”等商标。

路虎公司提起诉讼，主张其上述3件注册商标应被认定为汽车商品上的驰名商标，而奋力公司和万明政的行为构成对其驰名商标的侵害，请求判令奋力公司停止侵权，销毁侵权商品、标识、包装物和广告宣传材料，销毁专用于制造侵权商品、侵权标识的模具并赔偿损失200万元及相应合理开支，万明政停止销售侵权商品，并销毁侵权商品、标识、包装物和广告宣传材料赔偿损失1万元，奋力公司、万明政在报纸上发布公告，消除影响。

广东省广州市中级人民法院判决：奋力公司停止在其生产、销售的商品上及在互联网上的广告宣传中使用、万明政停止销售侵害路虎公司第808460号、第3514202号、第4309460号商标权的商标标识的行为，并销毁侵害该3个商标权的商标标识、带有侵害该3个商标权的商标标识的包装物及制造侵害该3个商标权的商标标识的专用模具；奋力公司赔偿路虎公司120万元。奋力公司不服，提起上诉。广东省高级人民法院判决：驳回上诉，维持原判。

【裁判理由】

法院认为：

路虎公司提供的各方面证据能够证明路虎公司在本案主张的3件注册商标在2013年7月被诉侵权行为发生前已经达到驰名商标的程度。路虎公司在本案的3件注册商标标志属于臆造词，本身就具有较强的显著性，经过长期的、持续的、广泛的使用、宣传和维护，其显著性得到了进一步的加强，知名度也得到了相关公众的认可，相关公众只要一看到或者听到涉案商标，就会很容易联想到路虎公司。奋力公司使用的被诉侵权标识分别与路虎公司涉案3个注册商标构成相同或相近似，相关公众看到被诉商品及被诉标识，容易误以为被诉行为获得了路虎公司的许可，或者误以为奋力公司与路虎公司之间具有控股、投资、合作等相当程度的联系，削弱了路虎公司涉案注册商标作为驰名商标所具有的显著性和良好商誉，损害路虎公司的利益，构成商标侵权。

路虎公司为涉案注册商标的使用、宣传与维护付出了长期、持续、大量的努力，涉案注册商标知名度高，享有良好的市场声誉，应受到与其知名度相匹配的司法保护力度。奋力公司使用的被诉标识均为摹仿、复制路虎公司涉案3个驰名商标的全部或主要部分，攀附驰名商标声誉的主观恶意明显，情节恶劣。奋力公司不仅在网络上对被诉标识进行宣传，还在实体经营中存在实际使用行为，且被诉侵权行为在本案诉讼中仍在持续，侵权行为持续的时间较长、传播范围较广。除了本案所涉被诉标识外，奋力公司还申请注册了大量与其他名人和知名企业称谓相同的商标，其利用我国商标注册制度囤积和不当使用商标的主观恶意明显。二审期间，奋力公司以其使用的商标曾经获得授权、诉争商标注册并不违法为由坚称不侵权，其利用合法形式来掩盖侵权实质行为的主观恶意明显。奋力公司曾因产品质量监测不合格受到广东工商行政管理局的通告查处，导致路虎公司涉案驰名商标的知名度显然将因被诉侵权行为的存在而受到淡化，美誉度因奋力公司的不当使用而受到贬损，路虎公司因此而遭受的损害较大，因此酌情确定120万元的赔偿数额。

【案件信息】

捷豹路虎有限公司诉广州市奋力食品有限公司、万明政侵害商标权案，广东省高级人民法院(2017)粤民终633号民事判决书(2017年5月27日，邱永清、喻洁、肖海棠)，广东省广州市中级人民法院(2014)穗中法知民初字第75号民事判决书。

案件来源:2017年中国法院10大知识产权案件。

155 商标异议至获准注册期间已达到驰名商标程度的，他人此期间的使用构成侵权应予赔偿

【裁判要旨】

在商标初步审定公告期满之日至商标准予注册决定做出前，该商标已经达到驰名商标程度，而他人在同一种商品上使用与之近似的商标的，应当认定使用人具有恶意，由此给驰名商标权利人造成损失的，根据《商标法》第36条第2款的规定，应自其侵权行为发生时起对驰名商标

权利人予以赔偿。

【关键词】

侵害商标权｜未注册驰名商标｜异议复审｜恶意｜加重损害赔偿

【基本案情】

1996年10月10日，原告拉菲酒庄申请了第1122916号“LAFITE”商标，并于1997年10月28日获准注册，核定使用商品为第33类的含酒精饮料（啤酒除外）。

2007年7月26日，拉菲酒庄申请注册第6186990号“拉菲”商标，2014年1月27日初步审定公告后，被提出异议，2017年2月13日商标评审委员会决定，该商标予以核准注册；2017年3月20日该商标进行注册公告，注册日期为2014年4月28日，核定使用商品为第33类的酒精饮料（啤酒除外）。

2016年12月23日，最高人民法院（2016）最高法行再34号行政判决认定：现有证据足以证明“LAFITE”在诉争的“拉菲庄园”商标申请日前在我国具有较高的知名度、为相关公众所知悉，我国相关公众通常以“拉菲”指代拉菲酒庄的“LAFITE”商标，并且“拉菲”已经与其“LAFITE”商标之间形成了稳定的对应关系。

2015年4月底开始，拉菲酒庄发现被告保醇公司大量进口、销售带有“拉菲特庄园”“CHATEAUMORONLAFITTE”标识的葡萄酒，并通过其官方网站、天猫“保醇食品专营店”宣传、展示、销售被诉侵权商品。经查，保醇公司进口被诉侵权商品25,200瓶，单价1.20～1.85欧元/瓶。

拉菲酒庄提起诉讼，请求判令：保醇公司和保正公司停止使用与“拉菲”近似的“拉菲特”“LAFITTE”标识，连带赔偿损失及合理开支500万元，并登报声明，消除影响。

上海知识产权法院判决：保醇公司、保正司停止对拉菲酒庄第1122916号“LAFITE”商标权的侵害、停止使用与“拉菲”近似的“拉菲特”标识，在《中国工商报》上刊登声明，消除影响，共同赔偿损失及合理开支200万元。

【裁判理由】

法院认为：

商标评审委员会于2017年2月13日作出准予拉菲酒庄的“拉菲”商标注册的决定，该商标初步审定公告期满之日是2014年4月28日，根据《商标法》第36条第2款的规定，本案被诉侵权行为发生在2014年4月28日至2017年2月13

日，故判断被诉侵权行为是否成立必须以“拉菲”在被诉侵权行为发生时属于未注册驰名商标作为事实依据。

本案在案证据足以证明，我国相关公众通常以“拉菲”指代拉菲酒庄的“LAFITE”商标，两商标之间形成了稳定的对应关系，在被诉侵权行为发生前“拉菲”已为中国境内相关公众广为知晓，可以被认定为未注册驰名商标。

保醇公司作为专业的进口葡萄酒的进口商和经销商，同时进口和经销拉菲酒庄的“CARRUADESdeLAFITE”（拉菲古堡干红葡萄酒）和“CHATEAULAFITEROTHSCHILD”（拉菲古堡副牌干红葡萄酒），明知的“LAFITE”商标及对应中文名称“拉菲”，却未完整翻译瓶贴正标上使用的标识，在翻译时亦未进行合理避让，将被诉侵权商品翻译为“拉菲特庄园干红葡萄酒”，主观恶意明显，其中的“拉菲特”与拉菲酒庄未注册驰名商标“拉菲”构成近似，侵害了“拉菲”商标权益。

被诉侵权行为发生的时间早于拉菲庄园取得“拉菲”商标专用权的时间，商标法及其相关司法解释虽未规定未在我国注册的驰名商标受侵害时可以获得赔偿，但保醇公司对“拉菲特”标志的使用主观恶意明显，结合《商标法》第36条第2款规定的立法本意以及对未注册驰名商标的侵害确实也给权利人造成损失的实际情况，被告应自其侵权行为发生时起根据商标法的相关规定对拉菲酒庄予以赔偿。

法院结合如下具体因素酌情确定赔偿数额：（1）拉菲酒庄涉案商标的知名度、驰名程度及其显著性；（2）被告实施被诉侵权行为具有明显的主观恶意；（3）侵权持续时间、侵权规模、被诉侵权商品的销售情况；（4）侵权商品进口单价与销售价格之间的差价；（5）侵权商品系酒类商品等。

【案件信息】

拉菲罗斯柴尔德酒庄诉上海保醇实业发展有限公司、保正（上海）供应链管理股份有限公司侵害商标权案，上海知识产权法院（2015）沪知民初字第518号民事判决书（2017年12月27日，吴盈喆、刘静、程黎）。

案件来源：2017年中国法院50件典型知识产权案例。

156 恶意受让未使用商标后，又注册多个近似商标、字号摹仿他人驰名商标的，构成侵权

157 在商标驰名前注册的商标与驰名商标标志不近似也不会混淆的，应允许其规范使用

【裁判要旨】

受让在先未使用的注册商标然后注册与之近似的多个商标，并在境外登记注册与驰名商标相同的企业字号，在实际使用上述注册商标的过程又中极力向他人的驰名商标标识靠近，恶意共谋建立品牌加盟体系广泛使用宣传，足以误导公众并可能致使驰名商标所有的利益受到损害的，构成侵权。

在商标驰名之前注册的商标与驰名商标标识不近似，不会造成混淆误认的，对其注册和使用不构成侵权。

【关键词】

驰名商标｜在先注册商标｜字号｜恶意｜规范使用

【基本案情】

原告宝马公司系“BMW及蓝白图形”商标、“寶馬”文字商标、“BMW”字母商标等商标权人。上述商标在汽车、摩托车等商品上的生产、销售、宣传等已经达到驰名商标程度。宝马公司授权厦门宝姿和世纪宝姿在其生产、销售的服装、皮制品上使用、宣传、提高“BMW”“BMW lifestyle”等商标。

被告德马公司通过受让和注册获得在第25类服装商品上的“BMN”及图形商标，德马公司的唯一董事及股东被告周乐琴通过受让、注册获得多件在第25类和第18类上的图形商标，这些图形与宝马公司的蓝白图形的样式非常接近。德马公司、周乐琴将上述商标授权给被告创佳公司使用，并以此方式与创佳公司自2009年共同设立了BMN品牌加盟体系。在经营BMN品牌加盟体系的过程中，将上述图形商标着色或将图形商标与“BMN”商标及德国宝马集团（国际）控股有限公司［GERMAN BMW GROUP（INTL）HOLDING LIMITED］企业名称、德国宝

马集团、德国宝马、宝马等文字相组合，并广泛使用于品牌加盟手册、经营场所装潢、广告宣传等 BMN 品牌加盟体系，以及生产、销售的服装、鞋、包等商品上，并在全国多个省市发展加盟体系并销售至今。

宝马公司提起诉讼，请求判令创佳公司、德马公司、周乐琴停止侵害商标权的行为，连带赔偿损失及合理开支 300 万元并在报纸上刊登声明消除影响，德马公司停止使用“德马集团（国际）控股有限公司”以及“德国宝马集团（国际）控股有限公司”的企业名称。

上海知识产权法院判决：创佳公司、德马公司、周乐琴停止侵害宝马公司的涉案商标权及相应不正当竞争行为，并在报纸上刊登声明消除影响，共同赔偿损失及合理开支 300 万元。

【裁判理由】

法院认为：

在案证据足以证明宝马公司的在本案主张保护的商标至少在 2007 年就已为中国境内相关公众广为知晓，构成在第 12 类机动车辆上的驰名商标，且在中国境内的知名程度亦随着其持续使用而不断增加、扩张，持续处于驰名状态。

创佳公司、德马公司、周乐琴明知宝马公司的商标属于驰名商标，仍恶意共谋，共同建立 BMN 品牌加盟体系并通过生产、销售被诉侵权商品、授权 BMN 品牌授权经销商、广告宣传等商业活动使用侵权标识，实施了如下商标侵权及不正当竞争行为：

1. 以“BMW”“宝马”作为字号注册成立德马公司，并在 BMN 品牌加盟体系的经营中使用德国宝马集团（国际）控股有限公司［GERMAN BMW GROUP（INTL）HOLDING LIMITED］并授权 BMN 品牌授权销售商使用的行为构成不正当竞争。

2. 在第 25 类、第 18 类商品上使用德国宝马、德国宝马集团并授权 BMN 品牌授权经销商使用，构成对宝马公司“寶馬”驰名商标的侵害。

3. 在第 25 类商品上注册、使用并授权 BMN 品牌授权经销商使用图形注册商标，属于模仿宝马公司蓝白图形驰名商标，误导公众，并致使宝马公司利益可能受到损害的商标侵权行为。

4. 考虑到本案中各被告具有极为明显的侵权主观故意，且没有证据证明被告的图形注册商标在转让前曾被实际使用，故各被告对其受让的图形注册商标的注册使用亦不存在商誉传承，而该图形注册商标标识与宝马公司“BMW”驰名商标相近似，足以误导公众并可能致使权利人的利益受到损害。因此，被告在第25类商品上注册、使用并授权经销商使用该图形注册商标，属于模仿宝马公司“BMW”驰名商标，误导公众，并致使宝马公司利益可能受到损害的商标侵权行为。

5. 在第25类、第18类商品上使用的部分被诉侵权标识，侵害宝马公司注册在第25类、第18类商品上的商标权。

鉴于在先注册的图形商标标识与宝马公司的蓝白图形驰名商标标识不近似，也不会造成相关公众的混淆和误认，故对这些商标标识的注册使用，不认定构成侵权。德马与“寶馬”商标并不构成相同或近似，不会造成相关公众的混淆和误认，故认定德马公司、德马集团（国际）控股有限公司的使用不构成对不正当竞争和商标侵权。

【案件信息】

宝马股份公司诉上海创佳服饰有限公司、德马集团（国际）控股有限公司、周乐琴侵害商标权及不正当竞争案，上海知识产权法院（2015）沪知民初字第58号民事判决书（2016年9月30日，何渊、范静波、程黎）。

案件来源：《最高人民法院公报》2019年第9期。

第五章　侵权责任

158　从销售商品的市场持续获得利益的推定为市场管理者，应对售假行为承担连带责任

【裁判要旨】

市场管理是商事主体的商行为，具有逐利性，虽没有直接证据且被诉侵权人否认其为市场管理者，但通过宣传等辅助证据发现其从相关市场持续获得利益的，可以推定其为市场管理者，应当对其市场内商户的持续售假行为承担连带责任。

【关键词】

市场管理｜管理者的连带责任｜持续获利｜售假行为｜辅助证据

【基本案情】

原告路易威登马利蒂系第241081号、第241012号"LV"商标，第241019号"LOUISVUITTON"商标，第3226108号图形商标注册人，核定使用商品均为第18类的箱包、皮具等。

被告董党伟系安徽省合肥市瑶海区站前路白马三期安徽白马商贸城1－344号"合肥瑶海区党伟皮具店"的个体工商户。

路易威登马利蒂从董党伟经营的商铺购买了带有第241081号、第241012号商标的男士皮包和皮带。之后，路易威登马利蒂向被告白马管理公司、被告盛装

物业公司的负责人汪登厚发出律师函,告知白马商贸城三期商户售假行为。白马管理公司、盛装物业公司否认收到律师函。之后,路易威登马利蒂又在董党伟经营的商铺购买了第 241019 号、第 241081 号、第 3226108 号商标带有第 241019 号、第 241081 号、第 3226108 号商标的皮夹。

白马管理公司否认其为白马三期安徽白马商贸城的市场管理者,盛装物业公司负责安徽白马商贸城的物业管理工作。

路易威登马利蒂提起诉讼,请求判令董党伟、白马管理公司停止侵权,连带赔偿损失 20 万元及相应合理开支。安徽省合肥市中级人民法院判决:董党伟、白马管理公司停止侵权;董党伟赔偿路易威登马利蒂损失及合理开支 3 万元,白马管理公司承担连带赔偿责任。

【裁判理由】

法院认为:

路易威登马利蒂对涉案的"LV"系列商标享有商标权,董党伟销售的皮包等商品使用涉案商标未经合法授权,构成对涉案商标权的侵害,应承担停止侵权、赔偿损失的民事责任,赔偿损失的数额酌定为 3 万元。

路易威登马利蒂认可,盛装物业公司为涉案商城提供物业服务,不属于市场管理范畴,对涉案商城内商户的侵权行为,既无权力也无义务制止,故不应承担责任。

白马管理公司长期、大量宣传包括白马三期在内的涉案商城由该公司管理,基于法律对民事主体参与市场应当遵循诚实信用原则的要求,应当认定白马管理公司的宣传内容基本属实,而不能仅凭白马管理公司简单的自我否认,即认定宣传行为虚假。

白马管理公司主张是其未向涉案商城内商户收取任何费用。该主张的潜在理由是其不可能免费向商户提供管理服务,故其既然未收费,当然未对涉案商城提供管理服务。虽然路易威登马利蒂确实未能证明白马管理公司向涉案商城内的商户收费,但即使白马管理公司没有收费,其仍能够从涉案商城取得利益。首先,涉案商城一期、二期均由白马管理公司管理运营,可以认定商城的"白马"字号缘自白马管理公司;涉案商户所在的商城三期建成之后即交由白马管理公司开发招商,三期被称为"安徽白马商贸城""白马三期";考虑三期晚于前两期数年之后建成,其与前两期处于同一区位但仍使用"白马"字号且被称为白马一期、二期、三期,因此商城三期使用"白马"字号当是取得白马管理公司的认可,涉案商城整体

“白马”字号与白马管理公司存在密切联系;涉案商城持续发展,使“白马”品牌影响扩大,白马管理公司将随之受益良多。其次,由于涉案商城一期、二期、三期均由白马管理公司来实施开发招商,白马管理公司长期以来一直宣传其对涉案商城进行有效管理,令公众已经将涉案商城与白马管理公司紧密联系起来;从白马管理公司长时期的宣传内容也可看出,涉案商城已经成为白马管理公司对外宣传的重要资源和名片,涉案商城越发展扩大,白马管理公司的宣传效果也将越好,从而也更能够吸引其他商业地产开发者,考虑邀请白马管理公司作为其商业地产的后续运营商。此外,即使白马管理公司不从商户收取费用,其仍然能够获得实际利益,比如从《中国纺织报》的报道来看,白马管理公司有权为商户设置广告位,商城广告位的设置不可能是免费的。综上所述,白马管理公司对包括白马三期在内的涉案商城内商户持续提供管理服务工作,其有义务对商户的经营活动进行监督和管理,但未尽义务,致涉案商城内的商铺持续销售侵权产品,白马管理公司对此具有过错,应当对涉案商户的侵权行为承担连带赔偿责任。

【案件信息】

路易威登马利蒂诉董党伟、安徽白马商业经营管理有限公司、合肥盛装物业管理有限公司侵害商标权案,安徽省合肥市中级人民法院(2014)合民三初字第00203号民事判决书(2014年12月2日,朱治能、张宏强、汪寒)。

案件来源:2014年中国法院50件典型知识产权案例。

159 为侵权商品销售商提供场地租赁结算的并非帮助侵权,因管理关系可承担补充责任

160 侵害商标权中损害赔偿额的计算应当基于被侵权商标数量而非被侵权商品种类数量

【裁判要旨】

教唆、帮助他人侵权的,才构成共同侵权,仅提供场地租赁、结算服务的,不属于帮助行为。只因存在管理关系,可判令承担一定比例的补充责任。

侵害商标权案件的法定赔偿额计算应当基于被侵权商标数，而非被侵权商品种类数。

【关键词】

侵害商标权｜帮助｜场地租赁｜补充责任｜法定赔偿

【基本案情】

路易威登马利蒂享有包括"LOUISVUITTON"、"LV"、LV、风格化的花瓣和四角星等图形要素组成的商标等商标权，核定使用在服装和箱包类商品上。

被告宝宏酒店是被告宝宏公司的分公司。宝宏酒店一楼商场销售了标有路易威登马利蒂商标图案的皮带、皮包、钱包、鞋、眼镜、服装等商品，由宝宏酒店开具了发票。被诉侵权商品具体的销售商为三亚丽宝服装店，系被告潘小爱的个体工商户，其承租宝宏酒店底层店铺。

路易威登马利蒂提起诉讼，请求判令宝宏酒店、潘小爱停止销售侵权商品，并停止以任何方式侵害路易威登马利蒂商标权，销毁其侵害路易威登马利蒂商标权的库存或待销售衣服，公开赔礼道歉、消除影响，赔偿损失 20 万元和合理开支 2 万元，宝宏公司对宝宏酒店承担连带责任。

海南省三亚市中级人民法院判决：潘小爱停止销售并销毁侵权商品，赔偿损失 8000 元。路易威登马利蒂不服，提起上诉。海南省高级人民法院判决：维持一审对潘小爱的判项，加判宝宏公司对潘小爱所承担赔偿责任的 20%，即 1600 元承担补充赔偿责任。

【裁判理由】

法院认为：

潘小爱销售侵害路易威登马利蒂注册商标权的商品，构成侵权，应依法承担责任。宝宏酒店仅是向潘小爱出租场地、收款并开具发票，其中租赁场地显然不能认定为系共同销售侵权商品，收款并开具发票则系宝宏酒店为在潘小爱所经营的"三亚丽宝服装店"消费的顾客代为提供结算服务，而这仅是出于酒店经营及方便顾客的需要，亦不能认定为系宝宏酒店与潘小爱共同销售侵权商品。因此宝宏酒店未与潘小爱共同销售侵权商品，依法不应就潘小爱的侵权行为与潘小爱承担连带责任。宝宏酒店为在潘小爱所经营的"三亚丽宝服装店"消费的顾客代为提供结算服务且对潘小爱的日常经营活动进行巡查，可见其对潘小爱的经营活动进行一定的管理，故应对潘小爱的侵权行为承担相应的管理责任。宝宏酒店对潘小爱的经营活动进行一定的管理，并非帮助潘小爱销售侵权商品，不应与潘小爱承担连带责任。

潘小爱经营的仅是个体工商户，经营方式为零售，经营规模小，与宝宏酒店所签租赁协议的租期总计才 1 年，且在宝宏酒店内经营，侵权的影响面小；而路易威登马利蒂就其所提起的 13 宗案件，共计支付公证费 3000 元，路易威登马利蒂主张其就该 13 案共计支付了律师费用 182,250 元，但未能提供有效证据予以证明，且律师费尚需结合案件的具体情况由人民法院决定是否赔偿。

商标法保护的对象是注册商标，即经注册取得商标号的具体商标。本案中，潘小爱销售的侵权商品虽有 13 个，但所涉及的商标仅有 7 个，因此只应承担 7 份侵权责任。

【案件信息】

路易威登马利蒂诉三亚宝宏实业有限公司宝宏大酒店、三亚宝宏实业有限公司、潘小爱侵害商标权案，海南省高级人民法院(2013)琼民三终字第 80 号民事判决书(2013 年 8 月 19 日，赵英华、林达、高俊华)，海南省三亚市中级人民法院作出的(2012)三亚民二初字第 18 号民事判决书。

案件来源:2013 年中国法院 50 件典型知识产权案例。

161 一人公司股东利用公司实施侵权行为且公司与其财产混同的，应共同承担侵权责任

【裁判要旨】

一人有限公司的股东，在不能提供证据证明公司的财产独立于自己的财产，同时又实际组织、实施了侵害商标权的情况下，该股东应当与其公司承担连带侵权损害赔偿责任。

在同一侵害商标权案件中，侵权商品的制造者、销售者、伪造注册商标标识者，应根据各自的行为情节，承担相应的侵权损害赔偿责任。

在已经生效的刑事判决中已经查明各个侵权人制造、销售侵权商品和伪造、擅自制造注册商标标识数额的情况下，可参照该数额确定各个侵权人的赔偿数额。

【关键词】

侵权损害赔偿｜一人有限公司｜股东｜连带责任｜生效刑事判决

【基本案情】

韩国CJ第一制糖会社系第1011359号和第1127240号“大喜大”商标注册人,两商标核定使用商品为30类的调味料等。韩国CJ第一制糖会社授权原告希杰公司在中国境内使用上述商标、以自己名义制止、消除侵害上述商标权的行为并有权请求和获取赔偿金的权利。

被告美笑食公司是被告朴权义个人出资成立的有限责任公司,2009年6月至2012年7月16日,美笑食公司从山东胶州、延吉等地的印刷厂订购假冒“大喜大”商标标识的包装袋,用被告世进公司的牛肉粉作为内容物,大量生产、包装了假冒的“大喜大”商标标识的牛肉粉。2010年1月至2012年7月,美笑食公司将自己生产、包装的假冒“大喜大”商标标识的牛肉粉销售到北京、天津、哈尔滨等地,其销售总额为1,455,345元。

2013年11月15日,延吉市人民法院做出(2013)延刑初字第377号刑事判决书,认定美笑食公司的行为已构成假冒注册商标罪,判处罚金7万元;朴权义判处有期徒刑3年,缓刑4年,并处罚金4万元;被告崔东林在美笑食公司任厂长期间,与朴权义协商后,与其本公司职员一起,协助美笑食公司大量生产了假冒“大喜大”商标标识的牛肉粉,犯假冒注册商标罪,判处有期徒刑3年,缓刑3年,并处罚金1万元;被告朴权日在美笑食公司任总务期间,明知美笑食公司生产假冒“大喜大”商标标识的牛肉粉,仍然参与其生产及管理,为犯假冒注册商标罪,免予刑事处罚。

被告阿里郎公司根据朴权义提供的印刷规格标准,生产并销售给美笑食公司印有“大喜大”标识的纸箱1000多个。

被告长白山公司根据朴权义提供的“大喜大”包装袋模板,生产并销售给美笑食公司假冒“大喜大”商标标识的包装袋6万个左右。

被告裴成林明知假冒注册商标的商品,倒卖美笑食公司生产的假冒“大喜大”牛肉粉300余箱,犯销售假冒注册商标罪,判处有期徒刑1年6个月,缓刑1年6个月,并处罚金1万元。

希杰公司提起诉讼,请求全体被告停止侵权,并连带赔偿损失及合理开支2,749,764元。

吉林省延边朝鲜族自治州中级人民法院判决:美笑食公司赔偿希杰公司15

万元，朴权义承担连带责任，裴成林在 1 万元范围内承担连带责任；裴成林赔偿希杰公司 1 万元，美笑食公司承担连带责任；长白山公司赔偿希杰公司 5000 元，阿里郎公司赔偿希杰公司 500 元。

【裁判理由】

法院认为：

《公司法》第 63 条规定，一人有限公司的股东不能证明公司财产独立于股东自己的财产的，应当对公司债务承担连带责任。美笑食公司系朴权义一人出资成立的一人有限公司，现朴权义未提供证据证明美笑食公司的财产独立于自己财产的事实，且朴权义承认美笑食公司出售的假冒“大喜大”牛肉粉的销售款用于还款、公司经营及个人消费，即其认可公司财产与自己个人财产混用的事实，其亦是本案侵权行为的主要组织者和实施者，故朴权义对美笑食公司的侵权而形成的损害赔偿承担连带责任。

朴权日、崔东林系美笑食公司的职工，且美笑食公司实施的侵权行为已构成单位犯罪，故朴权日、崔东林的侵权赔偿责任，应由美笑食公司承担。现有证据不足以证明被告阿里郎公司、长白山公司在美笑食公司实施侵权行为时存在共同故意的侵权行为事实，故不承担连带责任，但已构成间接侵权，应承担相应的赔偿责任。裴成林作为销售者与美笑食公司之间存在共同故意，所实施的侵权行为范围内，与美笑食公司互负承担连带责任。

考虑美笑食公司系主要实施侵权行为者，且侵权销售其总额为 1,455,345 元等情节，确定其赔偿数额为 15 万元。朴权义应认定对美笑食公司承担的 15 万元的赔偿数额承担连带责任。裴成林承担销售侵权的赔偿数额为 1 万元。阿里郎公司、长白山公司承担间接侵权的赔偿数额分别为 500 元和 5000 元。

【案件信息】

希杰（青岛）食品有限公司诉延吉美笑食食品有限公司、朴权义、崔东林、朴权日、延边阿里郎包装有限公司、吉林长白山包装材料有限公司、裴成林、延边世进食品有限公司侵害商标权案，吉林省延边朝鲜族自治州中级人民法院（2013）延中民三知初字第 14 号民事判决书（2014 年 7 月 16 日，金成焕、毋龙刚、李德吉）。

案件来源：2014 年中国法院 50 件典型知识产权案例。

162 自然人设立公司恶意持续侵害有知名度商标字号的应与公司连带承担加重赔偿责任

【裁判要旨】

自然人通过设立公司侵害他人在先有一定知名度的商标和字号，被法院生效判决认定构成侵害商标权及不正当竞争后，又与他人联合设立其他公司继续从事侵权及不正当竞争行为的，恶意的自然人与具体实施侵权行为的主体应当一并承担连带的加重赔偿责任。

【关键词】

侵害商标权｜不正当竞争｜自然人及其公司｜恶意持续侵权｜加重损害赔偿

【基本案情】

原告樱花卫厨公司成立于1994年，其注册了多件"樱花""SAKURA"及图形等相互组合的商标，核定使用的均为第11类的抽油烟机、热水器、炉具等，其在全国各地通过各种形式推广、销售、宣传获得了众多荣誉，具有较高的知名度。

被告屠荣灵曾于2005年设立苏州樱花电器有限公司并任法定代表人，樱花卫厨公司对其提出侵权诉讼，法院判定侵权成立。

2009年，屠荣灵又与被告余良成设立公司，受让三件与"樱花""SAKURA"近似的商标；三商标后转让于余良成与案外人设立并自任法定代表人的被告中山樱花集成厨卫公司，樱花卫厨公司曾针对上述三件商标提出异议。中山樱花集成厨卫公司网站突出使用了"樱花集成厨卫""SAIKLIRA""樱花套装感受科技魅力"等字样。

被告苏州樱花公司由屠荣灵及案外人设立，被告苏州樱花中山分公司的负责人为屠荣灵，苏州樱花公司在网站上标注其含有"樱花"的商标及不在核定商品范围内的油烟机、热水器、灶具等商品，其产品手册封面突出使用了含有"樱花"的字样。

被告中山樱花卫厨公司由屠荣灵及案外人设立，其网站、公司的慧聪网网页及办公大楼突出使用"樱花"及"SAFRUZ及图"商标宣传其"油烟机、热水器、灶具”等产品。

中山樱花集成厨卫公司、苏州樱花公司及中山樱花卫厨公司生产了油烟机、煤气灶、浴霸等被诉侵权商品。

江苏省苏州市中级人民法院判决:1. 苏州樱花公司停止在公司网站和产品手册中的不正当竞争行为并赔偿损失 20 万元;2. 中山樱花集成厨卫公司停止侵害商标权的行为并赔偿 30 万元;3. 中山樱花卫厨公司停止侵害商标权的行为并赔偿 50 万元;4. 苏州樱花公司、中山樱花集成厨卫公司、中山樱花卫厨公司登报刊登声明,消除影响。樱花卫厨公司不服,提起上诉。江苏省高级人民法院判决:撤销一审判决;苏州樱花公司及其中山分公司、中山樱花集成厨卫公司、中山樱花卫厨公司停止使用“樱花”作为企业字号并变更企业名称;苏州樱花公司及其中山分公司、中山樱花集成厨卫公司、中山樱花卫厨公司停止侵害商标权的行为并和屠荣灵、余良连带赔偿损失 200 万元;登报刊登声明,消除影响。

【裁判理由】

法院认为:

四被告苏州樱花公司及其中山分公司、中山樱花集成厨卫公司、中山樱花卫厨公司与原告樱花卫厨公司属于同业竞争者,应知樱花卫厨公司及其“樱花”系列商标的知名度并予以避让,但仍将企业名称的字号登记为“樱花”,明显具有攀附的主观故意。尤其是屠荣灵被判定侵权后又成立苏州樱花公司及其中山分公司、中山樱花卫厨公司并从事相类似的经营,主观恶意明显。四被告即便规范使用企业名称,亦不能避免相关公众的混淆或误认,且已存在混淆误认的事实。

苏州樱花公司及其中山分公司超出核准使用商品范围使用注册商标,容易使相关公众对商品的来源产生误认或认为与樱花卫厨公司之间存在某种特定联系,构成商标侵权。中山樱花集成厨卫公司标注的“SAIKLIRA 及图”商标与樱花卫厨公司的“SAKURA”及图形商标为近似商标,构成商标侵权;其突出使用“樱花集成厨卫”“樱花套装感受科技魅力”等字样,属于将与樱花卫厨公司“樱花”商标在相同或类似商品上突出使用的行为,构成商标侵权。中山樱花卫厨公司突出使用“樱花”以及“SAFRUZ 及图”商标,与樱花卫厨公司“樱花 SAKURA 及图”商标近似,容易导致混淆,构成商标侵权;其在网站上超核定使用商品范围使用与樱花卫厨公司“樱花 SAKURA 及图”商标文字相同、图形近似的商标,构成商标侵权。

四被告具有共同的侵权故意,并实施了共同的侵权行为,屠荣灵与余良成恶意控制四被告实施侵权行为,故应对上述公司侵权行为所产生的损害结果承担连带责任。

在法院作出侵权认定的判决后，屠荣灵仍继续成立公司，不断扩大侵权规模，说明屠荣灵等侵权恶意明显，樱花卫厨公司请求的赔偿数额与屠荣灵等的恶意侵权行为相称，具有相当事实基础，应予支持。

【案件信息】

樱花卫厨（中国）股份有限公司诉苏州樱花科技发展有限公司、中山樱花集成厨卫有限公司等侵害商标权及不正当竞争案，江苏省高级人民法院（2015）苏知民终字第00179号民事判决书（2016年8月28日，顾韬、罗伟明、史乃兴），江苏省苏州市中级人民法院（2013）苏中知民初字第0322号民事判决书（2014年12月21日，庄敬重、唐蕾、浦智华）。

案件来源：2016年中国法院50件典型知识产权案例。

163 网络交易平台经营者知晓网店多次发布侵权商品信息未采取必要措施的为帮助侵权

【裁判要旨】

网络交易平台经营者接到权利人的通知后及时删除侵权商品信息是其免于承担赔偿责任的条件之一，但并非充分条件。网络交易平台经营者在知道网络用户多次发布侵权商品信息的情况下，没有采取制止侵权的必要措施，则构成帮助侵权，应与网络用户承担共同侵权责任。

【关键词】

侵害商标权｜网络交易平台｜通知删除｜侵权商品信息｜共同侵权

【基本案情】

原告衣念公司经案外人依兰德有限公司（E. LAND LTD）的授权，取得第1545520号小熊头像图形注册商标和第1326011号“TEENIE WEENIE及图”注册商标的独占许可使用权。

衣念公司发现被告淘宝公司经营的淘宝网店有大量侵害TEENIE WEENIE等商标权的商品信息，其中包括被告杜国发的淘宝网店。衣念公司于2009年9月29日至11月11日7次向淘宝公司投诉杜国发发布侵权商品信息，淘宝公司接到衣念公司投诉后及时删除了侵权商品信息。根据《淘宝网用户行为管理规则》

等规则,对杜国发发布侵权信息的行为,淘宝公司可采取警告、限制发布商品信息直至冻结账户等处罚措施,但淘宝公司未对杜国发采取任何处罚措施。

2009 年 11 月 20 日,衣念公司从杜国发的淘宝网店购买了侵权商品并进行证据保全公证后提起诉讼,请求判令两被告共同赔偿损失及合理开支 84,900 元并赔礼道歉。

上海市浦东新区人民法院判决:杜国发、淘宝公司共同赔偿衣念公司损失 3000 元及合理开支 7000 元。淘宝公司不服,提起上诉。上海市第一中级人民法院判决:驳回上诉,维持原判。

【裁判理由】

法院认为:

淘宝公司作为淘宝网的经营者,其在本案中为杜国发销售侵权商品提供网络交易平台,其未直接实施销售侵权商品的行为,而属于网络服务提供者。网络服务提供者对于网络用户的侵权行为一般不具有预见和避免的能力,因此,并不因为网络用户的侵权行为而当然需承担侵权赔偿责任。但是如果网络服务提供者明知或者应当知道网络用户利用其所提供的网络服务实施侵权行为,而仍然为侵权行为人提供网络服务或者没有采取适当地避免侵权行为发生的措施的,则应当与网络用户承担共同侵权责任。

首先,衣念公司从 2006 年起就淘宝网上的商标侵权向淘宝公司投诉,而且投诉量巨大,然而至 2009 年 11 月,淘宝网上仍然存在大量被投诉侵权的商品信息,况且在淘宝公司删除的被投诉商品信息中,遭到卖家反通知的比率很小,由此可见,淘宝公司对于在淘宝网上大量存在商标侵权商品之现象是知道的,而且也知道对于衣念公司这样长期大量的投诉所采取的仅作删除链接的处理方式见效并不明显。

其次,衣念公司的投诉函提供了相关的权利证明、投诉侵权的链接地址,并说明了侵权判断的诸多理由,而且持续投诉多年,其所投诉的理由也未有太大变化,因此淘宝公司实际也知晓一般情况下的衣念公司投诉的侵权理由类型。淘宝公司在处理投诉链接时,必然要查看相关链接的商品信息,从而对于相关商品信息是否侵权有初步了解和判断。因此,通过查看相关链接信息,作为经常处理商标侵权投诉的淘宝公司也应知道淘宝网上的卖家实施侵害衣念公司商标权的行为。

再次,从杜国发在其网店内公告即可明显看出杜国发销售侵权商品,淘宝公司在处理相关被投诉链接信息时对此当然是知道的,由此亦能证明上诉人知道杜国发实施商标侵权行为。

最后,判断侵权不仅从投诉人提供的证据考查,还应结合卖家是否反通知来进行判断,通常情况下,经过合法授权的商品信息被删除,被投诉人不可能会漠然处之,其肯定会作出积极回应,及时提出反通知,除非确实是侵权商品信息。故淘宝公司在多次删除杜国发的商品信息并通知杜国发被删除原因后,杜国发并没有回应或提出申辩,据此完全知道杜国发实施了销售侵权商品行为。

综上所述,淘宝公司知道杜国发利用其网络服务实施商标侵权行为,但仅是被动地根据权利人通知采取没有任何成效的删除链接之措施,未采取必要的能够防止侵权行为发生的措施,从而放任、纵容侵权行为的发生,其主观上具有过错,客观上帮助了杜国发实施侵权行为,构成共同侵权,应当与杜国发承担连带责任。

【案件信息】

衣念(上海)时装贸易有限公司诉浙江淘宝网络有限公司、杜国发侵害商标权案,上海市第一中级人民法院(2011)沪一中民五(知)终字第40号民事判决书,上海市浦东新区人民法院(2010)浦民三(知)初字第426号民事判决书。

案件来源:2011年中国法院知识产权司法保护10大案件,《最高人民法院公报》2012年第1期。

164 销售商未与制造者构成共同侵权的仅就其销售行为承担相应责任而不应赔偿权利人所有损失

【裁判要旨】

销售商在未与制造者构成共同侵权、需要承担连带责任时,仅就其销售行为承担相应的责任,不应一并承担制造者应当承担的责任,更不能由其赔偿权利人因侵权而受到的所有损失。

【关键词】

侵害商标权|销售商|赔偿责任|制造商|所有损失

【基本案情】

原告波马公司系第76559号豹子图形商标权人,核定使用商品为第25类运动鞋等。

波马公司在被告广客宇公司经营的市场购买到“足奇威”牌运动鞋一双，该款鞋的鞋帮外侧有一豹子图案，鞋的吊牌上有“ZUQIWEI”“美国足奇威体育用品发展有限公司(授权)”字样以及生产厂商福建省晋江市钱鹏鞋塑有限公司的厂名、厂址、电话。经比对，该款鞋的鞋帮外侧的豹子图案与涉案商标相比，除后腿被截去小部分外，其余基本相同。

广客宇公司证明销售涉案商品的3018柜台由张涛承租，并提交了晋江市钱鹏鞋塑有限公司企业法人营业执照、税务登记证、组织机构代码证、卫生许可证、香港特别行政区政府“足奇威”品牌商标证明书、福建省鞋服质量检测中心出具的检验报告的复印件，用以证明3018柜台所销售的涉案产品均是正规合格的商品。

波马公司提起诉讼，请求判令广客宇公司停止侵权行为，赔偿损失10万元及合理开支700元。

北京市第二中级人民法院判决：广客宇公司停止销售侵权商品，赔偿损失1000元和合理开支700元。波马公司不服，提起上诉。北京市高级人民法院判决：驳回上诉，维持原判。波马公司仍不服，申请再审。最高人民法院裁定：驳回其再审申请。

【裁判理由】

最高人民法院认为：

根据《商标法》的规定，销售侵害商标权的商品属于侵权行为。对于销售侵害商标专用权商品的侵权行为，行为人一般应当承担停止侵权、赔偿损失等民事责任，但销售不知道是侵害商标权的商品，能证明该商品是自己合法取得的并说明提供者的，不承担赔偿责任。

广客宇公司销售的被诉商品上使用了与波马公司注册商标相近似的图形，在注册商标具有较高知名度的情况下，原审法院认定广客宇公司的行为不符合商标法规定的不承担赔偿责任的情形，判定其承担赔偿责任并无不妥，且广客宇公司也并未提出异议。本案的争议焦点在于如何确定赔偿数额。

根据查明的事实，广客宇公司是销售商，而非制造者，在未与制造者构成共同侵权、需要承担连带责任时，广客宇公司仅就其销售行为承担相应的责任，而不一并承担制造者应当承担的责任，更不能由某一销售商赔偿权利人因侵权而受到的所有损失。销售侵害商标专用权商品，并需要承担赔偿责任的某一销售商的赔偿数额，同样需要根据商标法相关规定确定，即为该销售商销售期间因销售所获得的利益，或者被侵权人在被侵权期间因该销售商的销售行为所受到的损失，包括被侵权人为制止侵权行为所支付的合理开支。如果销售商因销售侵权产品所得利益，或者被侵权人的损失难以确定的，由人民法院根据销售行为的情节确定赔偿数额。在确定销售商的赔偿数额时，要综合考虑注册商标的知名度，侵权行为人的主观恶意，销售侵权商品的数量、价格以及销售持续时间等因素。

本案中，波马公司虽主张广客宇公司销售规模较大，但没有提供相应的证据，相反广客宇公司提交了进货单等证明及销售情况说明，证明其销售行为规模小、数量少。同时，被诉商品使用了与注册商标相近似的标志，广客宇公司的此种销售行为与销售假冒注册商标商品不同，其主观过错较小。而且本案中，被诉侵权产品上已经标注了产品的制造者，广客宇公司也提交了制造者的营业执照等相关证据，在该种情况下，波马公司完全可以另行向制造者主张权利，获得相应的救济。因此，原审判决广客宇公司赔偿波马公司损失1000元和诉讼合理开支700元并无不妥。

【案件信息】

鲁道夫·达斯勒体育用品波马股份公司诉北京六里桥广客宇商贸有限责任公司侵害商标权案，最高人民法院(2009)民申字第1882号民事裁定书(2010年5月21日，夏君丽、王艳芳、周云川)，北京市高级人民法院(2009)高民终字第1568号民事判决书(2009年3月20日，刘辉、岑宏宇、焦彦)，北京市第二中级人民法院(2008)二中民初字第12326号民事判决书(2008年12月19日，何暄、梁立君、樊静馨)。

案件来源：最高人民法院知识产权案件年度报告(2010)。

165 明知所售商品为侵权商品仍销售的，计算赔偿可依商标知名度、经营情况和经营者所采取的防范措施确定

【裁判要旨】

销售者明知或者应知其所销售的商品为侵害商标桥梁商品而仍进行销售的，应当承担相应的赔偿责任。销售者主观上的明知、是否尽到合理注意义务，可结合注册商标的知名度、销售者的经营资质和经营规模、销售者为避免侵权所采取的防范措施的事实进行判断。

【关键词】

侵权损害赔偿｜销售商｜明知｜商标知名度｜防范措施

【基本案情】

原告 NBA 公司是第 905276 号"多伦多猛龙队标"、第 973644 号"洛杉矶湖人队标"、第 901539 号"亚特兰大老鹰队标"、第 1509599 号"奥兰多魔术队标"、第 3531493 号"克利夫兰骑士队标"、第 985191 号"萨克拉门托国王队标"等 6 件商标的注册人，上述商标均核定使用在第 25 类 T－恤衫、鞋、袜等商品上，且均在有效期内。上述队标经过使用，均具有较高知名度。

2012 年 2 月，NBA 公司在被告特易购公司经营的青岛市四方区人民路 269 号乐购商场 2 楼超市卖场购买了分别突出使用了上述注册商标标志的运动鞋。

NBA 公司提起诉讼，请求判令特易购公司停止侵权，赔偿损失及合理开支 50 万元。

山东省青岛市中级人民法院判决：特易购公司停止侵权，赔偿损失及合理开支 40 万元。特易购公司不服，提起上诉。山东省高级人民法院判决：驳回上诉，维持原判。

【裁判理由】

法院认为：

本案中，双方当事人对被诉侵权产品使用了 NBA 公司涉案 6 个注册商标、侵害了 NBA 公司注册商标权这一事实没有异议，有争议的是，特易购公司是否知道其销售的是侵权商品以及是否有合法来源。

NBA 公司于 1987 开始与中央电视台建立合作关系，在中国持续播报 NBA 相关赛事及新闻至今，于 1996 年开始获得涉案商标注册，在中国通过纸媒、网络和 NBA 赛事播报等多渠道对带有涉案商标的篮球运动服饰进行大量宣传，使得涉案商标获得了较高的关注度，为相关领域的消费者所熟知，具有一定的知名度。

特易购公司作为大型连锁超市的经营者，基于其对消费者的信誉保障，具有高于一般零售业主的品牌认知能力和产品品质保证能力，特易购公司应当知道 NBA 公司旗下的涉案商标及其相关产品。被诉侵权球鞋在鞋舌、鞋帮、鞋跟等最易吸引消费者注意的位置均标注了 NBA 公司的涉案商标，而其销售单价仅为 69 元。基于 NBA 公司旗下涉案商标已有的知名度，特易购公司理应注意到被诉侵权球鞋的标识以及其低廉的价格，特易购公司应当对被诉侵权球鞋是否 NBA 公司授权产品做进一步审查。但特易购公司未予审查，而是直接放任了被诉侵权产品上市、销售，故特易购公司对其销售被诉侵权产品行为难辞其咎。在此情形下，特易购公司对被诉侵权产品是否有合法来源并不影响其责任承担。

NBA 公司未能提交证据证明其因被诉侵权行为所遭受的损失以及特易购公司侵权获利，根据本案具体情节，综合考虑 NBA 公司涉案商标所享有的声誉、特易购公司的侵权主观恶意程度以及 NBA 公司维权合理开支等因素酌定赔偿数额为 40 万元。

【案件信息】

美商 NBA 物产股份有限公司诉特易购商业（青岛）有限公司侵害商标权案，山东省高级人民法院（2014）鲁民三终字第 143 号民事判决书（2014 年 9 月 15 日，刘晓梅、丛卫、张金柱），山东省青岛市中级人民法院（2013）青知民初字第 238 号民事判决书（2013 年 11 月 1 日，石利华、陈明明、王绍军）。

案件来源：2014 年中国法院 50 件典型知识产权案例。

166 销售商以明显不合理低价购进假冒商品不能证明来源合法且有明显过错的应予赔偿

【裁判要旨】

销售商以明显不合理的低价购进假冒他人注册商标的商品，未提交该商品上级销售商出具的正式发票及其他证据证明合法来源，且主观存在明显过错的，依法应承担侵害商标权的赔偿责任。

【关键词】

销售商｜赔偿责任｜明显不合理的低价｜过错｜合法来源

【基本案情】

原告古蔺郎酒厂系注册在第 33 类酒商品上的第 230457 号“郎”商标独占被许可人。

2014 年 7 月 10 日，重庆市工商行政管理局涪陵区分局作出涪工商商广处字（2014）7 号行政处罚决定书，认定张晓莉于 2013 年 12 月 1 日到重庆市江北区观农贸盘溪市场2－284号的经营者苑某处订购了240瓶100毫升郎牌贵宾郎酒，单价7.5元/瓶（180元/件），并进行销售，该商品为假冒商品，遂对张晓莉予以处罚。

古蔺郎酒厂生产的规格为酒精度45% vol/100ml、24瓶/件的贵宾郎酒，在重庆市场授权经销商销售给二级分销商的价格，在2013年1～9月为186元/件，2013年9月以后为228元/件，同时还存在退瓶盖费、退外包装箱费及其他促销活动。

古蔺郎酒厂提起诉讼，请求判令张晓莉停止销售假冒郎酒，赔偿损失和合理开支5万元。

重庆市第三中级人民法院判决：张晓莉不得再销售假冒第230457号“郎”商标权的商品。古蔺郎酒厂不服，提起上诉。重庆市高级人民法院判决：维持一审关于停止侵权的判决，张晓莉赔偿古蔺郎酒厂损失5000元。

【裁判理由】

法院认为：

2013年12月，重庆市场上古蔺郎酒厂授权经销商批发涉案郎酒给二级分销商的价格为228元/件，张晓莉以180元/件的价格购进涉案郎酒，虽然不存在退瓶盖费、退外包装箱费等，但仍明显低于当时古蔺郎酒厂公司授权经销商批发给二级分销商的市场价格。

根据《酒类流通管理办法》第15条规定，酒类经营者对每批购进的酒类商品应索取有效的产品质量检验合格证明复印件以及加盖酒类经营者印章的随附单。随附单随附于酒类商品流通的全过程，单随货走，单货相符，具有对酒类商品进行溯源和便于酒类经营者、酒类消费者识别酒类商品真伪的重要作用。酒类经营者在购进酒类商品时，只有严格遵守了上述规定，方能认定其尽到了合理审查义务，进货来源合法。

张晓莉未向供货方索取有效的产品质量检验合格证明复印件以及加盖酒类经营者印章的酒水随附单，违反了《酒类流通管理办法》的相关规定，没有在购买涉案郎酒时尽到合理的审查义务，无法证明进货渠道的合法性。

因此，张晓莉系以明显不合理的低价购进涉案郎酒，涉案郎酒不具备合法来源、张晓莉应承担侵权赔偿责任。综合考虑张晓莉的主观过错、侵权时间、数量、经营场所位置等因素，酌情确定张晓莉赔偿古蔺郎酒厂损失5000元。

【案件信息】

四川省古蔺郎酒厂有限公司诉张晓莉侵害商标权案，重庆市高级人民法院(2015)渝高法民终字第00509号民事判决书(2015年12月30日，黑小兵、白昌前、宋黎黎)；重庆市第三中级人民法院(2015)渝三中法民初字第00084号民事判决书。

案件来源：2015年中国法院50件典型知识产权案例。

167 因侵害商标权所受损失可依据平均利润损失、受影响商品利润下降幅度等因素酌定

【裁判要旨】

侵害商标权及不正当竞争的损害赔偿计算时，如果有证据显示权利人所受损失较大，但又不足以直接证明其实际损失数额的，可以通过结合审计报表等相关证据中侵权期间的平均利润损失并考虑受影响商品的利润下降幅度、受影响商品的市场范围及侵权行为的性质、期间、后果等因素酌情确定更接近权利人实际损失的损害赔偿数额。

【关键词】

侵害商标权｜因侵权所受损失｜平均利润损失｜利润下降幅度｜受影响市场范围

【基本案情】

原告海天公司是第679197号“威极”注册商标的权利人，该商标注册于1994年2月28日，核定使用的商品为酱油等。2005年该商标被认定为广东省著名商标。

被告威极公司成立于1998年2月24日。威极公司将“威极”二字作为其企业字号使用，并在广告牌、企业厂牌上突出使用“威极”二字。

2012年5月22日，佛山市高明区政府向社会公布“某大型调味公司”使用工业盐代替食用盐生产酱油产品，随即引起舆论关注。2012年5月23日，佛山市高明区政府紧急召开新闻发布会，澄清该“某大型调味公司”为威极公司，但社会舆论仍纷纷猜测海天公司与威极公司之间存在关联关系。

海天公司分别于2012年5月25日、2012年5月28日、2012年5月29日、2012

年5月30日、2012年6月1日在《南方日报》《羊城晚报》《广州日报》《三湘都市报》《齐鲁晚报》《佛山日报》等二十多家省内外媒体上刊登公开声明，澄清威极公司及其产品与海天公司之间没有任何关系。为此，海天公司支付了广告费400余万元，并为本案诉讼支付了律师费5万元。

2012年5月30日，海天公司提起诉讼，请求判令：威极公司停止侵权、赔礼道歉，并赔偿其损失及合理开支1000万元。

广东省佛山市中级人民法院判决：威极公司立即停止在其广告牌、企业厂牌上突出使用“威极”二字，停止使用带有“威极”字号的企业名称并向工商部门办理企业字号变更手续，登报向海天公司赔礼道歉、消除影响，并赔偿海天公司损失及合理开支655万元。威极公司不服，提起上诉，后申请撤回上诉，一审判决生效。

【裁判理由】

法院认为：

威极公司在其广告牌上突出使用“威极”二字，属于商标性使用行为，广告牌上的“威极”二字使用在与海天公司的第679197号商标核定使用的同类商品上，且与该注册商标构成近似，使相关公众产生混淆或误认，侵害了海天公司第679197号商标权。威极公司在其企业厂牌上突出使用“威极”二字，属于将他人注册在先的商标作为企业字号在相同商品上突出使用的行为，且容易造成相关公众误认，也侵害了海天公司商标权。

威极公司的两位股东在该公司成立前均从事食品行业和酱油生产行业，理应知道海天公司及其海天品牌下的产品，但仍将海天公司第679197号注册商标中的“威极”二字登记为企业字号，具有攀附海天公司商标商誉的恶意，导致公众发生混淆或误认，导致海天公司商誉受损，构成不正当竞争。

海天公司在本案中明确主张其赔偿数额计算期间是自2012年5月22日暂计至6月6日。

海天公司的招股说明书中反映海天公司近三年的利润并非持续地增长，故以海天公司近三年的平均利润约10亿元来确定天公司2012年全年应获得的利润额，约为4300万元。

由于海天公司受影响的主要是酱油产品，其他产品销量的受影响程度应与酱油产品不相同。在产品的利润率及销量波动幅度均不相同的情况下，产品总体销量下降的幅度并不能直接等同于其产品总体利润下降的幅度。海天公司在16天内应获利润包括了海天公司在国内和国外市场销售所有产品可获得的利润，而现有证据仅表明海天公司的国内市场受到影响，没有证据表明其国外市场亦受到相应的影响。因此，上述4300万元的利润额还应酌情扣减海天公司在16天内在国外市场销售产品应获利润中的合理部分。

海天公司应掌握其产品销售量以及销售收入的变化情况，在其有能力提供准确数据的情况下，未提交相关的数据，亦未申请对其利润损失额进行审计，因此，只能综合考虑上述因素，参考海天公司经销商产品销量下降的幅度酌定海天公司产品的合理利润下降幅度。

根据海天公司在16天内应获的合理利润额以及合理利润下降幅度推算海天公司因商誉受损大致受到的损失，并结合威极公司侵权行为的性质、期间、后果等因素，酌定海天公司因产品销量下降导致的利润损失为350万元。

海天公司为消除影响、恢复名誉而投放的广告必须以合理、适度为限，对超过必要限度而支付的广告费，无权向威极公司主张赔偿。海天公司广告中产品宣传的部分篇幅过大，已超过为消除影响、恢复商誉所需的必要限度，故仅对该部分广告费中的合理部分予以支持。综上所述，酌定对海天公司支付的广告费用中的300万元予以支持。另外，对海天公司支出的律师费5万元一并予以支持。

【案件信息】

佛山市海天调味食品股份有限公司诉佛山市高明威极调味食品有限公司侵害商标权及不正当竞争案，广东省佛山市中级人民法院(2012)佛中法知民初字第352号民事判决书(2012年11月26日，安建须、郑正坚、谭志华)。

案件来源：《最高人民法院公报》2014年第5期，2013年中国法院10大知识产权案件。

168 侵权人应提交能提交而无正当理由不提交财务资料的可依其宣传内容确定赔偿数额

169 基于侵权获利的赔偿需考虑主张保护商标的知名度、被诉侵权行为人及其商品等因素

【裁判要旨】

一般情况下，对市场经营主体对外宣传所载明的企业自身情况不宜

作为单一认定损害赔偿的依据，但是在权利人已经尽力举证，而侵权人无正当理由在人民法院责令其提交相关账簿、材料而拒不提交的情况下，从减轻权利人举证负担、加大知识产权保护力度、营造诚信商环境的视角出发，可以将涉案侵权人对外宣传所载明的内容作为判断侵权人因侵权行为获利的参考，但应当避免在案证据证明内容之间相互冲突，以及违背逻辑推理和日常生活经验法则。

在确定被诉侵权人因实施涉案被诉侵权行为所获得的利益时可以将下列因素做整体考量：被诉侵权商品的销量、销售单价、单位利润率、单位总量和年销售额，被诉侵权行为的持续时间、分布地域，被诉侵权人的经营规模、主观意图、侵权情节，主张保护的商标知名度等。

【基本案情】

原告美巢公司享有第 3303708 号和第 4882697 号“墙锢”商标专用权，核定使用商品均为第 1 类的工业用胶、工业用黏合剂等。

被告秀洁公司在其制造、销售的“工业用粘合剂、工业用胶”类商品上使用“秀洁墙锢”“易康墙锢”“兴潮墙锢”商标，被告王晓亮销售上述商品。

秀洁公司的网上宣传称：“秀洁”品牌建筑材料包括“秀洁墙锢”等共 16 种，月产量为 10,000 吨、年营业额为 5000 万元至 1 亿元；“秀洁墙锢”每桶重量为 17 公斤或 18 公斤；至迟从 2009 年 8 月秀洁公司已经开始销售“秀洁墙锢”。

美巢公司提起诉讼，请求判令秀洁公司和王晓亮停止侵权，赔偿损失及合理开支 1000 万元，并消除影响。一审诉讼中，秀洁公司主张，“墙锢”为建材家装领域内对“混凝土界面处理剂”商品约定俗成的商品通用名称。北京知识产权法院要求秀洁公司提供被诉侵权商品相关财务账册，直至一审判决时仍未提供。

北京知识产权法院判决全额支持了美巢公司的诉讼请求。秀洁公司不服，提起上诉。北京市高级人民法院将一审判决赔偿数额从 1000 万元改为 600 万元，其他维持。

【裁判理由】

法院认为：

秀洁公司并未证明我国建材市场实际生产经营者将“墙锢”在界面剂、黏合剂商品上作为通用名称使用的具体比例，而美巢公司自身亦不存在将“墙锢”作为其商品名称的行为，同时在无专业工具书、辞典等予以佐证的情况下，秀洁公司的证据不足以证明在被诉侵权行为发生之时，“墙锢”构成“混凝土界面处理剂”的通用名称。

秀洁公司在其制造、销售的被诉侵权商品上使用“秀洁墙锢”“易康墙锢”“兴潮墙锢”的行为，容易使相关公众认为相关商品来源于美巢公司，进而造成混淆，故侵害美巢公司“墙锢”商标专用权。

美巢公司所提交的商标使用和知名度证据，均证明其“墙锢”商标与“美巢”商标共同使用、宣传，因此无法单独确定美巢公司“墙锢”商品销量变化所致损失，故应根据侵权获利确定赔偿数额。

秀洁公司在一审程序中拒不提供相关侵权账簿、会计资料，在并未提供合理理由的情况下，即使在二审程序中提交了专项审计报告，亦不予接受，应承担其故意怠于举证的后果。

秀洁公司对外网页宣传中所载明的月产量10,000吨并非仅指“秀洁墙锢”一款被诉侵权商品，其在2014年2月16日推出了包括秀洁、易雪、易康、尚邦、兴洁、兴潮等至少6个品牌的粘木王白胶、墙锢、精品108胶、精品界面剂、内墙漆两款、外墙漆、木工胶等多款产品，在网页介绍的秀洁品牌包括环保全效外墙漆、墙锢、精品界面剂、耐水腻子等17种产品，因此上述宣传的月产量并非仅针对“秀洁墙锢”一款产品所确定的月产量，无法得出“秀洁墙锢”单品月产量即为10,000吨的事实及相应推定。应综合考量被诉侵权行为的情形、所列举应当予以参考的因素，以及彼此之间的关系，综合考虑秀洁公司所实施的涉案被诉侵权行为确实存在持续时间长、销售规模大、分布地域广、主观恶意明显的情形，确定秀洁公司因涉案侵权行为所获得的利润以及美巢公司为制止侵权行为的合理开支为600万元。

【案件信息】

美巢集团股份公司诉北京秀洁新兴建材有限责任公司、王晓亮侵害“墙锢”侵害商标权案，北京市高级人民法院(2017)京民终335号民事判决书(2017年10月31日，陶钧、王晓颖、孙柱永)，北京知识产权法院(2015)京知民初字第12号民事判决书(2016年11月10日，侯占恒、冯刚)。

案件来源：2017年度北京市法院10大知识产权案例。

170 计算侵权赔偿应遵循比例原则，侵权人获利与侵权行为无因果关系的不能以之赔偿

171 主张在先使用应证明其使用早于注册商标申请日且使用致其未注册商标有一定影响

【裁判要旨】

主张在先使用权益的一方当事人，应当举证证明其使用时间早于注册商标的申请日，且通过使用行为使未注册商标产生了一定影响。

被诉侵权商品的销售收入与其生产经营规模、广告宣传、商品质量等密切相关，不仅仅来自对被诉侵权商标的使用及其知名度，据此权利人主张以被诉侵权商品的全部销售收入与销售利润率为基础计算侵权获利的，不应予以支持。

【关键词】

侵权获利｜销售收入｜因果关系｜在先使用｜未注册商标

【基本案情】

原告梁或、卢宜坚自2003年9月14日起享有第1328994号、第1344787号"采蝶轩"商标专用权，核定使用商品和服务分别为第30类的咖啡等和第43类的咖啡馆等。自2004年开始，梁或、卢宜坚又在第30类和第43类相应商品和服务上注册了包括第3422492号商标在内的多个"CAIDIEXUAN""采蝶轩"等商标。2010年，第3422492号商标被认定为广东省著名商标。

被告采蝶轩集团公司、采蝶轩服务公司、巴黎甜甜公司分别成立于2000年和2005年，拥有在第35类广告、饭店管理、推销等服务上的第3176274号"采蝶轩"注册商标。三被告的"采蝶轩"月饼商品自2002年以来多次在安徽省境内获得多种荣誉。2008年12月采蝶轩服务公司使用在"推销(替他人)"上的"采蝶轩"服务商标被认定为"安徽省著名商标"。三被告在其生产的糕点包装盒上或销售糕点的店铺门头上、网站上以及企业名称中使用了"采蝶轩"字样。

梁或、卢宜坚提起诉讼，请求判令三被告停止侵权、消除影响、赔偿损失1500

万元等。

安徽省合肥市中级人民法院判决：驳回梁或、卢宜坚的诉讼请求。梁或、卢宜坚不服提起上诉。安徽省高级人民法院判决：驳回上诉，维持原判。梁或、卢宜坚仍不服，申请再审。最高人民法院判决：撤销一审、二审判决，三被告停止侵害梁或、卢宜坚涉案6件商标权的行为，赔偿损失及合理开支544,511元，并刊登声明，消除影响。

【裁判理由】

最高人民法院认为：

三被告使用的“采蝶轩”“采蝶轩及蝴蝶”“采蝶轩 CAIDIEXUAN”等标识分别与原告第4502638号、第4640787号、第1328994号、第3422492号、第1344787号和第4502639号商标构成相同或者近似商标，考虑第3422492号注册商标的知名度，应认定三被告在生产、销售的被诉侵权产品和提供的服务上使用与涉案6个注册商标相同或近似的标识，侵害了涉案6个商标权。

采蝶轩服务公司在与涉案注册商标相同或类似的服务突出使用了“采蝶轩”、不规范使用“合肥采蝶轩”，以及被告采蝶轩集团公司在与涉案注册商标相同或类似的商品和服务上使用“采蝶轩集团”的行为，均容易导致相关公众的混淆误认，均构成对涉案6个商标权的侵害。

三被告对被诉侵权标识的使用，不构成在先使用。因为，原告的第1344787号和第1328994号商标的申请日均为1998年7月，均早于采蝶轩集团公司的成立日，即使不考虑前述两个注册商标对在先使用判断的影响，在第3422492号商标的申请日2002年12月31日前，采蝶轩集团公司当时只有5家门店，且2003年的销售额只有7.58万元，也难言具有一定影响。

面包店的服务类别属于第43类，被告采蝶轩服务公司在面包店铺门头上使用“采蝶轩”标识，不是对于其注册在第35类的“推销（替他人）”的服务商标的使用，不构成正当使用。

原告于2012年9月17日提起诉讼时，本案被诉侵权行为仍在持续，故本案的损害赔偿计算时间，应从提起本案诉讼之日起向前推算2年计算。原告主张按照三被告销售收入与中山市采蝶轩食品有限公司的销售利润率的乘积计算，但三被告的销售收入与其生产经营规模、广告宣传、商品质量等是密切相关的，不仅仅来自对涉案商标的使用以及涉案商标的知名度。根据实施侵权行为的性质、期间、后果以及涉案商标的声誉等情况，酌情确定三被告赔偿原告50万元及相应合理开支。

【案件信息】

梁或、卢宜坚诉安徽采蝶轩蛋糕集团有限公司、合肥采蝶轩企业管理服务有限公司等侵害商标权及不正当竞争案,最高人民法院(2015)民提字第38号民事判决书(2016年6月7日,周翔、朱理、宋淑华),安徽省高级人民法院(2013)皖民三终字第00072号民事判决书(2013年11月20日,许徽、余听波、陶恒河),合肥市中级人民法院(2012)合民三初字第00163号民事判决书。

案件来源:最高人民法院知识产权案件年度报告(2016)。

172 侵权获利等于被诉侵权营业收入与行业平均利润率、被侵权商标品牌贡献率的乘积

【裁判要旨】

因侵权所获利益,可以根据被诉侵权的营业收入与行业平均利润率、被诉侵权商标的品牌贡献率的乘积计算。被诉侵权行为的营业收入可以根据被诉侵权人的实际纳税情况反推计算;被诉侵权人未提供其利润率的,可以参考国家公布的行业平均利润率;被诉侵权商标的贡献率,可以通过由侵权行为发生前后被诉侵权人获利增加的幅度推算。

【关键词】

侵权获利|纳税记录|营业收入|平均利润率|品牌贡献率

【基本案情】

原告中国港中旅集团公司为中国企业500强,2006年和2010年分别注册第3638673号“港中旅国际”、第6737650号“港中旅”商标,核定使用服务为第39类的旅游、旅行社、运输、导游等。

2008年以来,被告张家界春秋旅行社有限公司将企业名称变更为:张家界港中旅旅行社有限公司、张家界港中旅国际旅行社有限公司、张家界中港国旅国际旅行社有限公司、张家界中港国际旅行社有限公司,并在从事旅游经营活动中,将“港中旅”三个字以不同字体、颜色等方式突出使用。

港中旅集团提起诉讼,请求判令:张家界中港国际公司停止侵权,赔偿损失

100 万元及合理开支,并登报消除影响。

国家旅游局官方网站公布的 2012 年度、2013 年度全国旅行社的平均利润率分别为 4.79%、5.09%。张家界中港国际公司 2012 年、2013 年旅游营业收入分别为 1.01 余亿元和 6500 余万元;2008 年张家界中港国际公司变更企业名称后当年收入从 2007 年的 348 万元增长至 1292 万元。

湖南省张家界市中级人民法院判决:张家界中港国际公司停止使用含"港中旅"文字的商业标识,如继续营业,应申请变更企业名称,变更后的企业名称不得含有与"港中旅"相同或者相近似的文字,赔偿中国港中旅集团公司损失及合理开支 5 万元。中国港中旅集团公司、张家界中港国际公司均不服,提起上诉。湖南省高级人民法院判决:维持一审判决停止使用及变更企业名称的判决,变更一审判决的赔偿数额为张家界中港国际公司赔偿 100 万元及相应合理开支。

【裁判理由】

法院认为:

中国港中旅集团公司的"港中旅"字号具有相当的市场知名度、为相关公众所知悉,可以以企业名称来保护。中国港中旅集团公司依法取得"港中旅""港中旅国际"商标权,其合法权益应当受到法律的保护。

张家界中港国际公司在两次变更的企业名称中,"港中旅"字样均系其主要的识别部分,明显具有攀附故意,违背诚信原则,因此,其将"港中旅"作为企业字号登记并使用,引人误认为是中国港中旅集团公司的服务或者与中国港中旅集团公司有特定的关联,构成不正当竞争。张家界中港国际公司将"港中旅"标识在其经营场所、网络宣传中进行突出使用,该标识与诉请保护的"港中旅国际"注册商标构成近似,基于"港中旅国际"注册商标的使用所获得的知名度,容易使相关公众造成服务来源的混淆,构成对中国港中旅集团公司"港中旅国际"商标权的侵害。

根据现有证据,本案中应以侵权获利并结合当事人的诉讼请求来确定赔偿数额。本案侵权获利的计算方式是:侵权获利 = 旅游业务营业收入 × 利润率 × "港中旅"品牌贡献率。

第一,本案侵权获利的计算期限可自权利人向人民法院起诉之日起相应往前推算两年,中国港中旅集团公司于 2014 年 4 月提起本案诉讼,故确定 2012 年、2013 年两个年度为本案侵权获利的计算期限;

第二,旅行社属于服务行业,国家旅游局官方网站公布该行业利润率的计算方式为年度旅游业务利润与年度旅游业务营业收入相除。因张家界中港国际公司未提交其实际经营的真实利润相关证据，故以全国旅行社的平均利润率来计算其经营利润；

第三，法院依职权调取的税务局核定的张家界中港国际公司2012年度、2013年度开具发票实际缴销金额分别为101,541,412元、65,728,864.83元，基本能反映其旅游营业收入；

第四，张家界中港国际公司自2008年变更为含“港中旅”字号的公司名称，其当年营业收入为1292万元，较之2007年度营业收入348万元增长了944万元，该公司并未举证证明其营业收入大幅增长的其他市场因素，因此该944万元的增长额应推定为使用“港中旅”品牌所带来的效益。由此，“港中旅”品牌在张家界中港国际旅行社有限公司旅游业务利润中的贡献率应为944÷1292=73%。

据此，张家界中港国际公司2012年侵权获利是101,541,412×4.79%×73%=3,550,599元，2013年侵权获利是65,728,864.83×5.09%×73%=2,442,287元，合计5,992,886元。而中国港中旅集团公司诉讼请求为100万元，远低于本案侵权获利，视为该公司对自己权利的处分，予以支持。

【案件信息】

中国港中旅集团公司诉张家界中港国际旅行社有限公司侵害商标权案，湖南省高级人民法院(2015)湘高法民三终字第4号民事判决书(2015年3月24日，陈小珍、邓国红、唐小妹)，湖南省张家界市中级人民法院(2014)张中民三初字第5号民事判决书。

案件来源：2015年中国法院50件典型知识产权案例。

173 侵权人与权利人合作终止后大量实施侵权在被警告后仍不停止的可适用惩罚性赔偿

174 因侵权所受实际损失包括因价格侵蚀致销售利润损失、未来应获利润和商誉损害等

【裁判要旨】

侵权人在与权利人合作终止后，大量实施侵权行为，规模大且侵权获利多，向正品店铺提供侵权产品真假掺卖，在权利人发函警告、行政部

门做出行政处罚甚至法院作出诉中禁令裁定后仍未停止侵权的，故属于恶意侵权、情节严重，可以适用惩罚性赔偿。

确定侵权赔偿数额时，在权利人有证据证明其产品销量严重下降主要系因侵权行为所致的情况下，权利人主张其实际损失包括因销售流失以及被迫降价而损失的利润、未来必将损失的销售利润以及商誉的损失等，应予支持。

【关键词】

恶意侵权｜损失的销售利润｜因价格下调而损失的利润｜未来利润损失｜商业信誉的损失

【基本案情】

原告巴洛克木业公司自2012年起与意大利门迪尼工作室签订授权协议，约定亚历山德罗·门迪尼与弗拉西斯科·门迪尼将肖像权及名下之“门迪尼”（包含英文“MENDINI”）等相关权利授权许可巴洛克木业公司使用。巴洛克木业公司经三林生活家公司授权使用涉案第7771146号、第1600860号、第4777126号、第4276865号商标，并负责处理其所有的包括涉案商标在中国大陆地区的维权事务。

被告浙江巴洛克公司自2006年开始与巴洛克木业公司建立OEM地板的加工合作关系，双方合作至2014年。2015年10月1日，巴洛克木业公司要求浙江巴洛克公司变更企业名称，遭到拒绝。之后多次发出解除OEM加工合同关系的函和《告知函》要求浙江巴洛克公司变更企业名称，停止商标侵权及不正当竞争行为，但浙江巴洛克公司不仅不停止侵权，还在其生产的地板、宣传册、公司门头上大量使用单独或者组合使用巴洛克木业公司的商业标识，宣传其与巴洛克木业公司的关系，开设多家门店并与巴洛克木业公司的门店在同一商场竞争，低价向巴洛克木业公司经销商发货，有3家巴洛克木业公司的经销商解除了与其经销关系，其中有两家已与巴洛克木业公司合作了6年之久，转而与浙江巴洛克公司建立合作关系；因为被诉侵权产品出现质量问题被消费者将巴洛克木业公司投诉至媒体进行了曝光并有向行政部门进行举报投诉的记录。法院于2016年9月5日下达了禁令，裁定浙江巴洛克公司立即停止在第19类地板产品、产品外包装、宣传材料、域名为“elegantlivingwood. com”的网站上使用“生活家”“生活家巴洛克”“ELEGANT LIVING”及图形等标识。在禁令送达之后，浙江巴洛克公司未履行禁令裁定。

被告太仓门迪尼商行和福建世象公司系浙江巴洛克公司的经销商，销售涉案被诉侵权地板。被诉侵权地板上使用了与巴洛克木业公司相同或相近似的包装。

巴洛克木业公司提起诉讼，请求判令三被告停止侵权和不正当竞争，浙江巴洛克公司对企业名称进行变更，变更后的企业名称不得含有诸如“生活家巴洛克”“生活家”“巴洛克”等与巴洛克木业公司企业名称、产品商标等可能构成混淆的名称或词汇；浙江巴洛克公司立即停止将其生产的门迪尼巴洛克系列产品作为生活家、生活家巴洛克品牌的下属产品进行虚假宣传、广告和各地招商的行为；浙江巴洛克公司立即注销与巴洛克木业公司官方网站近似的域名“elegantlivingwood. com”；三被告赔偿损失及合理开支1000万元。

江苏省苏州市中级人民法院判决：浙江巴洛克公司等三被告停止侵害商标权及不正当竞争行为，变更企业名称、注销域名，赔偿损失1000万元等。浙江巴洛克公司不服，提起上诉。江苏省高级人民法院判决：驳回上诉，维持原判。

【裁判理由】

法院认为：

浙江巴洛克公司的使用行为构成商标侵权及不正当竞且其侵权及不正当竞争行为与巴洛克木业公司遭受的实际损害之间存在因果关系。

巴洛克木业公司因销售流失而损失的利润计算公式为：损失的利润＝损失的销售额×被侵权产品的净利润率。巴洛克木业公司在本案中按照10%的净利润率进行主张，远低于同行业同类企业，据此：巴洛克木业公司2015年销售利润实际损失＝2015年度比2014年度地板内销减少的销售收入×10%的净利润率＝(4343.54万元×10%)＝434.354万元。

浙江巴洛克公司被诉侵权行为开始的时间为2015年2月左右，浙江巴洛克公司在2016年的侵权行为贯穿整个年度。因而有足够理由认定浙江巴洛克公司在2016年对巴洛克木业公司造成的实际损失远大于2015年所造成的金额。

巴洛克木业公司为了应对浙江巴洛克公司的低价销售给其经销商带来的冲击，应各经销商的要求，两次采取降价措施，因价格下调而损失的利润＝232万平方米×5元/平方米＝1160万元。

有3家经销商中断了与巴洛克木业公司持续几年的良好合作关系，此部分的未来利润损失也是存在的。

有消费者因误将浙江巴洛克公司的地板当作巴洛克木业公司的地板进行购买，并进行举报、投诉，对巴洛克木业公司品牌形象和商业信誉造成损害。

浙江巴洛克公司恶意从事侵权行为应加大对其惩罚力度，因此确定2倍的赔偿比例。上述所确定的实际损失数额的2倍已经远远超过1000万元，因此对巴洛克木业公司的诉讼请求全额支持。

【案件信息】

巴洛克木业（中山）有限公司诉浙江生活家巴洛克地板有限公司、太仓市城厢镇门迪尼地板商行、福建世象家居有限公司侵害商标权案，江苏省高级人民法院（2017）苏民终1297号民事判决书（2018年10月12日，汤茂仁、罗伟明、何永宏），江苏省苏州市中级人民法院（2016）苏05民初41号民事判决书（2017年5月4日，赵晓青、林银勇、徐飞云）。

案件来源：2018年中国法院50件典型知识产权案例。

175　侵害商标权恶意明显、侵权行为及商品多样的可依侵权获利在法定最高限额上酌定

【裁判要旨】

被诉侵权商品上使用的商标于权利人主张保护的注册商标近似，实际使用商品相同，被诉侵权人主张其所使用的商标经过了另一注册商标权利人许可，但该注册商标已经被生效判决所宣告无效的，无须认定主张保护的注册商标为驰名商标，即可认定侵害商标权行为成立。

权利人在提起侵权诉讼时主张了多种被诉侵权商品上的商标和企业名称的使用行为均构成侵权及不正当竞争并提供相应证据予以支持的，考虑被诉侵权人主观上攀附权利人商标的恶意，从让被诉侵权人无利可图并补偿权利人损失的角度，应当根据权利人所指控的所有侵权商品的侵权获益证据，在法律规定的赔偿限额之上酌情确定损害赔偿数额。

【关键词】

恶意侵权｜攀附驰名商标声誉｜侵权获益｜法定赔偿最高限额｜诉讼请求数额

【基本案情】

原告北京汇源公司是第1643301号商标的注册人，该商标于2001年9月28

日获准注册，核定使用商品为第32类的果汁饮料等；北京汇源公司还是第4683709号商标的注册人，该商标于2008年3月7日获准注册，核定使用商品为第32类果汁等。2002年3月12日，商标局认定北京汇源公司注册并使用在果汁饮料商品上的第1643301号商标为驰名商标。

菏泽汇源公司生产、销售了“汇源”罐头商品，在网站“www. hezehuiyuan. com”上的宣传中使用“汇源”商标，并在其生产的商品外包装、瓶贴、网站上使用“菏泽汇源罐头食品有限公司”的企业名称。

北京汇源公司提起诉讼，请求判令菏泽汇源公司停止在生产、销售及网站宣传中侵害上述两商标权的行为，停止使用并变更企业名称，在报纸上发表声明、消除影响，赔偿损失及合理开支1亿元。

山东省高级人民法院判决：菏泽汇源公司(1)停止在其生产、销售的被诉侵权商品上及网站宣传中使用与北京汇源公司第1643301号商标和第4683709号商标近似商标的行为；(2)停止在其企业名称中使用“汇源”字号的不正当竞争行为；(3)赔偿北京汇源食品饮料有限公司损失300万元；(4)驳回山东汇源公司其他诉讼请求。北京汇源公司和菏泽汇源公司均不服，提起上诉。最高人民法院判决：维持一审判决第(1)项、第(2)项和第(4)项；变更一审判决第(3)项为菏泽汇源公司赔偿北京汇源公司损失1000万元；驳回菏泽汇源公司的上诉请求。

【裁判理由】

最高人民法院认为：

被诉侵权标志“汇源”文字及“汇源及图”组合与北京汇源公司主张保护的两注册商标的构成要素相似。菏泽汇源公司所称，其核准经营的系列罐头食品上使用是7400527号注册商标，但是目前该商标已经被生效判决宣告无效，一审法院认定菏泽汇源公司在生产销售的商品上使用“汇源及图”标志及“汇源®”的行为、在网站宣传中使用“汇源及图”及“汇源”的行为构成商标侵权并无不当。在此情形下，根据按需认定驰名商标的规则，无须认定北京汇源公司的两个涉案商标为驰名商标。

菏泽汇源公司被诉侵权产品的外包装上有“汇源® 由商标持有人授权许可使用”的表述，虽然该表述位于商品外包装的侧面，字体较为细小，但是根据该处内容表述和相关公众一般注意力，“®”明显具有区别商品来源的作用，容易使相关公众混淆，应当认定商标使用行为，菏泽汇源公司该行为侵害了北京汇源公司的涉案商标权。

菏泽汇源公司称，北京中美新汇食品有限公司所持有的第242665号注册商标在1985年4月29日申请，其于2011年拟设立时，北京中美新汇食品有限公司同意公司股东和第一任法定代表人张文敏做为菏泽汇源公司的字号用，但是目前第242665号注册商标已经被生效判决撤销，菏泽汇源公司前述理由不能成立。菏泽汇源公司自认在企业名称预先核准申请时，已知道北京汇源公司涉案商标的存在，且出具了“使用汇源字号如存有异议愿意更改字号”的说明，表明菏泽汇源公司在主观上具有攀附北京汇源公司涉案商标声誉的意图，故菏泽汇源公司在企业名称中使用与其注册商标相同的“汇源”文字构成不正当竞争。

一审判决酌定赔偿额时仅考虑了被诉侵权的水果罐头的生产和销售量，而没有考虑北京汇源公司提起诉讼所指控的冰糖山药罐头和八宝粥等两种侵权产品，同时考虑到菏泽汇源公司主观恶意明显，为让北京汇源公司利益得到补偿，让被诉侵权人菏泽汇源公司无利可图，根据北京汇源公司所提交的菏泽汇源公司销售额以及获利情况的证据，二审酌定菏泽汇源公司赔偿北京汇源公司损失1000万元。

【案件信息】

北京汇源食品饮料有限公司诉菏泽汇源罐头食品有限公司侵害商标权及不正当竞争案，最高人民法院(2015)民三终字第7号民事判决书(2017年12月22日，秦元明、马秀荣、佟姝)，山东省高级人民法院(2014)鲁民三初字第2号民事判决书。

案件来源:2017年中国法院50件典型知识产权案例。

176 使用被诉侵权商标而无在先权益的，不具有正当性，因使用产生的市场份额不保护

【裁判要旨】

根据商标法的申请在先原则，被诉侵权人在无任何在先权益的情形下所实施的后使用行为一方面并不能证明其使用具有正当性和合法性；另一方面恰恰证明其利用价格等优势持续蚕食在先商标权利人的市场份额。如果对其因持续侵权行为所形成的“市场份额”和消费群体予以肯定的评判，则势必会变相鼓励商标侵权人以扩大侵权规模的方式规避侵权责任，显然与我国商标法的立法原意相悖并损及商标法的基本价值。

【关键词】

侵害商标权｜持续性侵权｜侵权规模｜市场份额｜正当性

【基本案情】

原告3M公司享有在第17类光反射材料薄板及带等商品上注册的第884963号"3M"商标和第5966501号"3M"商标,并许可给原告3M中国公司使用。

3M公司、3M中国公司在中国反光材料市场占据了重要的市场地位。到2007年,3M公司、3M中国公司生产的反光材料已被广泛应用于中国的城市道路、高速公路和各等级公路的交通标志牌及车辆号牌上,并获得了各种荣誉和奖项。

被告华威公司自2007年开始在网站及实际产品中突出使用"3N"标识,华威公司知晓反光膜是由3M公司发明的。

审计报告显示,华威公司2012年的营业总收入为174,970,038.14元(其中主营业务收入166,297,531.76元),营业总成本为161,264,096.40元,营业利润为13,696,241.74元,2011年的营业总收入为141,100,052.35元。根据同行业公司的财务报告,2011年反光膜产品的毛利率为36.66%,其中车身反光标识产品的毛利率达54%;2013年的反光膜产品的毛利率为35.62%,比上年同期增加4.61%。

3M公司、3M中国公司主张,2011年到2012年华威公司的营业总收入增幅为24%,由此推算出华威公司2013年的营业总收入为216,962,847.29元,估算车身反光标识产品占华威公司营业总收入的比率为10%,计算出华威公司2012年、2013年生产、销售车身反光标识产品的营业收入为39,193,285.54元。参照同行业所公布的反光膜系列产品的利润率,计算出华威公司因侵权所获利益或3M公司、3M中国公司因侵权所受损失均至少在1396万元以上,故请求华威公司赔偿3M公司、3M中国公司损失1300万元,停止生产和销售使用"3N"商标的车身反光标识产品等。

浙江省杭州市中级人民法院判决:华威公司、聂少杰停止销售使用"3N"商标的车身反光标识产品,华威公司赔偿损失和合理开支350万元。3M公司、3M中国公司、华威公司均不服,提起上诉。浙江省高级人民法院判决:驳回上诉,维持原判。华威公司不服,申请再审。最高人民法院裁定:驳回其再审申请。

【裁判理由】

法院认为:

商标近似首先应考量商标文字的字形、读音、含义或者图形的构图及颜色,或者各要素组成后的整体结构是否相似,并以相关公众的一般注意力为标准来界定该种近似是否达到足以造成市场混淆的程度。

"3M"商标与"3N"商标,从整体上看构成要素相近,整体外观相似;"3M"商标及"3M"商号具有较高的显著性与知名度。华威公司对"3M"商标的注册和实际使用情况及"3M"商标、"3M"商号具有较高的显著性与知名度应属明知在涉足市场,但其在毫无商誉积累之初即在相同商品上使用与"3M"商标要素相近,整体外观相似的"3N"商标,其实质在于利用"3M"商标权人已经形成的良好市场声誉制造混淆,使得消费者对于商品的来源产生误认、误购,攀附"3M"商标的知名度获取不当利益,因此构成侵权。

我国商标法贯彻申请在先的原则,华威公司在无任何在先权益的情形下所实施的后使用行为一方面并不能证明其使用"3N"商标具有正当性和合法性;另一方面恰恰证明其利用价格等优势持续蚕食"3M"商标权利人的市场份额。如果对华威公司因持续侵权行为所形成的"市场份额"和消费群体予以肯定的评判,则势必会变相鼓励商标侵权人以扩大侵权规模的方式规避侵权责任,显然与我国商标法的立法原意相悖并损及商标法的基本价值。

鉴于3M公司、3M中国公司主张索赔额中华威公司2013年度的营业收入、其车身反光标识产品的配比率及车身反光标识产品的利润率缺乏合理性;华威公司生产、销售车身反光标识产品所获得的利益,应部分归因于华威公司自身在反光材料上的技术研发成果;华威公司的侵权产品与3M公司的车身反光标识产品价格相差巨大等因素,并基于华威公司使用"3N"商标行为本身对其盈利的贡献率之综合考量,认为3M公司、3M中国公司主张华威公司因侵权获得的利益主张及损害赔偿的计算方式缺乏充分的依据。

综合考量华威公司生产、销售侵权产品的规模大、时间长、范围广,侵权情节严重;侵权产品的利润率较高;华威公司具有侵权的主观恶意;"3M"商标和商号较高的知名度;3M公司、3M中国公司为制止本案侵权行为支付的维权合理开支;华威公司有能力提供而拒不提供反映其侵权产品的生产销售数量及利润的财务凭证,导致本案中其公司因侵权所获得的利益无法查清的情节,应对其举证妨碍承担不利的法律后果,推定其侵权获利巨大,已远远超过50万元的法定赔偿最高限额,酌情确定赔偿数额为350万元。

【案件信息】

3M公司、3M中国有限公司诉常州华威新材料有限公司、聂少杰侵害商标权案,最高人民法院(2016)最高法民申187号民事裁定书(2016年3月24日,李剑、宋淑华、吴蓉);浙江省高级人民法院(2015)浙知终字第152号民事判决书(2015年9月9日,应向健、王磊、陈为);浙江省杭州市中级人民法院(2013)浙杭知初字第424号民事判决书。

案件来源:2015年中国法院50件典型知识产权案例(二审判决)。

177 虽难证明侵权损失或获利但能证明已超过诉讼请求额的可支持超法定最高限额请求

【裁判要旨】

对于难以证明侵权受损或侵权获利的具体数额,但有证据证明前述数额明显超过法定赔偿最高限额的,应当综合全案的证据情况,在法定最高限额以上合理确定赔偿额。——《最高人民法院关于当前经济形势下知识产权审判服务大局若干问题的意见》(法发〔2009〕23号)第14条第4句

【关键词】

裁量性赔偿|诉讼请求数额|法定赔偿最高限额|侵权获利|侵权损失

【基本案情】

原告宝马公司在中国拥有注册在第12类机动车辆、摩托车及其零件商品上的第282195号"BMW"商标、第282196号"图形"商标、第784348号"寶馬"商标、第G921605号"宝马"商标以及注册在第12类机动车辆、摩托车及其零件及第25类服装、鞋、帽子商品上的第G955419号、第G673219号"图形"商标。

2009年5月14日,案外人德国世纪宝马公司注册了第4719183号"图形"商标,核定使用商品为第25类的裤子、服装、衬衫等。2010年4月26日,被告广州世纪宝驰公司获得德国世纪宝马公司第4719183号商标的授权许可。

广州世纪宝驰公司的服装及其包装以及店铺装潢上使用了"图形""丰宝·马丰""FENGBAOMAFENG及图""丰宝马丰FENGBAOMAFENG及图""MBWL及图"等标识;被告李淑芝的柜台销售了被诉侵权商品,被告北京方拓公司系李淑芝柜台的出租方。

宝马公司提起诉讼,请求判令:广州世纪宝驰公司、北京方拓公司、李淑芝停

止侵害商标权及对其企业名称的不正当竞争行为，共同赔偿损失及合理开支200万元，并刊登声明消除影响。

北京市第二中级人民法院判决：广州世纪宝驰公司停止侵害宝马公司商标权的行为及不正当竞争行为，就其侵权行为刊登声明，消除影响，赔偿宝马公司损失50万元及合理开支3万元。宝马公司、广州世纪宝驰公司不服，提起上诉。

二审诉讼中，宝马公司证明：其在北京市百荣世贸商城、山西省运城市“华之宇鞋业”店铺、山西省运城市东星时代广场、山西省运城市人民南路相关店铺购买多件被诉侵权商品；山西省工商局查处太原、运城、大同15家店铺约5000余件侵权商品，案值达3000多万元；“世纪宝马”“丰宝马丰”品牌系列服饰山西省总代理2011年全年的指定进货总额限定指标为3500万元，各季订货金额不得少于900万元；服装行业A股上市企业2009年、2010年利润最低为3.74%，最高为56.71%，平均利润率为30%。

北京市高级人民法院判决：维持一审停止侵权、消除影响的判决内容，变更赔偿数额为200万元。

【裁判理由】

法院认为：

广州世纪宝驰公司在其生产、销售的服装、服装吊牌、服装包装袋、宣传图册、网站等处，使用“FENGBAOMAFENG及图”“丰宝马丰FENGBAOMAFENG及图”标识，并突出使用“图形”标识，侵害了宝马公司涉案第G955419号“图形”商标的专用权，应当承担相应的法律责任。

广州世纪宝驰公司在服装吊牌、网站、宣传图册等处使用“德国世纪宝马集团股份有限公司”企业名称，容易使相关公众对二者的产品及相互关联性产生混淆或误认，其行为违背诚实信用原则和公认的商业道德，构成不正当竞争。

宝马公司在二审诉讼中提交的证据可以证明广州世纪宝驰公司侵权的主观恶意明显、侵权时间长、侵权范围广、侵权获利巨大，远远超过200万元，侵权情节极其严重，加之宝马公司的第G955419号“图形”商标及涉案其他注册商标具有较高知名度，宝马公司为制止侵权行为亦支付了律师费、公证费、取证费等合理开支，为保障权利人合法权益的充分实现，加大侵权代价，降低维权成本，在宝马公司二审提交了新证据的情况下，对宝马公司关于赔偿200万元的诉讼请求，予以全额支持。

【案件信息】

宝马股份有限公司诉广州世纪宝驰服饰实业有限公司、北京方拓商业管理有限公司、李淑芝侵害商标权及不正当竞争案,北京市高级人民法院(2012)高民终字第918号民事判决书(2012年1月26日,李燕蓉、孔庆兵、马军),北京市第二中级人民法院(2011)二中民初字第4789号民事判决书(2011年12月20日,何暄、赵立辉)。

案件来源:《最高人民法院公报》2014年第5期。

178 商标许可使用合同终止后继续使用的可构成侵权并可依据违约金计算侵权损害赔偿

【裁判要旨】

商标许可使用合同终止后,被许可人继续使用被许可商标的行为,既构成违约又构成侵权,许可人选择其中之一提出主张的,应予支持;商标许可合同约定被许可人违约后具体的违约金数额,被许可人违约后,许可人提起侵权之诉且不能确定损失或者获益的,该违约金数额的约定可作为侵权损害赔偿数额的约定。

【关键词】

侵害商标权|许可使用合同|违约与侵权竞合|约定赔偿

【基本案情】

2007年1月1日,原告哈药三精公司将其在第3类化妆品上申请及注册的"三精"等商标许可给被告北京三精国药日化公司使用,到期日为2012年12月31日。许可期限届满后,双方签订合同履行终止及后续义务协议书,终止北京三精国药日化有限公司对"三精"商标和字号的使用;如北京三精国药日化有限公司违反终止义务,应向哈药三精公司支付违约金50万元。

2013年6月1日,北京三精国药日化有限公司向哈药三精公司承诺,其在2013年1月31日之后无使用"三精"商标的生产行为,企业名称已变更为北京中科精彩日用品有限公司,2013年6月1日以后未授权他人使用"三精"商标,最后一批产品的有效期至2015年12月31日。

2015年5月6日,北京中科精彩日用品有限公司又变更企业名称为北京三精日化有限公司。2015 年 9 月，哈药三精公司在被告精彩染发店购买了“北京中科精彩公司”“北京三精国药日化有限公司”使用“三精”商标的化妆品，生产日期均超过 2013 年 1 月 31 日，使用期限均超出 2015 年 12 月 31 日。2015 年 11 月 12 日的访问显示，北京三精日化有限公司的网站突出使用了“三精”字样，并称其为“三精制药向日化领域扩展的平台”。

哈药三精公司提起诉讼，请求停止使用“三精”字号和商标的侵害商标权及不正当竞争行为，赔偿损失 230 万余元。

哈尔滨市中级人民法院判决：北京三精日化有限公司停止使用“三精”作为字号，停止生产、销售侵害“三精”商标权的商品，赔偿损失及合理开支 50 万元。

【裁判理由】

法院认为：

北京三精公司在商标许可协议到期后，违反约定使用与哈药三精公司注册商标相同或者近似的标志，生产与该注册商标核定使用商品同种或者类似的被诉侵权商品，既构成违约，亦构成侵权。哈药三精公司主张追究北京三精公司的侵权责任，应予支持。

北京三精国药日化有限公司为履行协议约定而终止使用“三精”字号并将字号变更为“中科精彩”的情况下，又再次变更企业名称为北京三精公司，其再次更名使用“三精”字号，既构成违约，亦构成不正当竞争。同时，北京三精公司在其网站上的宣传故意混淆北京三精公司与哈药三精公司的关系，其主观上具有攀附哈药三精公司的恶意，客观上使相关公众误认为其与哈药三精公司仍然具有特定联系，造成混淆误认，哈药三精公司主张北京三精公司构成不正当竞争成立，应予支持。北京三精公司自愿签订合同履行终止及后续义务协议书后，已失去继续或者重新使用“三精”字号的权利，其关于北京三精公司对“三精”字号具有合法在先权的主张，不能成立。

北京三精公司因侵权所获得的利益和哈药三精公司因被侵权所受到的损失均难以确定。依据北京三精公司与哈药三精股份公司签订的合同履行终止及后续义务协议书，北京三精公司违反协议擅自使用“三精”等注册商标以及“三精”字号或保证在终止使用企业字号日期后发生误导公众或造成市场混淆的损害哈药三精股份有限公司合法权益的行为的，应向哈药三精股份公司支付违约金共 50 万元，该约定符合《商标民事案件解释》第 16 条第 3 款的规定。因此，该协议就赔偿数额的约定对北京三精公司和哈药三精公司均有约束力。

【案件信息】

哈药集团三精制药有限公司诉北京三精日化有限公司、哈尔滨市香坊区精彩染发店侵害商标权及不正当竞争案，黑龙江省哈尔滨市中级人民法院(2015)哈知初字第155号民事判决书(2016年12月12日，杨欣、毛保森)。

案件来源：2016年中国法院50件典型知识产权案例。

179 商标注册后未使用致未形成商誉的，后被他人使用且未造成损失亦无利用商誉可能的，使用人无须承担损害赔偿责任

【裁判要旨】

注册商标未在商业活动中使用，没有区分商品来源的功能，他人的使用不会造成混淆，也不会给商标权人造成损失；未使用的注册商标也不是商誉的载体，侵权人无从借用其商誉推销自己的产品，无从通过侵害行为获得利益，所以未使用的注册商标权利人的侵权损害赔偿请求权不成立。

虽然商标权人未实际使用其注册商标，但他人的使用行为会妨碍商标权人对其商标权的行使，所以其停止侵害的请求权成立。在商标权人有权依法制止他人侵权行为的情况下，由此所支出的合理开支可以作为因侵害行为所受的损失，商标权人享有以"合理开支"为内容的损害赔偿请求权。

【关键词】

侵权损害赔偿｜商标未使用｜侵权获利｜停止侵害｜合理开支

【基本案情】

原告格力公司于2011年4月21日经核准注册了第8059133号"五谷丰登"商标，核定使用商品为第11类包括空气调节装置等。

2011年11月8日、2013年1月16日，格力公司在被告泰锋公司处购买了被告美的公司生产的空调，该空调器室内机面板正面左上方均贴有"五谷丰登"标志，美的公司网站显示其副品牌名称为"五谷丰登"的空调器产品共19款，均于2010年完成了能效标志登记备案，最早登记备案时间为2010年6月8日。

格力公司提起诉讼,请求判令:美的公司停止生产、销售使用“五谷丰登”商标的空调器,停止在其网站上使用“五谷丰登”商标,根据美的公司因侵权所获得的利益赔偿格力公司损失500万元及相应合理开支,并刊登声明消除影响;泰锋公司停止销售被诉侵权商品。

广东省珠海市中级人民法院判决:美的公司停止生产、销售侵害格力公司第8059133号“五谷丰登”商标权的19款空调器产品,赔偿格力公司损失380万元及相应合理开支,并刊登声明消除影响;泰锋公司停止销售侵权商品。美的公司不服,提起上诉。广东省高级人民法院判决:维持一审判决关于停止侵权和赔偿合理开支的部分,撤销一审判决关于损害赔偿的部分。

【裁判理由】

法院认为:

《商标法》保护注册商标的目的在于保护商标的识别功能不被侵害,并间接保护消费者不被假冒、仿冒商标所混淆、误导。从保护商标的正当性的道德基础出发,商标经过经营者长期使用和持续投入,成为该经营者商誉的载体,对这种劳动成果值得法律保护。

如果注册商标未在商业活动中使用,消费者无从将该商标与注册人及其商品的特定质量相联系,混淆、误认也就无从产生。未使用的注册商标因为没有使用,也就没有区分商品来源的功能,所谓侵害商标权不会造成消费者混淆,也不会给商标权人造成损失;未使用的注册商标也不是商誉的载体,侵害人无从借用其商誉推销自己的产品,无从通过侵害行为获得利益,所以未使用的注册商标的商标权人没有因侵害行为受到损害,其侵权损害赔偿请求权不成立。

但是,在商标权人拥有注册商标而且该注册商标未被撤销或者被宣告无效的情形下,就应当拥有该商标完整的权利,商标权人享有在核定使用的商品上使用核准注册的商标的专有使用权和在相同或类似商品上禁止他人使用相同或近似商标的排斥权,即使商标权人未实际使用其注册商标,但他人的使用行为会妨碍商标权人对其商标权的行使,妨碍商标权人拓展市场的空间。

因此,商标权人有权依照法律的规定制止他人的侵权行为,由此所支付的合理开支可以作为因侵害行为所受的损失,商标权人有权请求侵害人予以赔偿,即商标权人享有以“合理开支”为内容的损害赔偿请求权。

在美的公司实施被诉侵权行为之前,格力公司的本案注册商标因为没有实际使用,从而没有起到区分商品来源的功能,虽然美的公司侵害了格力公司商标权,但不会给格力公司造成实际损失,而且美的公司无从借用格力公司本案注册商标尚未建立起来的商誉来推销自己的产品并因此而获得利益。而且格力公司没有提供证据证明美的公司使用被诉侵权标志的行为给格力公司本案注册商标造成不良影响,从而损害该商标可能承载的商誉。因此,格力公司侵权损害赔偿请求权不能成立,其请求以美的公司因侵权所获得的利益作为计算赔偿损失的依据,不应得到支持。

由于格力公司没有提供证据证明其本案注册商标在美的公司实施被诉侵权行为之前已经实际使用,该商标未起到识别和区分商品来源的功能,也就不能承载和指代商品提供者格力公司的商誉。因此,格力公司请求判令美的公司在其网站以及全国性的报纸上刊登声明以消除影响的诉讼请求,缺乏事实和法律依据,不应得到支持。

【案件信息】

珠海格力电器股份有限公司诉广东美的制冷设备有限公司、珠海市泰锋电业有限公司侵害商标权案,广东省高级人民法院(2015)粤高法民三终字第145号民事判决书(2015年7月6日,邓燕辉、凌健华、欧阳昊),广东省珠海市中级人民法院(2013)珠中法知民初字第1498号民事判决书(2014年12月19日,詹洁、孙志、席锐)。

案件来源:2015年中国法院50件典型知识产权案例。

180 侵害未实际使用注册商标的也应停止侵权并赔偿合理开支但可不承担赔偿损失责任

【裁判要旨】

判断侵权意义上的商标近似,除要比较相关商标在字形、读音、含义等构成要素上的近似性外,还应关注是否足以造成市场混淆,因此应综合考虑相关商标的实际使用情况、显著性、是否有不正当意图等因素。①

侵害未实际投入商业使用的注册商标,侵权人应该承担停止侵权的

① 相同裁判观点的案例另见最高人民法院知识产权案件年度报告(2009)收录的最高人民法院(2007)民三监字第37-1号泸州千年酒业有限公司、四川诸葛亮酒业有限公司、四川诸葛酿酒有限公司诉四川江口醇酒业(集团)有限公司侵害商标权案再审民事裁定书,该裁定认为:认定是否构成侵害商标权意义上的近似,需要从二者的音、形、义上进行比较,并考请求保护商标的显著性及二者的实际使用情况,尤其是在先使用、具体使用方式等因素。

民事责任并赔偿权利人制止侵权的合理开支，但可以不判决承担赔偿损失的民事责任。

《商标法》第 64 条第 1 款：商标权人不能证明此前 3 年内实际使用过该注册商标，也不能证明因侵权行为受到其他损失的，被诉侵权人不承担赔偿责任。

【关键词】

侵害商标权｜损害赔偿｜使用｜损失｜停止侵权

【基本案情】

原告济南红河经营部于2000 年 11 月 28 日受让第 1022719 号“红河”商标，该商标于 1997 年 6 月 7 日获准注册，核准使用商品为第 32 类的啤酒、饮料制剂，济南红河经营部授权原告山东泰和公司独家使用该商标。在案证据无法证明济南红河经营部和山东泰和公司对其商标进行了使用。

2002 ~2004 年，被告云南红河公司生产的“滇泉”牌啤酒包装及宣传中突出使用了“红河红”或者“红河红啤酒/红河啤酒”字样。

济南红河经营部和山东泰和公司提起诉讼，请求判令云南红河公司停止侵权行为，赔偿损失 1000 万元并赔礼道歉。

2001 年 7 月 24 日，云南红河公司曾申请在啤酒商品上注册第 1956111 号“红河红”商标，该商标被初北审定公告后，山东泰和公司提出异议，商标局裁定该商标不予核准注册。

广东省佛山市中级人民法院判决支持了济南红河经营部和山东泰和公司的诉讼请求。云南红河公司不服，提起上诉。广东省高级人民法院判决：驳回上诉，维持原判。二审判决后云南红河公司更名为云南城投公司，申请再审。最高人民法院提审后判决：撤销一审、二审判决，云南城投公司支付济南红河经营部和山东泰和公司赔偿款 2 万元。

【裁判理由】

最高人民法院认为：

济南红河经营部和山东泰和公司的“红河”注册商标中的“红河”是县级以上行政区划名称和知名度较高的河流名称，不是臆造词语，作为商标其固有的显著性不强，且济南红河经营部和山东泰和公司始终未能提交其持续使用“红河”商标生产销售商品的证据及能够证明该商标信誉的证据，没有证据证明该商标因实际使用取得了较强的显著性。

“红河红”商标经过云南红河公司较大规模的持续性使用，已经具有一定的市场知名度，已形成识别商品的显著含义，应当认为已与“红河”商标产生整体性区别。以一般消费者的注意力标准判断，容易辨别“红河红”啤酒的来源，应认为不足以产生混淆或误认，而且，由于济南红河经营部和山东泰和公司的商标尚未实际发挥识别作用，消费者也不会将“红河红”啤酒与济南红河经营部和山东泰和公司相联系。此外，由于云南红河公司的住所地在云南省红河州，在其使用的商标中含有“红河”文字有一定的合理性；从云南红河公司实际使用在其产品的瓶贴及外包装上的“红河红”商标的情况来看，云南红河公司主观上不具有造成与济南红河经营部和山东泰和公司的“红河”注册商标相混淆的不正当意图。鉴此，本案中“红河红”商标与“红河”注册商标不构成近似商标，云南红河公司使用“红河红”商标的行为不构成侵权。云南红河公司在广告挂旗上使用“红河啤酒”字样的行为构成侵权，云南城投公司应当承担停止该侵权行为的民事责任。

对于不能证明已实际使用的注册商标而言，确定侵权赔偿责任要考虑该商标未使用的实际情况。济南红河经营部和山东泰和公司没有提交证据证明其“红河”注册商标有实际使用行为，也没有举证证明其因侵权行为受到的实际损失，且济南红河经营部和山东泰和公司在一审时已经明确放弃了其诉讼请求中的律师代理费的主张，对于其诉讼请求中的调查取证费未能提供相关支出的单据，但是济南红河经营部和山东泰和公司为制止侵权行为客观上会有一定的损失，本院综合考虑本案的情况，酌定赔偿两济南红河经营部和山东泰和公司损失共计 2 万元。

【案件信息】

济南红河饮料制剂经营部、山东泰和世纪投资有限公司诉云南城投置业股份有限公司(原云南红河光明股份有限公司)侵害商标权案，最高人民法院(2008)民提字第 52 号民事判决书(2009 年 4 月 8 日，于晓白、夏君丽、殷少平)，广东省高级人民法院(2006)粤高法民三终字第 121 号民事判决书，广东省佛山市中级人民法院(2004)佛中法民三初字第 98 号民事判决书。

案件来源：最高人民法院知识产权案件年度报告(2009)，2009 年中国法院知识产权司法保护 50 件典型案例。

181 商标注册人在侵权发生前三年未使用其商标，侵权人仅需支付侵权诉讼的合理开支

【裁判要旨】

侵权行为成立，但商标权人不能证明侵权诉讼前 3 年内实际使用过其主张保护注册商标的，被诉侵权人需赔偿商标权人为诉讼支出的合理开支。

【关键词】

侵权损害赔偿 | 商标未使用 | 合理开支 | 抗辩

【基本案情】

原告拉芳家化公司系第 3135949 号“雨洁”商标专用权人，核定使用商品为第 16 类的卫生纸，纸餐巾等。

2014 年 5 月 26 日，拉芳家化公司向山东潍坊经济开发区市场监督管理局投诉侵权时称，其目前不生产“雨洁”商品，只是持有商标。2014 年 7 月 4 日，山东潍坊经济开发区市场监督管理局以被告潍坊雨洁公司生产的湿巾、手帕纸与“雨洁”商标注册核定使用商品属同一类、上述商品的包装中均含有明显的“雨洁”字样属于侵害商标权的行为为由，对其进行处罚。

拉芳家化公司通过网络购买潍坊雨洁公司生产湿巾，湿巾包装左上角为“雨洁侍季”标识，中间为“wetwipe 雨洁侍季洁肤无香型湿巾”或“雨洁洁肤湿巾”，其中“雨洁”字体较大。

拉芳家化公司提起诉讼，请求判令：潍坊雨洁公司停止侵权，停止使用“weifangyujie”域名并删除网站中涉及“雨洁”字样的内容，赔偿损失及合理开支 20 万元。

山东省潍坊市中级人民法院判决：潍坊雨洁公司停止在生产、销售的湿巾、纸巾产品上使用侵害拉芳家化公司第 3135949 号“雨洁”商标权包装物的行为，并赔偿合理开支。

【裁判理由】

法院认为：

潍坊雨洁公司的产品及其包装上，以突出的字体或方式使用了“雨洁”文字或

者拼音，特别是在其与拉芳家化公司经营业务具有相关性和类似性，潍坊雨洁公司成立时间和商标获准注册时间均在拉芳家化公司成立时间和商标获准注册时间之后，拉芳家化公司及其产品的知名度较高的情况下，潍坊雨洁公司突出标注"雨洁"文字或者拼音，容易造成消费者的混淆误认，侵害拉芳家化公司第 3135949 号"雨洁"商标权。

拉芳家化公司主张潍坊雨洁公司在公司网站中突出使用"雨洁"二字的证据不足；拉芳家化公司提供的证据所证明的"知名商品"与本案缺少关联性，且"雨洁"不属于商品的特有名称。因此，拉芳家化公司关于潍坊雨洁公司的行为构成擅自使用知名商品特有名称的不正当竞争的主张，依据不足，不予支持。

拉芳家化公司与雨洁公司的住所地分别在广东省汕头市和山东省潍坊市，二者的经营范围并不相同，潍坊雨洁公司在企业名称中使用"雨洁"不构成不正当竞争；但拉芳家化公司企业及其产品的知名度较高，潍坊雨洁公司有义务在工商行政管理部门核准的经营范围内规范经营，规范使用企业名称，并采取适当措施和方式与拉芳家化公司及其生产的产品进行区分，避免普通消费者的混淆误认。

对于"www. weifangyujie. com"网站的情况，拉芳家化公司仅提供了网页打印件，潍坊雨洁公司对证据的真实性提出异议，不认可该网站由其使用，且本案审理过程中，拉芳家化公司未能进一步提供合法有效的证据证明该网站的情况，因此，拉芳家化公司要求潍坊雨洁公司停止使用该网站域名的主张，证据不足，不予支持。

潍坊雨洁公司提出拉芳家化公司未实际使用第 3135949 号注册商标的抗辩，并提交了山东潍坊经济开发区市场监督管理局的询问调查笔录等证据予以证明，法院要求拉芳家化公司提交其近 3 年使用第 3135949 号注册商标的证据，而拉芳家化公司提交的证据不属于在近 3 年使用第 3135949 号注册商标的证据。但是，考虑到拉芳家化公司为制止潍坊雨洁公司的侵权行为支付了一定的律师费、交通费、食宿费等差旅费用，潍坊雨洁公司依法应当承担拉芳家化公司为制止侵权行为所支付的上述合理开支，法院酌情确定金额为 18000 元。

【案件信息】

拉芳家化股份有限公司诉潍坊雨洁消毒用品有限公司侵害商标权及不正当竞争案，山东省潍坊市中级人民法院(2014)潍知初字第 341 号民事判决书(2014 年 11 月 26 日，丁岩、冯海玲)。

案件来源：2014 年中国法院 50 件典型知识产权案例。

182 商标注册人在其将商标独占许可之后可提起侵权诉讼，但不支持其损害赔偿请求权

【裁判要旨】

商标注册人将其注册商标独占许可给他人使用期间，虽可以对侵权行为提起诉讼，但因对其商标不再享有除收取许可使用费之外的其他经济权利，如其无法提供因被诉侵权行为造成的其他实际损失，则对其损害赔偿请求不予支持。

【关键词】

侵害商标权｜独占许可｜损害赔偿｜实际损失｜合理开支

【基本案情】

原告刘悦于2005年11月23日提出第5020178号“五贝子”商标注册申请，该商标被初审公告后经异议、复审、诉讼，于2015年1月28日发布注册公告，核定使用商品为第3类的洗面奶、化妆品、洗发液等，专用期限自2009年2月14日至2019年2月13日。2009年12月20日，刘悦将该商标独占许可给御美天品公司使用，许可期间至2017年12月31日。

2013年9月12日，被告安之酸公司提出第13231859号“安之酸五贝子”商标注册申请，初审公告后刘悦提出异议，商标局于2016年3月11日决定对第13231859号“安之酸五贝子”商标准予注册。

2015年5月8日，安之酸公司委托被告御奇公司代为生产“安之酸营养五贝子”牌御奇染发膏系列产品，其产品上对“安之酸营养五贝子”商标标识中“五贝子”三字进行了突出使用，外包装标注“安之酸公司荣誉出品、御奇公司出品、黛安娜公司生产”的字样。

刘悦提起诉讼，请求判令：安之酸公司、安之酸经营公司、御奇公司、黛安娜公司停止生产、销售、在网络上宣传、许诺销售带有“五贝子”字样产品的侵权行为，销毁已生产的侵权产品和包装；安之酸公司、御奇公司、黛安娜公司连带赔偿其损失300万元及相应合理开支。

安徽省合肥市中级人民法院判决：安之酸公司、黛安娜公司、御奇公司、安之

酸经营公司停止生产、销售、宣传、在网站上使用侵害刘悦“五贝子”商标权的商品及商标标识;安之酸公司、黛安娜公司、御奇公司、安之酸经营公司共同赔偿刘悦损失及合理开支25万元。刘越、安之酸公司、安之酸经营公司、御奇公司不服,提起上诉。安徽省高级人民法院判决:安之酸公司、黛安娜公司、御奇公司、安之酸经营公司停止生产、销售、在网站上使用侵害刘悦“五贝子”商标权的商品及商标标识,安之酸公司、黛安娜公司、御奇公司、安之酸经营公司共同赔偿刘悦合理开支1.5万元。

【裁判理由】

法院认为:

《商标民事案件解释》第4条规定,在发生商标权被侵害时,独占使用许可合同的被许可人可以向人民法院提起诉讼。该条款旨在保障独占许可合同的被许可人在注册商标受到侵害时,商标权人未提起诉讼时享有起诉的权利,并未排除商标权人独立提起诉讼的权利。刘悦作为第5020178号“五贝子”商标权人,在其商标专用权受到侵害时,有权提起诉讼,其诉讼主体适格。

安之酸公司、安之酸经营公司、御奇公司突出使用了“五贝子”商标,且无法确认“五贝子”已经成为染发剂、焗油膏类商品的通用名称,商标侵权的审查无须以行为人具有侵权故意以及在先商标具有知名度等因素为前提,故安之酸公司、安之酸经营公司、御奇公司、黛安娜公司在类似商品上突出使用与刘悦享有专用权的“五贝子”标识,侵害了刘悦的商标权。

鉴于刘悦已将其注册商标独占许可给案外人御美天品公司使用,在此期间刘悦无权使用该商标,对该商标不享有除收取许可使用费之外的其他经济权利,刘悦也未就被诉侵权行为给其造成了实际的损失进行举证,故对其赔偿损失的请求不予支持,但对其为制止侵权所支付的合理开支酌情支持。

【案件信息】

刘悦诉合肥市安之酸化妆品有限责任公司、合肥安之酸营养美发经营有限公司、北京御奇日通化妆品有限公司、北京韦氏·黛安娜化妆品有限公司侵害商标权案,安徽省高级人民法院(2017)皖民终525号民事判决书(2017年11月27日,汪利民、霍楠、刘颖),安徽省合肥市中级人民法院(2016)皖01民初57号民事判决书。

案件来源:2017年中国法院50件典型知识产权案例。

第六章　不侵权抗辩

第一节　正 当 使 用

183　在必要范围内为说明商品特点而非作为商标使用的文字是不致混淆的构成正当使用

【裁判要旨】

判断是否构成正当使用应基于被诉侵权标识与注册商标相似程度、具体使用方式等，考虑被诉侵权行为是否有将他人商标标识作为自己商品或服务的标识使用的恶意和是否仅是在说明或者描述自己经营的商品或服务的特点等必要范围内使用，以及使用行为是否使相关公众产生混淆和误认等因素。

【关键词】

侵害商标权｜正当使用｜善意｜合理｜混淆

【基本案情】

美食达人公司于2003年创立85℃品牌并在第43类咖啡馆、蛋糕店等注册了商标，后被我国商标局认定为驰名商标。2016年5月，美食达人公司发现在上海易买得超市有限公司老西门店销售的，由光明公司生产的优倍系列鲜牛奶产品外包装和广告宣传上使用了与其注册商标相同或相似的“85℃”,认为光明乳业侵害了自己的商标专用权,遂将其告上法庭,要求光明乳业和易买得超市有限公司立即停止侵权,赔偿损失。

上海市黄浦区人民法院判决:光明公司和易买得公司停止侵害美食达人公司商标权的行为,光明公司赔偿美食达人公司损失 40 万元,光明公司和易买得公司支付相应合理开支。光明公司不服,提起上诉。上海知识产权法院判决:撤销一审判决,驳回美食达人公司的诉讼请求。

【裁判理由】

法院认为:

司法实践中,在处理涉及正当使用抗辩的问题时,应当在比对被诉侵权标识与涉案注册商标相似程度、具体使用方式的基础上,分析被诉侵权行为是否善意(有无将他人商标标识作为自己商品或服务的标识使用的恶意)和合理(是否仅是在说明或者描述自己经营的商品或服务的特点等必要范围内使用),以及使用行为是否使相关公众产生混淆和误认等因素,综合判断被诉侵权行为究竟是商标侵权行为,还是属于正当使用行为,以合理界定商标权的保护范围,达到商标专用权和公共利益之间的平衡。

美食达人公司解释,涉案商标直接表示了商品的特点,将作为温度标准表达方式的85℃标识直接予以注册商标,显然有悖于上述《商标法》第 11 条的规定,有损社会公共利益,难以获得商标注册部门的认可。因此,涉案第 11817439 号注册商标标识将元素采用不同字体及高低错落排列的表达方式,与温度标准表达方式85℃具有了显著区别,客观上增强了涉案商标标识的显著性而获得了注册,但也因此限制了涉案商标标识的保护范围。将被诉侵权标识 85℃与涉案商标相比对,两者字形元素相同但排列不同;实际上,商标权人及相关公众对涉案商标标识的读音与一般公众对 85℃作为温度表达时的读音也不尽相同。故两者之间虽在外形上构成近似,但一审法院将之认定为相同商标有误,法院依法予以纠正。

根据《类似商品和服务区分表》(第 11 版)规定,牛奶与牛奶制品、奶茶(以奶为主)、可可牛奶(以奶为主)不属于相同的商品。但是,被诉侵权商品牛奶与涉案第 11817439 号注册商标核定商品,在功能、用途、销售渠道、消费对象等方面基本相同,根据 2002 年《商标民事案件解释》第 11 条规定,两者之间构成类似商品。

在涉案被诉侵权商品外包装上使用被诉侵权标识 85℃,是温度的标准表达方式,与涉案商标标识具有明显区别。因此,光明公司对于温度的标准表达方式

85℃的使用，尚不属于对美食达人公司涉案第11817439号注册商标标识的恶意使用。光明公司在被诉侵权商品外包装上使用85℃具有一定的事实基础。且虽然被诉侵权外包装上的85℃的字号大于相同位置的文字，但该85℃并非孤立的，而是分别配以“85℃巴氏杀菌乳新鲜说”等文字，上述文字亦充分说明，光明公司使用85℃所表达的就是温度，且仅是在表达温度意义上的使用。光明公司在被诉侵权商品上使用85℃，仅是为了向相关公众说明其采用的巴氏杀菌技术的工艺特征，仍属于合理描述自己经营商品特点的范围，并非对美食达人公司第11817439号注册商标的使用，而是对温度表达方式的正当使用。

美食达人公司从未生产过被诉侵权商品（牛奶），也未在牛奶商品上使用过涉案商标，故在牛奶商品上相关公众对于美食达人公司并无认知。而光明公司在牛奶等乳制品商品上享有的“光明”商标为驰名商标，被诉侵权商品上还使用了光明公司的注册商标，因此，上述事实与光明公司善意和合理的在被诉侵权商品上使用了温度的标准表达方式85℃事实相结合，即使对涉案第11817439号注册商标熟知的相关公众，对于被诉侵权外包装予以一般注意，而不会产生被诉侵权商品来自美食达人公司或与美食达人公司有关的混淆和误认。

【案件信息】

美食达人股份有限公司诉上海易买得超市有限公司、光明乳业股份有限公司侵害商标权案，上海知识产权法院（2018）沪73民终289号民事判决书（2018年12月14日，陈惠珍、何渊、黄旻若），上海市黄浦区人民法院（2016）沪0101民初24718号民事判决书（2018年4月25日，戚继敏、王维佳）。

案件来源：2018年中国法院50件典型知识产权案例。

184 商标标志着有地域性特点的原料通用名称的，商标权人无权禁止他人为指代特定商品原料而正当使用

【裁判要旨】

将具有地域性特点的通用名称注册为商标，具有指代特定使用商品原料、成分含义的，商标注册人无权禁止该地域的主体将该名称作为商品原料名称进行使用。

【关键词】

侵害商标权｜正当使用｜通用名称｜地域性特点｜商品原料

【基本案情】

鲁西南民间手工织花棉布，以棉花为主要原料，手工织线、染色、织造，俗称“土布”或“手织布”，因其色彩斑斓，似锦似绣，故称为“鲁锦”，在鲁西南地区已有上千年的历史，从20世纪80年代中期开始，鲁西南织锦被开发利用，自此“鲁锦”作为山东民间手工棉纺织品的通称被广泛使用。1995年，山东省文物局同意菏泽地区文化局在鄄城县成立“中国鲁锦博物馆”；2006年，“鲁锦民间手工技艺”被山东省人民政府评定为第一批省级非物质文化遗产；2008年被列入第二批国家级非物质文化遗产名录。

原告鲁锦公司的前身于1999年12月21日获准注册了第1345914号的“鲁锦”商标，核定使用商品为第25类的服装、鞋、帽类。经使用、宣传和推广，其“鲁锦”牌服装在国内享有一定的知名度，2006年被审定为山东省著名商标。

2007年3月，鲁锦公司从被告礼之邦公司的鲁锦专卖店购买到由被告鄄城鲁锦公司生产的同鲁锦公司注册商标所核定使用的商品相同或类似的商品，该商品上的标签（吊牌）、包装盒、包装袋及店堂门面上均带有“鲁锦”字样，被诉侵权商品的标签（吊牌）、包装盒、包装袋上将“鲁锦”文字突出使用，在该店门面上“鲁锦”也被突出使用。

鲁锦公司据此提起诉讼，请求判令鄄城鲁锦公司与礼之邦公司停止生产、销售带有“鲁锦”字样的侵权行为，并销毁已生产的侵权产品和包装；鄄城鲁锦公司变更企业名称，去掉其名称中的“鲁锦”字样，并赔偿损失50万元等。

山东省济宁市中级人民法院判决：鄄城鲁锦公司停止在其生产、销售的第25类服装类系列商品上使用“鲁锦”作为其商品名称或者商品装潢，并消除其现存被诉侵权产品上标明的“鲁锦”字样，变更企业名称，变更后的企业名称中不得包含“鲁锦”文字赔偿鲁锦公司损失25万元；礼之邦公司停止销售被诉侵权商品，赔偿鲁锦公司损失1万元，消除店堂门面上的“鲁锦”字样。鄄城鲁锦公司与礼之邦公司不服，提出上诉。山东省高级人民法院判决：撤销一审判决，驳回鲁锦公司的诉讼请求。

【裁判理由】

法院认为：

“鲁锦”已成为具有地域性特点的棉纺织品的通用名称。对于具有地域性特点的商品通用名称，判断其广泛性应以特定产区及相关公众为标准，而不应以全国为标准。名称的确定与其是否符合科学没有必然关系，对于已为相关公众接受、指代明确、约定俗成的名称，即使有不科学之处，也不影响其成为通用名称。“鲁锦”这一称谓是20世纪80年代中期确定的新名称，经过多年宣传与使用，现已为相关公众所知悉和接受。“粗布”“老土布”等旧有名称的存在，不影响“鲁锦”通用名称的认定。

商标注册人对商标中通用名称部分不享有专用权，不影响他人将“鲁锦”作为通用名称正当使用。被诉侵权商品的包装盒、包装袋上使用“鲁锦”两字，仅是为了表明其产品采用鲁锦面料，其生产技艺具备鲁锦特点，并不具有侵害鲁锦公司“鲁锦”商标权的主观恶意，也并非作为商业标识使用，属于正当使用，故不应认定为侵害“鲁锦”商标权的行为。鄄城鲁锦公司在其企业名称中使用“鲁锦”字样，也系正当使用，不构成不正当竞争。礼之邦公司作为鲁锦制品的专卖店，同样有权使用“鲁锦”字样，亦不构成对“鲁锦”商标权的侵害。

鉴于“鲁锦”是注册商标，为规范市场秩序，保护公平竞争，鄄城鲁锦公司在今后使用“鲁锦”字样以标明其产品面料性质的同时，应合理避让鲁锦公司的商标权，应在其产品包装上突出使用自己的商标，以显著区别产品来源，方便消费者识别。

【案件信息】

山东鲁锦实业有限公司诉鄄城县鲁锦工艺品有限责任公司、济宁礼之邦家纺有限公司侵害商标权及不正当竞争案，山东省高级人民法院(2009)鲁民三终字第34号民事判决书(2009年8月5日，吴锦标、于玉、刘晓梅)，山东省济宁市中级人民法院(2007)济民五初字第6号民事判决书(2008年8月25日)。

案件来源：指导案例46号(最高人民法院审判委员会讨论通过，2015年4月15日发布)，《最高人民法院公报》2010年第1期，2009年中国法院知识产权司法保护10大案件。

185 仅描述性使用景观名称的文字未攀附他人商誉也未混淆的，不侵害景观图文商标权

【裁判要旨】

注册商标由景观名称及图形组成，被诉侵权人客观描述并指示其经营场所所在地位于该景观内，未完整使用与注册商标相同的图文组合形

式，亦无攀附注册商标商业信誉，不会造成混淆误认的，不构成该景观商标权的侵害。

【关键词】

侵害商标权｜正当使用｜景观名称｜攀附商誉｜混淆

【基本案情】

第1962118号“阅江楼及图”商标，于2002年10月21日获准注册，核定使用服务为第42类的餐馆、饭店等，2011年3月27日经核准转让给原告冯印。

冯印起诉被告阅江楼公司，认为阅江楼公司将“阅江楼”文字作为其企业字号从事餐饮服务、在经营场所正门悬挂“阅江楼”巨幅招牌并在餐具、菜单等处突出使用“阅江楼”文字，构成对其商标权的侵害。

西安市中级人民法院判决：驳回冯印的诉讼请求。冯印不服，提起上诉。陕西省高级人民法院判决：驳回上诉，维持原判。冯印仍不服，申请再审。最高人民法院裁定，驳回其再审申请。

【裁判理由】

最高人民法院认为：

商标权人有权制止他人未经许可，在相同或类似商品上使用相同或者近似商标并可能导致公众混淆的行为，但同时商标权人应当遵循诚实信用原则，依法正当行使自身的权利。当注册商标中含有具有描述性质的文字，而他人使用的目的在于指示或描述客观事实时，权利人无权禁止该种使用行为。

涉案商标由“阅江楼”文字及其上方的图形部分组合而成，冯印指称阅江楼公司实施的被诉侵权行为包括：将“阅江楼”文字作为其企业字号从事餐饮服务、在经营场所正门悬挂“阅江楼”巨幅招牌并在餐具、菜单等处突出使用“阅江楼”文字。

具体到本案被诉侵权行为而言，西安阅江楼为坐落于西安曲江池遗址公园内的一处景观。根据阅江楼公司与西安曲江文化（旅游）集团有限公司的协议，阅江楼公司获得了在阅江楼经营餐饮项目的权利。阅江楼公司的企业名称完整使用了“曲江阅江楼”字样，且根据阅江楼租赁合作协议，阅江楼及其相关场地、设备、设施、装饰、装修等附属资产，亦全部来自原有的阅江楼景观。因此，无论是阅江楼公司在其企业名称中选用“阅江楼”文字，还是在其经营场所及菜单、餐具上使用“阅江楼”文字的行为，主要目的仍在于客观描述并指示其经营场所所在地——西安阅江楼。在其使用过程中，阅江楼公司从未完整使用与涉案商标相同的图文组合形式，亦无证据显示阅江楼公司对“阅江楼”文字的使用旨在攀附涉案商标的商业信誉。据此，被诉侵权行为并不具有使相关公众混淆误认的可能性，进而不构成侵害涉案商标权的结论。

当然，本院需要指出的是，市场经营者在开展经营活动的过程中，应当秉持诚实信用原则，尽量保持有关商业标识之间的足够距离。因此，阅江楼公司在今后的经营活动中，亦应合理、审慎地使用有关商业标识，避免引发不必要的纠纷。

【案件信息】

冯印诉西安市曲江阅江楼餐饮娱乐文化有限公司侵害商标权案，最高人民法院(2017)最高法民申4920号民事裁定书(2017年12月13日，朱理、毛立华、佟姝)，陕西省高级人民法院(2015)陕民三终字第00053号民事判决书。

案件来源：最高人民法院知识产权案件年度报告(2017)。

186 电影名称用以说明其主题及内容而非区分来源的属于描述性使用，不构成侵害商标权

【裁判要旨】

作为电影名称使用的文字，用以概括说明电影内容的表达主题的，属于描述性使用，并非用以区分电影的来源，故此种使用并非商标意义上的使用行为。

【关键词】

侵害商标权｜描述性使用｜电影名称｜区分来源｜商标意义上的使用

【基本案情】

2007年1月，中信出版社出版了由权迎生编绘的《功夫熊猫》系列漫画图书第1版；同年12月，陕西茂志影视有限公司计划拍摄片名为《功夫熊猫》的动画片，并取得电视节目制作许可证，但并未实际投拍。

2010年6月28日，原告茂志公司取得第6353409号“功夫熊猫及图”商标权，核定使用服务为第41类的教育、图书出版、电影制作等。

动画电影*KUNGFUPANDA*(中文名称为《功夫熊猫》)、*KUNGFUPANDA2*(中文名称为《功夫熊猫2》)均由被告梦工场公司制作、派拉蒙公司发行，先后于2008

年6月和2011年5月在中国大陆地区首映。

2010年12月27日,茂志公司向广电总局(现为国家新闻出版广电总局)电影管理局致函并抄送中影公司影进出口分公司称:茂志公司获得第41类"功夫熊猫"商标权,请求广电总局电影管理局不要批准电影《功夫熊猫2》使用"功夫熊猫"作为电影名称,以免引起法律纠纷。

2011年5月12日,广电总局电影管理局许可"功夫熊猫2"公映,同年5月24日,被告中影集团数字电影发展有限公司通知被告华影天映公司发行放映期限为。

梦工场公司主张其早在2005年就开始并持续使用"功夫熊猫"作为其电影名称进行宣传,并提供登载相关报道的2005年7月23日《新闻晨报》、同年11月12日的《长江日报》等。

茂志公司提起诉讼,请求判令四被告立即停止侵害其商标权的行为。

北京市第二中级人民法院判决:驳回茂志公司的诉讼请求。茂志公司不服,提起上诉。北京市高级人民法院判决:驳回上诉,维持原判。茂志公司仍不服,申请再审。最高人民法院裁定:驳回其再审申请。

【裁判理由】

最高人民法院认为:

商标是一种使用在商业上的标识,其基本特性是区别商品或者服务来源,因此构成侵害商标权的基本行为是在商业标识意义上使用相同或者近似商标的行为,也就是说被诉侵权标识的使用必须是商标意义上的使用。鉴于此,确定梦工场公司等使用"功夫熊猫"的行为是否构成侵害商标权,应当视其是否属于商标意义上的使用行为而定,即应当看其使用"功夫熊猫"标识是否具有区分商品来源之作用。

梦工场公司制作的《功夫熊猫》电影在茂志公司第6353409号注册商标获准注册前的2008年就已经在中国大陆地区公映,并自2005年起就在新闻报道、海报等宣传材料中以"功夫熊猫"作为电影名称对上述电影进行了持续宣传。梦工厂公司制作完成相关电影后,将其"dreamworks"标识显著地使用于其电影、电影海报及其他宣传材料中,用以表明其电影制作服务来源是"dreamworks"。由于《功夫熊猫2》使用"功夫熊猫"字样是对前述《功夫熊猫》电影的延续,且该"功夫熊猫"表示的是该电影的名称,用以概括说明电影内容的表达主题,属于描述性使用,而并非用以区分电影的来源,因此被诉侵权行为并非商标意义上的使用行为。

【案件信息】

陕西茂志娱乐有限公司诉梦工场动画影片公司、派拉蒙影业公司、中国电影集团公司、北京华影天映影院管理有限公司侵害商标权案，最高人民法院(2014)民申字第1033号民事裁定书(2014年11月27日，王艳芳、朱理、佟姝)，北京市高级人民法院(2013)高民终字第3027号民事判决书(2013年12月20日，谢甄珂、钟鸣、亓蕾)，北京市第二中级人民法院(2011)二中民初字第10236号民事判决书(2012年9月20日，葛红、韩羽枫、杨静)。

案件来源：最高人民法院知识产权案件年度报告(2014年)。

187 因地理环境等因素形成的产区特定的通用名称不会与对该地理标志产品的保护冲突

【裁判要旨】

受地理标志产品保护的名称，虽不能为任何企业和个人所专有，但被核准使用的企业和个人可以通过该地理标志产品的保护寻求救济，这与该地理标志产品名称为特定产区的通用名称并不冲突。[①]

含有商品通用名称的注册商标的专用权人，不能因其在该商品市场推广中的贡献来主张对该商品通用名称享有商标权，因此其无权禁止他人使用该商品的通用名称来表明商品品种来源。

【关键词】

侵害商标权 | 正当使用 | 通用名称 | 约定俗成 | 地理标志

【基本案情】

1959年山西省农业建设厅编辑的《山西省农作物品种志》记载：谷子品种“沁州黄”分布在山西省晋东南专区的沁县、晋北专区的岚县、太原市及太谷县等地。1987年商业部粮食购销司编著的《粮食商品手册 · 名优品种》一书，将“沁州黄”小米列为5个小米名优品种之一。2004年和2008年的国家标准对“沁州黄小米”的定义均为：源于古沁州，即现今山西省长治市所辖沁县、武乡、襄垣及屯留县境内特定的小米产区，选用沁州黄等优质品种，按照特定生产技术规程种植的谷子加工而成的粳性小米。

国家质检总局(现为国家市场监督管理总局)发布的2005年第210号公告审

① “由于地理环境等原因形成的产区特定的谷物名称通用名称的认定并不会与地理标志产品专用标志的保护相冲突”，参见夏君丽、刘媛：《产区特定的谷物名称构成通用名称》，载《人民司法 · 案例》2014年第10期。

核通过了沁州黄公司提出的沁州黄小米地理标志产品专用标志使用的申请;2013年第22号公告审核通过了檀山皇基地公司提出的使用沁州黄小米地理标志产品专用标志的申请,并给予注册登记;2013年第130号公告审核通过了其他主体提出的使用沁州黄小米地理标志产品专用标志的申请。

原告(反诉被告)檀山皇发展公司注册在第30类的谷类制品、米上的“檀山皇”商标于2006年3月被认定为山西省著名商标。被告(反诉原告)沁州黄公司系第606790号“沁州”商标权人,该商标于1992年获准注册,核定使用商品为第30类的小米。2003年和2006年,该商标先后被认定为山西省长治市知名商标和山西省著名商标、驰名商标。

沁州黄公司投诉檀山皇发展公司销售的“沁州黄”小米侵害其“沁州”商标专用权,2006年2月山西省长治市工商行政管理局对檀山皇发展公司销售的产品进行了查处。檀山皇发展公司不服,提起诉讼。山西省长治市中级人民法院判决认定檀山皇发展公司的行为构成侵权。檀山皇公司仍不服,提起上诉。山西省高级人民法院判决驳回上诉,维持原判。

2008年,山西省工商行政管理局批复下级工商部门,依法保护“沁州”商标专用权,对在小米商品上使用“沁州黄”等字样的涉嫌侵权行为依法进行查处。檀山皇发展公司等企业不服,提起行政复议。原国家工商行政管理总局认为,司法机关已认定“沁州黄”不是小米品种的通用名称,檀山皇发展公司等企业的行为侵害了“沁州”商标专用权。

2008年11月,原告檀山皇发展公司、檀山皇基地公司提起本案确认其在小米商品上以非商标形式使用“沁州黄”不侵害沁州黄公司对“沁州”商标的专用权诉讼,沁州黄公司反诉,上述行为构成侵权。山西省长治市中级人民法院认定,檀山皇发展公司的行为构成侵权。檀山皇发展公司、檀山皇基地公司不服,提起上诉。山西省高级人民法院认定,“沁州黄”是谷物类小米特产的通称,檀山皇发展公司、檀山皇基地公司属于正当使用,不构成侵权。沁州黄公司不服,申请再审。最高人民法院裁定:驳回其再审申请。

【裁判理由】

最高人民法院认为:

沁州黄公司提交的证据并不能否定“沁州黄”作为一种谷物品种名称的事实,“沁州黄”能够反映出一类谷子(米)与其他谷子(米)的根本区别,符合通用名称的要求。“沁州黄”并非沁州黄公司最初使用并创造的名称。沁州黄公司对沁州黄小米品种提纯复壮、产业化及商品化的贡献,不能成为主张“沁州黄”不构成通用名称的理由。沁州黄公司也未提交相关证据证明“沁州黄”已经与其形成了一一对应关系。

“沁州黄”是一种谷物品种的通用名称。沁州黄小米是选用“沁州黄”等优质品种,按照特定生产技术规程种植的谷子加工而成的粳性小米。在此基础上,沁州黄公司的“沁州”注册商标虽然具有较高知名度,但是无权禁止其他企业将“沁州黄”文字使用在以“沁州黄”谷子加工而成的小米商品上,以表明其小米的品种来源。檀山皇发展公司、檀山皇基地公司在其生产销售的小米商品包装明显位置使用了自己的注册商标,没有突出使用“沁州”文字,也没有证据证明其攀附“沁州”注册商标商誉的主观恶意,其在包装上使用“沁州黄”文字以表明小米品种来源的行为,属于正当使用,不侵害“沁州”商标权。

“沁州黄小米”作为地理标志产品进行保护,意味着任何符合该标准的企业和个人都可获得平等准入和保护,并不能为任何企业和个人所专有。与此同时,被核准使用的企业和个人可以通过地理标志产品的保护寻求救济,禁止未经核准企业和个人使用该专用标志,或者使用与该专用标志近似,易使相关消费者将该产品误认为地理标志产品的行为。

【案件信息】

山西沁县檀山皇小米基地有限公司、山西沁州檀山皇小米发展有限公司诉山西沁州黄小米(集团)有限公司侵害商标权案,最高人民法院(2013)民申字第1642号民事裁定书(2013年12月30日,夏君丽、殷少平、董晓敏),山西省高级人民法院(2010)晋民终字第17号民事判决书,山西省长治市中级人民法院(2009)长民初字第53号民事判决书。

案件来源:最高人民法院知识产权案件年度报告(2013)。

188　将公有领域的菜式名称注册为商标的,无权禁止他人在餐馆及菜式名称上正当使用

【裁判要旨】

将公有领域的菜式名称注册为商标的,其显著性较弱,无权禁止他人在为表明提供相应菜式服务意义上正当使用该菜式名称。

【关键词】

侵害商标权｜正当使用｜菜式名称｜显著性

【基本案情】

被告胡金英长期在张家界火车北站广场旁经营小餐馆，并于2006年9月以“胡金英——张家界火车站广场”的名称办理了个体工商户营业登记。经营过程中，其在餐馆门头上挂上了“胖嫂餐馆”的店牌。2014年3月，胡金英将其“胖嫂餐馆”迁至离原址不远的祥鸿大酒店一楼门面，在其餐馆旁边设置了较为醒目的“北站正宗打鼓皮”广告牌并标明了“原胖嫂餐馆”等字样。2017年5月，胡金英再次将餐馆迁至锦绣边城小区一楼门面，并以其女儿田梦林为业主、以“张家界永定区胖嫂打鼓皮餐馆”为经营名称向工商部门办理了个体工商户营业登记，其餐馆门头上安装了醒目的“北站胖嫂正宗打鼓皮”的招牌。

原告田任月于2011年6月以“田任月——张家界市永定区西溪坪火车北站广场东侧3-4号门面”的名称办理了个体工商户营业登记，其经营场所在胡金英原“胖嫂餐馆”的对面。胡金英将“胖嫂餐馆”迁到祥鸿大酒店后不久，田任月随即盘下胡金英“胖嫂餐馆”原址门面经营餐馆，并在餐馆楼顶上安装了醒目的“北站打鼓皮餐馆”招牌。其于2014年7月28日在工商部门办理了餐饮服务变更登记，将字号名称变更为“张家界市永定区北站打鼓皮饭庄”，又于2014年8月25日申请注册“打鼓皮”商标，并于2015年10月7日获准注册。

现有证据均无法证明胡金英、田任月两人谁先使用“打鼓皮”的菜名和招牌。张家界目前至少有11家餐馆名称中含有“打鼓皮”字样，这11家餐馆分属10个不同的业主。目前，除前述11家餐馆外，张家界尚有胡师傅三下锅等相当一部分餐馆在向客人提供这道食材、做法均无大体差别且菜名亦叫“打鼓皮”的火锅。

目前，张家界大多数本地人一提到去吃“打鼓皮”，均大致知道那是用牛身上的筋、皮及不太成型的牛肉等做成的火锅。而且，本地人提到“打鼓皮”一般只会联想到这是一道菜式名称，而不会当然联想到某某具体餐馆，如果有人提议去吃这道菜，都会要讲清是去某某地方某某名称的餐馆。

田任月起诉胖嫂打鼓皮餐馆及胡金英，请求停止侵害其商标权，拆除含有“打鼓皮”字样的店牌、广告牌，删除广告中的“打鼓皮”字样，更改企业名称，并赔偿损失100万元，消除影响。

湖南省张家界市中级人民法院判决：驳回田任月的诉讼请求。

【裁判理由】

法院认为：

“打鼓皮”已经成为张家界本地一道较为出名的乡土菜式名称，具有对菜式的主要食材、特点进行描述的功能和含义，因而，“打鼓皮”作为注册商标的显著性较弱。目前，没有证据证明“打鼓皮”菜式名称获得较高知名度是经田任月的使用或宣传所致，实际上“打鼓皮”作为一种菜式名称已经进入了公共领域，法律对这类注册商标的保护范围相对有限，注册商标人对这类注册商标无权禁止他人正当使用。胖嫂打鼓皮餐馆及胡金英对“打鼓皮”的使用是对本地菜式名称的使用，意图在于告知顾客其餐馆提供这道菜式服务，其并非将“打鼓皮”三字作为其餐馆字号即服务来源使用，其工商注册名称、店面门头、广告宣传牌、宣传名片上起标识作用的是“胖嫂”二字，其不存在借用田任月商标信誉的意图，故应认定其对“打鼓皮”的使用是一种非商标意义上的使用，是一种正当、善意地使用，不构成对田任月注册商标权的侵害。

【案件信息】

田任月诉张家界市永定区胖嫂打鼓皮餐馆、胡金英侵害商标权案，湖南省张家界市中级人民法院(2017)湘08民初18号民事判决书(2017年10月17日，刘雪飞、符兆敏)。

案件来源：2017年中国法院50件典型知识产权案例。

189　独家经营和使用的具有商品名称和商标混合属性的文字不应认定为该商品通用名称

【裁判要旨】

由于特定的历史起源、发展过程和长期唯一的提供主体以及客观的市场格局，保持着商品名称和商标混合属性的文字，仍具有指示商品来源的意义，不能认定为通用名称。

【关键词】

侵害商标权｜正当使用｜通用名称｜独家经营｜混合属性

【基本案情】

盲公饼是佛山市土特产名产品之一，其创制于清嘉庆年代后期，由一盲人的儿子何豫斋创制，并因而得名。盲公饼出名后创号为合记。中华人民共和国成立初期，佛山市饼干、糕点、糖果几个行业实行公私合营，组成佛山市合记饼干糖果食品厂，盲公饼为其生产的食品种类之一。后佛山市合记饼干糖果食品厂先后改名为佛山市糖果厂、佛山嘉华食品公司(以下简称嘉华公司)，1999年12月8日成立有限责任公司，取为现名即原告“佛山市合记饼业有限公司”，盲公饼是其生产的食品之一。

合记公司在第30类饼干商品上拥有1982年获准注册的第166967号“盲公牌”商标以及2002年获准注册的第1965555号“盲公”商标。

被告香记公司成立于2000年4月6日，其生产销售被诉侵权商品的饼身及其包装盒上均印有明显的“盲公饼”字样。合记公司提起诉讼，请求判令香记公司停止被诉侵权行为，销毁生产侵权商品的模具和包装，在报刊上赔礼道歉、消除影响，并赔偿损失25万元。

广东省佛山市中级人民法院判决：香记公司停止生产、销售侵权商品并销毁制造侵权商品的模具，赔偿合记公司5万元损失等。香记公司不服，提起上诉。广东省高级人民法院裁定：撤销该一审判决，发回重审。广东省佛山市中级人民法院重审后判决将赔偿增加至20万元，其他基本无变化。香记公司不服，提起上诉。广东省高级人民法院判决：香记公司停止侵权，销毁相应侵权包装并赔偿损失5万元。合记公司和香记公司均不服，申请再审。最高人民法院提审后判决：香记公司停止侵权并销毁生产侵权商品的模具和包装。

【裁判理由】

最高人民法院认为：

香记公司生产和销售的商品与合记公司注册商标核定使用商品相同，虽然被诉商品饼身标注的“盲公饼”字体与合记公司第166967号和第1965555号注册商标的字体存在一些差异，外包装盒标贴“盲公饼”与第166967号注册商标也存在一些不同，但这些差别是细微的，构成在同一种商品上使用与注册商标近似商标的行为。

盲公饼是有着200多年历史的一种佛山特产，有着特定的历史渊源和地方文化特色。虽然“盲公饼”具有特殊风味，但“盲公”或者“盲公饼”本身并非此类饼干的普通描述性词汇。从其经营者传承看，虽然经历了公私合营、改制等过程，但有着较为连续的传承关系，盲公饼是包括合记饼店、佛山市合记饼干糖果食品厂、佛山市糖果厂、嘉华公司、合记公司等在内的数代经营者独家创立并一直经营的商品。而且在我国商标法施行不久，“盲公饼”的经营者即申请了“盲公”商标，并且积极维护其品牌，其生产的“盲公饼”具有较高的知名度。

虽然香记公司主张“盲公饼”是通用名称，但未能举出证据证明在我国内地还有其他厂商生产“盲公饼”，从而形成多家主体共存的局面。虽然有些书籍介绍“盲公饼”的做法，我国港澳地区也有一些厂商生产各种品牌的“盲公饼”，这些客观事实有可能使某些相关公众会认为“盲公饼”可能是一类商品的名称。但是，由于特定的历史起源、发展过程和长期唯一的提供主体以及客观的市场格局，我国内地的大多数相关公众会将“盲公饼”认知为某主体提供的某种商品。因此，在被诉侵权行为发生时，盲公饼仍保持着商品和品牌混合的属性，具有指示商品来源的意义，并没有通用化，不属于通用名称。对于这种名称，给予其较强的保护，禁止别人未经许可使用，有利于保持商品的特点和文化传统，使商品做大做强，消费者也能真正品尝到商品的风味和背后的文化；相反，如果允许其他厂家生产制造“盲公饼”，一方面权利人的权益受到损害；另一方面也可能切断了该商品所承载的历史、传统和文化，破坏了已有的市场秩序。因此“盲公饼”并非商品通用名称，香记公司关于其正当使用的抗辩不能成立。

【案件信息】

佛山市合记饼业有限公司诉珠海香记食品有限公司侵害商标权案，最高人民法院(2011)民提字第55号民事判决书(2011年8月24日，夏君丽、王艳芳、周云川)，广东省高级人民法院(2007)粤高法民三终字第36号民事判决书(2009年7月13日，邓燕辉、李泽珍、欧丽华)、(2005)粤高法民三终字第47号民事裁定书，广东省佛山市中级人民法院(2006)佛中法民三重字第2号民事判决书、(2004)佛中法民三初字第283号民事判决书。

案件来源：最高人民法院知识产权案件年度报告(2011)，2011年中国法院知识产权司法保护50件典型案例。

190 图书书名可脱离其内容而基于出版者的行为产生识别商品来源作用的可予独立保护

191 具有产品名称和品牌混合属性的图书名称有指示商品来源意义的不能认定通用名称

【裁判要旨】

图书书名可以脱离图书内容而基于出版者的出版行为产生识别商品来源的作用，具有独立的属性和保护的价值。

由于特定的历史起源、发展过程和长期唯一的提供主体以及客观的市场格局，保持着产品名称和品牌混合属性的商品名称，仍具有指示商品来源的意义，不能认定为通用名称。

认定辞书名称构成未注册驰名商标，能够保障辞书内容质量、促进正确知识的广泛传播。

通过“搭便车”方式侵害他人未注册驰名商标而获取不正当利益，导致驰名商标持有人利益受损的，应当承担损害赔偿责任。

【关键词】

未注册驰名商标｜辞书名称｜通用名称｜指示来源｜损害赔偿

【基本案情】

原告商务印书馆主张，其自1957年开始出版《新华字典》（商务新1版），已经连续出版了11版，发行量巨大，市场占有率较高，是重要的中文工具书。“新华字典”品牌在辞书领域获得了很多奖项，已经具有较高知名度，构成驰名商标。被告华语出版社以“新华字典”为名出版了多种辞书，部分辞书的包装装潢与商务印书馆《新华字典》（第11版）的包装装潢高度近似，造成了市场的混淆。

商务印书馆提起诉讼，请求判令华语出版社停止使用商务印书馆的未注册驰名商标“新华字典”，并不得在辞书产品上使用与商务印书馆未注册驰名商标“新华字典”相同或近似的商标；停止不正当竞争行为，并不得生产和销售与商务印书馆《新华字典》（第11版）的特有包装装潢相同或近似的辞书，在报纸和网络上发布声明，消除影响，赔偿商务印书馆损失300万元及合理开支40万元。

华语出版社辩称，“新华字典”已经成为辞书领域的通用名称，商务印书馆无权禁止他人正当使用；商务印书馆的《新华字典》（第11版）包装装潢不具有显著性和独创性，不属于特有包装装潢。

北京知识产权法院对于商务印书馆的诉讼请求除合理开支部分支持外，其他全部支持。

【裁判理由】

法院认为：

商务印书馆自1957年开始60年间独家出版发行《新华字典》，且具有将“新华字典”当作商标使用的主观意思和客观使用行为，已经将“新华字典”与其建立了稳定的对应关系，“新华字典”在作为辞书书名使用的同时也发挥了辞书来源的识别作用，具备显著特征。

在长达60年间，商务印书馆作为《新华字典》辞书的专有出版者在市场上、相关生产者、经营者及消费者中形成了稳定的认知联系，“新华字典”属于兼具产品和品牌混合属性的商品名称，具有指示商品来源的意义和作用，不属于辞书商品上约定俗成的通用名称。

“新华字典”在近60年间已经在全国范围内销售数亿册，销售量巨大，销售范围非常广泛，已经获得较大的影响力和较高的知名度，应当被认定为驰名商标。“新华字典”作为辞书名称给予商标保护的根本原因是其上凝结了所标识商品的商誉，给予其未注册驰名商标保护符合商标法的立法目的，并非授予出版相关辞书的专有权，不会因此而直接造成辞书行业所谓的垄断，更不会因此破坏辞书市场正常的经营管理秩序。识字类辞书不仅关系汉字的学习、汉语言知识的传承与积累、民族文化知识的传播与发展，其内容的正确性和权威性至关重要。商标恰是保障商品内容品质的一种重要方式，商务印书馆作为“新华字典”的未注册驰名商标持有人不仅享有权利，更承担了保障商品质量、传播正确汉语言文字知识的社会责任，不会损害知识的传播，相反可以促进正确知识的广泛传播。

华语出版社在其出版的字典上使用了与商务印书馆未注册驰名商标“新华字典”完全相同的标志，系复制商务印书馆的未注册驰名商标，且导致相关公众的混淆误认，违反了《商标法》第13条第2款的规定。

《新华字典》(第11版)在全国范围大量出版发行，并取得较高的知名度，且连续出版使其知名度不断累积，可以认定为知名商品。《新华字典》(第11版)使用的装潢是对与其功能性无关的构成要素进行了独特的排列组合，形成了能够与其他经营者的同类商品相区别的整体形象，经过长期的宣传和使用，具有识别和区分商品来源的作用，属于知名商品的特有装潢。华语出版社出版的被诉侵权产品使用了近似的装潢，容易导致相关公众发生混淆误认，构成不正当竞争。

虽然商标法关于损害赔偿的规定针对的是侵害商标权的行为，但鉴于商标法明确规定未注册驰名商标应受保护且侵权责任法规定侵害他人民事权益应承担侵权责任，加之未注册驰名商标的保护是避免他人搭便车获取不当利益，因此对未注册驰名商标的侵害行为亦应承担赔偿责任。

2012年9月30日至2016年9月30日，华语出版社因出版印刷被诉侵权字典而获利的计算如下：20，310，160×11.29%＝2，293，017.064元。考虑华语出版社商标侵权与不正当竞争行为的主观恶意，以上述数额的1.5倍确定的本案赔偿数额已超出商务印书馆300万元赔偿请求，故对损害赔偿请求全额支持。

【案件信息】

商务印书馆有限公司诉华语教学出版社有限责任公司侵害商标权及不正当竞争案，北京知识产权法院（2016）京73民初277号民事判决书（2017年12月28日，张玲玲、冯刚、杨洁）。

案件来源：2017年中国法院10大知识产权案件。

第二节　指示性使用

192 为说明商品销售代理人发生变更而提及原代理人的商标且不致混淆的，不构成侵权

【裁判要旨】

在商业活动中为说明客观情况，而使用他人商标，不会导致相关公众就商品来源产生混淆的，不构成对他人商标权的侵害，也不构成虚假宣传的不正当竞争。

【关键词】

侵害商标权｜指示性使用｜说明客观情况｜代理人变更｜虚假宣传

【基本案情】

案外人阿垮瑟姆公司系“Fusiotherm”“aquatherm”及图形等商标的注册人，核定使用商品为第17类和第19类的冷热水供应管材等。

2002年2月28日，原告开德阜公司注册了第1720019号“洁水”商标，核定使用商品为第17类的塑料管等。

2006年4月6日，开德阜公司获得阿垮瑟姆公司的独家经销权，2007年成为中国总代理商。开德阜公司在宣传中使用了“德国洁水、原装进口德国洁水牌PP－R管道系统”“阿垮瑟姆公司（aquatherm）生产的洁水牌（fusiotherm）PP－R管道系统”“德国洁水（aquatherm）公司始创于1973年”等表述，致相关公众将开德阜公司经销的阿垮瑟姆公司的管材、管道和地暖系统认知为“洁水牌”。

2013 年 6 月 30 日，阿垮瑟姆公司终止与开德阜公司的合作，并于 7 月 1 日确定新代表机构为被告阔盛公司、被告欧苏公司为上海区域总代理。同日，开德阜公司向经销商出具“终止与 aquatherm 合作暨更换供应商公函”，载明开德阜公司会保留“洁水”品牌，与其他德国或欧洲一流供应商开展全新的合作。

阔盛公司、欧苏公司在宣传中称：“德国洁水已更名为德国阔盛”“德国阔盛（原德国洁水）”“德国 aquathermGmbh（原德国洁水）首推官方中文标识—阔盛”“德国 aquathermGmbh 从 2013 年 7 月 1 日起正式启用官方持有的中文标识‘阔盛’用于中国区市场推广，原在华使用的中文标识‘洁水’系原代理商所持有，现已和德国阔盛 aquathermGmbh 公司及其产品无任何关联”等。

开德阜公司提起诉讼，请求判令阔盛公司、欧苏公司停止使用与“原德国洁水”“德国洁水已更名为德国阔盛”意思相同、相似的广告语的虚假宣传行为，销毁、撤回、消除相关宣传物品，停止发布上述广告；停止侵害开德阜公司的第 1720019 号“洁水”商标权；刊登声明，赔礼道歉，消除影响；赔偿损失 500 万元。

上海市徐汇区人民法院判决：驳回开德阜公司的诉讼请求。开德阜公司不服，提起上诉。上海知识产权法院：驳回上诉，维持原判。

【裁判理由】

法院认为：

在商业活动中使用他人商标只是为了描述或说明某种客观情况，且并不会导致相关公众就商品或服务的来源产生混淆，则该行为并非商标法意义上的商标使用行为，而是一种商标正当使用行为，商标权人无权对此予以禁止。

首先，阔盛公司和欧苏公司使用“洁水”商标主观上是善意的。基于“洁水”商标已经与阿垮瑟姆公司产品建立了稳定联系的事实，阔盛公司和欧苏公司在宣传活动中有必要向消费者告知“洁水”商标所指向的产品已经发生变化，因此在宣传中使用“洁水”商标，并非攀附开德阜公司的商誉，而是描述客观事实。其次，阔盛公司和欧苏公司使用“洁水”商标时，已详细告知了消费者产品代理商和品牌变化的背景，消费者在阅读相关宣传用语时会理解为阔盛公司所销售的产品是原“洁水”商标所指向的产品，不会就商品的来源产生混淆。因此，阔盛公司和欧苏公司在宣传活动中使用“洁水”商标不构成侵权。

《反不正当竞争法》所规制的“引人误解”的虚假宣传，只有宣传内容产生了引人误解的效果，才会损害公平竞争的市场秩序和消费者的合法权益，其认定，应当根据日常生活经验、相关公众的一般注意力、发生误解的事实和被宣传对象的实际情况等因素进行综合判断。消费者在接受商业宣传时通常是整体接受的,在就宣传内容是否会产生引人误解效果的判断上,应当以宣传内容在整体上是否可能给相关公众造成误解为准,不应将可能产生误解的某一词语或某几句话断章取义。即使部分宣传内容在隔离分析时会产生歧义,但消费者在整体接受后可以消弭有关的歧义内容,则实质上并没有产生引人误解的效果。宣传内容是否会误导受众的交易决定,与受众自身已有的知识、经验具有密切关系,应根据相关公众的一般注意力、已有的认知经验,以及被宣传对象的实际情况进行判断。

阔盛公司和欧苏公司使用宣传用语的同时,还详细陈述了产品代理商和品牌变化的背景等情况,加之消费者对该品牌产品具有一定的认知经验,故相关公众施加一般的注意力即应知晓宣传内容的真实含义,并不会对"洁水"商标本身是否发生了变更、阔盛公司所销售商品的来源等产生误解。

【案件信息】

开德阜国际贸易(上海)有限公司诉阔盛管道系统(上海)有限公司、上海欧苏贸易有限公司侵害商标权及虚假宣传案,上海知识产权法院(2015)沪知民终字第161号民事判决书(2015年7月28日,何渊、刘静、范静波),上海市徐汇区人民法院(2013)徐民三(知)初字第1017号民事判决书(2015年3月13日,孙谧、于是)。

案件来源:《最高人民法院公报》2019年第3期,2015年中国法院50件典型知识产权案例。

193 为销售商标注册人的商品而指示性使用该商标未造成混淆或其他损害的不构成侵权

【裁判要旨】

被诉侵权行为人使用他人注册商标仅为指示其所销售商品的品牌信息,未造成相关公众混淆,亦未造成注册商标权人其他商标权益损害的,不应被认定为商标侵权行为。

【关键词】

侵害商标权 | 指示性使用 | 混淆 | 损害

【基本案情】

原告立邦公司系第3485390号"NIPPON PAINT及N图形"商标、第1692156

号“立邦”商标的专用权人。

被告展进公司在被告淘宝公司运营的淘宝网上开设名为“汇通油漆商城”的店铺销售多种品牌油漆。该网络店铺首页顶部显示“汇通油漆商城、实物拍摄、原厂正货、七天退换、用心服务”，其下方系菜单栏“首页、店铺评分、代理品牌、5 折活动专区……”该页面中上方是一个图片框，滚动显示 3 幅不同图片，其中第 1 幅系多乐士漆广告，第 2 幅系立邦漆广告（该广告上部显示“Nippon Paint 立邦漆”，下方是立邦涂料的介绍），图片框下方为掌柜推荐宝贝、立邦漆、华润漆、多乐士等部分商品的图片、简要信息、价格、销售量等信息。点击首页菜单栏中的“代理品牌”链接，页面自上而下分列几个图片框，分别系立邦漆、多乐士、德国汉高等品牌的广告，其中立邦漆图片框中滚动显示该品牌的 4 幅广告图片：第 1 张图片系对 1 个网页的截图，上方显示“ECOLOR 首页美丽家居工业与工程我的立邦网上商城”，中部是 1 个图片框，其中显示“2010 为爱上色”，该图片框下方左侧系立邦新闻信息，右侧显示有“立邦网络旗舰店马上登陆”“漆量计算器”“为爱上色电子书”等；第 3 张图片、第 4 张图片均系立邦漆的产品介绍，其中第 3 张图片左上方突出显示了“装饰新家，刷新幸福”，第 4 张图片左上方突出显示“小编 120 分推荐净味性价王”。

立邦公司认为展进公司上述行为构成对其商标权的侵害，故通过邮件向淘宝公司投诉。淘宝公司对立邦公司来函均予以答复，并表示如果淘宝网卖家发布的商品信息是立邦公司产品，则该卖家发布商品的图片上出现立邦公司产品原有的标识及卖家对商品的描述均非法律法规定义的商标侵权。立邦公司于是提起诉讼，请求判令两被告停止侵权、刊登声明消除影响、赔偿损失 20 万元。

上海市徐汇区人民法院判决：驳回立邦公司的全部诉讼请求。立邦公司不服，提起上诉。上海市第一中级人民法院判决：驳回上诉，维持原判。

【裁判理由】

法院认为：

展进公司在其淘宝网络店铺中销售立邦公司产品时使用了多幅与立邦相关的图片，从商标使用方式来看，商标系图片组成部分，图片主体内容系对立邦产品的介绍。此外，涉案网站上亦同时存在多乐士、德国汉高、华润漆等其他品牌油漆的宣传图片。而从网站的页面设置来看，首页的主体位置均系各品牌油漆商品的图片、名称、价格、销售量等信息。结合图片使用方式以及网页布局，相关公众通常会认为该商标传达的是在售商品的广告，即指示其所销售商品的品牌信息，而不是传达经营者的商号、商标或经营风格。

再从被诉侵权使用行为是否会使相关公众对服务来源产生混淆和误认角度来分析，该种商标指示性使用，商标直接指向的是商标注册人的商品，并非指向展进公司，即立邦商标与立邦商品的对应性并没有受到影响，相关公众也不会认为在售立邦产品来源于展进公司。在此情况下，不存在消费者对于商品来源认知的混淆，也不涉及商标显著性或知名度的降低，故也不存在其他商标利益的损害。

综上所述，展进公司为指示其所销售商品的信息而使用立邦公司的注册商标，未造成相关公众的混淆，也不存在其他商标利益的损害，不构成商标侵权。

虽然展进公司在其网络店铺首页菜单栏中设置“代理品牌”链接，并在代理品牌界面设置众多品牌广告图片的行为确有不妥，可能导致相关公众认为立邦公司与展进公司存在一定的商业关系，但该种商业关系的混淆可能并非商标使用的结果，实质上根源于展进公司使用立邦广告图片的量超出了广告宣传产品的必要限度，在一定程度上起到了装饰其店铺风格的作用，从而对展进公司本身起到了一定的宣传作用。但该种行为并未导致商标法上的混淆及其他商标权益的损害，不属于商标法调整的范畴。

【案件信息】

立邦涂料(中国)有限公司诉上海展进贸易有限公司、浙江淘宝网络有限公司侵害商标权案，上海市第一中级人民法院(2012)沪一中民五(知)终字第64号民事判决书(2012年5月24日，唐震、顾慧萍、陈瑶瑶)，上海市徐汇区人民法院(2011)徐民三(知)初字第138号民事判决书。

案件来源:2012年中国法院知识产权司法保护50件典型案例，2012年上海法院知识产权司法保护10大案件，上海市高级人民法院参考性案例7号。

194 授权经销商为指明身份、宣传推广而善意使用商标且未造成混淆的，不构成侵权

【裁判要旨】

授权经销商为指明授权身份、宣传推广商标权人的商品而善意使用其商标，未破坏其商标的识别功能的，不构成侵权。

【关键词】

侵害商标权｜授权经销商｜善意｜字号｜指示性使用

【基本案情】

原告五粮液公司系第160922号“五粮液及瓶贴图”、第1207092号“W及图”、第3467941号“WULIANGYE”商标权人，上述商标核定使用商品均为第33类的含酒精饮料、酒等。

2010年5月28日，五粮液酒类销售公司为锦绣前程公司出具《经销商身份证明书》，证明锦绣前程公司系五粮液酒类销售公司2010年度锦绣前程品牌在全国的经销商，有效期限自至2010年12月31日。2010年6月20日，锦绣前程公司与被告天源通海公司签订《锦绣前程酒购销协议》约定：天源通海公司为锦绣前程酒山东省总营运商……2010年8月8日，锦绣前程公司授权天源通海公司为山东省五粮液锦绣前程系列酒山东省营运商，授权有效期限至2010年12月31日。

随后，天源通海公司在网站、连锁店加盟手册、招商广告、品牌授权经销合同书等经营活动中使用了五粮液公司的企业名称、第160922号“五粮液及瓶贴图”、第1207092号“W及图”和第3467941号“WULIANGYE”注册商标，被五粮液公司提起诉讼，请求判令天源通海公司停止侵害商标权及不正当竞争行为，并赔偿损失50万元和相应合理开支，在报纸、电视上消除影响。

山东省济南市中级人民法院判决：驳回五粮液公司的诉讼请求。五粮液公司不服，提起上诉。山东省高级人民法院判决：驳回上诉，维持原判。五粮液公司仍不服，申请再审。最高人民法院裁定：驳回其再审申请。

【裁判理由】

最高人民法院认为：

天源通海公司是五粮液公司生产的“锦绣前程”系列酒的山东运营商，其在上述经营活动中使用第160922号“五粮液及瓶贴图”、第1207092号“W及图”和第3467941号“WULIANGYE”注册商标，虽未经五粮液公司的许可，但其使用的意图是指明“锦绣前程”系列酒系五粮液公司所生产、其为五粮液公司“锦绣前程”系列酒的山东运营商，且五粮液三字既是五粮液公司的商标亦为五粮液公司的字号，“锦绣前程”系列酒本身标注有商标。同时，天源通海公司在经营活动中使用涉案商标是为了更好地宣传推广和销售“锦绣前程”系列酒，亦无主观恶意，这种使用行为并没有破坏商标识别商品来源的主要功能，故天源通海公司未侵害五粮液公司的涉案商标专用权。

锦绣前程系列酒本身为五粮液公司所生产，天源通海公司在经营活动中使用五粮液公司的企业名称，主要是为了指明锦绣前程系列酒的生产商和来源以及宣传推广锦绣前程系列酒，使用五粮液公司的企业名称并不存在引人误认为是他人的商品的问题，故上述行为并不违反《反不正当竞争法》第 5 条第 3 项的规定，未构成不正当竞争。

从整个经营活动来看，天源通海公司作为锦绣前程系列酒的山东运营商，采取相关宣传方式的目的是推广和销售五粮液公司生产的锦绣前程系列酒，而且在宣传中其也表明是五粮液新品的山东运营商，天源通海公司主观上不存在不正当竞争的故意，客观上也没有损害五粮液公司的整体利益。尽管在宣传中用语有不妥之处，但也难以构成引人误解的虚假宣传，故不构成不正当竞争。

【案件信息】

四川省宜宾五粮液集团有限公司诉济南天源通海酒业有限公司侵害商标权及不正当竞争案，最高人民法院民申字第 887 号民事裁定书（2012 年 11 月 30 日，夏君丽、钱小红、董晓敏），山东省高级人民法院（2011）鲁民三终字第 205 号民事判决书（2011 年 12 月 28 日，戴磊、柳维敏、于志涛），山东省济南市中级人民法院（2010）济民三初字第 443 号民事判决书。

案件来源：最高人民法院知识产权案件年度报告（2012）。

195 集团公司成员企业为彰显其成员身份在经营中合理规范地使用集团标志不构成侵权

【裁判要旨】

集团公司成员企业为彰显其集团公司成员企业身份而在经营活动中合理规范使用集团标志不构成商标侵权。

【关键词】

侵害商标权｜集团公司｜成员企业｜合理规范｜指示性使用

【基本案情】

原告牧羊公司系第 1253437 号、第 1255640 号、第 3867365 号“牧羊 MUYANG 及”商标和第 3962804 号图形商标权人，核定使用商品均为第 7 类的饲料加工成套机器设备、干燥机、搅拌机、输送机、提升机等。2003 年 1 月 9 日至 12 月 31 日，牧羊公司聘请徐斌为常务副总裁。

2003 年 4 月 19 日，牧羊公司包括徐斌在内的董事 5 人约定，允许董事中的任何一名投资注册公司，新创设公司可以有偿使用“牧羊”注册商标并在企业名称中使用“牧羊”字样。

徐斌投资入股被告迈案德公司，并于 2003 年 7 月 5 日担任董事长。2003 年 10 月 31 日，牧羊公司市场部代表迈安德公司与《中国油脂》杂志签订广告发布合同，委托该杂志为迈安德公司发布广告。

2004 年 2 月 28 日，牧羊公司当时的四位董事与徐斌共同签署了《江苏牧羊集团大股东之间的共同事业创业股委托代管协议》，约定徐斌将其注册公司迈安德公司注册资本的 8% 作为共同事业创业股给四位董事享有股东的受益权。同日，牧羊公司董事之一徐有辉与徐斌签订《“牧羊”注册商标使用许可合同》准许迈安德公司使用的“牧羊”商标和企业名称。

2009 年 1 月，牧羊公司提起诉讼，请求判令迈安德公司停止在其企业网站、宣传画册、生产的产品、信封及销售合同文本显著位置突出使用其第 3962840 号图形商标及“牧羊”的侵权行为和停止在对外宣传时将标注牧羊公司的企业名称与牧羊公司的商标组合使用的不正当竞争行为，并赔偿损失 50 万元，同时赔礼道歉、消除影响。

江苏省扬州市中级人民法院判决：迈安德公司停止使用与牧羊公司第 3962840 号图形商标相同的标志，停止使用“牧羊集团”字样及企业名称中的“牧羊”字号，在《中国油脂》上就其侵权行为刊登声明以消除影响，赔偿牧羊公司 20 万元。牧羊公司和迈安德公司均不服，分别提起上诉。江苏省高级人民法院判决：维持一审判决中停止商标的判项，撤销一审判决中停止使用“牧羊集团”“牧羊”字号及消除影响的判项，变更赔偿数额为 12 万元。迈安德公司不服，申请再审。最高人民法院提审后判决：撤销一审、二审判决，驳回牧羊公司诉讼请求。

【裁判理由】

最高人民法院认为：

迈安德公司系牧羊公司的成员企业。鉴于牧羊公司对其分（子）公司及其成员企业是否均有权使用牧羊公司的集团标志没有限制性规定，因而迈安德公司作为牧羊公司的成员企业，为彰显其牧羊公司成员企业的身份，在经营活动中使用牧羊公司的集团标志符合常理，且无不正当性。根据查明的事实，迈安德公司在经营活动中,系按照与其他分(子)公司或成员企业相同的方式使用牧羊公司的集团标志,没有在其产品上单独使用牧羊公司的第3962840号图形商标,或存在不规范使用牧羊公司的集团标志的行为。对于迈安德公司使用牧羊公司的集团标志的行为,牧羊公司非但没有禁止,反而代表迈安德公司与《中国油脂》杂志签订广告发布合同,委托该杂志为迈安德公司发布广告,并约定广告采用客户提供的样稿。牧羊公司在长达1年的时间内,主动在公开发行的杂志上为迈安德公司使用集团标志的事实,亦证明牧羊公司认可迈安德公司有权使用集团标志。

【案件信息】

江苏牧羊集团有限公司诉江苏迈安德食品机械有限公司侵害商标权及不正当竞争案,最高人民法院(2012)民提字第61号民事判决书(2012年7月20日,于晓白、王艳芳、李嵘),江苏省高级人民法院(2010)苏知民终字第0026号民事判决书(2011年9月22日,王成龙、施国伟、王剑锋),江苏省扬州市中级人民法院(2009)扬民三初字第0019号民事判决书。

案件来源:最高人民法院知识产权案件年度报告(2012)。

196 对首次售出的带有他人商标的商品进行改装后再次销售的,构成对他人商标权的侵害

197 回收二手零部件后进行组装并销售且未主动显示原商标权人商标的,不构成侵权

【裁判要旨】

带有他人商标的商品首次售出后进行改装并再次销售的构成侵害商标权。回收二手零部件组装并销售未对其显示商标权人商标的情况进行改动的不构成侵权。

【关键词】

侵害商标权 | 改装 | 回收 | 商品品质 | 零部件

【基本案情】

原告多米诺公司在本案主张保护其注册和使用在喷码机等商品上的

G709885 号国际注册商标和“DOMINO”“多米诺”未注册商标。

被告杜高公司生产、销售被诉 A200 喷码机及改装、销售 E50 喷码机，被告心可公司生产被诉 A200 喷码机的外壳。杜高公司及心可公司认为，被诉 A200 喷码机开机时显示多米诺公司的涉案商标只是说明主板的来源，该主板购买于多米诺公司，故多米诺公司已实现其销售利润，属权利用尽。杜高公司主张改装的 E50 喷码机是购买于多米诺公司，有合法来源，其将多米诺公司 E50 喷码机商品中的一体化墨水箱进行改装是为迎合客户和环保的要求。

多米诺公司提起诉讼，请求为确认杜高公司、心可公司的行为构成侵权，并停止侵权行为、销毁侵权商品，判令禁止杜高公司、心可公司使用多米诺公司“DOMINO”“多米诺”等驰名商标，赔偿损失 2,677,200 元及为合理开支 15 万元，刊登声明消除影响。

广州知识产权法院判决：杜高公司、心可公司在 A200 喷码机和 E50 喷码机上使用商标的构成侵权，杜高公司赔偿损失 1,052,626 元，心可公司对其中 954,454 元承担连带责任，杜高公司赔偿合理开支币 6 万元，心可公司对承担连带责任。杜高公司、心可公司不服，提起上诉。广东省高级人民法院判决：撤销一审判决，确认杜高公司在 E50 喷码机上使用商标的构成侵权，赔偿损失 488,400 元，合理开支 15 万元。

【裁判理由】

法院认为：

多米诺公司的 E50 喷码机首次售出后，杜高公司对其墨路系统进行改装并再次销售的该项行为侵害了多米诺公司的商标权，理由如下：

1. 在商标未改变的情况下，未经商标权人同意对商品进行了实质替换，商品品质发生了实质变化，则人为地将商品和商标进行了分离，阻碍了商标功能的发挥。

2. 杜高公司改装的墨路系统，即便在物理层面上不属于不可分割的部分，但却是喷码机产品正常运行的核心部件，该改装行为实质性改变了商品，商品品质已发生实质变化。

3. 被改装墨路系统的 E50 产品再销售，该产品上仍然标有多米诺公司的商标。无论杜高公司在销售时是否明确告知相关公众该产品的改装情况，多米诺公司的商标识别来源、对商品质量负责的功能都已遭到了损害。因此杜高公司的行为构成对多米诺公司商标权的侵害。

杜高公司、心可公司回收多米诺公司A200喷码机的二手主板，作为零部件组装成新的喷码机并销售，开机画面默认显示多米诺公司商标，除此之外，机身、包装等处并无其他标识，该行为不构成侵权，理由如下：

1. 我国商标法并未明文规定商标权用尽抗辩，但如果商标可以对商品生产、销售、使用、转让、回收、再生等各个环节进行无限地控制，也可能对商品流通的市场区域进行控制，导致人为地割裂市场，阻碍商品自由流通和利用，因此商标权应当受到一定限制。

2. 对已经售出的产品进行回收利用，符合资源充分利用和节约理念，有利于创造和增进社会福祉，因此，在商品的回收利用市场模式中，需要对商标权人与相关行为人、社会公众的权益作出平衡和协调。何种情形下商标权受限制而用尽，须视回收利用的具体方式和情况而定。

3. 杜高公司、心可公司回收利用的是多米诺公司A200喷码机的二手主板，其在默认设置情况下开机画面显示多米诺公司商标，即杜高公司、心可公司并未主动使用多米诺公司商标。组装而成的新产品包装上并未显示多米诺公司的商标，相关公众无法直接接触到多米诺公司的商标而发生混淆，又因为回收利用的是原产品中的1个部件，该组装行为并非对原有整个产品的改装，不是改变原产品质量的行为，也不是直接去除原产品上的商标后再次投入市场的行为，因此不属于阻碍多米诺公司商标对商品识别来源功能的发挥的情况。在不直接发生混淆和损害商标功能发挥的情况下，应当合理地给予回收利用行为一定的自由空间，商标权人基于商标权对商品及其零部件的控制相应地受到一定限制，在此情形下宜认定商标权利用尽。

4. 被诉A200喷码机的开机画面事实上是默认设置状态下显示有多米诺公司商标的情形，说明杜高公司和心可公司没有刻意更改其中的软件设置，若回收组装过程中主动添加使用他人标志，则可能无法适用商标权利用尽抗辩。

【案件信息】

多米诺印刷科学有限公司诉广州市杜高精密机电有限公司、广州心可工业设计有限公司侵害商标权案，广东省高级人民法院（2017）粤民终2659号民事判决书（2018年12月25日，王静、邓燕辉、郑颖），广州知识产权法院（2016）粤73民初2529号民事判决书（2017年8月30日，黄彩丽、庄毅、刘小鹏）。

案件来源：2018年中国法院50件典型知识产权案例。

198 更换正品包装并使用正品商标后致损害该商标信誉承载功能的，系对该商标权的其他损害

【裁判要旨】

未经商标注册人许可擅自将正品更换包装，且包装上使用了商标注册人的商标，与商标注册人对包装的要求有明显差异，未能达到美化商品、提升商品价值的作用，反而会降低相关公众对该注册商标所指向的商品信誉，从而损害注册商标的信誉承载功能，属《商标法》第 57 条第 7 项之规定的“给他人的商标权造成其他损害的行为”。

【关键词】

正品｜指示性使用｜包装｜商业信誉｜其他损害

【基本案情】

株式会社不二家是第 261198 号“不二家”商标、第 261199 号“FUJIYA 及图”商标、第 10368528 号“peko”商标、第 10368531 号“poko”商标、第 10214128 号注册商标“POKO 及男孩卡通图像”商标、第 9837251 号注册商标“女孩卡通图像”商标的权利人，上述商标核定使用商品均为第 30 类的糖果等。株式会社不二家许可原告不二家公司使用上述注册商标，并产生一定知名度，株式会社不二家授权不二家公司以自己的名义进行维权。

钱海良在其淘宝个人网店中销售了 138g 铁盒装、258g 铁盒装、100g 纸盒装 3 种规格的不二家糖果，包装上多处使用了株式会社不二家的上述注册商标标识。钱海良称，其系将不二家的正品糖果更换为小包装后销售，更换的包装对不二家商标的使用属于指示性使用，消费者不会混淆。不二家公司确认被诉侵权的糖果系正品，但包装并非正品包装。

不二家公司提起诉讼，请求判令钱海良停止侵权、销毁侵权产品，赔偿损失 15 万元及合理开支 15,000 元，被告淘宝公司承担连带赔偿责任。

浙江省杭州市余杭区人民法院判决：钱海良赔偿不二家公司损失及合理开支 3 万元。

【裁判理由】

法院认为：

商标具有识别商品来源的基本功能，也具有质量保障、信誉承载等衍生功能。商标的功能是商标赖以存在的基础，对于商标的侵权足以达到损害其功能的程度的，无论是否具有市场混淆的后果，均可以直接认定构成商标侵权行为。

本案中，虽然钱海良分装、销售的 3 种规格的涉案产品中的糖果本身系来源于不二家公司，且其使用的 3 种规格的外包装上也附着了与涉案商标相同或相近似的标识，从相关公众的角度来看，并未产生商品来源混淆的直接后果，但是商品的外包装除了发挥保护与盛载商品的基本功能外，还发挥着美化商品、宣传商品、提升商品价值等重要功能，而钱海良未经不二家公司许可擅自将不二家公司的商品分装到不同包装盒，且该些包装盒与不二家公司对包装盒的要求有明显差异，因此，钱海良的分装行为不仅不能达到美化商品、提升商品价值的作用，反而会降低相关公众对涉案商标所指向的商品信誉，从而损害涉案商标的信誉承载功能，属《商标法》第 57 条第 7 项之规定的“给他人的商标权造成其他损害的行为”，构成商标侵权。

同时，不二家公司还主张淘宝公司构成帮助侵权，因钱海良通过淘宝网发布的涉案商品信息并不存在明显违法或侵权的情形，不二家公司也未就涉案商品链接向淘宝公司发起投诉，故淘宝公司不存在明知或应知侵权行为存在而不及时采取措施的情形，不构成帮助侵权。

【案件信息】

不二家（杭州）食品有限公司诉钱海良、浙江淘宝网络有限公司侵害商标权案，浙江省杭州市余杭区人民法院（2015）杭余知初字第 416 号民事判决书（2015 年 11 月 10 日，成文娟）。

案件来源：2015 年度浙江法院 10 大知识产权保护案例。

199 转售正品不受该正品商标权人控制，但宣传误导消费者认为其与商标权人有特定关系的，属不正当竞争

【裁判要旨】

正品进入流通领域后，通过合法途径取得该商品并利用再次销售的行为并不受正品商标权的约束；再销售商在未对商品本身进行任何改动

的情况下再次销售的行为，并不会导致正品商标权人本已用尽的商标权被重新激活，因此，购买正品后再销售的行为不构成对正品商标权的侵害。

销售商销售商标权人的正品时使用其商标、宣传图片、文字等，应遵循合理、诚信原则，不能超过必要的限度，不得攀附商标权人的商誉，故意误导消费者销售商与商标权人有授权许可等特定关系，否则构成不正当竞争。

【关键词】

侵害商标权｜权利用尽｜宣传｜必要限度｜不正当竞争

【基本案情】

原告皮尔法伯公司系第 1476327 号“雅漾”商标、第 699055 号“EAU HERMALE vène”商标、第 1972018 号“雅漾”商标的注册人，核定使用商品为第 3 类的化妆品等。

被告慧吉公司经营的“www. hufuhome. com”网站上有“雅漾中国官方网站 Avnen 感肌肤护肤专家”“雅漾中国商城”“雅漾官网中文是新一代专业消费服务网站”字样以及介绍雅漾商品的图片，网站首页及其他页面还单独使用了“Avene”“雅漾”标志，其中有“雅漾简介”“关于我们”“联系我们”“首页”“法国专柜(无防伪码)”“价格”等栏目，该网站上使用的部分介绍商品的图片、文字与皮尔法伯公司官方网站上的图片、文字相同。

皮尔法伯公司从“www. hufuhome. com”网站上购买了“法国专柜 vene 漾舒护活泉水喷雾/喷 50ml”及“国内专柜带防伪 vene 漾柔润洁肤凝胶 200ml 水溶性洗面奶洁面乳”各一件；皮尔法伯公司认可购买的商品为正品。

法院调取慧吉公司的支付宝交易记录显示：自 2013 年以来，慧吉公司因经营其网站通过支付宝所得的收入共计 37,964. 91 元。

皮尔法伯公司在其宣传册及搜狐女人对其的独家专访中均称“雅漾商品仅限专柜销售”，其当庭陈述，其在专柜销售的雅漾商品均为成品。

皮尔法伯公司提起诉讼，请求判令慧吉公司：停止侵害商标权及不正当竞争行为，停止在涉案网站上的销售行为并赔偿损失及合理开支 20 万元，在《中国知识产权报》刊登启事消除影响。

长沙市中级人民法院判决：慧吉公司停止涉案网站上实施的不正当竞争行

为,赔偿皮尔法伯公司损失及合理开支4万元。

【裁判理由】

法院认为:

一般情况下,慧吉公司销售雅漾正品的行为不会割裂皮尔法伯公司与标注了"雅漾"系列商标的商品的联系。慧吉公司利用网站销售皮尔法伯公司正品时,在网站上使用"雅漾"系列商标的行为客观上能起到指示商品来源的作用,并没有妨碍商标功能的发挥,不构成对皮尔法伯公司商标权的侵害。

皮尔法伯公司在专柜销售的商品是不需要再特别配置即可在市场上自由流通的成品;而慧吉公司销售的亦是成品,故相关公众在专柜处与慧吉公司处购买到的商品并无实质差异。皮尔法伯公司雅漾正品进入流通领域后,一般情况下不能禁止他人再次销售该商品。在慧吉公司未对商品本身进行任何改动的情况下,慧吉公司利用网络对该商品进行再次销售的行为,并不会导致皮尔法伯公司本已用尽的商标权被重新激活。皮尔法伯公司虽在其官方网站及对外采访中宣称"雅漾商品仅限专柜销售",但慧吉公司通过合法途径取得皮尔法伯公司商品并利用网络销售的行为并不受皮尔法伯公司商标权的约束。

慧吉公司销售的是皮尔法伯公司正品,其为推销商品在销售过程中可能会使用到商品的商标、图片及文字介绍,但该种使用必须是合理、适度的,以必要为限。慧吉公司未在其网站首页或者从事经营活动的主页面醒目位置公开其主体信息,却在网站中使用了"雅漾中国官方网站""雅漾中国商城""雅漾官网中文"等字样,还在网站首页及其他页面上单独、突出使用了"雅漾"系列商标,辅之与皮尔法伯公司官方网站部分相同的商品图片、文字介绍,易使相关公众误认为涉案网站系皮尔法伯公司经营或与皮尔法伯公司存在授权许可关系,从而使慧吉公司不正当地获得竞争优势。慧吉公司主观上具有引人误解其网站为皮尔法伯公司经营或由皮尔法伯公司授权的故意,在网站上宣称系雅漾官方网站,并突出使用"雅漾"系列商标以及使用与皮尔法伯公司官方网站部分相同的文字、图片的行为,违背基本的商业道德,构成不正当竞争。

皮尔法伯公司提交了慧吉公司的支付宝交易记录,作为慧吉公司因侵权获利的证据。考虑到以下因素:(1)慧吉公司因经营涉案网站通过支付宝所得的收入共计37,964.91元,但该37,964.91元系慧吉公司的营业收入,而非利润,在计算利润时应剔除相应的成本;皮尔法伯公司未提交证据证明慧吉公司具有通过其他支付方式获利的行为;(2)慧吉公司销售的是皮尔法伯公司正品;(3)慧吉公司在其网站上的不正当竞争行为对其销售获利的影响;(4)皮尔法伯公司为维权产生合理开支。

【案件信息】

法国皮尔法伯护肤化妆品股份有限公司诉长沙慧吉电子商务有限公司侵害商标权及不正当竞争案湖南省长沙市中级人民法院(2015)长中民五初字第00280号民事判决书(2015年10月28日,伍峻民、程婧)。

案件来源:2015年中国法院50件典型知识产权案例。

200 销售正品的宣传使人误认其销售服务指向替他人推销服务商标权人的,构成侵害服务商标权

【裁判要旨】

合法取得销售商品权利的经营者,可以在商品销售中对商标权人的商品商标进行指示性使用,但应当限于指示商品来源,如超出了指示商品来源所必需的范围,则会对相关的服务商标专用权构成侵害。商标使用行为可能导致相关公众误认为销售服务系商标权人提供或者与商标权人存在商标许可等关联关系的,应认定已经超出指示所销售商品来源所必要的范围而具备了指示、识别服务来源的功能。

【关键词】

侵害商标权｜指示性使用｜销售正品的宣传行为｜替他人推销服务商标

【基本案情】

原告维多利亚公司是LBI公司的全资子公司。LBI公司还有另一家全资子公司:维多利亚的秘密商店有限公司(以下简称VSSLLC公司)。维多利亚公司负责LBI公司所有"VICTORIA'S SECRET"(维多利亚的秘密)商标的注册、使用、管理和保护,是上述商标的所有权人,LBI公司和其他全资子公司经维多利亚公司许可使用"VICTORIA'S SECRET"(维多利亚的秘密)商标。

维多利亚公司在本案主张保护的商标如下:

第4481217号"维多利亚的秘密"商标、第9120211号"VICTORIA'S SECRET"商标,核定服务均为第35类的推销(替他人)等;

第4481218号"维多利亚的秘密"商标、第1505378号"VICTORIA'S

SECRET”商标，核定使用商品均为第25类的服装等。

被告麦司公司在其上海美罗城店店铺大门招牌、店内墙面、货柜、收银台、员工胸牌等处突出使用“VICTORIA’S SECRET”标志，销售的商品、商品宣传手册和加盟销售手册上也均使用了“VICTORIA’S SECRET”和“维多利亚的秘密”标志。麦司公司在各网站、新浪微博、微信上宣传其系“维多利亚的秘密”北上广深渝津大区总经销、中国区品牌运营商等。

VSSLLC公司（卖方）与AFB公司（买方）签订有一份《库存出售协议》，授权AFB公司在包括中国在内的多个地区出售某些标记为缺货的库存，该协议约定，买方不得自称为卖方的特许或委托代理商或卖方的关联方，并确保其关联方也不自称为卖方的特许或委托代理商或卖方的关联方。买方不得并应确保其购买人与关联方和客户不会利用或经销以任何方式带有卖方或其任何关联方的任何名称、商标、商品名、图标或其他知识产权的货物为其做广告，而且买方与任何这类人都无权使用任何商品样本、商品样本图片、副本、互联网或其他媒体或卖方或其任何关联方的知识产权作为其标牌、专用信纸、商业书信、标签或任何其他形式广告的组成部分……

2007年9月，上海锦天服饰有限公司从LBI公司购进“维多利亚的秘密”品牌商品。2011年11月，锦天公司与麦司公司约定，将维多利亚的秘密商品的销售、授权经销权利全部托管给麦司公司，并出具了授权书。

维多利亚公司曾经起诉锦天公司侵害商标权及不正当竞争，上海市第二中级人民法院判决认定，锦天公司自称是美国顶级内衣维多利亚秘密唯一指定总经销商，构成虚假宣传。

维多利亚公司针对麦司公司提起诉讼。上海市第一中级人民法院判决：麦司公司停止侵害维多利亚公司在第35类服务上的第9120211号“VICTORIA’SSECRET”、第4481217号“维多利亚的秘密”商标权，停止实施虚假宣传的不正当竞争行为，赔偿维多利亚公司损失及合理开支50万元，并刊登声明消除影响。麦司公司不服，提起上诉。上海市高级人民法院判决：驳回上诉，维持原判。

【裁判理由】

法院认为：

根据《库存出售协议》，库存商品购买者不得自称为卖方的特许或委托代理商或关联方。从库存出售的交易链条可以看出，整个交易过程并不涉及涉案商标的授权使用。麦司公司依法仅获得该批库存商品的所有权，但物权的移转并不意味着麦司公司自动获得商标的使用许可,其仅可在销售该批商品所必需的最低限度内,在销售活动使用“VICTORIA'SSECRET”“维多利亚的秘密”商品商标以指示商品来源、以便消费者识别,如果对销售过程中商品商标的指示性使用超出了指示商品来源所必需的范围,则可能危及相关服务商标的存在价值,会对相关的服务商标专用权构成侵害。

麦司公司在店铺大门招牌、店内墙面、货柜以及收银台、员工胸牌、VIP卡、时装展览等处使用了“VICTORIA'S SECRET”标志,且对外宣称美罗城店为维多利亚的秘密上海直营店、其系维多利亚的秘密中国总部、北上广深渝津大区总经销、中国区品牌运营商等,这可能导致相关公众误认为销售服务系商标权人提供或者与商标权人存在商标许可等关联关系,因此已经超出指示所销售商品来源所必要的范围,具备了指示、识别服务来源的功能,构成对“VICTORIA'S SECRET”服务商标专用权的侵害。

麦司公司在网络广告宣传过程中使用“VICTORIA'S SECRET”“维多利亚的秘密”标志,目的是利用涉案商标开展商品销售相关的招商加盟业务,系在与涉案服务商标同类的服务上使用与涉案服务商标相同的商标,亦构成侵权。

麦司公司对外宣传,使相关公众误以为维多利亚公司与麦司公司之间存在授权许可关系并因此获得更多商业机会,亦可能对维多利亚公司今后在中国境内开展商业活动带来不利影响,构成虚假宣传。

【案件信息】

维多利亚的秘密商店品牌管理公司诉上海麦司投资管理有限公司侵害商标权及不正当竞争案,上海市高级人民法院(2014)沪高民三(知)终字第104号民事判决书(2015年2月13日,王静、徐卓斌、陶冶),上海市第一中级人民法院(2014)沪一中民五(知)初字第33号民事判决书(2014年9月25日,唐震、陈瑶瑶)。

案件来源:《最高人民法院公报》2017年第8期,2015年中国法院50件典型知识产权案例。

201 平行进口属指示性使用,正牌商品经合法销售后商标权已用尽再进口销售的不侵权

【裁判要旨】

关于平行进口是否构成侵害商标权的问题。商标法虽未将“指示性

使用”明确列为不侵权的抗辩事由，但是考虑到商标法所保护的是标志与商品来源的对应性，而商标禁用权也是为此而设置的，绝非是为商标权人垄断商品的流通环节所创设，即商标权利用尽规则应当是市场自由竞争所必须存在的基本规则之一。在此基础上，若被诉侵权商品确实来源于商标权人或其授权主体，此时商标权人已经从“第一次”销售中实现了商标的商业价值，而不能再阻止他人进行“二次”销售或合理的商业营销，否则将阻碍市场的正常自由竞争秩序建立的进程，因此“平行进口”应被司法所接受，不认定构成侵害商标权。——《当前知识产权审判中需要注意的若干法律问题》（北京市高级人民法院 2016 年 5 月发布）

【关键词】

平行进口｜指示性使用｜混淆｜权利用尽

【基本案情】

库斯亭泽公司系核定使用在黑啤酒商品上的“KÖSTRITZER”等商标的所有人。2013 年 5 月 31 日，库斯亭泽公司与原告大西洋 C 公司签订商标使用许可合同，约定：大西洋 C 公司是库斯亭泽公司所生产产品在中国大陆区域内的唯一经销商，该合同的唯一目的旨在打击潜在的第三方平行进口许可产品到中国的侵权行为。

被告四海致祥公司销售了“KÖSTRITZER”品牌的啤酒，大西洋 C 公司提起诉讼，请求判令四海致祥公司停止侵权、停止销售侵权的啤酒商品，赔偿损失及合理开支 300 万元。

北京市第三中级人民法院判决：驳回大西洋 C 公司的诉讼请求。大西洋 C 公司不服，提起上诉。北京市高级人民法院判决：驳回上诉，维持原判。

【裁判理由】

法院认为：

《商标法》第 57 条第 1 项规定的目的是禁止他人以其商品冒充商标权人的商品，从而盗取商标权人的商誉，如果被诉侵权商品系商标权人生产销售的，该商品的流通行为即不会造成消费者混淆误认，不会损害商标权人的商誉，不应当认定为侵权行为。

被诉侵权啤酒品名为酷者黑啤酒，原产国为德国，生产商为库斯亭泽公司。

另外，根据四海致祥公司提交的其与荷兰 TRIGONFOODB. v. 公司签订的合同、原产地证明和健康证明等证据，四海致祥公司销售的“KÖSTRITZER”啤酒系通过合法途径从荷兰进口，其原产地系德国，生产厂商系库斯亭泽啤酒厂，字号、地址与涉案商标权利人库斯亭泽公司均相同。大西洋 C 公司在本案诉讼过程中亦从未主张被诉侵权啤酒系假冒啤酒。据此，可以认定被诉侵权啤酒系库斯亭泽公司生产并于欧洲市场销售的商标为“KÖSTRITZER”的啤酒，系真品，而非假冒商标的啤酒。是否禁止商标平行进口，应当依据我国现行法律法规的规定予以确定。由于我国商标法及其他法律并未明确禁止商标平行进口，因此，四海致祥公司将欧洲市场上合法流通的“KÖSTRITZER”系列啤酒进口到我国进行销售，并不违反我国商标法及其他法律的规定。因此，四海致祥公司在本案中的销售行为未违反《商标法》第 57 条第 1 项的规定，同样的道理，也不违反《商标法》第 57 条第 3 项的规定，不构成对涉案商标专用权的侵害。

【案件信息】

大西洋 C 贸易咨询有限公司诉北京四海致祥国际贸易有限公司侵害商标权案，北京市高级人民法院（2015）高民（知）终字第 1931 号民事判决书（2015 年 5 月 12 日，刘辉、刘庆辉、马军），北京市第三中级人民法院（2014）三中民（知）初字第 12873 号民事判决书（2014 年 12 月 18 日，蒋利玮、张玲玲、杜丽霞）。

案件来源：中国裁判文书网。

202　经跨境电子商务进口至中国的商品之上的商标不属于中国商标注册人的，则可能侵权

203　团购网站对商品来源合法性的审查程度取决于其所获利益是否要求审查商品交易信息

【裁判要旨】

跨境电子商务中进口至中国的商品上的商标，并非归属于中国的商标注册人或其授权主体的，进口商未尽到合理注意义务应承担停止侵权、赔偿损失等责任。

团购网站经营者应当承担何种程度的知识产权合法性审查义务，取决于在符合利益平衡的原则下其在团购活动中获得的利益是否要求其应当审查团购商品的具体信息、应当审查团购商品的交易信息和交易行为是否侵权，而不取决于是否称其为“销售者”。

【关键词】

侵害商标权 | 合法来源 | 平行进口 | 团购 | 合理注意义务

【基本案情】

原告株式会社迪桑特系第2000475号“le coq sportif及图”商标，核定使用商品为第25类运动鞋、运动服等。株式会社迪桑特许可宁波乐卡克服饰有限公司中国大陆地区使用涉案商标。

2010年4月1日，被告走秀公司与案外人亮伟公司签订《平台使用协议》，授权亮伟公司使用走秀公司的网络交易平台，销售、推广被诉侵权商品。亮伟公司向走秀公司提交了两份证明，称：乐卡夫国际有限公司系“LE COQ SPORTIF”品牌的所有者，DISTRINANDO南美公司系“LE COQ SPORTIF”品牌在阿根廷境内外的独占许可持有人。上述证明用以证明其所推广、销售的被诉侵权商品系亮伟公司从DISTRINANDO股份公司购买。

2011年3月11日，今日都市公司与走秀公司签订《推广合同》，由今日都市公司提供嘀嗒团网站为被诉侵权商品的限时团购平台，由今日都市公司收取消费者所付款项，在扣除应技术服务费后，余款划至走秀公司账户。今日都市公司收取的技术服务费为24元，如团购未成功，今日都市公司将款项退回消费者。今日都市公司审查了走秀公司提供的两份证明。

2011年3月14日，今日都市公司在嘀嗒团网站上发布了“法国公鸡Le Coq Sportif旅行鞋”的团购信息，还发布了被诉侵权商品的照片，并标注了涉案商标。在“品牌介绍”一栏注明：“法国公鸡(Le Coq Sportif)来自法国的运动休闲服饰品牌，在欧洲名声大噪，并风靡全球。”此次团购活动于2011年3月15日零时结束，共有1858人参与购买。

株式会社迪桑特提起诉讼，请求判令今日都市公司与走秀公司停止销售侵权商品，删除网站上的侵权内容，共同赔偿损失50万元及相应合理开支并登报消除影响。

北京市第二中级人民法院判决：今日都市公司与走秀公司停止侵权行为并分

别登报消除影响,分别赔偿损失 2 万元和 8 万元及相应合理开支。今日都市公司不服,提起诉讼。北京市高级人民法院判决:驳回上诉,维持原判。

【裁判理由】

法院认为:

走秀网公司推广的本案侵权商品使用的标志与株式会社迪桑特的注册商标相同,其为国内目前一家大型时尚电子商务企业,经营的走秀网经常销售世界知名品牌的商品,应当知道对商标权的保护是有地域性的,应当意识到在中国法域内销售带有标志的"法国公鸡"旅游鞋,应当检索谁在该法域域内对该标志享有商标权,以避免侵权的发生。更何况株式会社迪桑特在我国就商标取得注册后经过使用使之成了有一定知名度的商标,走秀网公司对此亦应知晓。因此,走秀网公司在主观上应知其销售的带有标志"法国公鸡"旅游鞋是侵害株式会社迪桑特商标权的商品,其销售行为构成侵权应当承担停止侵权行为、消除影响、赔偿损失的法律责任。

团购网站经营者应当承担何种程度的知识产权合法性审查义务,取决于在符合利益平衡的原则下其在团购活动中获得的利益是否要求其应当审查团购商品的具体信息、应当审查团购商品的交易信息和交易行为是否侵权,而不取决于是否称其为"销售者"。在本案中,今日都市公司从被诉侵权商品这特定的团购活动中直接获得经济利益,就应当对此次团购活动中商品的商标合法性进行审查。

走秀公司与今日都市公司系合作销售被诉侵权商品,今日都市公司明确知晓该团购活动中销售的被诉侵权商品的具体信息,包括使用的商标情况;今日都市公司也直接从被诉侵权商品的特定交易中获得经济利益,因此,今日都市公司应当承担在团购信息发布前就审查被诉侵权商品的合法性的义务,包括审查被诉侵权商品的使用的商标是否合法。走秀公司提供的两份证明既不能证明涉案商标在中国大陆的商标权归属,也不能证明被诉侵权商品使用涉案商标的行为得到合法授权,故应当认定今日都市公司并未尽到合理审查义务,具有过错,应当承担相应的法律责任。

【案件信息】

株式会社迪桑特诉北京今日都市信息技术有限公司、深圳走秀网络科技有限公司侵害商标权案,北京市高级人民法院(2012)高民终字第 3969 号民事判决书(2012 年 12 月 29 日,刘辉、石必胜、陶钧),北京市第二中级人民法院(2011)二中民初字第 11699 号民事判决书

(2012年4月25日,何暄、赵立辉、王二环)。

案件来源:2012年中国法院知识产权司法保护50件典型案例。

204 销售商进口带国外商标商品后加贴与他人在中国中文商标相同近似标识的,构成侵权

【裁判要旨】

中外文商标分别属于国内外不同商标注册人所有,销售商进口带有国外商标的商品加贴与中文商标相同近似标识的构成对中文商标权的侵害。

【关键词】

进口|使用|中文标识|外文标识|混淆

【基本案情】

2010年6月7日,永盛泰公司获准注册第7025562号注册商标"奥丁格"商标,其核定使用商品为第32类的啤酒等。2011年6月13日,该商标经核准转让给原告俞军。俞军又授权永盛泰公司排他使用"奥丁格"商标。

2012年9月18日,被告瑞升公司从荷兰进口了1872箱奥丁格啤酒Oettinger-HefeWEISSBEER(共22,464升),原产国德国,进口报关单、检验检疫证明和进口后销售的包装箱上有中文的"奥丁格啤酒"字样。被告金源商行销售了被诉侵权商品。

Oettinger为德国知名啤酒品牌,其中文名称一般被称为"奥丁格"。永盛泰公司为奥丁格国际酿酒公司(Oettinger International GmbH)在中国大陆的唯一授权进口经销商。

俞军提起诉讼,请求判令:瑞升公司和金源商行停止侵权、公开刊登声明赔礼道歉、消除影响,赔偿损失50万元及合理开支5万元。

福建省泉州市中级人民法院判决:驳回俞军的诉讼请求。俞军不服,提起上诉。福建省高级人民法院判决:撤销一审判决,瑞升公司和金源商行停止销售、瑞升公司赔偿损失及合理开支10万元。

【裁判理由】

法院认为：

瑞升公司根据《食品安全法》及《产品质量法》的相关规定，在其进口的啤酒产品上加贴中文标签的行为本身并无不当。但其在加贴的中文标签上使用“奥丁格”文字缺乏合理的理由，仍然构成对俞军“奥丁格”中文商标专用权的侵害。虽然瑞升公司与永盛泰公司所进口的啤酒产品均使用“OETTINGER”英文商标，生产厂商及产地亦相同，啤酒的品质也并无二质，但由于瑞升公司在其产品上不当使用“奥丁格”中文标识，易使消费者误认为该产品来源于永盛泰公司或与永盛泰公司之间存在关联关系。考虑到永盛泰公司目前是奥丁格啤酒在中国大陆地区的唯一授权经销商，消费者这种认识上的误差必然导致消费选择上的被误导，这在客观上显然会挤占俞军及永盛泰公司所应有的市场份额，损害俞军及永盛泰公司的利益，构成对俞某“奥丁格”中文商标的侵害。

【案件信息】

俞军诉莆田市瑞升贸易发展有限公司、晋江市金柏源酒业商行侵害商标权案，福建省高级人民法院（2014）闽民终字第914号民事判决书，福建省泉州市中级人民法院（2013）泉民初字第378号民事判决书。

案件来源：中国裁判文书网。

205 在进口的正品上加贴商标权人仅在进口国拥有的注册商标则构成对该商标权的侵害

206 在进口正品上加贴中文标签致消费者对商品来源产生合理怀疑的，不适用权利用尽抗辩

207 磨去进口正品的产品识别码致消费者怀疑商品来源并损害商标权人利益的构成侵权①

【裁判要旨】

在进口商品上加贴商标权利人仅在进口国有注册的商标，即使进口商品为正品也构成对进口国该注册商标权利的侵害。

在进口销售的商品上擅自加贴中文标签，破坏了原商品的完整性和美观感受，足以导致消费者对商品的生产、销售来源产生合理怀疑，从而对商标权利人的认可度和信赖度降低，致使商标权人的利益遭受损害的，属于"对他人的商标权造成其他损害的"情形，不适用商标权利用尽抗辩。

磨去进口商品的产品识别码，主观上有隐匿商品来源的恶意，破坏了商品的整体性导致商品关键信息丢失，影响了商标的识别功能，侵害了消费者对商品来源及产品信息的知情权，导致消费者对真实商品来源及销售渠道产生疑惑、误认或混淆，妨碍了商标权利人对产品质量的追

① 与本案案情几乎完全相同的是湖南省长沙市中级人民法院（2016）湘01民初1463号联合多梅克白酒和葡萄酒有限公司、保乐力加（中国）贸易有限公司诉长沙市雨花区百加得酒业商行加贴"百龄坛"中文商标并磨去识别码的案件。两案的区别在于：1. 针对加贴中文标贴的行为，江苏省苏州市中级人民法院适用的是2001年《商标法》第52条第1项、第2项和第5项，而湖南省长沙市中级人民法院适用的是2013年《商标法》第57条第7项，明确排除了第2项。2. 认定加贴中文标贴的行为构成侵权的理由不同，江苏省苏州市中级人民法院认为是构成对平行进口商品精神状况的破坏，而湖南省长沙市中级人民法院认为是侵害了商标权人不使用中文商标的权利。湖南省长沙市中级人民法院上述民事判决的相应内容如下：同一商标权人在同类商品上分别或结合标志其拥有的不同商标往往意味着在商品质量、生产和销售来源、产品提供者等方面可能存有差异。即商标权人可以根据自己的需求细分商品或市场。商标权人将某商标标志于商品并将其投入市场后，该商品与该商标、商品装潢等多种要素发生紧密联系，并与商标权人的商誉形成了专属的对应关系。标志该商标的商品有着值得信赖的相同的产品质量、产品生产或是销售来源等。被告在加贴的中文标签上使用商标权人的中文商标虽未割裂"百龄坛"商标与原告商品的对应关系。但显然，原告有权决定在具体的商品上使用哪枚商标及如何使用商标。商标的使用亦是原告的经营策略，他人非经授权不得作商标性使用。因此，在未取得商标权利人许可和授权的情况下，在同类产品上使用含有原告中文商标"百龄坛"的中文标签，属于违背商标权利人意愿的使用行为。从涉诉商品本身的标识可知，商标权利人在涉诉商品发售国并无在该商品上使用"百龄坛"商标的意愿，而经营者亦无使用该商标的合法、合理理由，故在涉诉商品中文标签上使用"百龄坛"字样的行为客观上损害了商标权利人在商标不使用方面的权益，应认定为属于《商标法》第57条第7项规定的给他人的商标权造成其他损害的情形，构成商标侵权。

踪管理，干扰了商标权利人控制产品质量的权利，致使商标权人商标权益受损，属于“对他人的商标权造成其他损害的”情形同时构成虚假宣传的不正当竞争。

【关键词】

进口 | 指示性使用 | 权利用尽 | 磨码 | 加贴中文商标

【基本案情】

原告绝对公司分别于1989年8月18日、1999年5月27日、2002年11月21日申请并在之后获准第525723号“ABSLUT”商标、第1466538号“绝对”商标、第3377850号“ABSLUT VODKA及酒瓶图形”商标和第3377856号“ABSLUT VODKA Country of Swden”商标，核定使用商品均为第33类的伏特加(酒)、酒等，上述商标及其商品经使用具有较高知名度。绝对公司授权原告保乐公司为绝对伏特加在中国境内的独家授权进口商和经销商并可以自身名义进行维权。

被告隆鑫源公司销售了绝对伏特加等商品，其商品上加贴了中文标识突出标注了“绝对伏特加(原味)”并磨去了产品质量识别代码(lot code，简称产品识别码)。

绝对公司和保乐公司提起诉讼，法院判令隆鑫源公司停止侵权和不正当竞争，赔偿损失及合理开支50万元。

江苏省苏州市中级人民法院判决：隆鑫源公司停止涉案侵害商标权及不正当竞争行为，赔偿损失及合理开支10万元。

【裁判理由】

法院认为：

本案中，绝对公司所诉隆鑫源公司销售的绝对伏特加虽非仿冒品，但系擅自加贴中文标签并且磨毁了产品识别码，故争议在于判断该加贴中文标签行为和磨码行为是否构成商标侵权和不正当竞争。

绝对公司是第1466538号“绝对”商标权人，隆鑫源公司未经权利人许可，在商品上擅自加贴中文标签，并在标签突出位置上印有“绝对”中文标识，已构成对该商标权的侵害。《食品安全法》第66条及第101条是我国对进口商品质量监管所制订的管理性规范，并未强制要求经营者需对商品商标进行翻译。因此，不能据此认定经营者在未取得商标专用权人许可和授权的情况下，可以对进口商品商标任意使用并标贴于商品上进行销售。

当商标注册人及许可使用人将标有该商标的商品投放市场后，产品本身与注册商标、包装装潢等多种要素发生紧密联系，并与商标权人的商誉形成了专属的对应关系。改变商标或商品的某一要素都可能导致商品差异，并且当这种差异达到一定的程度时，就可能造成消费者的混淆，并使商标所表彰的商标权人的主体身份和商品特征的功能受到损害。隆鑫源公司所销售的被诉侵权商品上则擅自随意加贴了不透明的白色中文标签，其文字、颜色均与瓶体商标、装潢不相陪衬，破坏了原商品的完整性和美观感受，上述差异已足以导致消费者对商品的生产、销售来源产生合理怀疑，从而对商标权利人的认可度和信赖度降低，致使商标权人的利益遭受损害，应判定为《商标法》第52条第5项规定的“对他人的商标权造成其他损害的”情形，构成商标侵权。至于隆鑫源公司辩称上述行为适用商标权利用尽原则不构成侵权，于法无据，不予采纳。

如前所述，擅自改变商标或商品中的任一要素，都有可能构成对注册商标的识别、指引功能的损害。而涉案绝对伏特加原产品识别码是表示该商品特定信息的标识，包括了生产日期、生产批次、产品生产地与销售地等信息，其作为商品的另一标识已与该商品融为一体，构成了这种商品的完整性。在此情况下，经营者磨去产品识别码，其主观上有隐匿商品来源的恶意，客观上不仅破坏了商品的整体性导致商品关键信息丢失，而且实质上给消费者和商标权利人造成了双重损害：一是影响了商标的识别功能，侵害了消费者对商品来源及产品信息的知情权，导致消费者对真实商品来源及销售渠道产生疑惑、误认或混淆；二是妨碍了商标权利人对产品质量的追踪管理，干扰了商标权利人控制产品质量的权利，致使商标权人商标权益受损。故就此判断，该磨码行为亦应属于《商标法》第52条第5项规定的“对他人的商标权造成其他损害的”情形，构成商标侵权。

涉案磨码行为直接导致商品关键信息丢失，造成商品来源无法识别，实际损害了该商品经营管理者跟踪产品质量，向消费者兑现产品质量承诺等合法经营权利，同时也直接侵害了该商品独家授权经销商的经营利益。磨码行为隐匿了产品的关键信息，这种行为实质上也是一种引人误解的虚假宣传，且行为人同时还虚构进口商，亦属虚假宣传，并以此获取不正当竞争优势，上述行为构成不正当竞争。

【案件信息】

绝对有限公司、保乐力加(中国)贸易有限公司诉苏州隆鑫源酒业有限公司侵害商标权及不正当竞争案，江苏省苏州市中级人民法院(2013)苏中知民初字第175号民事判决书(2013年10月8日，管祖彦、徐莉娜、韩军)。

案件来源：2013年度苏州法院知识产权审判10大典型案例。

208 商标获准注册前,相同国外品牌的商品进口商知悉该申请仍进口并经销的构成侵权

【裁判要旨】

进口商品的代理在国外品牌的商品在国内销售过程中,应当知道国外品牌商对国内在相同商品上申请注册的相同商标提出过异议/复审未成立,国内商标最终获得注册的,应认定其在异议/复审期间销售进口商品的行为具有恶意,应当承担损害赔偿责任。

【关键词】

侵害商标权|进口代理商|异议复审|恶意|损害赔偿

【基本案情】

原告泰丰公司为第7270271号“ORA”商标权人,该商标核定使用商品为第30类的蜂蜜等。案外人M5公司曾对该商标提出过异议、复审和行政诉讼,后又撤诉。商标局于2014年6月27日公告该商标无效,后又于2014年12月20日发布了该商标注册公告,公告该商标专用权期限自其初步审定公告3个月期满之日,即2010年8月21日起计算。

2014年5月10日,泰丰公司在成第三人麦凯乐公司处购买了标有“ORA”标识的蜂蜜,被告正颐堂公司认可该被诉侵权商品由其供货,而正颐堂公司为被告瑷馨露公司的ORA蜂蜜在青岛地区的代理商。麦凯乐公司自认自2012年7月1日至2014年7月22日,供销售ORA蜂蜜189,484元。

泰丰公司起诉瑷馨露公司、正颐堂公司,请求判令:停止侵害泰丰公司第7270271号商标权的行为并赔偿损失及合理开支15万元。

青岛市中级人民法院判决支持了泰丰公司的诉讼请求。瑷馨露公司不服,提起上诉。山东省高级人民法院判决驳回上诉,维持原判。

【裁判理由】

法院认为:

虽然泰丰公司的商标核准注册时间为2014年12月20日,但商标权有效期自2010年8月21日到2020年8月20日,泰丰公司能够证明瑷馨露公司被诉侵权行

为发生在2011年到2014年7月，在商标权有效期间内；且被诉侵权商品系在与注册商标核定使用商品相同的商品上使用了相同标识，故瑷馨露公司的被诉侵权行为侵害了泰丰公司的注册商标权。

由于本案注册商标系经审查异议不成立而准予注册，所以对于在本案商标初审公告期满之日，即2010年8月21日，到准予注册之日，即2014年12月20日期间的侵权行为，瑷馨露公司主观上具有恶意才承担赔偿责任。瑷馨露公司自称其是M5公司的代理商，其与M5公司的代理协议中还要求M5公司提供国内外的ORA注册商标证明，但瑷馨露公司未能提交有效证据证明M5公司在国内外注册有ORA商标，再次情况下瑷馨露公司应当对其代理的外方商品上使用的标识是否可能侵害他人商标权具有更高的审查义务，而M5公司在瑷馨露公司自称的代理期间与泰丰公司就本案商标进行了多年的商标异议程序且异议最终未能成立，瑷馨露公司在代理期间应当知道上述商标异议的事实，所以瑷馨露公司实施侵权行为时主观上具有恶意，应当承担赔偿责任。

【案件信息】

山东省对外贸易泰丰有限公司诉上海瑷馨露贸易有限公司、青岛正颐堂贸易有限公司、麦凯乐(青岛)百货总店有限公司侵害商标权案，山东省高级人民法院(2016)鲁民终493号民事判决书(2017年1月16日，于志涛、刘维敏、张金柱)，山东省青岛市中级人民法院(2015)青知民初字第44号民事判决书。

案件来源：2017年中国法院50件典型知识产权案例。

第三节 在先使用

209 在先使用抗辩权应由在先使用人自行提出，其他人无论是否经过其同意均无权提出

210 在先使用抗辩需满足在先使用、相同类似商品、相同近似商标、一定影响、原有范围五要件

211 满足在先使用抗辩要求的原有范围应为在先使用人使用其商标形成商誉所及的范围

212 原有范围应主要考量商标使用地域范围和使用方式，产能与规模等可作为个案考量

【裁判要旨】

作为一项抗辩事由，该不侵权抗辩仅应由在先使用人自行提出。在先使用人之外的其他人，无论是否取得在先使用人的同意，均无权依据《商标法》第59条第3款提出不侵权抗辩。

在先使用人依据《商标法》第59条第3款提出抗辩的应当同时满足以下条件：

1. 使用相同或者近似商标时间在先。在先使用人对相关标志的使用，应当早于该商标注册人申请商标注册的时间，同时亦必须早于该商标注册人使用该商标标志的时间。

2. 在相同或者类似商品上在先使用。在先使用人必须是在与注册商标核定使用的商品或服务相同或者类似的商品和服务上使用该未注册商标，在不相同或者不类似商品或服务上的商标使用行为，不属于不侵权抗辩事由的范畴。

3. 在先使用相同或者近似的标志。在先使用人使用的未注册商标必须是与注册商标相同或者近似的商标标志。

4. 在先使用具有一定影响。在先使用人对该未注册商标的使用，必须在商标注册人申请商标注册日和使用日之前，就已经具有一定影响。商标注册人提出商标注册申请之后或者商标注册人使用该商标之后，在先使用人继续使用该商标的证据不应作为“一定影响”的考量因素。

5. 原有范围内使用。在先使用人必须在其使用该未注册商标的原有范围内使用该商标，而原有范围的判断，应以在先使用人使用其未注

册商标所形成的商誉所及的范围为主要判断依据。商标法强调的是使用范围而非使用规模,因此,在确定原有范围时,应当主要考量商标使用的地域范围和使用方式。一般而言,在先仅通过实体店铺销售商品或者提供服务的,在商标注册人申请商标注册或使用该商标后,又在原实体店铺影响范围之外的地域新设店铺或者拓展到互联网环境中销售商品、提供服务,则应当认定为超出了原有范围。此外,使用该商标的商品产能、经营规模等也可以在个案中作为考量因素予以考量。

【关键词】

在先使用抗辩｜构成要件｜原有范围｜地域范围｜使用方式

【基本案情】

原告林明恺系第3374814号“理想空间 IDEAL AREA”注册商标的受让人,该商标于2002年11月19日申请,2004年8月28日获准注册,核定使用商品为第20类的家具等,2008年10月7日转让给林明恺。林明恺于2009年9月25日申请,并于2012年5月21日获准注册第7724167号“理想空间”商标,核定使用商品为第20类的家具等,2013年9月10日授权给千双奇公司使用,后者在电子商务平台上销售“理想空间”家具。

2013年5月8日开始,被告富运经营部的经营者吴锡东在被告美凯龙公司处承租商位从事理想空间品牌家具的经销。吴锡东系富运公司理想空间等品牌的授权经销商。富运公司最早申请注册包含“理想空间”字样的是2003年3月14日获准在第35类推销(替他人)服务注册的第1962828号“I&D Home Concept 理想空间”商标。2011年1月7日,富运公司获准在第20类塑料包装容器、木工艺品、玻璃钢工艺品等上注册了第7631172号“理想空间”商标。富运公司最早使用“理想空间”品牌是在2002年7~8月,该品牌获得有一定影响力证据在2009年以后。

林明恺提起诉讼,请求判令富运经营部停止使用“理想空间”标识,并与美凯龙公司连带赔偿林损失及合理开支50万元,并共同消除影响。四川省成都市中级人民法院判决:富运经营部与美凯龙公司停止侵权行为,富运经营部公开张贴声明消除影响并赔偿损失和合理开支5万元,美凯龙公司对2万元承担连带责任。富运经营部与美凯龙公司不服,提起上诉。四川省高级人民法院判决:撤销一审判决,驳回林明恺的诉讼请求。林明恺不服,申请再审。最高人民法院提审后判决:撤销二审判决,维持一审判决。

【裁判理由】

最高人民法院认为:

富运经营部提出的在先使用抗辩是否成立主要涉及对《商标法》第 59 条第 3 款规定的理解和适用问题。从《商标法》第 59 条第 3 款规定内容来看,在先使用人在特定条件下可以在原有使用范围内继续使用该商标,这是商标法针对具体情况而作出的在先使用人不侵权抗辩事由的特别规定,也是对商标权行使的限制。作为一项抗辩事由,该不侵权抗辩仅应由在先使用人自行提出。在先使用人之外的其他人,无论是否取得在先使用人的同意,均无权依据《商标法》第 59 条第 3 款提出不侵权抗辩。

林明恺主张权利的第 3374814 号和第 7724167 号商标申请注册日分别为 2002 年 11 月 19 日和 2009 年 9 月 25 日。对于 2002 年 11 月 19 日申请注册的第 3374814 号商标而言,富运公司的相关使用证据,尚不足以证明其未注册商标具有了"一定影响"。对于 2009 年 9 月 25 日申请注册的第 7724167 号商标,在案证据虽然能够证明富运公司对"理想空间"商标进行了一定的使用,但截至 2009 年 9 月 25 日,尚未达到具有一定影响的程度。因此,即使仅考察富运公司在先对未注册商标的使用情况,亦不能得出富运公司可以依据《商标法》第 59 条第 3 款提出不侵权抗辩的结论。在此基础上,无论富运经营部或吴锡东是否获得了富运公司的授权,均不能得出富运经营部基于《商标法》第 59 条第 3 款的规定而可以提出不侵权抗辩的结论。

帮助侵权构成的前提是存在直接侵权行为,在富运经营部构成侵权的情形下,美凯龙公司构成帮助侵权。

【案件信息】

林明恺诉成都武侯区富运家具经营部、成都红星美凯龙世博家居生活广场有限责任公司侵害商标权案,最高人民法院(2018)最高法民再 43 号民事判决书(2019 年 9 月 3 日,秦元明、李嵘、马秀荣),四川省高级人民法院(2016)川民终 315 号民事判决书(2016 年 6 月 17 日,杨丽、林涛、陈洪),四川省成都市中级人民法院(2015)成知民初字第 661 号民事判决书。

案件来源:中国裁判文书网。

213 在先使用抗辩要求在先标志在注册商标申请日之前已存在并持续使用且有一定影响

【裁判要旨】

商标法上的先用权存在两个要件，其不仅要求在先标志在注册商标申请注册前业已存在，还要求该标志在一定范围内具有一定影响。根据商标法，对这种先用权的行使和容忍是有限度的：该标志只能由原使用人在原使用范围内继续使用，而不得超出该使用范围许可或转让给他人使用。否则，将导致该先用权被随意滥用，加剧该在先使用的标志与注册商标之间的矛盾与冲突，不仅冲击我国遵循的商标注册基本制度，变相架空注册商标权人的权利，对注册商标权人不公平，更会进一步扩大相关公众的混淆和误认，助长市场竞争的无序发展。

【关键词】

侵害商标权｜在先使用｜持续使用｜注册商标申请日前

【基本案情】

原告小肥羊公司系第 3043421 号、第 3092512 号、第 3420327 号、第 3878260 号、第 4098504 号、第 5202191 号 6 个核定在第 43 类饭店、餐厅上的“小肥羊及图”商标的注册人。相关法院生效判决确认，“小肥羊”构成知名服务特有名称、知名字号及有一定知名度的商标。小肥羊公司于 2001 年 10 月 15 日在深圳成立第一家“小肥羊”店，到诉讼时在深圳地区共经营有 18 家“小肥羊”火锅店。

被告周一品公司成立于 2006 年 6 月 5 日，原法定代表人为周易平。周一品公司在提供餐饮服务及招商加盟过程中使用了“周一品小肥羊”等标志。

1995 年 12 月 8 日，兰州市七里河区卫生局向单位名称为“周一品小肥羊店”、摊主为“周易平（二人）”的个体工商户颁发了卫生许可证，有效期至 1996 年 12 月 7 日。2000 年 12 月 2 日，兰州市工商行政管理局城关分局向字号为“兰州市城关区周一品小肥羊餐饮店”的业主周小兰颁发个体工商户营业执照，周小兰向法院出具声明表示：该店系其哥哥周易平实际开设。

小肥羊公司提起诉讼，请求判令周一品公司停止并删除使用和许可他人使用的“小肥羊”文字;赔偿小肥羊公司损失 220 万元。

广东省深圳市中级人民法院判决:周一品公司停止相关商标侵权与不正当竞争行为,赔偿小肥羊公司损失 90 万元及合理开支 10 万元。周一品公司不服,提起上诉。广东省高级人民法院判决:驳回上诉,维持原判。

【裁判理由】

法院认为:

周一品公司在先使用权,但周易平虽在小肥羊公司成立前设立“周一品小肥羊店”,但并无充分证据证明在 1997 年之后一直持续使用该字号;周小兰于 2002 年 12 月 2 日起经营的个体工商户“兰州市城关区周一品小肥羊餐饮店”与周易平的“周一品小肥羊店”是两个独立经营主体,也不能证明存在连续性或同一性。

即使有周易平在先合法、持续使用了“周一品小肥羊”文字标志,周一品公司亦并不因此获得在先权利。周一品公司与周易平是两个相互独立的商业主体,不存在任何变更、合并等承继关系,不能仅仅因为周一品公司原法定代表人周易平系“周一品小肥羊”文字标志的在先使用人,就主张周一品公司可以当然地享有“周一品小肥羊”文字标志的使用权。

商标法意义上的先用权存在两个要件,其不仅要求在先标志在注册商标申请注册前业已存在,还要求该标志在一定范围内具有一定影响。周一品公司并无任何证据证明周易平在小肥羊公司商标申请注册前,就已经对“周一品小肥羊”标志进行持续性的商标性使用且使之具有一定影响,其所谓的先用权不能成立。即使该标志确实满足在先使用并具有一定影响这一先用权要件,根据商标法,对这种先用权的行使和容忍是有限度的:该标志只能由原使用人在原使用范围内继续使用,即只能由原使用人周易平在甘肃省兰州市经营的商业实体“周一品小肥羊店”上继续使用,而不得超出该使用范围许可或转让给他人使用。否则,将导致该先用权被随意滥用,加剧该在先使用的标志与注册商标之间的矛盾与冲突,不仅冲击我国遵循的商标注册基本制度,变相架空注册商标权人的权利,对注册商标权人不公平,更会进一步扩大相关公众的混淆和误认,助长市场竞争的无序发展。因此,周一品公司关于周易平享有“周一品小肥羊”的在先使用权并有权许可或转让给周一品公司使用的缺乏事实与法律依据。

周一品公司被诉侵权标志与小肥羊公司涉案注册商标的主要文字组合及呼叫基本相同,整体构成相近似,易使相关公众对其服务来源产生混淆误认,或者误以为周一品公司与小肥羊公司具有关联关系，构成对小肥羊公司注册商标权的侵害。而且持续实施的侵权行为并不能因为未受到有效遏制而获得法律豁免，因侵权行为而获取的消费群体和市场利益亦不能作为合法权益受到法律保护。

周一品公司在实际使用过程中，还刻意突出“一品小肥羊”，构成相关公众的混淆与误认，其攀附“小肥羊”知名度便车、获取不正当利益的意图非常明显，侵害小肥羊公司企业名称权，构成不正当竞争。

【案件信息】

内蒙古小肥羊餐饮连锁有限公司诉深圳市周一品小肥羊餐饮连锁管理有限公司侵害商标权及不正当竞争案，广东省高级人民法院（2014）粤高法民三终字第27号民事判决书（2014年7月9日，肖海棠、石静涵、李艳），广东省深圳市中级人民法院（2012）深中法知民初字第1262号民事判决书（2013年10月30日，祝建军、骆丽莉、李洋）。

案件来源：2014年中国法院10大创新性知识产权案件。

214 被诉侵权商标使用人虽晚于商标注册人使用但使用系善意的亦可成立在先使用抗辩

215 原有范围的商标限于在先使用的商标及商品，不能延及未使用过的类似商品上的近似商标

216 原有范围内的继续使用不受限制，但限于在先使用人自身经营规模且不包括许可他人的使用

【裁判要旨】

《商标法》第59条第3款的适用要件为：（1）他人在注册商标申请日之前存在在先使用商标的行为；（2）该在先使用行为原则上应早于商标注册人对商标的使用行为，但如果在先使用人主观并无恶意，则即便商标注册人使用在先，在先使用行为亦符合此要件；（3）该在先使用的商标应具有一定影响；（4）被诉侵权行为系他人在原有范围内的使用行为。

后续使用的商标及商品或服务应与在先使用的商标及商品或服务"相同"或"基本相同",使用主体应限于"在先使用人"本人及在先已获授权许可的"被许可使用人",但商标后续使用行为的规模不受在先使用规模的限制。

【关键词】

侵害商标权｜在先使用抗辩｜晚于商标注册人使用｜善意｜原有范围

【基本案情】

2003年4月7日,贵阳市云岩区启航英语培训学校在第41类学校(教育)等服务上注册了第1985953号"启航学校 QihangSchool"商标;2013年4月1日,将该商标许可给原告中创公司独占使用。

被告启航考试学校的主营业务为提供考研培训,被告启航公司负责对外加盟活动。启航考试学校及启航公司在共同运营的启航世纪网站发放的宣传材料、名片、教材等上使用与前述商标相近似的"启航及图""启航教育""启航考研""启航网校""启航名师"等标识。

中创公司提起诉讼,请求判令:(1)启航考试学校及启航公司停止在教育培训活动中使用"启航及图"标识、"启航"文字;(2)启航考试学校在经营活动中使用全称,不得使用简称;(3)启航考试学校及启航公司赔偿中创公司损失300万元及公证费15,000元。

北京市海淀区人民法院判决:启航考试学校、启航公司应对经营活动中商标意义上使用"启航考研"附加适当区别标识,停止其他商标意义上使用"启航"文字的行为,并赔偿中创公司损失5万元及公证费1.5万元。中创公司不服,提起上诉。北京知识产权法院判决:驳回上诉,维持原判。

【裁判理由】

法院认为:

《商标法》第59条第3款规定的在先使用抗辩的适用要件如下:

1. 在注册商标申请日之前存在在先使用商标的行为。以"申请日"作为在先使用行为的起算点,更有利于维护商标注册人的合法预期利益、维护商标注册制度。

2. 在商标注册人于申请日之前已经使用其商标的情况下,被诉侵权人的使用行为还必须早于商标注册人对其商标的使用时间,其目的在于排除在先使用人具有恶意的情形,故当商标注册人先于被诉侵权人使用,但不具有恶意的,也不足以否定在先使用抗辩的成立。

3. 被诉侵权人使用的商标应具有一定影响,即产生了需要商标法保护的利益。如果使用人对其商标的使用确系真实使用,且经过使用已使商标在使用地域内起到识别作用,则该商标便具有了保护的必要性,便已达到该规定中"一定影响"的要求。

4. 被诉侵权人在原有范围内的可以继续使用。原有范围的理解应从"商标""商品或服务""使用行为"及"使用主体"等要素着手。原有范围的商标限于在先使用的商标及商品或服务,而不能延及未使用过的类似商品或服务上的近似商标。原有范围的规模不受在先使用规模的限制,但限于在先使用人自身的经营规模,不包括许可他人使用的情形。使用的主体仅限于在先使用人本人及在先已获授权许可的被许可使用人。

本案商标的申请日为2001年10月18日,启航考试学校在该日期前在公开出版的图书上使用"启航考研"字样,在公开媒体上发布"启航考研"的招生信息,足以证明启航考试学校的"启航"商标的使用在本案商标申请日之前已具有一定规模,产生"一定影响"。现有证据无法看出本案商标注册人存在先于启航考试学校使用"启航"商标的行为,即便使用事实存在,所使用的范围主要限于贵州地域内,无证据证明存在其他事实足以使启航考试学校知晓本案商标的,故仅仅依据商标注册人在先使用的事实无法得出启航考试学校使用"启航"商标存在过错,导致其先用抗辩不能成立的情形。启航考试学校的"启航考研"使用在考研等教育培训上,使用的商标与其在先使用的商标并无不同,均在原有范围内。在案证据并未显示有任何一家被许可人的商标使用情形,故启航公司的许可行为也不侵权。

【案件信息】

北京中创东方教育科技有限公司诉北京市海淀区启航考试培训学校、北京市启航世纪科技发展有限公司侵害商标权案,北京知识产权法院(2015)京知民终字第588号民事判决书(2015年12月31日,陈锦川、芮松艳、周丽婷),北京市海淀区人民法院(2014)海民(知)初字第27796号民事判决书(2014年12月20日,曹丽萍)。

案件来源:2015年中国法院10大知识产权案件。

217 在先使用抗辩中对未注册商标的保护可参考对一定知名度商品名称保护的相关规则

218 原有范围的使用主体应限于在先使用人本人及在注册商标申请日前已获得许可的人

219 原有范围中经营地域限于在先未注册商标实际利益产生的范围，包括服务覆盖范围

【裁判要旨】

在先使用抗辩体现了商标法在保护注册商标的前提下亦对在先已形成相当市场利益的未注册商标给予适当保护。对于商业活动中能起到识别来源作用的未注册标识的保护应与反不正当竞争法给予知名商品特有的名称、包装、装潢的保护相适应。

原有范围的经营规模不应受限，使用主体应当限于在先使用人本人及在注册商标申请日前已经获得许可使用的被许可使用人。对于经营地域，未注册商标经营者的实际利益产生于其经营覆盖的范围，对于服务商标而言，其服务覆盖的范围显然与地域密切相关。

【关键词】

在先使用抗辩｜不正当竞争｜原有范围｜经营规模｜经营地域

【基本案情】

原告成都蚂蚁物流有限公司系第11470667号“蚂蚁搬家”商标权人，该商标请日期为2012年9月10日，核准注册日期为2014年2月14日，核定服务项目为第39类的包括搬运、快递服务（信件或商品）、搬迁、运输、物流运输、商品打包、拖运、运载工具（车辆）出租、货物贮存、仓库出租。

被告长沙市蚂蚁搬家有限公司成立于2002年6月5日，其在从事搬家的运输车、网站上突出使用“蚂蚁搬家”字样。

成都蚂蚁物流有限公司提起诉讼,请求判令长沙市蚂蚁搬家有限公司停止侵权,赔偿损失40万元及合理开支24,500元。

湖南省长沙市中级人民法院判决:驳回成都蚂蚁物流有限公司的诉讼请求。

【裁判理由】

法院认为:

被告在本案中主张"在先使用"抗辩。《商标法》第59条第3款规定侵权责任承担的抗辩事由,体现了商标法在保护注册商标的前提下亦对在先已形成相当市场利益的未注册商标给予适当保护。在商标法框架下给予未注册商标适当保护,其适当性应综合考虑商标法对注册商标的保护强度、未注册商标人的实际利益、相关公众尤其是消费者的利益等因素。我国《商标法》未对第59条第3款的适用条件进行细化,而我国法律对于商业活动中能起到识别来源作用的未注册标识的保护主要体现在1993年《反不正当竞争法》的第5条第2项中,因此,对《商标法》第59条第3款中可受保护的未注册商标的认定应与《反不正当竞争法》给予知名商品特有的名称、包装、装潢的保护相适应,以使反不正当竞争法与商标法的适用协调统一,实现注册商标保护与未注册商标保护的衔接与平衡。

适用于《商标法》第59条第3款的未注册商标应已产生现实的识别性,能让相关公众区别商标使用者。而对于识别作用的认定,应当考虑该商品的销售时间、销售区域、销售额和销售对象,进行任何宣传的持续时间、程度和地域范围,作为知名商品受保护的情况等因素,进行综合判断。

原有范围可包括经营规模和经营地域。就经营规模而言,商业标识的影响力是企业经营效果的集中体现。在符合基本商业道德的基础上,任何企业均有自由发展的权利。故企业规模、利润、经营额等不应当受到限制。正常情况下,企业对于自己的商誉重要载体商标(包括未注册商标)除了自己使用外,还可以授权他人使用。一般情况下,被许可人使用该商标获取的商誉应归商标权人享有,这种实际授权行为亦可视为权利人自身的使用。因此,企业对外授权使用争议商标的行为,亦应当以注册商标申请日为限,应当限于在先使用人本人及在注册商标申请日前已经获得许可使用的被许可使用人。就《商标法》第59条第3款而言,未注册商标经营者的实际利益产生于其经营覆盖的范围,对于服务商标而言,其服务覆盖的范围显然与地域密切相关,故应限定未注册服务商标的经营地域。

自2002年起,被告就开始使用"蚂蚁搬家",远早于原告第11470667号"蚂蚁搬家"商标的申请日期。在原告第11470667号"蚂蚁搬家"商标申请日之前,被告通过其善意、自主的经营行为，已在长沙地域形成一定规模，“蚂蚁搬家”成为行业协会对被告的呼叫，具有一定的识别性，符合《商标法》第59条第3款关于“一定影响”的规定。被告“蚂蚁搬家”的影响力主要发生于长沙地区，被诉侵权行为的发生地亦在长沙地区，故被告的使用地域亦处于原有范围之内，符合《商标法》第59条第3款之规定，不需要承担相应的侵权责任，被告可以在“原有范围”内继续使用。但为防止造成混淆，被告应当在使用“蚂蚁搬家”时附加适当标识。

【案件信息】

成都蚂蚁物流有限公司与长沙市蚂蚁搬家有限公司侵害商标权案，长沙市中级人民法院(2015)长中民五初字第757号民事判决书(2016年1月28日，闵俊伟、程婧)。

案件来源：中国裁判文书网。

220 商标系经商标注册人及其前身授权使用而非使用人独立所有的，不成立在先使用抗辩

【裁判要旨】

适用商标在先使用权抗辩的前提条件要求，抗辩权人所主张的商标应当是其享有一定商誉、独立完全所有并善意、持续在先使用的未注册商标，其使用的企业名称、商标系经商标注册人及其前身授权使用的，不享有在先使用权。

【关键词】

侵害商标权｜在先使用｜经商标注册人授权使用｜在先使用人独立所有｜企业名称

【基本案情】

1939年9月1日，新华书店单独建制，改由中共中央出版发行部领导，毛泽东为此题写了“新华书店”店招。

被告中国新华书店协会(以下简称中新协)于2003年1月成立，系新华书店系统法人单位自愿组成的全国性非营利行业性社会团体法人，为第1223908号毛体“新华书店”商标、第1147936号毛体“新华书店”商标、第3594219号毛体“新华

书店及英文”商标、第 3594222 号毛体“新华书店及英文”集体商标、第 3594220 号毛体“新华书店及英文”的专用权人。

中新协《新华书店服务商标使用管理规则》及其实施细则要求，新华书店股份或国有股份占 51% 以上的改制企业，改制后进入新股份制公司的原国有新华书店，与商标注册人办理了商标使用申报手续，可使用新华书店服务商标。

2005 年 4 月，国务院作出《关于非公有资本进入文化产业的若干决定》，要求非公有资本可以投资参股出版物印刷、发行等领域的国有文化企业，在该企业中，国有资本必须控股 51% 以上。

原告南宁新华书店公司原是中新协会员，开业时间为 1950 年 9 月 9 日，2005 年初改制，国有股占注册资本的 35% 。由于国有股占股不足 51% ，经相关部门催促要求国有股增持，但南宁新华书店公司召开股东大会否决了国有股增持方案。

2014 年 4 ~7 月，中新协分别向南宁新华书店公司、南宁市工商局要求，南宁新华书店公司终止使用“新华书店”名称，并请求查处南宁市新华书店公司侵权行为。

2014 年 9 月，南宁新华书店公司将南宁市工商局诉至南宁市西乡塘区人民法院，随后，南宁新华书店公司提起本案诉讼，请求确认其使用“新华书店”企业名称、店招以及在中新协涉案注册商标核定使用的商品或者服务范围内使用毛体“新华书店”商标的行为没有侵害其商标权。

诉讼中，中新协第 3 届常务理事会第 2 次会议终止南宁新华书店公司中国新华书店协会会员资格，并告知南宁新华书店公司，并要求其办理名称变更手续及停止使用“新华书店”注册商标。

广西壮族自治区南宁市中级人民法院判决：驳回南宁新华书店公司的诉讼请求。南宁新华书店公司不服，提起上诉。广西壮族自治区高级人民法院判决驳回上诉，维持原判。

【裁判理由】

法院认为：

毛体“新华书店”4 字最早作为店招最早使用的历史可以追溯到 1937 年，而南宁新华书店公司使用的事实发生在 1954 年，而且其使用是在新华书店总店的领导下并得到了新华书店总店的授权。

因南宁市新华书店公司的股本构成和企业性质已不符合《新华书店服务商

标使用管理规则》和《新华书店服务商标管理规则实施细则》规定的使用条件，中新协有权终止南宁新华书店公司对第 1223908 号、第 1147936 号和第 3594219 号 3 个注册商标的使用。在中新协第 3 届常务理事会第 2 次会议决议终止南宁新华书店公司的中新协会员资格后，其已丧失了再使用该两个集体商标的资格。

商标在先使用权制度的立法目的是保护未注册商标权人的对其长期使用的未注册商标的商誉，鼓励公平竞争并制止商标抢注行为，该权利主要是被诉侵权人针对商标权人提起的侵权诉讼而行使的 1 种抗辩权，用于对抗注册在后的商标权。适用该条的前提条件是要求主张享有商标在先使用权的主体所主张的商标应当是其享有一定商誉、独立完全所有并持续在先使用的未注册商标，且主张权利者应当出于善意。但毛体“新华书店”注册商标所享有商誉属于我国新华书店整个系统，非南宁市新华书店公司所创造或独有，且其使用是基于中新协的会员身份而被授权许可使用，因此其关于在先使用权主张与商标在先使用权制度的立法目的和权利性质不符，不能认定为善意的权利主张，不符合在先使用权的适用前提。

【案件信息】

南宁市新华书店有限责任公司诉中国新华书店协会确认不侵害商标权案，广西壮族自治区高级人民法院(2015)桂民三终字第 58 号民事判决书(2015 年 8 月 3 日，骆金盛、张捷、覃岚)，广西壮族自治区南宁市中级人民法院(2014)南市民三初字第 207 号民事判决书(2015 年 2 月 5 日，胡桂全、屈勇强、李雪琳)。

案件来源：2015 年中国法院 50 件典型知识产权案例。

221 主张在先使用的主体与其他主体有承继关系的，应以最早主体使用商标的时间为准

【裁判要旨】

同一机构开办的时间前后相续的不同主体之间具有承继关系，应以最早主体使用商标的时间判断是否构成在先使用。在先使用人则具有知名度和影响力，注册商标不为相关公众所知悉、不具知名度的，在先使用人无须冒用商标注册人，其所作也不会使人误解，其在原有范围内可

以继续使用其在先使用的商标。

【关键词】

侵害商标权｜在先使用｜主体承继关系｜特定指向｜原有范围

【基本案情】

2006年5月12日，原告韩晶提出第5343105号“报达家政BAODA”商标注册申请，经哈尔滨报达集团有限公司异议后于2011年8月10日被核准注册，核定使用服务为第45类的家政服务等。

1996年7月9日，哈尔滨日报社出资成立哈尔滨报达集团有限公司；1999年2月21日至6月21日，报达集团公司申请注册了“报达”图文组合商标21个，其中无家政服务类商标。

1999年3月16日，报达家政服务中心成立；2003年12月9日，哈尔滨报达家政有限责任公司成立；2009年3月17日，哈尔滨报达家政有限公司成立。报达集团公司出具说明称：其出资开办成立报达家政服务中心，经营至2003年；因政策法规调整，报达家政服务中心2003年在工商局登记注册，企业名称为哈尔滨报达家政有限责任公司；因哈尔滨报达家政有限责任公司没有继续年检注册，又于2009年重新在工商局注册，企业名称为哈尔滨报达家政有限公司，其中法定代表人由报达集团公司任命，工作人员系报达集团公司正式员工，办公场所的产权也大多属于哈尔滨日报社所有。从1999年开始，报达集团公司一直授权报达家政服务中心、哈尔滨报达家政有限责任公司、哈尔滨报达家政有限公司独家使用报达POTA商标。

2002年10月中国家庭服务业协会的会刊刊载了报达家政服务中心介绍文章，称：报达家政已成长为1个拥有1个中心、5个分公司、1个学校的较为成熟的家政服务机构。赢得了广大用户的信赖和较高的社会知名度；成为哈尔滨市家政业的“龙头”企业之一，“报达家政”成了1个响当当的服务品牌，在全国也建立了一定的影响。2001年10月，中央电视台半边天栏目组专程来哈尔滨，对报达家政计时服务进行采访、报道，在央视播出，在社会引起较大反响。《黑龙江日报》、《哈尔滨日报》、《新晚报》、《大庆日报》、哈尔滨电视台、黑龙江电视台等媒体也多次对报达家政进行报道，《人民日报》《长江日报》等全国十几家媒体的行政后勤部门还专程前来考察学习。此后，每年的会刊都有相应介绍。

韩晶对其提起诉讼称，哈尔滨报达家政有限公司使用“报达家政”侵害了韩晶的商标权，请求停止侵害其商标权的行为，更改“哈尔滨报达家政有限公司”中的“报达家政”字样。

韩晶于2012年9月领取“哈尔滨市南岗区报达家政通达服务部”的个体工商户营业执照，2014年开始挂牌营业，营业场所为与他人合租的1个房间，使用1个办公桌，从未做过任何广告。

黑龙江省哈尔滨市中级人民法院判决：驳回韩晶的诉讼请求。韩晶不服，提起上诉。黑龙江省高级人民法院判决：驳回上诉，维持原判。

【裁判理由】

法院认为：

哈尔滨报达家政有限公司在企业宣传及经营活动中使用“报达家政”字样，其目的是将其提供的服务与其他经营者区别开来，属于使用服务商标的行为。哈尔滨报达家政有限公司在企业宣传及经营活动中使用的“报达家政”字样与韩晶第5343105号商标的汉字部分相同，构成近似，服务亦构成类似。

报达家政服务中心、哈尔滨报达家政有限责任公司和哈尔滨报达家政有限公司虽企业名称几经变迁，但上述3家企业均系与报达集团公司有关联的家政企业，并始终在企业经营和广告宣传中使用“报达家政”字样，经多年经营和宣传，在韩晶2006年申请注册商标前，“报达家政”标识在哈尔滨市已经具有了较高的市场知名度，为相关公众所熟知。哈尔滨报达家政有限公司并不具有攀附韩晶注册商标知名度的主观意图。同时，哈尔滨报达家政有限公司在使用“报达家政”字样时通常会附加“POTA”标识，而该标识系报达集团公司享有的21个商标的主体部分，哈尔滨市内的普通消费者通常会将“报达家政”字样与报达集团公司联系起来，形成特定指向。因此，哈尔滨报达家政有限公司享有在先权利，韩晶无权禁止其在原使用范围内继续使用“报达家政”服务商标。

【案件信息】

韩晶诉哈尔滨报达家政有限公司侵害商标权案，黑龙江省高级人民法院（2015）黑知终字第9号民事判决书（2015年7月16日，贾岩红、刘淑敏、徐明珠），黑龙江省哈尔滨市中级人民法院（2014）哈知初字第33号民事判决书（2014年11月29日，吴征、杨欣、毛保森）。

案件来源：2015年中国法院50件典型知识产权案例。

第四节 “权利”滥用

222 恶意取得商标权并主张善意在先使用人侵权的，属于违反诚实信用原则的权利滥用

【裁判要旨】

当事人违反诚实信用原则，损害他人合法权益，扰乱市场正当竞争秩序，恶意取得、行使商标权并主张他人侵权的，人民法院应当以构成权利滥用为由，判决对其诉讼请求不予支持。

【关键词】

侵害商标权｜权利滥用｜诚实信用｜恶意抢注

【基本案情】

原告王碎永于2009年12月18日申请注册了第7925873号“歌力思”商标，2011年6月21日获准注册，核定使用商品为第18类的钱包、手提包等。王碎永还曾于2004年7月7日申请注册第4157840号“歌力思及图”商标，后经异议、复审及诉讼被认定侵害被告歌力思公司关联公司的字号权益而被判令不予核准注册。

歌力思公司的前身成立于1999年6月8日。2008年12月18日，该公司受让取得第1348583号“歌力思”商标，核定使用商品为第25类的服装等，核准注册日为1999年12月28日；其还是第4225104号“ELLASSAY”的商标注册人，核定使用商品为第18类的钱包、文件夹、手提包、购物袋等。

2011年9月起，王碎永先后在杭州、南京、上海、福州等地的“ELLASSAY”专柜，公证购买了带有“品牌中文名：歌力思。品牌英文名：ELLASSAY”字样吊牌的皮包；并与2012年3月7日，对歌力思公司及杭州银泰公司提起诉讼，请求判令：歌力思公司与杭州银泰公司停止侵权，刊登承认侵权的声明并消除影响；歌力思公司赔偿王碎永600万元及合理开支11万元。

浙江省杭州市中级人民法院判决：歌力思公司、杭州银泰公司停止侵权行为、

赔偿王碎永损失及合理开支共计 10 万元并消除影响。歌力思公司不服,提起上诉。浙江省高级人民法院判决:驳回上诉、维持原判。歌力思公司及王碎永均不服,向最高人民法院申请再审。最高人民法院判决:撤销一审、二审判决,驳回王碎永的全部诉讼请求。

【裁判理由】

最高人民法院认为:

诚实信用原则是一切市场活动参与者所应遵循的基本准则。一方面,它鼓励和支持人们通过诚实劳动积累社会财富和创造社会价值,并保护在此基础上形成的财产性权益,以及基于合法、正当的目的支配该财产性权益的自由和权利;另一方面,它又要求人们在市场活动中讲究信用、诚实不欺,在不损害他人合法利益、社会公共利益和市场秩序的前提下追求自己的利益。民事诉讼活动同样应当遵循诚实信用原则。一方面,它保障当事人有权在法律规定的范围内行使和处分自己的民事权利和诉讼权利;另一方面,它又要求当事人在不损害他人和社会公共利益的前提下,善意、审慎地行使自己的权利。任何违背法律目的和精神,以损害他人正当权益为目的,恶意取得并行使权利、扰乱市场正当竞争秩序的行为均属于权利滥用,其相关权利主张不应得到法律的保护和支持。

歌力思公司拥有合法的在先权利基础。歌力思公司及其关联企业最早将“歌力思”作为企业字号使用的时间为 1996 年,最早在服装等商品上取得“歌力思”商标权的时间为 1999 年。经长期使用和广泛宣传,作为企业字号和注册商标的“歌力思”已经具有了较高的市场知名度,歌力思公司对前述商业标识享有合法的在先权利。

歌力思公司在本案中的使用行为系基于合法的权利基础,使用方式和行为性质均具有正当性。从销售场所来看,歌力思公司对被诉侵权商品的展示和销售行为均完成于杭州银泰公司的歌力思专柜,专柜通过标注歌力思公司的“ELLASSAY”商标等方式,明确表明了被诉侵权商品的提供者。在歌力思公司的字号、商标等商业标识已经具有较高的市场知名度,而王碎永未能举证证明其“歌力思”商标同样具有知名度的情况下,歌力思公司在其专柜中销售被诉侵权商品的行为,不会使普通消费者误认该商品来自王碎永。从歌力思公司的具体使用方式来看,被诉侵权商品的外包装、商品内的显著部位均明确标注了“ELLASSAY”商标,而仅在商品吊牌之上使用了“品牌中文名:歌力思”的字样。由于“歌力思”本身就是歌力思公司的企业字号,且与其“ELLASSAY”商标具有互为指代关系,故歌力思公司在被诉侵权商品的吊牌上使用“歌力思”文字来指代商品生产者的做法并无明显不妥,不具有攀附王碎永“歌力思”商标知名度的主观意图,亦不会为普通消费者正确识别被诉侵权商品的来源制造障碍。在此基础上,杭州银泰公司销售被诉侵权商品的行为亦不为法律所禁止。

王碎永取得和行使“歌力思”商标权的行为难谓正当。“歌力思”商标由中文文字“歌力思”构成,与歌力思公司在先使用的企业字号及在先注册的“歌力思”商标的文字构成完全相同。“歌力思”本身为无固有含义的臆造词,具有较强的固有显著性,依常理判断,在完全没有接触或知悉的情况下,因巧合而出现雷同注册的可能性较低。作为地域接近、经营范围关联程度较高的商品经营者,王碎永对“歌力思”字号及商标完全不了解的可能性较低。在上述情形之下,王碎永仍在手提包、钱包等商品上申请注册“歌力思”商标,其行为难谓正当。王碎永以非善意取得的商标权对歌力思公司的正当使用行为提起的侵权之诉,构成权利滥用。

【案件信息】

王碎永诉深圳歌力思服饰股份有限公司、杭州银泰世纪百货有限公司侵害商标权案,最高人民法院(2014)民提字第24号民事判决书(2014年8月14日,王艳芳、朱理、佟姝),浙江省高级人民法院(2013)浙知终字第222号民事判决书(2013年6月7日),浙江省杭州市中级人民法院(2012)浙杭知初字第362号民事判决书(2013年2月1日)。

案件来源:指导案例82号(最高人民法院审判委员会讨论通过,2017年3月6日发布),最高人民法院知识产权案件年度报告(2014)。

223 违反诚实信用恶意注册商标并借司法资源以该注册商标谋取不正当利益的不予保护

【裁判要旨】

诚实信用原则是一切市场活动参与者均应遵循的基本准则。对违反诚实信用原则,恶意注册商标,并借用司法资源以商标权谋取不正当利益的行为,依法不予保护。

【关键词】

侵害商标权|恶意注册|诚实信用原则|不正当利益

【基本案情】

原告指南针公司和中唯公司系第10619071号“UL”注册商标的共有人，该商标核定使用商品为第25类的服装、鞋、帽等。被告优衣库月星店系被告优衣库公司的分公司，其在相同商品上及相关网络推广宣传中使用“UL LTRA IGHT OWN”标志，其中的“UL”文字较为醒目和突出。

指南针公司和中唯公司提起诉讼，请求判令优衣库公司、优衣库月星店停止侵权行为，赔偿损失及合理开支163,197元。

上海市第二中级人民法院判决：优衣库公司停止侵权。指南针公司、中唯公司、优衣库公司均不服，分别提起上诉。上海市高级人民法院判决：驳回上诉，维持原判。优衣库公司不服，申请再审。最高人民法院对本案及相关案件予以提审。再审期间，指南针公司、中唯公司在本案主张权利的第10619071号商标权，北京市高级人民法院认为属于2001年《商标法》第41条第1款规定的“以其他不正当手段取得注册”的情形，应当予以撤销，之后商标局也对该商标公告宣告无效。指南针公司、中唯公司在本案一审诉讼前后在北京、上海、广东、浙江四地依据其第10619071号注册商标针对优衣库公司或迅销公司和不同门店提起了几十起商标侵权诉讼。最高人民法院判决：撤销一审、二审判决，驳回指南针公司、中唯公司的诉讼请求。①

【裁判理由】

最高人民法院认为：

民法基本原则在整个法律体系中发挥基础性和全局性的作用，商标领域也不例外。诚实信用原则是一切市场活动参与者均应遵循的基本准则。一方面，它鼓励和支持人们通过诚实劳动积累社会财富和创造社会价值，并保护在此基

① 最高人民法院与本案同期提审的事实、当事人与本案基本一致，仅被告之一的优衣库门店不同的(2018)最高法民再394号民事判决，所改判撤销的原二审判决是最高人民法院公布的2016年中国法院50件典型知识产权案例之上海市高级人民法院(2015)沪高民三(知)终字第97号民事判决。该二审判决作出当时第10619071号注册商标尚未被宣告无效。该二审判决认为：商标权人缺乏使用其注册商标的真实意图，该商标也无已经被实际使用之事实，即使在提起诉讼是该商标注册尚未满三年，被诉侵权行为也不会产生侵占商标权人市场份额的损害后果，也就不存在因被诉侵权行为所产生的实际经济损失，故被诉侵权人无须承担损害赔偿责任。商标注册人大量注册商标之目的并非为了自身使用，而是意图通过大量注册商标并转让之行为进行牟利，其就相同事实就实质相同的当事人在各地分别、批量提起诉讼的，明显具有通过利用注册商标批量诉讼以获取多重赔偿之意图，在已有另案生效判决判令相同侵权事实之侵权人相关维权合理开支之前提下，在本案中亦不应责令被诉侵权人承担权利人因重复诉讼而支出之费用。

础上形成的财产性权益,以及基于合法、正当的目的支配该财产性权益的自由和权利;另一方面,它又要求人们在市场活动中讲究信用、诚实不欺,在不损害他人合法利益、社会公共利益和市场秩序的前提下追求自己的利益。民事诉讼活动同样应当遵循诚实信用原则。一方面,它保障当事人有权在法律规定的范围内行使和处分自己的民事权利和诉讼权利;另一方面,它又要求当事人在不损害他人合法权益和社会公共利益的前提下,善意、审慎地行使自己的权利。任何违背法律目的和精神,以损害他人正当权益为目的,恶意取得并行使权利、扰乱市场正当竞争秩序的行为均属于权利滥用,其相关主张不应得到法律的保护和支持。

指南针公司、中唯公司以不正当方式取得商标权后,目标明确指向优衣库公司等,意图将该商标高价转让,在未能成功转让该商标后,又分别以优衣库公司、迅销公司及其各自门店侵害该商标专用权为由,以基本相同的事实提起系列诉讼,在每个案件中均以优衣库公司或迅销公司及作为其门店的一家分公司作为共同被告起诉,利用优衣库公司或迅销公司门店众多的特点,形成全国范围内的批量诉讼,请求判令优衣库公司或迅销公司及其众多门店停止使用并索取赔偿,主观恶意明显,其行为明显违反诚实信用原则,对其借用司法资源以商标权谋取不正当利益之行为,本院依法不予保护;优衣库公司关于指南针公司、中唯公司恶意诉讼的抗辩成立,予以支持。二审法院虽然考虑了指南针公司、中唯公司之恶意,判令不支持其索赔请求,但对其是否诚实信用行使商标权,未进行全面考虑,适用法律有所不当,本院予以纠正。

【案件信息】

广州市指南针会展服务有限公司、广州中唯企业管理咨询服务有限公司诉优衣库商贸有限公司、优衣库商贸有限公司上海月星环球港店侵害商标权案,最高人民法院(2018)最高法民再396号民事判决书(2018年12月28日,王闯、王艳芳、杜微科),上海市高级人民法院(2015)沪高民三(知)终字第45号民事判决书(2015年9月1日,张本勇、徐卓斌、陶冶),上海市第二中级人民法院(2014)沪二中民五(知)初字第149号民事判决书。

案件来源:最高人民法院知识产权案件年度报告(2018),2018年中国法院10大知识产权案件。

224 以违反诚信恶意取得注册的商标起诉他人正常使用行为的属于权利滥用,不应支持

【裁判要旨】

利用职务上的便利或业务上的优势,恶意注册商标,损害他人在先权利,为自己谋取不正当利益,属于违反诚实信用的行为,不应受法律的保护。以违反诚实信用原则恶意取得的商标权对他人的正常使用行为提起侵害商标权之诉的,也不应得到法律的支持和保护。

【关键词】

侵害商标权｜权利滥用｜诚实信用｜恶意抢注

【基本案情】

原告邵文军原系宁波市工商行政管理局江北分局工作人员,2003 年辞职;2006 年 2 月 10 日,申请注册第 5154071 号“赛克思 SAIKESI”商标,核定使用商品为第 7 类商品的泵膜片,机器、发动机和引擎的液压控制器,液压滤油器,泵(机器)等。

个人独资企业赛克思厂于 1997 年 6 月 11 日成立,负责人为吴赛珍,住所地为宁波市,经营范围为:液压泵、液压泵配件等。2005 年 4 月 22 日,高志明、吴赛珍、宁波建工集团股份有限公司、赛克思厂投资成立了建工赛克思公司,2006 年 6 月 15 日更名为被告广天赛克思公司,住所地为宁波市江北区华业街 195 号,经营范围为:液压和气动机械及元件的开发、制造、加工;液压和气动机械及元件的批发、零售和维修服务等。

2000 年 1 月 31 日,赛克思厂注册了域名“saikesi. com”;2007 年 6 月 16 日,广天赛克思公司注册了域名“赛克思. cn”。2000 年 7 月 21 日,赛克思厂注册了第 1423908 号“SKS”商标,核定使用商品为第 7 类丢液压泵、液压阀;2009 年 9 月 14 日,该商标转让给广天赛克思公司。2006 年 4 月 24 日,赛克思厂申请注册“SKS 克思”商标被驳回。赛克思厂、广天赛克思公司自 2000 年以来一直使用“SKS”商标和“赛克思液压”字样,并取得多项荣誉。

邵文军针对广天赛克思公司提起诉讼,请求判令广天赛克思公司在停止在广

告牌、宣传旗帜、产品宣传册、公司网站中使用含有“赛克思”及“saikesi”拼音的标识，停止使用含有“赛克思”中文和拼音字样的网络域名，停止在其产品上使用含有“赛克思”和拼音的标识，并赔偿损失 50 万元。

浙江省宁波市中级人民法院判决：驳回邵文军的诉讼请求。邵文军不服，提起上诉。浙江省高级人民法院判决：撤销一审判决，广天赛克思公司停止突出使用“赛克思、SAIKESI、saikesi”等字样的行为，广天赛克思公司赔偿邵文军合理开支 2 万元。广天赛克思公司不服，申请再审。最高人民法院判决：撤销二审判决，维持一审判决。

【裁判理由】

最高人民法院认为：

赛克思厂、广天赛克思公司使用“赛克思”作为企业字号的时间早于邵文军申请注册商标，两家企业一并使用其字号（或字号主要部分）“赛克思”、字号的拼音“SAIKESI”及企业名称简称“赛克思液压”对外进行广告宣传，经营同样的产品，取得了一定的知名度，可以认定广天赛克思公司享有合法的在先字号权。

域名属于当事人的一种民事权益，受法律的保护，域名所有人注册域名之后，商标注册人才对该域名具有标识性部分申请注册商标并取得商标权的，其商标专用权不能延及该域名。赛克思厂于 2000 年 1 月 31 日将其字号的拼音注册为域名“saikesi. com”，广天赛克思公司成立后便一直使用该域名进行对外宣传，具有了一定的知名度，赛克思厂和广天赛克思公司享有合法的在先域名权，邵文军在后注册的商标不能阻却该域名权。

广天赛克思公司在邵文军申请注册商标前，先于邵文军对其合法拥有的商标、企业字号中文、拼音以及企业名称简称的中文、拼音的使用不具有恶意；从邵文军申请注册商标起至二审判决时止，邵文军未提交证明其使用商标的证据，其商标因未使用而不具有知名度，故广天赛克思公司不具有攀附邵文军涉案商标知名度的主观恶意。

广天赛克思公司将“SKS”“赛克思液压”“SKSHYDRAULIC”“赛克思厂”组合在一起，经过长期使用，已具有较高的知名度，相关公众已经能将上述标识与广天赛克思公司经营范围内的产品联系起来，其使用行为不会导致相关公众的混淆和误认，具有正当性。邵文军商标专用权的排斥力因商标不具知名度而应受到一定的限制，其亦无权禁止广天赛克思公司在原有的范围内继续使用。

邵文军原系宁波市工商行政管理局江北分局的工作人员，赛克思厂的企业字号及域名在2003年邵文军辞职之前均已注册使用,邵文军应当知悉赛克思厂、广天赛克思公司的实际使用状况,其于辞职后在与广天赛克思公司经营范围同类的商品上,注册与广天赛克思公司企业字号主要部分中文及拼音相同的商标,并非善意,且直至本案二审结束时仍未使用,却针对在先权利人提起侵权之诉,其行为有违诚实信用,不具有正当性,属于对其商标权的滥用,其诉讼请求不应得到支持。

【案件信息】

邵文军诉宁波广天赛克思液压有限公司侵害商标权案最高人民法院(2014)民提字第168号民事判决书(2015年10月30日,于晓白、骆电、李嵘),浙江省高级人民法院(2012)浙知终字第306号民事判决书(2013年2月20日,周平、陈宇、滕灵勇),浙江省宁波市中级人民法院(2012)浙甬知初字第41号民事判决书。

案件来源:最高人民法院知识产权案件年度报告(2015),2015年中国法院50件典型知识产权案例,《知识产权审判指导》2016年第1辑(总第27辑)。

225 将他人善意在先使用有一定影响的商品标贴注册为商标后起诉该他人的,不予支持

【裁判要旨】

将他人在先善意使用并有一定影响的商品标贴在同一种商品上注册为商标后起诉该他人侵权的,法院不予支持。

【关键词】

侵害商标权｜恶意抢注｜权利滥用｜权利基础的正当性｜在先使用

【基本案情】

原告德生食品厂2014年7月2日申请,并于2015年8月14日注册取得第15018196号图形商标专用权,核定使用商品为第30类的食用淀粉、调味酱等。

2014年2月开始,阿里巴巴、淘宝、京东商城均有多家经销商网店以及各地实体经销商店均销售了标有"Mida's妙多牌"的咖喱粉,生产厂家均为被告康赢公司。

德生食品厂提起诉讼,请求判令康赢公司和金福广商行停止对第15018196号商标权的侵害,赔偿损失100万元及相应合理开支。

山东省济南市中级人民法院判决:驳回德生食品产的诉讼请求。

【裁判理由】

法院认为：

康赢公司在第15018196号商标申请注册前，已经在同一种商品上先于德生食品厂使用相同商标标志并产生了较广泛的影响力，其有权在原使用范围内继续使用该商标。根据《商标法》第59条第3款的规定，康赢公司有权在原使用范围内继续使用该商标。

康赢公司法定代表人就类似标志享有外观设计专利权，德生食品厂法定代表人在国家版权局登记的作品登记证记载的作品登记时间为2015年12月8日，创作完成时间为2014年7月15日，晚于康赢公司申请外观设计专利的时间，因此康赢公司使用被诉侵权标志有合法的权利基础。而且，康赢公司是将被诉侵权商标标志整体作为商品瓶贴，即包装装潢而不是商标使用，并另行标注了自己的“妙多Midas”注册商标，其使用方式合理，而德生食品厂使用其“德生妙多”商标时间在后，且该商标已被宣告无效，故康赢公司主观上没有攀附德生食品厂商标及商品知名度的动机。

康赢公司使用的涉案标志与其在先申请的“香料瓶（密多咖喱粉）”外观设计专利相似，是在原外观设计的基础上改进后的使用。从使用方式上看，是将涉案商标标志整体作为商品的瓶贴使用而不是商标使用，并在产品瓶贴上另行标注了自己的“妙多Midas”注册商标，其使用方式合理。并且经过长期使用已产生了较高的知名度。康赢公司主观上没有攀附原告商标及商品知名度的动机。

德生食品厂取得涉案商标缺乏正当性基础，对于涉案商标标志，康赢公司享有在先的著作权且早于德生食品厂著作权登记证书的登记日期。德生食品厂与康赢公司的经营领域相同，存在竞争关系，康赢公司使用被诉侵权商标标志的时间长、影响范围广，德生食品厂不可能不知情，在此情况下仍然将康赢公司享有在先著作权、在先使用并有一定影响的标志抢先注册为商标，其行为有违诚实信用，其注册行为不具有正当性基础，其以非善意取得的商标权对在先权利人及在先使用人提起侵权之诉，系对其注册商标的滥用。

【案件信息】

汕头市德生食品厂诉济南市槐荫金福广调味干果商行、广州康赢食品有限公司侵害商标权案，山东省济南市中级人民法院（2016）鲁01民初1856号民事判决书（2017年1月10日，李宏军、颜峰、庄辛晓）。

案件来源：2017年中国法院50件典型知识产权案例。

226 商标注册人攀附知名度较高的被诉侵权商标，后者的使用能区分商品来源的不侵权

【裁判要旨】

商标权的保护强度，应当与其应有的显著性和知名度相适应。商标法所要保护的，是商标所具有的识别和区分商品即服务来源的功能，而并非仅以注册行为所固化的商标标志本身。商标标志本身的近似不是认定构成侵害商标权行为是否成立的决定性因素，如果使用行为并未损害主张保护商标的识别和区分功能，亦未因此导致市场混淆的后果，该种使用行为即不在商标法所禁止的范围之中。主张保护的注册商标使用人攀附知名度较高的被诉侵权商标，且被诉侵权商标的使用能够区分商品来源的，不构成侵权。

【关键词】

侵害商标权 | 商标保护强度 | 恶意攀附 | 市场混淆 | 来源区分

【基本案情】

1995 年 2 月起，被告奥普卫厨公司的关联企业开始在第 11 类照明器材等商品上注册多个"奥普"文字即图文组合商标。2001 年 6 月起，"奥普"系列商标先后被评为杭州市及浙江省著名商标，"奥普"商号被认定为浙江省知名商号。2005 年 9 月，核定使用在第 11 类商品上的"奥普"商标被司法机关认定为驰名商标。本案主张保护的第 1737521 号"奥普 aopu"商标于 2002 年 3 月 28 日获准注册，核定使用商品是第 6 类的金属建筑材料等，2009 年 8 月 7 日被核准转让给本案原告新能源公司，原告凌普公司为该商标的被许可人。

2009 年 11 月 18 日，新能源公司经公证购买了标有"AUPU 奥普(R)"字样的"浴顶"商品，商品包装上写明"产品名称：普通扣板"并标明奥普卫厨公司企业名称全称，奥普公司经许可使用的"1 + N 浴顶""浴顶"商标的图样。

新能源公司和凌普公司提起诉讼，请求判令：奥普卫厨公司和杨艳停止侵权行为；连带赔偿损失 500 万元；在全国媒体上发表声明消除影响。

江苏省苏州市中级人民法院判决：奥普卫厨公司和杨艳停止侵权行为；奥普

公司赔偿损失 10 万元等。新能源公司、凌普公司、奥普卫厨公司和杨艳均不服，提起上诉。江苏省人民法院判决：改判奥普卫厨公司赔偿损失 30 万元，其他维持一审判决。奥普卫厨公司不服，向最高人民法院申请再审。最高人民法院判决：撤销一审、二审判决，驳回新能源公司的全部诉讼请求。

【裁判理由】

最高人民法院认为：

基于知识产权保护激励创新的目的和比例原则，知识产权的保护范围和强度要与特定知识产权的创新和贡献程度相适应。只有使保护范围、强度与创新贡献相适应、相匹配，才能真正激励创新、鼓励创造，才符合比例原则的要求。对于商标权的保护强度，应当与其应有的显著性和知名度相适应。在本案主张保护的第 1737521 号商标申请日之前，经杭州奥普电器有限公司、奥普卫厨公司及其关联企业的使用，“奥普”系列商标已经在与前述商标核定使用的“金属建筑材料”商品关联程度很高的浴霸等电器商品上具有了较高的知名度。新能源公司在受让涉案第 1737521 号商标后，主要通过许可凌普公司的方式进行使用，但凌普公司多次因不规范使用或突出使用“奥普”文字等行为，受到工商行政管理部门的处罚或被司法机关认定为不正当竞争行为，而其商誉攀附的对象正是在市场中已经具有较高知名度的奥普卫厨公司的产品。新能源公司未能证明其已经通过正当的使用行为使第 1737521 号商标产生了足以受到法律保护的显著性和知名度。因此第 1737521 号商标的保护范围和保护强度，应当与新能源公司对该商标的显著性和知名度所做出的贡献相符。

商标法所要保护的，是商标所具有的识别和区分商品及服务来源的功能，而并非仅以注册行为所固化的商标标志本身。因此，商标标志本身的近似不是认定侵权行为是否成立的决定性因素，如果使用行为并未损害涉案商标的识别和区分功能，亦未因此而导致市场混淆的后果，该种使用行为即不在商标法所禁止的范围之中。杭州奥普电器有限公司在第 11 类“浴室装置”等商品、第 6 类“建筑用金属板、金属隔板(建筑)”商品、第 11 类“浴室装置”等商品上，分别拥有“奥普”“AUPU”“1 + N”“1 + N 浴顶”“浴顶”等注册商标，核准注册日期均早于本案被诉侵权行为发生的时间。被诉侵权商品的销售地点为奥普卫厨公司的正规销售门店，该门店之上突出标注了奥普卫厨公司的字号及注册商标；被诉侵权商品外包装和商品本身均清晰标注了奥普卫厨公司企业名称的全称及杭州奥普电器有限公司在第 6 类商品上拥有的“1 + N 浴顶”等其他注册商标，一般消费者凭借奥普卫厨公司在销售场所和被诉侵权商品上标注的上述信息，已足以实现对商品来源的清晰区分，不会导致误认被诉侵权商品来自新能源公司的结果，亦不会产生攀附新能源公司对第 1737521 号商标享有的商业信誉的损害后果。

因此，综合考虑第 1737521 号商标的显著性和知名度、被诉侵权标志的使用引发市场混淆的可能性、被诉侵权标志在商品之上的实际使用情况等因素，奥普卫厨公司在被诉侵权商品之上使用“AUPU 奥普(R)”及“AUPU”标志的行为不构成对第 1737521 号商标的侵害。在此基础上，杨艳销售带有被诉侵权标志商品的行为，亦不构成侵权。

【案件信息】

浙江现代新能源有限公司、浙江凌普电器有限公司诉杭州奥普卫厨有限公司、杨艳侵害商标权案，最高人民法院(2016)最高法民再 216 号民事判决书(2016 年 6 月 25 日，周翔、秦元明、佟姝)，江苏省高级人民法院(2011)苏知民终字第 143 号民事判决书(2014 年 7 月 31 日，王天红、陈亮、鲍颖焱)，江苏省苏州市中级人民法院(2010)苏中知民初字第 312 号民事判决书。

案件源：最高人民法院知识产权案件年度报告(2016)。

第二部分

不正当竞争裁判规则

Part 2

第一章　原则条款

第一节　基本规则

227　适用原则条款需有法律无特别规定、竞争者合法权益受损和竞争行为不正当三要件

228　适用原则条款应以竞争行为违反诚实信用原则和公认的商业道德为判断关键和重点

229　反不正当竞争法中诚实信用原则主要体现为公认的商业道德，应以经济人的商业伦理标准评判

230　商业机会具有开放性和不确定性，只有违反商业道德以不正当手段攫取时才被禁止

231　正常情况下能够合理预期获得的商业机会才可以成为反不正当竞争法所保护的法益

232 竞争优势概念的内涵外延不确定，将其作为反不正当竞争法所保护的法益缺乏依据

233 职工筹划离职后设立有竞争关系的新公司但不违反竞业限制义务的不具有不正当性

234 职工在工作中掌握的知识经验技能除属于商业秘密外，在离职后可以自由自主利用

235 用在原单位掌握的知识经验技能与之竞争但未侵害商业秘密违反竞业限制的不违法

【裁判要旨】

适用《反不正当竞争法》第 2 条第 1 款和第 2 款认定构成不正当竞争应当同时具备以下条件：一是法律对该种竞争行为未作出特别规定；二是其他经营者的合法权益确因该竞争行为而受到了实际损害；三是该种竞争行为因确属违反诚实信用原则和公认的商业道德而具有不正当性或者说可责性，这也是问题的关键和判断的重点。

对于竞争行为尤其是不属于《反不正当竞争法》第 2 章列举规定的行为的正当性，应当以该行为是否违反了诚实信用原则和公认的商业道德作为基本判断标准；在反不正当竞争法中，诚实信用原则主要体现为公认的商业道德；商业道德所体现的是一种商业伦理，是交易参与者共同和普遍认可的行为标准，应按照特定商业领域中市场交易参与者即经济人的伦理标准来加以评判。

在正常情况下能够合理预期获得的商业机会，可以成为法律特别是《反不正当竞争法》所保护的法益；但基于商业机会的开放性和不确定性，只有当竞争对手不遵循诚实信用原则和违反公认的商业道德，通过不正当手段

攫取他人可以合理预期获得的商业机会时，才为反不正当竞争法所禁止。

职工在职期间筹划设立与所在单位具有竞争关系的新公司，为自己离职后的生涯作适当准备，并不当然具有不正当性；只有当职工的有关行为违反了法定或者约定的竞业限制义务的情况下，才能够认定该行为本身具有不正当性。

职工在工作中掌握和积累的知识、经验和技能，除属于单位的商业秘密的情形外，构成其人格的组成部分，职工离职后有自主利用的自由；在既没有违反竞业限制义务，又没有侵害商业秘密的情况下，劳动者运用自己在原用人单位学习的知识、经验与技能为其他与原单位存在竞争关系的单位服务的，不宜简单地以《反不正当竞争法》第2条的原则规定认定构成不正当竞争。

【关键词】

原则条款｜诚实信用原则｜公认的商业道德｜商业机会｜竞业禁止

【基本案情】

原告山东食品公司成立于1982年10月26日，其前身为中国粮油食品进出口公司山东省食品分公司，自1979年开始经营海带出口业务。山东食品公司出资成立山东山孚得贸易有限公司，2004年5月24日变更企业名称为原告山孚集团公司。2004年6月16日，山孚集团公司出资与日本水产株式会社共同成立原告山孚日水公司。

对日出口海带配额是日本国政府设定的我国对日出口海带产品的被动配额。获得该配额的国内企业可以就相关区域产特定数量海带对日出口，获得该配额就获得了对日出口海带的商业机会或交易机会。根据中粮集团与日本北海道渔业协同组合联合会（以下简称日本北海道渔联）达成的协议，日本北海道渔联委托中粮集团对海带配额、质量、数量统一进行管理，日方认可中粮集团是其在华的海带贸易的唯一窗口，各公司有关海带出口贸易事宜，请直接与中粮集团联系。

被告马达庆于1986年进入山东食品公司工作，1988年开始从事海带加工和出口工作。2000年8月1日至2006年12月31日，马达庆在山东山孚得贸易有限公司、山孚日水公司工作。1999年、2000年，中粮果菜水产进出口公司委托山东食品公司收购淡干海带并代办出口手续，马达庆代表山东食品公司在相关协议书上签字。2001年至2006年，主要由马达庆代表山东食品公司或者山孚集团公司与日本东海水产贸易（株）、三井贸易（株）、神港交易（株）等公司签订《中日贸易合同》,办理海带出口业务。

2006年9月22日,被告圣克达诚公司成立,企业类别为自然人独资的一人有限责任公司,马达庆的外甥陈庆荣为该公司法定代表人、执行董事兼经理,马达庆的配偶颜素贞担任该公司的监事,马达庆现在圣克达诚公司任职。

马达庆离开山孚日水公司后,日方对山东食品公司能否保持对日出口海带的品质稳定和数量表示疑虑。2007年,中粮国际(北京)有限公司要求山东食品公司、圣克达诚公司报送海带出口工作计划并分别拜访两公司,就计划书的相关内容进行询问和调查。

2007年2月2日,中粮国际(北京)有限公司决定将2007年威海海带出口日本业务交由圣克达诚公司执行。

山东食品公司、山孚集团公司、山孚日水公司提起诉讼,请求确认圣克达诚公司和马达庆构成不正当竞争,返还与海带业务有关的所有文件、资料,停止利用三原告的收购出口渠道经营海带业务,赔偿损失600万元及合理开支10万元。

山东省青岛市中级人民法院判决:马达庆、圣克达诚公司停止采取与山东食品公司相同的方式经营对日出口海带贸易,不得经营的时间为判决生效之日起3年,连带赔偿山东食品公司损失2,111,669.27元。圣克达诚公司、马达庆不服,提起上诉。山东省高级人民法院判决:撤销一审判决,驳回山东食品公司、山孚集团公司、山孚日水公司的诉讼请求。山东食品公司、山孚集团公司、山孚日水公司不服,申请再审。最高人民法院裁定:驳回其再审申请。

【裁判理由】

最高人民法院认为:

对日出口海带配额长期以来只分配给国内有限的几个企业,具有相对的稳定性和一定的可预期性。对于长期稳定获得该配额的企业如本案中的山东食品公司而言,获得对日出口海带配额是一种在一般情况下可以合理预期获得的商业机会,可以成为法律特别是反不正当竞争法所保护的法益。

在《反不正当竞争法》上,一种利益应受保护并不构成该利益的受损方获得民事救济的充分条件。商业机会虽然作为一种可以受到《反不正当竞争法》所保护的法益,但本身并非一种法定权利,而且交易的达成并非完全取决于单方意愿而需要交易双方的合意,因此他人可以自由参与竞争来争夺交易机会。竞争对手之间彼此进行商业机会的争夺是竞争的常态,也是市场竞争所鼓励和提倡的。对于同一交易机会而言,竞争对手间一方有所得另一方即有所失。利益受损方要获得民事救济,还必须证明竞争对手的行为具有不正当性。只有竞争对手在争夺商业机会时不遵循诚实信用的原则,违反公认的商业道德,通过不正当的手段攫取他人可以合理预期获得的商业机会,才为《反不正当竞争法》所禁止。一审法院多次使用了“竞争优势”这一内涵和外延并不确定的概念,而且泛泛地将所谓山东食品公司的竞争优势作为《反不正当竞争法》所保护的法益,缺乏法律依据和法理基础。

由于市场竞争的开放性和激烈性,必然导致市场竞争行为方式的多样性和可变性,《反不正当竞争法》作为管制市场竞争秩序的法律不可能对各种行为方式都作出具体化和预见性的规定。因此,在具体案件中,人民法院可以根据《反不正当竞争法》第 2 条第 1 款和第 2 款的一般规定对那些不属于《反不正当竞争法》第 2 章列举规定的市场竞争行为予以调整,以保障市场公平竞争。

自由竞争和公平竞争是市场经济的两个基本法则,二者各有侧重,互为平衡。自由竞争将有效地优化市场资源配置、降低价格、提高质量和促进物质进步,从而使全社会受益。但是,自由竞争并非没有限度,过度的自由竞争不仅会造成竞争秩序混乱,还会损害社会公共利益,需要用公平竞争的规则来限制和校正自由竞争,引导经营者通过公平、适当、合法的竞争手段来争夺商业机会,而不得采用违法手段包括不正当竞争手段。因此,虽然人民法院可以适用《反不正当竞争法》的一般条款来维护市场公平竞争,但同时应当注意严格把握适用条件,以避免不适当干预而阻碍市场自由竞争。凡是法律已经通过特别规定作出穷尽性保护的行为方式,不宜再适用《反不正当竞争法》的一般规定予以管制。

总体而言,适用《反不正当竞争法》第 2 条第 1 款和第 2 款认定构成不正当竞争应当同时具备以下条件:一是法律对该种竞争行为未作出特别规定;二是其他经营者的合法权益确因该竞争行为而受到了实际损害;三是该种竞争行为因确属违反诚实信用原则和公认的商业道德而具有不正当性或者说可责性,这也是问题的关键和判断的重点。

在规范市场竞争秩序的《反不正当竞争法》意义上,诚实信用原则更多的是以公认的商业道德的形式体现出来的。商业道德要按照特定商业领域中市场交易参与者即经济人的伦理标准来加以评判,它既不同于个人品德,也不能等同于一般的社会公德,所体现的是一种商业伦理。经济人追名逐利符合商业道德的基本要求,但不一定合于个人品德的高尚标准;企业勤于慈善和公益合于社会公德,但怠于公益事业也并不违反商业道德。特别是,《反不正当竞争法》所要求的商业道德必须是公认的商业道德,是指特定商业领域普遍认知和接受的行为标准,具有公认性和一般性。即使在同一商业领域，由于是市场交易活动中的道德准则，公认的商业道德也应当是交易参与者共同和普遍认可的行为标准，不能仅从买方或者卖方、企业或者职工的单方立场来判断是否属于公认的商业道德。公认的商业道德需要根据特定商业领域和个案情形具体确定，特定行业的一般实践、行为后果、交易双方的主观状态和交易相对人的自愿选择等都可能成为考虑因素。

根据圣克达诚公司登记成立和之后的有关经营活动，可以合理推定，在对日出口海带业务上，马达庆是圣克达诚公司的实际操作人。因此，可以认定马达庆本人在山东食品公司等处工作期间即筹划设立了圣克达诚公司。但是，职工在职期间筹划设立新公司，为自己离职后的生涯作适当准备，并不当然具有不正当性，因此，只有当职工的有关行为违反了法定或者约定的竞业限制义务的情况下，才能够认定该行为本身具有不正当性。法定的竞业限制义务主要是指《公司法》上针对公司董事、高级管理人员设定的义务，约定的竞业限制义务一般是指依据《合同法》和《劳动合同法》针对交易相对人或者劳动者通过协议约定的义务。马达庆并非山东食品公司的董事或者《公司法》意义上的高级管理人员，并不负有《公司法》规定的竞业限制义务，同时本案现有证据也不能证明马达庆负有约定的竞业限制义务。因此，基于现有证据难以认定马达庆在职期间筹划设立新公司的行为具有不正当性。况且，无论是法定的还是约定的竞业限制制度，都属于法律赋予有关经营者的法律保护手段，在不能依据法定竞业限制约束马达庆的情况下，又未事先通过约定进行自我保护，由此产生的不利后果应自我承担，不能责任旁贷和怨天尤人。

用一般的社会观念衡量，作为一个被企业长期培养和信任的职工，马达庆的所作所为可能并不合于个人品德的高尚标准，不应该得到鼓励和提倡，但这并不当然意味着他作为一个经济人同时违反了诚实信用原则和公认的商业道德。在不负有竞业限制义务的情况下，企业的一般劳动者在职期间筹划设立新公司为离职后的生涯做准备，属于市场常见现象，法律上对此行为本身也无禁止性规定。当然，如果劳动者在职期间即利用职务之便以新设公司名义攫取本应由原企业获得的现实经济利益，则应另当别论。因此，马达庆在职期间筹划设立新公司为离职后的生涯做准备的行为，并非不合常理，其在离职后以圣克达诚公司的名义与山东食品公司开展竞争，也无可厚非，不能因其与原公司争夺商业机会就推定其具有主观恶意，本案有证据证明的马达庆和圣克达诚公司的有关行为并不违反诚实信用的原则和公认的商业道德。

作为具有学习能力的劳动者，职工在企业工作的过程中必然会掌握和积累与其所从事的工作有关的知识、经验和技能。除属于单位的商业秘密的情形外，这些知识、经验和技能构成职工人格的组成部分，是其生存能力和劳动能力的基础。职工离职后有自主利用其自身的知识、经验和技能的自由，因利用其自身的知识、经验和技能而赢得客户信赖并形成竞争优势的，除侵害原企业的商业秘密的情况外，并不违背诚实信用的原则和公认的商业道德。一审法院有关企业职工在履行单位交办工作过程中所形成的竞争优势，如同在履行单位工作中产生的发明创造一样，其权利享有者是公司而非职工的认定，并不正确。知识、经验和技能等个人能力显然不能直接等同于职务发明创造，其中除涉及单位商业秘密的内容以外，均应属于个人人格内容，可以自由支配和使用，这与职务发明创造或者职务劳动成果可以成为独立的财产或者利益有明显不同。如果任何人在履行职务的过程中积累知识、经验和技能等竞争优势都应归属于任职单位，在将来离职变换工作时将不能使用，那么显然不利于鼓励职工在现单位学习新知识，积累新经验，提高自身业务能力，更不利于整个社会在知识上的积累和利用，不利于社会的创新和发展。

【案件信息】

山东省食品进出口公司、山东山孚集团有限公司、山东山孚日水有限公司诉马达庆、青岛圣克达诚贸易有限公司不正当竞争案，最高人民法院(2009)民申字第1065号民事裁定书(2010年10月18日，郃中林、秦元明、郎贵梅)，山东省高级人民法院(2008)鲁民三终字第83号民事判决书(2009年3月18日，戴磊、柳维敏、丛卫)，山东省青岛市中级人民法院(2007)青民三初字第136号民事判决书。

案件来源：最高人民法院知识产权案件年度报告(2010)，《最高人民法院公报》2011年第10期(再审裁定)，《最高人民法院公报》2009年第9期(二审判决)。

236 反不正当竞争法的适用并未限制经营者之间必须有直接竞争关系也不要求相同行业

237 经营者制止商标侵权和不正当竞争的权利不受违反行政许可法规超经营范围的影响

【裁判要旨】

《反不正当竞争法》并未限制经营者之间必须具有直接的竞争关系，

也没有要求其从事相同行业。经营者之间具有间接竞争关系，行为人违背反不正当竞争法的规定，损害其他经营者合法权益的，也应当认定为不正当竞争行为。

经营者是否具有超越法定经营范围而违反行政许可法律法规的行为，不影响其依法行使制止商标侵权和不正当竞争的民事权利。

【关键词】

原则条款｜超经营范围｜直接竞争关系｜同行业

【基本案情】

原告杭州小拇指公司于2008年4月8日取得商务部商业特许经营备案。杭州小拇指公司多次获中国连锁经营协会颁发的中国特许经营连锁120强证书，2009年其“小拇指汽车维修服务”被浙江省质量技术监督局认定为浙江服务名牌。

原告兰建军获准注册第6573881号“小拇指”商标，核定使用服务为第37类的车辆保养和维修等，杭州小拇指公司获准注册第6573882号“小拇指”商标，核定使用服务为第35类的连锁店的经营管理、特许经营的商业管理。兰建军将第6573881号“小拇指”商标独占许可给杭州小拇指公司使用。

被告天津小拇指公司、天津华商公司在从事汽车维修及通过网站进行招商加盟过程中，多处使用了“小拇指及拼音”标识，且存在单独或突出使用“小拇指”的情形。

杭州小拇指公司曾通过连锁加盟特许经营方式许可被告天津华商公司在天津经营“小拇指”品牌汽车维修连锁中心，后发生纠纷，经仲裁裁决解除合同。天津小拇指公司与天津华商公司的法定代表人为同一人，天津华商公司的网站内所显示的宣传信息及相关联系信息均直接指向天津小拇指公司，并且天津华商公司将其登记的经营地点作为天津小拇指公司天津总店的经营地点。

兰建军和杭州小拇指公司提起诉讼，请求判令天津小拇指公司停止使用“小拇指”字号进行经营、天津小拇指公司及天津华商公司停止商标侵权及不正当竞争行为、公开赔礼道歉、连带赔偿损失63万元及相应合理开支。

天津市第二中级人民法院判决：天津小拇指公司和天津华商公司停止侵害涉案注册商标权的行为，停止在网站、宣传资料、经营场所使用“小拇指及拼音”或“小拇指”标识的行为，连带赔偿损失及合理开支5万元。

【裁判理由】

法院认为：

天津小拇指公司、天津华商公司在从事汽车维修及通过网站进行招商加盟过程中，多处使用了“小拇指及拼音”标识，且存在单独或突出使用“小拇指”的情形，相关公众施以一般注意力，足以对服务的来源产生混淆，或误认天津小拇指公司与杭州小拇指公司之间存在特定联系，构成2001年《商标法》第52条第1项规定的侵权行为。

对于超越法定经营范围违反有关行政许可法律法规的行为，应当依法由相应的行政主管部门进行认定，主张对方有违法经营行为的一方，应自行承担相应的举证责任。即使有关行为超越法定经营范围而违反行政许可法律法规，也应由行政主管部门依法查处，不必然影响有关民事权益受到侵害的主体提起民事诉讼的资格，亦不能以此作为被诉侵权人对其行为不构成侵权的抗辩。

《反不正当竞争法》并未限制经营者之间必须具有直接的或具体的竞争关系，也没有要求经营者从事相同行业。《反不正当竞争法》所规制的不正当竞争行为，是指损害其他经营者合法权益、扰乱经济秩序的行为，从直接损害对象看，受损害的是其他经营者的市场利益。因此，经营者之间具有间接竞争关系，行为人违背反不正当竞争法的规定，损害其他经营者合法权益的，也应当认定为不正当竞争行为。

天津小拇指公司与天津华商公司从事汽车维修行业。杭州小拇指公司以商业特许经营的方式从事与汽车维修相关的经营活动，是汽车维修市场的相关经营者，其与天津小拇指公司及天津华商公司之间存在间接竞争关系。

在天津小拇指公司成立时，杭州小拇指公司通过其直营店和加盟店在汽车维修领域的持续使用及宣传，使其“小拇指”字号及相关服务在相关公众中已具有一定的市场知名度。天津华商公司知晓杭州小拇指公司及其经营资源、发展趋势的情况下，天津小拇指公司亦应知晓，其仍将“小拇指”作为企业字号且无合理依据的，明显具有“搭便车”及攀附他人商誉的意图。天津小拇指公司在使用标识、服务对象或消费群体、服务区域上与杭州小拇指公司存在重合，足以使相关公众对市场主体和服务来源产生混淆和误认，构成不正当竞争，应承担相应责任。

【案件信息】

兰建军、杭州小拇指汽车维修科技股份有限公司诉天津市小拇指汽车维修服务有限公司、天津市华商汽车进口配件公司侵害商标权及不正当竞争案，最高人民法院(2013)民申字第723号民事裁定书(2013年7月20日,夏君丽、殷少平、钱小红),天津市高级人民法院(2012)津高民三终字第0046号民事判决书(2013年2月19日,刘震岩、赵博、向晓辉),天津市第二中级人民法院(2012)二中民三知初字第47号民事判决书(2012年9月17日,王教柱、裴跃)。

案件来源:指导案例30号(最高人民法院审判委员会讨论通过,2014年6月26日发布),2013年中国法院知识产权司法保护50件典型案例。

238 确定不正当竞争案件原告主体资格不能仅依是否系有直接竞争关系的经营者来判断

239 为攀附有知名度的在先注册商标而登记、使用企业字号的构成不正当竞争

【裁判要旨】

不正当竞争案件中原告主体资格的确定,不能仅依据其与被告是否为具有直接竞争关系的产品经营者判断。认定登记和使用的企业字号是否构成对注册商标的不正当竞争,关键在于判断是否具有攀附该注册商标的故意,因此至少要求该注册商标在被诉企业名称登记或使用时有知名度。

【关键词】

主体资格|竞争关系|字号|注册商标|攀附

【基本案情】

原告梁或、卢宜坚自2003年9月14日起享有第1328994号、第1344787号"采蝶轩"商标权,核定使用商品和服务分别为第30类的咖啡等和第43类的咖啡馆等。自2004年开始,梁或、卢宜坚又在第30类和第43类相应商品和服务上注册了包括第3422492号商标在内的多个"CAIDIEXUAN""采蝶轩"等商标。2010年,第3422492号商标被认定为广东省著名商标。

被告采蝶轩集团公司、采蝶轩服务公司、巴莉甜甜公司分别成立于2000年和2005年,拥有在第35类广告、饭店管理、推销等服务上的第3176274号"采蝶轩"

注册商标。采蝶轩集团公司、采蝶轩服务公司、巴莉甜甜公司的“采蝶轩”月饼商品自2002年以来多次在安徽省境内获得多种荣誉。2008年12月,采蝶轩服务公司使用在“推销(替他人)”上的“采蝶轩”服务商标被认定为“安徽省著名商标”。采蝶轩集团公司、采蝶轩服务公司、巴莉甜甜公司在其生产的糕点包装盒上或销售糕点的店铺门头上、网站上以及企业名称中使用了“采蝶轩”字样。

梁或、卢宜坚提起诉讼,请求判令采蝶轩集团公司、采蝶轩服务公司、巴莉甜甜公司停止侵权、消除影响、赔偿损失1500万元等。

安徽省合肥市中级人民法院判决:驳回梁或、卢宜坚的诉讼请求。梁或、卢宜坚不服提起上诉。安徽省高级人民法院判决:驳回上诉,维持原判。梁或、卢宜坚仍不服,申请再审。最高人民法院判决:撤销一审、二审判决,采蝶轩集团公司、采蝶轩服务公司、巴莉甜甜公司停止侵权行为,赔偿损失及合理开支544,511元,并刊登声明消除影响。

【裁判理由】

最高人民法院认为:

采蝶轩集团公司、采蝶轩服务公司、巴莉甜甜公司使用的“采蝶轩”“采蝶轩及蝴蝶”“采蝶轩 CAIDIEXUAN”等标识分别与梁或、卢宜坚第4502638号、第4640787号、第1328994号、第3422492号、第1344787号和第4502639号商标构成相同或者近似商标,考虑第3422492号注册商标的知名度,应认定采蝶轩集团公司、采蝶轩服务公司、巴莉甜甜公司在生产、销售的被诉侵权产品和提供的服务上使用与涉案六个注册商标相同或近似的标识,侵害了涉案6个商标权。

梁或、卢宜坚是涉案注册商标权人,其认为采蝶轩集团公司、采蝶轩服务公司和巴莉甜甜公司的行为侵害了涉案商标权,构成不正当竞争,即可以据此提起诉讼,其诉讼主体资格的有无,不能仅据其是否系具体的涉诉商标产品的实际经营者来判断。原审法院认定梁或、卢宜坚与采蝶轩集团公司、采蝶轩服务公司、和巴莉甜甜公司不具有竞争关系,不符合提起不正当竞争之诉的主体要件,没有法律依据。

判断将“采蝶轩”注册为企业字号是否构成不正当竞争,关键在于判断其在注册企业名称时是否具有攀附涉案商标的意图,在这一判断过程中,需要考虑涉案商标在采蝶轩集团公司注册企业名称时是否具有知名度。在采蝶轩集团公司于2000年注册企业名称时,第1344787号“采蝶轩”商标获得注册仅半年有余,尚没有知名度,因此其注册“采蝶轩”企业名称的行为没有攀附涉案注册商标的意图,不构成不正当竞争。采蝶轩集团公司、采蝶轩服务公司、巴莉甜甜公司在网站中使用“采蝶轩”标识进行宣传，是一种商标性的使用行为，而不属于虚假宣传行为，该行为侵害了涉案商标权，但不构成不正当竞争。

【案件信息】

梁或、卢宜坚诉安徽采蝶轩蛋糕集团有限公司、合肥采蝶轩企业管理服务有限公司、安徽巴莉甜甜食品有限公司侵害商标权及不正当竞争案，最高人民法院(2015)民提字第38号民事判决书(2016年6月7日，周翔、朱理、宋淑华)，安徽省高级人民法院(2013)皖民三终字第00072号民事判决书(2013年11月20日，许徽、余昕波、陶恒河)，合肥市中级人民法院(2012)合民三初字第00163号民事判决书。

案件来源：最高人民法院知识产权案件年度报告(2016)。

240 广告中出现他人商标如非商标性使用不构成商标侵权，但攀附商誉构成不正当竞争

【裁判要旨】

在商业广告中出现带有他人注册商标的商品以及关于他人商标品牌的宣传，并非在识别商品来源意义上使用他人商标的，不构成侵害他人商标权的行为，但若因此不正当地攀附了该他人及其商标声誉的，则构成不正当竞争。

【关键词】

不正当竞争｜侵害商标权｜广告｜商标性使用｜攀附

【基本案情】

原告普拉达公司系第1263052号“PRADA”G572096“PRADAMILANO”的商标权人，两商标核定使用商品款为第18类的手提包、钱包、公文包、旅行袋等。

2012年8月29日《华商报》刊登了被告东方源公司为推介东方国际中心房产项目和推销店铺的招租广告，广告中出现“PRADA”女款手提包，其上使用“PRADAMILANO”文字和图形商标，广告语为全球顶级奢侈品牌进驻，引领国际奢侈生活潮流；广告中突出使用如下文字：“PRADA”普拉达 普拉达—PRADA系意大利时尚品牌，创始于1913年，产品主要有皮革尼龙制品、高级时装、鞋、配件、

眼镜、化妆品等，深受欧洲王公贵族们青睐，很多欧洲皇室成员都是它的忠实顾客，著名的倒三角标志已成为时尚与品位的代名词。时装价格为二千二百到六千美元不等，在中国的专卖店中，一只尼龙材质的背包售价超过五千元，相当于一个普通中学生两年的零用钱，如果购买普通钱夹，可以买两百只。东方源公司在广告中宣称“国际潮牌街、餐饮大食代。”

普拉达公司提起诉讼，请求判令东方源公司和华商报社停止侵害商标权和不正当竞争行为，并连带赔偿损失 50 万元及相应合理开支，《华商报》刊登更正声明消除影响。

陕西省西安市中级人民法院判决：东方源公司停止使用普拉达公司商标和字号的不正当竞争行为，赔偿损失及合理开支 3 万元。

【裁判理由】

法院认为：

商标的基本功能在于使相关公众通过商标识别不同商品或服务的来源，这种识别功能是为消费者识别被标识的商品来源提供保障，使人能够与他人提供的商品区别开来。因而，商标受保护的基础最终体现在具有识别功能。

商标性使用应具备的条件为：商标必须在商业活动中使用，使用商标是为了标示商品或服务的来源，通过使用商标能够使相关公众识别商品来源。

本案东方源公司虽在商业广告中使用的女款手提包中有“PRADAMILANO”及其文字表述中有“PRADA”注册商标，但刊登广告的目的是推介其投资开办的东方国际中心房产项目和推销店铺，引进商户进驻东方国际中心，只是向消费者描述了自己投资开办了东方国际中心房产项目和推销店铺，将引进“PRADA”等全球奢侈品牌进驻，并未表明自己是普拉达商品的提供者，广告中涉及的图案及商标对东方源公司的东方国际中心房产项目和推销店铺没有商标性标识作用，并不能起到识别东方源公司投资的东方国际中心房产项目和推销店铺来源于普拉达公司的作用，并非商标意义上的使用，不会使消费者对商品的来源产生混淆和误认，更不会对普拉达公司的商标识别功能受到损害，且该商业房产项目尚未开业经营，不存在使用商标的商品，故不构成侵害商标权。

不正当竞争行为是指经营者采取不正当的手段争取交易机会的行为。认定不正当竞争行为时，应具备 3 个条件：一是不正当竞争行为是一种市场竞争行为；二是违反了市场竞争原则；三是对市场竞争产生了损害。不正当竞争行为就是为了获取市场竞争优势或者破坏他人市场竞争优势，以不正当手段给其他经营者造成市场损害的行为。

普拉达公司通过长期的品牌维护和广告宣传投入,其商品已成为时尚文化品位的象征,为公众所认知、接受以及利用,东方源公司为获取有利的市场竞争地位,未经普拉达公司许可,在其广告内容中故意利用普拉达公司的商誉,借用“PRADA”的知名度,推介自己东方国际中心房产项目和推销店铺,以此吸引相关公众的视线,提升其店铺的品位和形象,将自己的店铺与时尚、高端商品密切联系,提高自己的商品推广交易机会,不正当的获取了比其他竞争者更为有利的地位和利益。东方源公司的广告无法避免给消费者造成普拉达公司商铺与中低端餐饮品牌混同在一起经营的印象,将有可能损害普拉达公司的品牌形象和商标声誉,构成不正当竞争。

【案件信息】

普拉达有限公司诉华商报社、陕西东方源投资发展有限公司侵害商标权案,陕西省西安市中级人民法院(2013)西民四初字第00227号民事判决书(2013年12月6日,姚建军、文艳、蒋瑜)。

案件来源:2013年中国法院知识产权司法保护50件典型案例。

第二节　互联网不正当竞争

241 网络服务经营者在其他经营者网站的搜索结果页面强行弹出广告的构成不正当竞争

【裁判要旨】

从事互联网服务的经营者,在其他经营者网站的搜索结果页面强行弹出广告的行为,违反诚实信用原则和公认商业道德,妨碍其他经营者正当经营并损害其合法权益,可以依照《反不正当竞争法》第2条的原则性规定认定为不正当竞争。

【关键词】

原则条款|互联网服务|强行弹出广告|搜索结果

【基本案情】

被告奥商网络公司经营“半岛人才网”“114 电话语音搜索”等网站，其具有“网络直通车”“搜索通”等业务和产品。

被告联通青岛公司经营青岛信息港(域名为 qd. sd. cn)网站。“电话实名”系联通青岛公司与奥商公司共同合作的一项语音搜索业务，联通青岛公司是被告联通山东公司下属分公司。第三人鹏飞航空公司经营航空机票销售代理等业务。

原告百度公司发现，通过山东省青岛市网通接入互联网，登录百度网站在该网站显示对话框中：输入“鹏飞航空”，点击“百度一下”，弹出显示有“打折机票抢先拿就打 114”的页面，点击该页面，打开了显示地址为 http://air. qd. sd. cn/的页面；输入“青岛人才网”，点击“百度一下”，弹出显示有“找好工作到半岛人才网 www. job17. com”的页面，点击该页面中显示的“马上点击”，打开了显示地址为 http://www. job17. com/的页面；输入“电话实名”，点击“百度一下”，弹出显示有“查信息打 114，语音搜索更好用”的页面，随后该页面转至相应的“电话实名”搜索结果页面。

百度公司提起诉讼，请求判令奥商网络公司、联通青岛公司的行为构成不正当竞争行为，并停止该不正当竞争行为，鹏飞航空公司承担连带责任；奥商网络公司、联通青岛公司、联通山东公司刊登声明以消除影响，共同赔偿损失 480 万元及合理开支 10 万元。

山东省青岛市中级人民法院判决：奥商网络公司、联通青岛公司不得利用技术手段，使通过联通青岛公司提供互联网接入服务的网络用户，在登录百度网站进行关键词搜索时，弹出奥商网络公司、联通青岛公司的广告页面，赔偿百度公司损失 20 万元，在各自网站首页位置上刊登声明以消除影响。联通青岛公司、奥商网络公司不服，提起上诉。山东省高级人民法院判决：驳回上诉，维持原判。

【裁判理由】

法院认为：

判断经营者的行为是否属于《反不正当竞争法》第 2 条规定的不正当竞争行为，应当考虑以下方面：一是行为实施者是反不正当竞争法意义上的经营者；二是经营者从事商业活动时，没有遵循自愿、平等、公平、诚实信用原则，违反了反不正当竞争法律规定和公认的商业道德；三是经营者的不正当竞争行为损害正当经营者的合法权益。

经营者的确定并不要求原、被告属同一行业或服务类别，只要是从事商品经营或者营利性服务的市场主体，就可成为经营者。因此虽然联通青岛公司是互联网接入服务经营者，百度公司是搜索服务经营者，服务类别上不完全相同，但是联通青岛公司实施的在百度搜索结果出现之前弹出广告的商业行为，与百度公司的付费搜索模式存在竞争关系。

在市场竞争中存在商业联系的经营者，违反诚信原则和公认商业道德，不正当地妨碍了其他经营者正当经营，并损害其他经营者合法权益的，可以依照《反不正当竞争法》第2条的原则性规定，认定为不正当竞争。尽管在互联网上发布广告、进行商业活动与传统商业模式有较大差异，但是从事互联网业务的经营者仍应当通过诚信经营、公平竞争来获得竞争优势，不能未经他人许可，利用他人的服务行为或市场份额来进行商业运作并从中获利。联通青岛公司与奥商网络公司实施的行为，是利用了百度网站搜索引擎在我国互联网用户中被广泛使用优势，利用技术手段，让使用联通青岛公司提供互联网接入服务的网络用户，在登录百度网站进行关键词搜索时，在正常搜索结果显示前强行弹出奥商公司发布的与搜索的关键词及内容有紧密关系的广告页面。这种行为诱使本可能通过百度公司搜索结果检索相应信息的网络用户点击该广告页面，影响了百度公司向网络用户提供付费搜索服务与推广服务，属于利用百度公司提供的搜索服务来为自己牟利。该行为既没有征得百度公司同意，又违背了使用其互联网接入服务用户的意志，容易导致上网用户误以为弹出的广告页面系百度公司所为，会使上网用户对百度公司提供服务的评价降低，对百度公司的商业信誉产生不利影响，损害了百度公司的合法权益，同时也违背了诚实信用和公认的商业道德，已构成不正当竞争。

【案件信息】

北京百度网讯科技有限公司诉青岛奥商网络技术有限公司、中国联合网络通信有限公司青岛市分公司、中国联合网络通信有限公司山东省分公司、第三人青岛鹏飞国际航空旅游服务有限公司不正当竞争案，山东省高级人民法院(2010)鲁民三终字第5-2号民事判决书(2010年3月20日，李伟、柳维敏、战玉祝)，山东省青岛市中级人民法院(2009)青民三初字第110号民事判决书(2009年9月2日，阎春光、纪晓昕、郭静)。

案件来源：指导案例45号(最高人民法院审判委员会讨论通过，2015年4月15日发布)，2010年中国法院知识产权司法保护10大案件，《最高人民法院公报》2010年第8期。

242 以保障计算机安全为名变更或诱导变更浏览器主页、劫持流量的行为系不正当竞争

【裁判要旨】

安全类软件在计算机系统中拥有优先权限,但经营者对该种特权的运用应当审慎,对终端用户及其他服务提供者的干预行为应以"实现功能所必需"为前提。以保障计算机系统安全为名,通过虚假弹窗、恐吓弹窗等方式擅自变更或诱导用户变更其浏览器主页,不正当地抢夺流量利益的行为,不仅损害了其他经营者的合法权益,也侵害了终端用户的知情权与选择权,有违诚实信用原则和公认的商业道德。

【关键词】

原则条款|安全软件|篡改主页|流量劫持|实现功能所必需

【基本案情】

原告二三四五公司系 2345 网址导航、2345 王牌浏览器的经营者,其中 2345 网址导航在中国网址导航市场中排名前列。

被告北京猎豹网络科技有限公司、北京猎豹移动科技有限公司、北京金山安全软件有限公司(合称金山猎豹公司)共同经营金山毒霸软件,并通过以下 6 类行为将终端用户设定的 2345 网址导航主页变更为由猎豹移动公司主办的毒霸网址大全:(1)通过金山毒霸的"垃圾清理"功能变更浏览器主页。(2)通过金山毒霸升级程序的"一键清理"弹窗,默认勾选"立即锁定毒霸网址大全为浏览器主页,保护浏览器主页不被篡改"。无论用户是否取消该勾选,浏览器主页均被变更。(3)通过金山毒霸的"一键云查杀""版本升级""浏览器保护"等功能变更浏览器主页,并针对不同浏览器进行区别对待。(4)通过金山毒霸的"安装完成"弹窗,默认勾选"设置毒霸导航为浏览器主页"。无论用户是否取消该勾选,浏览器主页均被变更。(5)通过金山毒霸"开启安全网址导航,防止误入恶意网站"弹窗,诱导用户点击"一键开启"变更浏览器主页。(6)通过金山毒霸的卸载程序篡改用户计算机注册表数据以变更浏览器主页。

二三四五公司以上述行为构成篡改主页、劫持流量等不正当竞争行为为由,提起诉讼请求判令金山猎豹公司停止不正当竞争行为,公开澄清事实消除影响,

赔礼道歉,赔偿损失1000万元及相应合理开支。

上海市浦东新区人民法院判决:金山猎豹公司停止涉案不正当竞争行为,公开声明消除影响,赔偿损失300万元和相应合理开支。金山猎豹公司不服,提起上诉。上海知识产权法院判决:驳回上诉,维持原判。

【裁判理由】

法院认为:

对本案中金山猎豹公司的行为是否违反诚实信用原则和公认的商业道德判断,可遵循以下标准:(1)金山猎豹公司经营的金山毒霸软件系安全类软件,该类软件在计算机系统中拥有优先权限,其应当审慎运用这种“特权”,对用户以及其他服务提供者的干预行为应以“实现其功能所必需”为前提;同时,被告猎豹移动公司是被变更主页后的毒霸网址大全的经营者,被告金山公司则是猎豹浏览器的经营者,均是讼争行为结果的直接获益者;因此金山猎豹公司事实上身兼多重身份,既是安全软件经营者,又是本案中获益的一般终端软件经营者,在这种拥有技术优势以及用户信任的情形下,应对金山猎豹公司课以较高标准的诚实信用原则以及公认的商业道德。(2)在另一层面,本案还涉及了网络最终用户的浏览器主页设置问题,网络用户对其浏览器主页设定拥有完整的自主决定权,这直接影响到作为消费者的网络用户的使用体验和消费福利;而基于网络用户对金山毒霸作为安全软件的较大信任,在其干涉网络用户对其他一般终端软件的选择时,更应当充分保障最终用户的知情权及选择权。(3)在充分保障网络用户的知情权及选择权的前提下,还需要考察金山猎豹公司涉案竞争行为的正当性,是否损害了其他经营者的合法权益。

对二三四五公司指控的六类行为是否违反诚实信用原则和公认的商业道德,应当具体分析。综合分析、判断二三四五公司指控的六类变更浏览器主页行为,事实上分为三类,在行为1、3、6中,金山猎豹公司通过金山毒霸在未告知网络用户的情况下变更用户浏览器主页;在行为2、4中,金山毒霸利用虚假弹窗变更用户浏览器主页;在行为5中,金山毒霸弹出恐吓弹窗,引诱用户主动变更浏览器主页。二三四五公司还主张金山猎豹公司在行为3中存在对不同浏览器的区别对待行为。

在金山猎豹公司通过金山毒霸软件安装、运行及卸载过程中实施的变更网络用户浏览器主页的六类行为中,金山猎豹公司作为安全软件以及与二三四五公司经营的一般终端软件具有直接竞争关系软件的经营者,在发挥安全软件正常功能时未采取必要且合理的方式,超出合理限度实施了干预其他软件运行的行为并给其他经营者造成损害。金山猎豹公司利用网络用户对其作为安全软件经营者的信任，或未告知用户，或实施虚假弹窗行为，或实施恐吓弹窗行为变更用户浏览器主页，直接侵害了网络用户的知情权和选择权，亦使二三四五公司合法权益及良好商誉受到了实际损害，使自己获得非法利益，上述行为业已违反诚实信用原则和公认的商业道德而具有不正当性及可责性。同时，金山猎豹公司在通过金山毒霸软件变更网络用户浏览器主页过程中实施的区别对待行为不正当的损害了二三四五公司的合法权益，为自己获取非法利益，除违反了上述诚实信用原则和公认的商业道德外，亦违反了平等竞争原则，构成不正当竞争。

【案件信息】

上海二三四五网络科技有限公司诉北京猎豹网络科技有限公司、北京猎豹移动科技有限公司、北京金山安全软件有限公司不正当竞争案，上海知识产权法院(2018)沪73民终5号民事判决书(2018年9月17日，丁文联、杨馥宇、易嘉)，上海市浦东新区人民法院(2016)沪0115民初5555号民事判决书(2017年8月10日，宫晓艳、杨捷)。

案件来源：2018年中国法院10大知识产权案件。

243 网络服务提供者对他人互联网产品和服务运行的干扰应遵循非公益必要不干扰原则

244 安全软件干预用户及其他服务提供者应以实现其功能所必须为前提，即最小特权原则

245 在网址导航站搜索框中设置指向自身网页的下拉提示词获取更多流量系不正当竞争

246 安全软件缺乏正当性、合理性基础对搜索引擎的搜索结果实施干扰的，系不正当竞争

【裁判要旨】

网络服务提供者在特定情况下可以不经网络用户知情并主动选择

以及其他互联网产品和服务提供者同意，干扰他人互联网产品或服务的运行，但必须限于保护网络用户等社会公共利益的需要，并且应当确保干扰手段的必要性和合理性，即"非公益必要不干扰原则"。

安全软件在计算机系统中拥有优先权限，其应当审慎运用这种"特权"，对用户以及其他服务提供者的干预行为应以"实现其功能所必须"为前提，即"最小特权"原则。在缺乏合理性与必要性的情况下，未经许可对他人搜索结果实施的干扰行为，构成不正当竞争。

在网址导航站的搜索框中设置直接指向自身相关网页内容的下拉提示词等行为，不出于任何公共利益的需要，仅仅是为自身网站获取更多用户访问量的手段，超出了正当的商业竞争的限度，构成不正当竞争。

【关键词】

非公益必要不干扰｜最小特权原则｜安全软件｜插标｜下拉提示词

【基本案情】

原告百度网讯公司和百度在线公司（合称百度公司）是百度网的经营者。被告奇虎公司和奇智公司（合称360公司）是360安全卫士的经营者。

2012年2月和3月，360安全卫士在百度网搜索结果页面上有选择地插入了红底白色感叹号图标作为警告标识，以警示用户该搜索结果对应的网站存在风险。360安全卫士还逐步引导网络用户点击安装360安全浏览器，对其浏览器产品进行推广。2012年3月和4月，360公司在其网址导航网站网页上嵌入百度搜索框，通过修改百度网在其搜索框上向用户提供的下拉提示词，引导用户访问本不在相关关键字搜索结果中靠前位置的、甚至与用户搜索目的完全不同的奇虎公司经营的影视、游戏等页面。

百度公司提起诉讼，请求判令360公司停止涉案侵害商标权和不正当竞争行为，在媒体上刊登声明消除影响，并赔偿损失1000万元及合理开支15万元。

北京市第一中级人民法院判决：奇虎公司停止涉案不正当竞争行为，在媒体上刊登声明消除影响，并赔偿损失40万元和合理开支5万元。奇虎公司不服，提起上诉。北京市高级人民法院判决：驳回上诉，维持原判。奇虎公司仍不服，申请再审。最高人民法院裁定：驳回其再审申请。

【裁判理由】

最高人民法院认为：

奇虎公司在百度搜索引擎部分搜索结果中添加警示图标是通过修改百度相关页面代码的方式实现的。二审法院认为，网络服务提供者在特定情况下可以不经网络用户知情并主动选择以及其他互联网产品和服务提供者同意，干扰他人互联网产品或服务的运行，但必须限于保护网络用户等社会公共利益的需要，并且应当确保干扰手段的必要性和合理性，即"非公益必要不干扰原则"。奇虎公司对上述原则表示认同。故奇虎公司在未经允许的情况下对百度搜索结果进行了干扰，其应证明其行为具有必要性和合理性。

奇虎公司所称安全软件的独特功能以及互联网安全环境的复杂等原因，仅仅能证明用户需要安全软件以保护其上网安全，却不足以证明其在搜索引擎特定搜索结果中添加安全警示的必要性与合理性。搜索结果中可能存在含有有害信息的网站这一事实，也不能当然成为安全软件以插标方式干扰他人搜索引擎服务的合理理由。

安全软件在计算机系统中拥有优先权限，其应当审慎运用这种"特权"，对用户以及其他服务提供者的干预行为应以"实现其功能所必需"为前提，即专家所称的"最小特权"原则。本案中，是否添加安全警示以及在哪个搜索结果中添加安全警示，甚至对于哪个搜索引擎的搜索结果添加安全警示，完全依赖于奇虎公司单方的选择和判断，奇虎公司不仅有义务证明其添加警示图标的行为具有合理的基础，而且应当证明该行为是实现其安全防护功能所必须采用的措施。本案中，奇虎公司并未证明该行为的必要性和合理性，不能因为该行为具有一定的公益性而反推"不允许该行为就有害于公共利益"的结论。

百度公司提供搜索引擎服务，其首先有义务遵守各种相关法律法规的要求，合法地进行服务；其次，其所提供的服务的品质也会直接影响其企业的竞争力和利益。如果百度搜索引擎所提供的搜索结果中存在大量的有害信息，或者其纵容自己的付费用户利用其推广服务损害网络用户利益，百度公司自然会承担相应的后果，如违反法律法规所导致的相应责任，或者网络用户的流失等。这些同样不是奇虎公司安全软件对其搜索引擎结果进行干预的理由。奇虎公司自己提供的搜索引擎服务的模式系其自主选择，但不同的服务提供者提供各具特色的产品，消费者可以按照自己的喜好进行选择，这才是市场竞争的活力和消费者福利所在。在未经许可的情况下直接对他人所提供的服务进行干预的行为，并不是维护公共利益的最好办法，反而有可能引起服务提供者之间的对立和冲突，不利于良好竞争秩序的形成。

奇虎公司设置的下拉提示词直接指向其经营的影视、游戏等页面，而非以该提示词为搜索关键词的百度搜索结果页面。在用户设置其他搜索方向时仍插入与该搜索方向关联性很小的提示词，如在用户搜索 mp3、图片甚至地图时仍然插入相关影视剧提示词，点击即进入奇虎公司经营的相关页面。在用户并未输入搜索关键词、仅选择了搜索方向时也会进入奇虎公司相关网页。上述行为干扰了百度网站正常的搜索服务以及用户对百度搜索结果的正常使用，有可能引导用户访问与其搜索目的无关的网站，而且该行为不出于任何公共利益的需要，仅仅是为奇虎公司网站获取更多用户访问量的手段，超出了正当的商业竞争的限度，构成不正当竞争。

【案件信息】

北京百度网讯科技有限公司、百度在线网络技术（北京）有限公司诉北京奇虎科技有限公司、奇智软件（北京）有限公司侵害商标权及不正当竞争案，最高人民法院（2014）民申字第873号民事裁定书（2014年11月19日，夏君丽、钱小红、董晓敏），北京市高级人民法院（2013）高民终字第2352号民事判决书（2013年12月17日，刘辉、石必胜、陶钧），北京市第一中级人民法院（2012）一中民初字第5718号民事判决书（2013年4月26日，仪军、袁伟）。

案件来源：最高人民法院知识产权案件年度报告（2014）。

247 互联网行业惯常商业模式不违反竞争原则和禁止规定的，他人不得以不正当方式干扰

248 通过破坏合法商业模式方式不浏览广告又享受免费服务的，并非可受保护的用户利益

249 公正客观且不违反法律原则和规则的行业从业规范可作为证明公认商业道德的渊源

250　不正当利用他人市场成果为自己谋取商业机会从而获取竞争优势的，系不正当竞争

251　技术进步是否属于应受鼓励的自由竞争和创新，须从竞争秩序和公共利益等角度判断

252　是否以误导方式对竞争对手的商业信誉或商品声誉造成损害是构成商业诋毁的要件

253　片面陈述真实事实对竞争对手的商品声誉或商业信誉产生负面影响的，亦属商业诋毁

【裁判要旨】

免费平台与广告或增值服务相结合的商业模式是争议发生时互联网行业惯常的经营方式，符合我国互联网市场发展的阶段性特征，不违反反不正当竞争法的原则精神和禁止性规定，经营者以此谋求商业利益的行为应受保护，他人不得以不正当干扰方式损害其正当权益。

商业模式的改进和服务质量的提高应当是正当竞争和市场发展的结果，而不能通过不正当竞争的方式推进。即便后来商业模式得以改进和服务质量得到提高，也不能当然将其作为判断先前商业模式是否损害消费者权益和具有不正当性的依据。因此，通过使用破坏网络服务提供者合法商业模式、损害网络服务提供者合法权益的软件来达到既不浏览广告和相关插件，又可以免费享受即时通讯服务的行为，已超出了合法用户利益的范畴。

不付出劳动或者不正当地利用他人已经取得的市场成果，为自己谋取商业机会，从而获取竞争优势的行为，属于食人而肥的不正当竞争行为。

在市场经营活动中，相关行业协会或者自律组织为规范特定领域的竞争行为和维护竞争秩序，有时会结合其行业特点和竞争需求，在总结归纳其行业内竞争现象的基础上，以自律公约等形式制定行业内的从业规范，以约束行业内的企业行为或者为其提供行为指引。这些行业性规范常常反映和体现了行业内的公认商业道德和行为标准，可以成为人民法院发现和认定行业惯常行为标准和公认商业道德的重要渊源之一。当然，这些行业规范性文件同样不能违反法律原则和规则，必须公正、客观。人民法院在判断其相关内容合法、公正和客观的基础上，将其作为认定互联网行业惯常行为标准和公认商业道德的参考依据，并无不当。

互联网行业鼓励自由竞争和创新，但竞争自由和创新自由必须以不侵害他人合法权益为边界，是否属于互联网精神鼓励的自由竞争和创新，仍然需要以是否有利于建立平等公平的竞争秩序、是否符合消费者的一般利益和社会公共利益为标准来进行判断，而不是仅有某些技术上的进步即应认为属于自由竞争和创新。技术本身虽然是中立的，但技术也可以成为进行不正当竞争的工具。技术革新应当成为公平自由竞争的工具，而非干涉他人正当商业模式的借口。

经营者的行为是否违反法律和行政法规属于有关行政机关和司法机关依法认定的范畴，竞争者无权以自己的标准作出评判，更无权以为广大消费者利益为名对他人合法经营模式进行干预。

认定是否构成商业诋毁，其根本要件是相关经营者之行为是否以误导方式对竞争对手的商业信誉或者商品声誉造成了损害。片面陈述真实的事实而贬损他人商誉，同虚假宣传一样容易引人误解，足以导致相关消费者对相关商品产生错误认识，进而影响消费者的决定，并对竞争对手的商品声誉或者商业信誉产生负面影响，损害竞争者的利益。

【关键词】

互联网不正当竞争｜公认的商业道德｜商业模式｜行业从业规范｜竞争自由

【基本案情】

原告腾讯公司、腾讯计算机公司（合称腾讯公司）是QQ软件的著作权人和开发、运营方。QQ软件采用的是“免费服务平台上开展盈利业务以及推广其他产品和服务”的商业模式，在其QQ平台上设置了各种按钮和图标以便用户根据需要选用。

被告奇虎公司、奇智公司(合称360公司)针对该QQ软件专门开发了扣扣保镖,在相关网站上宣传扣扣保镖全面保护QQ用户安全,并提供相关下载。在安装了扣扣保镖软件后,该软件会自动对QQ软件进行体检,并以红色字体警示用户QQ存在严重的健康问题,以绿色字体提供一键修复帮助。同时将"没有安装360安全卫士,电脑处于危险之中;升级QQ安全中心;阻止QQ扫描我的文件"列为危险项目。点击一键修复后,相应计算机页面提示"共有31个QQ插件,已禁用其中11个插件",禁用了"腾讯搜搜""QQ书签""企业QQ""SOSO搜吧""游戏人生""QQ网站""QQ宠物""腾讯对战游戏"等11个插件,对话框上部显示"禁用掉您平时不需要使用的插件,让您的QQ运行如飞",下部设有"一键优化"键。点击该"一键优化"功能键或手动模式禁用相关插件后,QQ软件界面上相应的功能按钮则无法使用。

腾讯公司提起诉讼,请求判令360公司停止开发、传播和发行扣扣保镖及相关软件,停止已发行和传播的扣扣保镖软件现有功能,停止诋毁腾讯公司的产品和服务等不正当竞争行为,在媒体上赔礼道歉,消除影响,连带赔偿损失1.25亿元及合理开支。

广东省高级人民法院判决:360公司连带赔偿腾讯公司损失及合理开支500万元,并在媒体上就其不正当竞争行为向腾讯公司赔礼道歉,消除影响。360公司不服,提起上诉。最高人民法院判决:驳回上诉,维持原判。

【裁判理由】

最高人民法院认为:

腾讯公司为谋取市场利益,通过开发QQ软件,以该软件为核心搭建一个综合性互联网业务平台,并提供免费的即时通讯服务,吸引相关消费者体验、使用其增值业务,同时亦以该平台为媒介吸引相关广告商投放广告,以此创造商业机会并取得相关广告收入。这种免费平台与广告或增值服务相结合的商业模式是本案争议发生时互联网行业惯常的经营方式,也符合我国互联网市场发展的阶段性特征。360公司也采用这种商业模式。这种商业模式并不违反反不正当竞争法的原则精神和禁止性规定,腾讯公司以此谋求商业利益的行为应受保护,他人不得以不正当干扰方式损害其正当权益。

360公司针对QQ软件专门开发了扣扣保镖,该扣扣保镖运行后对QQ软件进行深度干预,使QQ软件相关功能键的全部或者部分功能无法使用,破坏了该软件运行的完整性。同时,360公司引导用户安装其360安全卫士,替换QQ软件安全中心,破坏了QQ软件相关服务的安全性并对QQ软件整体具有很强的威胁性。

经营者非以损害他人合法权益和谋求不正当商业利益为目的,提供尽可能便利消费者选择或者更好满足消费需求的中立性技术工具或者手段,非但不会受到法律禁止,而且还会得到市场激励。而经营者采取哪一种商业模式,取决于市场竞争状况和消费者选择,但商业模式的改进和服务质量的提高应当是正当竞争和市场发展的结果,而不能通过不正当竞争的方式推进。即便后来商业模式得以改进和服务质量得到提高,也不能当然将其作为判断先前商业模式是否损害消费者权益和具有不正当性的依据。因此,通过使用破坏网络服务提供者合法商业模式、损害网络服务提供者合法权益的软件来达到既不浏览广告和相关插件,又可以免费享受即时通讯服务的行为,已超出了合法用户利益的范畴。

综上所述,360公司在本案的被诉行为减少了腾讯公司的经济收益和增值服务交易机会,干扰其正当经营活动,损害其合法权益,违反了实信用原则和公认的商业道德,构成不正当竞争。

在市场经营活动中,相关行业协会或者自律组织为规范特定领域的竞争行为和维护竞争秩序,有时会结合其行业特点和竞争需求,在总结归纳其行业内竞争现象的基础上,以自律公约等形式制定行业内的从业规范,以约束行业内的企业行为或者为其提供行为指引。这些行业性规范常常反映和体现了行业内的公认商业道德和行为标准,可以成为人民法院发现和认定行业惯常行为标准和公认商业道德的重要渊源之一。当然,这些行业规范性文件同样不能违反法律原则和规则,必须公正、客观。《互联网终端软件服务行业自律公约》(以下简称《自律公约》)系互联网协会部分会员提出草案,并得到包括本案当事人在内的互联网企业广泛签署,该事实在某种程度上说明了该自律公约确实具有正当性并为业内所公认,其相关内容也反映了互联网行业市场竞争的实际和正当竞争需求。人民法院在判断其相关内容合法、公正和客观的基础上,将其作为认定互联网行业惯常行为标准和公认商业道德的参考依据,并无不当。一审法院在裁判本案时对于《自律公约》《规范互联网信息服务市场秩序若干规定》的援用并不是将其作为法律规范性文件意义上的依据,实质上只是作为认定行业惯常行为标准和公认商业道德的事实依据,并无不当。

正当的市场竞争是竞争者通过必要的付出而进行的诚实竞争。不付出劳动或者不正当地利用他人已经取得的市场成果,为自己谋取商业机会,从而获取竞争优势的行为，属于食人而肥的不正当竞争行为。360 公司在经营扣扣保镖时，将自己的产品和服务嵌入 QQ 软件界面，取代了腾讯公司 QQ 软件的部分功能，其根本目的在于依附 QQ 软件强大用户群，通过对 QQ 软件及其服务进行贬损的手段来推销、推广 360 安全卫士，从而增加 360 公司的市场交易机会并获取市场竞争优势，此行为本质上属于不正当地利用他人市场成果，为自己谋取商业机会从而获取竞争优势的行为。因此，360 公司在给腾讯公司造成经济损失的同时推销自己的产品，增加自己的交易机会，违反了诚实信用和公平竞争原则，构成不正当竞争。

互联网的发展有赖于自由竞争和科技创新，互联网行业鼓励自由竞争和创新，但这并不等于互联网领域是一个可以为所欲为的法外空间。竞争自由和创新自由必须以不侵害他人合法权益为边界，互联网的健康发展需要有序的市场环境和明确的市场竞争规则作为保障。是否属于互联网精神鼓励的自由竞争和创新，仍然需要以是否有利于建立平等公平的竞争秩序、是否符合消费者的一般利益和社会公共利益为标准来进行判断，而不是仅有某些技术上的进步即应认为属于自由竞争和创新。否则，任何人均可以技术进步为借口，对他人的技术产品或者服务进行任意干涉，就将导致借技术进步、创新之名，而行“丛林法则”之实。技术创新可以刺激竞争，竞争又可以促进技术创新。技术本身虽然是中立的，但技术也可以成为进行不正当竞争的工具。技术革新应当成为公平自由竞争的工具，而非干涉他人正当商业模式的借口。360 公司以技术创新为名，专门开发扣扣保镖对腾讯公司 QQ 软件进行深度干预，难以认定其行为符合互联网自由和创新之精神。

另外，腾讯公司行为是否构成捆绑和搭售，属于有关行政机关和司法机关依法认定的范畴，360 公司作为与腾讯公司平等的民事主体，无权以自己的标准对腾讯公司的行为作出评判并采取措施。360 公司作为市场经营主体，难以代表广大消费者的利益，无权以为广大消费者利益为名对腾讯公司合法的经营模式等进行干预。

认定是否构成商业诋毁，其根本要件是相关经营者之行为是否以误导方式对竞争对手的商业信誉或者商品声誉造成了损害。片面陈述真实的事实而贬损他人商誉，同虚假宣传一样容易引人误解，足以导致相关消费者对相关商品产生错误认识，进而影响消费者的决定，并对竞争对手的商品声誉或者商业信誉产生负面影响，损害竞争者的利益。换言之，即使某一事实是真实的，但由于对其进行了片面的引人误解的宣传，仍会对竞争者的商业信誉或者商品声誉造成损害，因此亦属于《反不正当竞争法》第 14 条予以规范的题中应有之义。

经营者对于他人的产品、服务或者其他经营活动并非不能评论或者批评，但评论或者批评必须有正当目的，必须客观、真实、公允和中立，不能误导公众和损人商誉。经营者为竞争目的对他人进行商业评论或者批评，尤其要善尽谨慎注意义务。360公司无事实依据地宣称QQ软件会对用户电脑硬盘隐私文件强制性查看，并且以自己的标准对QQ软件进行评判并宣传QQ存在严重的健康问题，造成了用户对QQ软件及其服务的恐慌及负面评价，使相关消费者对QQ软件的安全性产生怀疑，影响了消费者的判断，并容易导致相关用户弃用QQ软件及其服务或者选用扣扣保镖保护其QQ软件。这种评论已超出正当商业评价、评论的范畴，突破了法律界限，构成商业诋毁。

【案件信息】

腾讯科技（深圳）有限公司、深圳市腾讯计算机系统有限公司诉北京奇虎科技有限公司、奇智软件（北京）有限公司不正当竞争案，最高人民法院（2013）民三终字第5号民事判决书，广东省高级人民法院（2011）粤高法民三初字第1号民事判决书。

案件来源：最高人民法院知识产权案件年度报告（2014）。

254 免费视频加广告的经营模式属于合法经营活动，应当受到反不正当竞争法的保护

255 竞争关系的构成取决于被诉经营行为是否有损人利己的可能而非是否同业竞争或直接竞争

256 明知应知经营行为会破坏他人合法经营模式仍不当利用其经营利益的系不正当竞争

【裁判要旨】

竞争关系的构成应取决于经营者的经营行为是否具有“损人利己的可能性”。免费视频加广告的经营模式，既未违反现有相关法律规定，亦未违反商业道德以及诚实信用原则，属于合法的经营活动，应受到《反不正当竞争法》的保护。明知或者应知其经营行为会破坏他人的合法经营

模式，且不当利用该他人经营利益仍从事相应经营的，构成属于《反不正当竞争法》第 2 条规定的不正当竞争行为。

【关键词】

竞争关系｜诚实信用｜损人利己｜经营模式｜广告过滤

【基本案情】

原告合一公司经营优酷网，主要向用户提供视频播放服务，其中，主营业务模式为“广告 + 免费视频”，即用户通过观看视频广告，可以免费观看视频，合一公司从广告商处获取收益弥补版权费等经营成本。

被告金山安全公司、金山网络公司（合称金山公司）开发经营猎豹浏览器软件，该浏览器可过滤优酷网视频广告。合一公司提起诉讼，主张猎豹浏览器过滤优酷网视频广告的功能系通过修改并诱导用户修改优酷网参数来实现，对优酷网构成不正当竞争，请求判令停止不正当竞争行为，并公开声明不再从事相应行为，消除影响，赔偿损失及合理开支 500 万元。

北京市海淀区人民法院判决金山公司共同在猎豹网站就本案不正当竞争行为为合一公司消除影响，共同赔偿损失及合理开支 30 万元。金山公司等不服，提起上诉。北京市第一中级人民法院判决：驳回上诉，维持原判。

【裁判理由】

法院认为：

竞争关系的存在是判断不正当竞争行为的前提条件。竞争关系的构成不取决于经营者之间是否属于同业竞争，亦不取决于是否属于现实存在的竞争，而应取决于经营者的经营行为是否具有“损人利己的可能性”，如果经营者的行为不仅具有对其他经营者的经营利益造成损害的可能性，且该经营者同时会基于这一行为而获得现实或潜在的经营利益，则可以认定二者具有竞争关系。

合一公司从事视频网站的经营，金山公司从事被诉猎豹浏览器的开发及提供等经营行为，被诉猎豹浏览器所具有的视频广告过滤的功能不仅可能对合一公司的免费视频加广告这一经营活动及其所带来的经营利益造成损害，同时亦可能会使金山公司由此获得更多用户从而获利，因此，金山公司实施的被诉行为具有损人利己的可能性，两者具有竞争关系。

合一公司作为优酷网站的经营者，其向用户提供免费视频服务的同时，亦会提供相应视频广告。鉴于合一公司的正常经营活动需要支出相应成本，且其向用户提供的视频中有相当比例需要支付费用购买，因此，合一公司显然并无义务在用户不支付任何对价的情况下向其提供视频，否则，其正常经营活动将难以维系。合一公司在向用户提供免费视频的同时附之以相应视频广告，既未违反现有相关法律规定，亦未违反商业道德以及诚实信用原则，属于合法的经营活动，应受到反不正当竞争法的保护。

在免费视频加广告的经营模式下，合一公司的收入来自广告商的投入，而在片头视频广告被过滤后，合一公司的广告收入必然会受到实质影响，破坏合一公司正常经营活动，甚而对整个视频网站的生存产生影响。

作为互联网从业者，金山公司对于用户选择被诉浏览器过滤功能的可能性，以及该过滤后果可能对合一公司经营利益所造成的损害显然明确知晓，在此情况下，却依然开发并向用户提供被诉猎豹浏览器，故金山公司主观上亦有破坏合一公司正当经营活动的故意。

被诉猎豹浏览器所具有的视频广告过滤的功能会使相当比例的优酷网用户选择使用被诉猎豹浏览器，从而使猎豹浏览器的用户量相应增加，金山公司对被诉浏览器的开发及提供行为显然属于不当利用合一公司经营利益的行为。

使用被诉浏览器的视频广告过滤功能虽然可以使用户在观看视频前不再观看广告，但如果对于提供具有视频广告过滤功能猎豹浏览器的行为合法性予以确定，则很可能意味着视频网站难以获得广告收入，从而使其主要商业模式由免费视频加广告变为收费模式，如果视频网站无法使用免费视频加广告这一模式，而网络用户较难接受收费模式，则在未来一段时间内，将很可能出现整个视频网站行业难以维系的局面。虽然用户在互联网上获得视频的渠道不仅仅来自视频网站，但这一情形的出现，必然会使用户在互联网上获得视频内容的机会大大减少，从而客观上导致用户的利益受到损害。

【案件信息】

合一信息技术（北京）有限公司诉贝壳网际（北京）安全技术有限公司、北京金山安全软件有限公司、北京金山网络科技有限公司不正当竞争案，北京市第一中级人民法院（2014）一中民终字第3283号民事判决书（2014年9月20日，芮松艳、逯遥、周文君），北京市海淀区人民法院（2013）海民初字第13155号民事判决书（2013年5月29日，闫肃、曹丽萍、李囡）。

案件来源：2014年中国法院50件典型知识产权案例。

257 以技术手段跳过广告观看视频、破坏他人"广告+免费视频"经营模式的，系不正当竞争

【裁判要旨】

行为人开发并运营相关软件，实现无须观看片前广告即可直接观看其他网络视频平台视频的功能，该行为违背了诚实信用原则，损害了其他网络视频平台依托其正当商业模式获取商业利益的合法权益，构成不正当竞争。

【关键词】

互联网不正当竞争｜视频聚合平台｜广告过滤｜商业模式

【基本案情】

原告爱奇艺公司系国内知名视频内容提供商，通其网站、电脑客户端及安卓、苹果等移动平台客户端，向网络用户提供视频播放服务。其主要经营模式为在视频内容播放前播放广告以收取广告费，在网站及客户端上为客户投放广告，或者向用户提供付费会员服务，会员可观看无片前广告的视频内容，通过这些收入再支付视频版权、带宽、推广等支出，以维持其正常运营。

被告聚网视公司开发并运营"VST 全聚合"软件，该软件聚合了包括爱奇艺在内的国内主流的 18 个视频网站的内容，可以安装于安卓平台的 PAD、手机和电视机顶盒和智能电视中。用户在安装了"VST 全聚合"软件后，可以直接播放爱奇艺公司的网络视频，视频播放时没有片前广告。原理是：聚网视公司软件的播放接口内置了已破解的爱奇艺 TV 端口的视频数据接口的密钥（Key 值），并存储于 Soload 文件中，因此在结合访问时间值、视频数据接口的密钥（Key 值）以及视频来源数据中显示的视频编号进行 MD5 加密时，聚网视公司软件客户端发出的 SC 值与爱奇艺公司客户端生成的 SC 值一致，能够通过服务器验证，从而使爱奇艺公司向"VST 全聚合软件"客户端提供影视剧的正片内容。

爱奇艺公司提起诉讼，请求判令聚网视公司停止在"VST 全聚合"中播放来源于爱奇艺公司经营网站的视频内容，立即停止在"VST 全聚合"中播放来源于爱奇艺公司经营网站的视频内容时屏蔽视频广告，赔偿损失 992,000 元、律师费

50,000 元、公证费 14,250 元,公开刊登声明消除影响。

上海市杨浦区人民法院判决:聚网视公司赔偿爱奇艺公司损失 30 万元及合理开支 6 万元,就其不正当竞争行为在其官方网站刊登声明,消除影响。聚网视公司不服,提起上诉。上海知识产权法院判决:驳回上诉,维持原判。

【裁判理由】

法院认为:

爱奇艺公司针对其不同的用户提供不同的经营模式,以此获得商业利益。对于一般用户,其提供"广告 + 免费视频"的经营模式,即用户通过观看长度不等的广告获得免费视频的观看,爱奇艺公司则通过广告点击量等获取广告利益。对于会员用户,爱奇艺公司则通过收取会员费用获取商业利益,会员因其支付的对价可不看广告直接观看视频。爱奇艺公司依托上述经营模式谋求商业利益的行为应受法律保护。绕开广告直接播放爱奇艺公司视频的行为是聚网视公司采取技术手段的结果,聚网视公司凭借技术使其用户在无须付出时间成本和费用成本的情况下,观看爱奇艺公司的视频,这将导致部分爱奇艺公司用户转而成为聚网视公司的用户以及爱奇艺公司广告点击量的下降。聚网视公司通过技术让其用户观看爱奇艺公司视频,但其并未支付版权费等营运成本,相应的版权费等营运成本皆由爱奇艺公司承担。爱奇艺公司在支付成本的同时,还面临用户数量减少和广告点击量下降导致的商业利益的损失。作为技术实施方的聚网视公司是应当知道实施该技术会出现自己得利他人受损的后果,仍实施该技术,具有主观故意,违背了诚实信用原则和公认的商业道德,侵害了爱奇艺公司合法的经营活动,其行为不具有正当性,构成不正当竞争。

爱奇艺公司依托广告点击量和会员用户会费来获取商业利益的,聚网视公司通过"VST 全聚合软件",绕开爱奇艺公司广告直接播放视频,不仅会减少爱奇艺公司广告点击量,影响其广告收入,也会使爱奇艺公司包括会员用户在内的用户的流失,给爱奇艺公司合法经营活动造成损害。即便聚网视公司目前暂无盈利,但互联网经济环境下,对企业估值评价并不仅仅依据盈利标准,用户数量、市场占有率等是企业谋求商业利益的基石,故聚网视公司应承担赔偿损失的民事责任。由于爱奇艺公司未提供证据证明其所受损失以及聚网视公司的获利,基于本案所涉侵权行为系互联网环境下的侵权,"VST 全聚合软件"对爱奇艺公司的影响难以量化,综合考虑爱奇艺公司的知名度、网络用户数量、视频内容的丰富度及经营成本、"VST 全聚合"软件的下载量、播放时长和聚网视公司的经营规模、侵权过错程度等因素,酌情确定赔偿数额。

【案件信息】

北京爱奇艺科技有限公司诉深圳聚网视科技有限公司不正当竞争案,上海知识产权法院(2015)沪知民终字第728号民事判决书(2016年4月26日,陈惠珍、杨韡、范静波),上海市杨浦区人民法院(2015)杨民三(知)初字第1号民事判决书(2015年10月14日,郑旭珏、黄洋)。

案件来源:《最高人民法院公报》2016年第12期,2016年中国法院50件典型知识产权案例。

258 直播平台的挖脚行为损害竞争者利益未促进市场效率又扰乱竞争秩序有损行业发展①

【裁判要旨】

网络直播行业的竞争,实际上就是平台主播资源的竞争。主播并非企业员工,更类似于传统行业中参与竞争的企业产品,特别是自行发掘并培养的主播,实际上就是平台推向市场直接参与市场竞争、抢占市场占有率、获取流量的"优质产品"。主播的流失,将直接导致平台竞争力和市场占有率的下降。使用他人签约主播,实质上就是直接攫取他人竞争果实,若无法促进市场效率,反而扰乱了公平竞争市场秩序,有损行业发展,则应归于可责性的不正当竞争行列。

【关键词】

互联网不正当竞争 | 竞争者利益 | 竞争秩序 | 市场效率 | 网络直播

【基本案情】

第三人斗鱼公司系直播平台斗鱼TV的主办单位,原告鱼趣公司向斗鱼TV输送主播资源,主播是斗鱼TV平台的内容提供商。

全民TV也是直播平台,主办单位是被告炫魔公司,后变更为被告脉淼公司,脉淼公司是炫魔公司的唯一股东。

① 本案涉及的侵害信息网络传播权的部分见《著作权及其他裁判规则》一书。

2015年9月1日,鱼趣公司委派被告朱浩在斗鱼TV解说平台进行游戏解说,双方约定协议游戏解说视频、音频的各项权利、权益自产生之日起即属于鱼趣公司独家所有,合作费为每年400万元。

2016年5月,鱼趣公司发现朱浩在全民TV平台直播"炉石传说"(暴雪娱乐开发的一款免费卡牌游戏)。鱼趣公司提起诉讼,请求确认鱼趣公司对朱浩在双方合约期内制作的协议游戏解说作品享有著作权,该游戏解说既包括在斗鱼TV平台上的游戏解说,也包括在含全民TV平台在内的其他所有直播平台的游戏解说;炫魔公司、脉淼公司的行为侵害鱼趣公司的信息网络传播权并构成不正当竞争,判令脉淼公司停止直播、播放;判令朱浩、炫魔公司、脉淼公司赔偿鱼趣公司损失90万元及相应合理开支。

湖北省武汉市东湖新技术开发区人民法院判决:炫魔公司、脉淼公司在全民TV平台上直播、播放朱浩涉案"炉石传说"游戏解说视频、音频的行为构成对鱼趣公司的不正当竞争,脉淼公司停止不正当竞争,朱浩、炫魔公司、脉淼公司连带赔偿损失含合理开支90万元。鱼趣公司,炫魔公司和脉淼公司均不服,提起上诉。湖北省武汉市中级人民法院判决:维持一审判决关于赔偿数额的判项,撤销其他判项,炫魔公司、脉淼公司在全民TV上使用朱浩进行"炉石传说"游戏解说的行为构成不正当竞争,脉淼公司停止不正当竞争行为。

【裁判理由】

法院认为:

网络直播行业中,特别是"炉石传说"等游戏直播,因基于特定游戏平台进行,录制和传播方式大同小异,平台的更换并不会带来实质的改变和提升,观众的用户体验和选择机会并不会增加。炫魔公司、脉淼公司虽攫取了鱼趣公司的竞争资源和劳动成果,但所提供的仍是同质化的服务,并未促进行业效率的提升。

主播的流失将直接导致观众的流失,涉案主播为鱼趣公司自行培养,鱼趣公司对该主播资源的获取付出了巨大的劳动。在该种情形下,炫魔公司、脉淼公司擅自使用主播的行为实质上是直接取代了鱼趣公司本应拥有的竞争优势,造成了实质性的损害。

炫魔公司、脉淼公司直接使用他人培养并独家签约的知名主播资源的行为,若得到认可,将会改变产业生态和竞争秩序。如果不加节制地允许市场主体任意使用他人通过巨大投入所培养的主播,以及放任主播的随意更换平台,竞争主体将着力于直接攫取主播资源及其所附带的观众和流量,而不再对优质主播资源的培养和产生进行投入，又或者哄抬主播身份，增加行业的负担和成本，最终导致无序及无效竞争，整个行业的发展放缓。而事实上，平台、主播、行业相辅相成，相互影响，当行业竞争秩序受到影响，最终平台、主播同样会受到损害。

主播平台的更换并不会增加消费者的选择，反而若主播的培养者和资源投入者的利益不能得到保护，放任无序竞争的将可能导致投入的减少和行业发展的减缓，消费者的利益最终将受到损害。

炫魔公司、脉淼公司明知朱浩系斗鱼TV平台签约主播而擅自使用他人培养并独家签约的知名主播资源的行为违反公认的商业道德构成不正当竞争。

【案件信息】

武汉鱼趣网络科技有限公司诉上海炫魔网络科技有限公司、上海脉淼信息科技有限公司、朱浩、第三人武汉斗鱼网络科技有限公司侵害著作权及不正当竞争案，湖北省武汉市中级人民法院（2017）鄂01民终4950号民事判决书（2017年10月10日，余杰、熊艳红、赵千喜），湖北省武汉东湖新技术开发区人民法院（2016）鄂0192民初1897号民事判决书。

案件来源：2017年湖北法院知识产权保护10大典型案例。

259　未经许可对他人投资并组织运营的网络游戏赛事进行直播损人利己的，系不正当竞争

【裁判要旨】

未经授权许可，擅自对网络游戏赛事进行实时直播，免费坐享他人投资并组织运营赛事所产生的商业成果，为自己谋取商业利益和竞争优势，其实际上是一种“搭便车”行为，违反反不正当竞争法中的诚实信用原则，违背公认的商业道德，损害比赛组织运营者的合法经营利益，构成不正当竞争。

【关键词】

互联网不正当竞争｜公认的商业道德｜网络游戏｜直播｜“搭便车”

【基本案情】

DOTA2（刀塔2）是美国维尔福公司（Valve Corporation）开发的一款风靡全球的电子竞技类网络游戏，该游戏在中国大陆地区的代理运营商为完美世界（北京）

网络技术有限公司。2014 年,原告耀宇公司与游戏运营商签订战略合作协议,共同运营 2015 年 DOTA2 亚洲邀请赛。耀宇公司通过协议约定获得该赛事在中国大陆地区的独家视频转播权,并负责赛事的执行及管理工作(包括选手管理、赛事宣传、场地租赁及搭建布置、设备租赁及购置、主持人聘请、赛事举行、后勤保障以及节目拍摄、制作、直播、轮播和点播等)。

耀宇公司在 2015 年 1 月至 2 月举办涉案赛事,赛事分为预选赛、决赛。2015 年 1 月举行 120 场预选赛,该阶段各参赛队伍通过互联网及计算机进行比赛。通过预选赛,名次靠前的和其他受邀参赛队伍集中至上海,于 2015 年 2 月 5 日至 9 日参加在耀宇公司提供的比赛场所进行线下主赛事即决赛。在上述赛事进行期间,耀宇公司通过火猫 TV 网站对比赛进行了全程、实时的视频直播。同时,耀宇公司还授予虎牙独家直播/转播的权利(除火猫 TV 外),并收取授权费用 600 万元。

被告斗鱼公司未经授权,以通过客户端旁观模式截取赛事画面配以主播点评的方式实时直播涉案赛事。耀宇公司提起诉讼,请求判令斗鱼公司立即停止侵权行为,赔偿损失 800 万元及合理开支 211,000 元,在《新民晚报》刊登消除影响的声明。

上海市浦东新区人民法院判决:斗鱼公司赔偿耀宇公司损失 100 万元和合理开支 10 万元,在“斗鱼”网站的首页显著位置刊登声明,消除对耀宇公司实施不正当竞争行为所造成的不良影响。斗鱼公司不服,提起上诉。上海知识产权法院判决:驳回上诉,维持原判。

【裁判理由】

法院认为:

由于市场竞争的开放性和激烈性,必然导致市场竞争行为方式的多样性和可变性,《反不正当竞争法》作为管制市场竞争秩序的法律不可能对各种行为方式都作出具体化和预见性的规定。因此,在具体案件中,法院可以根据《反不正当竞争法》第 2 条第 1 款和第 2 款的一般规定对那些不属于《反不正当竞争法》第 2 章列举规定的市场竞争行为予以调整,以保障市场公平竞争。

电子游戏网络直播平台是近年来随着网络游戏的电子竞技产业的兴起而产生并快速发展起来的从事游戏直播的新兴商业经营模式。各平台通过组织运营转播游戏比赛来吸引网络用户,提高网络用户流量,增加网络用户黏性,同时亦以该平台为媒介吸引相关广告商投放广告。因此,网络游戏比赛的转播权对于网络直播平台来讲,是其创造商业机会、获得商业利益、提升网站流量和知名度的经营项目之一。这种商业经营方式并不违反《反不正当竞争法》的原则精神和禁止性规定，属于正当的市场竞争行为，耀宇公司以此谋求商业利益的行为应受法律保护，他人不得以不正当的方式损害其正当权益。网络游戏比赛视频转播权需经比赛组织运营者的授权许可是网络游戏行业中长期以来形成的惯常做法，符合谁投入谁收益的一般商业规则，亦是对比赛组织运营者的正当权益的保护规则，符合市场竞争中遵循的诚实信用原则。

本案中，斗鱼公司转播了涉案赛事画面，虽然斗鱼公司在转播过程中自配主播点评，但是其所转播的还是耀宇公司所组织运营的涉案赛事，斗鱼公司自配的主播点评也是对涉案赛事的点评，该点评依附于涉案赛事。在案证据显示，当时斗鱼网上对涉案赛事的转播所吸引的观众数量已达较大规模，斗鱼公司未对赛事的组织运营进行任何投入，也未取得视频转播权的许可，却免费坐享耀宇公司投入巨资、花费大量人力、物力、精力组织运营的涉案赛事所产生的商业成果，为自己谋取商业利益和竞争优势，其实际上是一种“搭便车”行为，夺取了原本属于耀宇公司的观众数量，导致耀宇公司网站流量严重分流，影响了耀宇公司的广告收益能力，损害耀宇公司商业机会和竞争优势，弱化耀宇公司网络直播平台的增值力。因此，斗鱼公司的行为违反反不正当竞争法中的诚实信用原则，也违背了公认的商业道德，损害耀宇公司合法权益，亦破坏了行业内业已形成的公认的市场竞争秩序，具有明显的不正当性，构成不正当竞争。

【案件信息】

上海耀宇文化传媒股份有限公司诉广州斗鱼网络科技有限公司侵害著作权及不正当竞争案，上海知识产权法院(2015)沪知民终字第641号民事判决书(2016年5月9日，陆凤玉、徐燕华、杨馥宇)，上海市浦东新区人民法院(2015)浦民三(知)初字第191号民事判决书(2015年9月21日，许根华、邵勋)。

案件来源：2016年中国法院50件典型知识产权案例。

260　平台运营者对基于平台的数据产品享有财产性权益，他人不当获取、使用、泄露的构成侵权

【裁判要旨】

平台运营者对其收集的原始数据有权依照其与网络用户的约定进行使用，对其研发的大数据产品享有独立的财产性权益，他人以不正当

的方式获取、使用、泄露其大数据产品内容的行为构成不正当竞争。

【关键词】

数据产品｜财产性权益｜抓取｜使用｜泄露

【基本案情】

原告淘宝公司开发了“生意参谋”数据产品。被告美景公司系“咕咕互助平台”的运营商，其以提供远程登录已订购涉案数据产品的用户的电脑技术服务方式，招揽、组织、帮助他人获取涉案数据产品中的数据内容，从中牟利。

淘宝公司提起诉讼，请求判令停止针对“生意参谋”市场行情产品及数据内容的侵权行为，包括但不限于：(1)停止收集淘宝用户子账号非法获取数据；(2)停止组织淘宝用户出租其子账号变相售卖数据；(3)停止引诱、教唆淘宝用户出租其子账号并泄露数据；赔偿淘宝公司损失及合理开支500万元。

浙江省杭州铁路运输法院判决：美景公司停止以不正当的方式获取、使用(包括提供他人使用)、泄露市场行情标准版和市场行情专业版“生意参谋”数据产品中的数据内容以及其网站上的相关宣传行为等并赔偿淘宝公司损失及合理开支200万元。美景公司不服，提起上诉。浙江省杭州市中级人民法院判决：驳回上诉，维持原判。

【裁判理由】

法院认为：

淘宝公司“生意参谋”大数据产品的表现形式是对于产品购买者开展商业活动而言具有相当参考意义的趋势图、排行榜、占比图等，具体包括如行业、产品、属性、品牌粒度下的热销商品榜、热销店铺榜、流量商品榜、流量店铺榜等流量指数、交易指数与搜索人气的排行数据，各类商品关键词的搜索人气与点击率排行数据及趋势图，各类商品交易数、流量数、搜索人气排行数据，各类商品的卖家数、卖家星级、占比数；商品人群的性别、年龄、职业、支付习惯的占比数等数据。上述数据分析被作为“生意参谋”数据产品的主要内容进行了商业销售，可以为淘宝公司带来直接经营收入，无疑属于竞争法意义上的财产权益；同时基于其大数据决策参考的独特价值，构成淘宝公司的竞争优势；其性质应当受到反不正当竞争法的保护。

淘宝公司所获取并使用的是用户进行浏览、搜索、收藏、架构、交易等行为而形成的行为痕迹信息，至于行为人性别、职业、区域及偏好等信息不论是否可从行为痕迹信息中推导得出，亦均属于无法单独或通过与其他信息相结合而识别自然人个人身份的脱敏信息，与销售记录属于同一性质。淘宝公司未收集与其提供的服务无关的个人信息，其收集的原始数据系依约履行告知义务后所保留的痕迹信息，故未违反《网络安全法》《全国人民代表大会常务委员会关于加强网络信息保护的决定》等法律法规关于个人信息保护的规定。数据产品是淘宝公司在前述原始痕迹数据的基础上，经综合、计算、整理而得到的趋势、占比、排行等分析意见，其对信息的使用结果与原始痕迹信息本身已不具有直接关联，已远远脱出个人信息范畴，不属于对用户信息的公开使用。

美景公司所经营的“咕咕互助平台”以淘宝公司的生意参谋产品为对象，该平台分享生意参谋账号的行为直接导致了淘宝公司生意参谋产品的减少，两者存在此消彼长的替代性，故美景公司与淘宝公司具有竞争关系。《生意参谋零售电商大数据软件服务协议》明确约定账号购买者被禁止出售、转售、出租、出借或以其他方式提供给第三方使用账户，美景公司作为分享账户的平台方，理应知道前述约定，并明知其组织分享账户的行为会导致生意参谋数据产品销售数量的减少。美景公司恶意组织分享生意参谋账户、借由损害淘宝公司利益而从中牟利的行为，属于直接实施侵权行为。美景公司的牟利行为与淘宝公司的损失之间存在因果关系，其行为系对淘宝公司经营行为的阻碍，包括了交易机会的减少和淘宝公司竞争优势的削弱两方面。

综上所述，美景公司在经营活动中有违诚信原则和商业道德，引诱淘宝公司生意参谋用户违约分享账户，由此不正当获取淘宝公司投入大量人力物力获取研发的大数据后分销牟利，其行为扰乱了市场竞争秩序，对淘宝公司合法权益造成了损害，构成不正当竞争。

在淘宝公司被侵权损失和美景公司侵权获利无法查明的情况下，综合考虑“生意参谋”数据产品数据内容的开发与维护成本较高、市场价值和收益较高、美景公司经营的“咕咕互助”平台用户数量及相关收费标准、淘宝公司不同版本用户占比、美景公司在本案诉讼后仍未停止不正当竞争行为侵权主观恶意明显、淘宝公司为本案支付的合理维权费用等情节，酌情判赔200万元。

【案件信息】

淘宝（中国）软件有限公司诉安徽美景信息科技有限公司不正当竞争案，浙江省杭州市中级人民法院(2018)浙01民终7312号民事判决书(2018年12月18日，潘才敏、徐雁、黄斯蓓)，浙江省杭州铁路运输法院(2017)浙8601民初4034号民事判决书(2018年8月16日，王江桥、沙丽)。

案件来源:2018年中国法院50件知识产权典型案例。

261 利用爬虫技术非法获取并无偿使用权利人数据的，属违反公认商业道德的不正当竞争①

【裁判要旨】

存储于权利人 App 后台服务器的公交实时类信息数据，因具有实用性并能够为权利人带来现实或潜在、当下或将来的经济利益，已经具备无形财产的属性，应当属于受《反不正当竞争法》保护的法益。

在市场竞争环境中，用户黏性强弱是衡量产品或服务竞争力的重要评价指标。软件实时公交信息数据虽系免费提供公众查询，但获取数据的方式须以不违背该软件权利人意志的合法方式获取。未经权利人许可，利用网络爬虫技术进入权利人的服务器后台的方式非法获取并无偿使用权利人的实时公交信息数据的行为，具有非法占用他人无形财产权益，并为自己谋取竞争优势的主观故意，违反了诚实信用原则，扰乱了竞争秩序，应认定构成《反不正当竞争法》一般条款所规制的不正当竞争行为。

【关键词】

互联网不正当竞争｜数据｜财产｜法益｜爬虫

【基本案情】

自 2015 年 11 月至 2016 年 5 月，被告元光公司为了提高其开发的智能公交 App“车来了”在中国市场的用户量及信息查询的准确度，由时任该公司法定代表人、总裁的邵凌霜授意陈昴，指使公司员工刘江红、刘坤朋、张翔利用网络爬虫软件大量获取竞争对手原告谷米公司同类公交信息查询软件“酷米客”App 的实时公交信息数据后，无偿使用于其“车来了”App 软件，并对外提供给公众进行查询。

谷米公司提起诉讼，请求判令元光公司停止获取、使用谷米公司实时公交位置数据的不正当竞争行为，连带赔偿损失 3000 万元及合理开支 100 万元，在媒体发表声明公开赔礼道歉，以消除影响、恢复名誉。

① 类似案件另见《人民法院案例选》2018 年第 12 辑之上海知识产权法院（2016）沪 73 民终 242 号上海汉涛信息咨询有限公司诉北京百度网讯科技有限公司、上海杰图软件技术有限公司不正当竞争案二审民事判决书。

广东省深圳市中级人民法院判决：元光公司向谷米公司赔偿损失及合理开支50万元。

【裁判理由】

法院认为：

谷米公司和元光公司各自开发的“酷米客”App软件和“车来了”App软件，均系为用户提供定位、公交路线查询、路线规划、实时公交信息地理位置等服务，二者用途相同，故谷米公司和元光公司在提供实时公交信息查询服务软件的服务领域存在竞争关系。

认定被诉行为是否构成不正当竞争，关键在于该行为是否违反了诚实信用原则和公认的商业道德，并损害了谷米公司的合法权益。

谷米公司自行研发的“酷米客”App后台服务器存储的公交实时类信息数据具有实用性并能够为权利人带来现实或潜在、当下或将来的经济利益，其已经具备无形财产的属性，谷米公司对该软件所包含的信息数据的占有、使用、收益及处分享有合法权益。

谷米公司的“酷米客”软件实时公交运行信息数据可为公众制定公共交通工具出行计划提供参考和帮助。在同类查询软件中，查询结果越准确，用户对该款软件的使用满意度就越高，相应地，用户对软件的依赖度也就越高，此即元光公司爬取“酷米客”数据而用于其“车来了”软件的原因所在。在市场竞争环境中，用户粘性强弱是衡量产品或服务竞争力的重要评价指标。某项产品或服务即便推出之时是免费的，但随着用户对产品依赖度稳步提升，经营者往往后续会推出相应增值服务或衍生产品，这在市场实践中并不鲜见。本案中，元光公司利用网络爬虫技术大量获取并且无偿使用谷米公司“酷米客”软件的实时公交信息数据的行为，实为一种“不劳而获食人而肥”的行为，具有非法占用他人无形财产权益，破坏他人市场竞争优势，并为自己谋取竞争优势的主观故意，违反了诚实信用原则，扰乱了竞争秩序，构成不正当竞争行为。

鉴于元光公司的侵权行为已经停止，再行判令元光公司停止侵权已无必要，故，对谷米公司有关判令元光公司停止侵权的诉讼请求，不予支持。谷米公司要求元光公司赔礼道歉应以该公司对其商誉造成损害作为前提条件。由于谷米公司在本案中没有提交证据证明元光公司的案涉行为对其造成负面影响或对其声誉造成损害，因此对其要求元光公司赔礼道歉的诉讼请求，不予支持。

鉴于谷米公司未能提供证据证明其自身损失的具体数额，也未提供证据证明元光公司的侵权获利，综合考虑以下因素来确定元光公司的赔偿数额：(1)谷米公司本案存在直接损失24.43万元；(2)元光公司获取数据的范围系深圳东部公交集团下属公交车的实时运行数据；(3)元光公司侵权行为的持续时间系自2015年11月至2016年5月，长达7个月、获取数量日均300万条至400万条；(4)谷米公司虽然未提交其维权支出的相关证据，但其委托律师出庭，必然会对此支出相关费用；(5)元光公司具有明显的不正当竞争的主观恶意。据此，酌情确定赔偿损失及合理开支50万元。

【案件信息】

深圳市谷米科技有限公司诉武汉元光科技有限公司、邵凌霜、陈昴、刘江红、刘坤朋、张翔不正当竞争案，广东省深圳市中级人民法院(2017)粤03民初822号民事判决书(2018年5月23日，孙虹、费晓、欧宏伟)。

案件来源：2018年中国法院50件典型知识产权案例。

第二章　混淆类不正当竞争

第一节　有一定影响的商品名称包装装潢/知名商品特有名称包装装潢

262　长期中断使用的老字号商品名称不能认定为知名商品特有名称并排斥他人商标注册

【裁判要旨】

因历史原因,长时间中断使用的老字号商品名称不能获得知名商品特有名称的保护并排斥他人对自己已经善意使用并有一定影响的注册商标的使用。

【关键词】

知名商品特有名称｜企业名称｜老字号｜中断使用｜商标

【基本案情】

清朝康熙年间,原告唐老一正斋公司法定代表人的先祖唐守义创设了"唐一正斋"膏药店,制作主治跌打损伤等病症的"奕正膏",后改称为"益症膏",又称"万应灵膏",以后又改名"一正膏"。1922年,"唐一正斋"改名为"唐老一正斋"。"唐老一正斋"及其产品"一正膏"历史悠久,北方当时就有嫁女将"一正膏"做嫁妆的传统,影响力曾到达全国及东南亚地区。20 世纪 50 年代至 80 年代,"一正膏"中断,改称"镇江膏药"进行生产和销售,在市场上有相当的知名度。1992 年 11 月 27 日,唐氏后人唐镇凯投资设立原告,主要生产销售"一正膏"牌膏药。目前唐老一正斋公司生产的"一正膏"膏药因历史原因没有药品批准文号并主要通过坐诊配药和邮购销售,未进入药店销售。2005 年 6 月唐老一正斋公司被评为"中华老字号"会员单位。2007 年 3 月"一正斋"膏药制作技艺被江苏省人民政府列为江苏省非物质文化遗产。

被告一正集团公司设立于 2003 年 4 月 23 日,主要生产片剂、膏剂、颗粒剂等产品。其下辖 3 个子公司:吉林省一正医疗科技发展有限公司、被告一正科技公司、四平市春江医疗有限公司。一正科技公司设立于 2005 年 11 月 14 日,主要生产"一正痛消"膏药等产品。一正集团公司及其子公司注册了"一正""一正春""一正消"汉字或者汉字图形组合商标。其中第 3743982 号"一正"商标,核定使用商品为第 5 类的膏剂,分别于 2006 年 7 月 12 日、2007 年 5 月 15 日被评为吉林省著名商标、四平市知名商标,2008 年 3 月 5 日被商标局评定为中国驰名商标。"一正痛消"膏药在国内主要由药店经销。

唐老一正斋公司提起诉讼,请求判令一正集团公司和一正科技公司停止未经其同意擅自使用"一正"作为其企业字号和产品商标的不正当竞争行为,在报纸上公开赔礼道歉,变更公司名称并禁止使用含有"一正"的字号,赔偿损失 1 万元及合理开支 28,400 元。

江苏省镇江市中级人民法院判决:驳回唐老一正斋公司的诉讼请求。唐老一正斋公司不服,提起上诉。江苏省高级人民法院判决:驳回上诉,维持原判。

【裁判理由】

法院认为:

对于老字号商品来说,其是否可以获得《反不正当竞争法》及相关司法解释所规定的知名商品的保护,应当结合老字号的历史商誉等因素予以综合考量,而不能仅仅考虑广告宣传投入等因素。首先,"一正膏"的历史商誉因其曾更名生产等因素而中断了近四十年,从而使得知晓"唐老一正斋"与"一正膏"历史商誉的人群主要为在江苏镇江等地区了解一定历史的相关公众。其次,"一正膏"因其生产和销售模式的特殊性而限制了其现有社会影响力的扩展。尽管唐老一正斋公司获得的"中华老字号会员单位"等相关荣誉,以及有关书籍对"唐老一正斋"与"一正膏"的介绍均显示出"唐老一正斋"与"一正膏"历史悠久,但判断"一正膏"能否在本案中获得《反不正当竞争法》的保护，其历史传承是否悠久仅是参考因素之一。最后，一正集团公司、一正科技公司注册使用“一正”商标的行为没有攀附唐老一正斋公司的现有商誉，不违反法律规定和商业道德，不影响正当竞争秩序的维护，且已为相关公众广为知晓并享有较高声誉，不会造成商品来源的混淆。因此，一正集团公司、一正科技公司注册使用“一正”商标的行为不构成不正当竞争。

当双方当事人因企业名称权的使用发生权利冲突后，唐老一正斋公司能否以其享有反不正当竞争法所规定的企业名称权为由，主张禁止一正集团公司、一正科技公司使用“一正”字号，同样需要根据本案查明的事实，结合反不正当竞争法的立法目的、法律条文及司法解释等规定予以综合考量。首先，唐老一正斋公司企业名称中的字号应当为“唐老一正斋”，故从严格意义上来说，其与一正集团公司、一正科技公司的字号“一正”并不相同；其次，即使“一正”可以视为唐老一正斋公司字号中的核心部分，但其目前的知名度，尚不足以支持其运用反不正当竞争法来禁止一正集团公司、一正科技公司依法使用其“一正”字号；最后，唐老一正斋公司并没有提供证据证明一正集团公司、一正科技公司在注册登记“一正”字号时，攀附了其现有商誉，且造成了市场混淆。如果认定一正集团公司、一正科技公司使用字号“一正”二字就构成对唐老一正斋公司的不正当竞争，将导致对上诉人字号的扩大保护，对合法使用其字号的一正集团公司和一正科技公司不公平。

【案件信息】

镇江唐老一正斋药业有限公司诉吉林一正药业集团有限公司、一正集团吉林省医药科技实业有限公司、江苏大德生药房连锁有限公司、江苏大德生药房连锁有限公司镇江新概念药房不正当竞争案，江苏省高级人民法院(2009)苏民三终字第91号民事判决书(2011年5月25日，吕娜、刘莉、施国伟)，江苏省镇江市中级人民法院(2007)镇民三初字第43号民事判决书。

案件来源：《最高人民法院公报》2011年第12期，2011年中国法院知识产权司法保护50件典型案例。

263 描述商品功能用途的商品名称需证明经使用获得第二含义才构成知名商品特有名称

【裁判要旨】

对于本身具有描述商品功能和用途的商品名称，需要有证据证明其通过使用获得了区别商品来源的第二含义，才能构成知名商品的特有名称。

【关键词】

知名商品特有名称｜描述性商品名称｜来源识别｜第二含义

【基本案情】

原告御生堂公司拥有2001年9月18日申请注册并于2003年8月5日核准注册在“茶及茶叶代用品”上“御生堂”商标。2008年6月16日，该商标被北京市工商行政管理局认定为北京市著名商标。2003年6月，由御生堂公司监制的御生堂牌肠清茶上市。2004年7月29日，北京御生堂营销策划有限公司向国家专利局申请包装盒（御生堂肠清茶）外观设计专利，于2005年4月13日取得了专利证书，并随后授权御生堂公司无限期独占使用。本案御生堂公司主张权利的产品名称、包装装潢与上述外观设计专利的产品名称、包装装潢一致。御生堂牌肠清茶产品自2003年6月上市以来，御生堂公司在全国部分城市平面媒体上对其进行了大量广告宣传。但是，早在2001年以前，医药、保健品行业既已存在“肠清口服液”“肠清液”“肠清胶囊”等称谓，一些专业人士也在杂志上发表了关于“肠清口服液”或“肠清液”或“肠清胶囊”的研究文章。

2004年，康中源公司成立，此后不久其原法定代表人叶秋枫即申请“肠清”商标并申请涉案“康中源肠清茶”产品包装盒的外观设计专利。2006年被告康士源公司成立，生产销售康中源肠清茶产品。康士源公司生产的康中源牌肠清茶产品的包装装潢与御生堂肠清茶的包装装潢近似，同时突出使用了“肠清茶”字样。

御生堂公司以康士源公司、康中源公司及东北大药房擅自使用其知名商标特有名称、包装、装潢为由，提起诉讼。吉林省长春市中级人民法院判决：康士源公司和东北大药房停止侵害，康士源公司赔偿御生堂公司损失30万元。康士源公司不服，提起上诉。吉林省高级人民法院改判康士源公司赔偿损失20万元，维持一审判决其他判项。康士源公司不服，申请再审。最高人民法院提审后判决：康士源公司停止使用与“御生堂肠清茶”知名商品特有装潢近似的商品装潢，同时认为“御生堂肠清茶”虽为知名商品，但并非特有名称。

【裁判理由】

最高人民法院认为：

“肠清”有“肠道清理”之意，其直接表明了该类商品的功能和用途，一般情况下不具有识别商品来源的作用，不能成为某一市场主体享有权利的特有名称，除非该主体能证明该商品名称通过使用获得了显著特征，能够将商品来源直接指向该市场主体。本案中，御生堂公司负有这一举证责任。根据其提交的大量广告宣传的证据，可以认定御生堂肠清茶产品销售时间较长、区域较广，宣传的范围亦很广，能够为相关公众所知悉，可以认定为《反不正当竞争法》第 5 条第 2 项规定的"知名商品"。但能否认定"肠清茶"已经通过使用成为产品来源的标识，还需结合其广告方式、相关公众的认知等相关因素进行判断。本案中，御生堂公司提交大量平面媒体广告，基本形式为大幅宣传洗肠的必要性及益处、肠清茶热销等情况，配有小幅御生堂肠清茶产品图样及购买方式等信息。这种广告方式侧重宣传的是肠清茶产品的功能，未能克服肠清茶本身所具有的描述商品功能的性质，不能达到使相关公众将"肠清茶"与某一特定来源主体联系起来的目的。"肠清茶"三字在御生堂肠清茶产品包装装潢中占有显著位置也并不必然表明其能够成为指代产品来源的标识。御生堂公司主张"肠清茶"为其知名商品特有名称证据不足，不予支持。

【案件信息】

北京御生堂生物工程有限公司诉厦门康士源生物工程有限公司、厦门康中源保健品有限公司、长春市东北大药房有限公司擅自使用知名商品特有名称包装装潢案，最高人民法院(2011)民提字第 60 号民事判决书(2011 年 8 月 2 日，夏君丽、马秀荣、周云川)，吉林省高级人民法院(2010)吉民三知终字第 1 号民事判决书，吉林省长春市中级人民法院(2008)长民三初字第 106 号民事判决书。

案件来源：最高人民法院知识产权案件年度报告(2011)。

264　不当利用他人系列电影名称的开拓成果增加交易机会获取竞争优势的系不正当竞争

【裁判要旨】

不公平地利用他人通过系列电影已开拓的电影市场成果增加自己的交易机会并获取市场竞争优势，违反了诚实信用原则和商业道德，构成不正当竞争。

【关键词】

不正当竞争｜诚实信用｜商业道德｜虚假宣传｜系列电影名称

【基本案情】

原告永旭良辰公司于2012年、2013年陆续制片、出品了电影《笔仙》《笔仙Ⅱ》，并在《笔仙Ⅱ》首映时宣布了《笔仙Ⅲ》将于2014年7月17日上映。

被告泽西年代公司于2012年出品了电影《笔仙惊魂》，之后泽西年代公司和被告星河联盟公司在没有拍摄《笔仙惊魂2》的情况下直接拍摄《笔仙惊魂3》并于2014年4月4日公映，并在媒体宣传中称《笔仙惊魂3》为"'笔仙'系列的恐怖升级之作""作为'笔仙'系列的续集，《笔仙惊魂3》中如何设置'召唤笔仙'的场景一定是该片的重中之重""作为'笔仙'故事系列又一力作，《笔仙惊魂3》定档于2014年4月4日……与之前的'笔仙'系列影片相比，此次的《笔仙惊魂3》提高标准制作，力求打造一部较高水平的恐怖电影""《笔仙惊魂3》是笔仙系列的升级版作品，在恐怖元素的开发方面全面升级"等。

永旭良辰公司认为，泽西年代公司和星河联盟公司意图通过一系列虚假宣传和不正当竞争行为，故意造成公众混淆，将《笔仙惊魂3》误认为是《笔仙Ⅲ》而去观影，给永旭良辰公司造成了严重经济损失，故永旭良辰公司提起诉讼，请求判令泽西年代公司、星河联盟公司停止对《笔仙惊魂》《笔仙惊魂3》引人误解的宣传的不正当竞争行为，公开赔礼道歉、消除影响，泽西年代公司赔偿损失及合理开支100万元，星河联盟公司就其中75万元承担连带赔偿责任。

泽西年代公司提起反诉称，永旭良辰公司抢用其《笔仙》片名构成不正当竞争，请求判令永旭良辰公司停止使用"笔仙"加数字后缀形式的片名，将"笔仙"的片名归还泽西年代公司，公开赔礼道歉、消除影响、恢复名誉，赔偿损失及合理开支105万元。

北京市第三中级人民法院判决：泽西年代公司和星河联盟公司发表公开声明，澄清事实，消除因涉案不正当竞争行为给永旭良辰公司造成的影响，连带赔偿损失及合理开支50万元。

【裁判理由】

法院认为：

本案的特殊之处在于永旭良辰公司的《笔仙Ⅲ》与泽西年代公司、星河联盟公司的《笔仙惊魂3》片名近似，且属于悬疑惊悚片类型，两部影片本身就存在一定程度的相似性。在此种情况下，永旭良辰公司已经公映了《笔仙》和《笔仙Ⅱ》且已收获了一定的票房和知名度，并在《笔仙Ⅱ》首映时宣布了《笔仙Ⅲ》将于2014年7月17日上映。与此同时，泽西年代公司和星河联盟公司跳过《笔仙惊魂2》直接拍摄《笔仙惊魂3》并于2014年4月4日公映，并在媒体宣传使相关公众将《笔仙惊魂3》误认为《笔仙》《笔仙Ⅱ》的续集，对《笔仙惊魂3》和《笔仙Ⅲ》产生混淆，从而使《笔仙惊魂3》借助《笔仙》《笔仙Ⅱ》已经取得的票房影响力和《笔仙Ⅲ》的宣传营销来推广扩大其知名度，提高其票房收入。泽西年代公司和星河联盟公司的上述行为不公平地利用了永旭良辰公司已开拓的电影市场成果，增加自己的交易机会并获取市场竞争优势，违反了诚实信用原则和商业道德，构成不正当竞争，应承担相应的法律责任。

永旭良辰公司的电影《笔仙》在公映后取得了一定的票房和知名度，但“笔仙”一词本身的主要含义是指一种占卜游戏，并不具有相当的区别性特征和显著性，故电影《笔仙》的片名不应被认定为知名商品特有的名称。

《笔仙》和《笔仙惊魂》虽片名近似，但并非不能共存。“笔仙”是一种占卜游戏的名称，作为电影拍摄题材其本身不具有专有性，不宜为某一单位专用。永旭良辰公司、泽西年代公司和星河联盟公司均可以在合法、正当的限度之内拍摄并上映各自的影片以获得市场收益。《反不正当竞争法》所规制的是不正当的竞争行为，公平与否是判断竞争行为是否正当的根本标准。泽西年代公司和星河联盟公司跳过《笔仙惊魂2》直接拍摄并公映《笔仙惊魂3》的行为，正是因为容易造成相关公众混淆，不公平地利用了永旭良辰公司已经取得的商业优势，所以应当适用《反不正当竞争法》第2条予以规制。

永旭良辰公司已经公映的《笔仙》和《笔仙Ⅱ》取得了一定的票房和知名度，并即将上映《笔仙Ⅲ》。泽西年代公司和星河联盟公司在媒体宣传中称《笔仙惊魂3》是“笔仙系列的恐怖升级之作”，属故意以模棱两可的歧义性词语宣传《笔仙惊魂3》，足以使相关公众产生误解，将《笔仙惊魂3》与永旭良辰公司的《笔仙》《笔仙Ⅱ》系列相混淆，构成虚假宣传。

【案件信息】

北京永旭良辰文化发展有限公司诉北京泽西年代影业有限公司、北京星河联盟影视传媒有限公司不正当竞争案，北京市第三中级人民法院（2014）三中民初字第6412号民事判决书（2014年7月1日，蒋利玮、刘仁婧、张玲玲）。

案件来源：2014年中国法院50件典型知识产权案例。

265 故意利用与电影内容无关的知名游戏名称作为电影名称并易混淆的，属不正当竞争

266 对同一行为可以主张不同权利的属于请求权竞合，满足其中一项请求权即消灭其他

【裁判要旨】

知名游戏的名称应受反不正当竞争法的保护，利用与电影内容无关的知名游戏名称作为电影名称具有“搭便车”的主观故意，并构成混淆，属于对知名游戏名称的不正当使用，构成不正当竞争。

对该同一侵权行为主张两种不同权利构成请求权竞合，在构成请求权竞合时，权利人虽然可以自由选择请求权，但当其选择的请求权获得满足后，其所享有的其他请求权也随之消灭。

【关键词】

有一定影响力的商品名称｜电影名称｜知名游戏名称｜正当使用｜请求权竞合

【基本案情】

涉案游戏《使命召唤》(*CALL OF DUTY*)是一款由原告动视公司最早于2003年在美国开始发售的第一人称射击系列网络游戏，现已发行16部。2012年6月15日，动视公司的*Call of Duty Online* V1.0.0.1由腾讯游戏独家代理运营。《使命召唤》游戏无论在美国还是在中国均具有较高知名度。2014年1月27日，动视公司就“使命召唤”字体美术作品在国家版权局获得登记。2013年，动视公司分别注册了两个“使命召唤”商标，核定使用商品和服务分别为第9类的游戏软件等和第41类电影、视频制作、发行等。

2015年3月，被告华夏公司以买断方式引进电影《狙击抢手》(*The Gunman*)，并委托被告长影公司对该影片进行汉语译制。2015年5月，涉案电影《狙击抢手》更名为《使命召唤》。2015年9月18日在国内影院发行，至2015年10月17日下映，获得票房398万余元。2015年12月，被告聚力公司获得涉案电影非独家

信息网络传播权,期限至 2017 年 12 月 18 日。被告聚力公司官网上有涉案电影《使命召唤》的剧照、简介及播放,在电影预告片中显示的片名"使命召唤"字体与动视公司主张著作权的"使命召唤"字体相同。"电影《使命召唤》官方微博 V"上有电影《使命召唤》剧照,有"电影《使命召唤》终极预告火热出炉……决堤反击,为真相而战"的宣传,电影剧照中使用的"使命召唤"文字字体与动视公司主张著作权的"使命召唤"字体相同。

动视公司提起诉讼,请求判令各被告停止侵害商标权、著作权的行为及攀附动视公司商誉、损害动视公司合法权益的不正当竞争行为,华夏公司及长影公司刊登声明,消除影响,连带赔偿损失 200 万元及合理开支 70 万元。

上海市浦东新区人民法院判决:华夏公司停止涉案侵害著作权及不正当竞争的行为,刊登声明消除影响,并赔偿损失 30 万元和合理开支 30 万元。华夏公司不服,提起上诉。上海知识产权法院判决:驳回上诉,维持原判。

【裁判理由】

法院认为:

华夏公司涉案电影的发行过程中,在网络电影海报及预告片中使用"使命召唤"美术字的行为,属于抄袭涉案美术作品中的对应中文部分并对外进行传播,侵害了动视公司就涉案美术作品享有的复制权和信息网络传播权。

涉案游戏名称《使命召唤》属于有一定影响的商品名称,华夏公司将"使命召唤"作为电影名称使用,具有将涉案电影与涉案游戏相关联,攀附涉案游戏商誉的主观恶意,相关公众已经产生了涉案电影与涉案游戏具有特定联系的混淆和误认,且不具有说明涉案电影内容和主题的必要、善意和合理性,不属于对于"使命召唤"这一词语的合理使用,因此华夏公司将"使命召唤"作为涉案电影名称使用的行为,属于擅自使用与动视公司有一定影响的涉案游戏名称相同的标识,引人误认为涉案电影与涉案游戏存在特定联系的混淆行为,构成对动视公司的不正当竞争。

动视公司主张的华夏公司的涉案商标侵权行为以及侵害动视公司知名商品特有名称的侵权行为,属于同一行为,动视公司对该同一侵权行为主张两种不同权利已经构成请求权竞合。而在构成请求权竞合时,动视公司虽然可以自由选择请求权,但当动视公司所选择的请求权获得满足后,动视公司所享有的其他请求权也随之消灭。鉴于此,本案中动视公司已经明确表示优先主张有一定影响力商品名称,且动视公司所主张的不正当竞争行为已被法院所支持,故动视公司基于商标侵权所享有的请求权不复存在,在本案中继续审理华夏公司的被诉侵权行为是否构成商标侵权已无必要。

【案件信息】

动视出版公司(Activision Publishing,Inc.)诉华夏电影发行有限责任公司、长影集团译制片制作有限责任公司、上海聚力传媒技术有限公司侵害著作权、侵害商标权、擅自使用知名商品特有名称及虚假宣传案,上海知识产权法院(2018)沪73民终222号民事判决书(2018年7月25日,钱光文、何渊、范静波),上海市浦东新区人民法院(2016)沪0115民初29964号民事判决书。

案件来源:2018年中国法院50件典型知识产权案例。

267 已经实际上具有区别产品来源功能的特定产品型号可以获得知名商品特有名称保护①

【裁判要旨】

已经实际上具有区别产品来源功能的特定产品型号可以获得知名商品特有名称的保护。

【关键词】

知名商品特有名称 | 产品型号 | 区别商品来源

【基本案情】

经中国电器工业协会通用低压电器分会审核批准,原告河北宝凯公司获得了低压电器产品BKM1、BKM3、BKM3L、BKM3ZF、BKW5、BKC1系列产品的低压电器产品型号证书,并载明该产品企业产品型号的具体含义为:BK为企业代码,W为万能式断路器,M为塑料外壳是断路器,C为交流接触器,5、1、3、3L、3ZF为设计序号。河北宝凯公司生产的"BK"系列低压电器产品先后获得多项荣誉,其宝凯BAOKAI及图商标被认定为河北省著名商标。

---

① 类似的案例另见2017年中国法院50件典型知识产权案例之广东省深圳市中级人民法院(2017)粤03民终835号恩智浦半导体股份公司、NXP股份有限公司、恩智浦半导体荷兰有限公司、恩智浦(中国)管理有限公司[原恩智浦半导体(上海)有限公司]诉无锡市晶源微电子有限公司、无锡友达电子有限公司、深圳市亿达微电子有限公司擅自使用知名商品特有名称案二审民事判决书。

河北宝凯公司发现被告万顺公司、深圳宝凯公司在其生产、销售的低压电器产品上使用“BK”型号，于是提起诉讼，请求判令万顺公司、深圳宝凯公司停止使用“BK”系列低压电器产品型号，停止使用“宝凯”企业名称并赔偿损失。

河北省保定市中级人民法院判决：万顺公司、深圳宝凯公司、冀中电源厂停止使用河北宝凯公司“BK”系列低压电器产品型号，万顺公司、深圳宝凯公司、停止宣传其为“BK”系列低压电器产品生产、销售商并在其公司网站上删除相关内容连带赔偿损失及合理开支9万元，深圳宝凯公司停止使用“宝凯”企业字号，冀中电源厂赔偿损失及合理开支1万元。万顺公司、深圳宝凯公司不服，提起上诉。河北省高级人民法院判决：驳回上诉，维持原判。万顺公司、深圳宝凯公司不服，申请再审。最高人民法院裁定：驳回其再审申请。

【裁判理由】

最高人民法院认为：

河北宝凯公司的“BK”系列低压电器产品销售时间长、销售范围广、质量优良，在低压电器产品领域为相关公众所知悉，具有较高的市场知名度和良好的行业信誉。因此，可以认定河北宝凯公司生产的“BK”系列低压电器产品为《反不正当竞争法》第5条第2项规定的“知名商品”。

实践中，低压电器产品企业就其研发生产的每一种类低压电器产品，都需要获得中国质量认证中心的强制性产品认证，同时，根据中国电器工业协会批准实施的《低压电器产品型号管理办法》，还应当向中国电器工业协会通用低压电器分会提出申请，按照一定的命名规则办理产品型号登记，并予以公示，以确保产品型号的唯一性。因此，在低压电器产品领域，不同企业研发生产的产品，以及同一企业研发生产的不同类型产品，都会有不同的产品型号。低压电器产品型号的登记公示制度，使产品型号实际上具有了区别产品来源和指代商品名称的功能。本案中，河北宝凯公司经中国电器工业协会通用低压电器分会审核批准，取得了BKM1、BKW5、BKM3、BKM3L、BKM3ZF、BKC1等“BK”系列低压电器产品型号的登记证书，所述产品型号中的“BK”为河北宝凯公司的企业代码，其后的字母和数字为特定的产品类型代码。因此，在低压电器产品领域，产品型号“BK”表示该产品是河北宝凯公司研发生产的低压电器产品，型号“BK”因而同时具有了区别商品来源和指代商品名称的功能。并且，这种具有区别商品来源和指代商品名称功能的显著性特征，因河北宝凯公司对“BK”型号的多年商业使用及取得的良好行业信誉而不断得到强化。因此，河北宝凯公司的低压电器产品型号“BK”构成知名商品特有名称。

万顺公司、深圳宝凯公司在其生产、销售的低压电器产品上使用“BK”型号,不可避免地会使购买者误认为该产品是河北宝凯公司所生产的产品,从而造成混淆,构成不正当竞争。深圳宝凯公司使用“宝凯”作为企业字号对河北宝凯公司构成不正当竞争。

【案件信息】

河北宝凯电器有限公司诉乐清市万顺电器有限公司、深圳新宝凯电器有限公司(原深圳宝凯电器有限公司)、保定市冀中电源设备厂不正当竞争案,最高人民法院(2012)民申字第398号民事裁定书(2012年6月27日,金克胜、罗霞、郎贵梅),河北省高级人民法院(2011)冀民三终字第99号民事判决书(2011年10月18日,张守军、宋菁、张岩),河北省保定市中级人民法院(2011)保民三初字第10号民事判决书。

案件来源:最高人民法院知识产权案件年度报告(2012)。

268 具有高知名度、高商业价值的特定人群称谓用作商品名称时构成知名商品的特有名称

269 根据称谓是否为仅有,所指人物或商品来源是否特定,以及是否使用文学上的比较手法等因素判断“行业(或商品)+姓氏”之称谓通用性

【裁判要旨】

具有很高知名度、承载着极大商业价值的特定人群的称谓,应当受到法律保护;该特定人群所传承的特定技艺或者作品的特定称谓用作商品名称时,可作为反不正当竞争法上知名商品(包括服务)的特有名称受到法律保护。

通用称谓不具有识别特定商品来源即商品提供者的功能,在判断“行业(或商品)+姓氏”的称谓是否属于通用称谓时,应当考虑该称谓是否属于仅有的称谓方法、该称谓所指的人物或者商品的来源是否特定、该称谓是否使用了文学上的比较手法等因素。

【关键词】

知名商品特有名称｜特定人群的称谓｜知名度｜通用

【基本案情】

“泥人张”最初系指张明山(清朝),经过长期创作积累和宣传而形成“知名彩塑艺术品的特有名称”,张氏家族中从事彩塑创作的人员与天津泥人张彩塑工作室应共同享有“泥人张”这一知名彩塑艺术品特有名称的专有权。原告张锠为张明山之曾孙,原告张宏岳为张锠之子,均系“泥人张”传人之一。

被告张铁成并非张明山后代传人,其称曾祖父名张延庆出生于清道光年间,张延庆曾采用特殊的泥土制作手工艺品—高档蛐蛐罐,在当时京城买家中备受欢迎,被尊为“北京泥人张”,张铁成是第四代传人。被告泥人张艺术品公司的网站(该网站的域名为:www. nirenzhang. com)上登载的公司简介中有关于“北京泥人张”始于清末道光年间和张铁成系“北京泥人张”的第四代传人等宣传内容。

张锠、张宏岳、泥人张艺术开发公司提起诉讼,请求判令张铁成、北京泥人张博古陶艺厂、泥人张艺术品公司停止侵权、赔礼道歉并由北京泥人张博古陶艺厂、泥人张艺术品公司赔偿损失 110 万元及相应合理开支。

北京市第二中级人民法院判决:张铁成、北京泥人张博古陶艺厂、泥人张艺术品公司停止关于“北京泥人张”及张铁成为“北京泥人张”第四代传人的宣传,停止使用带有“泥人张”文字的产品名称、企业名称和在企业宣传中使用“泥人张”专有名称等涉案侵权行为,停止使用并注销“www. nirenzhang. com”互联网域名,北京泥人张博古陶艺厂和泥人张艺术品公司赔偿泥人张艺术开发公司合理开支 1 万元。张铁成、北京泥人张博古陶艺厂、泥人张艺术品公司不服,提起上诉。北京市高级人民法院判决:撤销一审关于停止使用、宣传的相关判项,加判泥人张艺术品公司在其“nirengzhang”域名前附加区别标识。张锠、张宏岳、泥人张艺术开发公司不服,申请再审。最高人民法院提审后判决:撤销二审判决,维持一审判决。

【裁判理由】

最高人民法院认为:

“泥人张”作为对张明山及其后代中泥塑艺人这一特定人群的称谓,具有很高的知名度,还承载着极大的商业价值,用“泥人张”标识泥塑作品,明确了作品的来源或者作品与张明山及其后几代人的特定联系，不仅便于消费者准确识别相关商品来源，而且显然会增强使用者的市场竞争力和获利能力。该称谓在使用过程中，已经从对特定人群的称谓发展到对该特定人群所传承的特定泥塑技艺和创作、生产的作品的一种特定称谓，在将其用作商品名称时则属于《反不正当竞争法》意义上的知名商品（包括服务）的特有名称应当受到法律保护。

一个对人或者事物的称谓，要想成为具有商业意义的标识从而受到法律保护，必须在相关市场上为公众所知悉，具有商业标识意义，而非在极有限的时空范围内为少数人所知所用。本案即使可以认定充其量也只能说在北京市广安门内一带或者与张铁成及其先人有交往的一些人中将其称为“泥人张”或“北京泥人张”，这尚不足以认定其具有构成民事权益的商业标识意义。况且，这些人的认知既不排除本身将张铁成与源自天津的“泥人张”相混淆。

从日常生活经验出发，“行业 + 姓氏”或者“商品 + 姓氏”确实是社会大众特别是北京人对民间艺人的一种称谓方法。但是，这也不意味着根据这种方法产生的称谓就必然是相关商品的通用名称，其所指的人物或者商品的来源也应当是特定的，并不是对特定姓氏艺人的通用称谓。媒体或者特定范围内的人称其他做泥人的艺人为“泥人张”，通常是一种文学上的比较手法，体现了对该艺人技艺的艺术性肯定或者夸张。

张铁成等在明知“泥人张”知名度的情况下，使用“泥人张”或者“北京泥人张”作为其企业名称中的字号和在经营活动中作为其商业标识，但又不能提供充分证据证明其使用“泥人张”或者“北京泥人张”的合法合理依据，显然具有借助他人商誉的主观故意，客观上也足以造成公众的混淆、误认，其行为违反诚实信用原则，违背公认的商业道德，构成不正当竞争。

【案件信息】

张锠、张宏岳、北京泥人张艺术开发有限责任公司诉张铁成、北京泥人张博古陶艺厂、北京泥人张艺术品有限公司侵害名称权及不正当竞争案，最高人民法院（2010）民提字第113号民事判决书（2012年2月28日，郃中林、郎贵梅、朱理），北京市高级人民法院（2007）高民终字第540号民事判决书（2007年9月20日，张雪松、李燕蓉、刘晓军），北京市第二中级人民法院（2006）二中民初字第1017号民事判决书（2006年12月20日，刘薇、宋光、梁立君）。

案件来源：最高人民法院知识产权案件年度报告（2012）。

270 菜品通用名称在特定地域内使用并属知名服务特有名称的，他人突出使用系不正当竞争

271 再审中发现原判有错误但当事人已达成和解的，可在准予撤回裁定中对错误进行认定

【裁判要旨】

特定菜品的通用名称经过经营者在其企业名称中的长期使用和在商业标识意义上的广泛宣传，在特定地区的餐饮服务业中，同时具有识别经营者身份的作用，能够表明特定餐饮服务的来源的构成知名餐饮服务的特有名称。

再审审查中，发现原审判决确有错误，但是当事人已经达成和解协议的，如果启动再审程序，不仅会造成诉讼程序不经济，也不利于当事人的和解意愿的达成和执行，在准予撤回再审申请裁定中一并对原判错误之处作出明确的审查认定。

【关键词】

知名服务特有名称｜通用名称｜和解｜确有错误

【基本案情】

原告避风塘公司于1998年9月15日登记成立，经营餐饮服务。之后在上海开设了多家分店。避风塘公司及其分店所使用的菜单、食品包装盒与印制的日历卡上均印有“避风塘”及其汉语拼音的字样。避风塘公司还分别获得2000年度上海商业优质服务先进集体和“静安南京路风情露吧”特色景观奖等荣誉。避风塘公司的虾饺皇、酥皮蛋挞王和蛋黄白莲蓉月饼分别被中国烹饪协会认定为中华名小吃和“2001全国餐饮业月饼展暨餐饮食品与企业展示会”优质月饼。《新民晚报》《读者导报》等国内外报刊曾经对避风塘公司及其分店做过报道和刊登避风塘公司的广告。避风塘公司持有中国烹饪协会2002年11月颁发的抬头为“上海避风塘”的“中华餐饮名店”牌匾；在餐饮行业，有经营者普遍使用“避风塘炒蟹”“避风塘炒虾”“避风塘茄子”等，作为代表特色风味菜肴的菜品名称。

被告东涌码头公司于2001年8月7日登记成立,原名为“上海徐汇渔家铜罗湾餐饮管理有限公司”,2002年1月25日经核准变更企业名称为“上海东涌码头餐饮管理有限公司”,亦经营餐饮服务等。东涌码头公司的门面招牌及户外广告上印有“东涌码头避风塘”“避风塘料理”等字样。在东涌码头公司使用的菜单上部标有“渔家铜锣湾”的字样,底部则印有“走进渔家铜锣湾享受原味避风塘”的广告语。

避风塘公司认为东涌码头公司侵害了其知名服务特有名称和企业名称,同时也构成虚假宣传,于是提起诉讼,请求判令确认东涌码头公司擅自使用“避风塘”的行为系不正当竞争行为并停止,公开赔礼道歉消除影响,赔偿损失50万元。

上海市第一中级人民法院判决:驳回避风塘公司的诉讼请求。避风塘公司不服,提起上诉。上海市高级人民法院判决:驳回上诉,维持原判。避风塘公司不服,申请再审。上海市高级人民法院驳回其再审申请。避风塘公司仍不服,提出申诉。最高人民法院审查期间双方当事人自愿达成和解协议,东涌码头公司认可“避风塘”作为避风塘公司的企业名称中的字号和服务标识,经避风塘公司长期使用和广泛宣传,已成为其特有的服务名称,东涌码头公司已停止并保证今后不再使用“避风塘”一词作广告宣传。根据上述和解协议,避风塘公司随即申请撤回申诉。最高人民法院裁定:准许撤回申诉。

【裁判理由】

最高人民法院认为:

避风塘公司与东涌码头公司的和解协议系双方当事人自愿达成,不具有侵害国家利益、社会公共利益或者侵害案外人利益的情形,不违背当事人真实意思,也并不违反法律、行政法规禁止性规定。对于协议中当事人一致认可“避风塘”已成为上诉人知名服务的特有名称的问题,虽与原审法院的有关认定不同,但根据本案现有证据和原审法院以及本院查明的有关事实,可予认可。

首先,本案可以认定避风塘公司提供的餐饮服务在上海地区属于知名服务,对此双方当事人在原审以及本院审查中也均无实质性争议。

其次,虽然本案中“避风塘”一词除了具有地理概念上的“船舶避风港湾”的本意之外,还被餐饮业经营者为表明特色风味菜肴的名称与菜肴原料组合起来作为特定菜品的通用名称使用,但是经过避风塘公司在其企业名称中的长期使用和在商业标识意义上的广泛宣传,在上海地区的餐饮服务业中,“避风塘”一词同时具有识别经营者身份的作用,能够表明特定餐饮服务的来源。二审法院有关“避风塘”已成了一种独特烹调方法以及由该种烹调方法制成的特色风味菜肴的名称的认定,并无充分证据支持。本案可以认定“避风塘”一词在上海地区是避风塘公司提供的知名餐饮服务的特有名称。

最后,东涌码头公司曾在店招牌匾和户外广告牌中使用“东涌码头避风塘料理”和“避风塘料理”字样以及在菜单中使用“走进渔家铜锣湾享受原味避风塘”的广告语,这些使用方式实际上都是在突出使用“避风塘”一词,既不是作为地理概念来使用,也并不是在作为特定菜肴名称的意义上使用,而是作为一种身份标识意义上的使用,容易造成消费者对其与避风塘公司的混淆、误认,已经超出了对“避风塘”一词的合理使用范畴。

因此,东涌码头公司已经实际停止并在和解协议中承诺不再以上述方式使用“避风塘”一词,体现了对避风塘公司有关民事权益的尊重。

【案件信息】

上海避风塘美食有限公司诉上海东涌码头餐饮管理有限公司不正当竞争案,最高人民法院(2007)民三监字第21－1号民事裁定书(2009年12月31日,邰中林、秦元明、郎贵梅),上海市高级人民法院(2005)沪高民三(知)监字第18号驳回再审申请通知书、(2003)沪高民三(知)终字第50号民事判决书(2003年6月18日,澹台仁毅、张晓都、鞠晓红),上海市第一中级人民法院(2002)沪一中民五(知)初字第138号民事判决书(2002年12月25日,汪彤、刘静、章立萍)。

案件来源:最高人民法院知识产权案件年度报告(2009)。

272　我国对国外知名商品特有名称包装、装潢的保护以其为中国境内相关公众知悉为前提

273　选择一系列公有领域要素进行组合设计并具有独特性且与功能无关的,包装属于特有包装

【裁判要旨】

在国际上已知名的商品,我国对其特有的名称、包装、装潢的保护,仍应以其在中国境内为相关公众所知悉为必要。故认定该知名商品,应

当结合该商品在中国境内的销售时间、销售区域、销售额和销售对象，进行宣传的持续时间、程度和地域范围，作为知名商品受保护的情况等因素，并适当考虑该商品在国外已知名的情况，进行综合判断。

食品包装行业中通用的包装、装潢元素，不能被独占使用，但是，包装材质与形状、颜色的排列组合有很大的选择空间，将商标标签附加在包装上，该标签的尺寸、图案、构图方法等亦有很大的设计自由度。在可以自由设计的范围内，将包装、装潢各要素独特排列组合，使其具有区别商品来源的显著特征，且与商品的功能性无关，经过长时间使用和大量宣传，已足以使相关公众将上述包装、装潢的整体形象与经营者提供的商品联系起来，具有识别其商品来源的作用，应当属于《反不正当竞争法》第5条第2项所保护的特有的包装、装潢。

【关键词】

知名商品｜特有包装、装潢｜国外知名｜混淆

【基本案情】

原告费列罗公司于1984年2月，费列罗巧克力通过中国粮油食品进出口总公司采取寄售方式进入了国内市场；自1993年开始，以广东、上海、北京地区为核心逐步加大费列罗巧克力在国内的报纸、期刊和室外广告的宣传力度，相继在一些大中城市设立专柜进行销售，并通过赞助一些商业和体育活动，提高其产品的知名度。

被告蒙特莎公司于2004年4月开始生产、销售金莎巧克力，其包装、装潢特征与费列罗公司起诉中请求保护的包装、装潢在整体印象和主要部分上相近似。正元公司销售了蒙特莎公司生产的金莎TRESOR DORE巧克力。

费列罗公司提起诉讼，请求判令蒙特莎公司不得生产、销售，正元公司不得销售符合足以引起消费者误认的巧克力产品，并赔礼道歉、消除影响，蒙特莎公司赔偿损失300万元。

天津市第二中级人民法院判决：驳回费列罗公司的诉讼请求。费列罗公司不服，提起上诉。天津市高级人民法院判决：撤销一审判决，蒙特莎公司停止使用金莎TRESOR DORE系列巧克力侵权包装、装潢，赔偿费列罗公司70万元，正元公司停止销售使用侵权包装、装潢的金莎TRESOR DORE系列巧克力。蒙特莎公司不服，申请再审。最高人民法院提审后判决：蒙特莎公司停止在本案金莎

TRESOR DORE 系列巧克力商品上使用与费列罗系列巧克力商品特有的包装、装潢相近似的包装、装潢的不正当竞争行为，赔偿费列罗公司 50 万元，正元公司停止销售上述金莎 TREDOR DORE 系列巧克力商品。

【裁判理由】

最高人民法院认为：

《反不正当竞争法》所指的知名商品，是在中国境内具有一定的市场知名度，为相关公众所知悉的商品。在国际已知名的商品，我国法律对其特有名称、包装、装潢的保护，仍应以在中国境内为相关公众所知悉为必要。其所主张的商品或者服务具有知名度，通常系由在中国境内生产、销售或者从事其他经营活动而产生。认定知名商品，也不排除适当考虑国外已知名的因素。根据费列罗巧克力进入中国市场的时间、销售情况以及费列罗公司进行的多种宣传活动，认定其属于在中国境内的相关市场中具有较高知名度的知名商品。

盛装或者保护商品的容器等包装，以及在商品或者其包装上附加的文字、图案、色彩及其排列组合所构成的装潢，在其能够区别商品来源时，即属于反不正当竞争法保护的特有包装、装潢。费列罗公司请求保护的费列罗巧克力使用的包装、装潢系由一系列要素构成。如果仅仅以锡箔纸包裹球状巧克力，采用透明塑料外包装，呈现巧克力内包装等方式进行简单的组合，所形成的包装、装潢因无区别商品来源的显著特征而不具有特有性；而且这种组合中的各个要素也属于食品包装行业中通用的包装、装潢元素，不能被独占使用。但是，锡纸、纸托、塑料盒等包装材质与形状、颜色的排列组合有很大的选择空间；将商标标签附加在包装上，该标签的尺寸、图案、构图方法等亦有很大的设计自由度。在可以自由设计的范围内，将包装、装潢各要素独特排列组合，使其具有区别商品来源的显著特征，可以构成商品特有的包装、装潢。费列罗巧克力所使用的包装、装潢因其构成要素在文字、图形、色彩、形状、大小等方面的排列组合具有独特性，形成了显著的整体形象，且与商品的功能性无关，经过长时间使用和大量宣传，已足以使相关公众将上述包装、装潢的整体形象与费列罗公司的费列罗巧克力商品联系起来，具有识别其商品来源的作用，应当属于《反不正当竞争法》第 5 条第 2 项所保护的特有的包装、装潢。

对他人具有识别商品来源意义的特有包装、装潢，不能作足以引起市场混淆、误认的全面模仿，否则就会构成不正当的市场竞争。由于费列罗巧克力使用的包装、装潢的整体形象具有区别商品来源的显著特征，蒙特莎公司在其巧克力商品上使用的包装、装潢与费列罗巧克力特有包装、装潢，又达到在视觉上非常近似的程度。即使双方商品存在价格、质量、口味、消费层次等方面的差异和厂商名称、商标不同等因素，也未免使相关公众易于误认金莎 TRESOR DORE 巧克力与费列罗巧克力存在某种经济上的联系，构成不正当竞争。

【案件信息】

意大利费列罗公司诉蒙特莎（张家港）食品有限公司、天津经济技术开发区正元行销有限公司不正当竞争案，最高人民法院（2006）民三提字第 3 号民事判决书（2008 年 3 月 24 日，孔祥俊、王永昌、郃中林），天津市高级人民法院（2005）津高民三终字第 36 号民事判决书（2006 年 1 月 9 日，王兵、李砚芬、李华），天津市第二中级人民法院（2003）二中民三初字第 63 号民事判决书（2005 年 2 月 7 日）。

案件来源：指导案例 47 号（最高人民法院审判委员会讨论通过，2015 年 4 月 15 日发布），《最高人民法院公报》2008 年第 6 期，我国改革开放 30 年来 100 件知识产权司法保护典型案例（最高人民法院 2008 年 11 月 17 日公布）。

274 知名商品特有名称包装、装潢应以中国境内相关公众知悉为必要，国外知名度可参考

【裁判要旨】

对知名商品特有名称包装、装潢的保护，应以该商品在中国境内为相关公众所知悉为必要，其知名度通常系由在中国境内生产、销售或者从事其他经营活动而产生，但该商品在国外已知名的事实可以作为认定其国内知名度的参考因素。

【关键词】

知名商品特有名称包装、装潢｜知名度｜相关公众｜国外知名

【基本案情】

原告尚杜公司系核定使用商品为第 33 类含酒精饮料（啤酒除外）商品上的第 1122916 号“LAFITE”、第 33 类以原产地取名的酒商品上的 G764270 商标的注册人。

被告金鸿德公司在其葡萄酒产品、网站和宣传手册中使用“Lafite Family”“拉

菲世族”等标识对其历史渊源的介绍与尚杜公司历史部分相同。被告生物医药公司销售了被诉侵权产品。尚杜公司提起商标侵权及不正当竞争诉讼。

湖南省长沙市中级人民法院认为:金鸿德公司和生物医药公司构成侵害商标权及不正当竞争,判决:金鸿德公司停止在葡萄酒产品、网站及宣传资料中使用“LAFITE FAMILY”及“拉菲世族”等图文标识,停止虚假宣传,注销“lafitefamily.com”域名,赔偿损失30万元,公开刊登消除影响声明,生物医药公司停止销售侵权产品及使用宣传资料。金鸿德公司不服提起上诉。湖南省高级人民法院判决:驳回上诉,维持原判。

【裁判理由】

法院认为:

金鸿德公司未经商标权人许可,在其葡萄酒商品上使用“LAFITE FAMILY”等标识的行为侵害了尚杜公司的商标权,应承担相应的民事责任。金鸿德公司使用的域名“lafitefamily. com”完整包含了尚杜公司第1122916号注册商标“LAFITE”文字,且其在该网站中结合Lafitefamily等标识对其葡萄酒商品进行宣传、推广,容易使相关公众误认为上诉人提供的商品来自尚杜公司,亦构成侵权。

我国《反不正当竞争法》所指的知名商品,是指在中国境内具有一定的市场知名度,为相关公众所知悉的商品。认定知名商品,应当考虑该商品的销售时间、销售区域、销售额和销售对象,进行任何宣传的持续时间、程度和地域范围,作为知名商品受保护的情况等因素进行综合判断,亦可适当考虑国外已知名等因素。尚杜公司生产的LAFITE葡萄酒具有较长的品牌历史,在法国被认为是最好的葡萄酒之一。在LAFITE葡萄酒进入中国市场前,我国内地相关媒体和主流中文网站就对其进行了较为广泛的宣传报道。“LAFITE”葡萄酒自2006年开始进入中国市场后,尚杜公司通过在其公司网站对其“LAFITE”葡萄酒产品进行宣传推广,国内相关媒体和网站也持续对“LAFITE”葡萄酒产品进行了宣传报道,因此应认定为反不正当竞争法所指的知名商品。

“拉菲”事实上系LAFITE葡萄酒知名商品唯一对应的中文名称,具有区别商品来源的显著性,应认定其为LAFITE葡萄酒知名商品的特有名称。金鸿德公司在其葡萄酒商品上突出使用“拉菲世族”文字,造成和他人知名商品相混淆,使购买者误认为是该知名商品,其行为构成不正当竞争。

金鸿德公司在官方网站及产品宣传资料中对商品的质量、制作成分,性能用途、生产者、产地等作引人误解的虚假宣传,亦应承担相应责任。

【案件信息】

尚杜·拉菲特罗兹施德民用公司诉深圳市金鸿德贸易有限公司、湖南生物医药集团健康产业发展有限公司侵害商标权及不正当竞争案，湖南省高级人民法院（2011）湘高法民三终字第55号民事判决书（2011年8月17日，曾志红、唐小妹、陈小珍），湖南省长沙市中级人民法院（2010）长中民五初字第0518号民事判决书（2011年2月28日）。

案件来源：2011年中国法院10大知识产权案件，《最高人民法院公报》2012年第7期。

275 一种客体可同时受多种知识产权保护，其中一种权利的终止不当然致其他权利失效

276 反不正当竞争法可在知识产权法之外，在特定条件下对于某些民事权益提供有限的、附加的补充保护

277 商品形状构造类装潢区别于一般常见设计且经使用获得第二含义的可知名商品特有装潢的保护

278 外观设计专利权虽终止但符合特定条件的，该外观仍可获得知名商品特有包装、装潢保护

279 主张失效的外观设计仍受知名商品特有包装、装潢保护的，应证明其尚未进入公有领域

【裁判要旨】

在知识产权领域内，一种客体可能同时属于多种知识产权的保护对象，其中一种权利的终止并不当然导致其他权利同时也失去效力。同时，《反不正当竞争法》也可以在知识产权法之外，在特定条件下对于某些民事权益提供有限的、附加的补充性保护。

外观设计专利权终止后，该设计并不当然进入公有领域，在符合条

件时还可以依据反不正当竞争法关于知名商品特有包装、装潢的规定而得到制止混淆的保护。外观设计专利权的终止，至少使社会公众收到了该设计可能已经进入公有领域的信号，因而主张该设计受到知名商品特有包装、装潢保护的权利人应提供更加充分的证据来证明有关设计仍应受法律保护。

内在于商品之中的形状构造类装潢构成知名商品的特有装潢需要满足更严格的条件，这些条件一般至少包括：(1)该形状构造应该具有区别于一般常见设计的设计特征。(2)通过在市场上的使用，相关公众已经将该形状构造与特定生产者、提供者联系起来，即该形状构造通过使用获得了第二含义。

【关键词】

知名商品特有包装、装潢｜形状构造类装潢｜外观设计专利｜显著特征

【基本案情】

2002 年 7 月 19 日，原告中韩晨光公司申请了名称为“笔(事务笔)”的外观设计专利，该专利于 2003 年 2 月 19 日获得授权公告，专利号为 02316156.6，该专利当前的状态为终止。经对比，中韩晨光公司自 2002 年 3 月 26 日起开始销售的 K－35 型按动式中性笔的外观与该外观设计专利相同。

被诉侵权的 681 型水笔由被告微亚达制笔公司和微亚达文具公司生产、销售，被告成硕公司销售，该笔的结构与中韩晨光公司上述 K－35 型按动式中性笔相同，整体上看，两者外观基本相同。

中韩晨光公司提起诉讼，请求判令微亚达制笔公司、微亚达文具公司、成硕公司停止生产和销售侵权产品，共同赔偿损失 50 万元和合理开支 3 万元。

上海市第二中级人民法院判决：微亚达制笔公司、微亚达文具公司停止实施仿冒中韩晨光公司知名商品 K－35 型按动式中性笔特有装潢的不正当竞争行为并共同赔偿损失及合理开支 10 万元，成硕公司停止销售被诉侵权产品。微亚达制笔公司不服，提起上诉。上海市高级人民法院判决：驳回上诉，维持原判。微亚达制笔公司仍不服，申请再审。最高人民法院提审后，微亚达制笔公司、微亚达文具公司与中韩晨光公司达成和解协议，微亚达制笔公司申请撤回再审申请，最高人民法院裁定：准许其撤回再审申请，终结再审程序。

【裁判理由】

最高人民法院认为：

在知识产权领域内，一种客体可能同时属于多种知识产权的保护对象，其中一种权利的终止并不当然导致其他权利同时也失去效力。同时，《反不正当竞争法》也可以在知识产权法之外，在特定条件下对于某些民事权益提供有限的、附加的补充性保护。就获得外观设计专利权的商品外观而言，外观设计专利权终止之后，在使用该外观设计的商品成为知名商品的情况下，如果他人对该外观设计的使用足以导致相关公众对商品的来源产生混淆或者误认，这种在后使用行为就会不正当地利用该外观设计在先使用人的商誉，构成不正当竞争。由于商品的外观设计可能同时构成商品的包装或者装潢，因而可以依据《反不正当竞争法》关于知名商品特有包装、装潢的规定而得到制止混淆的保护。此时，该外观设计应当满足以下条件：(1)使用该设计的商品必须构成知名商品；(2)该设计已经实际具有区别商品来源的作用，从而可以作为知名商品的特有包装或者装潢；(3)这种设计既不属于由商品自身的性质所决定的设计，也不属于为实现某种技术效果所必需的设计或者使商品具有实质性价值的设计；(4)他人对该设计的使用会导致相关公众的混淆或者误认。不过，外观设计专利权的终止，至少使社会公众收到了该设计可能已经进入公有领域的信号，因而主张该设计受到知名商品特有包装、装潢保护的权利人应提供更加充分的证据来证明有关设计仍应受法律保护。

商品的形状构造类装潢，内在于物品之中，属于物品本体但具有装饰作用的物品的整体或者局部外观构造，但仅由商品自身的性质所决定的形状、为实现某种技术效果所必需的形状以及使商品具有实质性价值的形状除外。形状构造本身与商品本体不可分割，相关公众往往更容易将其视作商品本体的组成部分，而一般不会直接将其与商品的特定生产者、提供者联系起来。内在于商品之中的形状构造类装潢构成知名商品的特有装潢需要满足更严格的条件。这些条件一般至少包括：(1)该形状构造应该具有区别于一般常见设计的显著特征。(2)通过在市场上的使用，相关公众已经将该形状构造与特定生产者、提供者联系起来，即该形状构造通过使用获得了第二含义。也就是说，一种形状构造要成为知名商品的特有装潢，其仅仅具有新颖性和独特性并对消费者产生了吸引力是不够的，它还必须能够起到区别商品来源的作用。只要有充分证据证明该形状构造特征取得了区别商品来源的作用，就可以依据知名商品的特有装潢获得保护。

【案件信息】

上海中韩晨光文具制造有限公司诉宁波微亚达制笔有限公司、宁波微亚达文具有限公司、上海成硕工贸有限公司擅自使用知名商品特有装潢案，最高人民法院(2010)民提字第16号民事判决书(2010年12月3日，郃中林、朱理、郎贵梅)，上海市高级人民法院(2008)沪高民三(知)终字第100号民事判决书(2008年12月15日，张晓都、王静、李澜)，上海市第二中级人民法院(2008)沪二中民五(知)初字第112号民事判决书(2008年6月19日，杨煜、徐忠、胡宓)。

案件来源：最高人民法院知识产权案件年度报告(2010)。

280 知名商品特有包装、装潢属于反不正当竞争法保护的财产权益，应当可以转让和承继

【裁判要旨】

知名商品特有的包装、装潢属于《反不正当竞争法》保护的财产权益，应当可以转让和承继。基于主体之间特殊的承继关系、生产同一种商品包装、装潢并无实质性差别，在后的主体有权承继在先主体所拥有的知名商品特有的包装、装潢权益。

【关键词】

知名商品特有包装、装潢 | 财产 | 转让 | 承继

【基本案情】

原告桂林南药公司的前身桂林制药厂于1963年被批准生产0.15克乳酶片，1979年至2000年该产品多次被评为名牌产品和优质产品。桂林南药公司成立后继续生产相应的乳酶片，其包装装潢有3个版本：2002年至2007年的版本1，2007年至2010年的版本2和2010年至诉讼时的版本3，3个版本与桂林制药厂使用的包装、装潢并无实质性差别。

被告三门峡赛诺维公司也生产相同的乳酶片，其2007年获得批准的包装与桂林南药公司的版本2包装基本相同，该包装于2008年5开始使用。

桂林南药公司提起诉讼，请求判令三门峡赛诺维公司停止销售侵权产品，销毁尚未使用的侵权包装，赔偿桂林南药公司损失20万元及合理开支5500元。

河南省洛阳市中级人民法院判决：驳回桂林南药公司的诉讼请求。桂林南药公司不服，提起上诉。河南省高级人民法院判决：驳回上诉，维持原判。桂林南药公司仍不服，申请再审。再审期间，桂林南药公司放弃了关于赛诺维公司侵害其外观设计专利权的主张。最高人民法院提审后判决：撤销一审、二审判决，三门峡赛诺维公司停止使用被诉侵权的包装、装潢，赔偿损失20万元和合理开支1.32万元。

【裁判理由】

最高人民法院认为：

知名商品特有的包装、装潢属于《反不正当竞争法》保护的财产权益，应当可以转让和承继。在桂林制药厂生产的乳酶生片为知名商品的情形下，其生产的0.15克袋装乳酶生片的包装、装潢应当属于知名商品特有的包装、装潢。基于桂林南药公司和桂林制药厂本身具有较为特殊的承继关系且两者生产的乳酶生片为同一种商品，加之桂林南药公司和桂林制药厂在0.15克袋装乳酶生片上使用的包装、装潢并无实质性差别，桂林南药公司应当有权承继桂林制药厂所拥有的上述知名商品特有的包装、装潢权益，桂林南药公司生产销售的0.15克袋装乳酶生片的包装、装潢属于知名商品特有的包装、装潢。三门峡赛诺维制药有限公司生产销售的0.15克袋装乳酶生片的包装、装潢侵害了桂林南药股份有限公司知名商品特有的包装、装潢权益，构成不正当竞争。

桂林南药公司估算其因被侵权遭受的利润损失约60万元，并根据其生产的乳酶生片每包的利润率以及2010年以后其销售量的下降情况估算出赛诺维公司销售被诉侵权产品获利不少于50万元，据此请求赛诺维公司赔偿损失20万元。上述请求合法有据，应予支持。关于合理费用，桂林南药公司提供的费用支出的有效票据显示，其为制止侵权行为所支付的合理费用共计约13,200元，亦予以支持。

【案件信息】

桂林南药股份有限公司诉三门峡赛诺维制药有限公司侵害外观设计专利权及擅自使用知名商品特有包装、装潢案，最高人民法院(2013)民提字第163号民事判决书(2013年12月7日，王永昌、秦元明、吴蓉)，河南省高级人民法院(2012)豫法民三终字第88号民事判决书，河南省洛阳市中级人民法院(2011)洛知民初字第90号民事判决书。

案件来源：2013年中国法院50件典型知识产权案例。

281 具有较高知名度的图书，其名称装潢能够区分来源的可作为知名商品特有名称装潢

282 知名商品名称包装、装潢的特有性并非新颖性或独创性，而是起到区别商品来源的作用

283 司法解释对认定商品知名所列因素仅系指引，具体应依个案情形考虑无须全部具备

284 停止侵害责任方式应结合被诉行为考虑其合目的性、必要性和均衡性并符合比例原则

285 当附加区别性标识不足以避免混淆时，应判令停止使用侵权的商品名称和包装、装潢

【裁判要旨】

图书已具有较高知名度的情况下，其图书名称已经具有了区别商品来源的作用，构成知名商品的特有名称，其装潢已经具有区别商品来源的作用，构成知名商品的特有装潢。

知名商品的名称、包装和装潢的特有性是指该商品名称、包装和装潢能够起到区别商品来源的作用，而不是指该商品名称、包装和装潢具有新颖性或者独创性；即使商品名称、包装和装潢不具有新颖性或者独创性，也不意味着其必然不具有特有性。

认定商品知名是一个综合判断的过程，需要考量各种因素，而每种因素在具体案件中的作用取决于个案情况。因此，相关司法解释规定所列举的需要考虑的因素仅仅是一种指引，并非在任何案件中均需考虑全部因素。

停止侵害民事责任的具体方式的确定，应该遵循比例原则，结合被诉行为的特点，考虑具体责任方式的合目的性、必要性和均衡性。被诉侵权人只要使用与他人知名商品近似的名称，就可能导致相关公众发生混淆和误认，或者只有变更原有装潢的显著性，才会达到停止侵害的目的，通过附加区别标识不足以实现停止侵害的目的。

【关键词】

知名商品特有名称包装、装潢｜新颖性｜独创性｜停止侵害｜比例原则

【基本案情】

2004年9月5日，原告吉林文史出版社从《男人来自火星女人来自金星》的作者约翰·格雷及其合作代理人大苹果股份有限公司处取得该书在中国大陆的出版授权，第1期5年授权到期后，又于2009年9月1日取得第2期5年的授权。

自2006年至2009年，在中国图书商报的“商报民营榜”“店销榜”“商报大书城总榜”“商报店销榜”“2008年度中国大陆人文社科类畅销书”等榜单中，吉林文史出版社的《男人来自火星女人来自金星》图书均名列其中且销售较大，其中“店销榜”涉及上海、北京、湖南、南京、深圳、东莞等地区。在2007年至2011年的当当网图书畅销榜上，涉案图书均榜上有名。

被告华文出版社于2010年1月出版了被诉侵权的《男人来自火星，女人来自金星大全集》一书，被告联合书城销售了该图书。被诉侵权图书装帧与吉林文史出版社的《男人来自火星女人来自金星》有较多相似之处。

吉林文史出版社提起诉讼，请求法院判令华文出版社停止出版、发行被诉侵权图书，不得再版并收回、销毁已出版的被诉侵权图书，赔偿损失56万元，联合书城停止销售被诉侵权图书。

吉林省长春市中级人民法院判决：华文出版社有限公司停止出版、发行“使用《男人来自火星，女人来自金星大全集》名称及其封面封底设计”的图书，赔偿损失及合理开支20万元，联合书城停止销售被诉侵权图书。华文出版社不服，提起上诉。吉林省高级人民法院判决变更赔偿数额为10万元，其他维持一审判决。华文出版社仍不服，申请再审。最高人民法院裁定：驳回其再审申请。

【裁判理由】

最高人民法院认为：

认定商品知名是一个综合判断的过程，需要考量各种因素，而每种因素在具

体案件中的作用取决于个案情况。因此，相关司法解释规定所列举的需要考虑的因素仅仅是一种指引，并非在任何案件中均需考虑全部因素。因此，认定《反不正当竞争法》第5条第2项所称的知名商品是为保护具有区别商品来源意义的商品特有名称、包装和装潢服务的，只要其在相关公众中具有一定的知名度即可，并不要求为相关公众广为知晓。吉林文史出版社《男人来自火星女人来自金星》多次入围各类畅销书排名，且销售量较大，足以证明具有一定的知名度。

《反不正当竞争法》第5条第2项规定的知名商品的名称、包装和装潢的特有性是指该商品名称、包装和装潢能够起到区别商品来源的作用，而不是指该商品名称、包装和装潢具有新颖性或者独创性。对相关公众而言，只要该商品名称、包装和装潢由于商业使用已经客观上起到区别商品来源的作用，其便具有了特有性，其是否具有新颖性或者独创性并不重要。即使商品名称、包装和装潢不具有新颖性或者独创性，也不意味着其必然不具有特有性。在经营者将该不具有新颖性或者独创性商品名称、包装和装潢用于商业活动的情况下，如果经过使用，该商品及其名称、包装和装潢具有了一定的知名度，该名称、包装和装潢成为相关公众区分商品来源的标识之一，则其同样具备特有性。

在吉林文史出版社的《男人来自火星女人来自金星》图书已具有较高知名度的情况下，其图书名称已经具有了区别商品来源的作用，构成知名商品的特有名称。该图书的装潢包含封面与封底，封面的装饰图片选择、位置排列、颜色搭配以及封面和封底的中英文文字、宣传标语的选择、排列布置等均体现出一定的特色，也没有其他人在先使用相同或者近似的装潢设计。在该图书已具有较高知名度的情况下，其装潢已经具有区别商品来源的作用，构成知名商品的特有装潢。

华文出版社被诉侵权图书与涉案图书存在直接竞争，并使用了与涉案图书近似的名称和装潢，容易导致相关公众发生混淆误认，在被诉侵权图书与涉案图书同时存在于同一市场的情况下，被诉侵权图书的销售必然会对涉案图书的销售造成影响，即使被诉侵权图书的销售未对吉林文史出版社的涉案图书销售实际造成影响，也不影响不正当竞争行为的认定，华文出版社的行为构成不正当竞争。

停止侵害责任的具体方式的确定，需要结合被诉行为的特点，考虑具体责任方式的合目的性、必要性和均衡性。即该种具体责任方式要能够和适于实现停止侵害的目的；在能够有效实现停止侵害目的的各种手段中，对被诉侵权人利益造成的不利影响相对较小，且不会与停止侵害的目的不成比例。华文出版社使用与他人知名商品近似的名称，只要被诉侵权图书使用“男人来自火星女人来自金星”

这一名称,均可能导致相关公众发生混淆和误认,附加区别标识不足以起到停止侵害的目的。对于使用与他人知名商品近似的装潢的行为而言,只有变更装潢,改变原有装潢的显著性的情况下,才会达到停止侵害的目的。因此,本案中通过附加区别标识不足以实现停止侵害的目的。

【案件信息】

吉林文史出版社诉华文出版社有限公司、长春联合图书城有限公司侵害著作权及不正当竞争案,最高人民法院(2013)民申字第371号民事裁定书(2013年11月26日,王闯、朱理、何鹏),吉林省高级人民法院(2012)吉民三知终字第47号民事判决书(2012年12月17日,宫斌、薛淼、李伟),吉林省长春市中级人民法院(2012)长民三初字第128号民事判决书。

案件来源:最高人民法院知识产权案件年度报告(2013)。

286 知名商品与包装、装潢不可割裂,脱离包装、装潢依附的具体商品不具有法律评价意义

287 特有包装、装潢权益的归属既要鼓励诚实劳动也应尊重客观形成的商品来源指向认知

288 同一商品上的注册商标与包装、装潢各自独立发挥其识别作用的,可分属于不同主体

289 通常在商标许可使用关系终止后,被许可使用商标上所积累的商誉应归还给许可人

290 含被许可商标的包装、装潢经许可人使用与许可人和被许可人同时建立联系的应共有

【裁判要旨】

《反不正当竞争法》第5条第2项规定的“知名商品”和“特有包装

装潢”之间具有互为表里、不可割裂的关系，只有使用了特有包装装潢的商品，才能够成为反不正当竞争法调整的对象。抽象的商品名称或无法确定内涵的商品概念，脱离于包装装潢所依附的具体商品，缺乏可供评价的实际使用行为，不具有依据《反不正当竞争法》第5条第2项规定进行评价的意义。

在确定特有包装装潢的权益归属时，既要在遵循诚实信用原则的前提下鼓励诚实劳动，也应当尊重消费者基于包装装潢本身具有的显著特征而客观形成的对商品来源指向关系的认知。

注册商标制度与知名商品特有包装装潢权益保护制度虽然均属于对商业标识性权益提供保护的法律制度，但二者的权利来源和保护条件有所不同。注册商标与包装装潢可以各自发挥其独立的识别作用，并分属于不同的权利主体。

通常情况下，在商标许可使用关系终止后，被许可人应停止使用行为，被许可使用商标之上所积累的商誉，应同时归还于许可人。

注册商标的被许可人作为包装、装潢实际经营者，其始终将被许可商标包含在包装、装潢中进行突出使用，从未刻意阻断和清晰区分包装装潢与其中包含的注册商标之间的关系，消费者亦不会刻意区分法律意义上的商标权与知名商品特有包装装潢权益，客观上使包装装潢同时指向了许可人和被许可人，消费者也将包装装潢与许可人和被许可人同时建立联系的，包含注册商标的该知名商品特有包装装潢权益，可由许可人和被许可人共同享有。

【关键词】

知名商品｜特有包装、装潢｜诚实信用｜商品来源指向关系

【基本案情】

2012年7月6日，广药集团与加多宝公司分别向法院提起诉讼，主张享有“红罐王老吉凉茶”知名商品特有包装装潢权益，并据此起诉诉对方生产销售的红罐凉茶商品的包装装潢构成侵权。

加多宝公司的诉讼请求为：判令大健康公司停止使用、生产、销售与加多宝公司知名凉茶商品特有包装装潢相同或者近似的包装装潢，并销毁库存侵权包装装潢，刊登声明消除影响，赔偿损失3096万元（以审计结果和年报中利润额较大者

为准)。

广药集团的诉讼请求为:判令加多宝公司在罐装上停止使用、生产、销售与广药集团“王老吉”凉茶特有包装装潢相同或相近似的包装装潢,销毁库存侵权商品与空罐,移除各种广告、宣传材料等,刊登声明消除影响,赔偿2011年11月或12月起至终审判决作出前的损失1.5亿元及合理开支100万元。

广东省高级人民法院经审判委员会讨论后判决:在加多宝公司作为原告的案件中,驳回其诉讼请求;在广药集团作为原告的案件中判决:加多宝公司停止使用、生产、销售与知名商品王老吉红罐凉茶特有包装装潢相同或者相近似的包装装潢,销毁库存,停止使用并移除或销毁所有侵权商品的广告、宣传材料等,刊登声明消除影响,赔偿损失1.5亿元及相应合理开支。加多宝公司对两案均不服,提起上诉。最高人民法院对于加多宝公司作为一审原告的案件,判决:驳回上诉,维持原判;对于广药集团作为一审原告、加多宝公司作为一审被告的案件,判决:撤销一审判决,驳回广药集团的诉讼请求。

【裁判理由】

最高人民法院认为:

包装装潢具有显著识别特征,并使用于具有一定知名度的商品之上,是与包装装潢有关的商业标识性权益获得反不正当竞争法保护的条件。在适用《反不正当竞争法》第5条第2项的规定时,应对“特有包装装潢”与“知名商品”之间的关系作出正确理解,即二者具有互为表里、不可割裂的关系。只有使用了特有包装装潢的商品,才能够成为反不正当竞争法评述的对象。相反,抽象的商品名称,或无确定内涵的商品概念,脱离于包装装潢所依附的具体商品,缺乏可供评价的实际使用行为,不具有依据《反不正当竞争法》第5条第2项规定进行评价的意义。

本案知名商品指的是“王老吉凉茶”,其中“凉茶”属于此类商品的通用名称,“王老吉”属于特有名称。基于特有包装装潢与知名商品之间所应具有的指向和依附关系,使用在红罐王老吉凉茶产品罐体之上、包括黄色“王老吉”文字、红色底色等色彩、图案及其排列组合等组成部分在内的整体内容的包装装潢形式使用于加多宝公司生产经营的红罐王老吉凉茶商品之上,故加多宝公司生产经营的红罐王老吉凉茶应为本案特有包装装潢所依附的商品。

本案界定“知名商品”的目的,是判断附着于其上的、特定的包装装潢形式,是否符合反不正当竞争法对商业标识性权益提供保护的条件。因此,该“知名商品”应当与涉案包装装潢形式具有明确的指向关系。对于红罐王老吉凉茶是否为本案中的知名商品的问题,综合考虑“王老吉”品牌的历史渊源,红罐王老吉凉茶的市场销售及广告宣传情况,红罐王老吉凉茶作为知名商品受到人民法院生效裁判保护的记录,以及相关公众在此基础上对商品形成的知晓程度,应当认定其为本案中的知名商品。

所谓知名商品的特有包装装潢,是指知名商品之上具有区别商品来源的显著特征的包装装潢形式。在确定特有包装装潢的权益归属时,既要在遵循诚实信用原则的前提下鼓励诚实劳动,也应当尊重消费者基于包装装潢本身具有的显著特征,而客观形成的对商品来源指向关系的认知。注册商标制度与知名商品特有包装装潢权益保护制度虽然均属于对商业标识性权益提供保护的法律制度,但二者的权利来源和保护条件有所不同。注册商标与包装装潢可以各自发挥其独立的识别作用,并分属于不同的权利主体。

作为“王老吉”商标权利人的广药集团,对于品牌知名度和美誉度的维护,是红罐王老吉凉茶的知名度得以产生、延续和发展的重要基础。涉案知名商品特有包装装潢,是一个包含了文字、图案、色彩搭配等多种构成要素的综合表现形式。在“王老吉”系列商标许可使用合同中,虽然曾对鸿道集团有权在红色罐装凉茶饮料上独家使用“王老吉”商标,以及生产、销售红色罐装王老吉凉茶作出约定,但合同中并未明确包装装潢的具体表现形式。许可合同中使用的“红色罐装”的表述方式,并不足以表明由多种要素组合而成的涉案包装装潢已经存在,亦无证据显示,许可合同中虽未明确约定,但广药集团的关联企业已经设计完成或实际使用了涉案包装装潢,并具备了授权鸿道集团使用的事实基础。据此,一审法院所作广药集团与加多宝公司在王老吉商标许可使用合同中并没有对涉案红罐王老吉凉茶的包装装潢权益归属作出明确约定的认定,具备事实依据,对此予以维持。

厂商名称等信息对于商品的来源固然具有指示作用,但厂商名称能否作为获得与商品有关的知识产权权益的直接依据,仍需作出具体分析。具体到本案而言,涉案包装装潢作为一个包含多种构成要素的整体形象,既包括“王老吉”文字及商标标识,也包括线条、色彩的搭配与选择,以及包含厂商名称等在内的其他文字内容。上述构成要素相互结合,使涉案包装装潢在整体上发挥了指示商品来源的作用。因此,加多宝公司虽然通过在红罐王老吉凉茶之上标注厂商信息,以及向消费者昭示其为红罐王老吉凉茶的实际经营者等宣传使用行为,使相关公众将涉案包装装潢与加多宝公司建立了一定的联系,但不可否认的是,在“王老吉”品牌已经具有一定的市场知名度,且许可制度所带来的品牌控制人与实际经营者分离愈加普遍的情况下,消费者很难完全忽略涉案包装装潢中使用的"王老吉"文字及商标,以及该文字与商标权人之间的联系,而仅凭厂商名称的标注,即将涉案包装装潢与加多宝公司形成确定的联系。

本案所涉知名商品特有包装装潢纠纷的产生,源于双方在签订和履行商标许可使用合同的过程中,并未对可能产生于许可使用期间的衍生利益如何进行分割作出明确的约定。通常情况下,在商标许可使用关系终止后,被许可人应停止使用行为,被许可使用商标之上所积累的商誉,应同时归还于许可人。但本案纠纷发生的特殊之处在于,许可使用期间形成的特有包装装潢,既与被许可商标的使用存在密切联系,又因其具备反不正当竞争法下独立权益的属性,而产生了外溢于商标权之外的商誉特征。

作为"王老吉"商标权利人的广药集团,对于品牌知名度和美誉度的维护,是红罐王老吉凉茶的知名度得以产生、延续和发展的重要基础。作为红罐王老吉凉茶的实际经营主体,加多宝公司对涉案包装装潢权益的形成作出了重要贡献。涉案包装装潢包含了文字、图案、色彩及其排列组合等多种构成要素,从最初投入市场流通环节至本案纠纷发生之时,黄色字体的"王老吉"文字在包装装潢中的使用方式一致、稳定、持续,这种使用方式除使消费者不断强化了"王老吉"文字已经与包装装潢融为一体的认知之外,还在事实上发挥了向消费者昭示商品来源的作用,即相关公众在购买红罐王老吉凉茶时,既会联想到作为实际经营者的加多宝公司,也会联想到"王老吉"商标的权利人广药集团。因此,通过加多宝公司的实际使用行为,"王老吉"文字事实上已经成为红罐王老吉凉茶包装装潢的重要组成部分,否定其对涉案包装装潢同样发挥来源识别的功能,缺乏事实与法律依据。

本案的特殊之处在于,作为涉案包装装潢实际经营者的加多宝公司,在设计、使用及宣传推广的过程中,始终将作为广药集团注册商标的"王老吉"文字在包装装潢中进行了突出使用,且从未刻意阻断和清晰区分包装装潢与其中包含的注册商标之间的关系,客观上使包装装潢同时指向了加多宝公司与广药集团。消费者亦不会刻意区分法律意义上的商标权与知名商品特有包装装潢权益,而会自然地将红罐王老吉凉茶与广药集团、加多宝公司同时建立联系。结合红罐王老吉凉茶的历史发展过程、双方的合作背景、消费者的认知及公平原则的考量,涉案知名商品特有包装装潢权益,在遵循诚实信用原则和尊重消费者认知并不损害他人合法权益的前提下,可由广药集团与加多宝公司共同享有。

【案件信息】

广东加多宝饮料食品有限公司诉广州王老吉大健康产业有限公司擅自使用知名商品特有包装装潢案，最高人民法院(2015)民三终字第2号民事判决书，广州医药集团有限公司诉广东加多宝饮料食品有限公司擅自使用知名商品特有包装装潢案，最高人民法院(2015)民三终字第3号民事判决书(2017年7月27日，宋晓明、夏君丽、周翔、钱小红、佟姝)，广东省高级人民法院(2013)粤高法民三初字第1号、第2号民事判决书。

案件来源：最高人民法院知识产权案件年度报告(2017)。

291 包装、装潢的主要部分被申请注册为商标后，通常他人不得再对该包装装潢享有权益

292 历史上近似装潢与商标分属不同主体长期共存且装潢有较高知名度的，可受反不正当竞争法保护

【裁判要旨】

商品装潢与注册商标均具备区别商品来源的标识性作用。通常情况下，商标核准注册后，在其核定使用的商品范围内，与其相同或者近似的商品装潢，不能再享有商品装潢相关权益，否则将导致消费者混淆。但如果基于历史原因，商品装潢与注册商标分属于不同的主体，两者在长期使用过程中形成了共存的状态，在商品装潢具有较高知名度的情况下，该商品装潢可以受到《反不正当竞争法》的保护。

【关键词】

知名商品特有包装、装潢 | 注册商标 | 共存

【基本案情】

重庆天厨味精厂原名重庆天原味精厂，于1940年12月建成投产，2009年3月16日股权转制后更名为原告重庆天厨天雁公司，与上海天厨味精厂同为吴蕴初早年创办的天厨味精厂演变而来。鉴于此渊源，上海天厨味精厂与重庆天厨味精厂于1992年12月达成协议，在味精产品上均可使用“佛手”牌文字商标和“黄色镶边的椭圆形图案，蓝色为底色，椭圆形图案由白色枝干和黄色梅花包围，底部

白色叶片为底座陪衬”的图形商标（商标权由上海天厨味精厂享有）。另外，证据显示，至少从1989年7月31日起，重庆天厨天雁公司在自己生产的80%粉料味精上使用与上述图形商标近似的包装装潢。

被告成都天厨公司成立于2009年5月8日，该公司生产销售的味精包装上有黄色镶边的椭圆形图案，蓝色或蓝紫色为底色，椭圆形图案两边分别有两个白色枝干和黄色麦穗，底部为白色的叶片。被告双骄经营部及刘琼销售了成都天厨公司生产的味精。

重庆天厨天雁公司以成都天厨公司在味精产品上使用近似包装装潢和在企业名称中使用“天厨”二字属于不正当竞争行为，提起诉讼，请求判令成都天厨公司停止生产、销售外包装与其告产品相同或近似的产品，并销毁上述侵权产品，停止在网站上宣传上述侵权产品；双骄经营部、刘琼停止销售上述侵权产品，连带赔偿损失及合理开支100万元，成都天厨公司停止在其企业名称中使用“天厨”字号，并在媒体上公开赔礼道歉，消除影响。

重庆市渝北区人民法院判决：成都天厨公司停止在其生产、销售、网络宣传的味精产品中使用与重庆天厨天雁公司生产的谷氨酸钠含量为80%的粉末状袋装味精包装装潢相近似的包装装潢，双骄经营部、刘琼立即停止销售上述侵权包装装潢的味精产品，成都天厨公司赔偿损失及合理开支10万元，双骄经营部、刘琼赔偿损失及合理开支1万元，成都天厨公司停止使用含有“天厨”字样的企业名称。成都天厨公司、双骄经营部、刘琼均不服，提起上诉。重庆市第一中级人民法院判决：维持停止使用、销售侵权包装装潢的判项，撤销判令成都天厨公司停止使用含“天厨”字样企业名称的判项，变更赔偿为成都天厨公司赔偿损失及合理开支8万元。

【裁判理由】

法院认为：

就包装装潢而言，通常情形下，包装装潢中的主要部分被他人申请注册为商标后，该包装装潢不应当再获得《反不正当竞争法》的保护，原因在于《反不正当竞争法》对于包装装潢的保护本质上是对未注册商标的保护，相对于商标法对注册商标的保护而言具有补充性。商标核准注册后即具有专用权，如再允许其他主体在类似商品上享有近似包装装潢的相关权益，则会造成市场混淆。但是在本案中，将涉案包装装潢的主要部分注册为商标的上海天厨味精厂与重庆天厨天雁公司具有历史渊源，双方签订的协议可以看作一种商标许可，是基于特定历史背景下的商标共存行为，重庆天厨天雁公司主张包装装潢权利就具有了一定的合理性。因此，成都天厨公司在相同商品上使用了与涉案包装装潢近似的包装装潢，足以使相关消费者对两者的来源发生混淆，产生误认，其行为构成不正当竞争。

在先企业名称固有的显著性和知名度越强，其保护力度和保护范围越大，在后使用人的避让义务就越高；在先企业名称中的字号被其他经营者使用得越多，该字号就越处于公有领域，在先企业名称的使用人对该字号的控制力度就越低，在后使用人的避让义务也就越低。

就企业名称而言，自 1994 年至今，在全国范围内以"天厨"作为字号使用的企业有 8000 多家，其中餐饮类企业有 1800 余家，与调味有关的企业有 90 余家，在四川省范围内以"天厨"作为字号使用的企业有 300 余家，另外，以"天厨"或"天厨"字样为核心的注册商标已达 120 余项。由此可知，"天厨"作为字号或注册商标已被相关经营者广泛使用于餐饮、食品及调味品行业。

由于现有证据不能证明成都天厨公司在其企业名称登记之时具有搭重庆天厨天雁公司便车的故意，且其在产品上是以"成都天厨"的字样在使用企业字号，不足以引起相关公众误认为是重庆天厨天雁公司的产品，成都天厨公司可以继续使用自己的企业字号。

【案件信息】

重庆天厨天雁食品有限责任公司诉成都天厨味精有限公司、江北区双骄食品经营部、刘琼不正当竞争案，重庆市第一中级人民法院(2017)渝 01 民终 3926 号民事判决书(2018 年 5 月 28 日，谭颖、张琰、姜蓓)，重庆市渝北区人民法院(2016)渝 0112 民初 9726 号民事判决书(2017 年 3 月 31 日，佘博、欧春利)。

案件来源:2018 年中国法院 50 件典型知识产权案例。

293　有一定知名度酒店的装修装饰有明显个性的为知名商品特有装潢，可以禁止他人模仿

【裁判要旨】

酒店的装修装饰从理念设计、风格确定、建筑选材、空间布局、家具、饰物的选取搭配等排列组合看，具有明显的个性特征，属于我国法律规定的"特有装潢"；该酒店通过经营运作，为相关公众所知悉，具有一定的

市场知名度，应当被认定为知名商品（服务）；他人明知系前述知名商品/服务的特有装潢在相邻的位置开设装潢近似的酒店，足以导致相关公众混淆误认的，构成擅自使用他人知名商品/服务特有装潢的不正当竞争。

【关键词】

知名服务特有装潢｜酒店装修｜模仿｜混淆

【基本案情】

2014年12月12日，原告东院弥香的经营者孙东纯委托设计公司进行阳朔县东院弥香客栈项目的设计，设计成果的著作权在付讫本合同的第1期设计费30万元后，归孙东纯所有。2016年12月30日，设计公司出具书面证明，证实东院弥香的外观及室内装饰由该设计公司设计，收取设计费用60万元，该设计由该公司原创，具有独创性、新颖性。开业半年后，东院弥香获2015年"Booking最具潜力合作伙伴"荣誉。2016年，东院弥香及其经营者孙东纯对客栈的经营事迹被拍摄成宣传片，入选桂林市旅游发展委员会桂林十大故事。《中国日报》海外版对孙东纯及其客栈进行采访并拍摄成视频发布在其官网上。2017年1月，东院弥香在"Tripadvisor.com"网站上，阳朔县396家酒店排名第4位；在"Booking.com"网站上，阳朔县271家酒店排名第13位；在"Hostelworld.com"网站上，阳朔县排名第2位。

被告玉山居于2016年12月14日注册登记成立，陈英为其经营者，陈英与被告张超系母子关系，张超系玉山居的实际经营者之一，与陈英共同经营玉山居客栈。张超与孙东纯于2014年在广西阳朔县相识，二人在东院弥香装修期间常就装修事宜进行交流、讨论。被告张超曾入住东院弥香客栈。东院弥香与玉山居位于广西阳朔县同一条马路，二者相距约80米，中间无任何建筑物。玉山居的装修装潢与东院弥香近似。

东院弥香提起诉讼，请求认玉山居、张超的不正当竞争行为，并判令对玉山居客栈重新设计装修，避免与东院弥香混淆（具体包括但不限于：对客栈招牌、大堂收银台、橱窗堆放小原木、门口竹子装饰物等处使用材料的更换及设计风格的改变），停止对玉山居客栈的宣传，并立即撤回已发布在网上的玉山居客栈的照片、图片、视频等宣传资料，登报赔礼道歉、消除影响。

广西壮族自治区桂林市叠彩区人民法院判决：玉山居、张超使用与东院弥香相近似的装潢进行市场经营的行为构成不正当竞争，玉山居、张超停止使用与东院弥香阳装修装饰相近似的装潢，变更原有与东院弥香相近似的装潢，以避免与其相混淆(具体装潢内容包括但不限于整体布局、门店招牌、前台接待处、大厅、客房、后院等),停止通过图片、视频等形式宣传玉山居与东院弥香相近似的装潢内饰。

【裁判理由】

法院认为:

本案双方争议的旅店装修装饰属于"装潢"范畴。东院弥香请求保护的其客栈的装修装饰主要包括如下设计要素:(1)少围墙、玻璃通透采光的大空间范围设计;(2)将生态与环保理念相结合,最大限度使用原生竹子、石材、旧门木板等作为建筑立面的施工和室内装修的建材设计;(3)附带小型泳池的设计,营造山田融合的自然感官环境;(4)采用带有浓郁乡土元素的鱼篓、竹节、斗笠、箩筐、簸箕等旧物进行改造利用于灯具、板凳、门板、灯罩、衣挂等的装饰;(5)为突出原始、简朴的设计理念,几乎所有天花板、内墙面、地面均不作任何修饰,裸露水泥本色。东院弥香客栈的总体设计是将"LOFT"工业风格与阳朔当地的生态环境相结合,秉持简约、环保的理念,最大限度地使用自然材料,创意性地改造利用旧物,进行人性化的细节处理,体现朴素、秀美的独特意境。上述东院弥香客栈的装修装饰从理念设计、风格确定、建筑选材、空间布局、家具、饰物的选取搭配等排列组合看,具有明显的个性特征,属于我国法律规定的"特有装潢",东院弥香对其客栈的该"特有装潢"依法享有不被他人擅自使用的权利。在案证据能够证实东院弥香客栈的经营成果在阳朔旅游住宿业内具有明显的个性特色,并产生了一定的影响力,相较于当地其他同行业者,其在一定区域范围内具有一定知名度。综上所述,东院弥香主张保护的客栈装修装饰,通过其经营运作,在阳朔旅游住宿业内为相关公众所知悉,具有一定的市场知名度,应当被认定为知名商品(服务)。

玉山居的内部装修装饰与东院弥香的内部装修装饰在整体格局、门店招牌、前台接待、大厅、客房、后院休闲区域的地面、桌椅选材、表达形式、泳池的设置等都构成相似,在隔离状态下,施以一般注意力,玉山居内部装潢中的上述相同要素足以使普通消费者将其客栈与东院弥香的客栈相混淆,产生误认其与东院弥香客栈的经营具有特定的商业联系。

本案中,在隔离状态下,施以一般注意力,被告玉山居内部装潢中的上述相同要素足以使普通消费者将其客栈与东院弥香的客栈相混淆,产生误认其与东院弥香客栈的经营具有特定的商业联系。玉山居的行为违反了诚实信用原则和公认的商业道德,其模仿东院弥香内部装修装饰并用以经营的行为,侵害了东院弥香对其知名商品特有装潢所享有的知识产权,属于《反不正当竞争法》第5条第2项规定的不正当竞争行为，应承担相应的民事法律责任。

【案件信息】

阳朔县东院弥香客栈诉阳朔县玉山居客栈、张超擅自使用知名商品特有装潢案，广西壮族自治区桂林市叠彩区人民法院（2017）桂0303民初214号民事判决书（2017年12月28日，曾臻）。

案件来源：2017年中国法院50件典型知识产权案例。

294 在核定商品上规范使用自己合法注册的商标不构成对他人知名商品特有名称的侵害

【裁判要旨】

在核定商品上规范使用自己合法注册的商标不构成对他人知名商品特有名称的侵害。

【关键词】

企业名称｜知名商品特有名称｜注册商标｜规范使用

【基本案情】

1997年3月28日，黑龙江省克东腐乳厂改制成为原告克东腐乳公司，该公司主要生产、销售发酵性豆制品，其主营产品名称为克东腐乳。黑龙江省克东县于2000年8月被中国地区开发促进会授予中国腐乳（微球菌）之乡称号。克东腐乳公司生产的克东腐乳系列于2001年3月被中国食品工业协会认定中国知名调味品信誉品牌。克东腐乳公司于2005年11月被中国调味品协会授予中国调味品行业腐乳十强品牌企业，2006年12月被黑龙江省农业产业化领导小组认定为农业产业化省级龙头企业，2008年被国内贸易部授予中华老字号称号，其公司注册商标二克山被商务部认定为中华老字号。2009年6月，克东腐乳被黑龙江省人民政府认定为省级非物质文化遗产。克东腐乳公司生产的二克山、克冬牌红腐乳、青腐乳、花色腐乳、腐乳汁于2013年12月被黑龙江省质量龙江建设联席会议办公室认定为黑龙江名牌产品。2014年6月，黑龙江省工商行政管理局将克东腐乳公司的二克山图形注册商标认定为黑龙江省著名商标。2015年4月，克东腐乳被中国绿色食品发展中心认定为绿色食品A级产品。

2000 年 7 月 28 日，余某某注册被告福龙食品酿造厂，该厂性质为个体工商户，该厂经营范围为加工腐乳、臭豆腐、酱菜等。余某某于 2005 年 11 月 10 日提出哈克东商标注册申请，该商标于 2008 年 9 月 14 日被核准注册，核定使用商品为第 29 类的腌制蔬菜、腐乳等。

克东腐乳公司提起诉讼，请求判令福龙酿造厂立即停止使用哈克东商标，赔偿损失 150 万元。

黑龙江省齐齐哈尔市中级人民法院判决：福龙酿造厂停止在其生产销售的腐乳类别的商品名称、包装、装潢等处使用克东腐乳字样或者含有克东腐乳的字样，赔偿损失及合理开支 8 万元。福龙酿造厂不服，提起上诉。黑龙江高级人民法院判决：撤销一审判决，驳回克东腐乳公司的诉讼请求。

【裁判理由】

法院认为：

本案纠纷产生的主要原因是克东腐乳公司认为福龙酿造厂后取得的哈克东文字注册商标中的克东二字与其在先取得的克东腐乳公司企业名称冲突，同时认为侵害了其克东腐乳知名商品特有名称权。

《反不正当竞争法》对以上这两项权利的保护集中体现在该法第 5 条第 2 项擅自使用知名商品特有名称……造成和他人的知名商品相混淆，使购买者误认为是该知名商品及第 3 项擅自使用他人的企业名称或者姓名，引人误认为是他人的商品的规定中。这两项规定中所确定的不正当竞争行为的构成条件有两个：一是擅自使用；二是造成混淆误认，只有两个条件同时具备才构成侵权。关于以上规定中的擅自使用，应为使用人无权使用、滥用或未经权利人许可而自行使用的情形。

本案中，福龙酿造厂所使用的哈克东商标具有合法的权利来源，系其经依法申请，由商标主管机关核准而取得的注册商标，该商标核定使用商品类别为第 29 类（包括腐乳、豆腐制品等），注册有效期限自 2008 年 9 月 14 日至 2018 年 9 月 13 日。在哈克东注册商标有效期内，福龙酿造厂有权在其核定的腐乳商品上使用该注册商标，不存在需要任何其他权利人许可才能使用的问题。本案福龙酿造厂在其生产销售的腐乳商品包装上标注使用的哈克东注册商标，其使用的形式和内容均与所注册的商标一致，不存在任何以拆分、重新组合等形式突出使用克东二字混淆产品来源和出处的情形，且福龙酿造厂在其腐乳商品包装的显著位置上标注生产厂家为哈尔滨市福龙食品酿造厂，产品来源及出处明确，使用商标的行为规范，不存在滥用注册商标的情形。故福龙酿造厂的行为并未侵害克东腐乳公司的企业名称权及克东腐乳知名商品特有名称权,不构成不正当竞争。

【案件信息】

黑龙江省克东腐乳有限公司诉哈尔滨市福龙食品酿造厂不正当竞争案,黑龙江高级人民法院(2017)黑民终55号民事判决书(2017年3月28日,才桂平、徐明珠、丁锐),黑龙江省齐齐哈尔市中级人民法院(2015)齐知民初字第22号民事判决书(2016年7月20日,孙世明、王超、董铭)。

案件来源:2017年中国法院50件典型知识产权案例。

第二节　企业名称、姓名、域名等

295 将他人有较高知名度的商标登记为字号并从事相关经营易致混淆的,为不正当竞争

【裁判要旨】

企业名称与商标均属于商业标识,二者在功能上存在重合之处,经营者在选择其企业名称时应遵循诚实信用原则,对他人在先具有一定知名度的注册商标作合理避让,避免因注册使用含他人注册商标的企业名称而造成相关公众的混淆误认。

如果经营者出于搭便车的故意,将他人在先具有一定知名度的注册商标登记注册为其企业字号,并将含该企业字号的企业名称在相同或类似的商品或服务上使用,造成相关公众混淆或误认的,构成不正当竞争。

因企业名称不正当使用他人具有较高知名度的注册商标,无论是否突出使用均难以避免产生市场混淆的,当事人有权请求判决停止使用或者变更该企业名称。

【关键词】

企业名称字号｜注册商标｜登记使用｜停止使用｜变更企业名称

【基本案情】

原告腾讯科技公司是第9085979号“微信及图”商标权人,核定使用商品为第

9类的计算机、计算机软件(已录制)、计算机程序(可下载软件)等。

被告微启动力公司于2012年登记成立。被告广东微信公司于2014年登记成立。“广东微信互联网服务有限公司 &微商会”网站(www.mamaweb.cn)介绍的是广东微信公司的情况,并有“广东微信互联网服务有限公司”“广东微信”字样,该网站的备案主办单位为微启动力公司,负责人被告岑伟涵。

腾讯科技公司认为,其“微信”商标有一定知名度,“微信”名称构成知名服务特有名称,广东微信公司将企业字号登记为微信,从事业务直接与腾讯科技公司微信软件、服务相关,具有攀附腾讯科技公司知名度的主观恶意,故提起诉讼,请求判令广东微信公司、微启动力公司、岑伟涵停止侵害商标权和不正当竞争行为,广东微信公司停止在其公司名称中使用“微信”字样,并变更名称,赔偿损失及合理开支100万元。

佛山市顺德区人民法院判决:广东微信公司、微启动力公司、岑伟涵停止在经营场所、网站等处突出使用“广东微信”字样,广东微信公司停止在企业名称中使用“微信”字号,并办理企业名称变更手续,广东微信公司赔偿损失8万元,微启动力公司对此承担连带责任。广东微信公司不服,提起上诉。佛山市中级人民法院判决:驳回上诉,维持原判。

【裁判理由】

法院认为:

腾讯科技公司“微信及图”商标具有较高的知名度,广东微信公司作为从事计算机软件相关行业的企业,应当知悉“微信”商标的知名度,其仍将“微信”登记与计算机软件有关的软件和信息技术服务业,主观上明显具有攀附腾讯科技公司商标商誉的故意,而且其实际开展的业务包括利用微信公众号功能进行相关营销,反映其所提供的服务与“微信”注册商标核定使用商品存在密切关系,其使用带“微信”二字的企业名称,容易使相关公众认为其所提供的服务与腾讯科技公司存在特定的关联关系,造成相关公众混淆或误认,构成不正当竞争。

广东微信公司主观上具有攀附腾讯科技公司注册商标商誉的故意,客观上也足以造成混淆或误认,其登记使用企业名称的行为具有违法性,应当判令其停止在其企业名称中使用“微信”字号并办理相应的企业名称变更手续。

【案件信息】

腾讯科技(深圳)有限公司诉广东微信互联网服务有限公司、广东微启动力互联网服务有限公司、岑伟涵侵害商标权及不正当竞争案,广东省佛山市中级人民法院(2016)粤06民终3137号民事判决书(2016年9月27日,刘建红、郑正坚、吴媛媛),广东省佛山市顺德区人民法院(2015)佛顺法知民初字第863号民事判决书(2016年3月16日,王福增、李洁锋)。

案件来源:2016年中国法院50件典型知识产权案例。

296 长期使用有一定知名度为相关公众知悉有商号作用的企业名称简称可视为企业名称

297 将有商号作用的企业名称简称作竞价排名关键词显性使用致初始混淆系不正当竞争①

【裁判要旨】

擅自将他人已实际具有商号作用的企业名称简称作为商业活动中互联网竞价排名关键词,显示于搜索结果中使相关公众产生混淆误认的,属于不正当竞争行为。

【关键词】

企业名称简称｜商号｜竞价排名关键词｜初始混淆

【基本案情】

原告天津青旅于1986年11月1日成立,2007年《今晚报》等媒体在报道其承办的活动中已开始以“天津青旅”简称指代天津中国青年旅行社。天津青旅在报价单、旅游合同、与同行业经营者合作文件、发票等资料以及经营场所各门店招牌上等日常经营活动中,使用“天津青旅”作为企业的简称。

---

① 关键词竞价排名与侵害商标权及不正当竞争纠纷的关系比较密切。在实践中因行为性质的认识不同导致裁判观点也有所不同:首先,需要区分搜索引擎提供的竞价排名服务是广告还是搜索服务。司法实践中有认定为搜索服务的,也有认定为广告的。经过《互联网广告管理暂行办法》的颁布,基本上确定竞价排名的性质为广告。其次,需要判断竞价排名的关键词在搜索结果中是显性使用还是隐性使用。所谓显性使用是指购买关键词的企业在搜索结果的链接和摘要中显示该关键词,而隐性使用则是指搜索结果的链接标题和内容没有展示关键词的情形。显性使用通常认为构成侵害商标权,其案例见本书商标裁判规则部分,本案则是将企业名称的简称作为竞价排名的关键词进行显性使用的案例,隐性使用商标的案例见本案之后诸案例。最后,是搜索引擎服务提供商在竞价排名关键词相关纠纷中是否承担相应的侵权责任的问题。

2010年年底,天津青旅发现通过Google搜索引擎分别搜索“天津中国青年旅行社”或“天津青旅”,在搜索结果的第1名并标注赞助商链接的位置,分别显示“天津中国青年旅行社网上营业厅‘www.lechuyou.com’天津国青网上在线营业厅,是您理想选择,出行提供优质、贴心、舒心的服务”或“天津青旅网上营业厅‘www.lechuyou.com’天津国青网上在线营业厅,是您理想选择,出行提供优质、贴心、舒心的服务”,点击链接后进入网页是被告天津国青乐出游网的网站,网页顶端出现“天津国青国际旅行社—青年旅行社青旅/天津国旅”等字样,网页内容为天津国青旅游业务信息及报价,网站版权所有:乐出游网—天津国青,并标明了天津国青的联系电话和经营地址。同时,天津青旅通过百度搜索引擎搜索“天津青旅”,在搜索结果的第1名并标注推广链接的位置,显示“欢迎光临天津青旅重合同守信誉单位,汇集国内出境经典旅游线路,100%出团,天津青旅400-611-5253 022.ctsgz.cn”,点击链接后进入网页仍然是上述天津国青乐出游网的网站。

天津青旅提起诉讼,请求判令天津国青立即停止不正当竞争行为、公开赔礼道歉、赔偿损失10万元。

天津市第二中级人民法院判决:天津国青立即停止侵害行为,在其公司网站上发布致歉声明,赔偿损失3万元。天津国青不服,提起上诉。天津市高级人民法院变更一审判决第1项为天津国青停止使用“天津中国青年旅行社”“天津青旅”字样及作为天津国青网站的搜索链接关键词。

【裁判理由】

法院认为:

“天津青旅”作为其企业名称简称,于2007年就已被其在经营活动中广泛使用,相关宣传报道和客户也以“天津青旅”指代天津中国青年旅行社,经过多年在经营活动中使用和宣传,已享有一定市场知名度,为相关公众所知悉,已与天津中国青年旅行社之间建立起稳定的关联关系,具有可以识别经营主体的商业标识意义。所以,可以将“天津青旅”视为企业名称与“天津中国青年旅行社”共同加以保护。

《反不正当竞争法》第5条第3项规定,经营者不得采用擅自使用他人的企业名称,引人误认为是他人的商品等不正当手段从事市场交易,损害竞争对手。因此,经营者擅自将他人的企业名称或简称作为互联网竞价排名关键词,使公众产生混淆误认,利用他人的知名度和商誉,达到宣传推广自己的目的的,属于不正当竞争行为,应当予以禁止。

天津国青作为从事旅游服务的经营者,未经天津青旅许可,通过在相关搜索引擎中设置与天津青旅企业名称有关的关键词并在网站源代码中使用等手段，使相关公众在搜索“天津中国青年旅行社”和“天津青旅”关键词时，直接显示天津国青的网站链接，从而进入天津国青的网站联系旅游业务，达到利用网络用户的初始混淆争夺潜在客户的效果，主观上具有使相关公众在网络搜索、查询中产生误认的故意，客观上擅自使用“天津中国青年旅行社”及“天津青旅”，利用了天津青旅的企业信誉，损害了天津青旅的合法权益，其行为属于不正当竞争行为，依法应予制止。

天津国青作为与天津青旅同业的竞争者，在明知天津青旅企业名称及简称享有较高知名度的情况下，仍擅自使用，有借他人之名为自己谋取不当利益的意图，主观恶意明显，应当承担停止侵害、消除影响、赔偿损失的法律责任。

【案件信息】

天津中国青年旅行社诉天津国青国际旅行社擅自使用他人企业名称案，天津市高级人民法院(2012)津高民三终字第3号民事判决书(2012年3月20日，李华、刘震岩、裴然)，天津市第二中级人民法院(2011)二中民三知初字第135号民事判决书(2011年10月24日)。

案件来源：指导案例29号(最高人民法院审判委员会讨论通过，2014年6月26日发布)，2012年中国法院知识产权司法保护50件典型案例。

298 隐性使用他人注册商标为竞价排名关键词未损害他人和消费者利益的，非不正当竞争

【裁判要旨】

将同业竞争者的注册商标设置为网络搜索的关键词，但在搜索结果的推广链接和网页中不显示的，不构成商标性使用，进而不构成侵害商标权。

将他人商标设置为竞价排名关键词行为的目的是增加设置者网站的点击量、知名度和潜在的商业交易机会，但这种商业交易机会并非法定权利，如无证据证明这种隐性使用行为实质性损害了商标注册人的正当利益或消费者利益，未使相关公众产生混淆误认，未误导消费者的，则不构成不正当竞争。

【关键词】

竞价排名关键词｜隐性使用｜推广链接｜商业交易机会

【基本案情】

原告金夫人公司于2002年12月28日获准注册第1979849号“金夫人GOLDENLADY及图”商标，核定使用服务为第42类的摄影、出租婚纱礼服。2006年10月12日，商标局作出批复，认定金夫人公司使用在第42类摄影、出租婚纱礼服的服务项目上的“金夫人GOLDENLADY及图”注册商标为驰名商标。

在被告百度公司的百度搜索栏输入“金夫人”，搜索栏下方第1行文字显示“金夫人集团官方网站”，页面下方搜索信息第2条为“南京婚纱摄影NO.1中国高端影楼领军品牌米兰尊荣”，即被告米兰公司的网站，该搜索信息及网页上并无“金夫人”字样。

金夫人公司提起诉讼，请求判令米兰公司停止侵害商标权及不正当竞争行为，判令米兰公司、百度公司共同赔偿损失8万元（包括合理开支5000元），米兰公司在其网站和报纸上刊登道歉声明以消除影响。

江苏省南京市玄武区人民法院判决：米兰公司停止以“金夫人”作为关键词在百度搜索进行推广，在其网站报纸上刊登赔礼道歉的声明，米兰公司和百度公司共同赔偿金夫人公司损失及合理开支4万元。百度公司不服，提起上诉。江苏省南京市中级人民法院判决：撤销一审判决，驳回金夫人公司的诉讼请求。金夫人公司不服，申请再审。江苏省高级人民法院裁定：驳回其再审申请。

【裁判理由】

法院认为：

是否将商标作为标识向公众展示以区分商品或服务来源是判断是否构成商标法意义上的使用行为的关键，侵害商标权的行为通常表现为割断商标与商品或者服务提供者的联系。本案中，米兰公司在计算机系统后台将涉案组合商标中的文字“金夫人”设置为百度推广服务关键词，搜索结果中首条链接是金夫人公司的官网，第3条为米兰公司，点开后的米兰公司网站中既没有将该商标作为商业标识向用户展示，也无“金夫人”相关字样，普通网络用户依其认知能力完全能够识别两者之间的不同，故该关键词的设置不会使用户将其识别为区分商品或服务来源的商标，不属于商标法意义上的商标性使用。以“金夫人”搜索后，金夫人公司的网站链接仍然显示并且排在第1位，已经保证了金夫人公司网站对于消费者的可见性，金夫人公司商标的宣传功能亦未受到影响。

《反不正当竞争法》及司法解释并未将使用他人商标或企业名称作为关键词进行搜索的行为规定为不正当竞争行为，故分析本案米兰公司的行为是否构成不正当竞争，只能根据《反不正当竞争法》第 2 条的一般规定进行分析。本案中，米兰公司将金夫人公司“金夫人”作为百度推广服务的关键词的行为，其目的是增加该公司网站的点击量，增加该公司的知名度，希望为其带来潜在的商业交易机会，但这种商业交易机会并非法定权利，金夫人公司也未提供证据证明米兰公司的行为实质性损害了金夫人公司的正当利益或消费者利益。米兰公司仅在系统后台设置关键词，金夫人公司官网链接仍排搜索结果第 1 位、米兰公司链接只排在第 3 位，米兰公司链接描述内容及点击打开后的网站中并无“金夫人”商标等相关内容，米兰公司的行为并未使相关公众产生混淆误认，也未误导消费者，金夫人公司官网并未使用涉案商标，二审法院结合关键词广告市场特性以及网络用户的认知水平等因素，综合认定米兰公司的行为尚未达到违反诚实信用原则和公认的商业道德的程度，并无不当。

【案件信息】

重庆金夫人实业有限公司诉南京米兰尊荣婚纱摄影有限公司、北京百度网讯科技有限公司侵害商标权及不正当竞争案，江苏省高级人民法院（2017）苏民申 2676 号民事裁定书（2018 年 6 月 28 日，张继军、左其洋、罗有才），江苏省南京市中级人民法院（2016）苏 01 民终 8584 号民事判决书（2017 年 3 月 10 日，张斌、谢慧岚、柯胥宁），江苏省南京市玄武区人民法院（2016）苏 0102 民初 120 号民事判决书。

案件来源：中国裁判文书网。

299 隐性使用他人注册商标作为竞价排名关键词属于违反一般条款的，不正当竞争行为

300 搜索服务提供者对关键词的选择推荐和搜索结果生成无过错的，不承担帮助侵权责任

【裁判要旨】

将同业竞争者的注册商标设置为网络搜索的关键词，但在搜索结果的推广链接和网页中不显示的，不构成商标性使用，不会导致相关公众的混淆误认，不构成侵害商标权。但这种行为借助网络用户注册商标及

其权利人的认知而得到自己网站得以访问概率提高的利益，进而挤占了注册商标权利人的市场利益，降低了其竞争优势，构成《反不正当竞争法》第 2 条第 1 款规定的不正当竞争行为。

搜索引擎服务提供者在未参与具体的竞价排名推广链接关键词选择设定的情况下，搜索引擎服务提供者既无实施不正当竞争行为的主观过错，亦无制止具体不正当竞争行为的可能，因此，不应因他人实施的不正当竞争行为而当然承担连带责任。搜索引擎服务提供者通常同时提供竞价排名推广链接服务和非竞价排名搜索服务，有条件在竞价排名推广链接服务购买者输入关键词后根据非竞价排名搜索服务结果自动生成推荐的关键词，但由于该推荐行为通常是根据事先已经设定好的计算机算法自动生成的，搜索引擎服务提供者通常无法知悉他人在使用竞价排名推广链接服务过程中实施了特定的不正当竞争行为，因此，即使搜索引擎服务提供者实施了关键词的推荐行为，也不应当然认定其因该行为而具有了实施侵权行为或不正当竞争行为的主观过错。但是，如果搜索引擎服务提供者知道或者应当知道他人在购买使用搜索引擎竞价排名推广链接服务的过程中，实施了侵权行为或者不正当竞争行为，则有义务依照侵权责任法的规定立即停止该服务或者断开相应链接，否则应当就权利人或者其他经营者因此所遭受的扩大部分的损失承担连带赔偿责任。

【关键词】

竞价排名关键词｜隐性使用｜推广链接｜过错｜竞争优势

【基本案情】

原告新会江裕公司分别在第 7、9、10、16、17、21、37、41、42 类商品及服务上注册了“Jolimark”“映美”“Jolimark 映美”等商标，曾分别于 2007 年、2010 年、2013 年连续 3 年被评为“广东省著名商标”。新会江裕公司生产的映美牌针式打印机于 2006 年、2009 年、2012 年连续 3 次被广东省质量技术监督局评为“广东名牌产品”，有效期至 2015 年 12 月。

在被告百度公司的搜索页面输入“jolimark”“映美”“jolimark 映美官网”等，搜索结果中出现的推广链接为被告爱普生公司的网页，在搜索结果推广链接的标题、描述或打开的页面中均没有“映美”“jolimark”字样或图形。爱普生公司在 2013 年 10 月 15 日至 2014 年 10 月 30 日在百度推广中添加了关键词“jolimark”

"映美"。

新会江裕公司提起诉讼,请求判令爱普生公司和百度公司停止制作发布虚假广告等虚假宣传的不正当竞争行为,连带赔偿损失50万元及合理开支3899元。

北京市海淀区人民法院判决:爱普生公司赔偿新华江裕公司损失及合理开支10万元。新会江裕公司、爱普生公司均不服,分别提起上诉。北京知识产权法院判决:撤销一审判决,爱普生公司和百度公司共同赔偿新华江裕公司损失及合理开支10万元。百度公司不服,申请再审。北京市高级人民法院提审后判决:撤销二审判决,维持一审判决。

【裁判理由】

法院认为:

本案应当适用1993年《反不正当竞争法》。作为同业竞争者,爱普生公司将新会江裕公司享有商标权的"jolimark""映美"等文字作为搜索引擎竞价排名的关键词使用,当网络用户在百度搜索引擎搜索栏中输入前述关键词时,爱普生公司的推广链接即出现在搜索结果页面中。虽然在上述搜索引擎竞价排名过程中,作为关键词出现的商标标志所发挥的商品来源识别作用并未受到影响,且爱普生公司的推广链接及后续转跳的网页中并未出现新会江裕公司的商标标志,相关公众不会对商品来源产生混淆误认,但是,该行为使欲通过该关键词搜索新会江裕公司及其产品的网络用户不仅得到了其本欲得到的新会江裕公司及其产品的搜索结果,也同时得到了爱普生公司及其产品的搜索结果。该行为势必使爱普生公司借助网络用户对新会江裕公司及其产品的认知而得到自己网站得以访问概率提高的利益,进而挤占了新会江裕公司的市场利益,降低了其竞争优势,因此,一审、二审判决认定爱普生公司的涉案行为构成不正当竞争行为并无不当,对此予以维持。

《侵权责任法》是认定侵权行为并确定相应侵权责任的基本法律,对于判断搜索引擎服务提供者的特定行为是否构成侵权行为以及是否应当承担民事责任,亦应当适用侵权责任法的相关规定。搜索引擎服务提供者在未参与具体的竞价排名推广链接关键词选择设定的情况下,搜索引擎服务提供者既无实施不正当竞争行为的主观过错,亦无制止具体不正当竞争行为的可能,因此,不应因他人实施的不正当竞争行为而当然承担连带责任。搜索引擎服务提供者通常同时提供竞价排名推广链接服务和非竞价排名搜索服务,有条件在竞价排名推广链接服务购买者输入关键词后根据非竞价排名搜索服务结果自动生成推荐的关键词,但由于该推荐行为通常是根据事先已经设定好的计算机算法自动生成的，搜索引擎服务提供者通常无法知悉他人在使用竞价排名推广链接服务过程中实施了特定的不正当竞争行为，因此，即使搜索引擎服务提供者实施了关键词的推荐行为，也不应当然认定其因该行为而具有了实施侵权行为或不正当竞争行为的主观过错。但是，如果搜索引擎服务提供者知道或者应当知道他人在购买使用搜索引擎竞价排名推广链接服务的过程中，实施了侵权行为或者不正当竞争行为，则有义务依照侵权责任法的规定立即停止该服务或者断开相应链接，否则应当就权利人或者其他经营者因此所遭受的扩大部分的损失承担连带赔偿责任。

虽然百度公司为爱普生公司提供了搜索引擎竞价排名推广链接服务，但全部在案证据均无法证明在爱普生公司选择设定搜索引擎竞价排名关键词时，会出现系统自动推荐的关键词或品牌，依据现有证据不能认定百度公司知道或者应当知道爱普生公司实施了具体的不正当竞争行为。百度公司缺乏《侵权责任法》第 6 条规定的应当承担侵权责任的主观过错要件，新会江裕公司亦未举证证明百度公司的涉案行为属于《侵权责任法》第 7 条规定的不需考虑主观过错即应承担侵权责任的法定情形。因此，二审判决关于百度公司应当承担连带责任的认定缺乏事实和法律依据，本院对此予以纠正。

【案件信息】

新会江裕信息产业有限公司诉爱普生(中国)有限公司、北京百度网讯科技有限公司不正当竞争案，北京市高级人民法院(2018)京民再 177 号民事判决书(2019 年 4 月 15 日，周波、俞惠斌、苏志甫)，北京知识产权法院(2015)京知民终字第 1753 号民事判决书(2017 年 11 月 24 日，芮松艳、何暄、彭文毅)，北京市海淀区人民法院(2014)海民(知)初字第 28242 号民事判决书。

案件来源：中国裁判文书网。

301 有紧密关联的企业共用同样的字号和服务名称的，该字号和名称的商誉可相互传导

【裁判要旨】

商誉的纵向积累和沉淀是商誉保护的题中应有之义，同理，具有较紧密关联关系的企业使用近似标识，且上述标识使用在同种或类似商品

服务上，如果其中一个标识经过使用获得一定知名度后，相关公众会认为另一标识与其存在特定联系，那么该标识的知名度及其承载的商誉可以正向传导到另一标识。

【关键词】

知名服务特有名称｜字号｜商誉传导｜关联

【基本案情】

2010 年 7 月 5 日，经营者张平以其妻子熊孝禹的名字谐音“晓宇”为名注册成立原告“渝中区晓宇老火锅”个体工商户。2012 年 3 月 22 日，重庆商报刊登《期待多年，重庆火锅 50 强出炉》,《吃货必备：重庆火锅 50 强地图》，排名不分先后，“晓宇火锅”在第一位。2013 年 4 月，张平作为大股东投资成立重庆宇晓餐饮文化管理有限公司，2015 年 12 月更名为重庆晓宇餐饮文化管理有限公司（以下简称晓宇公司）。该公司对外发展加盟店。2014 年 5 月，《舌尖上的中国 2》播出，在第 5 集中介绍重庆火锅时，多处出现张平及渝中区晓宇老火锅店的镜头。2014 年 8 月，张平注册“渝味晓宇”文字商标，核准使用在第 43 类餐馆等。2017 年 1 月，“渝味晓宇”被重庆市工商局认定为重庆市著名商标。“晓宇火锅”或“渝味晓宇火锅”在 2013 年至 2016 年获得多项荣誉，但大部分是颁发给晓宇公司的。关于百度推广、轨道交通车身广告、公交车身广告、公交站牌广告等均是以晓宇公司名义签订。

被告渝北区林峰晓宇餐饮店在店招上使用“林峰晓宇老火锅”字样，且“晓宇”二字突出显示。该店的玻璃墙上张贴有“晓宇老火锅”字样的宣传广告，店内点菜单、楼梯贴纸、店内宣传贴上均有“晓宇火锅”字样。

渝中区晓宇老火锅提起诉讼，请求判令渝北区林峰晓宇餐饮店停止使用带有“晓宇”字样的经营活动，变更其工商登记名称，在媒体上刊登声明消除影响，赔偿损失 407,865 元。

重庆市渝北区人民法院判决：渝北区林峰晓宇餐饮店立即停止使用带有“晓宇”字样的店面招牌以及其他任何使用“晓宇”字样进行经营活动的不正当竞争行为，变更登记其企业名称，变更后的企业名称中不得使用“晓宇”二字，在媒体上刊登声明消除影响，赔偿损失 7 万元。

【裁判理由】

法院认为：

虽然涉案奖项被授予主体并不完全是渝中区晓宇老火锅，也有其关联公司晓宇公司，但渝中区晓宇老火锅的经营者与该关联公司的法定代表人均为张平，该关联公司的主营业务是推广“晓宇火锅”“渝味晓宇火锅”品牌，且渝中区晓宇老火锅是该关联公司的直营店，双方均是经营“晓宇火锅”“渝味晓宇火锅”品牌的主体，故渝中区晓宇老火锅与其关联公司是具有紧密联系的民商事主体，上述品牌所获荣誉以及积累的商誉渝中区晓宇老火锅亦可以享有。

渝中区晓宇老火锅在实际经营过程中先后使用了“晓宇火锅”和“渝味晓宇火锅”，两者起识别作用的均为“晓宇”二字，两者的区别仅在于后者比前者多了“渝味”两个字，而“渝味”通常理解为“重庆味道”，后者与前者是包含与被包含关系，故渝中区晓宇老火锅并未放弃使用“晓宇火锅”，其使用“渝味晓宇火锅”应视为对“晓宇火锅”连续持续的使用。渝中区晓宇老火锅在经营过程中使用的店招始终有“晓宇”二字，且起主要识别作用的亦是“晓宇”。渝中区晓宇老火锅对“渝味晓宇火锅”的宣传使用应当视为对“晓宇火锅”的宣传使用，且在“晓宇火锅”“渝味晓宇火锅”经过广泛宣传使用，具有一定知名度的前提下，“晓宇”二字已经凝聚了原告的商誉，故“晓宇火锅”“渝味晓宇火锅”属于反不正当竞争法规定的知名服务的特有名称，“晓宇”属于受反不正当竞争法保护的企业名称。

渝北区林峰晓宇餐饮店注册并在经营活动中使用含有“晓宇”字样的企业名称，在其经营场所、宣传资料等载体上使用“晓宇”标识，侵害了渝中区晓宇老火锅享有的知名服务特有名称权和字号权。

【案件信息】

渝中区晓宇老火锅诉渝北区林峰晓宇餐饮店不正当竞争案，重庆市渝北区人民法院(2017)渝0112民初7238号民事判决书(2017年12月1日，余博、潘寒冰)。

案件来源：2017年中国法院50件典型知识产权案例。

302　对外贸易中使用的与中文名称对应且具识别作用的英文名称系反不正当竞争法保护的企业名称

303　擅自在出口商品上使用他人英文企业名称对他人造成损害的，属于不正当竞争行为

304 因不正当竞争行为所受损失可按侵权商品的销售量乘以权利人商品的单位利润计算

305 侵权人非以侵权为业的一般按营业利润计算，在销售利润的基础上扣除税费及附加

【裁判要旨】

中国企业在对外贸易中实际使用的、与中文企业名称存在对应关系、已具有识别市场经营主体作用的英文名称，可以视为《反不正当竞争法》第5条第3项规定的企业名称。擅自在出口商品上使用他人英文企业名称，对他人造成损害的，属于不正当竞争行为。

不正当竞争行为的损害赔偿额，可以根据权利人在被侵权期间因被侵权所受到的损失予以确定。权利人因被侵权所受到的实际损失可以根据侵权商品的销售量乘以权利人商品的单位利润所得之积计算。在查明侵权商品销售量年度区间分布时，可以侵权商品年度销售量乘以权利人商品该年度单位利润所得之积计算。权利人商品的利润一般应按照营业利润计算，在销售利润的基础上扣除相应的销售费用、管理费用、财务费用、营业税金及附加。

【关键词】

企业名称｜英文｜出口｜所受利润｜销售利润

【基本案情】

原告天容公司于1998年9月29日成立，2006年8月16日更名为江苏天容集团有限公司，2006年8月25日更名为现名称。天容公司的《对外贸易经营者备案登记表》载明，其于2012年10月16日备案登记英文企业名称为“JIANGSUTIANRONGGROUPCO.,LTD”。天容公司生产的杀螟丹原药已通过印度政府登记，其英文企业名称与前述备案名称相同。

被告昊华公司于2003年9月15日成立。2014年5月6日，浦东市监局查扣了昊华公司生产的欲出口至印度的杀螟丹原药，其外包装上标注了“Manufacturer：…（JiangsuTianrongGroupCompany，Ltd.，China）”。

天容公司提起诉讼，请求判令昊华公司赔偿损失10421922.08元和律师费50万元。本案审理中，法院依天容公司申请向海关调取了昊华公司出口杀螟丹的报关资料，昊华公司在2012年6月至2014年1月标注的生产企业名称为天容公司英文企业名称的杀螟丹共计3，971，920美元。

上海市浦东新区人民法院判决：昊华公司赔偿天容公司损失3，125，069.20元，律师费20万元。

【裁判理由】

法院认为：

《反不正当竞争法》第5条第3项规定的企业名称不限于经企业登记主管机关依法登记注册的企业名称。企业在开展对外贸易经营活动时通常需要使用外文企业名称。“天容”是天容公司的字号，“TIANRONG”系“天容”的汉语拼音，“JIANGSUTIANRONGGROUPCO.，LTD”与天容公司的中文企业名称存在对应关系，且天容公司在经营活动中实际使用该英文名称，该英文企业名称已具有识别市场经营主体的作用，属于《反不正当竞争法》第5条第3项规定的企业名称，依法受保护。

天容公司、昊华公司均生产、销售并向印度出口杀螟丹，双方存在直接的竞争关系。昊华公司在出口印度的杀螟丹上使用了天容公司的英文企业名称，主观上具有仿冒的故意，客观上引人误认为是天容公司的商品，挤占了天容公司的出口市场份额，给天容公司造成损害，也扰乱了正常的对外贸易市场秩序，属于《反不正当竞争法》第5条第3项规定的擅自使用他人企业名称的不正当竞争行为。

企业在经营中需缴纳相应的税金，支出相应的费用，尤其是销售费用、管理费用、财务费用在企业正常支出中通常占有相当大的比例。由于计算毛利润时未扣除营业税金及附加、销售费用、管理费用、财务费用，故企业的毛利润和营业利润一般都存在较大的差距。《专利案件适用法律规定》第20条规定，侵权人因侵权所获得的利益一般按照侵权人的营业利润计算，对于完全以侵权为业的侵权人，可以按照销售利润计算。参照上述规定，因昊华公司除了生产销售侵权商品，还有其他正常的经营业务，涉案商品的货值仅占其营业收入的一小部分，昊华公司并非以侵权为业，故本案按照营业利润计算赔偿金额更为合理，即根据营业收入占企业营业收入的比例，扣除相应的营业税金及附加、销售费用、管理费用、财务费用。

因昊华公司杀螟丹的单位利润无法确定,故可根据天容公司杀螟丹的单位利润计算赔偿金额。杀螟丹的营业利润率=[杀螟丹的营业收入-杀螟丹的营业成本-(营业税金及附加+销售费用+管理费用+财务费用)×杀螟丹的营业收入/企业总营业收入]/杀螟丹的营业收入。根据上述计算公式和天容公司2012年至2014年的审计报告,可计算出天容公司2012年度杀螟丹的营业利润率为10.75%,2013年度为11.45%,2014年度为33.24%。以昊华公司在上述年度出口杀螟丹的货值乘以天容公司该年度杀螟丹的利润率,计算涉案侵权商品2012年至2014年的营业利润总计3,125,069.20元。天容公司主张50万元的律师费金额过高,本院综合考虑确定律师费20万元。

【案件信息】

江苏天容集团股份有限公司诉湖南昊华化工有限责任公司不正当竞争案,上海市浦东新区人民法院(2015)浦民三(知)初字第1887号民事判决书(2016年11月10日,宫晓艳、邵勋)。

案件来源:《最高人民法院公报》2018年第10期。

306 受法律保护的企业名称字号是区别不同市场主体的商业标志属于财产权益可以承继

307 将在先使用有一定知名度企业字号注册为商标并使用足以导致混淆的为不正当竞争

308 将他人注册商标文字登记为字号使用并经营类似商品足以导致混淆的为不正当竞争

【裁判要旨】

受《反不正当竞争法》保护的企业名称,特别是字号,不同于一般意义上的人身权,是区别不同市场主体的商业标志,本质上属于一种财产权益,字号所产生的相关权益可以承继。

登记使用与他人注册商标相同的文字作为企业名称中的字号，生产经营相类似的产品，倘若足以使相关公众对商品的来源产生混淆，即使他人的商标未被认定为驰名商标或者著名商标，仍可构成不正当竞争行为。

将在先使用而有一定市场知名度的企业字号申请注册为商标并予以使用，足以使相关公众对商品的来源产生误认的，侵害在先的企业字号权益，构成不正当竞争，应承担停止使用该注册商标的民事责任。

【关键词】

企业名称｜字号｜财产权益｜商标

【基本案情】

原告伟雄集团公司1994年申请、1996年获准在第11类空气调节器、换气扇等商品上注册“正野GENUIN”商标，该商标授权给1994年9月成立的顺德市正野电器实业公司使用。1996年6月，原告高明正野公司成立；1998年，顺德市正野电器实业公司由场地不能满足扩大生产需要而注销，所有人员设备转到高明正野公司，未了结债务由高明正野公司承担。顺德市正野电器实业公司、高明正野公司持续宣传使用上述“正野GENUIN”商标，并于2000年12月被认定为广东省著名商标，产品行销全国。

1998年，被告顺德光大集团公司获准在第9类电器插头、插座等商品上注册“正野ZHENGYE”商标。1998年10月，被告顺德正野公司登记使用“正野”字号，并于1999年2月获得顺德光大集团公司的授权使用其上述注册商标，此后顺德正野公司在宣传资料、经营场所等显著位置使用了该商标。

伟雄集团公司、高明正野公司等提起诉讼，请求判令顺德光大集团公司、顺德正野公司停止使用“正野”二字的不正当竞争行为，赔偿损失2000万元及相应合理开支，赔礼道歉、消除影响，顺德正野公司变更企业名称并不得使用“正野”字样。

广东省佛山市中级人民法院判决：顺德光大集团公司、顺德正野公司停止使用“正野”二字的不正当竞争行为并赔礼道歉、消除影响、赔偿损失50万元和相应合理开支，顺德正野公司停止使用其企业名称中的“正野”字号，并变更企业名称。顺德光大集团公司、顺德正野公司不服，提起上诉。广东省高级人民法院判决：撤销一审判决，驳回伟雄集团公司、高明正野公司等的诉讼请求。伟雄集团公司、高明正野公司等不服，申请再审。最高人民法院提审后判决：撤销二审判决，顺德光大集团公司、顺德正野公司停止使用侵害高明正野公司“正野”字号权益的“正野

ZHENGYE”商标，在登报致歉消除影响，顺德正野公司停止在其企业名称中使用“正野”字号，赔偿伟雄集团公司、高明正野公司损失50万元及相应合理开支。

【裁判理由】

最高人民法院认为：

被告顺德正野公司成立时，伟雄集团公司“正野GENIUN”商标已具有一定的知名度。顺德正野公司将与他人注册商标中相同的“正野”文字作为企业名称中的字号使用，生产与排风扇、换气扇销售渠道、消费对象基本相同的开关插座等，其行为足以使相关公众对其商品或者服务的来源产生混淆，虽未突出使用，但仍构成不正当竞争行为。

原顺德市正野电器实业公司注销后，其债权债务均由高明正野公司承继，字号所产生的相关权益也可由高明正野公司承继。通过原顺德市正野电器实业公司和高明正野公司的广告宣传和相关商品的销售，“正野”字号及相关产品已具有一定的市场知名度，为相关公众所知悉。顺德正野公司与伟雄集团公司、原顺德市正野电器实业公司均在同一地区，知道“正野”商标和“正野”字号的知名度，却使用与高明正野公司企业名称字号相同的“正野”字号，生产经营电风扇、插头插座、空调器等，足以使相关公众对商品或者服务的来源产生混淆，构成不正当竞争行为。

【案件信息】

广东伟雄集团有限公司、高明市正野电器实业有限公司、广东正野电器有限公司诉顺德正野电器有限公司、顺德市光大企业集团有限公司不正当竞争案，最高人民法院(2005)民三监字第15-1号民事裁定书(2008年6月8日)、(2008)民提字第36号民事判决书(2010年1月6日，于晓白、夏君丽、殷少平)，广东省高级人民法院(2003)粤高法民三终字第17号民事判决书(林广海、欧修平、黄伟明)，广东省佛山市中级人民法院(2001)佛中法知初字第84号民事判决书。

案件来源：最高人民法院知识产权案件年度报告(2008)(2010)、《最高人民法院公报》2012年第3期。

309 有一定知名度、为公众熟知并有商号作用的企业名称的特定简称可视为企业名称

【裁判要旨】

对于具有一定市场知名度、为相关公众所熟知并已实际具有商号作用的企业简称或者企业名称简称，可以视为企业名称，并可受《反不正当竞争法》的保护。

【关键词】

企业名称｜商号｜简称｜知名度

【基本案情】

原告山东起重机厂与被告山起重工公司为同处山东省青州市的两家以经营起重机械为主的企业。

山东起重机厂成立于1968年，1976年组建益都起重机厂，1991年10月31日又变更名称为山东起重机厂，2002年1月8日再次变更名称为山东起重机厂有限公司。山东起重机厂在企业宣传片、厂房、职工服装、对外合同等对外宣传活动和经营活动中，长期主动地使用“山起”简称，其客户也常以“山起”作为其代称。

山起重工公司于2004年1月13日预先核准现企业名称，并于2004年2月13日正式成立。

山东起重机厂提起诉讼，请求判令山起重工公司立即停止对“山起”字号的使用并赔偿损失。山东省潍坊市中级人民法院判决：山起重工公司变更其企业名称，不得使用“山起”作为字号，赔偿山东起重机厂损失20万元。山起重工公司不服，提起上诉。山东省高级人民法院判决：驳回上诉，维持原判。山起重工公司仍不服，申请再审。最高人民法院裁定：驳回其再审申请。

【裁判理由】

最高人民法院认为：

企业名称的简称源于语言交流的方便。企业简称的形成与两个过程有关：一是企业自身使用简称代替其正式名称；二是社会公众对于企业简称的认同，即认可企业简称与其正式名称所指代对象为同一企业。由于简称省去了正式名称中

某些具有限定作用的要素,可能会不适当地扩大正式名称所指代的对象范围。因此,企业简称能否特指该企业,取决于该企业简称是否为相关公众所认可,并在相关公众中建立起与该企业的稳定的关联关系。对于具有一定市场知名度、为相关公众所熟知并已实际具有商号作用的企业或者企业名称的简称,可以视为企业名称。如果经过使用和公众认同,企业的特定简称已经为特定地域内的相关公众所认可,具有相应的市场知名度,与该企业建立起了稳定联系,已产生识别经营主体的商业标识意义,他人在后擅自使用该企业简称,足以使特定地域内的相关公众对在后使用者和在先企业之间发生市场主体上的混淆,在后使用者就会不恰当地利用在先企业的商誉,侵害在先企业的合法权益。具有此种情形的,应当将在先企业的特定简称视为企业名称,并根据反不正当竞争法加以保护。

【案件信息】

山东起重机厂有限公司诉山东山起重工有限公司侵害企业名称权案,最高人民法院(2008)民申字第758号民事裁定书(2009年4月27日,王永昌、郃中林、李剑),山东省高级人民法院(2007)鲁民三终字第108号民事判决书(2008年6月5日,徐清霜、岳淑华、刘晓梅),山东省潍坊市中级人民法院(2006)潍民三初字第36号民事判决书(2007年9月20,王明泽、薛明友、蔡霞)。

案件来源:最高人民法院知识产权案件年度报告(2009)。

310 将同地域他人有一定知名度企业字号作为自己企业字号使用易致误认的应停止使用

【裁判要旨】

恶意使用他人具有一定的市场知名度、为相关公众所知悉的企业名称中的字号,因处于同一地域而极易导致相关公众误认的,人民法院可以直接判决该经营者承担停止使用其企业名称的民事责任。

【关键词】

企业名称 | 字号 | 停止使用 | 恶意

【基本案情】

原告星群药业公司于1950年开始使用“星群”作为字号，1966年起虽有中断使用的情况，但自1980年起持续使用该字号至今。经过多年经营，星群药业公司的商标“群星”“群星+图形”自1992年起多次被评为著名商标；其夏桑菊产品自1985年起多次获得省和国家级的优质产品或名牌产品称号。星群药业公司自1986年起获得了多个企业荣誉，并于2006年11月7日，被国家商务部认定为第一批中华老字号。星群药业公司生产的“夏桑菊颗粒”的销售情况良好，拥有广泛的国内和海外市场。星群药业公司针对“夏桑菊颗粒”在各种媒体上投放了大量广告。

2005年1月14日，被告星群食品饮料公司经广东省工商行政管理局登记成立，该公司生产的“夏桑菊颗粒”产品与星群药业公司的“夏桑菊颗粒”产品包装、装潢相似。星群药业公司、原告星群滋补营养品厂于2006年10月25日起诉，请求法院认定星群食品饮料公司使用的字号侵害了其企业名称权，构成不正当竞争，判令星群食品饮料公司不得再使用“星群”为其字号并赔偿损失。

广东省广州市中级人民法院判决：驳回星群药业公司、星群滋补营养品厂全部诉讼请求。星群药业公司、星群滋补营养品厂不服，提起上诉。广东省高级人民法院判决：撤销一审判决，星群食品饮料公司停止在其企业名称中使用“星群”字号并申请变更企业名称中的“星群”字号，赔偿损失。星群食品饮料公司不服，申请再审。最高人民法院裁定：驳回其再审申请。

【裁判理由】

最高人民法院认为：

经营者在后选择使用他人早已为相关公众所知悉，具有一定市场知名度的字号作为自己的字号，生产与他人类似的产品，使用近似的装潢，由于处于同一地域内容易引人误认的，应认为具有“搭便车”的明显恶意，人民法院可以在民事判决中直接判决该经营者承担停止使用其企业名称的民事责任。

尽管企业名称管理属于工商行政管理机关的职权范围，但是对于使用企业名称侵害他人合法民事权益，构成侵权或不正当竞争的行为，则属人民法院司法权的职权范围，人民法院有权运用民事责任方式对相应的民事侵权或不正当竞争行为作出处理。

【案件信息】

广州星群（药业）股份有限公司、广州星群（药业）股份有限公司滋补营养品厂诉广东星群食品饮料有限公司不正当竞争案，最高人民法院（2008）民申字第982号民事裁定书（2009

年9月24日，邰中林、王艳芳、李剑），广东省高级人民法院（2008）粤高法民三终字第102号民事判决书。

案件来源：最高人民法院知识产权案件年度报告（2009）。

311 为商品提供品牌代言服务的明星属于广告市场经营者，符合反不正当竞争法对竞争主体的要求

312 未经许可使用明星姓名肖像为其产品进行宣传系不正当竞争且侵害姓名权肖像权

【裁判要旨】

对商品提供品牌代言服务的明星，属于广告市场的商品经营者，符合《反不正当竞争法》对竞争主体的要求。

未经许可擅自使用体育明秀的姓名及肖像为其产品进行宣传，属于《反不正当竞争法》第5条第3规定的不正当竞争行为，也侵害了该明星的姓名权和肖像权。

【关键词】

竞争主体｜经营者｜姓名权｜肖像权｜明星

【基本案情】

被告武汉云鹤公司在未经原告姚明同意的情况下，将其姓名和肖像用于生产和销售的“姚明一代”产品及其宣传上，姚明认为其上述行为侵害其人格权，亦构成不正当竞争，遂提起诉讼，请求判令武汉云鹤公司停止侵权，赔偿损失1000万元，并在媒体上刊载声明赔礼道歉、消除影响。

湖北省武汉市中级人民法院判决：武汉云鹤公司停止侵权行为，赔礼道歉并消除影响，赔偿损失30万元。姚明不服，提起上诉。湖北省高级人民法院变更损失及合理开支数额为100万元，其他维持一审判决。

【裁判理由】

法院认为：

姚明作为自然人可以成为《反不正当竞争法》调整的主体。对《反不正当竞争

法》第2条规定的理解应结合该法的立法目的进行。现行法律并未将经营者的范畴限定在传统意义上的商品经营者或营利性服务提供者上，反不正当竞争法的立法目的在于维护竞争秩序，即存在竞争的商业化市场都是该法调整范畴。现阶段，我国除了传统的商品流通市场外，还形成了文化市场、技术市场、广告市场等新兴市场。在这些市场关系中，竞争仍是市场自我调整的基本方式，这些市场主体的行为符合市场经营的一般条件，应当适用反不正当竞争调整其竞争关系。对明星这一群体而言，个人姓名及肖像是可以帮助商品树立产品形象，让人们通过对明星知名度、职业、形象、个性、品行的联想产生对某种品牌美好印象。将商品与明星联系起来的作用是引起品牌形象联想、体现品牌个性、造成品牌识别、增加品牌权益的广告宣传方式之一。明星通过对商品进行品牌代言服务，将自己的肖像、姓名授权给特定商品生产者作为商品广告宣传使用，将自身的形象与产品形成一定的联系，以自身的形象对消费者的心理产生影响，从而引导消费。明星的这种行为就是对其形象的经营，此时其个人的形象及影响力就是商品，明星形象的经济利益即产生于这种交换之中。作为广告市场的商品经营者，明星符合反不正当竞争法对竞争主体的要求。

本案中，姚明是知名男子篮球运动员，为商品进行代言也是其获取经济收益方式之一，武汉云鹤公司是专门从事生产销售运动服装、鞋类及球类产品的企业。上述主体在广告宣传市场中，能以自己的行为影响广告宣传市场的竞争结果，属于《反不正当竞争法》调整的主体。

作为广告宣传市场的经营者，姚明通过将自身姓名、肖像与商品品牌相联系，以自身形象在消费者心理上的影响力指引其作出消费选择。姚明的姓名、肖像是具有商品广告宣传作用的，故其有权要求禁止他人实施上述不正当竞争的行为。姚明因其在篮球方面取得的成就及良好的社会影响力，与其相联系的运动型产品也因此容易被消费者接受，有益于提高新产品新品牌的市场认同度。姚明的姓名及肖像的商业标识作用应予认可。武汉云鹤公司在其生产的产品上标明商标为“姚明一代”，同时在公司网页中对品牌释义、加盟店宣传等事项都以明确表述与姚明联系起来，或是在其生产的产品上直接标明姚明的姓名使用其肖像，使消费者将该公司生产的产品与姚明联系起来，误认为是姚明授权生产的产品或进行代言的商品，并利用姚明已经存在于消费者中的影响力，引导消费者进行购买。武汉云鹤公司在2010年3月11日姚明发表公开声明后，仍坚持使用姚明的姓名及肖像为其产品进行宣传，存在不正当竞争的故意，其行为违反诚实信用原则，构成对姚明的不正当竞争。武汉云鹤公司未经姚明的授权擅自使用姚明的姓名及肖像,也侵害了姚明的姓名权及肖像权。

【案件信息】

姚明诉武汉云鹤大鲨鱼体育用品有限公司侵害人格权及不正当竞争案,湖北省高级人民法院(2012)鄂民三终字第137号民事判决书(2012年9月13日,刘建新、陈辉、童海超),湖北省武汉市中级人民法院(2011)武民商初字第66号民事判决书。

案件来源:2012年中国法院知识产权司法保护10大案件。

313 将有一定知名度的公司创办人姓名注册为商标并进行宣传销售的,系不正当竞争

314 企业及其创办人均有一定知名度且联系紧密,对侵害创办人姓名的行为可共同起诉

【裁判要旨】

公司创办人在经营公司的过程中将自己的姓名与公司一起宣传并形成一定知名度,导致创办人的姓名与公司建立起稳定的关联关系,二者密不可分的,公司可以和创办人一同主张他人擅自使用公司创办人姓名的行为构成不正当竞争。

【关键词】

创办人|姓名|知名度|稳定的关联关系|联系紧密

【基本案情】

原告天福公司于1998年登记成立,原告李瑞河系该公司创办人并任总裁,其获得过多项荣誉,天福公司生产销售的"天福813人参乌龙茶""金玉满堂""高山乌龙茶"等茶叶包装上均有签署"李瑞河"名字。2005年,商标局认定天福公司在"茶叶"商品上的"天福TIANFU"商标为驰名商标。

2012年,被告刘建致在第30类茶等商品上申请的第10098609号"李瑞河LI RUI HE"获准注册;2015年,商标评审委员会认定该商标侵害了李瑞河的姓名权,裁定予以无效宣告,刘建致不服,提起诉讼。2014年,刘建致取得"李瑞河"3个字的作品著作权登记。刘建致的飘香四海茗茶店销售了"李瑞河"牌茶叶,并在福建

省漳浦县悬挂、张贴了“李瑞河茗茶”的广告。

天福公司、李瑞河提起诉讼，请求判令刘建致停止在其生产、销售的茶叶中使用“李瑞河”名字，赔偿天福公司、李瑞河损失50万元。

福建省漳州市中级人民法院判决：刘建致停止在其生产、销售的茶叶中使用“李瑞河”名字，赔偿漳州天福茶业有限公司、李瑞河损失5万元。刘建致不服，提起上诉。福建省高级人民法院判决，驳回上诉，维持原判。

【裁判理由】

法院认为：

天福公司创办近20年，李瑞河系天福公司创办者，经过长期的经营和宣传，二者之间已密不可分，均与本案诉讼有直接的利害关系，因此天福公司可以作为本案原告，与李瑞河一同针对刘建致在其经营活动中使用“李瑞河”姓名的行为提起不正当竞争案诉讼。

在刘建致第10098609号“李瑞河 LI RUI HE”注册商标申请日之前，李瑞河在茶业经营领域就已经具有了一定的知名度，并早已为相关公众所知悉，李瑞河的“姓名”已与天福公司形成了不可分割的关系，可以认定“李瑞河”为《反不正当竞争法》第5条第3项规定的“姓名”。刘建致与天福公司同在福建省漳浦地区，且从事相同行业，理应知道李瑞河与天福公司的关系及李瑞河在茶业经营领域的知名度，但仍在其生产、销售的茶叶产品上使用李瑞河的“姓名”，明显具有“搭便车”、傍名牌的主观故意，其行为容易使相关公众将其产品误认为与天福公司及李瑞河相关联，应属于擅自使用他人姓名的不正当竞争行为，依法应承担停止侵权、赔偿损失的法律责任。

综合考虑天福公司和李瑞河的知名度、刘建致的侵权情节、主观过错程度、侵权行为的持续时间、天福公司和李瑞河为制止侵权行为所支付的合理开支等因素，酌情确定刘建致赔偿天福公司和李瑞河经济损失5万元。

【案件信息】

李瑞河、漳州天福茶业有限公司诉刘建致擅自使用他人企业名称、姓名案，福建省高级人民法院(2016)闽民终563号民事判决书(2016年7月13日，张宏伟、张丹萍、孙艳)；福建省漳州市中级人民法院(2014)漳民初字第376号民事判决书(2015年12月24日，陈淑香、林银木)。

案件来源：2016年中国法院50件知识产权典型案例。

315 在先注册域名与在后域名、知名服务特有名称近似的可不停止使用但须加区别标记

【裁判要旨】

在先注册的域名与在后注册但经使用有一定知名度的域名、知名服务特有名称构成近似的,在先域名可以不停止使用,但需要加注区别标记。

【关键词】

知名服务特有名称 | 域名 | 共存 | 区别标记

【基本案情】

原告北京趣拿公司于2006年3月17日成立,经营范围为互联网信息服务业务,其自2006年起获得电信与信息服务业务经营许可证,网站名称为趣拿旅游搜索引擎,网址为"www.qunar.com"。北京趣拿公司在其网站主页的左上角使用了"去哪儿? Qunar.com聪明你的旅行+骆驼图形"标识,在其网页中还使用了"去哪儿网"和"去哪儿"的字样。2005年至2010年,北京趣拿公司在旅游搜索引擎领域获得多项荣誉,支出大量广告费。

被告广州去哪公司前身为广州市龙游仙踪旅行社有限公司,成立于2003年12月10日,2009年5月26日改为现名,其网站中文名称为:龙游仙踪网,网站域名为:"www.4007740077.com""www.QUNA.com""www.13WLONG.com"。其中"quna.com"域名于2003年6月6日登记注册,2009年5月9日苑景恩(广州去哪公司的法定代表人)经受让取得该域名,2009年7月3日广州去哪公司经受让取得上述域名。

2008年8月期间,广州去哪公司与北京趣拿公司曾有业务往来,由广州去哪公司经营管理的"龙游仙踪网"在北京趣拿公司的"去哪儿网"上展示过其所销售的机票信息。

北京趣拿公司提起诉讼,请求判令广州去哪公司停止使用"去哪""去哪儿""去哪网""quna.com"等与北京趣拿公司知名服务的特有名称"去哪儿""去哪儿网""qunar.com"相同或近似的名称,停止使用与北京趣拿公司"去哪儿"网相同或者近似的网页版式,停止使用含有"去哪"字样的企业名称;注销"www.quna.

com”“www. 123quna. com”“www. qunawang. net”“www. mquna. com”域名，或者由北京趣拿公司注册使用上述域名；公开赔礼道歉，消除影响；赔偿损失及合理开支 300 万元。

广东省广州市中级人民法院判决：广州去哪公司停止使用“去哪”作为其企业字号，停止使用“去哪”“去哪儿”“去哪网”“quna. com”作为其服务标记，停止使用“quna. com”“123quna. com”“mquna. com”域名并将上述域名移转给北京趣拿公司，赔偿损失及合理开支 35 万元。北京趣拿公司和广州去哪公司均不服，提起上诉。广东省高级人民法院判决：撤销一审判决关于域名停止使用并移转的判项，删除一审判决关于停止使用“quna. com”作为其服务标记的判项，变更赔偿和合理开支数额为 25 万元。北京趣拿公司不服，申请再审。最高人民法院裁定：驳回其再审申请。

【裁判理由】

法院认为：

北京趣拿公司经营的网站“去哪儿”网，于 2005 年 6 月以域名 qunar. com 上线运营，并自 2005 年起使用“去哪儿”或“Qunar”作为北京趣拿公司的代称对外签署合作协议、网络服务合同或进行宣传，在中国境内具有一定的市场知名度，为相关公众所知悉，应当认定为知名服务。“去哪儿”“去哪儿网”“qunar. com”等服务标志不属于通用名称，而是具有区别服务来源的显著特征的服务名称，应当认定为《反不正当竞争法》规定的知名服务的特有名称。

广州去哪公司与北京趣拿公司同属提供旅游业网络服务类的企业，且双方曾经有业务合作关系，广州去哪公司对北京趣拿公司享有的“去哪儿”等服务名称并不陌生。当广州去哪公司选择变更公司名称时，对于“去哪儿”等知名服务的特有名称，有依法规避的义务。广州去哪公司未经许可，使用与知名服务特有名称“去哪儿”相近似的“去哪”文字注册为企业字号，客观上造成和他人的知名服务相混淆，使消费者误认为是该知名服务的后果。广州去哪公司攀附“去哪儿”知名服务特有名称市场知名度的主观故意非常明显，违反了诚实信用原则，构成不正当竞争。

由于“quna. com”域名的拼音与“去哪”文字并不具有一一对应的关系，广州去哪公司对域名“quna. com”享有合法权益，使用该域名有正当理由，因此不构成不正当竞争行为。相较北京趣拿公司的“qunar. com”域名而言，“123quna. com”“mquna. com”域名与广州去哪公司使用的“quna. com”域名更为近似。由于广州去哪公司使用“quna. com”域名有正当理由，随后注册的“123quna. com”“mquna.

com”域名也应当允许注册和使用。

应当指出，本案双方当事人均享有来源合法的域名权益，双方需要彼此容忍，互相尊重，长期共存。一方不能因为在经营过程中知名度提升，就剥夺另一方的生存空间；另一方也不能恶意攀附知名度较高一方的商誉，以谋取不正当的商业利益。据此，广州去哪公司虽然有权继续使用“quna. com”“123quna. com”“mquna. com”域名，但是也有义务在与域名相关的搜索链接及网站上加注区别性标识，以使消费者将上述域名与北京趣拿公司“去哪儿”“去哪儿网”“qunar. com”等知名服务特有名称相区分。

【案件信息】

北京趣拿信息技术有限公司诉广州市去哪信息技术有限公司不正当竞争案，最高人民法院(2014)民申字第1414号民事裁定书(2014年11月15日，周翔、吴蓉、宋淑华)，广东省高级人民法院(2013)粤高法民三终字第565号民事判决书(2014年3月19日，岳利浩、喻洁、石静涵)，广东省广州市中级人民法院(2011)穗中法民三初字第217号民事判决书(2013年6月9日，谢平、杨晓怡、刘欢)。

案件来源:2014年中国法院10大知识产权案件(二审判决)。

316 同村经营者均将村名作为字号登记但企业名称有别且无恶意不混淆的，非不正当竞争

【裁判要旨】

村名属于公共资源，同处该村区域的经营者均可将村名作为企业名称中的字号登记注册，但企业名称具有一定区别，在后注册的经营者不具有主观恶意且未导致相关公众混淆误认的，不宜认定在后注册的经营者构成不正当竞争。

【关键词】

字号｜村名｜恶意｜混淆

【基本案情】

“白沙”系福建省南安市美林镇白沙村的村名。在南安市，有许多公司或企业以“白沙”为字号，如福建省南安市白沙金属有限公司、福建省南安市白沙五金铸

造厂、福建省南安市白沙阀门厂、福建省南安市白沙阀门铸造厂、福建省南安市白沙阀门加工厂等。

1989 年 4 月 16 日,南安县美林镇白沙村民委员会投资创办“福建省南安县白沙消防器材厂”成立,1993 年 5 月变更企业名称为原告“福建白沙消防工贸公司”。

1995 年 1 月 9 日,经核准设立“福建省南安市白沙消防设备厂”,住所地为南安市美林镇白沙村,后更名为被告“南安市白沙消防设备有限公司”。

原告福建白沙公司提起诉讼。福建省泉州市中级人民法院判决:南安白沙公司变更企业名称,变更后的企业名称中不得包含“白沙”文字并停止使用第 1065970 号“白沙”注册商标。南安白沙公司不服,提起上诉。福建省高级人民法院判决:撤销一审判决,驳回福建白沙公司的诉讼请求。福建白沙公司不服,申请再审。最高人民法院裁定:驳回其再审申请。

【裁判理由】

最高人民法院认为:

关于南安白沙公司注册包含有“白沙”字号的企业名称是否侵害福建白沙公司的企业名称权、构成不正当竞争的问题。

首先,南安白沙公司将“白沙”作为其企业名称中的字号登记注册具有特殊的地理因素。南安白沙公司与福建白沙公司同处福建省南安市美林镇镇白沙村,“白沙”系两公司住所地村名,属于公共资源。福建白沙公司虽先将“白沙”村名作为其企业名称中的字号登记注册,但对该村名并不享有专有权,不能排斥同处该村的其他企业使用“白沙”二字。事实上,白沙村已有不少企业将“白沙”登记注册为企业名称中的字号。而且,至本案一审起诉时止,福建白沙公司使用“白沙”字号 18 年,南安白沙公司使用“白沙”字号也 12 年,二者已共存了十余年。因此,南安白沙公司将“白沙”作为其字号属于对该公司住所地村名的正当使用。

其次,福建白沙公司主张其企业名称因该公司拥有“远红”驰名商标而具有较高的知名度、南安白沙公司注册“白沙”字号具有傍名牌、“搭便车”的恶意。要判断南安白沙公司申请注册其企业名称中字号的主观意图,主要以其申请注册时的主观状况为准,不能以福建白沙公司此后具有知名度而推定南安白沙公司此前注册“白沙”字号时具有攀附其声誉和市场价值的主观恶意。从本案查明的事实来看,南安白沙公司于 1994 年申请成立,1995 年核准注册;福建白沙公司的“远红”商标于 2002 年被认定为泉州市知名商标,2003 年被认定为福建省著名商标,2006 年被认定为驰名商标。即使这些证据能够证明福建白沙公司的“远红”商标后来具有知名度，但尚不足以证明其在南安白沙公司核准注册时已具有知名度，故不能证明南安白沙公司申请注册其字号具有主观恶意，不足以认定其违反诚实信用原则。

最后，福建白沙公司与南安白沙公司除均将其公司住所地村名“白沙”作为企业名称中的字号外，两公司企业名称中的行政区划不同，虽同属消防行业，但是前者为消防工贸，后者是消防设备，存在一定区别，消防领域的相关公众能够区分，不会导致混淆误认。因此，二审法院认定南安白沙公司使用“白沙”作为其企业名称中的字号未侵害福建白沙公司的企业名称权、不构成不正当竞争并无不当。福建白沙公司主张南安白沙公司侵害其企业名称权、构成不正当竞争的再审理由不成立，本院不予采信。二审法院在其判决中适当地指出为规范市场、南安白沙公司与福建白沙公司均应规范使用经核准登记的企业名称亦无不当。

关于南安白沙公司申请注册“白沙”商标是否侵害福建白沙公司的企业名称权、构成不正当竞争的问题。如前所述，南安白沙公司将“白沙”登记注册为企业名称中的字号属于对其住所地村名的正当使用，该公司将其村名且字号“白沙”注册为商标的行为本身即具有正当性，因此，二审法院认定南安白沙公司申请注册“白沙”商标不构成侵害福建白沙公司的企业名称权及不正当竞争并无不当。

【案件信息】

福建省白沙消防工贸有限公司与南安市白沙消防设备有限公司侵害企业名称（商号）权及不正当竞争案，最高人民法院（2012）民申字第14号民事裁定书（2012年5月23日，于晓白、骆电、李嵘），福建省高级人民法院（2008）闽民终字第514号民事判决书（2009年12月25日，陈一龙、黄从珍、陈茂和），福建省泉州市中级人民法院（2007）泉民初字第164号民事判决书。

案件来源：最高人民法院知识产权案件年度报告（2012）。

第三章 商业秘密

317 应由主张保护商业秘密的一方明确、固定商业秘密的内容和范围

318 只要不影响当事人的程序性权利，即不构成超出诉讼请求的裁判

【裁判要旨】

商业秘密案件审理过程中，应当允许权利人对其商业秘密的内容和范围进行明确和固定，人民法院在此基础上进行的审理和裁判，只要不影响当事人的程序性权利，即不构成超出诉讼请求的裁判。

【关键词】

侵害商业秘密｜固定商业秘密的范围｜程序权利｜酌定赔偿

【基本案情】

原告鑫富公司系一家制造销售D－泛酸钙（又名维生素B5）及相关产品的公司，其主张对“微生物酶法制备D－泛解酸技术”享有商业秘密。鑫富公司以新发公司、姜红梅、马吉锋非法获取、披露、允许他人使用上述商业秘密为由提起诉讼，请求判令新发公司停止侵害其“微生物酶法制备D－泛解酸技术”的商业秘密，新发公司、姜红海、马吉锋连带赔偿损失35,358,377.86元及合理开支150万元。

一审中，鑫富公司明确其商业秘密“微生物酶法制备 D－泛解酸技术”是对“微生物酶法拆分生产 D－泛酸钙工艺中的技术指标、生产操作的具体方法和要点、异常情况处理方法等技术信息、5000T 泛酸钙的工艺流程图中记载技术信息的整体组合”的概括。

上海市第一中级人民法院判决：新发公司、姜红梅、马吉锋连带赔偿鑫富公司损失 31,557,903.87 元及合理开支 10 万元。新发公司不服，提起上诉。上海市高级人民法院判决：变更一审判决的赔偿数额为 900 万元及合理开支 10 万元。鑫富公司不服，申请再审。最高人民法院裁定：驳回其再审申请。

【裁判理由】

最高人民法院认为：

在商业秘密侵权纠纷审判实践中，参加诉讼的商业秘密权利人内部的技术人员、法务人员、管理人员或者外请的代理律师会对商业秘密范围有不同的理解，甚至同一诉讼参加人随着诉讼进程的推进，对商业秘密范围也会有不同的认识。人民法院审理商业秘密侵权纠纷首先需要做的工作就是由商业秘密权利人固定商业秘密的范围。这是商业秘密侵权纠纷不同于其他知识产权侵权纠纷的特殊之处。人民法院根据固定后的商业秘密范围进行审理和裁判，只要不影响被诉侵权或者不正当竞争行为人的程序权利，应当允许，不构成超出诉讼请求裁判。

一般来说，在商业秘密侵权纠纷中，权利人应当描述商业秘密的具体内容，但是，由于请求作为商业秘密保护的技术信息或者经营信息的类型、所涉领域不同以及侵权行为方式不同，不能将商业秘密的具体内容仅仅理解为是一段文字的集中体现，不能对商业秘密具体内容的描述提出过于严苛的要求。鑫富公司明确其主张保护的商业秘密并从新发公司非法获取的大量技术信息和材料中选择了 10 份作为鉴定材料，其中鉴定材料 3—10（共有 19 页）是其商业秘密的主要载体，其主张的商业秘密内容已经进一步具体化。新发公司对其应当停止使用的商业秘密范围是清楚的。

根据在先刑事判决及裁定确认的事实及法院的认定，新发公司指派姜红海到浙江省临安市物色鑫富公司职工，姜红海联系鑫富公司的职工向新发公司非法提供鑫富公司的技术材料，非法获利 23,000 元；鑫富公司职工马吉锋将大量技术信息资料提供给新发公司、新发公司通过电子邮件向马吉锋提出技术问题并邀请马吉锋等人进行技术指导，马吉锋因此非法获利 95,500 元；鑫富公司研发 D－泛解酸内酯的生物酶法拆分技术投入超过3000万元。新发公司为获取鑫富公司的技术信息采取明显不正当手段，不惜耗财耗力，鑫富公司为研发相关技术投入巨额资本，足以说明涉案技术信息具有商业价值且不为公众所知悉。鑫富公司与职工签订了保密协议，且早在2001年就制定了相关保密规定。综上所述，新发公司、姜红梅、马吉锋的行为构成对鑫富公司涉案商业秘密的侵害。

《司法会计鉴定报告》证明，截至2007年9月末，鑫富公司涉案商业秘密研发投入价值为3155余万元。鉴于鑫富公司并未提供证据证明涉案商业秘密因新发公司及姜红海、马吉锋的侵权行为而为公众所知悉，因此不能以涉案商业秘密的研发投入来确定损害赔偿数额。本案中鑫富公司的损失难以准确计算，新发公司因侵权所获利润亦难以准确计算，也无证据表明有合理的许可费可资参照。新发公司2005年经营亏损，2006年获利达4,661,478.46元、2007年前9个月获利达93,880,684.16元。本案被诉侵权行为发生于2006年年初至2007年9月，新发公司在此期间生产经营的获利与其侵权行为之间存在一定的因果关系。新发公司侵权获利数额远在法定赔偿限额100万元之上，因此，本案不适用法定赔偿方法而应在法定赔偿限额100万元之上酌情确定赔偿数额。鉴于新发公司及姜红海、马吉锋的侵害行为主观恶意明显、持续时间较长，新发公司在侵权期间的经营利润高、侵权获利数额非常可观，结合鑫富公司投入的技术研发费用数额高达3000余万元等实际情况，酌情确定损害赔偿额为900万元及合理开支10万元。

【案件信息】

亿帆鑫富药业股份有限公司（原浙江杭州鑫富药业股份有限公司）诉新发药业有限公司、姜红梅、马吉锋侵害商业秘密案，最高人民法院（2015）民申字第2035号民事裁定书（2015年12月22日，周翔、郎贵梅、钱小红），上海市高级人民法院（2012）沪高民三（知）终字第62号民事判决书（2014年12月24日，钱光文、王静、徐卓斌），上海市第一中级人民法院（2010）沪一中民五（知）初字第183号民事判决书。

案件来源：最高人民法院知识产权案件年度报告（2015）。

319 考虑权利人取证难度，侵害商业秘密案件普遍采取“接触加相似排除合法来源”的证据规则

320 因证明标准差异，侵害商业秘密民事案件的认定不能当然作为侵害商业秘密罪的依据

【裁判要旨】

由于权利人取证困难，商业秘密侵权认定普遍采取“接触加相似排除合法来源”证据规则。由于证明标准存在差异，推定构成侵害商业秘密的民事案件的认定不当然能够成为侵害商业秘密罪刑事案件中定罪量刑的依据。

【关键词】

侵害商业秘密｜证据规则｜推定｜刑事诉讼｜证明标准

【基本案情】

麦格昆磁公司掌握快淬法生产钕铁硼磁粉的两项关键技术——甩带轮技术和喷嘴技术，后以普通许可的方式授权原告麦格昆磁天津公司使用上述技术，并授权其可以自身名义起诉。

被告瑞泰公司亦从事相同磁粉的生产和销售，张大鸣、夏凌远系该公司的创立者。其中，张大鸣曾为麦格昆磁公司和麦格昆磁天津公司的员工，掌握涉案甩带轮技术和喷嘴技术；夏凌远系瑞泰公司生产设备的提供者。

麦格昆磁公司曾以瑞泰公司、张大鸣侵害其商业秘密为由向公安机关报案。公安机关在侦查过程中对夏凌远进行了询问，查扣了瑞泰公司的生产设备，调取了加工制造图纸，并将相应资料送交鉴定机构进行鉴定。经鉴定，麦格昆磁公司主张的相关技术信息不为公众所知悉，瑞泰公司的生产设备中的相应技术信息与麦格昆磁公司主张权利的技术信息实质相同，目前该刑事案件尚未审结。

麦格昆磁天津公司根据公安机关侦查过程中形成的主要证据，以夏凌远、瑞泰公司侵害其技术秘密为由提起民事诉讼，请求判令夏凌远和瑞泰公司停止侵害商业秘密，赔偿损失 11,268,285.3 元及合理开支 100 万元。

江苏省苏州市中级人民法院判决:夏凌远、瑞泰公司停止涉案侵害麦格昆磁天津公司技术信息商业秘密的行为,共同赔偿麦格昆磁天津公司损失11,268,285.30元及合理开支30万元。夏凌远、瑞泰公司均不服,提起上诉。江苏省高级人民法院判决:驳回上诉、维持原判。夏凌远、瑞泰公司仍不服,申请再审。最高人民法院裁定:驳回其再审申请。

【裁判理由】

法院认为:

麦格昆磁天津公司主张的甩带轮系统尺寸和导流铜棒的技术信息不为公众所知悉,且麦格昆磁公司、麦格昆磁天津公司已对涉案技术信息采取了保密措施。

由于权利人取证困难,商业秘密侵权认定普遍采取"接触加相似排除合法来源"证据规则,即权利人只须证明被诉侵权技术与其商业秘密相同或实质相同,以及被诉侵权人具有接触其商业秘密的事实,就转由被诉侵权人承担自己没有侵权的举证责任,倘若其不能证明其商业秘密具备合法来源等免责事由,即应认定其侵权成立。本案中麦格昆磁天津公司举证已满足上述要求,且夏凌远、瑞泰公司亦未充分证明其技术具备合法来源,应当认定夏凌远、瑞泰公司构成侵害商业秘密。

在本案民事纠纷进入诉讼程序之前,麦格昆磁公司以张大鸣和瑞泰公司涉嫌侵害其商业秘密为由向苏州市公安局报案,苏州市公安局受理该案后即展开刑事侦查,目前该刑事案件尚未终结。根据在审理侵害商业秘密民事案件中普遍适用的"接触加相似排除合法来源"原则,现有证据足以认定夏凌远、瑞泰公司侵害了麦格昆磁天津公司的商业秘密,无须以刑事案件的审理结果作为认定构成民事侵权的依据,故无须中止本案审理。

我国在刑事案件审理中采取与民事案件审理不同的举证责任分配原则和事实证明标准。在刑事案件中对事实和证据均应达到"犯罪事实清楚,证据确实充分"和"排除一切合理怀疑"的严格证明标准,而民事案件中则采取高度盖然性的证明标准。本案在民事诉讼程序中采用商业秘密案件审理中通行的"接触加相似排除合法来源"规则认定夏凌远、瑞泰公司构成侵害商业秘密,该证明方式属于事实推定,但该推定并不当然能够满足刑事诉讼中排除一切合理怀疑的严格证明标准,也不能据此当然弥补刑事案件中可能存在的证据疑点,故不能仅凭此认定夏凌远、瑞泰公司构成侵害商业秘密犯罪,即本案中依据民事证明标准所作出的民事侵权司法认定,并不当然能成为在刑事案件中定罪量刑的依据。

根据瑞泰公司使用涉案技术后,即由原来的经营亏损状态转为盈利的事实,以财务审计报告确定的瑞泰公司在侵权期间的获利作为计算侵权赔偿数额为依据，并酌情衡定麦格昆磁天津公司为制止涉案不正当竞争行为所需支付的合理费用，判令夏凌远、瑞泰公司共同赔偿麦格昆磁天津公司损失11,268,285.30元及合理开支30万元。

【案件信息】

麦格昆磁(天津)有限公司诉夏凌远、苏州瑞泰新金属有限公司侵害技术秘密案，最高人民法院(2015)民申字第1013号民事裁定书(2015年12月4日，夏君丽、骆电、曹刚)，江苏省高级人民法院(2013)苏知民终字第159号民事判决书(2014年12月30日，宋健、顾韬、张长琦)，江苏省苏州市中级人民法院(2012)苏中知民初字第0009号民事判决书。

案件来源：2014年中国法院10大创新性知识产权案件(二审判决)。

321 标书内容中的标底降幅构成商业秘密的经营信息，封存标书即属采取保密措施

【裁判要旨】

投标文件中的标底降幅属于商业秘密中的经营信息，由于标书的天然秘密属性，标书所有人对标书进行封存即可视为其采取了相应保密措施。

【关键词】

侵害商业秘密｜保密措施｜标书｜投标文件｜标底降幅

【基本案情】

原告金驼公司从事道路普通货物运输、汽车租赁等业务。被告谭勇于2014年1月15日至2015年3月26日任金驼公司执行董事兼经理、法定代表人，被告陈亮任该公司车辆调度。谭勇、陈亮于2014年11月26日与尚优杰、刘婷共同发起成立了被告凯隆公司，陈亮担任凯隆公司监事，经营范围亦为普通货物运输、汽车租赁等。谭勇、陈亮2015年7月不再担任金驼公司职务，离开金驼公司。2015年8月、9月，谭勇、陈亮先后返回金驼公司工作。

2015年10月，金驼公司安排谭勇、陈亮办理本公司在新疆石油工程建设监理有限公司的投标工作。凯隆公司亦参加了此次招投标，并以标底下浮10%取得新疆石油工程建设监理有限公司越野车服务合同评标审查第1名，中标工作量为第

1 标段;金驼公司以标底下浮 8%,获得综合评分第 3 名、中标第 3 标段。

金驼公司提起诉讼,请求判令凯隆公司、谭勇、陈亮共同赔偿金驼公司损失 150 万元;谭勇赔偿损失 43,082 元;陈亮赔偿损失 30,341 元。

新疆维吾尔自治区克拉玛依市中级人民法院判决:凯隆公司、谭勇、陈亮连带赔偿因其侵权行为给金驼公司造成的损失 396,000 元。金驼公司、凯隆公司、谭勇均不服,提起上诉。二审诉讼期间,陈亮突发心脏病死亡,金驼公司撤回对陈亮的起诉。新疆维吾尔自治区高级人民法院判决:撤销一审判决,驳回金驼公司的诉讼请求。金驼公司不服,申请再审。最高人民法院提审后判决:撤销二审判决,变更一审判决为凯隆公司、谭勇连带赔偿金驼公司损失及合理开支 30 万元。

【裁判理由】

最高人民法院认为:

投标文件由投标人自行制作,在开标之前必然采取密封措施,这是招投标活动的应有之意。涉案标书内容中的标底降幅不为公众和其他投标单位所知晓,因此具有秘密性。

本案中金驼公司主张的经营信息载体为投标标书,金驼公司标书的制作限于参与投标活动的人员范围,并且标书的天然秘密属性要求任何知道标书内容的人都应负有保密的义务,标书所有人对标书进行封存即可看作对标书采取了保密措施,而且这种保密措施也达到了法律要求的标准,因此具有保密性。

结合涉案的招标文件中评标办法的内容,商务报价占总评分分值的 30%,并且每下浮 1%,加 2 分。在百分制的评分中,标底降幅的作用是显而易见的。因此,在标书开封之前,竞标者的标底降幅能使其保有一定的竞争优势,一旦中标就能给所有人带来经济利益。因此,虽然能否最终中标取决于竞标者的技术部分及商务部分的综合得分,但是不能据此否认标底降幅在竞标能力中的贡献。尤其在标底降幅为其他竞标者获悉的情况下,不仅将使该竞标人丧失竞争优势,更使其处于不利境地。因此,金驼公司主张的标底降幅符合商业秘密的构成要件,属于商业秘密中的经营信息,应当予以保护。

金驼公司的标书中列明的联系人为谭勇,谭勇作为金驼公司参与投标的直接经办人员,理应尽到忠诚和保密义务,其作为凯隆公司的发起人,在明知金驼公司参与了此次招投标活动还让凯隆公司参与竞标,难谓善意。金驼公司的 8% 标底降幅为谭勇知悉,考虑到谭勇的双重身份,凯隆公司设定 10% 标底降幅,难谓巧合。凯隆公司在标底降幅上获得了较大的竞争优势,最终以获得评标第 1 名,中标第1标段。金驼公司获取评标第3名,中标第3标段。凯隆公司对金驼公司的得分领先优势几乎是在标底降幅上产生的差距。谭勇在金驼公司举报后不久即迅速转让了其在凯隆公司的股权。结合本案的案情,可以认定谭勇存在违反保密义务向凯隆公司泄露标底的行为,凯隆公司亦存在明知谭勇违法披露仍然获取并使用金驼公司商业秘密的行为。

考虑各公司给招标单位的报价底价、标底降幅以及克拉玛依市2.5—3.0升四驱越野车服务市场平均盈利水平,同时综合考虑金驼公司涉案值班车服务合同客观上并未全部履行、凯隆公司亦无违法获利等因素酌情确定损失赔偿数额。

【案件信息】

克拉玛依金驼运输服务有限公司诉克拉玛依市凯隆油田技术服务有限公司、谭勇不正当竞争案,最高人民法院(2018)最高法民再389号民事判决书(2018年12月20日,王艳芳、毛立华、杜微科),新疆维吾尔自治区高级人民法院(2017)新民终53号民事判决书(2017年5月8日,张疆华、崔瑜、陆建蔚),新疆维吾尔自治区克拉玛依市中级人民法院(2016)新02民初87号民事判决书。

案件来源:最高人民法院知识产权案件年度报告(2018),2018中国法院50件典型知识产权案例。

322 反不正当竞争法规范的竞争特指市场竞争,仅有岗位竞争优势的信息并非商业秘密

【裁判要旨】

反不正当竞争法所规范的"竞争"并非任何形式、任何范围的竞争,而是特指市场经营主体之间的"市场竞争";商业秘密应以市场为依托,仅在单位内部为当事人带来工作岗位竞争优势的信息不属于商业秘密。

【关键词】

侵害商业秘密｜竞争｜市场｜岗位竞争优势

【基本案情】

原告王者安1998年到被告卫生部(现为卫计委)国际交流与合作中心工作。2000年5月26日,卫生部国际交流与合作中心召开人事制度改革小组会议,参加

人员包括王者安，会议对人事制度改革进行了初步部署。2000年5月30日，会议一致同意确定王者安为执笔人，起草人事改革方案的草案。2000年10月前，卫生部国际交流与合作中心多次召开了主任办公会和中心办公会讨论人事制度改革方案。

王者安主张其于2000年3月前制定的《卫生部国际交流与合作中心分配制度改革办法》和相应的《岗位工资管理细则》《绩效工资管理细则》《奖金管理细则》是其独立制作完成的商业秘密。（以上回文件于下文中简称“诉争相关信息”。）王者安认为，2000年11月，卫生部国际交流与合作中心的法定代表人李洪山在要求王者安给其看过诉争相关信息后，没有按照王者安的要求保密，而在卫生部国际交流与合作中心实施了诉争相关信息中的改革方案，侵害了王者安的商业秘密，故提起诉讼，请求判令被告卫生部国际交流与合作中心停止侵权，恢复名誉，三被告共同赔偿损失1036万元。

北京市第一中级人民法院判决：驳回王者安的全部诉讼请求。王者安不服，提起上诉。北京市高级人民法院判决：驳回上诉，维持原判。王者安仍不服，申请再审。最高人民法院裁定：驳回其再审申请。

【裁判理由】

最高人民法院认为：

《反不正当竞争法》规范的主体，应为参与市场经营活动的市场主体，即经营者；《反不正当竞争法》规范的行为，应为经营者的经营行为。本案中，王者安并非“从事商品经营或者营利性服务”的经营者，其与三被告之间亦不存在市场竞争关系；王者安与卫生部国际中心为劳动合同关系，王者安与李洪山、原晋林为同事关系，且王者安起草、制定诉争相关信息系履行工作职责、完成工作任务，故本案三被告的行为未对王者安构成《反不正当竞争法》规定的“不正当竞争”。

王者安在一审中称，诉争相关信息能为其带来竞争优势，即“王者安凭借自己的薪酬方法，在2001年竞争综合人事部处长职位，将具有绝对的竞争优势。……从2001年至今的任何一次领导岗位竞争，王者安都会保持优势。因李洪山有预谋地骗取了王者安的薪酬方法，并且将此方法给王者安的竞争对手原晋林使用，直接导致王者安的竞争优势丧失。”本院认为，反不正当竞争法所规范的“竞争”，并非任何形式、任何范围的竞争，而是特指市场经营主体之间的“市场竞争”。因此，王者安上述主张中提到的“工作岗位竞争”，系单位内部职位竞争，并不属于反不正当竞争法规范的“市场竞争”。因此，三被告未侵害王者安的商业秘密。

【案件信息】

王者安诉卫生部国际交流与合作中心、李洪山、原晋林侵害商业秘密案,最高人民法院(2013)民申字第1238号民事裁定书(2013年12月18日,王闯、朱理、何鹏),北京市高级人民法院(2013)高民终字第77号民事判决书(2013年3月27日,刘辉、石必胜、陶钧),北京市第一中级人民法院(2012)一中民初字第7475号民事判决书(2012年11月26日,宁勃、周丽婷)。

案件来源:最高人民法院知识产权案件年度报告(2013)。

323 商业秘密内容形成或获取手段违反法律规定或公共利益、具有违法性的,不应保护

【裁判要旨】

尽管法律规定的商业秘密构成要件中并不包括合法性要件,但商业秘密作为民事法律保护的权益必须具有合法性。如果商业秘密在其内容本身、形成过程或获取手段上违反了法律规定或公共利益,具有违法性,则其不应受到法律保护。

【关键词】

侵害商业秘密 | 合法性 | 和解 | 合同无效

【基本案情】

被告毛志刚原为原告足下软件学院信息部的工作人员,其工作内容系将市场部工作人员收集的自然人个人信息进行汇总,并将格式转换成公司统一格式录入公司系统。

2014年,足下软件学院与毛志刚签订了《和解协议书》,载明:鉴于毛志刚的行为涉嫌侵害商业秘密罪,足下软件学院报案后,重庆市沙坪坝区公安分局已立案侦查。双方确认毛志刚于2014年6月通过公司内部系统网站的导入界面盗取足下软件学院约20万条客户信息;毛志刚盗取的客户信息包括广安、泸州、达州、遂宁、合川等10个区域;毛志刚盗取信息后通过邮件将信息转交给了周某。双方约定由毛志刚赔偿足下软件学院损失,并约定了支付的金额、时间及方式。双方认可《和解协议书》所涉“客户信息”主要为2014年在校高中毕业生的相关信息。

足下软件学院称，其市场部工作人员通过发宣传单、巡展的方式搜集在校学生信息，收集的信息只包括姓名、性别、电话号码以及毕业院校，部分还包括 QQ 号码，但是不包括居民身份证号码、会考号等。协议签订后，毛志刚未按约定支付完全部款项。

足下软件学院提起诉讼，请求判令毛志刚按约定支付赔偿款并给付利息损失。毛志刚反诉称，其因工作疏忽导致足下软件学院的信息被他人知晓，足下软件学院向公安机关报警导致其内心感到恐惧，因此，《和解协议书》系因胁迫而签订，请求判令撤销双方签订的《和解协议书》，足下软件学院返还毛志刚已经支付的款项并给付利息损失。

重庆市沙坪坝区人民法院判决：支持了足下软件学院要求按照协议约定支付赔偿款的诉讼请求，驳回其要求支付利息的诉讼请求，驳回毛志刚的反诉请求。毛志刚不服，提起上诉。重庆市第一中级人民法院判决：撤销一审判决，驳回足下软件学院的诉讼请求，足下软件学院返还毛志刚已支付费用，驳回毛志刚的其他反诉请求。

【裁判理由】

法院认为：

足下软件学院与毛志刚签订的《和解协议书》实质为和解合同。双方在和解合同中对双方争议法律关系的确认必须在现行法律框架之下。尽管法律规定的商业秘密构成要件中并不包括合法性要件，但民事法律保护的是合法权益，商业秘密需具备合法性应为应有之意，若其信息本身、形成过程或获取手段违反了法律规定，其自不应受法律保护。

足下软件学院主张其享有“商业秘密”权益的信息主要为 2014 年在校应届高中毕业生姓名、性别、电话号码以及毕业院校等自然人个人信息，其获取、处理、使用，应经过所涉自然人的同意。其信息数量有 20 万条，涉及广安、泸州、达州、遂宁、合川等 10 个区域，足下软件学院仅声称其通过巡展等方式获得涉案信息而不举示相应证据，难以使人信服。鉴于此，若认可足下软件学院对涉案“商业秘密”享有民事权益，不仅会损害涉案的 20 万自然人对其个人信息享有的权益，且会造成社会不良导向，有违社会公共利益。故足下软件学院不能因其侵权行为获得不正当利益，足下软件学院对涉案信息不享有受法律保护的民事权益。双方就侵害足下软件学院所享有的“权益”达成的和解合同应认定为无效。足下软件学院应当返还毛志刚支付的赔偿财物，足下软件学院的诉讼请求应予驳回。

需要特别指出的是，涉案合同被认定为无效以及足下软件学院应向毛志刚返还相应财物，并不代表毛志刚盗取涉案的自然人个人信息并转交他人的行为不具可责性，其是否应向其他民事主体承担民事责任或是否应承担行政或刑事责任，不在本案的审查范围之内。

【案件信息】

重庆市足下软件职业培训学院诉毛志刚合同案，重庆市第一中级人民法院（2017）渝01民终4750号民事判决书（2017年12月6日，刘娟娟、张琰、姜蓓），重庆市沙坪坝区人民法院（2017）渝0106民初3840号民事判决书（2017年5月3日，陈凯）。

案件来源：2017年中国法院50件典型知识产权案例。

324 与权利人有稳定交易关系且能带来经济利益和竞争优势并保密的客户名单为商业秘密

【裁判要旨】

客户名单中的客户与涉案公司具有稳定的供货渠道，保持着良好的交易关系，在生产经营中具有实用性，能够为涉案公司带来经济利益、竞争优势，涉案公司为经营信息制定了具体的保密制度，对客户及潜在客户信息采取了必要的保密措施，并与员工明确约定了保密条款、竞业限制条款，因此，认定涉案公司制作的客户名单构成商业秘密。员工明知公司的相关管理规定及客户名单的非公开性和商业价值，仍私自与公司的客户进行交易，属于披露、使用、允许他人使用经营信息的行为，构成商业秘密侵权。

【关键词】

侵害商业秘密｜客户名单｜稳定交易关系｜竞争优势

【基本案情】

被告宋俊超自2006年起在原告反光材料公司处任业务员，主要负责部分省份的销售及客户拓展工作。反光材料公司与宋俊超先后签订两份劳动合同，并约定有保密条款和竞业限制条款。反光材料公司对其经营信息制定有保密制度，对客户及潜在客户信息采取了必要的保密措施,同时向宋俊超及其他业务员支付了保密费用。

鹤壁市睿欣商贸有限公司(以下简称睿欣公司,被告睿明特公司前身)成立于2011年6月22日,经营范围为钢材、建材、五金交电、涂板、反光护栏。在睿欣公司经营期间,宋俊超以宋翔名义参与办理睿欣公司工商登记手续的相关工作。

睿欣公司的银行往来账目显示,自2011年8月1日至2015年7月31日,睿欣公司与东北地区客户中,与反光材料公司交易客户相重复的客户10户,供货交易38笔,交易金额830,512.50元。宋俊超以个人名义从睿欣公司账户取款27笔,金额为1,270,603.42元。

反光材料公司提起诉讼,请求判令宋俊超、李建发、睿明特公司停止侵权行为,公开赔礼道歉,消除影响,赔偿损失及合理开支50万元等。

河南省鹤壁市中级人民法院判决:宋俊超、睿明特公司停止侵害反光材料公司商业秘密行为并在两年内不准使用反光材料公司所拥有的商业秘密并赔偿损失35万元。宋俊超、睿明特公司不服,提起上诉。河南省高级人民法院判决:驳回上诉,维持原判。

【裁判理由】

法院认为:

反光材料公司通过花费时间、金钱和劳动等代价使其获得了相关客户的经营信息,如客户的名称、地址、联系人、联系方式以及客户的交易习惯、意向,客户对产品的价格承受能力、产品数量、质量要求、主要业务竞争对手等。反光材料公司将获取的客户信息整理后输入电脑数据库以及将向东北地区客户出具的增值税发票、发货清单、与其客户资金往来的汇款凭证、要货通知单、向客户的发货清单、出差工作日程表及出差计划上载明的信息予以整理,而这些客户信息并不是行业内普遍知悉的信息,也不易从公开渠道直接获得。反光材料公司获得的经营信息具有现实的或者潜在的商业价值,有的已成为有长期业务往来的客户,有的虽未建立业务关系但也是反光材料公司获得交易机会的重要资源,能够为其带来经济利益。同时,反光材料公司为上述经营信息采取了制定保密制度、与业务员签订保密条款、支付保密费用等保密措施。故反光材料公司制作的客户名单及相关载体上记录的信息构成其商业秘密。根据反光材料公司所提供的交易记录及客户来往票据,其中“品种”“规格”“数量”能够说明客户的独特需求,“成交日期”能够反映客户要货的规律,“单价”能够说明客户对价格的承受能力和价格成交底线，“备注”反映了客户的特殊信息。这些内容构成了反光材料公司经营信息的秘密点。

宋俊超负有对反光材料公司的忠实义务，其中包括对工作中接触到的经营信息进行保密的义务，其明知公司的相关管理规定及客户名单的非公开性和商业价值，但仍私自与反光材料公司的客户进行交易，且与睿欣公司来往频繁，构成披露、使用、允许他人使用反光材料公司经营信息的行为，侵害了反光材料公司的商业秘密。

睿欣公司不正当地获取、使用了宋俊超所掌握的反光材料公司拥有的商业秘密。宋俊超、睿欣公司对反光材料公司的商业秘密构成共同侵权。因睿欣公司已变更为睿明特公司，故侵权责任应由睿明特公司承担。

【案件信息】

鹤壁市反光材料有限公司诉宋俊超、鹤壁睿明特科技有限公司、李建发侵害商业秘密案，河南省高级人民法院(2016)豫民终347号民事判决书(2017年8月2日，赵筝、赵艳斌、焦新慧)，河南省鹤壁市中级人民法院(2015)鹤民初字第96号民事判决书(2015年12月25日，谷朝宪、王娟、王莹莹)。

案件来源：2017年中国法院10大知识产权案件。

325 仅包含一个特定客户深度信息的单一客户名单在符合条件时也可认定构成商业秘密

326 工作人员离职后立即与原单位特定客户交易推定利用该客户深度信息侵害商业秘密

【裁判要旨】

仅包含一个特定客户的单一客户名单，如果其上附着的客户信息属于在长期稳定交易关系中形成的包含客户需求类型、特殊经营规律、交易习惯、交易倾向、验收标准、利润空间、价格承受能力，以及相关负责人联络方式、性格特点等难以从公共渠道获得，或者正当获得需要投入一定人力、物力、时间成本的信息，则属于深度信息。如上述深度信息同时具备价值性、秘密性、保密性，对其按照商业秘密进行保护能够遏制不劳而获、促进公平有序竞争的，则应认定该单一客户名单属于商业秘密。

【关键词】

侵害商业秘密｜客户名单｜单一客户｜保密措施

【基本案情】

2012 年 7 月，被告陈辉、石浩田入职原告万岩通公司。2014 年 5 月 7 日，陈辉配偶与石浩田（后变更为石浩田之母）作为自然人股东成立被告恰行者公司。2014 年 6 月，陈辉、石浩田自万岩通公司离职。

2014 年 12 月，恰行者公司与管道公司签订《移动应用平台技术服务合同》。2015 年 11 月，管道公司信息中心出具《移动应用平台项目任务书》，邀请恰行者公司作为单一来源方谈判采购，恰行者公司报价为 235 万元。

万岩通公司提起诉讼，请求判令陈辉、石浩田、恰行者公司停止侵害其商业秘密，公开赔礼道歉、消除影响，共同赔偿损失 50 万元及合理开支 2 万元。

北京市海淀区人民法院判决：陈辉、石浩田、恰行者公司停止侵害万岩通公司商业秘密的行为，共同赔偿损失 20 万元和律师费 1.6 万元，并公开刊登声明消除影响。陈辉、石浩田、恰行者公司不服，提起上诉。北京知识产权法院判决：驳回上诉，维持原判。

【裁判理由】

法院认为：

第一，关于秘密性。管道公司作为中石油系统的企业，考虑到其开展业务的准入门槛和市场化程度，虽然在相关网络媒体上有相关项目的概括性介绍，但所属领域的相关人员通过公开渠道无从得知具体项目内容、审批资金来源、前期服务的运营标准、项目验收标准、价格承受能力等核心信息，也无从知晓相关负责人联络方式、性格特点、交易习惯、交易倾向等深度信息，而这些信息是把握商业机遇和取得竞争优势的关键，特别是对于软件开发运维服务这类更新换代快、时限性要求较高的领域。

第二，关于价值性。在具体的商业项目中，客户的交易需求、特殊偏好、实际验收标准、价格承受能力，往往是极为重要的核心信息，特别是价格承受底线等敏感信息，往往需要在长期的商业合作、商务谈判、市场调研中才能获得，也是商业主体争取竞争优势、成功获取项目的关键。掌握客户的核心需求、特殊偏好以及价格底线，能够使竞争者在最短的时间、以最低的代价在竞争中把握机遇，成功获得合作机会，赚取商业利润，显然具有重要的商业价值。陈辉、石浩田在万岩通任职期间，作为核心人员长期参与万岩通公司与管道公司之间的移动平台运维项目，完全有机会通过参加相关商业谈判、审查合同中的技术细节等渠道接触上述信息。

第三，关于保密性。保密性的要求应当根据涉密载体的特性、权利人保密的意愿、保密措施的可识别程度、保密信息的知悉人员范围等因素，根据具体情况予以判断。万岩通公司与陈辉、石浩田签署了包含保密与竞业禁止的劳动合同、竞业限制协议、员工知识产权承诺协议、保密协议，通过多重书面形式强调了保守商业秘密的要求。

陈辉、石浩田作为实际控制人发起成立恰行者公司之后，接续其在万岩通公司的工作经历，利用其作为核心人员掌握的万岩通公司与管道公司之间的具体项目内容、服务运营标准、价格承受能力、相关负责人联络方式、性格特点、交易习惯、交易倾向等深度信息，抢夺万岩通公司与管道公司的交易机会，挤占万岩通公司的市场空间，其行为违背公认的商业秩序与商业道德，构成对万岩通公司商业秘密的侵害。

陈辉、石浩田、恰行者公司利用万岩通公司与管道公司多年合作中积累的应属商业秘密的核心信息，迅速建立不正当的竞争优势，抢占万岩通公司的交易伙伴，并与管道公司实际签署了合作协议，且因此管道公司出于防止商业秘密及“反竞争限制”等法律风险的考虑，于2015年发函暂停与万岩通公司、恰行者公司的相关合作。虽然具体损失无法量化，但陈辉、石浩田、恰行者公司的以上行为确对万岩通公司的市场经营造成不利影响，且有证据证明恰行者公司自认其商业利润约30%，综合考虑涉案侵权行为的情节、后果、主观恶意程度及商业利益损失等因素酌情确定20万元赔偿数额。

【案件信息】

北京万岩通软件有限公司诉北京恰行者科技有限公司、石浩田、陈辉侵害商业秘密案，北京市海淀区人民法院(2016)京0108民初7465号民事判决书(2017年6月29日，张江洲、梁铭全、袁卫)，北京知识产权法院(2017)京73民终1776号民事判决书(2017年11月15日，张宁、崔宁、宋晖)。

案件来源：2017年中国法院50件典型知识产权案例。

327 客户名单通常包括区别于公共信息的客户名册或长期稳定交易的特定深度客户信息

328 派生于诚实信用原则的保守秘密合同的附随义务不能构成作为积极行为的保密措施

【裁判要旨】

作为商业秘密中的客户名单，属于经营信息即经营秘密，一般是指客户的名称、地址、联系方式以及交易的习惯、意向、内容等构成区别于相关公众信息的特殊客户信息，包括汇集众多客户的客户名册，以及保持长期稳定交易关系的特定客户。

派生于诚实信用原则的保守秘密合同的附随义务，无法体现商业秘密权利人对信息采取保密措施的主观愿望，不能构成作为积极行为的保密措施。

【关键词】

侵害商业秘密｜保密措施｜合同附随义务

【基本案情】

本案涉及的出口业务系由金恒公司黄建宏介绍引见，由坦桑尼亚 NM 公司的董事长恩高卫(A. NG0WL)、金恒公司与恒立公司三方在恒立公司处进行商谈。2000 年 11 月 10 日，恒立公司、被告国贸公司、金恒公司三方签订协议一份，协议中各方确认：经金恒公司介绍，恒立公司与金恒公司就开关、插座、灯头等产品出口至坦桑尼亚事宜与外商进行了谈判，并达成了供货协议，外销合同经恒立公司、金恒公司同意，由国贸公司代其对外签约，并代理出口该产品，各方并对恒立公司供货具体品名、数量、与国贸公司结算的价格、交货时间、地点及合同履行过程中的权利义务进行了约定。坦桑尼亚 NM 公司先行支付国贸公司 2 万美金。2002 年 4 月 21 日，恒立公司以外贸经营受损，决定停止公司生产经营活动并解散，由全体股东成立清算组对公司进行清算，恒立公司与国贸公司的索赔诉讼由清算组负责进行。此后，原告恒立公司清算组与国贸公司间就上述合同的履行引发多起诉讼。

恒立公司清算组提起本案诉讼，主张由于涉案订货商 NM 公司及收货商 AC 公司的信息构成商业秘密中的客户名单，且其已对此采取保密措施，国贸公司应负有保密义务，国贸公司违反约定披露、允许他人使用该商业秘密，被告宇阳公司收到恒立公司通知后明知业务违法，仍故意使用他人商业秘密，构成共同侵权，故请求确认国贸数公司、宇阳公司侵害其商业秘密，并判令宇阳公司停止侵权。

江苏省苏州市中级人民法院判决：驳回恒立公司清算组的诉讼请求。一审判决生效后，恒立公司清算组向江苏省高级人民法院申请再审。江苏省高级人民法院裁定：驳回其再审申请。恒立公司清算组仍不服，向最高人民法院申诉。最高人民法院裁定：驳回其再审申请。

【裁判理由】

最高人民法院认为：

秘密性、保密性和价值性构成商业秘密的三要件。恒立公司清算组在一审中明确其诉称的商业秘密为客户名单，其所固定的秘密点的具体内容是 NM 公司与 AC 公司的企业名称、两公司的共同邮件信箱以及法定代表人。恒立公司清算组所主张客户名单仅仅是简单的客户名称，并不具有名称以外的深度信息，因此，该经营信息不具有秘密性。由于恒立公司清算组起诉请求法院对其主张的客户名单给予保护和救济，但其未能举证证明要求保护的信息属于“不为公众所知悉”，一审判决对其诉讼请求予以驳回，并无不当。

恒立公司清算组在向本院的申诉中改变了其在一审中固定的客户名单的范围，主张请求保护的客户名单包含了客户的需求类型、需求习惯、经营规律、价格承受能力，甚至业务主管的个性等全面的信息，不同于金恒公司引荐前的信息。其以国贸公司、金恒公司负有合同的附随保密义务主张对该信息采取了保密措施。尽管根据合同法规定，当事人无论在合同的订立过程、履约过程，还是合同终止后，对其知悉的商业秘密都有保密、不得泄露或者不正当使用的附随义务。但合同的附随义务与商业秘密的权利人对具有秘密性的信息采取保密措施是两个不同的概念，不能以国贸公司负有经《合同法》上的保密附随义务来判定恒立公司对其主张的信息采取了保密措施。商业秘密是通过权利人采取保密措施加以保护而存在的无形财产，具有易扩散、易转移以及一经公开永久丧失等特点，保密措施是保持、维护商业秘密秘密性的手段。作为商业秘密保护的信息，权利人必须有将该信息作为秘密进行保护的主观意识，而且还应当实施了客观的保密措施，这是因为商业秘密既然是通过自己保密的方式产生的权利，如果权利人自己都没有采取保密措施，就没有必要对该信息给予保护，这也是保密措施在商业秘密构成中的价值和作用所在。而派生于诚实信用原则的合同的附随义务，是根据合同的性质、目的和交易习惯履行的附属于主债务的从属义务，其有别于商业秘密构成要件"保密性"这种积极的行为，并不体现商业秘密权利人对信息采取保密措施的主观愿望以及客观措施。本案中，恒立公司清算组既没有证据证明其对请求保护的信息采取了客观的保密措施，更没有证据证明该保密措施的合理性。

【案件信息】

张家港市恒立电工有限公司清算组诉江苏国泰国际集团国贸股份有限公司、张家港市宇阳橡塑电器有限公司侵害商业经营秘密案，最高人民法院(2012)民监字第253号民事裁定书(2012年8月6日，金克胜、罗霞、杜微科)，江苏省高级人民法院(2010)苏知民申字第002号民事裁定书，江苏省苏州市中级人民法院(2009)苏中知民初字第0103号民事判决书。

案件来源：最高人民法院知识产权案件年度报告(2012)。

329 商业秘密保密措施应当表明权利人保密的主观愿望和作为商业秘密保护的信息范围

【裁判要旨】

符合《反不正当竞争法》第10条规定的保密措施应当表明权利人保密的主观愿望，明确作为商业秘密保护的信息的范围，使义务人能够知悉权利人的保密愿望及保密客体，并在正常情况下足以防止涉密信息泄漏；单纯的竞业限制约定，如果没有明确用人单位保密的主观愿望和作为商业秘密保护的信息的范围，不能构成《反不正当竞争法》第10条规定的保密措施。

【关键词】

侵害商业秘密｜保密措施｜保密愿望｜保密客体

【基本案情】

1996年，被告黄子瑜与案外人管烽共同出资设立原告富日公司，黄子瑜持股

40%,并在公司担任监事、副总经理等职。黄子瑜与富日公司签订的劳动合同约定,黄子瑜在与富日公司解除合同后,5 年内不得与在解除合同前与富日公司已有往来的客户(公司或个人)有任何形式的业务关系,否则,黄子瑜将接受富日公司的索赔。该劳动合同中没有关于保守商业秘密的约定。

2000 年年初左右,富日公司开始与案外人"森林株式会社"发生持续的交易。2002 年 4 月 30 日,富日公司通过股东会决议,同意黄子瑜退出公司并辞去相关职务。

2002 年 4 月间,黄子瑜与案外人刘学宏共同投资组建了被告萨菲亚公司。萨菲亚公司设立后,"森林株式会社"基于对黄子瑜的信任,随即与之建立了业务关系。

富日公司以黄子瑜、萨菲亚公司共同侵害其商业秘密为由提起诉讼,请求判令黄子瑜、萨菲亚公司停止侵权,连带赔偿损失 230 万元。

上海市第一中级人民法院判决:驳回富日公司的全部诉讼请求。富日公司不服,提起上诉。上海市高级人民法院判决:驳回上诉,维持原判。富日公司仍不服,申请再审。最高人民法院裁定:驳回其再审申请。

【裁判理由】

最高人民法院认为:

符合《反不正当竞争法》第 10 条规定的保密措施应当表明权利人保密的主观愿望,并明确作为商业秘密保护的信息的范围,使义务人能够知悉权利人的保密愿望及保密客体,并在正常情况下足以防止涉密信息泄漏。

本案中,富日公司提供的劳动合同没有明确富日公司作为商业秘密保护的信息的范围,也没有明确黄子瑜应当承担的保密义务,而仅限制黄子瑜在一定时间内与富日公司的原有客户进行业务联系,显然不构成《反不正当竞争法》第 10 条规定的保密措施。

竞业限制是指对特定的人从事竞争业务的限制,分为法定的竞业限制和约定的竞业限制。我国立法允许约定竞业限制,目的在于保护用人单位的商业秘密和其他可受保护的利益。但是,竞业限制协议与保密协议在性质上是不同的。前者是限制特定的人从事竞争业务,后者则是要求保守商业秘密。用人单位依法可以与负有保密义务的劳动者约定竞业限制,竞业限制约定因此成为保护商业秘密的一种手段,即通过限制负有保密义务的劳动者从事竞争业务而在一定程度上防止劳动者泄露、使用其商业秘密。但是,相关信息作为商业秘密受到保护,必须具备反不正当竞争法规定的要件,包括采取了保密措施,而并不是单纯约定竞业限制就可以实现的。对于单纯的竞业限制约定,即便其主要目的就是保护商业秘密,但由于该约定没有明确用人单位保密的主观愿望和作为商业秘密保护的信息的范围，因而不能构成《反不正当竞争法》第10条规定的保密措施。

【案件信息】

上海富日实业有限公司诉黄子瑜、上海萨菲亚纺织品有限公司侵害商业秘密案，最高人民法院（2011）民申字第122号民事裁定书（2011年7月27日，金克胜、郎贵梅、杜微科），上海市高级人民法院（2010）沪高民三（知）终字第45号民事判决书（2010年8月16日，钱光文、马剑峰、王静），上海市第一中级人民法院（2010）沪一中民五（知）初字第27号民事判决书（2010年12月15日，刘军华、刘静、沈强）。

案件来源：最高人民法院知识产权案件年度报告（2011）。

330 当事人主张商业秘密系共有的应证明所有共有人均采取合理保密措施才能得到保护

【裁判要旨】

当事人虽对相关商业秘密主张共有，但涉案信息实际上是在各当事人处分别形成，故某一当事人采取的保密措施，不能取代其他当事人应分别对涉案商业秘密采取的合理保密措施。

【关键词】

侵害商业秘密｜共有｜合理的保密措施

【基本案情】

聚对苯二甲酸丁二醇酯（PBT）是一种热塑性饱和聚酯类工程塑料，属五大通用工程塑料之一。国内外对PBT进行了广泛的改性研究，采用化学或者物理的方法改变其力学性能、阻燃性能、耐热性能、抗老化性能等，已达到客户指定的各种使用性能要求。经过改性的PBT称为改性PBT或PBT改性产品。

原告合成材料厂于1991年10月22日成立PBT合成车间，对PBT装置进行了多次试车。合成材料厂是原告星辰公司2000年成立时的股东之一。合成材料厂称，PBT改性产品系由2003年成立的原告中蓝公司主导生产，星辰公司、合成材料厂提供技术、人员服务。1997年7月，合成材料厂成立技术保密小组并制定技术保密管理办法，该办法对企业要求保护的技术信息秘密、经营信息秘密的内容范围及管理工作进行了明确规定。2000年6月12日,合成材料厂作出《关于保护秘密、限制同行业竞争,签订保密协议的通知》,要求全员签订保密协议。

五自然人被告周传敏、陈建新、陈晰、李道敏、戴建勋分别与合成材料厂签订了保密协议。星辰公司的《文件和记录管理规定》记载,制定该文件的目的是使受控文件的编制、发放、更改、保存和管理规范化,确保质量管理活动的有效进行,其内容主要涉及公司文件的管理性措施。中蓝公司的《程序文件一览表》记载了26项程序文件的名称及编号,《文件与资料和管理程序》规定了文件的结构、部门职责、审核批准程序、编制规则及资料管理等事项。星辰公司、中蓝公司主张,其从事PBT改性产品的生产和管理人员的劳动关系均在合成材料厂,故其在实际生产中也执行合成材料厂规定的保密措施。

周传敏自1998年起先后任合成材料厂副厂长、厂长,星辰公司董事、总经理,中蓝公司董事兼董事长。陈建新自1991年起先后任合成材料厂PBT合成车间副主任、主任、副厂长、PBT装置第8次试车指挥部成员件办公室主任,星辰公司副总经理,中蓝公司董事。陈晰则分别在合成材料厂检测中心、研发中心、国际贸易部工作。李道敏、戴建勋原均系合成材料厂员工。

被告旺茂公司的前身东方公司原由周传敏之父周庆壁等四名自然人于2003年10月投资成立,生产销售以PBT改性产品为主。周传敏、陈建新、陈晰、李道敏、戴建勋离开原单位后,陆续到东方公司工作,周传敏任总经理,陈建新任副总经理,陈晰、李道敏从事产品研发工作,戴建勋从事销售工作。

合成材料厂、星辰公司、中蓝公司对旺茂公司、周传敏、陈建新、陈晰、李道敏、戴建勋提起诉讼,称其侵害了PBT改性产品的相关技术秘密和经营秘密,其中的技术秘密是包含155个配方内容在内的配方信息,经营秘密是53家客户名单,请求判令旺茂公司立即停止侵害其商业秘密的行为,五自然人被告停止披露其商业秘密的行为,旺茂公司赔偿损失4500万元,并由五自然人被告承担连带责任。江苏省高级人民法院判决:驳回合成材料厂、星辰公司、中蓝公司的诉讼请求。合成材料厂、星辰公司、中蓝公司不服,提起上诉。最高人民法院判决:驳回上诉,维持原判。

【裁判理由】

最高人民法院认为:

保密措施通常由商业秘密的所有人采取,以体现其对所主张作为商业秘密保护的信息具有保密的主观意愿。本案所主张的商业秘密是合成材料厂、星辰公司、中蓝公司在较长的时间内，在3个主体处分别形成的，其中一部分以出资的方式经历了两次的权利变更。本案并无证据证明合成材料厂、星辰公司、中蓝公司存在“三个单位、一套人马、三位一体”的情形，因此在三者主张共有前，中蓝公司作为相关信息的唯一所有者应当证明其采取了合理的保密措施；在三者主张相关信息共有后，中蓝公司作为共有人之一也应证明其采取和合理的保密措施。但是，中蓝公司的证据并不能证明其采取可合理的保密措施，而合成材料厂的保密措施仅适用于该厂形成的有关信息，不能作为星辰公司和中蓝公司处形成的相关信息的保密措施。

【案件信息】

化学工业部南通合成材料厂、南通星辰合成材料有限公司、南通中蓝工程塑胶有限公司诉南通市旺茂实业有限公司（原南通市东方实业有限公司）、周传敏、陈建新、陈晰、李道敏、戴建勋侵害商业秘密案，最高人民法院（2014）民三终字第3号民事判决书（2016年9月26日，王艳芳、佟姝、杜微科），江苏省高级人民法院（2008）苏民三初字第0004号民事判决书。

案件来源：最高人民法院年度报告（2016）。

331　国家秘密在解密前应不为公众所知悉，整体技术或经营信息之部分公开不能认定整体为公众知悉

332　有掌握商业秘密的可能和条件并为他人生产相关产品、不能证明独立研发的推定为披露

【裁判要旨】

国家秘密中的信息由于关系国家安全和利益，是处于尚未公开或者依照有关规定不应当公开的内容；属于国家秘密的信息在解密前，应当认定为该信息不为公众所知悉。

在能够带来竞争优势的技术信息或经营信息是一种整体信息的情况下，不能将其各个部分与整体割裂开来，简单地以部分信息被公开就认为该整体信息已为公众所知悉。

当事人基于其工作职责完全具备掌握商业秘密信息的可能和条件，

为他人生产与该商业秘密信息有关的产品，且不能举证证明该产品系独立研发，根据案件具体情况及日常生活经验，可以推定该当事人非法披露了其掌握的商业秘密。

【关键词】

侵害商业秘密｜国家秘密｜不为公众所知悉｜经验法则｜披露

【基本案情】

原告一得阁公司的前身一得阁墨汁厂于1967年研制成功了北京墨汁。1996年5月24日，"一得阁墨汁"和"中华墨汁"被列为北京市国家秘密技术项目。1997年7月14日，一得阁工贸集团成立了保密委员会，被告高辛茂任副组长。一得阁公司采取主、辅料分别提供的办法对墨汁配方进行保密。

高辛茂于1978年调入一得阁墨汁厂工作，先在技术股工作，后任副厂长、副经理等职务，曾主管生产、行政、劳动、技术检验、市场开发等工作。其中，1987年至1995年，高辛茂任主管技术的副厂长，其职责是负责全厂的技术开发、产品升级换代、技术改造、技术攻关及日常技术管理方面的组织领导工作，组织领导制订技术标准、工艺操作规程等。

被告传人公司成立于2002年1月9日，高辛茂是该公司最大股东，其妻为法定代表人。2002年年底，传人公司生产出了"国画墨汁""书法墨汁""习作墨汁"3种产品。

一得阁公司认为传人公司生产的3种被诉侵权产品在其品质、效果指标与其生产的"一得阁墨汁""中华墨汁""北京墨汁"相同或非常近似，遂起诉传人公司和高辛茂侵害其商业秘密。

北京市第一中级人民法院判决：高辛茂和传人公司停止侵权和连带赔偿损失。传人公司、高辛茂不服，共同提起上诉。北京市高级人民法院判决：驳回上诉，维持原判。高辛茂不服，申请再审。最高人民法院裁定：驳回其再审申请。

【裁判理由】

最高人民法院认为：

国家秘密是关系国家的安全和利益，依照法定程序确定，在一定时间内只限一定范围的人员知悉的事项。对于纳入国家秘密技术项目的持有单位，包括国家秘密的产生单位、使用单位和经批准的知悉单位均有严格的保密管理规范。我国反不正当竞争法所指的不为公众所知悉，是有关信息不为其所属领域的相关人员普遍知悉和容易获得。国家秘密中的信息由于关系国家安全和利益，是处于尚未公开或者依照有关规定不应当公开的内容。被列为北京市国家秘密技术项目的“一得阁墨汁”“中华墨汁”在技术出口保密审查、海关监管、失泄密案件查处中均有严格规定。既然涉及保密内容，北京市国家秘密技术项目通告中就不可能记载“一得阁墨汁”“中华墨汁”的具体配方以及生产工艺。根据国家科委、国家保密局于 1998 年 1 月 4 日发布的《国家秘密技术项目持有单位管理暂行办法》第 7 条第 2 款规定，涉密人员离、退休或调离该单位时，应与单位签订科技保密责任书，继续履行保密义务，未经本单位同意或上级主管部门批准，不得在任何单位从事与该技术有关的工作，直到该项目解密为止。因此，“一得阁墨汁”“中华墨汁”产品配方和加工工艺在解密前，应认定该配方信息不为公众所知悉。

高辛茂提交的有关证据描述了墨汁制造的有关配方以及某项组分在每一种配方中可能起到的作用。但是在上述证据中，墨汁的配方具体组分各不相同，有交叉也有重合；对于制作方法的描述也各有不同。因此，不能因为配方的有关组成部分被公开就认为对这些组分的独特组合信息亦为公众所知。相反，正是由于各个组分配比的独特排列组合，才对最终产品的品质效果产生了特殊的效果。他人不经一定的努力和付出代价不能获取。这种能够带来竞争优势的特殊组合是一种整体信息，不能将各个部分与整体割裂开来。一得阁公司的有关墨汁被纳入国家秘密技术项目，且一得阁墨汁在市场上有很高的知名度也反证了其配方的独特效果。

高辛茂、传人公司未能证明独立开发研制墨汁产品。通过公知资料中对生产墨汁的配方组分进行有机的排列组合，生产出符合市场需要的高质量的墨汁必定需要大量的劳动和反复的实验，而传人公司在成立后短短时间凭借几个没有相关技术背景的个人，就很快开始生产出产品，并在北京、深圳等地销售，在没有现成的成熟配方前提下是不可能的。高辛茂有接触一得阁公司商业秘密的条件，根据一得阁公司的相关墨汁作为国家秘密的事实，结合传人公司设立情况及主张独立研发的证据不能成立的事实，依据日常生活经验，认定高辛茂向传人公司披露了一得阁公司生产墨汁的配方，传人公司非法使用了高辛茂披露的墨汁配方。

【案件信息】

北京一得阁墨业有限责任公司诉高辛茂、北京传人文化艺术有限公司侵害商业秘密案，最高人民法院(2011)民监字第 414 号民事裁定书(2011 年 11 月 23 日，金克胜、罗霞、郎贵梅)，北京市高级人民法院(2008)高民监字第 828 号驳回再审申请通知书、(2005)高民终字第 440 号民事判决书(2005 年 9 月 9 日，刘继祥、孙苏理、魏湘玲)，北京市第一中级人民法院

(2003)一中民初字第9031号民事判决书。

案件来源:最高人民法院知识产权案件年度报告(2011)。

333 违反公司规定将技术秘密文件转存至个人设备中系以其他不正当手段获取商业秘密

【裁判要旨】

根据公司的规章制度,员工有权获取载有技术秘密的文件,则其获取该文件并不需要采取秘密手段,其行为不符合盗窃特征。但员工违反公司规定将该文件擅自转存于个人所有的电子设备之中,违反了公司的规章制度,具有不正当性,属于反不正当竞争法所规定的"以其他不正当手段获取权利人的商业秘密"的行为,构成侵害技术秘密的行为。

【关键词】

侵害技术秘密|其他不正当手段|获取|转存

【基本案情】

被告黄孟炜于2012年5月入职原告礼来中国公司,双方签订了《保密协议》。2013年1月,黄孟炜从礼来中国公司的服务器上下载了原告礼来公司、礼来中国公司所拥有的48个文件(礼来公司宣称其中21个为其核心机密商业文件),并将上述文件私自存储至黄孟炜所拥有的设备中。经交涉,黄孟炜签署同意函,承认下载了33个属于公司的保密文件,并承诺允许礼来公司指定的人员检查和删除上述文件。此后,礼来公司曾数次派员联系黄孟炜,但黄孟炜拒绝履行同意函约定的事项。礼来公司于2013年2月27日致信黄孟炜宣布解除双方劳动关系。

2013年7月,礼来公司、礼来中国公司以黄孟炜侵害技术秘密为由提起诉讼,请求判令黄孟炜停止侵害其商业秘密的行为,即永久删除其非法窃取并占有的21个机密商业文件,不得披露、使用或者允许他人使用该21个机密商业文件,赔偿损失及合理开支2000万元(合理开支为173,006.88元);同时提出行为保全的申请,请求法院责令黄孟炜不得披露、使用或者允许他人使用从申请人处盗取的21个商业秘密文件。2013年7月31日,法院作出裁定,禁止黄孟炜披露、使用或允许他人使用礼来公司、礼来中国公司主张作为商业秘密保护的21个文件。2013

年 12 月 25 日，上海市第一中级人民法院判决：黄孟炜停止侵害礼来公司、礼来中国公司的技术秘密，即删除其所获取的 21 个信息文件，并不得披露、使用或者允许他人使用直至该技术秘密为公众知悉时止，黄孟炜支付礼来公司、礼来中国公司合理开支 12 万元。

【裁判理由】

法院认为：

系争 21 个文件内容主要涉及糖尿病治病的病理原理和治疗路径，以及针对某几种病理所研发出来的相关候选药物的化合物、化合物的药物作用反应、临床研发的路线图以及礼来公司内部的化合物数据库。黄孟炜对系争信息文件的内容并不否认，只是辩称其中涉及的基础化合物为公知信息，实验数据是一种简单组合，本领域技术人员容易获得。但是，黄孟炜对该辩称未能提供反驳证据予以证实。而礼来公司和礼来中国公司所采取的多种有效的保密手段恰能反衬出系争信息文件内容并非容易获取。基础化合物公知并不能说明对公知化合物组合利用的方式亦为公知，这种凝聚权利人智慧成果的利用方式完全可以成为权利人的商业秘密。关于系争信息实用价值的问题。由于新药研发周期长，投资大，在新药研发的初始阶段，即要求其技术信息能够带来经济利益不符合新药研发的特点和规律。这种初始阶段对于化合物的遴选、生物靶点、活性信息等研发数据的研究讨论是新药研发过程中不可或缺的阶段，有助于选择正确的研发路线，从而加快实验及成品化进程，确立药品研发企业的竞争优势，因而具有潜在的商业价值。关于保密措施的问题。礼来公司和礼来中国公司作为专业的药品研发企业，对系争信息文件采取了限定知悉人员范围、对文件采取加密措施、标注保密标志、监控文件阅看及下载情况、与员工签订保密协议、进行保密培训等多种多效的保密手段，符合保密性的要求。故本案系争的 21 个信息文件内容构成《反不正当竞争法》所保护的技术秘密。

本案事实表明，根据礼来中国公司的规章制度，黄孟炜有权获取系争信息文件，即其获取系争信息文件并不需要采取秘密手段，因此，其行为不符合盗窃特征。但黄孟炜将系争信息文件擅自转存于个人所有的电子设备之中，违反了公司的规章制度，具有不正当性，属于《反不正当竞争法》所规定的“以其他不正当手段获取权利人的商业秘密”的行为，构成商业秘密侵权行为。

礼来公司和礼来中国公司主张由于黄孟炜的侵权行为致使其调整了商业秘密的保护策略，提前进行专利申请，造成其严重损失，但对该主张却未提供证据予以证实,因此其主张黄孟炜赔偿损失的依据不足。而律师费、公证费、翻译费等费用,系礼来公司和礼来中国公司为调查商业秘密侵权行为所支出的必要费用,与黄孟炜实施的商业秘密侵权行为直接关联,应当依法予以支持。综合本案法律关系的复杂程度、调查取证的难度、律师同时参与本案诉讼和劳动仲裁案件的事实、有关公证书、翻译文本的使用情况等各项因素酌情确定合理开支为12万元。

【案件信息】

礼来公司、礼来(中国)研发有限公司诉黄孟炜侵害技术秘密案,上海市第一中级人民法院(2013)沪一中民五(知)初字第119号民事判决书(2013年12月25日,唐震、陈瑶瑶)。

案件来源:2013年中国法院10大创新性知识产权案件。

第四章　虚 假 宣 传

334　构成虚假宣传需满足有竞争关系、足以造成误解、对经营者造成直接损害3个条件

335　虚假宣传的误导和损害系因公众受误导导致经营者受损的，该损害应由经营者证明

336　非法经营行为仅当造成其他经营者合法权益损害时才须确定违反竞争法的民事责任

【裁判要旨】

非法经营行为与民事侵权行为包括反不正当竞争法规定的不正当竞争行为存在一定的交叉，但并非所有的非法经营行为都构成民事侵权或者构成应承担民事责任的不正当竞争行为。

承担民事责任的虚假宣传行为应当具备经营者之间具有竞争关系、有关宣传内容足以造成相关公众误解、对经营者造成了直接损害这3个基本条件，对于引入误解和直接损害的后果，不能简单地以相关公众可能产生的误导性后果来替代原告对自身受到损害的证明责任。

【关键词】

虚假宣传｜商业模式｜非法经营

【基本案情】

原告黄金假日公司起诉称，被告携程计算机公司和携程商务公司均未依法取得民航客运机票销售代理资格却通过“携程旅行网”实际从事了机票销售代理业务，该行为属于非法经营行为，也构成虚假宣传；被告康辉服务公司虽然取得了《民用航空客运销售代理业务经营批准证书》，但其在河北省石家庄地区为携程计算机公司提供机票出票及送票服务，是非法转让行政许可，并帮助进行非法经营和虚假宣传；携程计算机公司和携程商务公司的国内机票销售是由被告北京携程公司进行收款，北京携程公司亦系帮助进行非法经营。故请求判令携程计算机公司和携程商务公司停止虚假宣传行为；携程计算机公司停止通过“携程旅行网（www. ctrip. com）”进行的各类经营活动；赔偿因不正当竞争行为造成的损失。

河北省高级人民法院判决：驳回本案所审理部分内容的诉讼请求。黄金假日公司不服，提起上诉。最高人民法院判决：驳回上诉，维持原判。对于黄金假日公司所诉其他行为，因涉及重复诉讼问题，河北省高级人民法院另案裁定：驳回起诉。该案黄金假日公司亦提出上诉，最高人民法院裁定：驳回上诉，维持原裁定。

【裁判理由】

最高人民法院认为：

判断行为人是否属于实际从事机票销售代理业务，应当以机票上的出票人为准，而不能将提供与机票销售相关的预订、送票和收款等业务的经营者也视为原《民用航空运输销售代理业管理规定》（民航 37 号令）规定的销售代理人。本案当事人所争议的“预订”是否是“销售”的一个环节、“机票预订”及“送票”是否也是“机票销售”、是否因可能直接收取旅客机票款而构成“销售机票”等问题，对于判断是否违反民航 37 号令的有关规定均无实质意义。依据本案现有证据，并不能够直接认定携程计算机公司和携程商务公司存在非法经营民航客运销售代理业务的行为。假设有关行为构成违反行政许可法律、法规的非法经营行为，一般也属于应当承担行政责任乃至刑事责任的问题，应当依法由相应的行政主管部门或者刑事司法机关审查认定。只有在违反有关行政许可法律、法规的非法经营行为同时构成民事侵权行为的情况下，才涉及应否承担民事责任的问题。也就是说，非法经营并不当然等于民事侵权，民事诉讼原告不能仅以被告存在非法经营行为来代替对民事侵权行为的证明责任。进一步讲，无论经营者是否属于违反有关行政许可法律、法规而从事非法经营行为，只有因该经营者的行为同时违反《反不正当竞争法》的规定，并给其他经营者的合法权益造成损害时，才涉及该经营者应否承担不正当竞争的民事责任问题。

《反不正当竞争法》第 9 条第 1 款规定的引人误解的虚假宣传行为，并非都是经营者可以主张民事权利的行为。当事人可以主张民事权利的虚假宣传行为，应当符合经营者之间具有竞争关系、有关宣传内容足以造成相关公众误解、对经营者造成了直接损害这 3 个基本条件。

携程计算机公司和携程商务公司在经营中对各自的身份表示确有不当之处，有混同使用或者模糊称谓其经营主体身份的行为，如大量使用"携程"和"携程旅行网"的简称，有关的宣传容易使人产生对市场上的"携程"是否是一家、"携程"到底是指谁、"携程旅行网"到底是谁在经营等疑问和困惑，可能会造成相关公众对二者间身份的混淆或者误认。但是，无论相关公众是否会对该二被上诉人之间主体身份及其经营资质上发生混淆或者误认，黄金假日公司并未举证证明该携程计算机公司和携程商务公司的有关行为包括上述误导性后果使黄金假日公司自身受到了直接的损害，不能简单地以相关公众可能产生上述与黄金假日公司无关的误导性后果来替代黄金假日公司对自身受到损害的证明责任。

【案件信息】

北京黄金假日旅行社有限公司携程计算机技术（上海）有限公司、上海携程商务有限公司、河北康辉国际航空服务有限公司、北京携程国际旅行社有限公司虚假宣传案，最高人民法院（2007）民三终字第 2 号民事判决书（2009 年 10 月 22 日，孔祥俊、王永昌、郃中林），河北省高级人民法院（2006）冀民三初字第 3—2 号民事判决书。

案件来源：最高人民法院知识产权案件年度报告（2009）。

337 产品宣传中使用非通用术语使相关公众对商品配置性能等产生误解的构成虚假宣传

338 在宣传内容已足够翔实且容易引人误解的情况下仅凭概括性免责提示不能避免误解

【裁判要旨】

当专业领域的经营者使用非通用术语宣传时，虽该术语无公认的含义，但若结合该术语的相关专业背景及经营者对该术语的使用历史，相关公众对该术语的认知会导致对商品配置、性能等产生误解，则该宣传内容构成虚假宣传。在宣传内容已足够翔实且容易引人误解的情况下，仅凭宣传册尾部的概括性免责提示不能避免上述宣传造成的误解。

【关键词】

虚假宣传｜非通用术语｜相关公众｜免责提示

【基本案情】

原告捷豹路虎公司系路虎（第4代发现）车辆的经营者，其在该车辆2014年款的宣传材料中，称全地形反馈适应系统、中央电子差速锁、驾驶员座椅侧向支撑调节为标准装备，并介绍全地形反馈适应系统包括“大岩石/圆石模式”等5种模式。但根据2014年款车辆的实际配置，其四种车型中仅有一种车型标配了驾驶员座椅侧向支撑调节功能，“大岩石/圆石模式”需另行加装双速分动箱后才能实现。关于车辆的中央差速器，捷豹路虎公司的2014年款车辆标配了“T-3型托森式中央差速器”，2013年款车辆标配了“摩擦片式自锁式中央差速器”，均在配置表中标注中央电子差速锁为标准装备。

被告浦东市场监管局经消费者举报进行立案、调查后，认为上述宣传内容构成虚假宣传，对捷豹路虎公司作出责令停止违法行为、消除影响、罚款9万元的行政处罚。捷豹路虎公司提起行政复议后，被告浦东区政府维持上述行政处罚决定。

捷豹路虎公司提起诉讼，请求撤销上述行政处罚决定和行政复议决定。上海市浦东新区人民法院判决：驳回捷豹路虎公司的诉讼请求。

【裁判理由】

法院认为：

虚假宣传不正当竞争行为本质在于宣传内容使相关公众对商品的质量、性能等容易产生误解，且在认定时应根据日常生活经验、相关公众一般注意力、发生误解的事实和被宣传对象的实际情况等因素进行认定。

本案涉及汽车行业销售过程中对相关宣传是否构成虚假宣传行为的认定，认定过程中对相关公众的界定标准不能过高或过低，应以涉案汽车消费群体或潜在消费群体、汽车产业链经营人员等作为相关公众，以其普通注意力情况下结合涉案车辆实际宣传情况等作出综合认定。

"中央电子差速锁"在国家标准或行业标准中均未被明确定义，捷豹路虎公司提交的鉴定报告亦称该名词并非汽车行业的专业用语，但市场上确有该种表述存在。在标准配置的涉案车辆中，通过"T－3型托森中央差速器"这一机械装备配合EDS系统共同实现中央电子差速锁锁止功能；在选配了双速分动箱的涉案车辆中，通过"摩擦片式自锁式中央差速器"实现中央电子差速锁锁止功能。虽然二者均可实现中央电子差速锁锁止功能，但所据以实现该功能的装备不同，越野性能不同（选配了双速分动箱的涉案车辆具备更好的极限越野能力），在仪表盘上的显示状态亦不同（选配了双速分动箱的涉案车辆能在仪表盘中显示该功能的工作状态）。

捷豹路虎公司将其在2013年款"路虎"第4代发现车辆中装备的"摩擦片式自锁式中央差速器"标为"中央电子差速锁"，在2014年版的涉案车辆更改装备后，仍标为"中央电子差速锁"。对相关公众而言，其看到2014年版涉案车辆宣传册中关于"中央电子差速锁"为标准装备的宣传，极易产生涉案车辆装备了"摩擦片式自锁式中央差速器"这一具有更优越野性能的差速器的误解，事实上也确有相关消费者产生此种误解，并引发大量诉讼。

在商业社会中，宣传行为系营销活动的一部分，对商品销售有极大的促进作用。虽然消费者购置涉案车辆时，可通过进一步了解和销售人员介绍而知晓该车辆的实际配置。但涉案车辆的配置甚多，不同消费者的认知能力有所不同，部分消费者在购车过程中根据其自身的认知能力而了解到宣传册内容与车辆实际配置的差别，不代表多数消费者均认识到该差别。

捷豹路虎公司既然选择了通过宣传册对其所经营商品的装备、性能等进行宣传，就应确保其宣传内容与实际情况相符。捷豹路虎公司将涉案宣传内容发布到其网站上，使相关公众看到该宣传内容后对其商品配置及性能产生误解，捷豹路虎公司还因此而产生相对于其同业竞争者的竞争优势，属于虚假宣传行为。

涉案宣传册尾部还附有所谓“免责声明”，此类声明是否足以构成相关公众不产生误解的抗辩，应结合声明的位置、内容等进行综合判断。从位置上来看，该声明系在宣传册尾部，而非存在于需要澄清的宣传内容处。从内容上看，其仅为一句概括性的陈述，并未针对任何具体宣传内容。在宣传册涉案宣传内容已使相关公众产生误解的情况下仅仅在宣传册尾部称该宣传册“不应视为目前路虎汽车技术规格的可靠指导”，并不能消除相关公众因整本宣传册中极为翔实和明确的宣传所产生的误解。

【案件信息】

捷豹路虎（中国）投资有限公司诉上海市浦东新区市场监督管理局、上海市浦东新区人民政府行政复议决定案，上海市浦东新区人民法院（2017）沪0115行初291号行政判决书（2017年9月28日，张斌、徐俊、叶菊芬）。

案件来源：2017年中国法院50件典型知识产权案例。

339 将他人有较高知名度商标商品作为宣传销售自己商品的赠品引人误解的为虚假宣传

【裁判要旨】

利用他人有较高知名度商标的商品作为宣传、销售自己商品时的赠品，攀附赠品商标的知名度，使人误解其销售的商品与赠品提供者之间存在特定联系的，构成《反不正当竞争法》规定的“引人误解的虚假宣传”行为。

【关键词】

虚假宣传｜赠品｜商誉｜攀附

【基本案情】

富丽真金家纺公司系港澳台自然人独资有限责任公司；2009年1月28日受让了第1182822号“富麗真金及图”商标，之前系该商标的普通使用许可的被许可人。其“富麗真金”品牌床上用品自2002年以来在湖南省及其长沙市获得多项荣誉,并于2010年被商标局认定为在床罩、被子、床单商品上的驰名商标。

富丽真金家具公司系自然人投资或控股的有限责任公司,其于2013年和2015年在富丽真金家纺公司购买了七万余元的床上用品。2007年开始,富丽真金家具公司经许可使用第1751420号"富丽真金 FULIZHENJIN"商标,并于2013年12月受让该商标,核定使用商品为第20类的床、弹簧床垫、垫子(床垫)等。该商标于2013年12月被湖南省工商行政管理局认定为湖南省著名商标。富丽真金家具公司在销售自己的床垫商品是,向消费者赠送"富丽真金"牌的被子1床。

富丽真金家纺公司提起诉讼,请求判令富丽真金家具公司停止不正当竞争行为,刊登声明消除影响并赔偿损失300万元及相应合理开支。

湖南省长沙市中级人民法院判决:富丽真金家具公司停止在销售其商品是时赠送富丽真金家纺公司床上用品的不正当竞争行为,并赔偿损失及合理开支20万元。富丽真金家纺公司和富丽真金家具公司均不服,提起上诉。湖南省高级人民法院判决:富丽真金家具公司停止在销售其商品是时赠送富丽真金家纺公司床上用品的不正当竞争行为,并赔偿损失及合理开支50万元,富丽真金家具公司公开刊登声明、消除影响。

【裁判理由】

法院认为:

富丽真金家具公司与富丽真金家纺公司的企业字号相同,企业名称仅存在一字之差,产品具有紧密关联性和互补性,富丽真金家纺公司第1182822号商标具有较高的知名度,由此容易导致相关公众产生误认,因此基于诚实信用原则和公认的商业道德,富丽真金家具公司应尊重富丽真金家纺公司商标的知名度和商誉,严格规范自身的经营行为,避免造成相关公众误解。

富丽真金家具公司宣称,其品牌源自台湾地区,系出名门,是故意从公司背景上造成与台资的富丽真金家纺公司混同;将其注册商标中的"丽"更换为"麗",故意在商标表现形式上造成与富丽真金家纺公司品牌的混同;在床上用品品牌繁多的情况下,选择富丽真金家纺公司床上用品作为赠品,并将其称为"富丽真金"床上用品,故意在商品来源上造成与富丽真金家纺公司商品来源的混同,其行为不当地将富丽真金家纺公司商标的知名度和商誉转借到自身商品上,淡化两者在商标表象、来源及发展背景等方面的差异,足以让相关公众混淆两家不同的经营主体,由此不当获取了竞争优势和交易机会,损害了富丽真金家纺公司的知名度和商誉,构成引人误解的虚假宣传。

综合考虑富丽真金家纺公司商标的知名度、商誉和市场价值，富丽真金家具公司“搭便车”的主观故意、不正当竞争行为涉及的地域范围、经营规模持续时间、销售额，以及法院要求富丽真金家具公司提交经过审计的财务报表而未能按要求提交等因素，法院酌情确定赔偿数额为50万元。

消除影响的目的在于让受到不正当竞争行为影响的相关公众获取正确信息，纠正错误认识，因此应从相关公众受到不正当竞争行为影响的渠道、形式、范围等方面，对不正当竞争行为有针对性地进行解释、说明，富丽真金家具公司通过其公司网站、微信、门店的虚假宣传对相关公众施加影响，因此应在相应的渠道刊登声明、消除影响。

【案件信息】

湖南富丽真金家纺有限公司诉湖南富丽真金家具有限公司不正当竞争案，湖南省高级人民法院(2016)湘民终545号民事判决书(2016年9月29日，陈小珍、徐康、刘雅静)，湖南省长沙市中级人民法院(2015)长中民五初字第01755号民事判决书。

案件来源:2016年中国法院50件典型知识产权案例。

第五章　商 业 诋 毁

340　向公众或其他同行业者散布虚构或歪曲事实故意损害竞争对手商誉的，构成商业诋毁

341　他人实施的商业诋毁行为已被法院认定并获得救济的不应再进行同态复仇诋毁他人

【裁判要旨】

商业诋毁的构成要求行为主体应限定为经营者，且行为对象系其竞争对手，行为人应具有损害竞争对手商誉的故意，客观上行为人系通过编造虚假信息，或是对真实状况加以歪曲，构成虚伪事实，进而将所捏造的虚伪事实以各种方式向不特定的多数人或者特定的共同客户或同行业的其他竞争者进行传播，对竞争对手的商业信誉和商品声誉造成损害。

商业诋毁行为已被法院所认定，并也通过诉讼方式得到救济，在现代法治社会，"同态复仇"的方式不应得到肯定和提倡，因此对该他人的诋毁行为也构成商业诋毁。

【关键词】

商业诋毁｜虚假宣传｜同态复仇｜虚构｜歪曲

【基本案情】

原告原名为宁波畅想软件开发有限公司,2001 年 11 月成立,2014 年 7 月 15 日变更名称为畅想公司(即宁波畅想软件股份有限公司)。被告中源公司于 2003 年成立,被告中晟公司于 2011 年成立。

被告中源公司、中晟公司的官方网站 2012 年 8 月 7 日发表文章《从战略合作伙伴的高度来甄选软件服务商——富通天下中标华飞公司 ERP 项目》称:“某宁波本地软件公司由于技术实力和系统框架所限,最终还是没能从根本上解决困扰华飞公司的问题”,其“富通天下”成功中标华飞公司的 ERP 项目。中源公司、中晟公司在其官网上传的自身宣传文章中,大量使用“最大”“唯一”“最成熟”“最好”等最高级、最佳形容词,同时在百度推广账号中将“畅想软件”“宁波畅想软件开发有限公司”设置为关键词。

中源公司、中晟公司在阿里巴巴外贸圈外贸服务论坛发表《外贸服务市场不是娱乐圈》文章,大量提及外贸软件行业的不良现象,包括散布谩骂诋毁言论、冒充客户发帖跟帖及伪装诱导他人、制造“免费”营销陷阱、通过技术手段绑架用户等,并附有第 144 号案的《民事起诉状》和《受理案件通知书》。

汉造公司林文璧向畅想公司员工的邮箱转发了中晟公司员工施永补发给其的邮件,邮件主题为“关于畅想软件”,邮件内容的上方有“富通天下”的标识和宣传语“中国最大的外贸管理软件服务提供商”,邮件内容包括富通天下软件和畅想软件对比具有 6 大优势。

畅想公司提起诉讼,请求判令中源公司、中晟公司停止侵害,公开致歉,赔偿损失 100 万元及相应合理开支。

浙江省宁波市中级人民法院判决:中源公司、中晟公司停止商业诋毁、虚假宣传行为,在其官方网站公开致歉,赔偿损失及合理开支 4 万元。畅想公司和中源公司、中晟公司均不服,分别提起上诉。浙江省高级人民法院判决:撤销一审判决,中源公司、中晟公司停止涉案商业诋毁、虚假宣传行为,停止在百度推广服务中使用“畅想软件”“宁波畅想软件开发有限公司”作为搜索关键词,在其官方网站公开致歉,共同赔偿损失及合理开支 10 万元。

【裁判理由】

法院认为:

商业诋毁的构成要求行为主体应限定为经营者,且行为对象系其竞争对手,行为人应具有损害竞争对手商誉的故意,客观上行为人系通过编造虚假信息,或是对真实状况加以歪曲，构成虚伪事实，进而将所捏造的虚伪事实以各种方式向不特定的多数人或者特定的共同客户或同行业的其他竞争者进行传播，对竞争对手的商业信誉和商品声誉造成损害。

关于中源公司和中晟公司在其官网上发表《从战略合作伙伴的高度来甄选软件服务商—富通天下中标华飞公司ERP项目》文章并未明确指向畅想公司不构成商业诋毁。

中源公司、中晟公司在阿里巴巴外贸圈外贸服务论坛发表《外贸服务市场不是娱乐圈》文章虽然未明确提及畅想公司，但通过所附的法律文书，读者极易将中源公司、中晟公司在文中所称的"害群之马"与其起诉的畅想公司紧密相连，虽然畅想公司在第144号案中实施的商业诋毁行为已被法院所认定，但文中提及的商业诋毁之外的其他行为并未得到证据证实。且对于畅想公司的诋毁行为已通过诉讼方式得到救济，在现代法治社会，"同态复仇"的方式不应得到肯定和提倡，因此构成商业诋毁。

施永补的邮件内容包含有富通天下相对于畅想软件的6大优势，畅想公司绑架客户、上百家企业将畅想软件替换为富通天下软件等表述，易造成相关客户对畅想公司及其产品的评价降低，构成商业诋毁。

就虚假宣传行为本身而言，其有悖于公认的商业道德，势必造成对市场正常竞争秩序的侵扰，损害公共利益，直接或间接侵害了同业经营者的合法权益，故从维护和净化市场竞争秩序、促进公平竞争的角度出发，符合以下要件即可在民事诉讼中对虚假宣传行为作出认定：一是诉讼双方应为同业经营者，具有直接的市场竞争关系；二是宣传内容与实际情况不符，存在引人误解的虚假内容，或者虽陈述的内容真实，但使人产生模糊判断和误解的。

中源公司、中晟公司在其官网上传的宣传文章中，大量使用"最大""唯一""最成熟""最好"等最高级、最佳形容词，缺乏事实依据，夸大自身的竞争优势，易引人误解，继而以此获取不正当竞争利益，应认定属于虚假宣传。

中源公司、中晟公司在百度推广账号中将"畅想软件""宁波畅想软件开发有限公司"设置为关键词的行为具有不当利用畅想公司商誉，攫取其客户资源，以获取不正当竞争利益的主观故意，其不当使用他人的企业名称或字号，有悖于诚实信用原则和公认的商业道德，具有可责性，应给予明确的否定性评价。

【案件信息】

宁波畅想软件股份有限公司诉宁波中源信息科技有限公司、宁波中晟信息科技有限公司不正当竞争案,浙江省高级人民法院(2015)浙知终字第71号民事判决书(2015年7月17日,周平、陈宇、刘静),浙江省宁波市中级人民法院(2014)浙甬知初字第196号民事判决书(2015年2月5日,宋妍、邓梦甜)。

案件来源:2015年中国法院50件典型知识产权案例。

342 网络安全软件评价其他软件时缺乏事实依据造成后者声誉贬损的,属于商业诋毁

【裁判要旨】

安全类软件针对一款市场占有率较高的软件提供相关的辅助性服务,原则上不为法律所禁止,但在无事实依据的基础上,对软件监测结果进行评价和表述缺乏客观公正性,使用软件用户产生不合理怀疑,甚至负面评价,对软件的商品声誉和商业信誉带来一定程度贬损的,构成商业诋毁。

【关键词】

不正当竞争|商业诋毁|安全软件|负面评价|声誉贬损

【基本案情】

腾讯科技公司、腾讯计算机公司(合称腾讯公司)发现奇虎科技公司、奇智软件公司、三际无限公司(合称360公司)实施了两类不正当竞争行为:第一类是通过“360隐私保护器”只针对QQ软件进行监测,监测的结果将QQ2010软件正常的文件扫描描述为侵害了用户隐私;第二类是通过“360网”发布明确针对QQ软件的多篇文章内容,称QQ软件窥视用户隐私由来已久,该言论虚构事实,构成诋毁商誉。

腾讯公司提起诉讼,请求判令360公司停止涉案不正当竞争行为,连续3个月在网站和媒体上公开赔礼道歉、消除影响,并连带赔偿损失400万元。

北京市朝阳区人民法院判决:360公司停止发行使用涉案“360隐私保护器”,在360网上删除“360安全中心”“360论坛”“360隐私保护器软件开发小组博客日志”和《用户隐私大过天》专题网页中本案查明的涉案侵权内容,在网站和媒体上公开发表声明、消除影响,共同赔偿损失40万元。360公司不服,提起上诉。北

京市第二中级人民法院判决:驳回上诉,维持原判。

【裁判理由】

法院认为:

“360 隐私保护器”仅针对 QQ 软件进行监测,并不是构成其行为不正当性的理由,安全类软件中很多程序都是为解决单一问题或弥补单一漏洞而设计的。针对一款市场占有率较高的软件提供相关的辅助性服务,只要该款软件设计合理、表达恰当,且不存在违反诚实信用等公认商业道德的情况,都应为法律所允许。“360 隐私保护器”在对 QQ 软件进行监测并对监测结果进行评价和表述时,在初始界面、监测结果等处的显示内容,是否如实反映了客观情况,是否会造成用户误解并产生不适当的联想,是判断其行为正当性的关键。

360 公司并未提交充分证据证明腾讯公司扫描的文件含有隐私性质的个人信息,在无事实依据的基础上,“360 隐私保护器”通过使用“个人电话、证据号码、上网和聊天记录等隐私泄露事件”等语言描述,并将相关信息的泄露与“广告骚扰、欺诈威胁”等后果相联系,引导用户联想到相关后果可能与“360 隐私保护器”关于 QQ 软件可能泄露用户隐私的相关提示具有关联关系,从而导致 QQ 软件用户对该软件产生不合理怀疑,甚至负面评价。因此,涉案“360 隐私保护器”对相关监测结果的描述缺乏客观公正性,足以误导用户产生不合理的联想,对 QQ 软件的商品声誉和商业信誉带来一定程度的贬损,构成商业诋毁。

360 公司在“360 隐私保护器”界面用语和“360 网”的 360 安全中心、360 论坛、360 隐私保护器软件开发小组博客日志、《用户隐私大过天》专题网页中还对 QQ 软件进行了一定数量的评价和表述。这些评价和表述,使用了“窥视”“为谋取利益窥视”“窥视你的私人文件”“如芒在背的寒意”“流氓行为”“逆天行道”“投诉最多”“QQ 窥探用户隐私由来已久”“请慎重选择 QQ”等词语和表述来评价 QQ 软件。在并未证明 QQ 软件扫描的文件含有用户隐私的情况下,上述评价和表述缺乏事实基础,并且带有较强的感情色彩并具有负面评价效果和误导性后果,违背诚实信用的公认商业道德,损害了腾讯公司及其“腾讯 QQ”软件产品的商业信誉,亦构成商业诋毁。

【案件信息】

腾讯科技(深圳)有限公司、深圳市腾讯计算机系统有限公司诉北京奇虎科技有限公司、北京三际无限网络科技有限公司、奇智软件(北京)有限公司不正当竞争案,北京市第二中级人民法院(2011)二中民终字第 12237 号民事判决书(2011 年 9 月 14 日,葛红、张剑、杨静),

北京市朝阳区人民法院(2010)朝民初字第37626号民事判决书(2011年4月26日,普翔、李自柱、苏志甫)。

案件来源:2011年中国法院知识产权司法保护10大案件。

343 只要被诋毁对象可辨别且虚构的事实损害其商誉即属商业诋毁,并不限制语言和对象

【裁判要旨】

《反不正当竞争法》调整的商业诋毁行为并不要求行为人必须直接指明诋毁的具体对象的名称,但商业诋毁指向的对象应当是可辨别的;反不正当竞争法没有对商业诋毁的语言作出限制,诋毁语言并不一定要求有感情色彩,只要其中涉及的事实是虚伪的,是无中生有的,并因此损害了他人的商业信誉和商品声誉,就构成商业诋毁。

【关键词】

商业诋毁|虚构事实|商誉

【基本案情】

本案诉讼前,上海市场上销售"蘭王"品牌鸡蛋的只有原告大鹤蛋品公司和被告百兰王公司两家公司。百兰王公司正在申请注册"蘭王"商标,但尚未获得授权。2007年3月之前,大鹤蛋品公司与百兰王公司之间就"蘭王"品牌鸡蛋在中国的生产、销售存在合作关系。双方合作终止后,百兰王公司委托案外人生产"蘭王"鸡蛋。

2007年5月11日,百兰王公司在上海的日文报刊上发布了日文《声明》,包括《关于"蘭王"类似商品、假冒商品的注意公告》《关于"蘭王"商标》《"蘭王"蛋品的确认》,声称最近在上海市场上发现其他公司销售的与百兰王公司商品相类似的或同名的商品,该商品与百兰王公司没有任何关系,百兰王公司也无法保证该类商品的使用期限及品质;为了防患于未然,对于未经百兰王公司的允许,在市场上销售标注百兰王公司商标或相类似商标的商品的行为,百兰王公司一律认定为侵害百兰王公司的商标权。2007年6月1日,百兰王公司发布了相关情况,并将其放置于百兰王公司销售的鸡蛋产品包装盒内,相关情况内容包括"本公司委托上海蛋品监督机构上海蛋品协会进行了调查,结果是大鹤蛋品公司根本没有鸡蛋

生产的养殖场……一段时期内，本公司曾把 GP 工作委托给大鹤蛋品公司，但其在鸡蛋的管理、清洗、选定及包装方面发生了诸多问题……本公司认定该公司上市的相类似的商品属于以不正当竞争及获取不正当利益为目的的行为"等。

大鹤蛋品公司提起诉讼，请求判令百兰王公司停止侵害其商誉的行为并在媒体上消除影响，赔偿损失及合理开支 50 万元。

上海市第二中级人民法院判决：百兰王公司停止不正当竞争行为、消除影响并赔偿损失及合理开支 5 万元。百兰王公司不服，提起上诉。上海市高级人民法院判决：驳回上诉，维持原判。百兰王公司仍不服，申请再审。最高人民法院裁定：驳回其再审申请。

【裁判理由】

最高人民法院认为：

《反不正当竞争法》第 14 条调整的商业诋毁行为并不要求行为人必须直接指明诋毁的具体对象的名称，即并不要求诋毁行为人指名道姓，但商业诋毁指向的对象应当是可辨别的。

本案中，百兰王公司发表的《声明》虽然没有指明针对的对象是大鹤蛋公司，但当时上海仅仅有其与大鹤蛋公司两家公司销售"蘭王"品牌鸡蛋，百兰王公司对此是明知的，而消费者完全可以根据该声明得出这样的判断，其他"蘭王"牌鸡蛋的经营者侵害了百兰王公司的商标权。大鹤蛋品公司作为"蘭王"牌鸡蛋的生产者，其商业信誉和商品声誉自然会因此受到损害。因此，百兰王公司发表的《声明》构成对大鹤蛋品公司的商业诋毁。

《反不正当竞争法》并没有对商业诋毁的语言作出限制，诋毁语言并不一律要求有感情色彩，无论是包含诸如憎恨、羞辱、藐视的语言或者说是骂人的话，还是不带任何感情色彩的陈述，只要其中涉及的事实是虚伪的，是无中生有的，并因此损害了他人的商业信誉和商品声誉，就构成商业诋毁。

【案件信息】

上海大鹤蛋品有限公司诉上海百兰王贸易发展有限公司商业诋毁案，最高人民法院(2009)民申字第508号民事裁定书(2009年8月4日，郃中林、郎贵梅、秦元明)，上海市高级人民法院(2008)沪高民三(知)终字第144号民事判决书(2008年12月18日，张晓都、刘洁华、王静)，上海市第二中级人民法院(2008)沪二中民五(知)初字第131号民事判决书(2008年8月19日，芮文彪、陆萍、胡宓)。

案件来源：最高人民法院知识产权案件年度报告(2009)。

344 编辑修改消协等相关主体已发布信息并选择特定时间推送虚构对竞争对手不利内容损害商誉的为商业诋毁

【裁判要旨】

经营者编辑已经发布的信息，凸显对其竞争对手不利的内容，并选择消费者特别关注商品质量信息的特定时间发送的，属于违背诚实信用原则和公认的商业道德，给竞争对手的商业信誉造成负面影响和评价的商业诋毁不正当竞争行为。对从事前述不正当竞争行为的经营者负有特许管理责任的特许人，不知道，也没有合理理由知道前述不正当竞争行为，也没有为前述不正当竞争行为提供帮助的，不承担连带赔偿责任。

【关键词】

商业诋毁｜特许｜管理义务｜连带责任

【基本案情】

原告梦洁公司的"梦洁牌"床上用品多次荣获全国市场同类产品销量第1名、"消费者最信赖品牌"、"中国纺织十大品牌文化"等荣誉，2002年"梦洁"商标被商标局认定为驰名商标。

2014年3月17日，被告富安娜公司在江苏省的加盟商被告名巢公司在其微信公众平台上发布《3·15家纺不合格品牌，看看你家的床品合格吗?》消息称："不合格床品涉及湖南梦洁、恒源祥等品牌上黑榜……"并表示该信息来自网易新闻中心、红网等。网易新闻中心、红网等2013年9月17日的报道称："不合格床品涉及湖南梦洁、恒源祥等品牌上黑榜……"经查，北京市消费者协会在2013年9月15日曝光了存在严重质量问题的26个样品，其中并不包含梦洁公司的床品，梦洁公司床品因其使用说明栏内存在"包装盒与合格证、耐久标标注不一致"而被提及。

梦洁公司提起诉讼，请求判令名巢公司和富安娜公司就其实施的商业诋毁行为，在微信平台及纸媒上发表声明，消除影响，并共同赔偿损失及合理支出100万元。

湖南省长沙市岳麓区人民法院判决：名巢公司在其微信公众平台上发表声明，消除影响，赔偿损失合理开支15万元，富安娜公司对其中的9万元承担连带责任。名巢公司和富安娜公司均不服，提起上诉。湖南省长沙市中级人民法院判决撤销一审判决关于富安娜公司承担部分连带责任的判项，维持其他判项。

【裁判理由】

法院认为：

经营者实施商业诋毁的目的通常在于，通过诋毁行为以损害他人的商誉，降低其竞争力，从而直接或间接的提升自己的市场优势。如果经营者依据真实的事实对其他经营者进行客观、公允的评价，即使这种评价会给其他经营者的竞争力带来负面影响，但由于所依据的事实是真实的，并不具有商业道德上的可谴责性，反之则应承担相应的民事责任。结合北京市消费者协会发布的信息可知，梦洁公司的床品仅存在包装盒与合格证、耐久标标注不一致的问题，并不在所公布的26个不符合国家标准的样品之列，名巢公司在其微信公众平台发布的消息不具备客观真实性，该消息与其所称转载的网站内容不一致。名巢公司与梦洁公司均系家纺产品的经营者，其将相关网络信息的标题、消息内容、形成时间等进行人为编辑，添加敏感标题、修改发布时间，并在微信平台推送，属于捏造、散布虚伪事实；且该消息发布日期在“3·15”消费者权益保障日这一相关公众对产品质量特别关注的时期，容易导致消费者改变购买选择，故其行为违背了诚实信用原则和公认的商业道德，对竞争对手的商品声誉或者商业信誉产生负面影响和评价，已构成商业诋毁。

特许人对被特许人应有一定的管理义务，对自己的商业信誉及对竞争对手的商业评价应当谨慎管理，以免误导消费者，特别是在信息时代，通过网络信息发布的未经核实的信息，极易误导消费者。同时，不正当竞争行为发生后，如梦洁公司采取合理的通知措施，则富安娜公司应采取力所能及地管理措施；但是，梦洁公司不能证明其进行了合理地通知，也并未提交证据证明富安娜公司就本案诋毁行为与名巢公司具有共同故意或为其提供帮助，也没有证据证明富安娜公司的行为符合其他应承担连带责任的情形，故不能仅因富安娜公司与名巢公司有特许经营关系而认定富安娜公司应对名巢公司的侵权行为承担连带责任。

【案件信息】

湖南省梦洁家纺股份有限公司诉深圳市富安娜家居用品股份有限公司、南通市名巢靓家家居用品有限公司商业诋毁案，湖南省长沙市中级人民法院（2016）湘01民终1380号民事判决书（2016年8月2日，杨文滔、蔡晓、潘威），湖南省长沙市岳麓区人民法院（2014）岳民初字第05415号民事判决书。

案件来源：2016年中国法院50件典型知识产权案例。

345 宣称自己为商标唯一合法持有人而致影响该商标长期共同使用人商誉的为商业诋毁

【裁判要旨】

明知是与他人长期共同使用的商标而宣称自己为该商标唯一持有人，易使相关公众误认为只有其才与商标存在唯一对应关系，从而对共同使用人及其相关商品产生错误评价，并对商誉产生影响的，构成商业诋毁。

【关键词】

商业诋毁｜商标｜共同使用｜错误评价

【基本案情】

20世纪70年代，河南伊川、河南汝阳及陕西白水三家杜康酒厂均生产杜康酒，但都未注册商标。1980年10月11日，原国家工商行政管理局、轻工业部、商业部联合发布《关于改进酒类商品商标的联合通知》([80]工商总字第143号)要求，3家杜康酒厂同时提出了商标注册申请。由于当时没有商标共有制度，只能由1家企业注册，后经各相关部门协调，做出了由伊川杜康酒厂注册，汝阳及白水杜康酒厂共同使用第152368号“杜康”商标的决定。伊川杜康现包含原告洛阳杜康公司及其相关联公司。

1983年10月25日，伊川杜康酒厂与原告前身白水杜康酒厂签订了《关于“杜康牌”商标使用合同协议书》，约定双方共同使用和维护“杜康牌”商标，商标上要注明各自企业名称以便消费者区隔产品来源。

1996年12月14日，白水杜康酒厂注册第915685号“白水杜康”商标。伊川杜康酒厂曾提出撤销注册申请，商标评审委员会裁定维持第915685号“白水杜康”商标的注册，法院也维持了商标评审委员会的裁定。

2015年，洛阳杜康公司在其生产、销售的50度一品杜康鉴品酒外包装上印制有“杜康商标唯一持有企业”，白水杜康公司提起诉讼，请求判令：令洛阳杜康公司停止侵害白水杜康公司商业信誉、商品声誉的行为，公开赔礼道歉，消除影响，恢复信誉、声誉，赔偿损失200万元。

陕西省渭南市中级人民法院判决：洛阳杜康公司停止在产品包装上印制“杜康商标唯一持有企业”广告语，销毁或更换现有的印制该广告语的产品包装，刊登声明，消除影响，恢复白水杜康公司商业信誉、商品声誉，赔偿损失50万元。白水杜康公司和洛阳杜康公司均不服，分别提起上诉。陕西省高级人民法院判决基本维持一审判决。洛阳杜康公司仍不服，申请再审。最高人民法院裁定：驳回其诉讼请求。

【裁判理由】

法院认为：

相关历史文献可以表明，“杜康”2字自古以来就在中国历史文化中存在着特殊意义，与酒具有密切联系。而从本案伊川、白水、汝阳3家杜康酒厂最早均生产“杜康”酒，到后来3家杜康酒厂共同使用“杜康”注册商标，直至现在洛阳杜康公司和白水杜康公司均持有含“杜康”2字的注册商标的历史发展过程来看，将“杜康”2字作为商标法意义上的商标使用及其所产生的商誉，绝非由某一特定主体所独创并享有。在目前的市场中，洛阳杜康公司的“杜康”注册商标和白水杜康公司的含有“杜康”2字的注册商标均合法存在，洛阳杜康公司明知上述历史情况，仍在其产品包装上使用“杜康商标唯一持有企业”的表述，极易使相关公众误认为只有洛阳杜康公司才与“杜康”商标存在唯一对应关系，而白水杜康公司及其商品与“杜康”商标没有关系，从而对白水杜康公司及其相关商品产生错误评价，并对白水杜康公司的商誉产生影响。因此，上述行为构成《反不正当竞争法》第14条规定商业诋毁情形。

对于伊川杜康酒厂与白水杜康酒厂于1983年签订的《关于“杜康牌”商标使用合同协议书》有效期的问题。虽然在“杜康”商标进入续展注册期后，由于伊川、白水、汝阳3家酒厂因商标归属和使用问题再起争端，而未能就“杜康”商标的续展问题作出妥善解决，但是，白水杜康酒厂关于第915685号“白水杜康”商标的注册申请已经于1996年被依法核准，白水杜康公司因此享有合法使用“白水杜康”注册商标的权利，其相应所产生的与含有“杜康”2字注册商标的商誉也受到法律保护。因此，1983年《关于“杜康牌”商标使用合同协议书》的有效期并不影响对案件主要事实的认定。

伊川杜康酒厂与白水杜康酒厂签订的《关于“杜康牌”商标使用合同协议书》中明确约定，双方在商标上要注明各自企业的名称；而且，在共用“杜康”商标的十多年间，包括伊川、白水、汝阳在内的3家酒厂通过在商品包装上注明企业名称的方式以示区分，逐步形成了各自的产品特色和消费群体，也都获得了诸多荣誉，因此，虽然经过十多年的时间，3 家酒厂都是正宗杜康酒生产企业的观念被广大消费者所认识和接受，但是，并不会造成相关公众无法区分 3 家酒厂及其相应产品，更不会否定洛阳杜康公司对“杜康”商标的专用权。

【案件信息】

陕西白水杜康酒业有限责任公司诉洛阳杜康控股有限公司商业诋毁案，最高人民法院(2017)最高法民申 4643 号民事裁定书(2018 年 3 月 16 日，夏君丽、郎贵梅、马秀荣)，陕西省高级人民法院(2017)陕民终 154 号民事判决书(2017 年 6 月 5 日，张小燕、宋小敏、常宝堂)，陕西省渭南市中级人民法院(2016)陕 05 民初 23 号民事判决书。

案件来源：2017 年中国法院 50 件典型知识产权案例(二审判决)。

346 商业维权中未经有权机关最终认定即散布对竞争对手的否定性言论可构成商业诋毁

【裁判要旨】

《反不正当竞争法》关于商业诋毁的规定不仅仅指无中生有、根本不存在的事实，还包括对已经发生的事实进行夸大和歪曲等人为加工而误导相关公众，损害有关市场经营主体商誉的事实。基于诚实信用原则和公认商业道德的要求，经营者有权对涉及自身利益的事项陈述有关事实，但在对他人的产品、服务或者其他经营活动进行评论时必须出于正当目的，不能误导公众和损害他人商誉，否则评论或者批评超出正当商业评价的范畴，侵害他人合法权益，则属于《反不正当竞争法》第 14 条予以规范的题中应有之义。

经营者在商业维权过程中，仅基于一定的事实基础，在未经司法机关或行政机关对竞争对手是否侵害其商标权作出最终认定的情况下，通过微信朋友圈发布执法人员执法照片并散布缺乏充分事实依据甚至是歪曲、贬损竞争对手的否定性言论，误导社会公众对竞争对手作出负面评价以致商业信誉、商品声誉受到损害的，可以认定为商业诋毁，构成不正当竞争，应承担停止侵权、消除影响并赔偿损失等民事责任。

【关键词】

商业诋毁｜误导｜商业信誉｜商品声誉

【基本案情】

原告上海德标公司成立于2006年6月,系铝塑管、板,PPR管材、管件的生产厂家,拥有"DBEN"注册商标。原告贵州德标公司是上海德标公司的销售商。被告深圳德标公司成立于2016年4月,主营业务与贵州德标公司相同。"德标TUB"商标由江苏昂跨环保科技有限公司于2016年8月授权给深圳德标公司使用。

2017年2月15日,深圳德标公司的维权代理人向贵阳市市场监督管理局投诉,称上海德标公司生产、贵州德标公司销售的同类产品侵害了深圳德标公司的商标权。市场监督管理局按办案程序首先对涉案物品进行查封,调查中发现深圳德标公司涉嫌伪造国家商标转让证明文件,"德标TUB"商标权属存在争议,遂中止案件调查。其间,深圳德标公司代理人将偷拍的执法现场照片在其手机微信朋友圈中发布。上海德标公司提交的《公证书》显示,在该部分照片下方配有直接针对上海德标公司、贵州德标公司的产品系"山寨货、傍名牌、打假"等诋毁、贬损的文字,且该图文照片已在他人微信朋友圈中被多次转发。

上海德标公司、贵州德标公司提起诉讼,主张深圳德标公司的上述行为,违背基本的商业道德和诚信原则,严重侵害其商业信誉、商品声誉并造成重大经济损失,请求判令深圳德标公司停止不正当竞争行为,登报消除影响;赔偿损失50万元,合理开支7.7万元。

贵州省贵阳市中级人民法院判决:深圳德标公司停止涉案不正当竞争行为,登报消除影响并赔偿上海德标公司、贵州德标公司损失20万元。深圳德标公司不服,提起上诉。贵州省高级人民法院判决:驳回上诉,维持原判。

【裁判理由】

法院认为:

上海德标公司、贵州德标公司与深圳德标公司均经营同类产品,系同业竞争者。

市场监督管理局对被诉侵权产品进行查封,只是行政机关在案件调查过程中依法对证据采取保全的一种手段,而非作出商标侵权事实认定的结论。在司法机关或相关行政机关未对上海德标公司、贵州德标公司是否侵害深圳德标公司商标权作出认定前,深圳德标公司的代理人在其朋友圈发布"不给傍山寨货及不法分子可乘之机"等图文信息,并非对客观事实的陈述,且容易误导相关公众对上海德标公司、贵州德标公司作出负面评价,产生对上海德标公司、贵州德标公司不利的宣传效果。

微信平台具有一定开放性,虽然涉案微信的受众具有一定特定性,但不能排除这些受众在看到被诉侵权言论后不再转发和传播,从本案公证照片可以看出,深圳德标公司发布的上述图文照片已被部分转发,“山寨货”“德标管被查封”“假打,打假,上海德标被查封被收!”等言论已经对上海德标公司和贵州德标公司的商业信誉、商品声誉造成损害。

深圳德标公司作为市场经营者有权对其他经营者的违法行为进行监督,但维权应当在合理限度内,并要有“边界意识”,且必须出于维权的目的。

综上所述,深圳德标公司在无充分证据,且相关商标权侵权纠纷未经司法机关或行政机关审理终结并作出认定的情况下,在其维权代理人的微信朋友圈散布、传播虚伪事实,并且导致数人转载,足以对社会公众产生误导,引起公众对上海德标公司、贵州德标公司的社会评价减损。

深圳德标公司主观上具有削弱竞争对手市场竞争能力、谋求自己市场竞争优势的故意,客观上实施了散布虚伪事实对竞争对手进行诋毁、贬低的行为,损害了上海德标公司、贵州德标公司的商业信誉、商品声誉,其行为已超出维权的合理限度,属于《反不正当竞争法》第 14 条所规定的商业诋毁行为,构成不正当竞争,深圳德标公司的涉案行为构成不正当竞争,应当承担停止侵权、消除影响、赔偿损失等民事责任。

【案件信息】

德标管业(上海)有限公司、贵州德标管业有限公司诉德标管业(深圳)有限公司商业诋毁案,贵州省高级人民法院(2018)黔民终 665 号民事判决书(2018 年 6 月 11 日,朱进、秦娟、黄新),贵州省贵阳市中级人民法院(2017)黔 01 民初 947 号民事判决书。

案件来源:2018 年中国法院 50 件典型知识产权案例。

347 经营者员工采用不正当说法贬低竞争对手商誉为经营者谋取不正当利益属商业诋毁

【裁判要旨】

经营者员工采用不正当说法贬低竞争对手商誉为经营者谋取不正当利益的,属于职务行为,经营者应构成商业诋毁。

【关键词】

商业诋毁｜经营者｜员工｜朋友圈

【基本案情】

原告金泰福珠宝一店与被告金嘉利珠宝店、金嘉福珠宝店系同处于临武县城的同业经营者。2017 年 4 月，三店均开展了宣传促销活动。活动期间，先后发生了金嘉福珠宝店的经营者李高鹏为证明其所出售的黄金和田玉路路通是真的而火烧验真假的视频、案外人邝文霞的妹妹为证明金泰福珠宝一店所免费送的黄金和田玉路路通是假的而火烧验真假的视频以及金嘉利珠宝店、金嘉福珠宝店的员工唐月凤、李露、王尺英、邝文霞对前述两视频在微信朋友圈进行比对转发并配发相关文字信息等涉案事实。

金泰福珠宝一店提起诉讼，请求判令各被告立即停止商业诽谤，共同在媒体上刊登声明向赔礼道歉、恢复名誉、消除影响，连带赔偿商誉损失 30 万元。

湖南省郴州市中级人民法院判决：驳回金泰福珠宝一店的诉讼请求。金泰福珠宝一店不服，提起上诉。湖南省高级人民法院判决：撤销一审判决，金嘉利珠宝店（经营者：周继芬）和金嘉福珠宝店（经营者：李高鹏）向金泰福珠宝一店（经营者：罗艾兰）赔偿损失及合理开支 2 万元。

【裁判理由】

法院认为：

对于员工唐月凤、李露、王尺英、邝文霞而言，其并非经营者，但是，该 4 人在其微信朋友圈中发布了大量与金嘉利珠宝店、金嘉福珠宝店经营活动相关的宣传信息，且均发布了涉案被诉商业诋毁视频和文字信息；该 4 人在发布前述微信内容时，其微信名均为在本人姓名前添加了珠宝店名或品牌名。从其微信朋友圈发布的内容和微信号的命名可见，该 4 人的微信同时亦为金嘉利珠宝店、金嘉福珠宝店开展商品宣传、销售等经营活动的重要载体和工具。作为珠宝店的员工，该 4 人发送涉案微信内容的行为与其在珠宝店的工作范围密切相关，系为实现两被上诉人珠宝店的利益而实施的行为，属于职务行为。员工的职务行为是经营者经营行为的重要组成部分。因此，虽然唐月凤、李露、王尺英、邝文霞依法不属于本案商业诋毁纠纷的适格被告，但因其涉案行为所导致的相应法律责任，应由金嘉利珠宝店、金嘉福珠宝店承担。

商业诋毁行为是指经营者自己或利用他人，通过捏造、散布虚伪事实或者对真实的事件采用不正当的说法等不正当手段，对竞争对手的商业信誉、商品信誉进行恶意的诋毁、贬低，以削弱其市场竞争能力，并为自己谋取不正当利益的行为。

金泰福珠宝一店与金嘉利珠宝店、金嘉福珠宝店系同处于临武县城的同业经营者，且双方经营场所相距较近。

金泰福珠宝一店与人金嘉利珠宝店、金嘉福珠宝店各自开展涉案宣传促销活动的时间均在 2017 年 4 月，在双方活动开展期间，先后发生了李高鹏为证明其所出售的黄金和田玉路路通是真的而火烧验真假的视频、案外人邝文霞的妹妹为证明上诉人所免费送的黄金和田玉路路通是假的而火烧验真假的视频以及唐月凤、李露、王尺英、邝文霞对前述两视频在微信朋友圈进行比对转发并配发相关文字信息等涉案事实。

本案现有证据不能证明唐月凤、李露、王尺英、邝文霞是在核实了案外人邝文霞的妹妹所制作的涉案视频的真实性的情况下，对前述微信内容进行的转发。

唐月凤、李露、王尺英、邝文霞在所转发的涉案视频下配发的文字信息中，包含“听说什么‘泰福品牌’免费送你下面的东西……假的铜都不是，包了塑料，有图有真相！至于吗？这么假的东西拿悠大家！现在骗小孩也要给点好东西，建议买好珠宝来临武金嘉利珠宝”“这就是金泰福领的路路通，这样欺骗消费者……这样的品牌能相信吗？千万不要搞错了，我们的是金嘉福哦”等内容，该些文字内容具有明显的贬损性和指向性，该转发行为存在着明显的贬低他人、宣传自己、抢夺市场、引导消费者购买方向、形成市场竞争优势的主观故意。

金嘉利珠宝店和金嘉福珠宝店作为同业竞争者，未尽谨慎注意义务和管理义务，在未经核实真实性的情况下，导致涉案视频和文字经其员工通过微信朋友圈对外转发，为自己谋取不正当利益，对金泰富珠宝一店的商誉造成一定不良影响，构成商业诋毁，并应承担相应法律责任。

【案件信息】

临武县金泰福珠宝一店诉临武县金嘉利珠宝店、临武县金嘉福珠宝店、周继芬、李高鹏、唐月凤、李露、王尺英、邝文霞商业诋毁案，湖南省高级人民法院（2018）湘民终 360 号民事判决书（2018 年 11 月 3 日，伍胜、唐小妹、曾志燕），湖南省郴州市中级人民法院（2017）湘 10 民初 68 号民事判决书（2018 年 4 月，戴陈峰、陈英辉）。

案件来源：2018 年中国法院 50 件典型知识产权案例。

图书在版编目(CIP)数据

商标与不正当竞争裁判规则 / 钟鸣编著. -- 北京 :
法律出版社, 2020
ISBN 978 - 7 - 5197 - 4669 - 8

Ⅰ. ①商… Ⅱ. ①钟… Ⅲ. ①商标法－审判－案例－
中国②反不正当竞争法－审判－案例－中国 Ⅳ.
①D923.435②D922.294.5

中国版本图书馆 CIP 数据核字(2020)第 105987 号

商标与不正当竞争裁判规则
SHANGBIAO YU BUZHENGDANG JINGZHENG CAIPAN GUIZE

钟 鸣 编著

策划编辑 冯雨春 李沂蔚
责任编辑 李沂蔚 谢瑞忠
装帧设计 汪奇峰

出版 法律出版社
总发行 中国法律图书有限公司
经销 新华书店
印刷 三河市兴达印务有限公司
责任校对 王晓萍
责任印制 吕亚莉

编辑统筹 法律应用出版分社
开本 710 毫米 × 1000 毫米 1/16
印张 38
字数 640 千
版本 2020 年 9 月第 1 版
印次 2020 年 9 月第 1 次印刷

法律出版社/北京市丰台区莲花池西里 7 号(100073)
网址/www. lawpress. com. cn
投稿邮箱/info@ lawpress. com. cn
举报维权邮箱/jbwq@ lawpress. com. cn
销售热线/400 - 660 - 8393
咨询电话/010 - 63939796

中国法律图书有限公司/北京市丰台区莲花池西里 7 号(100073)
全国各地中法图分、子公司销售电话:
统一销售客服/400 - 660 - 8393/6393
第一法律书店/010 - 83938432/8433
西安分公司/029 - 85330678
重庆分公司/023 - 67453036
上海分公司/021 - 62071010/1636
深圳分公司/0755 - 83072995

书号:ISBN 978 - 7 - 5197 - 4669 - 8
定价:158.00 元
(如有缺页或倒装,中国法律图书有限公司负责退换)